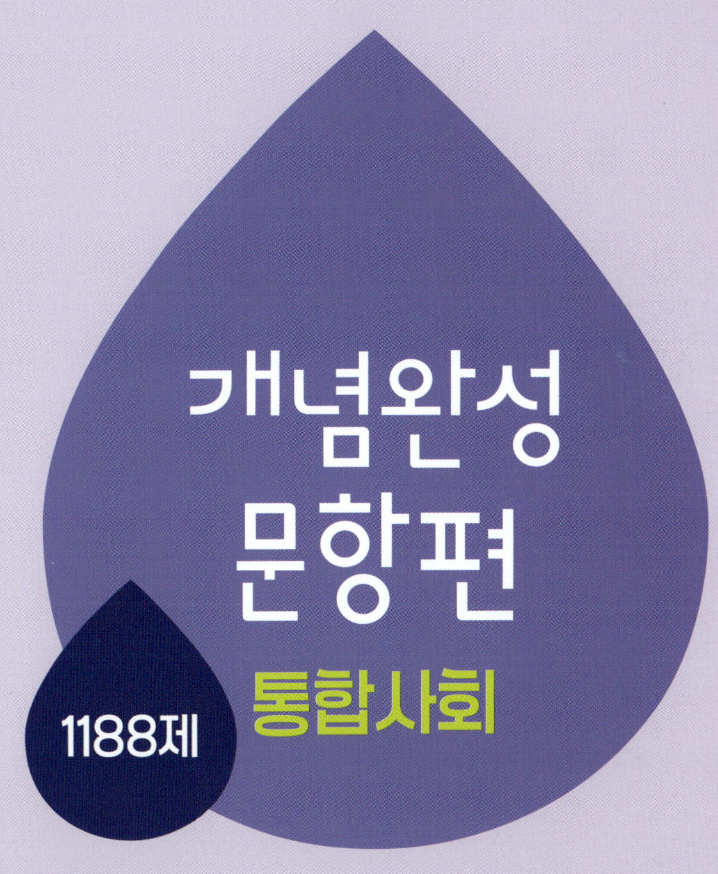

정답과 해설 PDF 파일은 EBSi 사이트(www.ebsi.co.kr)에서 내려받으실 수 있습니다.

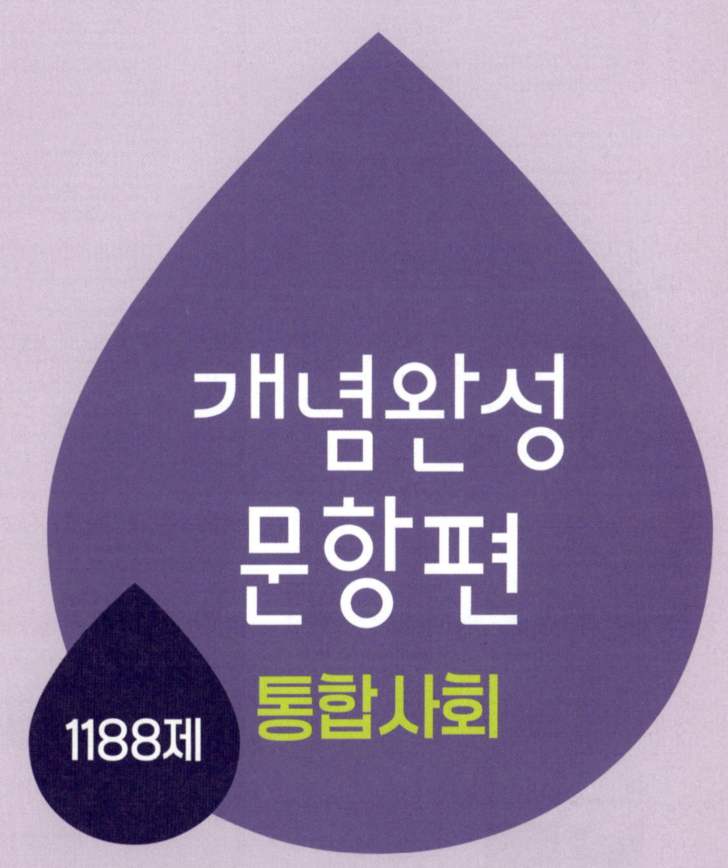
개념완성
문항편
1188제
통합사회

이 책의 **구성과 특징**

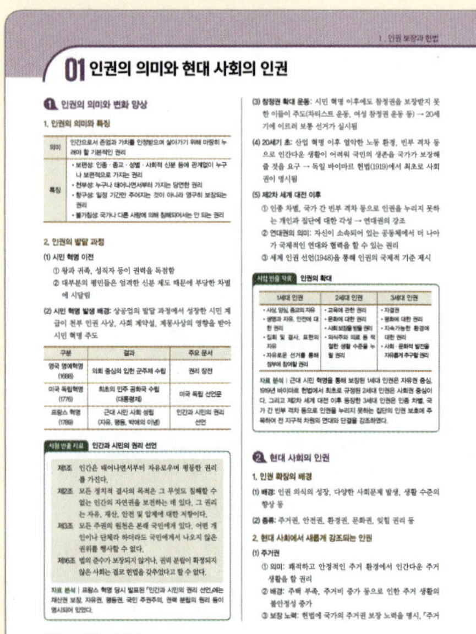

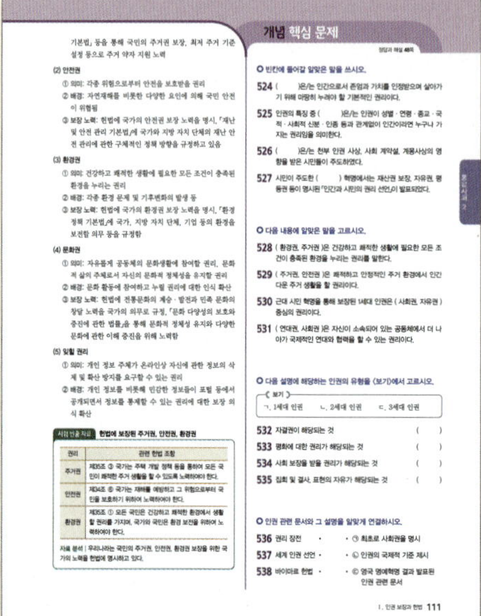

개념 정리 & 개념 핵심 문제

교과서의 핵심 개념을 이해하기 쉽게 체계적으로 정리하였고, 중요하고 꼭 알아두어야 할 자료는 분석 내용과 함께 '시험 빈출 자료'에 정리하였습니다. 그리고 학습한 내용은 개념 핵심 문제를 통해 점검할 수 있게 하였습니다.

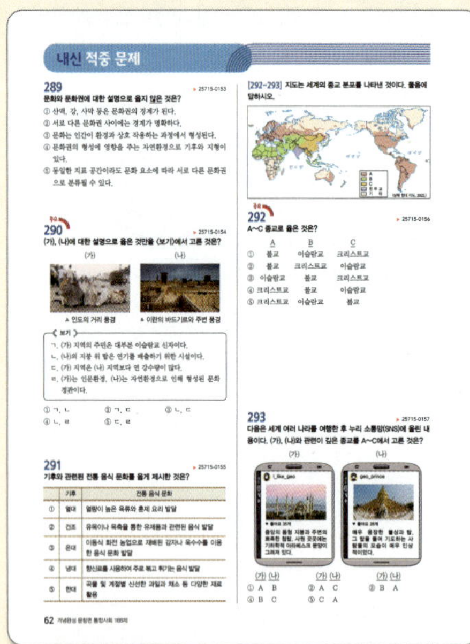

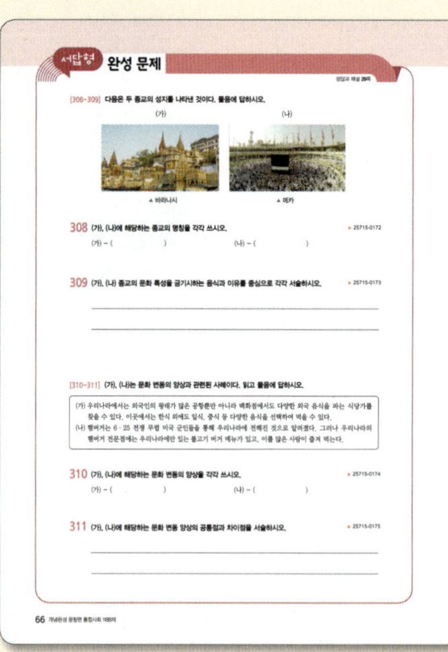

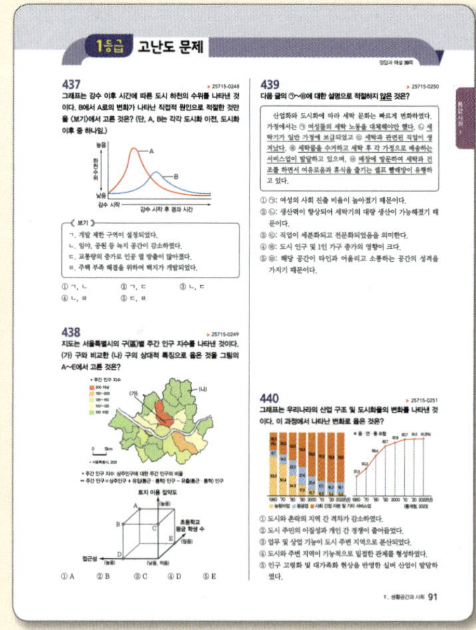

다양한 유형의 단계별 문제 수록   내신 적중 문제 ➡ 서답형 완성 문제 ➡ 1등급 고난도 문제

내신 적중 문제부터 서답형 완성 문제, 1등급 대비 고난도 문제까지 다양한 유형의 단계별 문제를 제공하여 학습한 개념을 다시 한번 다지고 학교 시험에 완벽 대비할 수 있도록 하였습니다.

대단원 정리

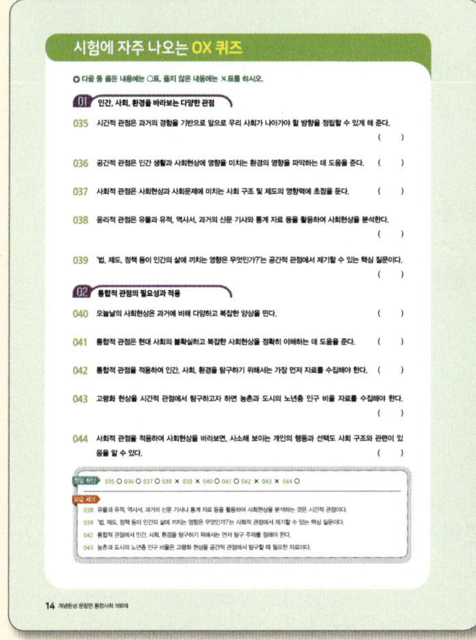

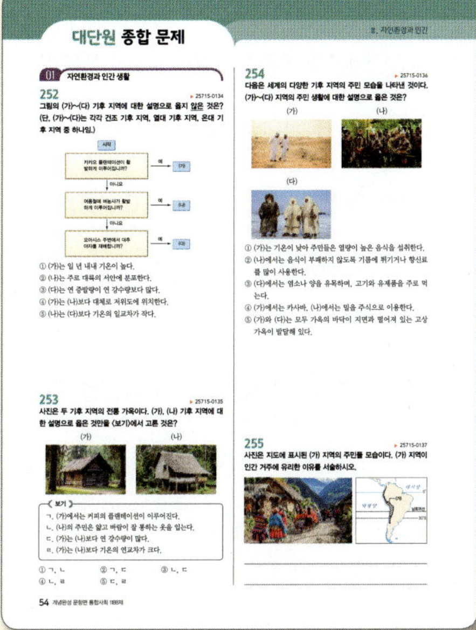

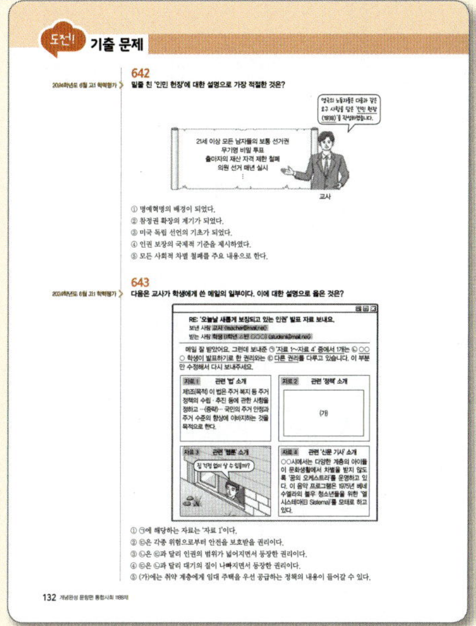

시험에 자주 나오는 ○ × 퀴즈

한 단원의 학습이 끝나면 중단원별 핵심 개념을 다시 한번 확인할 수 있도록 간단한 퀴즈 형식의 문항을 출제하였습니다.

대단원 종합 문제

서술형을 포함하여 다양한 문제로 구성하였습니다. 대단원 종합 문제를 통해 학교 시험에 완벽하게 대비하세요.

도전! 기출 문제

학교 시험뿐만 아니라 수능에 대한 감각을 기를 수 있도록 전국연합학력평가의 대표 기출 문제를 수록했습니다.

이 책의 **차례** & 우리 학교 교과서 **찾아보기**

Contents

개념완성 문항편 통합사회 1188제

통합사회 1

01 인간, 사회, 환경을 바라보는 다양한 관점 ~ 02 통합적 관점의 필요성과 적용

1 인간, 사회, 환경을 바라보는 다양한 관점

1. 시간적 관점

의미	과거부터 현재까지 변화한 과정을 따라가며 시대적 배경과 맥락을 중심으로 사회현상을 살펴봄
특징	• 과거의 사실, 사건 등을 통해 현재를 객관적이고 올바르게 바라볼 수 있도록 도와줌 • 과거의 경험을 기반으로 우리 사회가 나아가야 할 방향을 정립할 수 있게 해 줌
탐구 방법	유물과 유적, 역사서, 과거의 신문 기사와 통계 자료 등 다양한 사료를 활용함
핵심 질문	• 과거부터 현재까지 특정 현상이나 문제가 어떻게 변화해 왔는가? • 현재 나타나는 사회현상으로 인해 우리 사회는 앞으로 어떻게 변화할 것인가?

시험 빈출 자료 · **우리나라 1인 가구 비율의 추이와 전망**

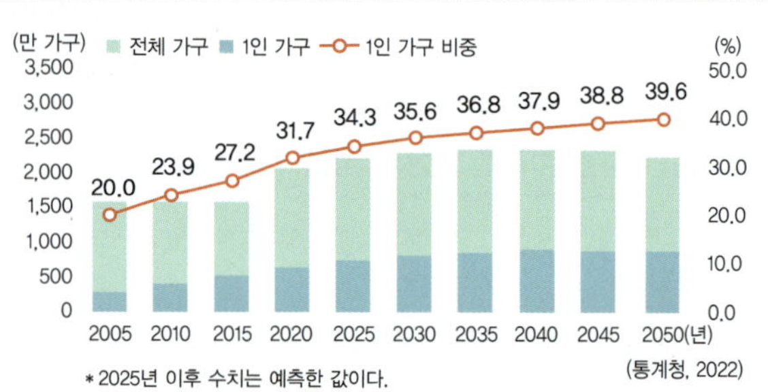

자료 분석 | 우리나라의 1인 가구 비율은 1985년 6.3%에 불과했지만, 2000년대에 들어서면서 본격적으로 증가하기 시작했다. 취업과 학업 때문에 결혼을 미루며 1인 가구가 되거나 가정 문제 또는 배우자의 사별 등에 따라 1인 가구로 변화한 가구의 비율이 높아진 것이다. 2050년이면 전체 가구 중 1인 가구가 차지하는 비중이 약 40%에 달할 것으로 예측된다.

2. 공간적 관점

의미	장소와 지역 및 공간적 상호 작용에 중점을 두고 사회현상을 살펴봄
특징	• 한 지역의 특성, 여러 지역 간의 유사점과 차이점을 알 수 있음 • 각 지역이 네트워크를 형성하여 어떻게 상호 작용하는지와 이에 따른 지역 변화를 살펴보는 데 유용함
탐구 방법	지도, 지리 책자, 지역 사진, 지역 통계 자료 등을 활용함
핵심 질문	• 사회현상이 발생한 곳은 어디이고, 그 지역의 자연적·인문적 특징은 무엇인가? • 우리가 살아가는 공간의 변화 원인은 무엇이고, 이러한 변화는 인간 삶에 어떤 영향을 끼치는가?

3. 사회적 관점

의미	사회 구조와 사회 제도를 중심으로 사회현상을 탐구하고 대안을 살펴봄
특징	• 사회 구조가 사회 구성원에 미치는 영향을 파악할 수 있으므로 구성원의 행동뿐만 아니라 그에 따른 사회 변화의 양상과 문제점도 예측할 수 있음 • 사회현상이 나타난 배경을 구조적·제도적·정책적 측면에서 살펴보고 개선해야 할 문제를 파악하여 해결책을 모색함
탐구 방법	설문 조사, 통계 분석, 면담, 참여 관찰 등을 활용함
핵심 질문	• 일상생활에서 법과 제도가 우리에게 미치는 영향은 무엇인가? • 정책 결정 과정에서 정부와 시민의 역할은 무엇인가?

4. 윤리적 관점

의미	도덕적 가치와 도덕규범을 바탕으로 사회현상을 해석하고 문제점을 찾아 바람직한 삶의 모습을 살펴봄
특징	• 자신의 선택과 행동을 보다 나은 방향으로 개선할 수 있음 • 정의와 공정성의 가치를 중시하는 태도를 함양하여 인권 침해, 환경 파괴 등의 문제를 해결하는 힘을 기를 수 있음
탐구 방법	다양한 동서양 윤리 이론을 학습하여 도덕적 원리를 이해하고 이를 바탕으로 문제를 파악함
핵심 질문	• 현재의 사회현상이 도덕적 가치와 도덕규범을 기준으로 판단했을 때 바람직한가? • 이해관계의 상충이나 권리 충돌을 해결하기 위해 필요한 도덕적 가치와 도덕규범은 무엇인가?

시험 빈출 자료 · **아동 노동을 바라보는 윤리적 관점**

네팔 정부에 따르면 2021년 기준 네팔의 아동 노동자는 약 107만 명을 넘는 것으로 추산된다. 이는 네팔 전체 아동 인구의 15%를 넘는 수치이다. 특히 네팔의 주요한 산업인 벽돌 공장이 운영되는 기간에는 아이들이 1년에 절반 이상 학교에 나가지 않거나 학업을 중단하는 경우가 많다. 하루에 약 2,800원을 벌기 위해 벽돌 공장에서 일하는 아이들의 89%가 학교에 가지 못하고 있다.
— 세이브더칠드런 누리집 —

자료 분석 | 개발 도상국의 아동 노동은 아동 개인의 건강권, 교육받을 권리, 행복 추구권 등의 기본적인 인권을 침해하는 행위이다. 위와 같은 아동 노동 문제에 관해 윤리적 관점은 개인의 행동은 물론, 사회 구조나 제도를 평가하고 사회가 앞으로 나아가야 할 방향을 설정하는 데 도움을 준다. 특히 급변하는 현대 사회에서 인간 존엄성, 자유, 평등, 인권, 평화, 정의 등 우리가 추구해야 할 보편적 가치를 기준으로 다양하고 복잡한 사회문제의 바람직한 해결책을 찾는 데에도 도움을 준다.

❷ 통합적 관점의 필요성과 적용

1. 통합적 관점의 의미와 필요성

(1) 의미: 인간과 세상을 역사적 배경과 시대적 맥락, 위치와 장소 및 네트워크 등의 공간적 맥락, 사회 구조와 제도의 영향력, 규범적 방향성과 도덕적 가치 등을 고려하여 종합적으로 살펴봄

(2) 필요성

① 현대의 복잡한 사회현상을 정확히 이해할 수 있음
② 사회문제에 관한 근본적인 해결책을 찾을 수 있음

2. 통합적 관점의 적용

(1) 탐구 과정

① 탐구 주제 선정: 통합적 관점이 필요한 사례를 선정함
② 탐구 계획 수립: 각각의 관점에 필요한 질문을 만들고 각각의 질문에 답하기 위한 자료 수집 계획을 세움
③ 자료 수집 및 분석: 자료를 수집하여 분석한 후, 통합적 관점에서 내용을 종합함
④ 해결 방안 모색: 여러 측면을 고려하여 다양한 해결 방안을 모색함
⑤ 해결 방안의 평가 및 선정: 대안의 적합성, 실현 가능성 등을 고려하여 가장 적절한 대안을 선택함

(2) 통합적 관점의 적용 사례

① 탐구 주제 선정: 기후변화 현상을 선정함
② 탐구 계획 수립: 각각의 관점에 필요한 질문을 만듦

시간적 관점	이산화 탄소 배출량은 어떻게 변해 왔을까?
공간적 관점	세계의 이상 기후 분포 현황은 어떠할까?
사회적 관점	세계는 기후 협약에 어떻게 대응하고 있을까?
윤리적 관점	기후변화가 초래한 불평등을 해결하기 위한 바람직한 방법은 무엇일까?

③ 자료 수집 및 분석: 각각의 관점에서 기후변화 관련 자료를 수집하여 분석함

시간적 관점	대기 중 이산화 탄소 농도의 증가율 추이
공간적 관점	2022년 세계 이상 기후 발생 현황
사회적 관점	파리 협정 목표 달성 수준
윤리적 관점	기후변화에 따른 위험성(개발 도상국에 집중)

④ 진단 및 해결 방안 제시: 여러 측면을 고려하여 기후변화의 대응 방안을 마련함
 • 기후변화의 속도가 빨라지고 예측하기 힘든 자연재해가 늘어남에 따라 이산화 탄소를 줄이기 위한 각국의 노력이 더욱 강화되어야 함
 • 개발 도상국이 기후변화에 대처할 수 있도록 각종 기술을 지원하는 등 국제적 협력이 필요함

정답과 해설 **6**쪽

❂ 빈칸에 들어갈 알맞은 말을 쓰시오.

001 (　　　) 관점은 사회현상과 사회문제를 이해하기 위해 역사적 배경과 시대적 맥락에 초점을 둔다.

002 (　　　) 관점을 통해 한 지역의 특성뿐만 아니라 지역 간의 차이를 알 수 있다.

003 (　　　) 관점을 통해 사회 구조 및 제도가 사회현상에 미치는 영향을 파악할 수 있다.

004 (　　　) 관점은 도덕적 가치와 규범을 고려하여 사회문제의 해결 방안을 모색한다.

❂ 다음 내용에 알맞은 말을 고르시오.

005 현대 사회는 여러 분야가 긴밀하게 얽혀 있으므로 (특정한, 통합적) 관점으로 탐구해야 한다.

006 문제 해결 과정에서 (공간적, 윤리적) 관점을 놓치면 보편적 가치를 간과할 수 있다.

007 통합적 관점에서는 우선 (탐구 주제, 자료 수집 계획)을/를 정해야 한다.

008 환경이 인간과 사회에 어떤 영향을 주는가를 파악하는 것은 (시간적, 공간적) 관점이다.

❂ 다음 질문에 해당하는 관점을 〈보기〉에서 고르시오.

〔 보기 〕

ㄱ. 시간적 관점 　　　ㄴ. 공간적 관점
ㄷ. 사회적 관점 　　　ㄹ. 윤리적 관점

009 사회현상은 어떻게 진행되어 왔는가?　　　(　　　)

010 사회현상이 발생한 지역의 주민 생활은 어떠한가?　(　　　)

011 일상생활에서 도덕적 행위를 판단하는 기준은 무엇인가?
(　　　)

012 일상생활에서 법과 제도가 우리에게 미치는 영향은 무엇인가?
(　　　)

❂ 각 관점과 활용 자료를 알맞게 연결하시오.

013 시간적 관점 ·　　　· ㉠ 지도, 지리 책자, 지역 사진, 지역 통계 자료 등

014 공간적 관점 ·　　　· ㉡ 설문 조사, 통계 분석, 면담, 참여 관찰 등

015 사회적 관점 ·　　　· ㉢ 유물과 유적, 역사서, 과거 신문 기사, 통계 자료 등

016

▶ 25715-0001

(가)에 들어갈 관점으로 옳은 것은?

> • 학습 주제: 사회현상을 바라보는 　(가)　
>   에 대해 알아보자.
> • 핵심 질문
> – 일상생활에서 법과 제도가 우리에게 미치는 영향은 무엇인가?
> – 사회 구조와 문화는 인간 사회와 행동을 어떻게 변화시키는가?
> • 탐구 방법: 설문 조사, 통계 분석, 면담, 참여 관찰 등을 활용

① 시간적 관점　　　　② 공간적 관점
③ 사회적 관점　　　　④ 윤리적 관점
⑤ 통합적 관점

중요
017

▶ 25715-0002

사회현상을 바라보는 관점과 관련하여 다음 자료가 시사하는 바로 가장 적절한 것은?

▲ 사막의 유목민

▲ 툰드라 지대의 유목민

　전통적으로 사막의 유목민은 음식을 먹고 난 후 뜨겁고 건조한 모래를 그릇에 문질러 설거지를 하였다. 러시아 툰드라 지대의 유목민은 주변에서 뜯은 이끼를 그릇에 문질러 설거지를 하였다.

① 통합적 관점으로 사회현상을 살펴봐야 한다.
② 도덕적 가치를 중심으로 인간을 이해해야 한다.
③ 과거의 사실을 바탕으로 미래를 예측할 수 있어야 한다.
④ 인간은 사회 구조의 영향력을 벗어날 수 없음을 인식해야 한다.
⑤ 주변 환경이 인간과 사회에 어떤 영향을 미치는지를 파악해야 한다.

018

▶ 25715-0003

사회현상을 바라보는 관점과 관련하여 다음 글에서 강조하고 있는 내용으로 가장 적절한 것은?

> 　햄버거 전문점에서는 주로 일회용품을 활용하는데, 이러한 일회용품, 특히 플라스틱 제품은 환경에 부담을 주며, 미세 플라스틱 문제를 일으켜 해양 생태계와 동물의 건강을 위협한다. 오늘날 일회용품 사용이 바람직하지 않다는 인식이 높아지면서 햄버거 전문점들도 변화를 추구하고 있다. 이들은 빨대, 접시, 컵과 같은 일회용품을 친환경 제품으로 대체하며, 손님이 가져온 개인 용기에 음식을 담아 주는 서비스를 마련하는 등 일회용품 사용을 줄이는 방향으로 환경 보호를 실천하고 있다. 이처럼 사회현상에 대한 올바른 인식이 사회문제를 해결하는 데 기여한다.

① 도덕적 가치를 중심으로 사회현상을 성찰해야 한다.
② 사회현상은 전문가에 의해 체계적으로 연구되어야 한다.
③ 공간적 상호 작용에 중점을 두고 인간과 세상을 이해해야 한다.
④ 사회 구조가 인간의 행동에 어떤 영향을 주는지를 파악해야 한다.
⑤ 복잡한 사회현상을 어느 한 가지 관점에서만 바라보아서는 안 된다.

019

▶ 25715-0004

빈곤 문제를 바라보는 밑줄 친 관점에 부합하는 탐구 방법으로 가장 적절한 것은?

> 　굶주림을 의미하는 기아(饑餓)는 인류 역사 전반에 걸쳐 나타나는 문제로 자연재해, 전쟁 등의 원인으로 발생한다. '2022 세계 식량 안보 및 영양 현황'에 따르면 2021년 세계 기아 인구는 약 7억 6,800만 명이다. 빈곤에 시달리는 사람들의 대부분은 아프리카 지역에 있다. 이 지역은 자연환경이 열악하고 내전이나 전쟁 등에 시달리고 있다.

① 과거의 역사적 사실에 근거하여 국가별 빈곤 실태를 살펴본다.
② 세계 기아 문제를 해결하기 위한 국제기구의 활동을 알아본다.
③ 어떤 사회 구조나 제도가 빈곤 문제에 영향을 주는지를 조사한다.
④ 지역별로 빈곤 인구 분포의 차이가 어떻게 나타나는지 살펴본다.
⑤ 빈곤 문제가 인간의 존엄성을 어떻게 침해하고 있는지 생각해 본다.

중요
020
▶ 25715-0005

(가)에 들어갈 관점으로 옳은 것은?

> 오늘날의 사회현상은 과거에 비해 더 다양하고 복잡한 양상을 띤다. 여러 가지 요인들이 복잡하게 얽혀 있기 때문에 서로 다른 요인이 어떻게 상호 작용하고, 또 얼마나 영향을 끼치는지 파악하기가 쉽지 않다. 이러한 사회현상을 한 관점에서만 바라보면 문제와 관련된 다양한 요인을 놓치기 쉽고, 그에 관한 해결책도 일방적일 수밖에 없다. 따라서 (가) 에서 사회현상을 파악하는 것이 필요하다.

① 통합적 관점　　② 시간적 관점　　③ 공간적 관점
④ 사회적 관점　　⑤ 윤리적 관점

021
▶ 25715-0006

사회현상을 바라보는 관점과 관련하여 다음 자료를 바탕으로 한 학습 주제로 가장 적절한 것은?

> K-컬처 현상은 해외에서 한류가 각광을 받으면서 대한민국 문화 예술이 인기를 끄는 현상을 일컫는다. 이 같은 K-컬처 현상을 이끈 요인으로는 정보 사회로의 발달을 이끈 인터넷 인프라의 구축, 우리 사회의 문화 산업 지원 정책 등을 들 수 있다.

① K-컬처 현상을 역사적 맥락으로 살펴본다.
② K-컬처 현상을 공간적 상호 작용의 측면에서 바라본다.
③ K-컬처 현상에 영향을 미치는 사회 제도 및 구조를 조사한다.
④ K-컬처 현상이 어떻게 세계인의 공감을 얻을 수 있었는지를 알아본다.
⑤ K-컬처 현상이 우리 한국인에게 바람직한 가치관을 제시해 주는지를 살펴본다.

022
▶ 25715-0007

밑줄 친 '이것'에 해당하는 관점으로 옳은 것은?

> 우리는 이것을 통해 현재 상황의 원인을 찾고 사회현상의 흐름을 파악하여 미래에 어떤 일이 발생할지 예측할 수 있다. 또한 과거의 사회현상을 분석함으로써 비슷한 일에 대처하는 합리적인 방안을 마련할 수 있다. 이것은 유물과 유적, 역사서, 과거 신문 기사, 통계 자료 등 다양한 사료를 활용하여 사회현상을 분석한다.

① 시간적 관점　　　　② 공간적 관점
③ 사회적 관점　　　　④ 윤리적 관점
⑤ 통합적 관점

023
▶ 25715-0008

사회현상을 바라보는 관점 A~D에 대한 옳은 설명만을 〈보기〉에서 고른 것은? (단, A~D는 각각 시간적 관점, 공간적 관점, 사회적 관점, 윤리적 관점 중 하나임.)

> 쓰레기 소각장을 건설하는 과정에서 A를 고려하여 과거의 성공 사례나 실패 사례를 통한 교훈을 반영해야 하고, B를 고려해야 쓰레기 소각장이 지역의 자연환경 및 사회환경에 끼치는 부정적인 영향에 대비할 수 있다. 또한 C를 고려해야 쓰레기 소각장 건설과 관련된 각종 법적, 정책적 방안을 마련할 수 있고, D를 통해 쓰레기 소각장 건설이 환경을 보호하여 현세대뿐만 아니라 미래 세대의 삶을 위해 바람직한 방향임을 제시할 수 있다.

〔 보기 〕
ㄱ. A는 설문 조사, 심층 면담, 현장 관찰 등의 방법으로 사회현상의 자료를 수집하고 분석한다.
ㄴ. B는 사회현상을 사회 구조와 사회 제도의 맥락 속에서 이해하고 분석한다.
ㄷ. B와 달리 D는 사회가 바람직한 방향으로 나아갈 수 있도록 도덕적 판단을 해야 함을 강조한다.
ㄹ. C와 달리 A는 과거의 사회현상을 분석함으로써 비슷한 사회현상에 대처할 수 있다고 본다.

① ㄱ, ㄴ　　　　② ㄱ, ㄷ　　　　③ ㄴ, ㄷ
④ ㄴ, ㄹ　　　　⑤ ㄷ, ㄹ

024
▶ 25715-0009

자료에 나타난 사회현상을 분석하기 위해 윤리적 관점에서 제기할 수 있는 질문으로 가장 적절한 것은?

> • 결혼하지 않고 혼자 살아가려는 '비혼 문화' 증가
> • 20~29세 남녀 20%가 비혼에 찬성, 매년 증가 추세

① 비혼 문화가 언제부터 시작되었나요?
② 비혼 문화는 다른 나라에서도 찾아볼 수 있나요?
③ 비혼 문화와 1인 가구 증가는 어떤 관계가 있나요?
④ 비혼 문화는 어떤 사회 제도의 영향을 받은 것일까요?
⑤ 비혼 문화 형성에 영향을 미친 개인의 가치관은 무엇일까요?

025
▶ 25715-0010

다음 사례와 관련하여 A~D 관점에서 할 수 있는 적절한 탐구 활동만을 〈보기〉에서 고른 것은?

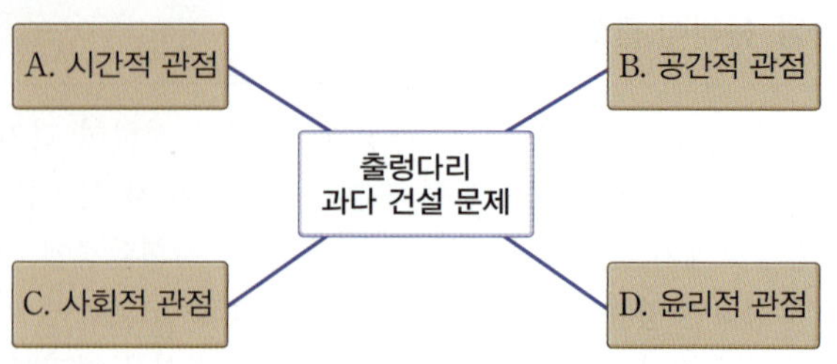

* 출렁다리: 계곡 따위의 사이를 건너다닐 수 있도록 밧줄 따위를 엮어서 양쪽에 매어 놓은 다리

〔 보기 〕
ㄱ. A – 출렁다리 건설 지역 주민의 생활 모습 조사하기
ㄴ. B – 출렁다리 건설로 인한 과거의 성공 및 실패 사례 조사하기
ㄷ. C – 출렁다리 건설을 추진하는 지방 자치 단체의 정책 타당성 조사하기
ㄹ. D – 출렁다리 건설이 지역 사회의 발전에 바람직한지에 대한 인식 조사하기

① ㄱ, ㄴ　　　② ㄱ, ㄷ　　　③ ㄴ, ㄷ
④ ㄴ, ㄹ　　　⑤ ㄷ, ㄹ

026
▶ 25715-0011

밑줄 친 'A 관점'의 필요성에 대한 설명으로 가장 적절한 것은?

우리가 일상에서 마주하는 사회현상은 여러 가지 요인이 복합적으로 작용하여 나타나거나 서로 연계되어 총체적으로 나타난다. 이처럼 인간, 사회, 환경이 상호 작용하면서 연계되어 나타나는 사회현상을 폭넓게 이해하기 위해서는 여러 측면에서 깊고 면밀한 탐구가 수행되어야 한다. 이를 위해서는 A 관점으로 사회현상을 바라보는 것이 중요하다. A 관점이란 특정한 문제를 하나의 관점으로만 분석하지 않고 다양한 관점으로 폭넓게 분석하여 문제의 원인과 결과를 종합적으로 파악하는 것이다.

① 인간 생활과 사회현상에 영향을 미치는 자연환경과 인문환경의 영향을 파악할 수 있다.
② 과거의 사실, 사건, 제도나 가치 등을 통해 현재를 객관적이고 올바르게 바라볼 수 있도록 도와준다.
③ 특정한 사회현상이 나타나게 된 배경을 사회 구조나 제도, 정치, 경제 등의 측면에서 이해할 수 있다.
④ 현대 사회의 불확실하고 복잡한 사회현상을 정확히 이해하고, 문제에 관한 근본적인 해결책을 찾도록 도와준다.
⑤ 우리가 추구해야 할 보편적 가치를 기준으로 다양하고 복잡한 사회문제의 바람직한 해결책을 찾는 데 도움을 준다.

서답형 완성 문제

정답과 해설 8쪽

[027~028] 다음 글을 읽고 물음에 답하시오.

국내 기업이 인공 지능(AI) 챗봇(Chatbot) 서비스를 시작했지만 성희롱과 모욕, 혐오 등의 발언으로 문제가 발생하여 20일 만에 서비스가 중단되었다. 인공 지능은 인간이 축적해 온 데이터를 학습하기 때문에 특정 사회의 편향적 사고가 반영될 수 있다. 그렇다면 인공 지능이 학습한 사회 문화적 차별과 편견의 책임은 누구에게 있을까?

027 ▶ 25715-0012

윗글의 밑줄 친 부분에서 강조된 인공 지능을 바라보는 관점은 무엇인지 쓰시오.

(　　　　　　　　　)

028 ▶ 25715-0013

윗글의 밑줄 친 부분에서 강조된 관점을 통해 우리가 얻을 수 있는 일반적인 장점을 두 가지 서술하시오.

____

[029~030] 자료는 기후변화를 통합적 관점에 적용하여 탐구한 내용의 일부이다. 물음에 답하시오.

탐구 내용
- 대기 중 이산화 탄소 농도의 증가 속도가 점점 더 빨라지고 있다.
- ㉠ 지구촌 곳곳에서 예측하기 힘든 자연재해가 빈번하게 일어나고 있다.
- ㉡ 파리 협정에서 세계 각국이 온실가스 감축 목표를 세워 대응하고 있지만, 목표 달성 수준이 미흡하다.
- 극단적인 기상 현상이 개발 도상국 등과 같이 기후변화에 취약한 기후 약자를 향하면서 빈곤과 불평등이 심화되고 있다.

029 ▶ 25715-0014

㉠과 ㉡은 각각 어떤 관점에서 탐구한 결과인지를 쓰시오.

㉠ – (　　　　　　)　　㉡ – (　　　　　　)

030 ▶ 25715-0015

위의 자료에 나타난 기후변화 문제를 해결하기 위한 방안을 두 가지 서술하시오.

____

1등급 고난도 문제

031
▶ 25715-0016

다음 사례에 공통적으로 나타난 사회현상을 바라보는 관점에 부합하는 진술로 가장 적절한 것은?

- 케냐의 키쿠유족은 상대방의 손바닥에 침을 뱉어 인사한다. 물이 귀한 곳에서 축복의 의미를 담고 있다.
- 미국에서는 오른손을 내밀어 악수를 나눈다. 남북 전쟁 시기에 낯선 사람을 만나면 경계하는 습관 때문에 상대방에게 무기가 없음을 보여 주는 것이다.
- 티베트족의 전통 인사법은 모자를 벗고 혀를 내미는 것이다. 과거 불교를 탄압했던 국왕이 모자를 쓰고 다녔다는 전설에서 유래한 것으로 자신은 악마가 아니라는 것을 보여 주는 것이다.

① 사회 구조나 제도가 바람직한 가치를 지향하는지를 살펴보아야 한다.
② 과거의 사실을 통해 현재를 객관적이고 올바르게 바라볼 수 있어야 한다.
③ 우리의 삶과 다양한 사회현상은 공간을 중심으로 얽혀 있음을 알아야 한다.
④ 특정한 사회현상이 나타나게 된 배경을 사회 구조나 제도에서 이해해야 한다.
⑤ 인간의 행위를 도덕적 기준에서 탐색하고 바람직한 삶의 모습을 살펴보아야 한다.

032
▶ 25715-0017

다음 자료가 사회현상을 바라보는 관점과 관련하여 시사하는 바로 가장 적절한 것은?

어떤 사물을 위에서 본 모습과 옆에서 본 모습이 제각기 다르다. 이처럼 사물을 어느 한 곳에서만 바라볼 경우 온전한 모습을 파악하기가 어렵다.

▲ 위에서 본 모습　　　▲ 옆에서 본 모습

① 하나의 현상을 통합적 관점에서 사고해야 한다.
② 과거라는 거울에 비추어 현재를 파악해야 한다.
③ 개인의 이익보다 사회의 이익을 우선해야 한다.
④ 사회현상은 보편적 가치를 기준으로 보아야 한다.
⑤ 사회현상의 분석을 그 분야의 전문가에게 맡겨야 한다.

033
▶ 25715-0018

다음 글을 읽고 사회현상을 바라보는 관점에서 옳게 평가한 학생만을 〈보기〉에서 고른 것은?

혐오 표현은 성별, 장애, 인종, 종교 등을 이유로 개인이나 집단에 대해 모욕, 비하, 멸시, 위협하거나 차별을 부추기는 말 또는 행동을 뜻한다. 많은 나라에서는 혐오 표현을 법으로 규제하고 있다. 영국에서는 언어적 괴롭힘과 인종적 혐오를 선동할 경우 7년 이하의 징역 또는 벌금을 부과하고 있다. 캐나다에서는 특정 집단에 대해 공개적으로 증오를 선동하거나 그 선동이 공동체의 평화를 훼손할 경우 2년 이하의 징역에 처하고 있다. 우리나라도 혐오 표현이 사회적 문제로 떠올랐다. 온라인을 중심으로 특정 세대와 성별 등을 향한 혐오 표현이 퍼지기 시작하였고, 최근에는 혐오 범죄까지 발생하였다. 혐오 표현은 인간 존엄성을 침해하고 사회적 갈등을 유발하여 사회 안정을 해치고 있다.

〈 보기 〉

갑: 국가마다 혐오 표현에 대한 법적 기준에 차이가 있군.
을: 혐오 표현을 사회적 관점이 아닌 윤리적 관점에서 바라보고 있군.
병: 보편적 가치를 기준으로 혐오 표현이 바람직하지 않음을 밝히고 있어.
정: 과거의 역사적 사실을 토대로 오늘날의 혐오 표현이 증가한 과정을 설명하고 있어.

① 갑, 을　　　② 갑, 병　　　③ 을, 병
④ 을, 정　　　⑤ 병, 정

034
▶ 25715-0019

다음은 사회현상을 바라보는 A 관점의 의미와 주요 질문이다. (가)에 들어갈 질문으로 가장 적절한 것은?

- **의미:** 사회 구조와 사회 제도를 중심으로 사회현상을 탐구하고 대안을 살펴보는 것이다.
- **주요 질문:** ____________(가)____________

① 어떤 보편적 가치나 원칙을 중심으로 사회문제를 해결할 것인가?
② 우리가 살아가는 공간의 변화는 인간의 삶에 어떤 영향을 끼치는가?
③ 정책 마련을 위한 의사 결정 과정에서 정부와 시민 사회의 역할은 무엇인가?
④ 현재의 사회현상이 도덕적 가치와 도덕규범을 기준으로 판단했을 때 바람직한가?
⑤ 우리가 접하는 문제는 왜 발생했고, 이를 해결하는 데 참고할 만한 과거의 사례는 무엇이 있는가?

시험에 자주 나오는 OX 퀴즈

❖ 다음 중 옳은 내용에는 ○표, 옳지 않은 내용에는 ×표를 하시오.

01 인간, 사회, 환경을 바라보는 다양한 관점

035 시간적 관점은 과거의 경험을 기반으로 앞으로 우리 사회가 나아가야 할 방향을 정립할 수 있게 해 준다.

( )

036 공간적 관점은 인간 생활과 사회현상에 영향을 미치는 환경의 영향을 파악하는 데 도움을 준다. ( )

037 사회적 관점은 사회현상과 사회문제에 미치는 사회 구조 및 제도의 영향력에 초점을 둔다. ( )

038 윤리적 관점은 유물과 유적, 역사서, 과거의 신문 기사와 통계 자료 등을 활용하여 사회현상을 분석한다.

( )

039 '법, 제도, 정책 등이 인간의 삶에 끼치는 영향은 무엇인가?'는 공간적 관점에서 제기할 수 있는 핵심 질문이다.

( )

02 통합적 관점의 필요성과 적용

040 오늘날의 사회현상은 과거에 비해 다양하고 복잡한 양상을 띤다. ( )

041 통합적 관점은 현대 사회의 불확실하고 복잡한 사회현상을 정확히 이해하는 데 도움을 준다. ( )

042 통합적 관점을 적용하여 인간, 사회, 환경을 탐구하기 위해서는 가장 먼저 자료를 수집해야 한다. ( )

043 고령화 현상을 시간적 관점에서 탐구하고자 하면 농촌과 도시의 노년층 인구 비율 자료를 수집해야 한다.

( )

044 사회적 관점을 적용하여 사회현상을 바라보면, 사소해 보이는 개인의 행동과 선택도 사회 구조와 관련이 있음을 알 수 있다. ( )

정답 확인 035 ○ 036 ○ 037 ○ 038 × 039 × 040 ○ 041 ○ 042 × 043 × 044 ○

오답 체크

038 유물과 유적, 역사서, 과거의 신문 기사나 통계 자료 등을 활용하여 사회현상을 분석하는 것은 시간적 관점이다.

039 '법, 제도, 정책 등이 인간의 삶에 끼치는 영향은 무엇인가?'는 사회적 관점에서 제기할 수 있는 핵심 질문이다.

042 통합적 관점에서 인간, 사회, 환경을 탐구하기 위해서는 먼저 탐구 주제를 정해야 한다.

043 농촌과 도시의 노년층 인구 비율은 고령화 현상을 공간적 관점에서 탐구할 때 필요한 자료이다.

대단원 종합 문제

01 인간, 사회, 환경을 바라보는 다양한 관점

045
▶ 25715-0020

밑줄 친 부분에서 사회현상을 바라보는 관점에 대한 설명으로 옳은 것은?

커피 생산은 고도의 노동 집약적인 산업이다. 농약을 치고, 수확해서 분류하는 작업이 모두 사람 손으로 이루어진다. 게다가 농장–도매업자–가공업자–수출업자–중개업자를 거쳐 유통 기업으로 이어지는 과정에서 커피 농장에는 최종 소비자 가격의 7~10%만 돌아간다. 비용 절감의 압박이 노동력 착취로 나타날 수밖에 없는 구조다. <u>저개발 국가에서 주로 생산되는 커피에는 부당한 임금 조건, 열악한 노동 환경, 아동 노동 등의 인권 문제가 나타난다. 이러한 인권 문제를 해결하기 위해서는 어떤 가치관이 바람직한지를 탐구해야 한다.</u>

① 공간별로 사회현상이 왜 다른지 살펴본다.
② 역사적 사실에 근거하여 사회현상을 살펴본다.
③ 사회현상과 관련된 법, 제도, 정책 등을 탐구한다.
④ 사회가 나아가야 할 바람직한 삶의 모습을 찾고자 한다.
⑤ 사회 구조 및 제도와의 관련성 속에서 사회현상을 이해한다.

046
▶ 25715-0021

다음 자료의 밑줄 친 부분에서 부각된 사회현상을 바라보는 관점으로 옳은 것은?

최근 우리 사회에서는 결혼 인구가 줄어들고 있다. 20~30대를 중심으로 결혼을 하지 않는 인구가 증가하면서 비혼 문화가 나타나고 있다. 인구 문제는 저출산, 인구 감소, 지방 소멸 순으로 진행되므로 20~30대 인구의 비혼 추세는 사회문제가 된다. 통계청이 실시한 '2022 사회 조사'에 따르면, 결혼을 하지 않는 이유가 결혼 자금 부족, 결혼 필요성 못 느낌, 출산·양육 부담, 고용 상태 불안정, 결혼 상대 못 만남 등의 순으로 나타났다. <u>이에 대한 각종 정책적 지원에도 불구하고 기대한 효과가 아직 나타나고 있지 않은 것이다.</u>

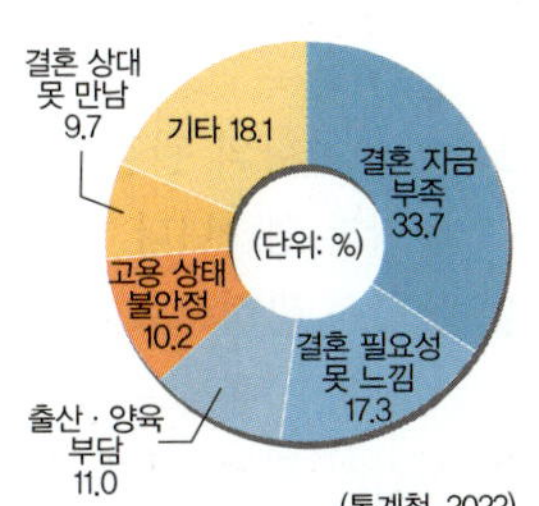

▲ 결혼하지 않는 이유(2022년)

① 시간적 관점
② 공간적 관점
③ 사회적 관점
④ 윤리적 관점
⑤ 통합적 관점

047
▶ 25715-0022

다음 글에서 서머 타임을 보는 관점에 대한 설명으로 옳은 것은?

유럽과 미국에서는 서머 타임(Summer time)의 실효성에 관한 논란이 매년 벌어진다. 서머 타임이란, 여름에 긴 낮 시간을 효과적으로 이용하기 위해 표준 시간보다 한 시간을 앞당기는 제도이다. 유럽 연합(EU)은 서머 타임 도입 후 매년 200억 달러에 달하는 에너지 절감 효과가 있다고 추산했으며, 미국 교통국은 이 기간 동안 교통사고율이 감소했다는 연구 결과를 발표하기도 했다. 그러나 서머 타임을 반대하는 국가에서는 서머 타임과 전기 사용량 사이에 특정 상관관계가 없으며, 서머 타임으로 인해 생체 리듬이 깨지고 업무 효율성이 떨어질 뿐만 아니라 심장 질환 발병률이 높아진다는 연구 결과를 발표하였다. 이와 같이 서머 타임의 효율성과 관련한 각국의 연구 결과는 서머 타임 제도가 개인과 사회에 미치는 영향 등을 분석하고, 대안을 마련하는 데 도움을 준다.

① 역사적 사실을 찾고, 이를 현재와 관련지어 의미를 부여한다.
② 사회를 분석함으로써 개인의 사고방식과 행위를 알 수 있다.
③ 미래 사회가 나아가야 할 바람직한 방향을 정립할 수 있게 해 준다.
④ 과거의 사실을 바탕으로 현재의 사회현상을 이해하고 미래를 예측한다.
⑤ 인간의 행위를 도덕적 기준에서 탐색하고 바람직한 삶의 모습을 살펴본다.

048
▶ 25715-0023

교사의 질문에 옳게 대답한 학생은?

교사: A 관점에서 청년 실업 문제를 어떻게 탐구할지 발표해 볼까요?

A 관점: 장소와 지역, 공간적 상호 작용에 중점을 두고 인간과 세상을 이해함.

① 갑: 과거 10년간 우리나라의 청년 실업률을 조사합니다.
② 을: 청년 실업 문제를 해결하기 위한 정부의 정책에 대해 검토합니다.
③ 병: 지역별로 청년 실업 문제가 심각한 지역과 그 이유를 알아봅니다.
④ 정: 취업을 하려는 청년의 직업에 대한 가치관이 바람직한지를 알아봅니다.
⑤ 무: 학교 교육과정에서 청년의 취업을 어렵게 하는 요소가 있지 않은지 살펴봅니다.

[049~050] 다음 글을 읽고 물음에 답하시오.

> 기후위기는 최소 비용, 최대 편익을 추구하는 경제 성장 과정에서 발생하였다. 이제는 성장이라는 굴레에서 벗어나서 환경, 평등, 정의를 경제적 가치와 동등한 위치에서 검토하고 반영해야 한다. 자연과 균형을 맞추기 위해 인류가 평등해져야 하는 것은 무엇보다 중요하다. 즉 여성, 청소년, 빈곤층, 장애인이 동등하게 살아가고 기후위기에 대응할 수 있는 '기후 정의'를 실천할 때 이 위기를 극복할 수 있을 것이다.

049
▶ 25715-0024

윗글에 부각된 기후위기를 보는 관점을 쓰시오.

(   )

050
▶ 25715-0025

윗글에 부각된 사회현상을 바라보는 관점에서 기후위기의 원인과 해결 방안을 서술하시오.

____

____

---

02 통합적 관점의 필요성과 적용

[051~052] 다음 글을 읽고 물음에 답하시오.

> [(가)]은/는 인간과 세상을 역사적 배경과 시대적 맥락, 위치와 장소 및 네트워크 등의 공간적 맥락, 사회 구조와 제도의 영향력, 규범적 방향성과 도덕적 가치 등을 고려하여 종합적으로 살펴보는 것을 의미한다. 개별 학문의 경계를 넘어 시간적, 공간적, 사회적, 윤리적 관점을 통합하여 인간, 사회, 환경을 이해하는 관점이다.

051
▶ 25715-0026

(가)에 해당하는 용어를 쓰시오.

(   )

052
▶ 25715-0027

인간, 사회, 환경을 바라볼 때 (가)가 필요한 이유를 서술하시오.

____

____

053
▶ 25715-0028

다음 글이 사회현상의 탐구와 관련하여 강조하는 내용으로 가장 적절한 것은?

> 우리나라의 저출산 현상을 종합적으로 이해하기 위해서는 우리나라의 시대별 인구 구조 변화와 지역적 양상을 살펴보고, 저출산 현상에 영향을 준 사회 구조뿐만 아니라 우리 사회 구성원들의 결혼과 출산에 대한 가치관 등도 탐구해야 한다.

① 통합적 관점으로 탐구해야 한다.
② 윤리적 관점을 가장 중시해야 한다.
③ 한 부분을 집중적으로 탐구해야 한다.
④ 특정한 관점의 독자성을 중시해야 한다.
⑤ 사실과 가치를 엄격히 분리하여 탐구해야 한다.

054
▶ 25715-0029

(가), (나)에 해당하는 관점을 각각 쓰시오.

다문화 사회를 탐구하는 관점	핵심 질문
(가)	지역별 다문화 가구의 분포는 어떠하며 지역별 특징은 무엇인가?
(나)	이주민이나 이주 배경 자녀에 대해 어떤 가치관을 갖는 것이 바람직한가?

(가) – (   )   (나) – (   )

055
▶ 25715-0030

다음은 수업 내용 중 일부이다. 교사의 질문에 옳지 <u>않은</u> 대답을 한 학생은?

> 교사: 통합적 관점에 대해 발표해 볼까요?
> 갑: 사회현상을 여러 측면에서 종합적으로 살펴보는 것을 말합니다.
> 을: 어느 하나의 관점에서만 바라보면 관련된 다양한 요인을 놓치기 쉽습니다.
> 병: 통합적 관점으로 사회현상을 바라보면 복잡한 사회현상을 정확히 이해할 수 있습니다.
> 정: 시간적 관점, 공간적 관점, 사회적 관점, 윤리적 관점 중 어느 하나라도 빠뜨려서는 안 됩니다.
> 무: 통합적 관점으로 사회현상을 이해하려는 노력을 통해 인간과 사회에 대한 통찰력을 기를 수 있습니다.

① 갑   ② 을   ③ 병   ④ 정   ⑤ 무

056

▶ 25715-0031

밑줄 친 부분에서 강조하고 있는 내용으로 가장 적절한 것은?

○○시는 급격한 인구 증가에 대응하기 위해 △△지역에 대규모 아파트를 건설하였다. △△지역에 학교, 시장, 교통 시설 등이 잘 구비되어 주민들은 주거 환경에 큰 만족감을 느끼고 있다. 그런데 최근 아파트 중 일부가 문화재보호법상 고도 제한을 위반한 것으로 나타났다. 이 법에서는 △△지역에 왕릉이 있어서 일정 높이 이상의 건물을 지을 수 없도록 하고 있다. 관련 기관에서는 아파트를 철거하라고 요구한다. ○○시는 아파트 건설과 관련하여 주거 환경에만 초점을 맞추느라 법적인 문제를 제대로 확인하지 못해 진퇴양난의 위기에 부딪혔다. 이처럼 다양하고 복잡한 사회현상을 어느 한쪽 측면에서만 볼 경우 문제와 관련된 다양한 요인을 놓치기 쉽다.

① 사실 판단과 가치 판단을 구분할 수 있어야 한다.
② 사회현상에 내재한 도덕적 문제를 인식해야 한다.
③ 시대적 배경과 맥락을 중심으로 사회현상을 살펴보아야 한다.
④ 인문환경과 자연환경이 지역 주민에 미치는 영향을 고려해야 한다.
⑤ 인간, 사회, 환경을 다양한 관점에서 통합적으로 살펴보아야 한다.

057

▶ 25715-0032

다음 글에 부각된 사회현상을 바라보는 관점에 대한 설명으로 옳은 것은?

최근 공유 경제를 통해 자전거, 킥보드 등의 물품을 이용하는 사람들이 증가하고 있다. 이에 따라 공유 경제를 이용할 때 시민들이 지녀야 할 바람직한 태도가 요구된다. 공동으로 물품을 사용하기 때문에 이용자가 물품을 내 것처럼 아끼고 사용하면 자원 낭비를 줄일 수 있다. 또한 사용을 완료하고, 다른 사람들에게 불편을 주지 않도록 배려하는 자세가 필요하다. 따라서 공유 경제를 유지하기 위해서는 이와 같은 태도를 바탕으로 공동체 의식을 실천할 수 있도록 해야 한다.

① 사회 속에서 바람직하고 행복한 삶의 도덕적 기준과 판단의 확립을 중시한다.
② 과거를 살펴봄으로써 현재 일어나고 있는 현상이나 문제를 올바르게 이해한다.
③ 사회의 법과 같은 사회 제도가 인간과 사회 및 환경에 미칠 수 있는 영향을 파악한다.
④ 복잡한 사회현상에서 나타난 문제점을 개선하기 위한 정책적 대안을 모색하고자 한다.
⑤ 다양한 지역 간의 공통점과 차이점을 이해하고, 사회현상에 대한 환경의 영향을 파악한다.

058

▶ 25715-0033

'반려동물 관련 문제'를 주제로 밑줄 친 ㉠~㉢의 관점에서 옳게 탐구한 것만을 〈보기〉에서 고른 것은? (단, ㉠~㉢은 각각 시간적, 공간적, 사회적, 윤리적 관점 중 하나임.)

우리가 사는 현대 사회의 불확실하고 복잡한 사회현상에 대처하려면 인간, 사회, 환경에 대한 다양한 관점을 통합적으로 활용하는 것이 중요하다. 통합적 관점은 인간과 세상을 이해하기 위해 시간적, 공간적, 사회적, 윤리적 관점을 함께 고려하는 것이다. 통합적 관점에서는 사회현상을 볼 때 ㉠역사적 배경과 시대적 맥락, ㉡장소, 지역 및 공간적 상호 작용, ㉢사회 구조 및 제도의 영향력, ㉣도덕적 가치와 규범을 종합적으로 고려한다.

〈 보기 〉

ㄱ. ㉠: 반려동물 양육 가구 중 80%가 반려동물을 가족의 일원으로 인식하고 있다.
ㄴ. ㉡: ○○시에서 반려동물과 동반 가능한 카페 및 음식점, 동물병원 등이 가장 많은 지역은 △△구였다.
ㄷ. ㉢: 정부는 반려동물의 보호와 유기 문제에 대한 대책으로 동물 등록제를 시행하고 있다.
ㄹ. ㉣: 반려동물이라는 용어는 2007년부터 사용되었으며 2023년 기준 552만 가구가 반려동물을 양육하고 있다.

① ㄱ, ㄴ ② ㄱ, ㄷ ③ ㄴ, ㄷ
④ ㄴ, ㄹ ⑤ ㄷ, ㄹ

059

▶ 25715-0034

사회현상을 바라보는 관점과 관련하여 다음 신문 기사 제목들을 종합하여 파악할 수 있는 내용으로 가장 적절한 것은?

• ○○공항, 과거에 비해 손님 크게 줄어
• 우후죽순 지역 축제, 지역 간 빈부 격차만 심화돼
• 수천억 원 쏟고도 겉도는 저출산 대책, 정책 잘못 명백해

① 어느 하나의 관점에서 탐구해야 한다.
② 도덕적 가치를 가장 중시하여 판단해야 한다.
③ 복잡한 현상을 단순화하여 이해할 필요가 있다.
④ 통합적 관점에서 총체적으로 접근할 필요가 있다.
⑤ 공간적 관점을 중심으로 사회현상을 탐구해야 한다.

060

2023학년도 11월 고1 학력평가

교사가 제시한 관점 A~D에 대한 설명으로 가장 적절한 것은? (단, A~D는 각각 공간적 관점, 사회적 관점, 시간적 관점, 윤리적 관점 중 하나임.)

A 과거와 현재의 여행 방식이 변화된 과정과 공정 여행이 등장한 시대적 배경 조사하기	B 현지 문화와 지리적 특성을 고려한 지역별 공정 여행 코스 계획하기
C 공정 여행을 장려하기 위한 국가 및 지방 자치 단체의 지원 정책 조사하기	D 현지 주민들의 삶과 환경을 보호하고 존중하는 여행자의 태도 알아보기

① A는 사회현상을 도덕적 가치에 따라 평가하는 관점이다.
② B는 위치와 장소 등의 공간적 맥락을 중시하는 관점이다.
③ C는 사회현상을 시간의 흐름 속에서 이해하는 관점이다.
④ D는 사회 구조와 사회 제도의 영향력을 강조하는 관점이다.
⑤ A~D의 관점 중 하나의 관점만으로 사회현상을 탐구하는 자세가 필요하다.

061

2023학년도 9월 고1 학력평가

밑줄 친 ㉠, ㉡의 관점에서 이루어질 수 있는 활동으로 가장 적절한 것은?

과학기술의 발달로 새롭게 등장한 현대 사회의 문제들을 해결하기 위해서는 다양한 관점에서 총체적 접근이 필요하다. 예를 들어 '자율 주행 자동차의 주행 시스템은 돌발 상황에서 차량 탑승자와 보행자 중 누구를 보호하도록 설계되는 것이 바람직한가?'라는 쟁점이 생길 수 있다. 이를 해결하기 위해서는 무엇보다 ㉠ 윤리적 관점과 ㉡ 사회적 관점의 접근이 요구된다.

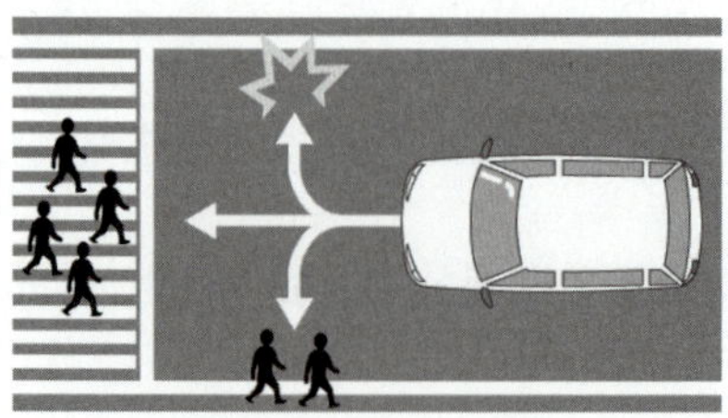

① ㉠: 지역별, 연도별 자율 주행 자동차의 구입 현황 비교하기
② ㉠: 자율 주행 자동차가 주행하기 어려운 공간적 특징 분석하기
③ ㉡: 자동차의 역사적 발전 과정을 분석하여 미래 자동차의 모습 예측하기
④ ㉡: 자율 주행 자동차에 적합한 교통 제도를 수립하고 제도의 변화가 사회에 미칠 영향 예측하기
⑤ ㉠, ㉡: 기후와 지리적 환경이 자율 주행 자동차의 운행에 미치는 영향 탐구하기

062

2022학년도 11월 고1 학력평가

다음은 (가)~(라) 관점에서 '축구'와 관련된 탐구 활동을 선정한 것이다. 이에 대한 설명으로 가장 적절한 것은? (단, (가)~(라)는 각각 공간적, 사회적, 시간적, 윤리적 관점 중 하나이다.)

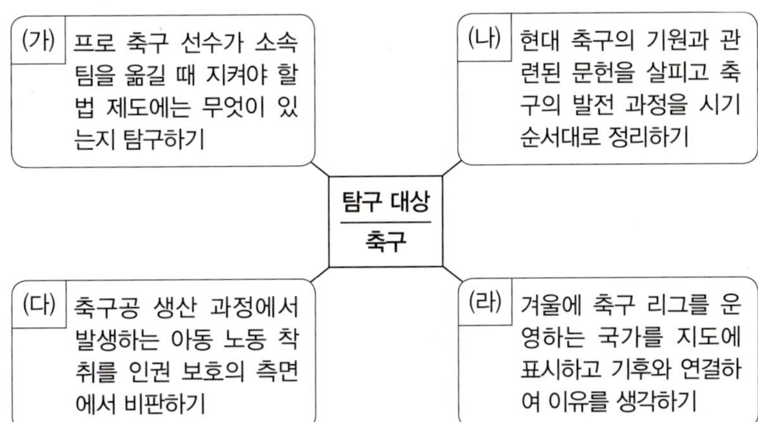

① (가)는 사회현상을 시간의 흐름 속에서 파악하는 관점이다.
② (나)는 사회가 지향해야 할 가치와 규범을 살펴보는 관점이다.
③ (다)는 어떤 현상이 있기까지의 시대적 배경과 맥락을 살펴보는 관점이다.
④ (라)는 사회현상을 위치와 장소, 분포 등 공간적 맥락에서 살펴보는 관점이다.
⑤ 통합적 관점은 사회현상을 (가)~(라) 중 어느 한 관점에서만 탐구하는 것이다.

063

2023학년도 6월 고1 학력평가

그림에 나타난 문제를 해결하기 위해 A ~ D의 관점에서 제기할 수 있는 질문으로 적절한 것만을 〈보기〉에서 고른 것은?

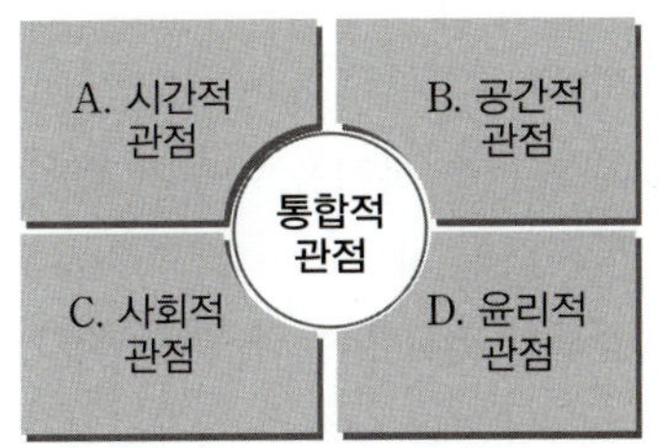

〈폐마스크 끈에 부리가 묶인 지빠귀〉

(보기)

ㄱ. A-폐마스크를 수거하는 바람직한 방법은 무엇인가요?
ㄴ. B-폐마스크로 동물의 피해가 집중된 지역은 어디인가요?
ㄷ. C-폐마스크의 무단 투기를 막을 제도는 무엇인가요?
ㄹ. D-폐마스크로 인한 동물의 피해는 언제부터 증가했나요?

① ㄱ, ㄴ   ② ㄱ, ㄷ   ③ ㄴ, ㄷ   ④ ㄴ, ㄹ   ⑤ ㄷ, ㄹ

01 행복의 기준과 의미 ~ 02 행복한 삶을 실현하기 위한 조건

① 행복의 기준과 의미

1. 행복의 의미와 기준

(1) **행복의 의미**: 삶의 궁극적인 목적이자 삶에서 만족감과 즐거움을 느끼는 상태

(2) **행복의 기준**

① 시대에 따른 행복의 기준

선사 시대	의식주의 안정적인 확보와 생존
고대 그리스 시대	이성을 탁월하게 발휘하여 유덕한 사람이 되는 것
헬레니즘 시대	마음의 불안이나 육체적 고통이 없는 평온한 상태
서양 중세 시대	신앙을 통한 종교적 구원
근대	개인의 자유와 권리의 보장
현대	물질적 풍요뿐만 아니라 자아실현 및 쾌적한 환경 등 행복의 기준이 다양해짐

② 지역에 따른 행복의 기준

• 자연환경(기후, 지형 등)에 따른 행복의 기준

지역	자연환경	행복의 기준
건조 지역	식량이나 물 부족	풍부한 물과 식량
북유럽 지역	일조량 부족	햇볕을 충분히 쬐는 것
자연재해 빈출 지역	지진, 홍수 등 발생	안전한 삶의 공간 마련

• 인문환경(정치, 경제, 종교 등)에 따른 행복의 기준

구분	인문환경	행복의 기준
분쟁 지역	• 전쟁이나 내전 • 종교나 민족 간의 갈등 발생	정치적 안정과 평화
경제	빈곤 지역	생존을 위한 물질적 조건

2. 삶의 목적으로서의 행복

(1) **진정한 행복의 의미**

① 진정한 행복은 상위의 목적을 이루기 위한 수단이 아닌 삶의 궁극적인 목적

② 삶의 목적인 진정한 행복은 삶의 원동력이 될 수 있음

③ 진정한 행복을 위해서는 물질적 가치뿐만 아니라 지속적이고 정신적인 즐거움도 함께 충족되어야 함

(2) **진정한 행복을 위한 노력**

① 행복의 참된 의미와 자신의 삶을 함께 성찰해야 함

② 자신에게 맞는 목표를 설정하고 이를 달성하고자 하는 노력이 필요함

③ 주거, 소득과 같은 객관적 요소와 자아실현, 만족감과 같은 주관적 요소를 조화롭게 추구해야 함

(3) 행복에 대한 동서양의 관점

① 동양의 관점

유교	도덕적 본성을 보존하고 인(仁)을 실현하는 것을 추구함
불교	행복에 이르기 위해 집착에서 벗어나 열반의 경지를 추구함
도가	자연의 흐름에 순응하며 무위(無爲)의 삶을 추구함

② 서양의 관점

아리스토텔레스	덕을 지닌 사람이 행복한 삶을 살 수 있다고 봄
에피쿠로스	육체의 고통과 마음의 불안이 없을 때 행복할 수 있다고 봄
스토아학파	행복한 삶은 자연의 질서에 따르는 삶이라고 봄

시험 빈출 자료 **아리스토텔레스의 행복**

> 우리가 추구하는 것이 어떤 선을 목적으로 한다면, 그 모든 선 가운데 최고의 선은 무엇인가? 이 물음에 대한 사람들의 대답은 대개 비슷하다. 즉 보통 사람이나 교양 있는 사람이나 모두 '행복'을 최고의 선이라고 대답한다.
>
> – 아리스토텔레스, 『니코마코스 윤리학』 –

자료 분석 | 아리스토텔레스는 행복을 삶의 궁극적인 목적이자 최고선이라고 보았고, 이성을 탁월하게 발휘하는 행위를 습관화하면 행복에 이를 수 있다고 주장하였다.

② 행복한 삶을 실현하기 위한 조건

1. 질 높은 정주 환경

(1) **질 높은 정주 환경의 의미**: 정주 환경은 좁게는 주거 환경부터 넓게는 거주 지역의 물, 대기, 토양 등의 자연환경과 치안, 교육, 위생, 문화 등의 인문환경을 포함하는 개념

(2) **질 높은 정주 환경의 의미와 필요성**

① 의미: 환경이 쾌적하고 위생적이며 생활에 편리한 시설을 갖추고 있고, 범죄율이 낮고 정치적으로 안정되어 안전한 곳

② 필요성: 낙후된 주거 환경에서는 인간다운 삶을 살기 어려움 → 인간다운 삶과 행복한 삶을 위해서는 질 높은 정주 환경이 필요함

③ 질 높은 정주 환경의 내용

자연환경	풍부한 녹지 공간, 쾌적한 자연환경
인문환경	의료, 교통 등의 풍족한 편의 시설 조성

2. 경제적 안정

(1) **경제적 안정의 의미**: 생활에 필요한 재화나 서비스를 안정적이고 일정하게 누릴 수 있는 상태를 의미함

(2) **경제적 안정의 필요성**: 평균 소득 수준이 낮으면 생계에 필요한 재화를 마련하기 어려움 → 삶의 질을 유지하기 위한 일정 수준 이상의 소득이 필요함

(3) **경제적 안정의 내용**

① 소득 보장: 일자리 보장, 직업 교육, 최저 임금 보장
② 복지 제도: 실업 급여 지급, 연금 제도, 사회 보험

> **시험 빈출 자료** 맹자의 항산(恒産)과 항심(恒心)
>
> 안정된 생업[恒産]이 없으면서도 도덕적인 마음[恒心]을 품는 것은 오직 선비에게만 가능한 일이고, 백성으로 말하자면 안정된 생업이 없으면 도덕적인 마음도 없는 법입니다.
> – 맹자, 『맹자』 –
>
> **자료 분석** | 맹자는 왕도 정치의 시작으로 백성의 생업 보장을 주장하였다. 이렇듯 경제적 안정은 행복한 삶의 바탕이 되며 도덕적 마음을 유지하기 위해 필요하다.

3. 민주주의 발전

(1) **민주주의의 의미**: 국민이 주권자로서 국가의 중요한 의사 결정을 하고 스스로 다스리는 정치 체제

(2) **민주주의 발전의 필요성**: 시민의 의사가 반영되지 않으면 기본적 인권이 보장되지 않기 때문에 사람들이 삶에 만족을 느끼기 어려움 → 법과 제도를 통해 시민의 자유와 권리를 보장하면 각자가 원하는 삶을 살 수 있고 행복감을 느낌

(3) **민주주의 발전을 위한 내용**

① 자유와 권리 보장: 법치주의, 언론의 자유 보장, 권력 분립 제도
② 정치 참여: 선거 제도, 복수 정당제, 시민 단체 활동, 시민의 자발적 정치 참여

4. 도덕적 실천

(1) **도덕적 실천의 의미**: 옳고 선한 도덕적인 행동을 선택하여 실천하는 것

(2) **도덕적 실천의 필요성**: 자신의 이익과 욕망만을 추구하면 자신과 공동체에 해를 입히고 공동체 전체의 행복도를 낮출 수 있음 → 자신의 행위와 삶을 도덕적 관점에서 성찰하고 도덕적 실천을 할 때 삶의 가치를 이해하고 행복이 증대될 수 있음

(3) **도덕적 실천의 내용**: 자신의 삶에 대한 성찰과 반성, 타인에 대한 배려, 사회 공동체의 선을 실현하기 위한 도덕적인 행위 등

개념 핵심 문제

정답과 해설 12쪽

◑ 빈칸에 들어갈 알맞은 말을 쓰시오.

064 (　　　)은/는 삶의 궁극적인 목적이자 삶에서 느끼는 만족감과 즐거움을 느끼는 상태를 의미한다.

065 아리스토텔레스는 인간이 지닌 (　　　)을/를 탁월하게 발휘할 때 행복이 실현된다고 보았다.

066 (　　　)시대에는 의식주의 안정적인 확보와 생존이 행복의 기준이었다.

067 진정한 행복을 실현하기 위해서는 주거, 소득과 같은 객관적 요소와 자아실현, 만족감과 같은 (　　　) 요소를 조화롭게 추구해야 한다.

◑ 행복의 기준과 시대를 알맞게 연결하시오.

068 신앙을 통한 종교적 구원　·　　·　㉠ 고대 그리스 시대

069 개인의 자유와 권리의 보장　·　　·　㉡ 서양 중세 시대

070 이성을 탁월하게 발휘하여 유덕한 사람이 되는 것　·　　·　㉢ 근대

◑ 다음 내용에 알맞은 말을 고르시오.

071 지역에 따른 기후, 지형 등의 (자연환경, 인문환경)이 행복의 기준에 영향을 미친다.

072 삶의 궁극적 (목적, 수단)으로서의 행복에 대한 성찰이 필요하다.

073 행복한 삶의 실현에 바탕이 되는 경제적 안정을 실현하기 위해서는 (최저 임금, 투표권)이 보장되어야 한다.

074 (민주주의, 사회주의)는 주권을 가진 시민이 국가를 스스로 다스려야 한다는 이념이다.

◑ 다음에서 설명하는 개념을 〈보기〉에서 고르시오.

> **보기**
>
> ㄱ. 질 높은 정주 환경　　ㄴ. 경제적 안정
> ㄷ. 민주주의 발전　　ㄹ. 도덕적 실천

075 옳고 선한 도덕적인 행동을 선택하여 실천하는 것을 의미한다.
(　　　)

076 국민이 주권자로서 국가의 중요한 의사 결정을 하고 스스로 다스리는 정치 체제의 발전을 의미한다.
(　　　)

077 생활에 필요한 재화나 서비스를 안정적이고 일정하게 누릴 수 있는 상태를 의미한다.
(　　　)

078 쾌적한 자연과 편의 시설이 잘 갖추어진 곳을 의미한다.
(　　　)

079
▶ 25715-0035

㉠에 관한 설명으로 가장 적절한 것은?

> （ ㉠ ）을/를 뜻하는 영어 단어의 어원은 'happen'에서 유래되었고, 한자어로는 '다행스럽고 복되다.'라는 의미를 담고 있다. 이러한 의미를 종합해 볼 때, （ ㉠ ）은/는 자기 자신에 의해 발생하는 것이므로 스스로의 마음가짐이 중요하다.

① 시대에 따라 기준이 항상 일정하다.
② 자연환경의 영향으로부터 독립되어 존재한다.
③ 개인에게는 삶의 궁극적인 목적이 될 수 있다.
④ 물질적 풍요에 의해서는 얻을 수 없는 가치이다.
⑤ 목적을 이루기 위한 수단으로서의 성격을 갖는다.

080
▶ 25715-0036

다음 그림을 통해 유추할 수 있는 시대에 행복의 기준으로 가장 적절한 것은?

① 신앙을 통한 구원을 얻는 것
② 개인의 자아실현을 이루는 것
③ 인간의 존엄성이 보장되는 것
④ 안정적으로 의식주를 해결하는 것
⑤ 이성을 발휘하여 덕을 함양하는 것

081
▶ 25715-0037

㉠에 들어갈 내용으로 가장 적절한 것은?

> （ ㉠ ）에서 행복의 기준은 다음과 같다. 물질적 풍요뿐만 아니라 자아실현 및 쾌적한 환경, 사회 복지 등 행복의 기준이 다양해졌다.

① 근대 사회
② 현대 사회
③ 헬레니즘 시대
④ 서양 중세 시대
⑤ 고대 그리스 시대

082
▶ 25715-0038

A 지역에서 강조될 수 있는 행복의 기준으로 가장 적절한 것은?

> A 지역은 사막이나 초원 지대로, 아프리카의 사하라 사막이 대표적이다. 이러한 지역에서는 식물이 자라기 어렵고 토양이 비옥하지 않아 농경에도 적합하지 않다. 또한 생존에 필요한 자원을 멀리서 구해와야 하는 어려움이 있다.

① 풍부하게 햇볕을 쬐는 것이 행복의 기준이다.
② 이성을 탁월하게 발휘하는 것이 행복의 기준이다.
③ 사회에서 인(仁)을 실현하는 것이 행복의 기준이다.
④ 안정적으로 식수를 공급받는 것이 행복의 기준이다.
⑤ 홍수의 피해로부터 벗어나는 것이 행복의 기준이다.

중요
083
▶ 25715-0039

갑, 을에 대한 설명으로 적절한 것만을 〈보기〉에서 있는 대로 고른 것은?

〈 보기 〉
ㄱ. 갑은 자연환경뿐만 아니라 인문환경도 행복의 기준으로 본다.
ㄴ. 갑은 잦은 분쟁이 발생하는 지역에서 거주하는 것으로 볼 수 있다.
ㄷ. 을은 가난과 굶주림이 발생하는 지역에서 거주하는 것으로 볼 수 있다.
ㄹ. 갑과 을은 행복과 정치 참여의 자유를 서로 독립적인 영역으로 본다.

① ㄱ, ㄴ
② ㄱ, ㄹ
③ ㄷ, ㄹ
④ ㄱ, ㄴ, ㄷ
⑤ ㄴ, ㄷ, ㄹ

084

▶ 25715-0040

그림에서 두 명의 학생이 옳은 대답을 했다고 할 때, A에 대한 설명으로 적절한 것만을 〈보기〉에서 있는 대로 고른 것은?

〈 보기 〉
ㄱ. 깨달음을 얻어 해탈의 경지에 이르는 것을 행복이라고 본다.
ㄴ. 일상생활 속에서 자비의 실천을 통해 행복을 얻을 수 있다고 본다.
ㄷ. 인위적인 것이 없이 자연을 본받고 살아가는 것이 행복이라고 본다.
ㄹ. 하늘로부터 부여받은 도덕적 본성을 보존하는 것을 행복이라고 본다.

① ㄱ, ㄴ   ② ㄱ, ㄷ   ③ ㄷ, ㄹ
④ ㄱ, ㄴ, ㄹ   ⑤ ㄴ, ㄷ, ㄹ

085

▶ 25715-0041

(가)의 입장에서 대답할 때, (나)의 A에 들어갈 내용으로 적절하지 <u>않은</u> 것은?

(가)	쾌락을 행복한 삶의 시작이자 끝이라고 말한다. 우리는 쾌락을 가장 으뜸가는 선이자 선천적으로 주어진 선으로 인식하고, 모든 선택과 회피의 출발점으로 삼는다.
(나)	

① 모든 고통이 사라진 삶 속에는 행복이 깃들여져 있음을 알아야 합니다.
② 고통은 육체뿐만 아니라 마음속에서도 존재할 수 있음을 알아야 합니다.
③ 고통은 행복한 삶을 방해하는 장해물로 간주될 수 있음을 알아야 합니다.
④ 쾌락은 삶의 방향을 결정할 수 있는 밑바탕이 될 수 있음을 알아야 합니다.
⑤ 쾌락은 최고선으로 한계점이 없이 무한히 증가될 수 있음을 알아야 합니다.

086

▶ 25715-0042

다음 가상 편지의 글쓴이에게 해당하는 행복의 기준으로 적절한 것만을 〈보기〉에서 있는 대로 고른 것은?

○○에게
전쟁이 일어났고, 곧 ◇◇가 항복하자 △△군이 밀려 들어왔어. 우리 □□인의 고난이 시작된 것은 이때부터야. □□인 탄압 법령이 잇달아 공포되었어. □□인은 노란 별표를 달고 다녀야 하고, 자전거를 공출해야 하고, 전차나 자동차도 탈 수 없어. 그뿐만 아니라 오후 3시부터 5시 사이에 □□인 상점에서만 물건을 살 수 있어. 밤 8시 이후에는 외출할 수 없고, 자기 집 마당에도 앉을 수 없어.

〈 보기 〉
ㄱ. 차별과 억압으로부터의 해방
ㄴ. 평화로운 일상과 자유의 보장
ㄷ. 자유롭게 식료품을 구매할 권리 부여
ㄹ. 기아와 영양실조가 없는 식량 자원 확보

① ㄱ, ㄴ   ② ㄱ, ㄹ   ③ ㄷ, ㄹ
④ ㄱ, ㄴ, ㄷ   ⑤ ㄴ, ㄷ, ㄹ

087

▶ 25715-0043

⊙~②에 대한 옳은 설명만을 〈보기〉에서 있는 대로 고른 것은?

사람이 살 터로는 첫째로 ⊙ 지리(地理)가 좋아야 하고, 둘째는 ⓒ 생리(生利)가 좋아야 하며, 셋째는 ⓒ 인심(人心)이 좋아야 하고, 넷째로 ② 산수(山水)가 좋아야 한다. 이 네 가지 중에서 하나라도 모자라면 살기 좋은 땅이 아니다.

〈 보기 〉
ㄱ. ⊙은 생활에 안정성을 제공할 수 있는 요소이다.
ㄴ. ⓒ은 인간의 삶을 위한 비물질적 조건과 관련된다.
ㄷ. ⓒ을 통해 공동체 의식이 질 높은 정주 환경을 위해 필요함을 알 수 있다.
ㄹ. ②은 자연과 조화가 이루어진 장소로 인간에게 심리적 안정감을 줄 수 있다.

① ㄱ, ㄷ   ② ㄴ, ㄷ   ③ ㄴ, ㄹ
④ ㄱ, ㄴ, ㄹ   ⑤ ㄱ, ㄷ, ㄹ

088
▶ 25715-0044

다음을 주장한 사상가가 강조하는 행복한 삶의 태도로 가장 적절한 것은?

> 배우고 때때로 익히면 또한 기쁘지 아니한가? 친한 벗이 먼 곳에서 찾아오면 또한 즐겁지 아니한가? 남이 알아주지 않아도 성내지 않는다면 그 또한 군자가 아닌가?

① 공동체의 선이 아닌 개인의 선을 우선시해야 한다.
② 세속적 가치보다 도덕적 가치를 중요시해야 한다.
③ 행복한 삶은 부와 명예의 여부로 결정되어야 한다.
④ 소박한 삶보다는 부귀영화를 추구하며 살아야 한다.
⑤ 인간다움이 아니라 자비를 실천하며 살아가야 한다.

089
중요
▶ 25715-0045

다음을 주장한 사상가의 입장으로 적절한 것만을 〈보기〉에서 있는 대로 고른 것은?

> 참된 행복은 이성을 아주 잘 실현할 때 이루어진다. 그뿐만 아니라 이성을 잘 실현하는 활동은 한 번에 그치는 것이 아니라 평생 이루어져야 한다. 제비 한 마리가 날아왔다고 봄이 오는 것이 아니듯, 인간이 참으로 행복해지는 것도 하루나 이틀 사이에 이루어지는 것이 아니다.

〔 보기 〕
ㄱ. 인간에게 행복은 최고의 선이다.
ㄴ. 행복은 인간이 추구하는 삶의 목적이다.
ㄷ. 행복은 쾌락을 위한 도구로 간주되어야 한다.
ㄹ. 인간은 자신의 고유한 기능을 발휘할 때 행복을 이룰 수 있다.

① ㄱ, ㄷ   　② ㄴ, ㄷ   　③ ㄴ, ㄹ
④ ㄱ, ㄴ, ㄹ   　⑤ ㄱ, ㄷ, ㄹ

090
▶ 25715-0046

다음은 행복에 대한 동양 사상의 입장이다. (가), (나)에 해당하는 것으로 옳은 것은?

> (가) 억지로 무언가를 얻으려 하지 말고 자연의 순리에 따라 살 때 행복하게 살아갈 수 있다.
> (나) 보시를 행하고 계율을 지키며, 친족에게 인정을 베풀고 비난받을 일을 하지 말라. 이것이 인간에게 행복이다.

	(가)	(나)		(가)	(나)
①	도가	불교	②	도가	유교
③	유교	도가	④	유교	불교
⑤	불교	도가			

091
▶ 25715-0047

(가) 사상가의 입장에서 (나)의 A에게 할 수 있는 조언으로 가장 적절한 것은?

(가)	내 뜻대로 가질 수 없는 것을 탐하거나 부귀영화와 같이 내 소관에 속하지 않는 이러한 것들을 탐하고 좇느라 내 소관에 속하는 것들을 놓칠 수 있다. 그로 인해 내게 진정한 자유와 행복을 가져다줄 수 있는 것들도 정작 놓쳐버릴 수 있다.
(나)	A는 행복한 삶을 위해 자신에게 알맞은 진로가 무엇인지 탐구하고 있다.

① 자신의 감정에 따라 진로를 선택하는 것이 최선임을 명심하세요.
② 사회적 지위와 물질적 풍요를 추구하는 삶이 행복이 됨을 명심하세요.
③ 자신에게 주어진 운명을 개척할 수 있는 진로를 선택해야 함을 명심하세요.
④ 자신의 의지로 바꿀 수 있는 일에 전념해야 행복을 얻을 수 있음을 명심하세요.
⑤ 행위의 결과를 고려하여 최대 행복을 얻을 수 있는 일을 해야 함을 명심하세요.

092
▶ 25715-0048

㉠에 들어갈 내용으로 가장 적절한 것은?

> 나는 인간은 사회적 동물이며, 타인과의 관계 속에서 행복을 찾는다고 생각한다. 행복은 단순히 물질적 풍요나 외부 환경에 달린 것이 아니라 인간의 내면적 성장과 사회적 관계 속에서 실현될 수 있는 것이라 생각한다. 그런데 어떤 사람은 풍요로운 물질적 환경만이 더 많은 선택과 기회를 제공하여 교육, 여행, 취미 활동 등 다양한 경험을 할 수 있게 하므로 행복의 기준이라고 주장한다. 나는 이러한 주장이 ㉠ 고 생각한다.

① 과학의 발달은 행복을 위해 필수적임을 간과한다
② 우정을 통해서는 행복을 느낄 수 없음을 간과한다
③ 삶의 성찰을 통해 행복을 얻을 수 있음을 간과한다
④ 풍요로운 의식주가 행복한 삶을 보장함을 간과한다
⑤ 편의 시설이 마련되어야 행복을 실현할 수 있음을 간과한다

093
▶ 25715-0049

다음 글의 (가), (나)에 들어갈 내용으로 옳은 것은?

> 행복은 인간의 삶에서 매우 중요한 가치이다. 행복을 구성하는 요소는 크게 객관적 요소와 주관적 요소로 구분할 수 있다. 이 두 가지 요소는 상호 작용하며 개인의 행복을 형성하는 중요한 기반이다. 행복의 객관적 요소에는   (가)   등이 있고, 주관적 요소에는   (나)   등이 있다.

	(가)	(나)		(가)	(나)
①	소득	자아실현	②	자아실현	주거
③	만족감	수명	④	소득	수명
⑤	만족감	소득			

주요

094
▶ 25715-0050

㉠～㉣에 대한 적절한 설명만을 〈보기〉에서 고른 것은?

> 행복의 기준은 사람, 지역, 그리고 시대에 따라 다를 수 있지만, 행복한 삶을 이루기 위해서는 기본적인 조건들이 충족되어야 한다. 이러한 기본 조건으로는 ㉠ 질 높은 정주 환경, ㉡ 경제적 안정, ㉢ 민주주의의 발전, 그리고 ㉣ 도덕적 실천 등이 있다. 이러한 조건들이 충족될 수 있도록 개인뿐만 아니라 사회, 국가의 노력이 필요하다.

〔 보기 〕

ㄱ. ㉠은 교통 및 통신, 편의 시설과 같은 자연환경이 갖추어진 것을 의미한다.
ㄴ. ㉡은 삶의 질 향상으로 이어질 수 있다.
ㄷ. ㉢은 최저 임금 제도와 같은 정책을 통해 보장된다.
ㄹ. ㉣은 타인에 대한 배려와 성찰하는 삶을 바탕으로 이행된다.

① ㄱ, ㄴ   ② ㄱ, ㄷ   ③ ㄴ, ㄷ
④ ㄴ, ㄹ   ⑤ ㄷ, ㄹ

095
▶ 25715-0051

다음을 주장한 사상가가 긍정의 대답을 할 질문으로 적절한 것만을 〈보기〉에서 있는 대로 고른 것은?

> 일정한 생업[恒産]이 없지만 변함없는 마음[恒心]이 있는 것은 오직 선비만이 할 수 있습니다. 만약 백성이라면 일정한 생업이 없으면 그로 인해 변함없는 마음이 없어집니다. 진실로 변함없는 마음이 없으면 방탕하고 간사한 것을 못하는 것이 없을 것입니다. 그런데 그들이 죄에 빠지고 난 뒤에 그에 따라서 형벌을 가한다면 이는 백성을 그물질하여 잡는 것입니다.

〔 보기 〕

ㄱ. 선비는 항산(恒産)이 없어도 항심(恒心)을 지닐 수 있는가?
ㄴ. 백성은 도덕적 마음이 없으면 불행한 일을 겪게 될 수 있는가?
ㄷ. 백성은 도덕적 마음을 먼저 지녀야 일정한 생업을 가질 수 있는가?
ㄹ. 백성은 경제적 안정이 마련되어야 도덕적 마음을 얻을 수 있는가?

① ㄱ, ㄴ   ② ㄱ, ㄷ   ③ ㄷ, ㄹ
④ ㄱ, ㄴ, ㄹ   ⑤ ㄴ, ㄷ, ㄹ

096
▶ 25715-0052

행복한 삶을 실현하기 위한 조건 중 (가), (나) 제도를 통해 충족할 수 있는 조건으로 가장 적절한 것은?

> (가) 여러 개의 정당이 동시에 존재하고, 정치적 권력을 획득하기 위해 경쟁하는 제도를 의미한다. 이 제도는 주로 민주주의 국가에서 채택되며, 다양한 정치적 이념과 의견을 반영할 수 있는 장점이 있다.
>
> (나) 정부의 권력을 입법, 행정, 사법의 세 가지 주요 부문으로 나누어 각 부문이 서로 견제하고 균형을 이루도록 하는 정치 제도이다. 이 제도는 민주주의 국가에서 정부의 권한 남용을 방지하고, 시민의 자유와 권리를 보호하기 위한 것이다.

① 반성하는 삶   ② 도덕적 실천
③ 경제적 안정   ④ 민주주의 발전
⑤ 질 높은 정주 환경 조성

서답형 완성 문제

[097~098] 다음 글을 읽고 물음에 답하시오.

> 우리 욕망들 중 어떤 것은 본성적이고 어떤 것은 공허하며, 본성적인 욕망들 중에서 어떤 것은 필수적이고 어떤 것은 그저 본성적일 뿐이며, 필수적인 욕망들 중에서 어떤 것은 행복을 위해 필수적이고 어떤 것은 몸의 평정을 위해 필수적이며, 어떤 것은 생존을 위해 필수적임을 알아야 한다. 이런 것을 관찰해서 확실하게 알아 두면, 행복한 삶의 목표인 몸의 건강과 평정심을 얻기 위한 모든 선택과 회피를 제대로 할 수 있다. 우리의 모든 행위는 고통과 두려움에서 벗어나기 위한 것이기 때문이다. 이런 이유로 우리는 [(가)]을/를 행복한 삶의 시작이자 끝이라고 말한다.

097 (가)에 알맞은 내용을 쓰시오.
▶ 25715-0053

(   )

098 (가)에 대한 에피쿠로스의 입장을 쓰시오.
▶ 25715-0054

____

____

[099~100] 다음 글을 읽고 물음에 답하시오.

> 경제 성장은 삶의 질 향상에 긍정적인 결과를 가져오고 행복을 이룰 수 있는 밑바탕이 될 수 있다. 하지만 ⊙ 소득의 보장이 지속적인 행복의 증가를 낳지 않는다는 연구가 발표되면서 행복을 위해서는 경제적인 조건 이외에도 다른 조건이 충족되어야 한다는 것을 알 수 있게 되었다. 이를 증명하듯 ⓛ 독재 정치 체제에서 사는 시민들의 삶에 대한 만족도가 정치 참여가 보장된 국가에 비해 일반적으로 낮게 나타났다.

099 행복한 삶에 필요한 ⊙과 관련된 제도를 쓰시오.
▶ 25715-0055

(   )

100 ⓛ에게 충족되어야 할 행복한 삶의 조건을 쓰시오.
▶ 25715-0056

____

____

101

▶ 25715-0057

다음 글의 입장에서 지지할 견해로 적절한 것만을 〈보기〉에서 고른 것은?

○○는 과거 교통 체증과 환경 오염 등으로 열악한 도시였지만, "부유한 도시가 아닌 행복한 도시"를 목표로 자전거 도로, 공원, 보행 광장 등을 조성하고, 유류세 인상과 자동차 통근 제한 등의 정책을 도입했다. 그 결과 교통사고와 스모그가 줄었고, 시민들은 자동차 없는 날을 자발적으로 운영하는 등 긍정적인 변화를 주도했다. 이 사례는 경제적 발전이 행복과 직결된다는 전통적인 도시 계획의 관념을 깨트린 사례로 평가된다.

〈 보기 〉

ㄱ. 행복한 삶은 빠른 교통수단에 의존할 수밖에 없다.
ㄴ. 인문환경과 자연환경의 조화는 행복을 위해 필요하다.
ㄷ. 삶의 편리성보다 쾌적한 환경이 행복에 더 큰 영향을 준다.
ㄹ. 물질문명의 발전은 행복한 삶을 방해하는 요소일 뿐이다.

① ㄱ, ㄴ ② ㄱ, ㄷ ③ ㄴ, ㄷ
④ ㄴ, ㄹ ⑤ ㄷ, ㄹ

102

▶ 25715-0058

다음 신문 칼럼의 내용으로 가장 적절한 것은?

○○신문 **칼 럼** ○○년 ○월 ○일

인간은 성공과 경제적 보상을 위해 경쟁을 한다. 경쟁은 인간을 불안하고 무기력하게 만든다. 경쟁에서 진정한 행복을 느끼지 못한 인간은 디지털 기기로 두뇌의 도파민 수준을 쉽게 높여 가짜 행복인 일시적인 즐거움을 느끼려고 한다. 그 결과 디지털 기기에 중독되고 진정한 행복을 느끼지 못한다. 이제 가짜 행복을 버리고 진정한 행복을 찾아야 할 때이다. 좋은 사람과 함께 따뜻함을 나누고 서로를 위로하며 공동체를 통한 지속적인 기쁨을 찾아야 한다.

① 디지털 기기를 사용하면 진정한 행복에 가까워진다.
② 인간은 경쟁으로 인해 디지털 기기로부터 멀어진다.
③ 공동체는 진정한 행복을 이루는 바탕이 될 수 있다.
④ 경쟁은 인간에게 진정한 행복을 제공하는 계기이다.
⑤ 일시적 즐거움은 진정한 행복으로 간주되어야 한다.

103

▶ 25715-0059

다음 글의 입장에서 긍정의 대답을 할 질문으로 가장 적절한 것은?

민주주의는 모든 시민이 평등하게 권리를 행사할 수 있는 환경을 조성한다. 이 과정에서 개인은 사회적 의사 결정에 참여하며, 자신의 의견이 존중받는 경험을 통해 삶의 의미를 찾게 된다. 진정한 행복은 단순히 물질적 풍요나 개인적 성취에 그치지 않는다. 자신의 의견이 존중받고, 사회의 일원으로서 공정하게 대우받으며, 타인과의 관계 속에서 신뢰와 소통을 쌓을 수 있을 때 비로소 인간은 행복을 누릴 수 있다. 이러한 환경은 민주주의 체제 아래에서 가장 잘 실현될 수 있다.

① 민주주의는 개인의 행복을 보장하는 바탕이 되는가?
② 민주주의는 개인의 물질적 풍요만을 추구하는 체제인가?
③ 민주주의는 타인과의 신뢰를 구축하는 것을 방해하는가?
④ 민주주의가 아니라 도덕적 실천으로 행복을 얻어야 하는가?
⑤ 민주주의를 통해 사회적 의사 결정에 참여하는 것은 어려운가?

104

▶ 25715-0060

그림의 강연자의 입장으로 가장 적절한 것은?

① 좋은 삶을 위해 자신의 삶을 성찰해 나가야 한다.
② 인간에게 최고선은 물질적 풍요를 누리는 것이다.
③ 자신에 대한 성찰 이외의 행위는 어떤 가치도 없다.
④ 도덕적 행위에 대한 논의는 행복의 실현과 무관하다.
⑤ 자신을 성찰하는 행위와 부의 추구는 동일한 가치를 지닌다.

✿ 다음 중 옳은 내용에는 ○표, 옳지 않은 내용에는 ×표를 하시오.

01 행복의 기준과 의미

105 행복은 일상생활 속에서 충분한 만족과 기쁨을 느끼는 상태를 의미한다. ( )

106 서양 중세 사람들은 초월적 존재에 의해 자신의 행복이 결정된다는 믿음을 지니는 경향을 보였다. ( )

107 행복을 판단하는 기준은 정치, 경제, 문화 및 자연환경 등의 영향을 받는다. ( )

108 신분 차별이나 종교적 억압이 존재하는 지역에서는 자유를 누리는 것이 행복의 기준이 될 수 있다. ( )

109 공자는 도덕규범에 따르기보다는 무위의 삶을 살아가는 것이 인간다운 삶이라고 보았다. ( )

110 아리스토텔레스는 행복을 인간 삶의 질을 향상시키는 중요한 수단으로 보았다. ( )

111 에피쿠로스는 행복을 위해 고통이 없는 정신적 쾌락보다 물질적 쾌락을 중요시하였다. ( )

112 서양 중세 시대에 개인은 종교적 교리를 통해 행복을 추구할 수 없었다. ( )

113 행복 지수는 객관적 요소인 주거, 소득 등과 주관적 요소인 사랑, 자아실현 등을 고려하여 측정한다. ( )

114 행복에 대한 기준은 시대와 지역에 따라 다르지만 행복은 삶의 목적이 될 수 있다. ( )

02 행복한 삶을 실현하기 위한 조건

115 질 높은 정주 환경을 조성하려면 치안, 보건, 교육 등 삶의 질을 향상시킬 수 있는 인문환경도 갖추어야 한다. ( )

116 의식주는 인간다운 생활과 행복을 위해 필수적으로 충족되어야 하는 요소이다. ( )

117 맹자는 모든 사람은 생업이 없으면 도덕적 마음을 지닐 수 없다고 보았다. ( )

118 최저 임금 제도는 행복한 삶을 실현하기 위한 경제적 안정 차원에서 필요하다. ( )

119 시민의 행복감은 정치에 대한 자발적 참여의 기회가 보장될수록 증가할 수 있다. (   )

120 사회 보험은 미래의 경제적 불안으로 인한 불행에 대비하기 위해 가입하는 선택적인 성격의 보험이다.
(   )

121 이스털린의 역설은 소득이 증가할수록 행복은 지속해서 증가한다는 것을 설명하는 것이다. (   )

122 경제적 안정은 생활에 필요한 재화나 서비스를 안정적이고 일정하게 누릴 수 있는 상태를 의미한다. (   )

123 민주주의는 국민이 주권자로서 정치 권력을 행사하는 제도로 행복을 실현하기 위해 필요하다. (   )

124 도덕적인 삶은 타인을 위한 것이 아니라, 오직 자신만의 행복을 추구하기 위해 도덕적 성찰을 바탕으로 살아
가는 것을 의미한다. (   )

정답 확인 105 ○ 106 ○ 107 ○ 108 ○ 109 × 110 × 111 × 112 × 113 ○ 114 ○ 115 ○ 116 ○ 117 × 118 ○
119 ○ 120 × 121 × 122 ○ 123 ○ 124 ×

오답 체크

109 유교에서는 사회 규범과 같은 예(禮)를 따르는 삶이 인간다운 삶이라고 보았다.

110 아리스토텔레스는 행복이 다른 것을 위한 수단이 아니라 목적이라고 보았다.

111 에피쿠로스는 육체의 고통과 마음의 불안이 없는 정신적 쾌락이 진정한 행복이라고 보았다.

112 신앙심을 중시하는 사람은 종교적 교리가 행복을 위한 기준이 될 수 있다.

117 맹자에 따르면 선비는 생업이 없어도 도덕적 마음을 지닐 수 있다.

120 사회 보험은 미래의 경제적 불안으로 인한 불행에 대비하기 위해 가입하는 강제적인 성격의 보험이다.

121 이스털린의 역설은 소득이 일정 수준을 넘어서면 소득이 증가하여도 행복은 지속해서 증가하지 않는다는 것을 설명하는 것이다.

124 도덕적인 삶은 자신과 타인의 행복을 추구하기 위해 도덕적 성찰을 바탕으로 살아가는 것이다.

대단원 종합 문제

01 행복의 기준과 의미

125
▶ 25715-0061

㉠에 들어갈 진술로 적절하지 <u>않은</u> 것은?

> 아주 오래전부터 지금까지 사람들은 행복에 대한 깊은 관심을 가져왔다. 행복은 일상생활에서 느끼는 만족감이나 즐거움을 의미한다. 그러나 아름다움에 대한 기준 또한 시대에 따라 변화하듯이, 각 개인이 느끼는 만족감이나 즐거움은 서로 다르기 때문에 ____㉠____

① 행복에는 복합적인 요소가 영향을 미친다.
② 행복에 대한 다양한 기준이 존재하게 된다.
③ 행복은 개인의 삶의 맥락에 따라 다르게 경험된다.
④ 각 개인에게는 행복을 위한 다양한 조건이 존재하지 않는다.
⑤ 행복의 정의는 각자의 경험에 따라 다르므로 모두가 같을 수는 없다.

126
▶ 25715-0062

㉠의 행복의 기준으로 적절한 것만을 〈보기〉에서 있는 대로 고른 것은?

> 수도사 ㉠갑은 젊은 시절에는 화려한 기사였지만, 전쟁에서 겪은 참상과 인간의 고통을 목격한 후 수도원에 들어왔다. 겉으로는 모든 것이 평화로웠지만, 그의 마음속에는 여전히 그날의 전투와 죽은 동료들의 목소리가 메아리쳤다. 그는 매일 기도하면서도, "용서받을 수 있을까?"라는 질문에 괴로워했다.

〈 보기 〉
ㄱ. 안정과 평화　　　　ㄴ. 신에 의한 구원
ㄷ. 물질적 풍요로움　　ㄹ. 사회적 명예와 지위

① ㄱ, ㄴ　　　② ㄱ, ㄹ　　　③ ㄷ, ㄹ
④ ㄱ, ㄴ, ㄷ　　⑤ ㄴ, ㄷ, ㄹ

127
▶ 25715-0063

다음 글을 통해 추론할 수 있는 행복에 대한 설명으로 가장 적절한 것은?

> ○○ 가족은 도시와 멀리 떨어진 농촌 지역에서 살며 매일 아침 일찍 일어나 농사를 짓고, 하루의 대부분을 땀 흘려 일하며 보낸다. 그들의 소득은 적지만, 가족 구성원 모두가 함께 일하고 웃으며 시간을 보내는 것만으로도 큰 행복을 느낀다. 저녁마다 모여 앉아 서로의 이야기를 나누고, 작은 밥상 위에 올려진 소박한 음식들을 나누며 그들은 진정한 유대감을 느낀다. 그들에게 있어 물질적인 결핍은 중요하지 않다. 오히려 서로를 지지하고 사랑하는 것이 더 큰 가치로 자리 잡고 있다.

① 소득은 행복을 결정하는 유일한 기준이다.
② 가족 간의 유대감과 행복은 서로 무관한다.
③ 인간은 독립적인 생활을 유지해야 행복을 느낀다.
④ 행복은 경제적 요인보다 사랑을 통해 얻을 수 있다.
⑤ 인문환경이 발달하지 못한 곳에서는 행복을 얻을 수 없다.

[128~129] 다음 가상 대화를 읽고 물음에 답하시오.

> 리포터 : 인간에게 최고선은 무엇인가요?
> 갑 : ____㉠____ 은/는 우리 삶에서 추구하는 것 가운데 최고선으로 이성을 탁월하게 발휘할 때 얻을 수 있습니다. 그리고 제비 한 마리가 날아왔다고 봄이 오는 것이 아니듯, 이성을 탁월하게 발휘하는 것은 한 번에 그치는 것이 아니라 평생 이루어져야 합니다.

128
▶ 25715-0064

㉠에 들어갈 용어를 쓰시오.

(　　　　　　　　)

129
▶ 25715-0065

㉠에 대한 갑의 입장으로 가장 적절한 것은?

① 다른 목적을 위한 수단으로 간주될 수 있다.
② 일시적인 노력을 통해 얻을 수 있는 것이다.
③ 인간의 고유한 기능을 발휘할 때 얻을 수 있다.
④ 욕구나 감정에 좌우될 때 얻을 수 있는 것이다.
⑤ 덕을 지니지 않은 사람도 얻을 수 있는 것이다.

130
▶ 25715-0066

다음 글의 입장에서 지지할 내용으로 가장 적절한 것은?

> 바쁜 도시 생활 속에서 많은 사람은 스트레스와 경쟁에 시달리며, 빠른 속도 속에서 행복을 찾기 어려워한다. 반면, 한적하고 문명의 영향을 적게 받고 농사일 이외에는 다른 일자리가 없는 시골에서는 느긋한 삶의 속도와 자연의 여유 속에서 행복을 찾는 경우가 많다.

① 풍부한 일자리는 행복의 필수적인 요인이다.
② 자연환경은 행복한 삶에 영향을 주지 않는다.
③ 인문환경이 갖춰진 곳에서는 행복을 느낄 수 없다.
④ 삶의 안정감과 여유가 행복의 기준에 영향을 미친다.
⑤ 과학기술이 발달하지 못한 곳에서는 행복을 얻을 수 없다.

[131~132] 다음 가상 대화를 읽고 물음에 답하시오.

> **갑:** 일단 결핍으로 인한 고통이 제거된 상태에서는, 소박한 음식은 사치스러운 음식과 같은 쾌락을 가져다준다. 그래서 빵과 물은 가장 필요로 하는 사람에게 주어졌을 때 가장 큰 쾌락을 준다. 따라서 사치스럽지 않고 소박한 음식에 길들어 있을 때가 건강하고, 사람이 자기 삶에 필수적인 것을 사용할 때 싫증 나지 않으며, 상당한 시간 간격을 두고 사치스러운 것을 마주했을 때 우리는 더 나은 조건에 있고, 무슨 일이 일어나도 두려워하지 않게 된다.
>
> **리포터:** 쾌락을 가장 크게 하는 방법은 무엇인가요?
>
> **갑:** [㉠]

131
▶ 25715-0067

갑의 입장으로 적절한 것만을 〈보기〉에서 있는 대로 고른 것은?

> ┤ 보기 ├
> ㄱ. 쾌락은 물질적 충족 없이 누릴 수 있다.
> ㄴ. 쾌락은 인생의 목적이 아니라 수단이다.
> ㄷ. 쾌락을 누리며 사는 삶이 곧 행복한 삶이다.
> ㄹ. 쾌락은 최고선이자 행복의 시작이고 마지막이다.

① ㄱ, ㄴ
② ㄱ, ㄷ
③ ㄷ, ㄹ
④ ㄱ, ㄴ, ㄹ
⑤ ㄴ, ㄷ, ㄹ

132
▶ 25715-0068

㉠에 들어갈 내용으로 적절한 것을 쓰시오.

____

____

133
▶ 25715-0069

㉠, ㉡의 의미를 옳게 연결한 것은?

> 나는 행복을 두 가지로 정의한다. 첫 번째는 외부로 나가 대장군의 깃발을 앞세우고 관을 허리에 두르며, 내부로 들어와 비단옷을 입고 수레를 타고 사방을 다스릴 계책을 듣는 것으로, 이를 ㉠열복(熱福)이라고 부른다. 두 번째는 깊은 산속에서 삼베옷을 입고 짚신을 신은 채, 맑은 샘물에 발을 씻으며 소나무에 기대어 시를 읊는 것으로, 이를 ㉡청복(淸福)이라 한다.

	㉠	㉡
①	명성에 따른 만족	정신적인 만족
②	정신적인 만족	지적인 만족
③	물질적인 만족	명성에 따른 만족
④	지적인 만족	물질적인 만족
⑤	정신적인 만족	명성에 따른 만족

134
▶ 25715-0070

다음 글에서 설명하는 행복 지수의 요건으로 적절하지 <u>않은</u> 것은?

> 국민 행복 지수는 한 나라의 국민이 느끼는 행복 수준을 측정하기 위한 지표이다. 이 지수는 경제적 요소뿐만 아니라 사회적, 심리적, 환경적 요인을 종합적으로 고려하여 국민의 삶의 질을 평가한다. 주요 요소로는 소득 수준, 고용률, 가족, 친구와의 관계, 스트레스, 우울증 등의 정신 건강 상태, 환경, 공기 질, 자연환경의 접근성과 정부의 신뢰도, 민주적 참여 등이다. 이 지수는 정책 결정에 중요한 역할을 하며, 국민의 삶의 질을 향상하기 위한 다양한 정책을 개발하는 데 사용된다.

① 학업 성취도
② 경제적 안정
③ 정서적 요인
④ 정치적 요인
⑤ 자연환경의 영향

02 행복한 삶을 실현하기 위한 조건

135
▶ 25715-0071

다음 신문 칼럼의 ㉠에 들어갈 내용으로 적절하지 <u>않은</u> 것은?

○○신문	**칼 럼**	○○○○년 ○월 ○일

　　기본적인 삶의 문제를 해결하고 행복한 삶을 실현하려면 인간다운 삶을 누릴 수 있는 질 높은 정주 환경이 조성되어야 한다. 질 높은 정주 환경을 조성하려면 　㉠　

① 환경 오염으로부터 생태환경을 보호해야 한다.
② 교육 및 통신 시설을 수요에 맞게 갖추어야 한다.
③ 문화 시설을 확충하여 개인 삶의 질을 향상해야 한다.
④ 위생적인 환경을 만들기 위한 보건 분야에 힘써야 한다.
⑤ 비민주적 정치 제도를 개선하여 민주화를 달성해야 한다.

[136~137] 다음 글을 읽고 물음에 답하시오.

　　『택리지』에서는 사람이 살기 좋은 곳의 조건을 제시하고 있다. 이에 해당하는 조건으로는 첫째, 풍수적으로 길지에 해당하는 　㉠　, 둘째, 경제활동에 유리하여 생업에 적합한 환경인 　㉡　, 셋째, 이웃 간의 정과 마을의 풍속이 좋은지를 평가하는 　㉢　, 넷째, 자연 경관이 아름다워 풍류를 즐기기에 좋은 　㉣　이/가 있다.

136
▶ 25715-0072

㉠~㉣에 들어갈 내용을 순서대로 바르게 나열한 것은?

① 지리(地理)-생리(生利)-인심(人心)-산수(山水)
② 생리(生利)-지리(地理)-산수(山水)-인심(人心)
③ 지리(地理)-산수(山水)-인심(人心)-생리(生利)
④ 산수(山水)-인심(人心)-생리(生利)-지리(地理)
⑤ 인심(人心)-지리(地理)-생리(生利)-산수(山水)

137
▶ 25715-0073

㉠~㉣ 중 자연환경에 해당하는 내용을 모두 쓰시오.

138
▶ 25715-0074

다음 그래프에 대한 설명으로 적절한 것만을 〈보기〉에서 있는 대로 고른 것은?

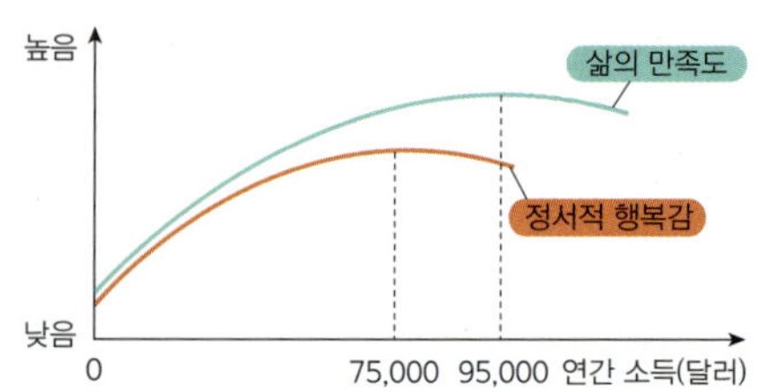

〈 보기 〉

ㄱ. 경제적 안정은 행복을 위해 필요한 요소이다.
ㄴ. 소득이 증가할수록 정서적 행복감도 비례해서 계속 증가한다.
ㄷ. 소득의 증가가 지속적인 삶의 만족도 향상으로 이어지지는 않는다.
ㄹ. 연간 소득이 95,000달러 미만일 때는 정서적 행복감보다 삶의 만족도가 높게 나타난다.

① ㄱ, ㄴ　　　② ㄱ, ㄷ　　　③ ㄴ, ㄹ
④ ㄱ, ㄷ, ㄹ　　⑤ ㄴ, ㄷ, ㄹ

139
▶ 25715-0075

다음 글에 대한 설명으로 적절하지 <u>않은</u> 것은?

　　○○는 실업으로 경제적 어려움에 놓여 점차 사회적으로 고립되고 우울증을 겪게 되었다. 이와 같은 개인의 문제는 사회 전반에도 영향을 미쳐, 소비 감소와 사회적 활동 축소로 이어지며, 결국 경제에 부정적인 영향을 미친다. 일자리 부족으로 인한 고통은 개인의 불행에 그치지 않고, 경제활동과 사회 전체로 확산되어 부정적 영향을 줄 수 있다. 이러한 문제를 해결하기 위해 직업 교육 및 고용 지원 제도가 마련되어야 한다.

① 경제적 안정은 행복의 요소에서 제외되어야 한다.
② 경제적 안정을 위한 사회적 차원의 노력이 필요하다.
③ 개인의 경제적 요인은 자아 정체성에 형성에 영향을 미친다.
④ 일자리 부족은 개인의 고통과 더불어 사회적 고통을 유발할 수 있다.
⑤ 경제적 불안정으로 인한 문제가 사회 전체의 불행으로 이어질 수 있다.

[140~141] 다음 글을 읽고 물음에 답하시오.

백성은 ㉠ 항산(恒産)이 없으면 흔들림 없는 도덕적인 마음[恒心]도 없어진다. 그러므로 지혜로운 왕은 백성의 생업을 보장해 주되 위로는 부모를 섬기기에 충분하게 하고 아래로는 자녀를 먹여 살릴 만하게 하여, 풍년에는 언제나 배부르고 흉년에도 죽음을 면하게 한다.

140
▶ 25715-0076

㉠이 의미하는 것을 쓰시오.

(   )

141
▶ 25715-0077

윗글의 내용을 바탕으로 국민의 행복을 위해 국가가 중점을 두고 노력해야 할 것으로 가장 적절한 것은?

① 고용 안정화 정책
② 언론의 자유 보장
③ 쾌적한 자연환경 조성
④ 지역의 고유문화 보존
⑤ 자유로운 정치 참여의 보장

142
▶ 25715-0078

그림의 강연자가 지지할 기근을 예방할 수 있는 방안으로 가장 적절한 것은?

① 홍수가 없는 자연환경
② 흉작을 방지할 농업 기술
③ 민주주의 정부의 신속한 노력
④ 전제 정치를 바탕으로 한 통치 체제
⑤ 국가에 의한 하향식 의사 결정 구조

143
▶ 25715-0079

다음 글의 입장에서 지지할 입장에만 모두 'ㅇ'를 표시한 학생은?

독재 정권 아래에서는 표현의 자유, 언론의 자유, 집회의 자유 등이 억압되면서 사람들은 자신의 의견을 자유롭게 표현할 수 없고, 이는 개인의 정체성 형성과 자아실현을 방해한다. 또한 독재 정치에서는 권력이 집중되어 부정부패가 만연해진다. 정치적 권력을 가진 소수의 사람은 자신의 이익을 위해 국가 자원을 착취하고, 일반 국민은 경제적 어려움에 시달리게 된다. 이러한 불평등은 사회적 불만과 불안을 초래하며, 사람들은 행복을 느끼기 어려워진다.

입장 \ 학생	갑	을	병	정	무
권력 분립을 실현할수록 국민의 행복은 감소된다.	V	V		V	
독재 정치는 국민의 경제적 안정을 저해할 수 있다.			V	V	V
개인의 자유가 보장될수록 개인의 행복은 향상될 수 있다.	V	V			V
국가의 정치 제도는 개인의 행복과 불행에 영향을 줄 수 있다.			V	V	V

① 갑   ② 을   ③ 병   ④ 정   ⑤ 무

144
▶ 25715-0080

다음 가상 편지에서 강조하는 행복한 삶의 조건으로 가장 적절한 것은?

사랑하는 친구에게

요즘 어떻게 지내고 있니? 오늘은 내가 생각하는 행복에 관해 이야기하고 싶어서 편지를 써봐. 우리가 흔히 행복을 돈이나 명예로 생각하지만, 나는 타인을 배려하거나 곤경에 처한 사람을 돕는 행동이 진정한 행복을 가져다준다고 믿어. 왜냐하면 남을 배려하고, 정의롭고, 정직하게 행동하는 삶을 살면 우리는 만족감과 자아 존중감이 높아지고 다른 사람들에게 긍정적인 영향을 미칠 수 있으니까. 이런 소중한 경험들이 쌓여 결국 진정한 행복으로 이어지는 것 같아. 항상 너의 행복을 응원하며, 이 편지가 너에게 작은 영감을 줄 수 있었으면 좋겠어.

① 도덕적 실천   ② 물질적인 풍요
③ 민주주의 발전   ④ 편리한 인문환경
⑤ 부와 명예의 획득

기출 문제

145

다음 글에서 강조하는 내용으로 가장 적절한 것은?

> 기부와 행복이 상관관계가 있는 것으로 많은 연구들에 의해 밝혀졌다. 기부를 한 사람들이 기부를 하지 않은 사람들에 비해 더 큰 행복감을 느꼈다고 밝혔으며, 기부에 참여한 사람의 행복 지수가 기부에 참여하지 않은 사람보다 더 높은 것으로 나타났다. 또한 기부를 받은 사람도 기부를 받은 후 행복 수준이 상승하였다.

① 기부 활동과 행복한 삶은 연관성이 없다.
② 도덕적 실천은 다른 사람에게만 행복을 가져다준다.
③ 자신과 타인의 비교를 통해서만 행복을 얻을 수 있다.
④ 남에 대한 무관심이 자신과 타인의 행복을 증가시킨다.
⑤ 남과 더불어 살아가려는 노력은 행복한 삶을 가능하게 한다.

146

다음 사상가의 입장에서 강조하는 행복한 삶을 위한 자세로 가장 적절한 것은?

> 가장 적은 양을 필요로 하는 사람이 사치에 가장 큰 기쁨을 느낀다. 결핍 때문에 생기는 고통이 제거된다면, 단순한 음식도 우리에게 사치스러운 음식과 같은 쾌락을 준다. 그러므로 쾌락은 몸의 고통이나 마음의 혼란으로부터의 자유이다.

① 정신적 쾌락보다 육체적 쾌락을 추구해야 한다.
② 종교적 절대자인 신의 뜻에 성실히 따라야 한다.
③ 욕구 분별과 절제를 통해 검소한 삶을 살아야 한다.
④ 이성의 기능을 발휘하여 모든 쾌락을 제거해야 한다.
⑤ 모든 욕구를 제거하고 자연의 질서에 순응해야 한다.

147

2024학년도 6월 고1 학력평가

다음 글을 통해 추론할 수 있는 진정한 행복의 실현 조건으로 가장 적절한 것은?

> 행복 관련 지수들은 대부분 주거, 소득, 고용, 수명, 교육 등을 행복 실현의 중요한 기준으로 삼는다. 하지만 해당 기준이 충분히 달성된다고 하더라도 스트레스나 상대적 박탈감 등의 요인에 의해 삶에 대해 느끼는 주관적 만족감이 떨어진다면 진정으로 행복한 삶이라고 말하기 어렵다.

① 물질적 풍요로움을 유일한 가치로 여겨야 한다.
② 현재의 행복을 희생하여 미래의 행복을 추구해야 한다.
③ 행복을 개인의 주관적 만족감과는 무관한 것으로 여겨야 한다.
④ 행복의 다양한 기준을 통합적으로 고려해 삶의 질을 높여야 한다.
⑤ 내면적 성장과 자아실현보다 외부 환경 개선을 위해 노력해야 한다.

148

2024학년도 6월 고1 학력평가

다음 글을 통해 추론할 수 있는 내용으로 가장 적절한 것은?

> 백성에게 살아갈 수 있는 일정한 재산이나 생업[恒産]이 없으면 순수하고 변함없는 도덕적인 마음[恒心]을 유지하기 어렵다. 이러한 마음이 없으면 편벽*되고 악해질 것이며 백성의 삶을 불행하게 만들 것이다.
>
> * 편벽(偏僻): 한쪽으로 치우침.

① 백성의 도덕적인 마음과 행복은 아무런 관계가 없다.
② 백성은 행복한 삶을 위해 물질적 가치를 배제해야 한다.
③ 백성의 도덕적인 마음은 경제적 안정을 위한 우선 조건이다.
④ 백성의 행복을 위해 국가는 경제활동에 개입해서는 안 된다.
⑤ 백성의 행복을 위해 최소한의 경제적 안정이 보장되어야 한다.

01 자연환경과 인간 생활

❶ 자연환경과 인간 생활

1. 자연환경과 인간 생활: 기후, 지형, 토양, 식생 등 자연환경은 인간이 살아가는 토대가 되며, 인간과 상호 작용하면서 거주 공간과 생활양식에 영향을 줌

2. 기후가 인간 생활에 끼친 영향

(1) 기후 분포: 대체로 저위도에서 고위도로 가면서 열대 기후, 건조 기후, 온대 기후, 냉대 기후, 한대 기후 분포

(2) 인간 생활: 열대 기후 → 얇은 옷, 한대 기후 → 털가죽 옷

시험 빈출 자료 세계의 기후 지역

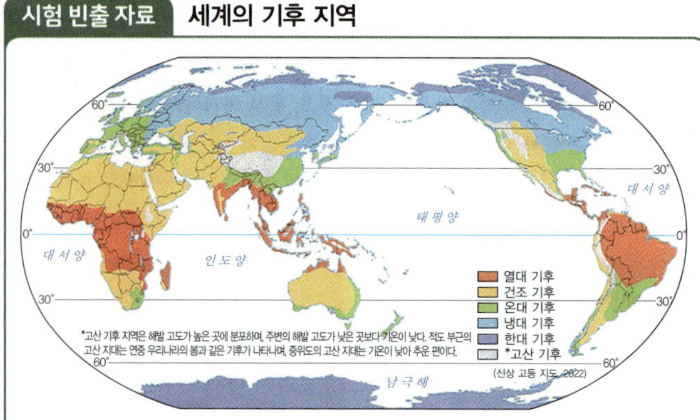

자료 분석 | 열대 기후는 아프리카, 남아메리카, 건조 기후는 북부 아프리카와 서남아시아, 온대 기후는 대륙별 중위도, 냉대 기후는 유라시아와 북아메리카에 넓게 분포한다. 한대 기후는 북극과 남극을 중심으로 한 양극 지방에 주로 분포한다.

3. 기후에 따른 생활양식의 차이

열대 기후 지역	• 연중 기온이 높음 → 얇고 바람이 잘 통하는 의복, 음식물이 상하지 않도록 기름에 볶거나 튀기고 향신료를 많이 사용 • 연중 강수량이 많은 지역 → 지붕의 경사가 급하고 바닥을 지면에서 띄운 고상식 가옥 발달 • 이동식 화전 농업, 플랜테이션 발달 • 아시아의 계절풍 지역 → 벼농사 발달 • 사바나 기후 지역 → 건기와 우기가 뚜렷한 지역으로 초원이 형성되어 다양한 야생 동물이 서식
건조 기후 지역	• 연 강수량보다 연 증발량이 많고 일교차가 큼 • 사막 기후 지역 → 흙벽돌집(두꺼운 벽, 작은 창) • 스텝 기후 지역 → 이동식 가옥 예 게르 • 농목업: 오아시스 농업과 관개 농업, 유목(양, 염소 등)
온대 기후 지역	• 기후가 온화하고 계절의 변화가 뚜렷함 • 아시아의 계절풍 지역: 벼농사 발달 • 지중해성 기후 지역: 여름이 고온 건조함 → 수목 농업 발달 (포도, 올리브 등 재배) • 서안 해양성 기후 지역: 혼합 농업과 낙농업, 원예 농업 발달
냉대 기후 지역	• 짧은 여름, 춥고 긴 겨울 → 기온의 연교차가 큼 • 침엽수림(타이가) → 통나무집, 임업 발달 • 서늘하고 건조한 지역: 밀, 보리 재배
한대 기후 지역	• 북극과 남극 주변에 분포 → 인간 거주에 불리 • 전통적으로 순록 유목, 수렵, 어로 활동 → 최근 석유 등 자원 개발, 지역의 고유한 전통문화 쇠퇴 • 가죽이나 털로 만든 의복, 고상식 가옥(툰드라 지역), 눈과 얼음으로 만든 임시 거처(이글루)

시험 빈출 자료 건조 기후 지역의 전통 가옥

▲ 이란의 흙벽돌집

▲ 몽골의 이동식 천막집 게르

자료 분석 | 건조 기후 지역은 사막 기후 지역과 스텝 기후 지역으로 나뉜다. 사막 기후 지역에서는 강한 바람과 햇빛 등으로 인해 두꺼운 벽과 작은 창이 있는 흙벽돌집을 지으며, 스텝 기후 지역에서는 유목이 발달하기 때문에 이동 생활에 유리한 집을 짓는다. 예를 들면, 몽골 주민들은 이동식 천막인 게르에서 생활한다.

4. 지형에 따른 생활양식의 차이

산지 지형	• 해발 고도가 높고 경사가 급한 지역 → 인간 거주에 불리 • 감자, 옥수수 등을 재배하거나 목축업, 임업 등이 발달함 • 열대 기후 지역의 고산 지대에는 도시 발달
평야 지형	• 땅이 넓고 평평하여 농경에 유리하고 교통이 편리 → 산업과 도시 발달 • 아시아의 벼농사 지대, 유럽과 아메리카의 밀농사 지대 • 창장강, 갠지스강, 라인강 등 대하천 주변의 비옥한 평야에 인구 밀집
해안 지형	• 육지와 바다가 만나는 공간, 수상 교통 발달 → 국제 교류 활발, 어업 발달 • 갯벌: 수심이 얕고 조차가 큰 곳에 형성 → 염전과 양식장으로 활용 • 관광 산업 발달: 아름다운 해안 지형 활용
특수 지형	• 카르스트 지형: 다양한 석회암 지형 발달 → 경관이 수려하여 관광 자원으로 활용 예 할롱 베이의 탑 카르스트(베트남), 파묵칼레(튀르키예) • 화산 지형: 비옥한 화산재 토양이 분포하여 농업에 유리함, 온천 및 아름다운 경관을 활용한 관광 산업 발달 예 일본, 아이슬란드 등 • 빙하 지형: 피오르, 빙하호, 호른 등 다양한 지형 경관을 관광 자원으로 활용 예 노르웨이, 스위스, 아이슬란드 등

❷ 자연재해와 안전한 환경

1. 자연재해의 의미와 특징

(1) **의미**: 기후, 지형 등의 자연환경 요소들이 인간의 안전한 생활을 위협하면서 피해를 주는 현상

(2) **특징**

① 인명과 재산 피해를 입히고 사회 기반 시설을 파괴함

② 지리적 특성으로 인해 특정 지역에서 반복적으로 발생하는 경향이 있음

2. 자연재해의 유형

(1) **기후적 요인에 따른 자연재해**

홍수	• 집중 호우가 내릴 때 주로 발생 • 주거지와 농경지 등이 침수 → 인명과 재산 피해
가뭄	• 농작물이 말라 죽고, 사용할 수 있는 물 부족 • 진행 속도가 느리지만 피해 범위는 넓음
태풍	주로 저위도 해상에서 발생하여 중위도로 이동하는 열대 저기압 → 강풍과 호우를 동반하여 풍수해 발생
폭설	• 짧은 시간에 많은 눈이 내리는 현상 • 교통 혼잡 유발과 비닐하우스 같은 시설물 붕괴

(2) **지형적 요인에 따른 자연재해**

지진	땅이 흔들리고 갈라지면서 건축물과 도로 등이 붕괴하여 많은 인명 및 재산 피해를 유발
화산 활동	용암, 화산 가스, 화산재 등이 분출 → 주거지와 농작물을 덮치고, 항공기 운항에 지장 초래
산사태	• 집중 호우나 지진으로 토양층이 순식간에 흘러 내려가는 현상 • 무분별한 산지 개발로 발생 빈도가 높아짐

(3) **인간 활동의 영향으로 인한 재해**

① 해안 침식: 지구 온난화로 해수면 상승, 해안 주변에 다양한 인공 구조물 설치 등으로 발생

② 땅꺼짐(싱크홀): 상·하수관의 손상에 따른 누수, 각종 공사로 인한 지반 약화가 원인이 되어 발생

3. 안전하고 쾌적한 환경 속에서 살아갈 시민의 권리

(1) **헌법에서 규정하고 있는 안전권과 환경권**: 우리나라 헌법 제34조, 제35조 바탕 → 「자연재해 대책법」, 「재난 및 안전 관리 기본법」, 「국민 안전 교육 진흥 기본법」 등의 법률 제정, 스마트 재난 관리 시스템 구축

(2) **안전권과 환경권 보장을 위한 주체별 노력**

국가	• 첨단 과학 기술을 활용한 재난 관리, 국가 재난 관리 정보 시스템 구축 • 재해 발생 시 즉각적인 복구와 보상 지원 및 정책 수립
시민	• 재난 대응 훈련 등에 적극적인 참여 • 공동체의 안전을 위해 함께 노력하는 시민 의식 함양

❖ **빈칸에 들어갈 알맞은 말을 쓰시오.**

149 세계의 기후는 적도에서 극지방으로 가면서 열대 기후부터 한대 기후까지 대체로 (　　　)과/와 평행하게 분포한다.

150 산지 지형은 해발 고도가 높아 인간의 거주에 불리하지만 (　　　) 기후 지역의 고산 지대는 날씨가 온화하여 도시가 발달하였다.

151 (　　　)은/는 기후, 지형 등의 자연환경 요소들이 인간의 안전한 생활을 위협하면서 피해를 주는 현상이다.

❖ **다음 내용이 옳으면 ○표, 틀리면 ×표를 하시오.**

152 아프리카는 북아메리카보다 열대 기후가 차지하는 면적이 넓다.

(　　　)

153 평야 지형은 홍수가 자주 발생하여 사람이 거주하기 불리하다.

(　　　)

154 가뭄은 홍수보다 진행 속도가 느리지만 피해 범위는 넓다.

(　　　)

❖ **다음 내용에 알맞은 말을 고르시오.**

155 건조 기후 지역은 (연 강수량, 연 증발량)이 (연 강수량, 연 증발량)보다 많다.

156 해안의 대표적인 지형인 갯벌은 수심이 (얕고, 깊고) 조차가 (작은, 큰) 곳에 잘 형성된다.

157 태풍은 (기후적, 지형적) 요인, 화산 활동은 (기후적, 지형적) 요인에 의해 발생하는 자연재해이다.

❖ **다음에서 설명하는 개념을 〈보기〉에서 고르시오.**

> **보기**
>
> ㄱ. 수목 농업　　　ㄴ. 관개 농업　　　ㄷ. 혼합 농업

158 사막에서 주변의 물을 끌어와 짓는 농업 방식이다. (　　　)

159 여름이 덥고 건조하여 이에 잘 적응한 작물인 포도, 올리브 등을 재배하는 농업 유형이다. (　　　)

160 밀, 보리 등의 곡물 재배와 가축 사육 등 목축업을 함께 하는 농업 유형이다. (　　　)

❖ **기후 지역과 관련이 깊은 내용을 옳게 연결하시오.**

161 열대 기후　·　　　　　·　㉠ 고상식 가옥, 급경사 지붕

162 건조 기후　·　　　　　·　㉡ 타이가, 통나무집

163 냉대 기후　·　　　　　·　㉢ 흙벽돌집, 평평한 지붕

164 한대 기후　·　　　　　·　㉣ 순록 유목, 툰드라

165

▶ 25715-0081

세계의 기후에 대한 설명으로 옳은 것만을 〈보기〉에서 고른 것은?

〈 보기 〉

ㄱ. 위도와 해발 고도가 높을수록 기온이 높다.

ㄴ. 대체로 기온과 강수량을 기준으로 구분한다.

ㄷ. 열대 기후 지역의 해발 고도가 높은 곳은 사람이 살기에 유리하다.

ㄹ. 저위도에서 고위도로 가면서 한대 기후, 온대 기후, 열대 기후 순으로 나타난다.

① ㄱ, ㄴ　　　② ㄱ, ㄷ　　　③ ㄴ, ㄷ

④ ㄴ, ㄹ　　　⑤ ㄷ, ㄹ

[167~168] 지도는 세계의 기후 지역을 나타낸 것이다. 물음에 답하시오.

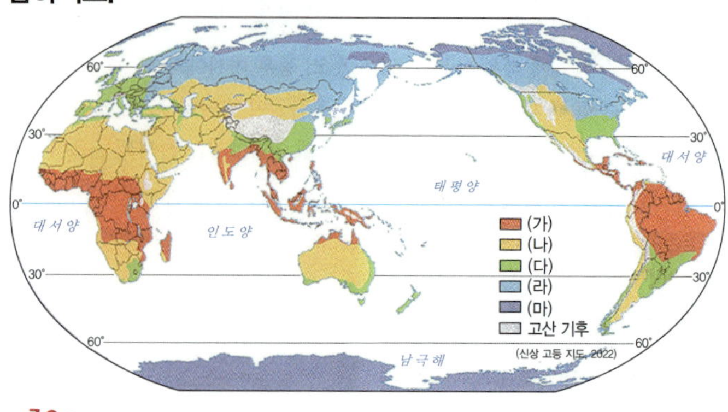

중요

167

▶ 25715-0083

지도의 (가)~(다) 기후 지역에 대한 설명으로 옳은 것은?

① (가)의 주민들은 대추야자를 주식으로 먹는다.

② (나)에서는 다양한 야생 동물을 볼 수 있는 사파리 관광이 발달하였다.

③ (다)는 대륙의 동안이 서안보다 겨울이 대체로 춥다.

④ (가)는 (나)보다 기온의 일교차가 크다.

⑤ (나)는 (다)보다 인구 밀도가 높다.

중요

166

▶ 25715-0082

사진은 두 지역의 경관을 나타낸 것이다. (가), (나) 지역에 대한 설명으로 옳은 것만을 〈보기〉에서 고른 것은? (단, (가), (나)는 각각 몽골, 싱가포르에 위치함.)

(가)　　　(나)

▲ 이동식 가옥 게르　　　▲ 처마가 설치된 건물

〈 보기 〉

ㄱ. (가)는 (나)보다 연 강수량이 많다.

ㄴ. (가)는 (나)보다 적도와의 최단 거리가 가깝다.

ㄷ. (나)는 (가)보다 연평균 기온이 높다.

ㄹ. (나)는 (가)보다 기온의 연교차가 작다.

① ㄱ, ㄴ　　　② ㄱ, ㄷ　　　③ ㄴ, ㄷ

④ ㄴ, ㄹ　　　⑤ ㄷ, ㄹ

168

▶ 25715-0084

지도의 (라), (마) 기후 지역의 주민 생활 모습을 〈보기〉에서 고른 것은?

〈 보기 〉

ㄱ.　　　　　ㄴ.

ㄷ.

｜(라)｜(마)｜　｜(라)｜(마)｜　｜(라)｜(마)｜

① ㄱ　ㄴ　　② ㄱ　ㄷ　　③ ㄴ　ㄱ

④ ㄴ　ㄷ　　⑤ ㄷ　ㄱ

중요
169
▶ 25715-0085

그래프는 세 지역의 기온과 강수량 특성을 나타낸 것이다. (가)~(다) 지역에 대한 설명으로 옳은 것은?

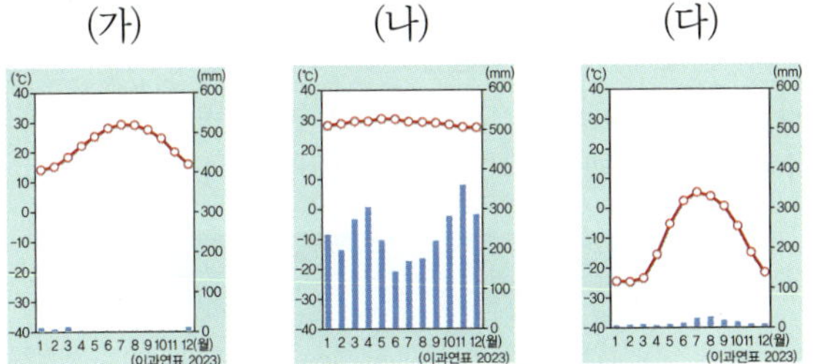

(가) (나) (다)

① (가)는 연 강수량이 연 증발량보다 많다.
② (다)에는 냉대 침엽수림이 넓게 펼쳐져 있다.
③ (나)는 (가)보다 전통 가옥의 지붕 경사가 급하다.
④ (나)는 (다)보다 고위도에 위치한다.
⑤ (다)는 (나)보다 기온의 연교차가 작다.

170
▶ 25715-0086

사진은 두 기후 지역에서 볼 수 있는 주된 경관을 나타낸 것이다. (가), (나) 기후 지역의 공통점으로 가장 적절한 것은?

(가) (나)

▲ 사파리 관광   ▲ 올리브 농장

① 열대 기후에 해당한다.
② 건기와 우기가 뚜렷하다.
③ 일 년 내내 기온이 높아 덥다.
④ 플랜테이션이 활발하게 이루어진다.
⑤ 기온이 가장 높은 달에 비가 많이 내린다.

중요
171
▶ 25715-0087

(가), (나)와 같은 특징이 나타나는 기후로 옳은 것은?

(가)	얇고 간편한 옷을 입으며, 음식이 상하지 않게 하려고 향신료를 많이 사용하여 기름에 볶거나 튀기는 요리법이 발달했다.
(나)	동물의 가죽과 털을 이용하여 두꺼운 옷을 만들어 입고 음식은 냉동, 훈제, 건조하여 보관한다.

	(가)	(나)		(가)	(나)
①	냉대 기후	온대 기후	②	냉대 기후	한대 기후
③	열대 기후	온대 기후	④	열대 기후	한대 기후
⑤	온대 기후	한대 기후			

[172~174] 다음 글을 읽고 물음에 답하시오.

세계에는 지표면의 경사에 따라 다양한 지형이 나타난다. ⓐ ㉠ 은/는 해발 고도가 높고 대체로 경사가 급하다. 이에 비해 ㉡ 은/는 큰 강의 주변에 주로 발달하며 경사가 매우 완만하다. 한편, 육지와 바다가 만나는 곳을 ㉢ (이)라고 하는데, 이 지역의 주민들은 전통적으로 어업에 종사하며 살아왔다. ㉢ 지형 중 우리나라의 서해안에는 세계적으로 유명한 ㉣ 이/가 형성되어 있는데, 이곳은 염전이나 양식장으로 이용되기도 한다.

172
▶ 25715-0088

㉠~㉢에 들어갈 내용으로 옳은 것은?

	㉠	㉡	㉢
①	산지	평야	해안
②	산지	해안	평야
③	평야	산지	해안
④	평야	해안	산지
⑤	해안	산지	평야

173
▶ 25715-0089

㉠~㉢에 대한 설명으로 옳은 것만을 〈보기〉에서 고른 것은?

〔 보기 〕
ㄱ. ㉠은 ㉡보다 사람이 살기에 유리하다.
ㄴ. ㉡은 ㉢보다 벼농사 등의 농경에 유리하다.
ㄷ. ㉠~㉢ 중 주로 ㉠에서 큰 도시가 발달한다.
ㄹ. 강은 대체로 ㉠에서 시작되어 ㉡을 지나 ㉢으로 흘러든다.

① ㄱ, ㄴ   ② ㄱ, ㄷ   ③ ㄴ, ㄷ
④ ㄴ, ㄹ   ⑤ ㄷ, ㄹ

174
▶ 25715-0090

㉣에 대한 설명으로 옳은 것은?

① 파도의 침식으로 형성된다.
② 주로 모래로 이루어져 있다.
③ 바람을 막기 위한 숲이 조성되어 있다.
④ 바다 쪽으로 돌출된 지역에 주로 형성되어 있다.
⑤ 육지에서 나온 오염 물질을 정화하는 작용을 한다.

175
▶ 25715-0091

사진은 두 산지의 모습을 나타낸 것이다. (가), (나) 지역에 대한 설명으로 옳은 것만을 〈보기〉에서 고른 것은?

(가)

(나)

▲ 안데스 산지의 고산 도시

▲ 알프스 산지의 목축업

〈 보기 〉

ㄱ. (가)는 일 년 내내 우리나라의 봄과 같은 날씨가 지속된다.
ㄴ. (나)에서는 주로 겨울철에 산에서 목축이 이루어진다.
ㄷ. (가)는 (나)보다 위도가 낮다.
ㄹ. (나)는 (가)보다 겨울에 인간이 거주하기에 유리하다.

① ㄱ, ㄴ　　　② ㄱ, ㄷ　　　③ ㄴ, ㄷ
④ ㄴ, ㄹ　　　⑤ ㄷ, ㄹ

176
▶ 25715-0092

지도에 표시된 A~E 지형에 대한 설명으로 옳지 <u>않은</u> 것은?

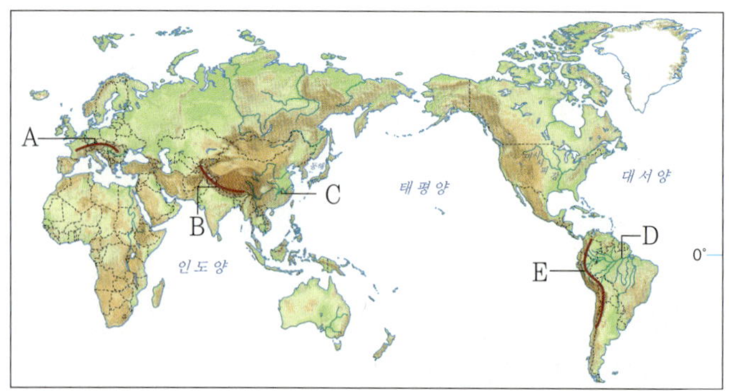

① A는 빙하에 의해 형성된 지형이 관광 자원으로 이용된다.
② B는 높고 험준하여 생활문화권의 경계가 된다.
③ C의 하류에서는 벼농사가 활발하게 이루어진다.
④ D의 하류 지역은 인간이 거주하기에 유리하다.
⑤ E에는 고산 지대를 중심으로 고대 문명이 발달하였다.

177
▶ 25715-0093

다음 자료의 (가) 국가를 지도의 A~E에서 고른 것은?

　　(가)　　의 북동부에 위치한 할롱 베이에는 석회암으로 이루어진 크고 작은 아름다운 섬들이 1,900여 개나 있다. 이 지역 주민들은 아름다운 지형 경관을 이용하여 석회 동굴 투어, 낚시 체험, 보트 투어 등 다양한 관광 산업에 종사하며 살아가고 있다.

▲ 할롱 베이

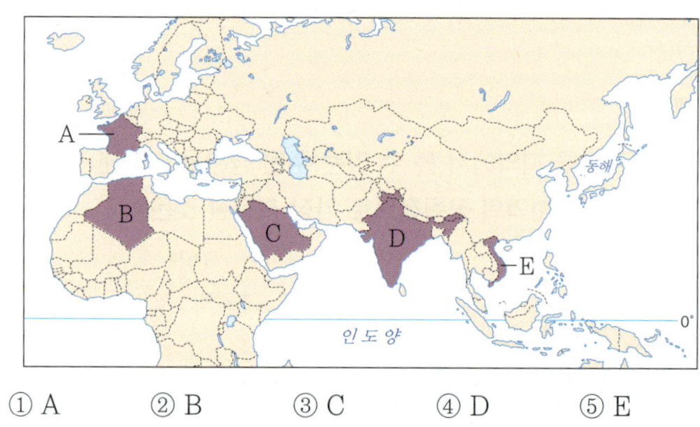

① A　　　② B　　　③ C　　　④ D　　　⑤ E

178
▶ 25715-0094

다음 자료의 (가), (나) 지역에 대한 설명으로 옳지 <u>않은</u> 것은?

(가)

(나)

▲ 온천(아이슬란드)

▲ 피오르(노르웨이)

① (가)에는 화산 활동이 활발하다.
② (가)와 같은 경관은 일본에서도 볼 수 있다.
③ (나) 지형 형성에는 빙하의 침식이 영향을 미쳤다.
④ (나)의 물은 담수로 주민들의 생활용수로 활용된다.
⑤ (가)와 (나) 모두 관광 자원으로 활용된다.

179
▶ 25715-0095

다음은 어느 기상 현상이 나타났을 때의 위성 영상 사진이다. 이에 대한 설명으로 옳지 **않은** 것은?

① 강한 바람과 많은 강수를 동반한다.
② 적도 부근의 바다에서 주로 발생한다.
③ 대체로 짧은 시간에 큰 피해를 입힌다.
④ 주로 저위도에서 중위도로 이동하는 열대 저기압이다.
⑤ 유라시아 대륙의 경우, 서안이 동안보다 피해 규모가 크다.

180
▶ 25715-0096

다음은 자연재해 발생 시 발송되는 안내 문자이다. (가)~(다) 자연재해에 대한 설명으로 옳지 **않은** 것은?

(가)   (나)   (다)

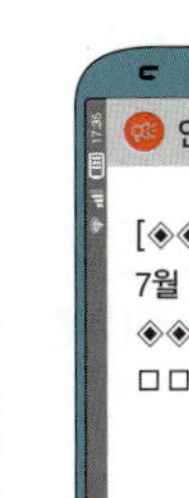

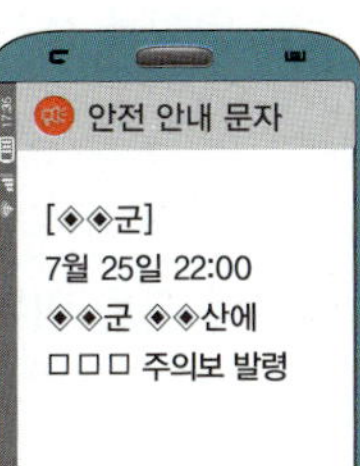

① (나)로 인해 주거지와 농경지 등이 침수된다.
② (다)는 무분별한 산지 개발로 발생 빈도가 높아진다.
③ (가)는 (나)보다 재해 발생에 대한 예측이 유리하다.
④ (가)와 (나)는 모두 (다)의 원인이 될 수 있다.
⑤ (가)와 (다)는 모두 지형적 요인에 따른 자연재해이다.

181
▶ 25715-0097

사진은 두 재해의 피해 모습을 나타낸 것이다. (가), (나) 재해에 대한 설명으로 옳은 것만을 〈보기〉에서 고른 것은?

(가)   (나)

▲ 화산재에 뒤덮인 마을

▲ 땅꺼짐(씽크홀) 피해

〔 보기 〕
ㄱ. (가)는 기후적 요인에 의해 나타나는 자연재해이다.
ㄴ. (나)는 빠른 도시화와 지반 약화가 원인이 되어 발생한다.
ㄷ. (가)는 (나)보다 항공기 운항에 지장을 많이 준다.
ㄹ. (나)는 (가)보다 피해 범위가 넓다.

① ㄱ, ㄴ   ② ㄱ, ㄷ   ③ ㄴ, ㄷ
④ ㄴ, ㄹ   ⑤ ㄷ, ㄹ

중요
182
▶ 25715-0098

안전하고 쾌적한 환경 속에서 살아갈 시민의 권리와 관련된 설명으로 옳은 것만을 〈보기〉에서 고른 것은?

〔 보기 〕
ㄱ. 시민의 권리는 헌법에 보장되어 있다.
ㄴ. 국가는 재난 발생 시 복구보다 보상에 적극적으로 임해야 한다.
ㄷ. 국가는 첨단 과학 기술을 활용하여 각종 재난 정보를 관리하고 있다.
ㄹ. 시민은 재난 발생 시 국가나 행정 기관이 대응 방안을 발표할 때까지 기다려야 한다.

① ㄱ, ㄴ   ② ㄱ, ㄷ   ③ ㄴ, ㄷ
④ ㄴ, ㄹ   ⑤ ㄷ, ㄹ

서답형 **완성 문제**

[183~184] 그래프는 지도에 표시된 두 지역의 월평균 기온과 월 강수량을 나타낸 것이다. 물음에 답하시오.

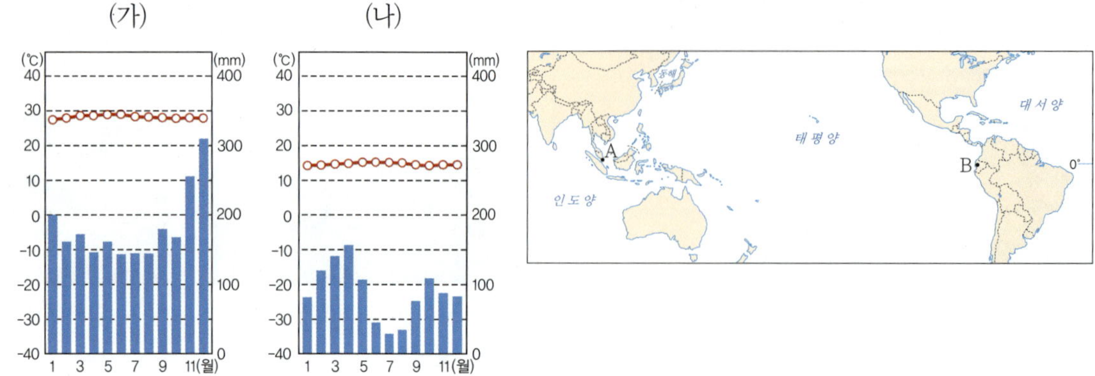

183 (가), (나)에 해당하는 지역을 지도의 A, B에서 각각 골라 쓰시오.　▶ 25715-0099

(가) – (　　　　　　　)　　　　　(나) – (　　　　　　　)

▶ 25715-0100

184 비슷한 위도에 위치한 A, B 지역의 기온과 강수량이 차이가 나는 이유를 기후 요인과 관련하여 서술하시오.

____

____

[185~186] (가), (나)는 두 기후 지역에서 나타나는 가옥의 사진이다. 물음에 답하시오.

(가)

(나)

185 (가), (나)와 같은 가옥이 주로 나타나는 지역의 기후 유형 명칭을 쓰시오.　▶ 25715-0101

(가) – (　　　　　　)　　　　　(나) – (　　　　　　)

▶ 25715-0102

186 (가), (나) 지역과 같이 가옥의 바닥을 지면으로부터 띄워서 지은 이유를 기후 특성과 관련지어 각각 서술하시오.

____

____

1등급 고난도 문제

187
▶ 25715-0103

사진은 두 지역의 전통 가옥을 나타낸 것이다. (가) 지역과 비교한 (나) 지역의 상대적 특성을 그림의 A~E에서 고른 것은?

(가)   (나)

▲ 지중해 연안의 가옥   ▲ 통나무집

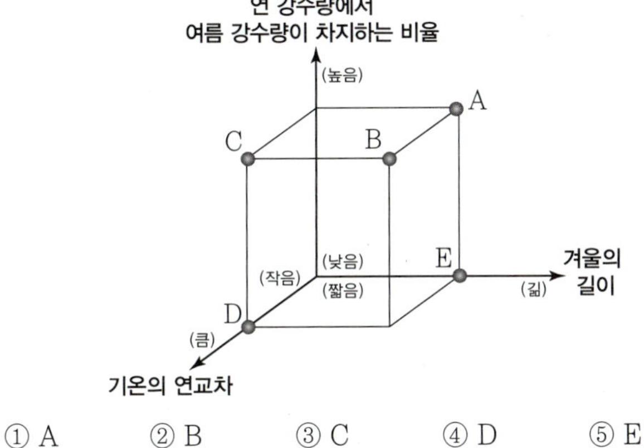

① A   ② B   ③ C   ④ D   ⑤ E

188
▶ 25715-0104

그래프는 지도에 표시된 세 지역의 월별 누적 강수량을 나타낸 것이다. (가)~(다) 지역에 대한 설명으로 옳은 것은?

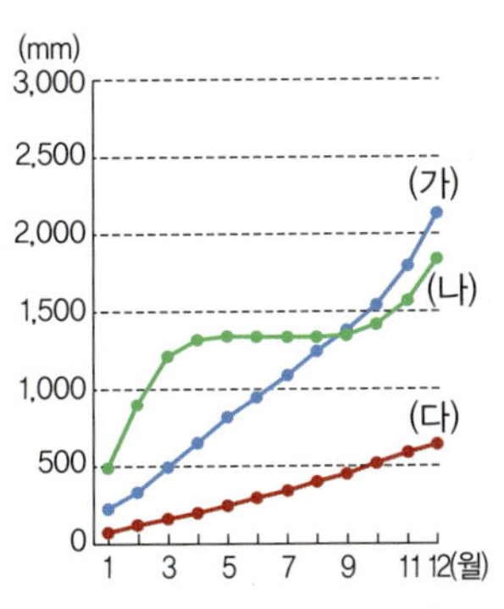
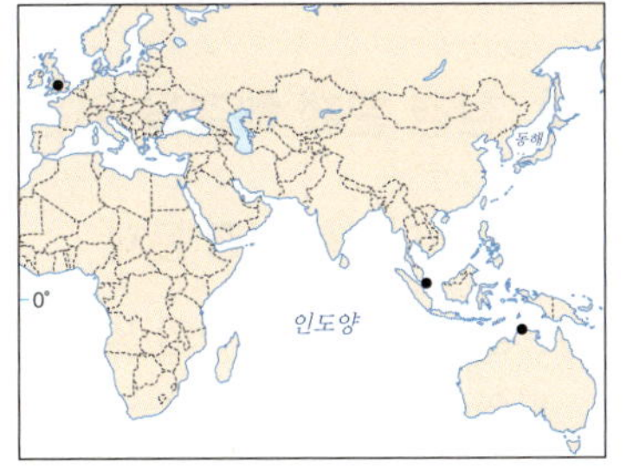

* 누적 강수량은 1월부터 해당 월까지의 강수량을 합한 값임.

① (가)는 열대 기후, (나)는 온대 기후에 해당한다.
② (나)는 북반구에, (다)는 남반구에 위치한다.
③ (나)는 (다)보다 7월 강수량이 많다.
④ (다)는 (나)보다 사계절이 뚜렷하다.
⑤ (가)~(다) 중 연평균 기온은 (다)가 가장 높다.

189
▶ 25715-0105

다음 자료는 두 국가를 여행하면서 작성한 누리 소통망(SNS)의 내용이다. (가), (나) 국가를 지도의 A~D에서 고른 것은?

안녕?
나는 지금 [(가)]에 있어. 여기는 '파묵칼레'라는 곳인데 이 나라 말로 '목화의 성'이라는 뜻으로, 하얀색 석회암으로 이루어진 카르스트 지형이야. 여기 계단식 온천에서 아름다운 석양을 감상하려고 해.

안녕?
나는 지금 [(나)]에 있어. 여기는 '블루라군'이라는 온천인데, '푸른 호수'라는 뜻이야. 호수 주변에는 지열 발전소도 있단다. 화산 활동이 활발한 이 나라는 간헐천, 빙하 등이 중요한 관광 자원이라고 해.

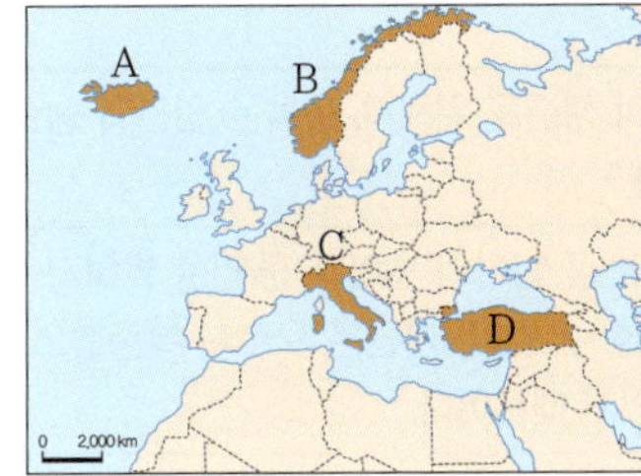

	(가)	(나)
①	A	B
②	A	C
③	C	A
④	D	A
⑤	D	B

190
▶ 25715-0106

표는 네 자연재해의 우리나라 시·도별 피해액 상위 3개 지역을 나타낸 것이다. (가)~(라)에 대한 설명으로 옳은 것은? (단, (가)~(라)는 각각 대설, 지진, 태풍, 호우 중 하나임.)

구분	(가)	(나)	(다)	(라)
1위	전남	강원	경북	경기
2위	경북	전북	울산	충북
3위	경남	경북	부산	전남
총피해액(억 원)	1,125	124	112	2,208

* 2013~2022년의 누적 피해액이며, 2022년도 환산 가격 기준임.

(재해 연보)

① (가)는 지형적 요인에 의해 발생하는 자연재해이다.
② (다)는 강풍과 폭우를 동반한다.
③ (라)는 여름철보다 겨울철에 피해액이 많다.
④ (가)는 (다)보다 관측 이후 대응하기에 유리하다.
⑤ (나)는 (가)보다 여름철에 발생하는 비율이 높다.

02 인간과 자연의 관계 ~ 03 환경 문제 해결을 위한 다양한 노력

❶ 인간과 자연의 관계

1. 자연에 관한 다양한 관점

(1) 인간 중심주의

① 의미: 인간만이 이성을 가진 존재로 보고, 인간의 이익이나 행복을 우선적으로 고려하는 관점

② 특징

- 이분법적 관점: 오직 인간만이 직접적인 도덕적 고려의 대상이며, 인간과 자연을 분리하여 바라봄
- 도구적 자연관: 인간의 이익이나 필요에 따라 자연을 도구나 수단으로 이용할 수 있음

③ 인간 중심주의 사상가

아리스토텔레스	"식물은 동물의 생존을 위해서, 동물은 인간의 생존을 위해서 존재한다."
베이컨	"인간의 지식이 곧 인간의 힘이다. 원인을 밝히지 못하면 어떤 효과도 낼 수 없다. 자연은 오로지 복종함으로써만 복종시킬 수 있기 때문이다."
데카르트	"인간은 모든 물체의 힘과 작용을 명확히 앎으로써 이 모든 것들을 적절하게 사용하고, 이를 통해 자연의 주인이자 소유자가 될 수 있다."
칸트	"늙은 말이나 개의 오랫동안 수행한 봉사에 대한 감사마저도 간접적으로는 인간의 의무에 속한다. 곧 이러한 감사의 정은 언제나 인간의 자기 자신에 대한 의무일 따름이다."

④ 인간 중심주의의 한계: 자연환경 훼손을 정당화함으로써 환경 오염, 생태계 파괴 등의 심각한 환경 문제가 발생할 수 있음

(2) 생태 중심주의

① 의미: 인간을 자연의 일부로 보고, 생태계 전체의 균형과 안정을 개별 생명체보다 우선적으로 고려하는 관점

② 특징

- 전일론적 관점: 인간을 포함해 자연물, 생태계 자체도 도덕적 지위를 가지며, 생태계 전체를 하나의 통합된 실체로 바라봄
- 상호 의존적 관계: 인간과 자연은 상호 의존적 관계이며, 조화와 균형을 이루기 위한 인간의 의무를 강조함

③ 생태 중심주의 사상가

레오폴드	"생명 공동체의 통합성과 안정성 그리고 아름다움의 보전에 이바지한다면, 그것은 옳다, 그렇지 않다면 그르다."
네스	"지구상에 있는 인간 및 인간 이외 생명체의 안녕과 번영은 그 자체로 내재적 가치를 지닌다. 이 가치는 인간의 목적에 유용한가의 문제와는 무관하다."

④ 생태 중심주의의 한계

- 비현실적 관점: 환경 문제를 해결하기 위한 구체적, 현실적 방안을 제시하지 못함
- 전체주의적 관점: 생태계 전체의 선을 위해 개별 구성원의 희생을 정당화하는 환경 파시즘으로 흐를 수 있음

2. 인간과 자연의 바람직한 관계

(1) 개인적 차원

① 환경친화적 가치관: 인간은 생태계의 한 구성원임을 깨닫고 모든 생명체의 가치를 존중해야 함

② 생태 공동체 의식: 인간과 자연은 유기적 관계이기 때문에 인간과 생태계의 공존을 모색해야 함

(2) 사회적 차원: 생태 관광, 슬로 시티 등 생태계 유지가 가능한 범위 내에서 자연을 개발함(지속가능한 발전)

(3) 생태계 복원 사업: 갯벌 복원 사업, 자연 휴식년제 등 생태계 복원을 위한 사업을 지속적으로 추진함

> **시험 빈출 자료** **도가 사상의 자연관**
>
> 눈에 비치는 그대로 사물을 보고 귀에 들리는 대로 들으며 마음이 움직이는 대로 하되 본심으로 돌아온다. 이러한 자는 그 마음의 평정이 먹줄처럼 반듯하고, 그 마음의 변화는 자연에 순응한다. 옛 진인(眞人)은 자연 그대로 사물을 대하는지라 사물에 거역하는 일이 없다.
> — 장자, 『장자』—
>
> **자료 분석** | 도가에서는 덕을 소중히 품고 자연을 따르는 자를 진인(眞人)이라고 하였다. 도가에서는 자연의 흐름을 거스르지 않고 자연의 순리에 따라 살아가는 삶의 자세를 중시하였다.

❷ 환경 문제 해결을 위한 다양한 노력

1. 세계의 다양한 환경 문제

(1) 환경 문제의 원인: 산업 및 의료 기술 발달로 인구 증가 → 자원의 소비량과 오염 물질 배출량 증가 → 자연의 자정 능력 초과로 환경 문제 발생

(2) 다양한 환경 문제

지구 온난화	• 화석 연료 사용량 급증, 온실가스 배출량 증가 → 지구의 평균 기온 상승 • 빙하가 녹아 해수면 상승으로 해안 침수 피해 • 가뭄, 폭설, 폭우, 폭염, 한파 등 기상 이변 발생
산성비	• 대기 오염 물질이 비에 섞여 내리는 현상 • 토양과 해양, 호수의 산성화 초래

사막화	• 초지나 산림이 황폐해지는 현상 • 가뭄, 과도한 방목, 관개 농업, 산림 벌채 등의 영향 → 토양 침식, 황사의 원인
열대림 파괴	• 상업적 벌목, 농장 확대, 광산 개발 등 • 지구 온난화의 원인, 생물 서식지 파괴로 생물 다양성 감소
오존층 파괴	• 염화 플루오린화 탄소(CFCs) 사용량 증가로 발생함 • 지표로 도달하는 자외선 양 증가 → 각종 피부 질환, 백내장 등 안구 질환 증가, 농작물 수확량 감소 등
해양 오염	• 바다로 유입되는 쓰레기, 원유 유출 사고 등 • 해양 수질 악화, 바다 쓰레기 섬 발생 → 해양 생태계 파괴

 세계의 주요 환경 문제

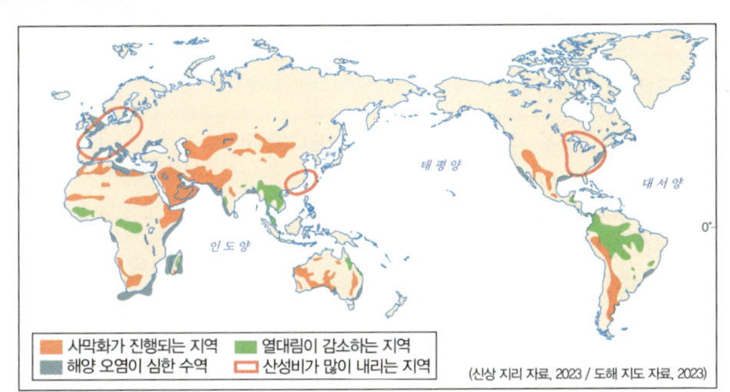

자료 분석 | 유럽, 미국 동부, 중국 동부 등 산업이 발달한 지역과 그 주변에서는 산성비가 많이 내린다. 사막의 주변 지역은 사막화가 빠르게 진행되고 있으며, 특히 중앙아시아에 위치한 아랄해 주변에서는 목화 관개 농업으로 인해 심각한 사막화가 나타나고 있다. 해양 오염은 육지로부터 생활 쓰레기나 원유 유출 사고가 자주 발생하는 해역에서 주로 나타난다.

2. 환경 문제 해결을 위한 노력

정부	• 환경 관련 법률 제정 및 정책 수립 • 「자연환경 보전법」, 「환경 정책 기본법」 등 • 환경 영향 평가 제도, 온실가스 배출권 거래 제도, 탄소중립, 녹색 성장 정책 등 시행
기업	• 제품의 생산, 유통, 소비 과정에서 발생하는 환경 오염 요소 최소화 • 친환경 제품 개발, RE100, ESG 경영 등
시민 단체	• 정부와 기업이 추진하는 정책이나 사업을 감시하고 환경 보호를 실천할 수 있도록 다양한 시민운동과 캠페인 활동 • 그린피스, 세계 자연 기금(WWF), 지구의 벗 등
생태 시민	• 생태 전환적 사고를 가진 생태 시민임을 깨닫고 친환경적 삶을 살기 위해 노력 • 녹색 소비 실천, 환경 윤리 실천, 어스아워, 친환경적 생활 방식 실천 등
국제 사회	람사르 협약(1971), 런던 협약(1972), 바젤 협약(1989), 몬트리올 의정서(1987), 생물 다양성 협약(1992), 유엔 기후 변화 협약(1992), 사막화 방지 협약(1994), 교토 의정서(1997), 파리 협정(2015) 등

✪ 빈칸에 들어갈 알맞은 말을 쓰시오.

191 (　　　)은/는 자연을 인간의 이익이나 행복을 증진하기 위한 수단으로 바라보는 관점이다.

192 (　　　)은/는 인간을 자연의 일부로 보고, 생태계의 조화와 균형을 위한 인간의 책임을 강조하는 관점이다.

✪ 인간 중심주의 입장은 '인간', 생태 중심주의 입장은 '생태'라고 쓰시오.

193 자연은 오로지 복종함으로써만 복종시킬 수 있다. (　　　)

194 대지 윤리는 인류의 동료 구성원에 대한 존중 그리고 공동체 자체에 대한 존중을 필연적으로 수반한다. (　　　)

195 자연은 일종의 기계이며, 자연의 모든 과정은 필연적이고 자연적인 인과 법칙의 지배를 받는다. (　　　)

196 생명체의 풍부함과 다양성은 그 자체로 가치 있고, 인간과 지구상에 존재하는 모든 생명체의 삶이 번성하는 데 이바지한다. (　　　)

197 자연은 목적 없이는 아무것도 만들지 않으므로 모든 동물은 본디 인간을 위해 만들어졌음이 틀림없다. (　　　)

✪ 빈칸에 들어갈 알맞은 말을 쓰시오.

198 지구의 환경 문제는 자원의 소비량과 오염 물질 배출량이 증가하여 자연의 (　　　)을/를 초과하면서 발생한다.

199 지구 온난화 현상의 원인은 화석 연료의 사용량 급증으로 이산화 탄소 등의 (　　　) 배출량이 증가하기 때문이다.

✪ 다음 내용이 옳으면 ○표, 틀리면 ×표를 하시오.

200 산성비 피해는 개발 도상국이 많은 아프리카 대륙에서 주로 발생한다. (　　　)

201 오존층이 파괴되어 지표로 도달하는 자외선 양이 증가하면 각종 피부 질환이 발생한다. (　　　)

✪ 다음 내용에 알맞은 말을 고르시오.

202 (정부, 기업)은/는 환경 문제를 해결하기 위해 법적·제도적 측면에서 노력한다.

203 'RE100'은 환경 문제 해결을 위한 (시민 단체, 기업)의 역할에 해당한다.

204 오존층 파괴 방지를 위해 국제 사회는 (몬트리올, 교토) 의정서를 체결하였다.

205

▶ 25715-0107

다음을 주장한 사상가의 입장으로 옳은 것은?

> 인간과 마찬가지로 산다는 것은 식물에도 공통적인 것이고, 영양 섭취와 성장의 삶은 동물에게도 공통적이다. 오직 영혼의 이성적 부분의 활동만이 인간에게 유일한 활동적 삶이다.

① 인간만이 직접적인 도덕적 고려 대상이다.
② 인간과 동물, 식물은 공유하는 특성이 없다.
③ 인간의 이익을 위해 동물을 이용할 수 없다.
④ 인간은 식물과 동등한 도덕적 지위를 갖는다.
⑤ 인간과 자연의 상호 의존성을 중시해야 한다.

중요
206

▶ 25715-0108

다음을 주장한 사상가의 입장에 대한 옳은 설명만을 〈보기〉에서 고른 것은?

> 바람직한 대지 이용을 오직 경제적 문제로만 생각하지 말고 윤리적·심미적으로 무엇이 옳은가의 관점에서도 검토하라. 생명 공동체의 온전함, 안정성과 아름다움의 보전에 이바지한다면, 그것은 옳다, 그렇지 않다면 그르다.

〔 보기 〕

ㄱ. 인간만이 본래적 가치를 가진 존재라고 본다.
ㄴ. 인간과 자연을 전일론적 관점에서 바라본다.
ㄷ. 인간과 생태계는 상호 존중해야 한다고 본다.
ㄹ. 인간과 자연은 모두 존속할 권리를 가진다고 본다.

① ㄱ, ㄴ   ② ㄱ, ㄷ   ③ ㄴ, ㄷ
④ ㄴ, ㄹ   ⑤ ㄷ, ㄹ

207

▶ 25715-0109

다음 시에 나타난 자연관에 대한 설명으로 가장 적절한 것은?

> 청산(靑山)도 절로절로 녹수(綠水)도 절로절로
> 산(山) 절로절로 수(水) 절로절로
> 산수간(山水間)에 나도 절로절로
> 그 중(中)에 절로절로 자란 몸이 늙기도 절로절로
> * 절로: 저절로의 줄임말
>
>   − 송시열, 「청산도 절로절로」 −

① 자연과 인간을 이분법적 관점으로 분리한다.
② 자연을 인간의 이익 추구를 위한 도구로 간주한다.
③ 자연과 인간이 상호 영향을 주고받는 관계로 본다.
④ 자연을 인류의 발전을 위한 극복 대상으로 취급한다.
⑤ 자연을 인간보다 우월한 지위를 가진 존재로 상정한다.

[208~209] 다음 글을 읽고 물음에 답하시오.

> 인간은 자연과 밀접한 관계를 맺으며 다양한 사고방식을 형성하였다. 인간과 자연을 바라보는 관점은 인간을 중심에 놓고 자연을 바라보는   A   와/과 인간을 자연의 일부로 바라보는   B   이/가 있다.

208

▶ 25715-0110

A, B의 입장 모두가 질문에 옳게 대답한 것은?

	질문	대답	
		A	B
①	인간과 달리 자연은 직접적인 도덕적 고려의 대상인가?	아니요	예
②	인간 이외의 존재는 모두 인간의 목적을 위한 수단인가?	아니요	예
③	인간을 위해 자연을 이용하는 것은 정당화될 수 있는가?	아니요	아니요
④	인간은 다른 존재와 마찬가지로 자연의 평범한 구성원인가?	아니요	예
⑤	인간은 자연과 함께 조화와 균형을 유지하며 살아야 하는가?	예	예

209

▶ 25715-0111

A에 비해 B가 갖는 상대적 특징을 그림의 ㉠~㉤ 중에서 고른 것은?

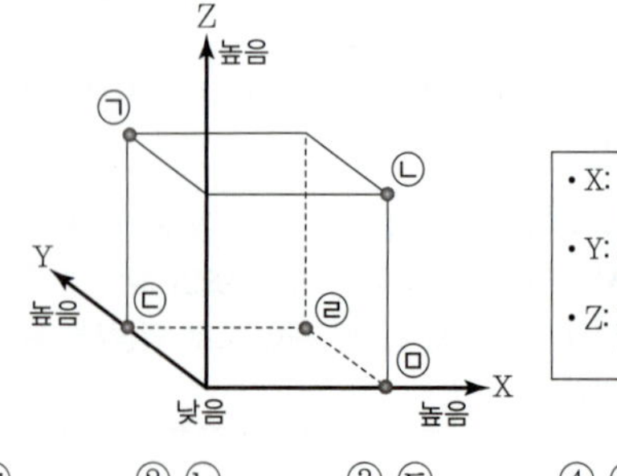

① ㉠   ② ㉡   ③ ㉢   ④ ㉣   ⑤ ㉤

210
▶ 25715-0112

그림은 서술형 평가 문제와 학생 답안이다. 학생 답안의 ㉠~㉤ 중 옳지 <u>않은</u> 것은?

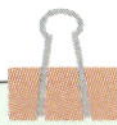

서술형 평가

◎ 문제: 갑, 을 사상가들의 입장을 비교하여 서술하시오.

갑: 인간의 지식이 곧 인간의 힘이다. 원인을 밝히지 못하면 어떤 효과도 낼 수 없다. 자연은 오로지 복종함으로써만 복종시킬 수 있기 때문이다.

을: 지구상에 있는 인간 및 인간 이외 생명체의 안녕과 번영은 그 자체로 내재적 가치를 지닌다. 이 가치는 인간의 목적에 유용한가의 문제와는 무관하다.

◎ 학생 답안

갑, 을의 입장을 비교해 보면, 갑은 ㉠ 도덕적 행위 능력이 있는 존재만이 도덕적 의무의 대상이 된다고 보며, ㉡ 자연에 대한 무지는 인류의 삶의 수준을 악화시킨다고 주장한다. 반면 을은 ㉢ 인간 중심적 자연관을 생태 중심적으로 변화시켜야 한다고 보며, ㉣ 인간은 자연과 상호 의존적 관계를 맺고 있다고 본다. 한편 갑, 을은 모두 ㉤ 자연을 인간의 이익과 욕구 충족을 위한 수단으로 보아서는 안 된다고 주장한다.

① ㉠   ② ㉡   ③ ㉢   ④ ㉣   ⑤ ㉤

211 중요
▶ 25715-0113

그림의 강연자의 입장으로 적절한 것만을 〈보기〉에서 고른 것은?

〔 보기 〕

ㄱ. 비이성적 존재를 목적으로 대우해야 한다.
ㄴ. 자연 파괴는 인간에 대한 의무에 위배된다.
ㄷ. 인간 이외의 존재는 어떠한 가치도 갖지 않는다.
ㄹ. 그 자체로서 가치를 지닌 존재는 도덕적 고려 대상이다.

① ㄱ, ㄴ   ② ㄱ, ㄷ   ③ ㄴ, ㄷ
④ ㄴ, ㄹ   ⑤ ㄷ, ㄹ

212
▶ 25715-0114

(가), (나) 사상 모두 부정의 대답을 할 질문으로 옳은 것은?

(가) 하늘을 아버지라 하고 땅은 어머니라고 부르는데, 나는 조그만 몸으로 이 가운데 홀연히 일체가 되어 존재한다. 그러므로 하늘과 땅에 가득 차 있는 형상은 나의 몸이요, 하늘과 땅을 거느리는 모든 원리는 나의 마음이다. 모든 사람은 나의 동포요, 모든 사물은 나의 동료이다.

(나) 온갖 모든 중생이 다 나의 아버지요 어머니거늘, 그들을 잡아서 먹거나 해치는 것은 곧 나의 부모를 죽이거나 해치는 것이며 또한 나의 옛 몸을 먹는 것이다. 모든 땅과 물은 다 나의 옛 몸이고, 모든 온기와 존재는 다 나의 본래 몸이다.

① 자연은 인간과 상보적인 유기적 관계인가?
② 자연의 순리에 따르는 삶을 살아야 하는가?
③ 자연이 지닌 본래적 가치를 존중해야 하는가?
④ 자연[天]은 인간에게 도덕성을 부여하는 존재인가?
⑤ 자연과 인간을 상호 독립적인 존재로 바라보는가?

213
▶ 25715-0115

밑줄 친 ㉠에서 강조하는 자연관에 대한 입장으로 가장 적절한 것은?

㉠ 생태 관광은 대규모 단체 관광이 자연환경을 훼손하고 지역 사회에 부정적인 영향을 미치는 것을 극복하고자 나타난 대안으로 대두되었다. 개발되지 않은 상태의 아름다운 자연 경관을 즐기는 '자연 관광'에서 한 걸음 더 나아가 지역의 자연과 문화의 보전에 기여하고, 참여자가 환경의 소중함을 느끼는 여행으로 사람과 자연이 가장 아름다운 모습으로 만나는 접점이다.

① 자연보다 인간이 우월한 가치를 지니고 있다.
② 자연을 그 자체로 존중하는 관점을 가져야 한다.
③ 자연 보존과 인간의 행복 증진은 양립할 수 없다.
④ 자연을 보존하기 위해 모든 개발을 중단해야 한다.
⑤ 자연의 가치를 경제적 관점으로만 바라보아야 한다.

214

▶ 25715-0116

환경 문제의 원인과 특징에 대한 설명으로 옳지 <u>않은</u> 것은?

① 산업 혁명 이후 공업 생산력 증가로 오염 물질이 많이 배출되었다.

② 의료 기술의 발달로 인구가 급증하면서 자원의 소비량이 많아졌다.

③ 배출되는 오염 물질을 스스로 정화할 수 있는 자정 능력을 넘어섰다.

④ 한 번의 발생에도 현재 세대뿐만 아니라 미래 세대에까지 영향을 끼친다.

⑤ 환경 문제는 원인이 분명하기 때문에 책임 소재를 명확하게 구분할 수 있다.

[215~216] 다음은 지구 대기의 오존 농도의 변화를 나타낸 것이다. 물음에 답하시오.

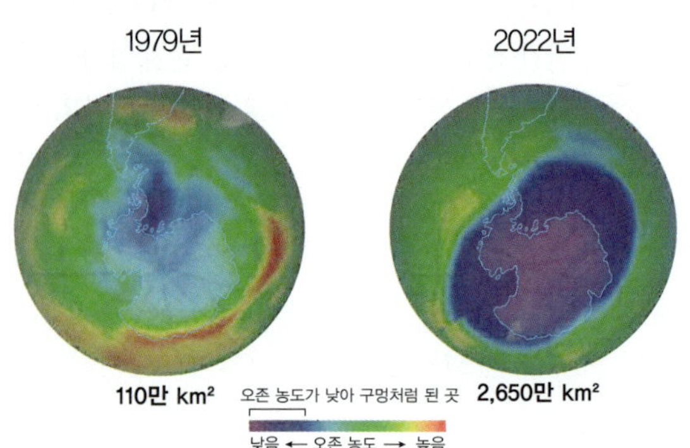

중요
215

▶ 25715-0117

오존 농도의 변화로 인해 나타날 수 있는 현상으로 옳은 것만을 〈보기〉에서 고른 것은?

〈 보기 〉

ㄱ. 백내장 등 안구 질환 환자가 증가한다.

ㄴ. 지표로 도달하는 자외선 양이 증가한다.

ㄷ. 토양 침식으로 사막화 현상이 심화된다.

ㄹ. 산성비가 자주 내려 해양의 산성화가 발생한다.

① ㄱ, ㄴ   ② ㄱ, ㄷ   ③ ㄴ, ㄷ

④ ㄴ, ㄹ   ⑤ ㄷ, ㄹ

216

▶ 25715-0118

오존 농도 변화의 원인으로 가장 적절한 것은?

① 과도한 방목

② 열대림 파괴

③ 대규모 원유 유출 사고

④ 극심한 가뭄으로 인한 사막화

⑤ 염화 플루오린화 탄소(CFCs)의 사용량 증가

중요
217

▶ 25715-0119

(가)~(다) 환경 문제에 대한 설명으로 옳은 것은? (단, (가)~(다)는 각각 사막화, 열대림 감소, 해양 오염 중 하나임.)

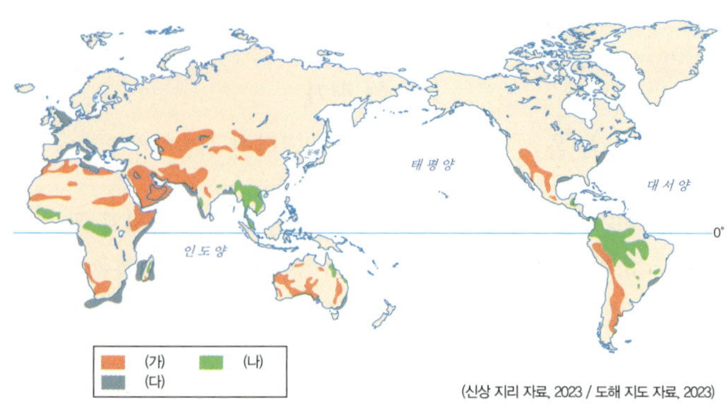

(산상 지리 자료, 2023 / 도해 지도 자료, 2023)

① (가)는 주로 열대 우림 지역에서 발생한다.

② (나)로 인해 생물 다양성이 감소하였다.

③ (다)는 해수면 상승이 주된 원인이다.

④ (가) 지역은 (나) 지역보다 산림이 울창하다.

⑤ (나) 지역은 (가) 지역보다 관개 농업이 활발하다.

218

▶ 25715-0120

다음 글의 (가)로 인해 나타나는 현상으로 적절하지 <u>않은</u> 것은?

>   (가) 은/는 온실 효과로 지구 대기의 온도가 높아지는 현상이다. 18세기에 산업 혁명이 시작된 이후 화석 에너지 사용량이 급증하고 산림이 파괴되면서 이산화 탄소나 메탄과 같은 대기 중 온실가스 농도가 상승하여 (가) 은/는 더욱 심화되고 있다. 이로 인해 지구 생태계가 곳곳에서 생존을 위협받고 있다.

① 극지방과 고산 지대의 빙하가 감소한다.

② 해안 저지대의 침수 피해 빈도가 높아진다.

③ 우리나라에서 겨울이 짧아지고 여름이 길어진다.

④ 가뭄과 홍수 등 자연재해의 발생 빈도가 높아진다.

⑤ 북반구에서 냉대 침엽수림의 분포 범위가 남쪽으로 확대된다.

통합사회 1

[219~220] 다음 글을 읽고 물음에 답하시오.

과자, 아이스크림, 라면, 초콜릿 등에 공통적으로 들어가는 식재료는 팜유이다. 팜유는 팜나무 열매를 쪄서 압축해 얻은 식물성 기름으로, 식품, 화장품, 생활용품의 재료로 널리 사용된다. 하지만 팜유의 폭발적인 사용량 증가는 지구 환경에 결코 달갑지 않다. 더 많은 팜나무를 심는 과정에서 ㉠ 넓은 면적의 열대 우림 감소가 이루어지기 때문이다. 전 세계 팜유의 80% 이상을 ⓛ 에서 생산하는데, 이곳에서 운영 중인 농장의 70% 이상이 열대 우림을 없애고 만든 것이다.

219

▶ 25715-0121

㉠으로 인해 나타나는 현상으로 적절한 것만을 〈보기〉에서 고른 것은?

〔 보기 〕
ㄱ. 대기 중 이산화 탄소 농도가 증가한다.
ㄴ. 오존층이 파괴되어 농작물 수확량이 감소한다.
ㄷ. 오랑우탄 등 열대 우림의 야생 동물 서식지가 감소한다.
ㄹ. 사막화가 빠르게 진행되어 황사의 발생 빈도가 높아진다.

① ㄱ, ㄴ   ② ㄱ, ㄷ   ③ ㄴ, ㄷ
④ ㄴ, ㄹ   ⑤ ㄷ, ㄹ

220

▶ 25715-0122

ⓛ에 해당하는 두 국가로 옳은 것은?

① 싱가포르, 네팔   ② 미국, 아르헨티나
③ 오스트레일리아, 일본   ④ 말레이시아, 인도네시아
⑤ 사우디아라비아, 파키스탄

221

▶ 25715-0123

다음 중 환경 문제 해결을 위한 기업의 노력 사례로 옳은 것만을 〈보기〉에서 고른 것은?

〔 보기 〕
ㄱ. 매년 3월 마지막 주 토요일에 한 시간 동안 전 세계에서 전등 끄기 행사가 진행된다.
ㄴ. RE100에 참여하여 사용하는 전력의 100%를 재생 에너지로 바꾸기 위해 노력하고 있다.
ㄷ. 제품의 생산 과정에서 오염 물질의 배출량을 줄이기 위해 친환경적인 기반 시설을 구축한다.
ㄹ. 대규모 개발 사업 계획을 수립할 때 환경 영향 평가 제도를 두어 자연환경 보전에 힘쓰고 있다.

① ㄱ, ㄴ   ② ㄱ, ㄷ   ③ ㄴ, ㄷ
④ ㄴ, ㄹ   ⑤ ㄷ, ㄹ

중요 222

▶ 25715-0124

자료 (가), (나)에 대한 옳은 설명만을 〈보기〉에서 고른 것은?

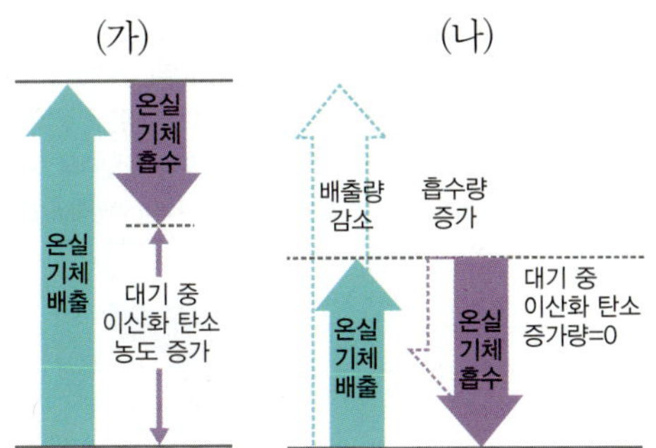

〔 보기 〕
ㄱ. (가)는 탄소중립이 이루어진 상태이다.
ㄴ. (나)를 위해 노력하는 시민 단체의 사례로 그린피스, 세계 자연 기금 등이 있다.
ㄷ. (가)는 (나)보다 지구의 지속가능한 발전에 유리하다.
ㄹ. (나)는 (가)보다 대기 중 탄소 농도가 낮다.

① ㄱ, ㄴ   ② ㄱ, ㄷ   ③ ㄴ, ㄷ
④ ㄴ, ㄹ   ⑤ ㄷ, ㄹ

중요 223

▶ 25715-0125

다음 글의 ㉠~㉤에 대한 설명으로 옳지 <u>않은</u> 것은?

환경 문제는 지구촌의 모든 주체가 함께 협력하고 해결해 나가야 한다. 정부는 다양한 정책을 세우고, 이를 지원하기 위한 ㉠ 법과 제도를 시행한다. 기업은 ㉡ 사회적 책임을 가지고 환경에 미치는 부정적인 영향을 최소화해야 한다. ㉢ 시민 사회는 환경 문제를 해결해 나가는 과정에서 정부, 기업, 개인을 연결하는 역할을 한다. 마지막으로 개인은 ㉣ 생태 전환적 사고를 가지고 일상생활 속에서 ㉤ 친환경적 생활 방식을 실천하려고 노력해야 한다.

① ㉠의 사례로 우리나라는 「자연환경 보전법」이 있다.
② ㉡을 위해 많은 기업이 ESG 경영을 실시하고 있다.
③ ㉢은 전 지구적 차원의 환경 보호를 위해 세계 자연 기금 (WWF) 등의 시민 단체를 결성하였다.
④ ㉣은 인간 중심적인 관점에서 인간과 자연의 공존과 지속가능성을 추구하는 것을 의미한다.
⑤ ㉤의 사례로 로컬 푸드 운동 등이 있다.

[224~225] 자료를 보고 물음에 답하시오.

(가)

(나)

224 (가), (나)에 나타난 자연에 대한 관점을 쓰시오.　　　▶ 25715-0126

(가) – (　　　　　　　　)　　　　　　(나) – (　　　　　　)

225 (가)의 입장에 대해 (나)의 입장에서 제기할 수 있는 비판을 서술하시오.　　　▶ 25715-0127

____

____

[226~227] 다음 자료는 (가) 환경 문제에 관한 것이다. 물음에 답하시오.

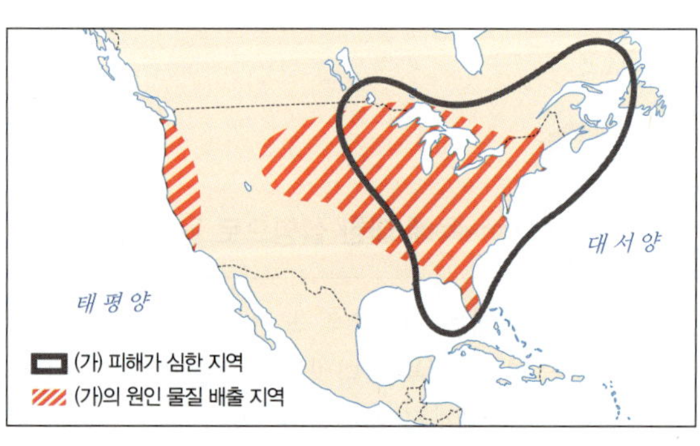

▲ (가) 환경 문제 발생 지역

▲ (가)의 피해 실태

226 (가) 환경 문제가 무엇인지 쓰시오.　　　▶ 25715-0128

(　　　　　　　　)

227 (가)의 원인 물질 배출 지역과 피해가 심한 지역이 일치하지 않는 이유를 서술하시오.　　　▶ 25715-0129

____

____

228
▶ 25715-0130

(가)의 갑, 을 사상가들의 입장을 (나) 그림으로 표현할 때, A~C에 해당하는 적절한 진술만을 〈보기〉에서 고른 것은?

(가)	갑: 생명 공동체의 온전성과 안정성 그리고 아름다움의 보전에 이바지한다면 옳고, 그렇지 않다면 그르다. 을: 동물들을 폭력적으로 다루는 것은 인간의 자기 자신에 대한 의무와 내면에서 배치되는 것이다.
(나)	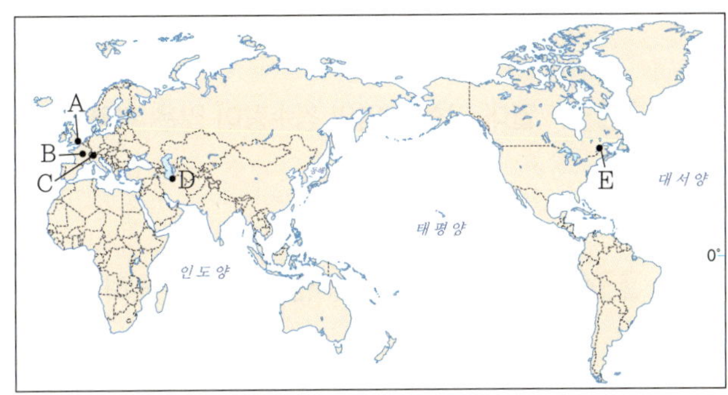

〈 보기 〉
ㄱ. A: 인간은 어떤 경우에도 다른 생명을 해치면 안 된다.
ㄴ. B: 인간 이외의 존재를 인간의 이익을 위해 이용할 수 있다.
ㄷ. B: 인간의 평가로부터 독립된 비도구적 가치를 지닌 존재가 있다.
ㄹ. C: 인간에 대한 의무에서 자연에 대한 의무가 도출된다.

① ㄱ, ㄴ   ② ㄱ, ㄷ   ③ ㄴ, ㄷ
④ ㄴ, ㄹ   ⑤ ㄷ, ㄹ

229
▶ 25715-0131

(가)의 갑, 을 사상가들의 입장을 (나) 그림으로 탐구할 때, A~C에 들어갈 옳은 질문만을 〈보기〉에서 고른 것은?

(가)	갑: 눈에 비치는 그대로 사물을 보고 귀에 들리는 대로 들으며 마음이 움직이는 대로 하되 본심으로 돌아오면 사물에 거역하는 일이 없다. 을: 대지 윤리는 인류의 동료 구성원에 대한 존중 그리고 공동체 자체에 대한 존중을 필연적으로 수반한다.
(나)	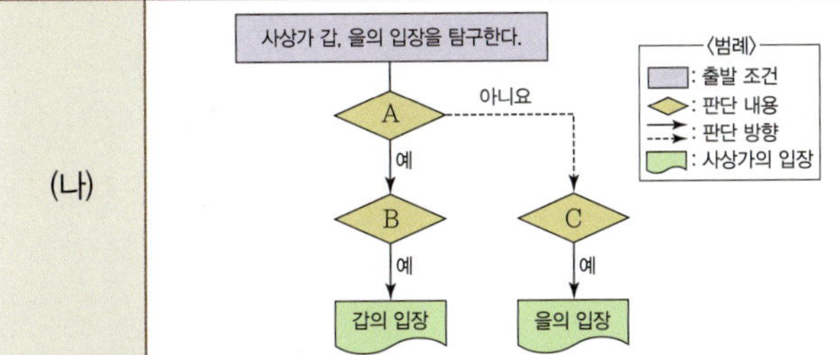

〈 보기 〉
ㄱ. A: 인간은 조화로운 생태적 관계를 위한 의무를 지니는가?
ㄴ. B: 인간은 자연의 흐름에 순응하며 살아야 하는가?
ㄷ. B: 자연은 아무런 목적이 없는 무질서한 체계인가?
ㄹ. C: 생명 공동체 그 자체의 도덕적 지위를 존중해야 하는가?

① ㄱ, ㄴ   ② ㄱ, ㄷ   ③ ㄴ, ㄷ
④ ㄴ, ㄹ   ⑤ ㄷ, ㄹ

230
▶ 25715-0132

지도는 다양한 환경 문제 해결을 위한 국제 협약이 체결된 지역을 나타낸 것이다. A~E 지역에서 체결된 협약에 대한 설명으로 옳지 않은 것은? (단, A~E는 각각 람사르, 런던, 몬트리올, 바젤, 파리 중 하나임.)

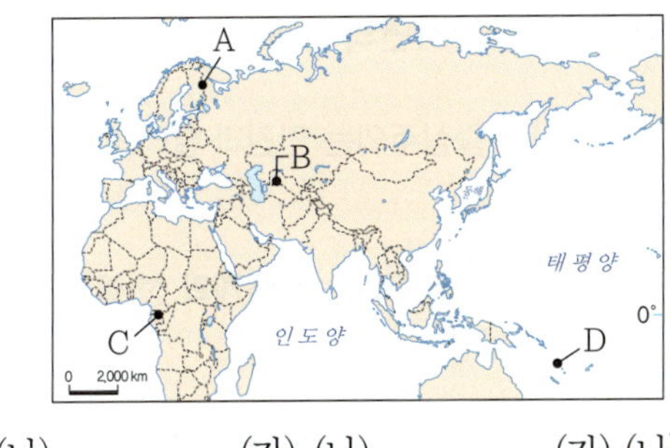

① 바다에 폐기물을 투기하면 A 협약에 위배된다.
② B 협정은 온실가스 배출량이 많은 개발 도상국 중심으로 체결되었다.
③ C 협약은 유해 폐기물의 국가 간 이동 및 처리를 통제하기 위해 체결되었다.
④ D 협약으로 물새 서식지이자 생태계의 보고인 습지를 보호할 수 있게 되었다.
⑤ E 의정서 체결 후 일정 시기가 지나면서 지구 대기에 오존 구멍 규모가 작아졌다.

231
▶ 25715-0133

(가), (나)와 같은 환경 문제가 나타나는 지역을 지도의 A~D에서 고른 것은?

(가)

▲ 과거에 어업 활동이 한창이었던 지역이 지금은 폐어선만 남았다.

(나)

▲ 아름드리 상록 활엽수가 잘려 나가며 야생 동물이 살 곳을 잃고 있다.

	(가)	(나)		(가)	(나)		(가)	(나)
①	A	C	②	A	D	③	B	A
④	B	C	⑤	D	A			

시험에 자주 나오는 OX 퀴즈

✪ 다음 중 옳은 내용에는 ○표, 옳지 않은 내용에는 ×표를 하시오.

01 자연환경과 인간 생활

232 세계의 기후는 대체로 적도에서 극지방으로 가면서 열대, 건조, 온대, 냉대, 한대 기후 순으로 나타난다.

(　　)

233 열대 기후 지역의 강수량이 많은 지역은 전통 가옥의 지붕이 평평하고 가옥의 바닥은 지면에서 띄어져 있다.

(　　)

234 건조 기후 지역에서는 주변에서 흔히 구할 수 있는 풀과 나무를 이용하여 집을 짓는다.　　(　　)

235 온대 기후 지역 중 대륙 서안의 서안 해양성 기후 지역은 일 년 내내 편서풍의 영향을 받고, 대륙 동안은 계절 풍의 영향을 받아 벼농사가 활발하다.　　(　　)

236 냉대 기후 지역은 겨울이 춥고 길어 기온의 연교차가 작으며, 타이가라고 불리는 냉대 침엽수림이 넓게 분포 한다.　　(　　)

237 산지 지형은 평야 지형보다 해발 고도가 높고 경사가 급해 인간의 거주에 불리하다.　　(　　)

238 유럽의 지중해 연안에는 아름다운 피오르 해안이 발달하여 많은 관광객이 찾는다.　　(　　)

239 자연재해는 지리적 특성으로 인해 특정 지역에서 반복적으로 발생하는 경향이 있다.　　(　　)

240 열대 저기압인 태풍은 여름철 중위도에서 주로 발생하며, 강풍과 호우를 동반하여 풍수해를 발생시킨다.

(　　)

241 해안 침식이나 땅꺼짐(싱크홀) 현상은 인간 활동의 영향을 받아 발생하는 재해이다.　　(　　)

02 인간과 자연의 관계

242 인간 중심주의는 인간과 달리 자연은 어떠한 가치도 갖지 않는다고 본다.　　(　　)

243 생태 중심주의는 생태계의 선(善)을 위해 개별 생명체의 희생을 정당화할 수 있다고 본다.　　(　　)

244 데카르트는 인간과 달리 자연은 의식이 없는 물질일 뿐이기에 고통을 느낄 수 없다고 보았다.　　(　　)

245 레오폴드는 인간이 생명 공동체에 어떠한 간섭도 해서는 안 된다고 본다. （ ）

246 유교는 인간과 자연이 조화를 이루는 천인합일(天人合一)의 경지를 지향한다. （ ）

03 환경 문제 해결을 위한 다양한 노력

247 지구 온난화 현상은 해수면 상승을 유발하여 해안 저지대에 침수 피해가 발생하며, 다양한 기상 이변 현상에도 영향을 미친다. （ ）

248 유럽에서 산성비 피해 지역은 원인 물질 발생 지역과 일치한다. （ ）

249 중앙아시아의 아랄해 주변에서는 목화 재배를 위한 과도한 관개 농업으로 인해 사막화가 빠르게 진행되고 있다. （ ）

250 환경 문제 해결을 위해 시민 단체의 노력 사례로 지구의 벗, 세계 자연 기금(WWF), 그린피스 등이 있다. （ ）

251 온실가스 배출량 감축을 위한 국제 협약으로 유엔 기후 변화 협약(1992), 파리 협정(2015)이 있다. （ ）

대단원 종합 문제

252

▶ 25715-0134

그림의 (가)~(다) 기후 지역에 대한 설명으로 옳지 <u>않은</u> 것은? (단, (가)~(다)는 각각 건조 기후 지역, 열대 기후 지역, 온대 기후 지역 중 하나임.)

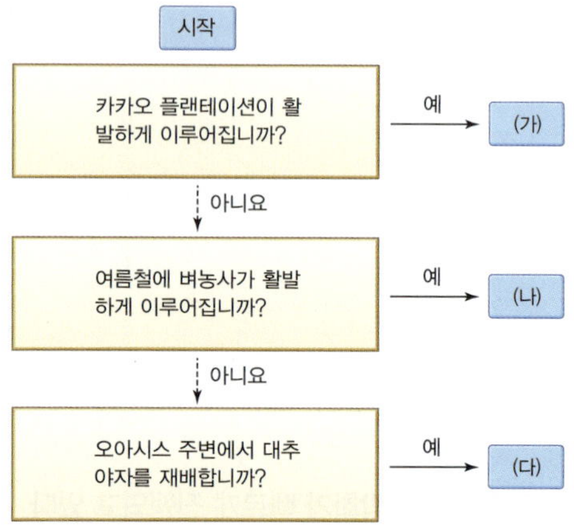

① (가)는 일 년 내내 기온이 높다.
② (나)는 주로 대륙의 서안에 분포한다.
③ (다)는 연 증발량이 연 강수량보다 많다.
④ (가)는 (나)보다 대체로 저위도에 위치한다.
⑤ (나)는 (다)보다 기온의 일교차가 작다.

253

▶ 25715-0135

사진은 두 기후 지역의 전통 가옥이다. (가), (나) 기후 지역에 대한 설명으로 옳은 것만을 〈보기〉에서 고른 것은?

(가)   (나)

〈 보기 〉

ㄱ. (가)에서는 커피의 플랜테이션이 이루어진다.
ㄴ. (나)의 주민은 얇고 바람이 잘 통하는 옷을 입는다.
ㄷ. (가)는 (나)보다 연 강수량이 많다.
ㄹ. (가)는 (나)보다 기온의 연교차가 크다.

① ㄱ, ㄴ   ② ㄱ, ㄷ   ③ ㄴ, ㄷ
④ ㄴ, ㄹ   ⑤ ㄷ, ㄹ

254

▶ 25715-0136

다음은 세계의 다양한 기후 지역의 주민 모습을 나타낸 것이다. (가)~(다) 지역의 주민 생활에 대한 설명으로 옳은 것은?

(가)   (나)

(다)

① (가)는 기온이 낮아 주민들은 열량이 높은 음식을 섭취한다.
② (나)에서는 음식이 부패하지 않도록 기름에 튀기거나 향신료를 많이 사용한다.
③ (다)에서는 염소나 양을 유목하며, 고기와 유제품을 주로 먹는다.
④ (가)에서는 카사바, (나)에서는 밀을 주식으로 이용한다.
⑤ (가)와 (다)는 모두 가옥의 바닥이 지면과 떨어져 있는 고상 가옥이 발달해 있다.

255

▶ 25715-0137

사진은 지도에 표시된 (가) 지역의 주민들 모습이다. (가) 지역이 인간 거주에 유리한 이유를 서술하시오.

[256~257] 다음 자료를 보고 물음에 답하시오.

(가) 

(나) 

▲ 파묵칼레   ▲ 할롱 베이

256
▶ 25715-0138

(가), (나) 지역에서 관광 자원으로 활용되는 지형의 공통점을 서술하시오.

____

____

257
▶ 25715-0139

(가), (나) 지역을 여행하기 위해 방문할 국가를 지도의 A~D에서 고른 것은?

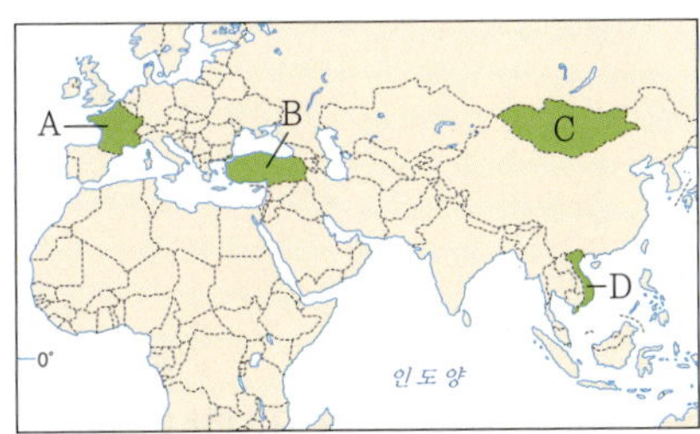

	(가)	(나)
①	A	C
②	A	D
③	B	C
④	B	D
⑤	C	B

258
▶ 25715-0140

자연재해에 대한 설명으로 옳은 것만을 〈보기〉에서 있는 대로 고른 것은?

〔 보기 〕

ㄱ. 우리나라는 기후와 관련된 자연재해만 발생한다.
ㄴ. 도시의 발달은 땅꺼짐 현상 등 재해의 원인이 되기도 한다.
ㄷ. 자연재해로부터 안전하게 살아갈 권리는 헌법으로 보장되어 있다.
ㄹ. 우리나라는 대체로 여름철이 겨울철보다 기후와 관련된 자연재해 발생 빈도가 높다.

① ㄱ, ㄴ   ② ㄷ, ㄹ   ③ ㄱ, ㄴ, ㄷ

④ ㄱ, ㄷ, ㄹ   ⑤ ㄴ, ㄷ, ㄹ

[259~260] 다음은 (가)~(다) 자연재해의 피해 상황을 나타낸 것이다. 물음에 답하시오.

(가) 

(나) 

(다) 

▲ 물에 잠긴 마을   ▲ 땅이 흔들려 무너진 건물   ▲ 말라서 갈라진 땅

259
▶ 25715-0141

(가)~(다) 자연재해에 대한 설명으로 옳지 <u>않은</u> 것은?

① (가)는 집중 호우가 내릴 때 주로 발생한다.
② (나)는 지각판의 경계와 가까운 지역에서 주로 발생한다.
③ (가)는 (나)보다 특정 시기에 반복적으로 발생하는 경향이 강하다.
④ (나)는 (다)보다 대체로 피해 범위가 넓다.
⑤ (가)와 (다)는 기후적 요인, (나)는 지형적 요인에 의해 발생하였다.

260
▶ 25715-0142

다음은 자연재해 발생 시 행동 요령을 제시한 것이다. A, B에 해당하는 자연재해를 (가)~(다)에서 고른 것은?

	행동 요령
A	• 책상 아래로 들어가 책상다리를 꼭 잡습니다. • 떨어지는 물건에 유의하며 신속하게 넓은 공간으로 이동합니다.
B	• 세탁할 때는 한꺼번에 빨래를 모아서 합니다. • 토양 수분 증발을 줄이기 위해 볏짚, 비닐 등을 덮습니다.

	A	B		A	B		A	B
①	(가)	(나)	②	(가)	(다)	③	(나)	(가)
④	(나)	(다)	⑤	(다)	(가)			

261
▶ 25715-0143

그래프는 우리나라 네 지역의 자연재해별 피해액 비율을 나타낸 것이다. (가)~(다) 자연재해로 옳은 것은?

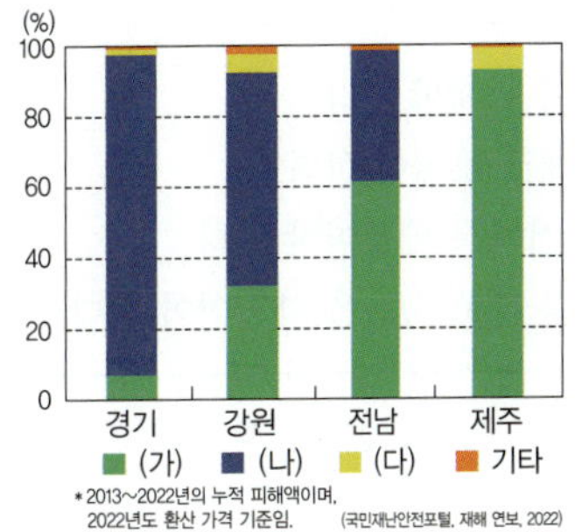

*2013~2022년의 누적 피해액이며, 2022년도 환산 가격 기준임. (국민재난안전포털, 재해 연보, 2022)

	(가)	(나)	(다)
①	대설	태풍	호우
②	대설	호우	태풍
③	태풍	대설	호우
④	태풍	호우	대설
⑤	호우	대설	태풍

02 인간과 자연의 관계

262
▶ 25715-0144

갑, 을 사상가들의 입장에 대한 설명으로 옳은 것은?

> **갑:** 이성이 없지만 생명이 있는 존재를 폭력적으로 다루는 것은 자신에 대한 의무에 배치된다. 그로 인해 타인과의 관계에서 도덕성에 이로운 자연 소질이 약화하기 때문이다.
>
> **을:** 인간은 생명 공동체의 한 구성원에 지나지 않는다. 지금까지 인간의 활동으로서만 설명되어 온 많은 역사적 사건이 실제로는 인간과 대지의 생명적 상호 작용이었다.

① 갑은 생태계 전체를 하나의 유기체로 본다.

② 갑은 인간이 자연과 관련하여 도덕적 의무를 지닌다고 본다.

③ 을은 인간과 자연을 이분법적으로 구분해서 본다.

④ 을은 자연에 대한 배려는 인간의 이익에 따른 의무로 본다.

⑤ 갑과 을은 생태계를 구성하는 모든 유기체는 도덕적 고려의 대상이라고 본다.

263
▶ 25715-0145

다음 신문 칼럼의 입장으로 옳은 것만을 〈보기〉에서 고른 것은?

> ○○신문 　　　**칼럼**　　　 ○○○○년 ○월 ○일
>
> 우리는 한 장의 종이 안에서 구름을 볼 수 있다. 구름에서 비가 내리고, 비가 내려 나무가 자라고, 그리고 나무에서 종이를 얻는다. 우리는 또한 이 한 장의 종이 안에서 나무를 베어 종이가 되도록 한 나무꾼을 본다. 나무꾼이 매일 빵을 먹는 것을 보고 빵의 재료인 밀가루를 본다. 그리고 나무꾼의 아버지와 어머니를 본다. 이러한 모든 것들이 원인이 되어 한 장의 종이가 존재한다는 연기(緣起)의 법칙을 깨닫게 된다.

〈 보기 〉

ㄱ. 인간과 자연은 서로에게 책임을 져야 한다.

ㄴ. 인간은 자연을 관리하는 존재로 보아야 한다.

ㄷ. 모든 생명을 소중히 여기고 자비를 베풀어야 한다.

ㄹ. 만물은 서로 불가분의 관계를 맺고 있음을 깨달아야 한다.

① ㄱ, ㄴ　　　② ㄱ, ㄷ　　　③ ㄴ, ㄷ

④ ㄴ, ㄹ　　　⑤ ㄷ, ㄹ

264
▶ 25715-0146

다음을 주장한 사상가의 입장에서 문제 상황 속 A에게 제시할 조언으로 적절하지 않은 것은?

> 우리는 삶의 다양성에 대한 감수성을 키우고 자연을 더 소중히 여김으로써, 다양한 기쁨의 원천을 활짝 여는 것이 필요하다. 그런 기쁨은 부분적으로는 우리가 자아보다 큰 무엇과 밀접하게 관련 있다는 의식에서 비롯된다.
>
> **〈문제 상황〉**
>
> A는 한동안 사용하던 휴대 전화를 다른 친구들처럼 새 제품으로 교체하고 싶다. 하지만 이를 생산하는 과정에서 커다란 환경 오염을 일으키고 생태계를 파괴하는 문제가 나타나는 것을 알기에 교체할지 말지 고민하고 있다.

① 모든 유기체는 내재적 가치를 지니고 있음을 잊지 마세요.

② 인류의 장기적 이익 추구에 도움이 되는 방향으로 결정하세요.

③ 모든 생명체는 동등한 자연의 구성원이라는 것을 유념하세요.

④ 인간 중심적 세계관을 생태 중심적으로 바꿔야 함을 명심하세요.

⑤ 큰 자아는 자연과의 공생을 통하여 실현할 수 있음을 고려하세요.

265
▶ 25715-0147

다음 글의 관점에 부합하는 입장에만 모두 'ｖ'를 표시한 학생은?

> 많은 동물이 어떤 행동에선 인간보다 더 많은 재능을 보여 준다고 해서 그들이 이성이 있다는 것을 입증하는 것은 아니다. 동물들은 마치 톱니바퀴와 태엽만으로 조립되어 있으면서도 인간보다도 정확하게 시간을 잴 수 있는 시계와 같이 자연에 의해 배치된 기관에 따라 작동하고 있는 기계일 뿐이다.

입장 ＼ 학생	갑	을	병	정	무
동물은 각 부분이 인과적·법칙적으로 연결되어 있다.	ｖ	ｖ		ｖ	
동물의 행동은 물질의 운동 법칙으로 모두 설명할 수 있다.			ｖ	ｖ	ｖ
인간에게는 동물보다 우월한 존재라 볼 수 있는 특징이 있다.	ｖ			ｖ	ｖ
인간이 기계를 다루는 방법과 동물을 관리하는 방식은 다르다.		ｖ	ｖ		ｖ

① 갑　　② 을　　③ 병　　④ 정　　⑤ 무

03 환경 문제 해결을 위한 다양한 노력

266

▶ 25715-0148

지도의 A~E에서 발생하는 환경 문제에 대한 설명으로 옳지 않은 것은?

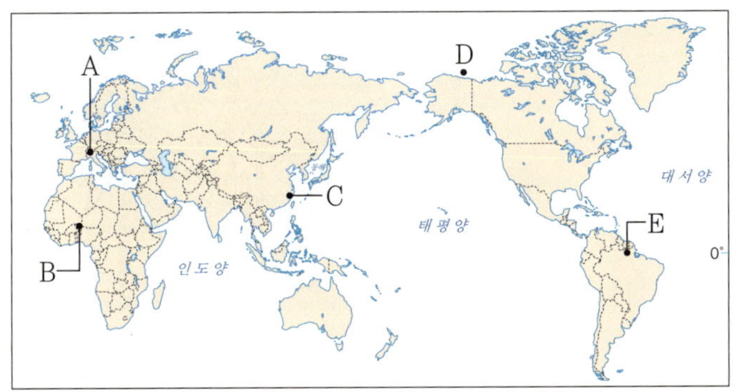

① A 산에서는 기온 상승으로 빙하 면적이 감소하고 있다.
② B에서는 경작지 확대로 사막화가 심화되고 있다.
③ C에서는 대기 오염 물질이 빗물에 섞여 산성비 피해가 발생한다.
④ D에서는 수온 상승으로 산호초가 사라지고 있다.
⑤ E에서는 농장 확대, 상업적 벌목 등으로 열대림이 파괴되고 있다.

[267~268] 다음은 북태평양의 거대한 쓰레기 섬을 나타낸 것이다. 물음에 답하시오.

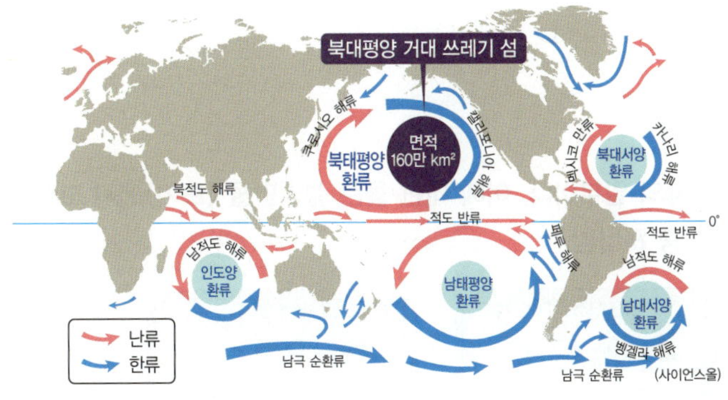

267

▶ 25715-0149

쓰레기를 구성하고 있는 주요 물질을 쓰고, 섬이 형성된 원인을 서술하시오.

268

▶ 25715-0150

자료의 해양 오염 문제와 관련 있는 국제 사회의 노력으로 가장 적절한 것은?

① 바젤 협약 　② 런던 협약 　③ 파리 협정
④ 람사르 협약 　⑤ 몬트리올 의정서

269

▶ 25715-0151

표는 환경 문제를 해결하기 위한 각 주체별 노력 사례를 제시한 것이다. (가)~(다)의 노력 주체로 옳은 것은?

(가)	• 그린피스의 '용기 내! 캠페인' • 세계 자연 기금(WWF)의 '어스 아워' • '지구의 벗'의 온실 효과 감축 캠페인
(나)	• 재생 에너지 100% 사용(RE100) 참여 • 환경 사회 기업 지배 구조(ESG) 경영 • 비닐 라벨을 제거한 플라스틱 병 생산
(다)	• 온실가스 배출권 거래 제도 도입 • 환경 영향 평가 제도 실시 • 탄소중립 녹색 성장 정책

	(가)	(나)	(다)
①	기업	정부	시민 사회
②	기업	시민 사회	정부
③	정부	기업	시민 사회
④	시민 사회	기업	정부
⑤	시민 사회	정부	기업

270

▶ 25715-0152

다음은 수몰 위기에 놓인 어느 섬나라의 모습이다. 이와 관련된 설명으로 옳은 것만을 〈보기〉에서 있는 대로 고른 것은?

〈 보기 〉

ㄱ. 해발 고도가 낮은 섬나라에서 주로 발생한다.
ㄴ. 온실가스 배출량 증가로 인한 지구 온난화가 주요 원인이다.
ㄷ. 이러한 문제를 해결하기 위한 국제 사회의 노력으로 람사르 협약이 있다.
ㄹ. 개인은 생태 시민으로서 로컬 푸드 운동 참여 등을 통해 문제를 해결하기 위해 노력해야 한다.

① ㄱ, ㄴ 　② ㄷ, ㄹ 　③ ㄱ, ㄴ, ㄹ
④ ㄱ, ㄷ, ㄹ 　⑤ ㄴ, ㄷ, ㄹ

271

2024학년도 9월 고1 학력평가 ▶

다음은 두 지역의 전통 가옥을 소개한 자료이다. (가) 기후 지역과 비교한 (나) 기후 지역의 상대적 특징을 그래프 A~E에서 고른 것은?

(가)   (나)

〈 몽골의 게르 〉　　　　〈 타이의 고상 가옥 〉

① A
② B
③ C
④ D
⑤ E

272

2024학년도 6월 고1 학력평가 ▶

다음은 자연재해에 관한 안전 안내 문자 내용의 일부이다. 이에 대한 옳은 설명만을 〈보기〉에서 고른 것은? (단, (가)~(다)는 각각 대설, 태풍, 황사 중 하나임.)

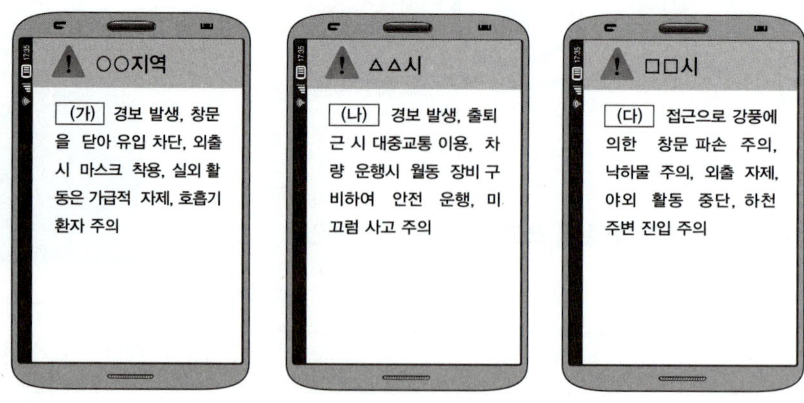

〈 보기 〉

ㄱ. (가)는 대기 중 미세 먼지 농도를 증가시킨다.
ㄴ. (나)에 대비하여 건물의 내진 설계를 실시한다.
ㄷ. (다)는 (가)보다 많은 강수를 동반하는 자연재해이다.
ㄹ. (나), (다) 모두 고위도 지역에서 주로 발생한다.

① ㄱ, ㄴ   ② ㄱ, ㄷ   ③ ㄴ, ㄷ   ④ ㄴ, ㄹ   ⑤ ㄷ, ㄹ

273

2024학년도 6월 고1 학력평가

(가), (나)의 자연관에 대한 설명으로 옳은 것은?

> (가) 인간은 자연의 사용자 및 해석자로서 자연의 질서에 관해 실제로 관찰하고 고찰한 것만큼 무엇인가를 할 수 있다. 인간의 지식이 곧 인간의 힘이다.
>
> (나) 인간은 생명 공동체인 대지의 구성원이다. 인간의 행위가 생명 공동체의 온전성, 안정성, 아름다움에 이바지한다면 옳은 것이며, 그렇지 않다면 그른 것이다.

① (가)는 자연을 인간의 이익을 위한 지배 대상으로 본다.
② (가)는 자연의 도구적 가치보다 본래적 가치를 중시한다.
③ (나)는 인간을 자연과 구별되는 우월한 존재로 본다.
④ (나)는 생태계 전체의 보전보다 개별 구성원의 존속을 중시한다.
⑤ (가), (나) 모두 자연을 도덕적 고려 대상으로 보아야 함을 강조한다.

274

2024학년도 9월 고1 학력평가

다음 자료는 환경 문제를 해결하기 위해 체결된 국제 협약이다. (가)~(라)에 대한 옳은 설명만을 〈보기〉에서 고른 것은?

람사르 협약(1971년)	몬트리올 의정서(1987년)
• 체결 도시: 람사르(이란) • 주요 협약 내용: _____ (가)	• 체결 도시: 몬트리올(캐나다) • 주요 협약 내용: _____ (나)
생물 다양성 협약(1992년)	파리 협정(2015년)
• 체결 도시: 리우데자네이루(브라질) • 주요 협약 내용: _____ (다)	• 체결 도시: 파리(프랑스) • 주요 협약 내용: _____ (라)

〈 보기 〉

ㄱ. (가)는 습지의 파괴를 막고, 물새의 서식지를 보호하는 협약이다.
ㄴ. (나)는 선진국과 개발 도상국이 힘을 모아 온실가스 배출량을 단계적으로 감축하는 협약이다.
ㄷ. (다)는 멸종 위기에 처한 생물 종의 보호 및 번식을 위한 협약이다.
ㄹ. (라)는 오존층 파괴 물질의 생산 및 사용을 단계적으로 감축하는 협약이다.

① ㄱ, ㄴ 　② ㄱ, ㄷ 　③ ㄴ, ㄷ 　④ ㄴ, ㄹ 　⑤ ㄷ, ㄹ

01 세계의 다양한 문화권 ~ 02 문화 변동과 전통문화

❶ 세계의 다양한 문화

1. 문화권 형성에 영향을 주는 요인

(1) 자연환경: 지형, 기후, 식생, 토양과 같은 자연환경의 영향을 받아 문화권이 형성됨

① 산맥, 대하천, 사막 등에 의해 문화권 구분

사하라 사막	건조 문화권과 아프리카 문화권의 구분 기준
리오그란데강	앵글로아메리카와 라틴 아메리카의 구분 기준

② 자연환경에 따라 나타나는 다양한 의식주 생활 모습

의복	• 열대: 통풍에 유리한 얇은 옷 • 건조: 온몸을 감싸는 형태의 옷 • 한대: 보온에 유리한 동물의 털가죽으로 만든 옷
음식	• 열대: 부패 방지 → 향신료 이용, 기름에 튀긴 음식 • 건조: 목축업 → 고기, 유제품 • 온대: 곡물, 과일, 채소 등 다양한 재료를 활용 • 냉 · 한대: 열량이 높은 육류와 훈제 요리 • 열대 고산: 감자, 옥수수 등
전통 가옥	• 사막: 주로 흙으로 만든 벽돌을 이용한 집 • 냉대: 주변의 풍부한 목재를 활용한 통나무집 • 높은 산지: 돌을 이용하여 지은 집

(2) 인문환경: 종교, 언어, 예술, 산업, 관습, 제도 등 인문환경의 영향을 받아 문화권이 형성됨

종교	• 음식: 이슬람교는 돼지고기와 술, 힌두교는 쇠고기 금기 • 예배: 각 종교의 신자들이 교회나 성당(크리스트교), 사찰(불교), 모스크(이슬람교) 등에 모여 예배함
산업	• 농경 중심: 정착 생활, 협동 노동, 공동체 문화 발달 • 유목 중심: 이동 생활, 가축으로부터 의식주 재료 구함 • 상공업 중심: 건물이 밀집한 도시적 경관, 출퇴근 문화

2. 다양한 문화권의 특징

동양 문화권	• 공통적으로 계절풍의 영향을 받아 벼농사 발달 • 동부 아시아: 유교, 불교, 한자 문화 공유 • 남부 아시아: 힌두교와 불교의 발상지, 힌두교를 중심으로 이슬람교와 불교문화 발달 • 동남아시아: 교통의 요지이며, 불교, 이슬람교, 크리스트교 등 다양한 종교 문화 발달
유럽 문화권	• 공통적으로 크리스트교가 문화 형성에 큰 영향 • 북서 유럽: 개신교, 산업 혁명 발상지, 서안 해양성 기후, 혼합 농업, 게르만족 비율 높음 • 남부 유럽: 가톨릭교, 관광 산업(지중해 연안, 그리스 · 로마유적), 지중해성 기후, 수목 농업, 라틴족 비율 높음 • 동부 유럽: 구소련으로부터 독립, 동방 정교, 슬라브족 비율 높음

건조 문화권	• 북부 아프리카~서남아시아~중앙아시아 • 대부분 이슬람교 신자이며, 아랍어가 우세 • 유목, 오아시스 농업, 관개 농업, 최근 석유 자원 개발로 정착 인구 증가
아프리카 문화권	• 사하라 사막 이남의 중 · 남부 아프리카 • 유럽 식민지 영향, 민족, 종교, 언어가 복잡 • 이동식 화전 농업과 플랜테이션 발달
아메리카 문화권	• 앵글로아메리카: 북서부 유럽의 영향 → 영어, 개신교 우세 • 라틴 아메리카: 남부 유럽의 영향 → 에스파냐어와 포르투갈어, 가톨릭교 우세, 다양한 민족(인종) 분포
오세아니아 문화권	• 오스트레일리아, 뉴질랜드, 태평양 제도 • 영어, 개신교 우세, 원주민 문화의 소멸 위기 • 목축업과 관광 산업 발달
북극 문화권	• 북극해 연안의 한대 기후 지역 • 이누이트, 라프족, 네네츠족 등이 사냥, 어로, 순록 유목 등을 하며 생활

❷ 문화 변동과 전통문화

1. 문화 변동의 요인과 양상

(1) 문화 변동의 의미와 요인

① 의미: 새로운 문화 요소가 등장하거나 다른 문화와의 접촉을 통해 한 사회의 문화 체계가 변화하는 현상

② 요인

내재적 요인	발명	존재하지 않았던 새로운 문화 요소를 만들어 내는 것
	발견	이미 존재하고 있었지만 알려지지 않았던 문화 요소를 찾아내는 것
외재적 요인	직접 전파	서로 다른 사회 구성원 간의 직접적인 접촉에 의한 전파
	간접 전파	인쇄물이나 인터넷 등 매개체를 통해 간접적으로 이루어지는 전파
	자극 전파	외래문화 요소에 자극을 받아 발명이 일어나는 것

(2) 문화 변동의 양상

① 문화 동화

의미	기존의 문화 요소가 다른 사회의 문화 체계에 흡수되어 소멸하는 현상
사례	아메리카 원주민이 유럽 문화와 접촉하면서 고유 언어와 토속 신앙을 상실한 모습

② 문화 병존

의미	기존의 문화 요소와 전파된 다른 사회의 문화 요소가 공존하는 현상
사례	한국의 생활양식과 중국의 고유문화를 함께 유지하고 생활하는 인천 차이나타운의 모습

③ 문화 융합

의미	기존 문화 요소와 전파된 다른 사회의 문화 요소가 결합한 결과 새로운 문화가 나타나는 현상
사례	서양의 침대 문화와 우리의 온돌 문화가 결합한 돌침대

시험 빈출 자료 문화 융합의 사례, 부대찌개

6·25 전쟁 이후 미군 부대 근처에서는 '부대 고기'라고 불리는 소시지와 햄을 쉽게 구할 수 있었다. 당시 미군 부대에서 쓰고 남은 소시지, 햄, 치즈, 통조림 콩에 우리나라 전통 식자재인 김치와 고추장을 넣어 얼큰하게 끓인 음식이 바로 부대찌개이다.

자료 분석 | 기존의 문화 요소와 외래문화 요소가 결합하여 새로운 문화 요소가 나타난 것이 문화 융합이다. 부대찌개는 미군 부대에서 나온 음식 재료에 우리나라 전통 식자재인 김치와 고추장을 넣어 끓인 음식으로서 문화 융합의 사례이다.

2. 전통문화의 의의와 창조적 계승

(1) 전통문화의 의미와 기능

① 의미: 어떠한 집단이나 공동체에서 과거로부터 전해 내려오는 문화 요소 중 현재까지 그 가치를 인정받고 발전시킬 만한 가치가 있는 것
② 사례: 농경 문화에서 비롯된 협동과 상부상조의 정신, 효사상, 김치와 불고기, 세시 풍속 등
③ 기능
• 사회 유지와 통합에 기여
• 문화 정체성 유지와 자긍심 고취
• 세계 문화의 다양성 증진에 기여
• 국가 이미지 개선, 문화 산업 육성에 기여

(2) 전통문화의 창조적 계승

① 필요성: 교통·통신 수단의 발달에 따라 세계화가 진행되면서 문화 간의 접촉과 교류가 활발해지고 있어 창조적 계승이 필요해짐
② 전통문화의 창조적 계승 방안
• 전통문화가 현대 사회의 새로운 문화 요소들과 조화를 이룰 수 있도록 재구성하거나 개선
• 새로운 문화 요소나 외래문화 요소를 비판적으로 수용하여 전통문화와의 조화를 이루려는 노력이 필요
• 외래문화의 장점을 주체적으로 받아들이는 한편 전통문화의 가치를 발견하고 창조적으로 계승

정답과 해설 27쪽

❖ **빈칸에 들어갈 알맞은 말을 쓰시오.**

275 대하천은 문화권을 구분하는 경계가 되는데, 아메리카는 (　　　)을/를 기준으로 앵글로아메리카와 라틴 아메리카로 구분된다.

276 이슬람교 신자들은 (　　　)와/과 술을, 힌두교 신자들은 (　　　)을/를 금기시한다.

277 (　　　)은/는 서로 다른 문화 체계 간에 문화 요소와 관련된 추상적인 개념이나 아이디어가 전파되어 새로운 문화 요소를 만들어 내는 현상을 말한다.

❖ **다음 내용이 옳으면 ○표, 틀리면 ✕표를 하시오.**

278 전통적으로 사막에서는 돌, 냉대 기후 지역에서는 흙벽돌, 높은 산지에서는 통나무를 이용하여 집을 짓는다. (　　　)

279 동양 문화권은 공통적으로 계절풍의 영향을 받으며, 벼농사가 발달하였다. (　　　)

280 북아메리카의 원주민 공동체가 백인의 서구 문화를 받아들이면서 언어와 관습 등 고유한 문화를 대부분 상실한 것은 문화 융합의 사례이다. (　　　)

❖ **다음 내용에 알맞은 말을 고르시오.**

281 서부 유럽은 (게르만족, 라틴족)의 비율이 높고, 남부 유럽은 (게르만족, 라틴족)의 비율이 높다.

282 라틴 아메리카는 (북서부, 남부) 유럽의 영향으로 가톨릭교 신자 비율이 높다.

283 북극 문화권의 주민들은 전통적으로 사냥, 어로, (염소, 순록) 유목 등을 하며 생활해 왔다.

284 전통문화는 오랜 세월에 걸쳐 형성되어 이어져 왔기에 그 사회만의 독특한 (문화 정체성, 문화 개방성)을 나타낸다.

285 전쟁이나 식민 통치, 선교 활동 등으로 나타나는 문화 요소의 전파는 (직접, 간접) 전파이다.

286 (문화 융합, 문화 병존)으로 생겨난 문화 요소는 자신의 문화적 정체성을 상실하지 않으면서도 제3의 창조적 특성을 갖는다.

287 우리의 전통문화를 창조적으로 계승하기 위해서는 새로운 문화 요소나 외래문화 요소를 (수동적, 비판적)으로 수용하여 전통문화와의 조화를 이루려는 노력이 필요하다.

288 (발견, 발명)은 이미 존재하고 있지만 알려지지 않았거나, 몰랐던 문화 요소를 찾아내는 것을 말한다.

289
▶ 25715-0153

문화와 문화권에 대한 설명으로 옳지 <u>않은</u> 것은?

① 산맥, 강, 사막 등은 문화권의 경계가 된다.
② 서로 다른 문화권 사이에는 경계가 명확하다.
③ 문화는 인간이 환경과 상호 작용하는 과정에서 형성된다.
④ 문화권의 형성에 영향을 주는 자연환경으로 기후와 지형이 있다.
⑤ 동일한 지표 공간이라도 문화 요소에 따라 서로 다른 문화권으로 분류될 수 있다.

중요
290
▶ 25715-0154

(가), (나)에 대한 설명으로 옳은 것만을 〈보기〉에서 고른 것은?

(가)	(나)

▲ 인도의 거리 풍경	▲ 이란의 바드기르와 주변 풍경

〔 보기 〕
ㄱ. (가) 지역의 주민은 대부분 이슬람교 신자이다.
ㄴ. (나)의 지붕 위 탑은 연기를 배출하기 위한 시설이다.
ㄷ. (가) 지역은 (나) 지역보다 연 강수량이 많다.
ㄹ. (가)는 인문환경, (나)는 자연환경으로 인해 형성된 문화 경관이다.

① ㄱ, ㄴ 　　 ② ㄱ, ㄷ 　　 ③ ㄴ, ㄷ
④ ㄴ, ㄹ 　　 ⑤ ㄷ, ㄹ

291
▶ 25715-0155

기후와 관련된 전통 음식 문화를 옳게 제시한 것은?

	기후	전통 음식 문화
①	열대	열량이 높은 육류와 훈제 요리 발달
②	건조	유목이나 목축을 통한 유제품과 관련된 음식 발달
③	온대	이동식 화전 농업으로 재배된 감자나 옥수수를 이용한 음식 문화 발달
④	냉대	향신료를 사용하여 주로 볶고 튀기는 음식 발달
⑤	한대	곡물 및 계절별 신선한 과일과 채소 등 다양한 재료 활용

[292~293] 지도는 세계의 종교 분포를 나타낸 것이다. 물음에 답하시오.

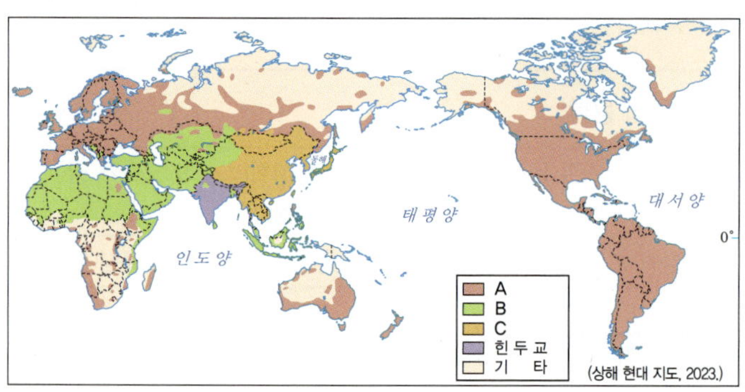

중요
292
▶ 25715-0156

A∼C 종교로 옳은 것은?

	A	B	C
①	불교	이슬람교	크리스트교
②	불교	크리스트교	이슬람교
③	이슬람교	불교	크리스트교
④	크리스트교	불교	이슬람교
⑤	크리스트교	이슬람교	불교

293
▶ 25715-0157

다음은 세계 여러 나라를 여행한 후 누리 소통망(SNS)에 올린 내용이다. (가), (나)와 관련이 깊은 종교를 A∼C에서 고른 것은?

(가)	(나)

(가) (나)	(가) (나)	(가) (나)
① A B	② A C	③ B A
④ B C	⑤ C A	

[294~296] 지도는 세계의 문화권을 나타낸 것이다. 물음에 답하시오.

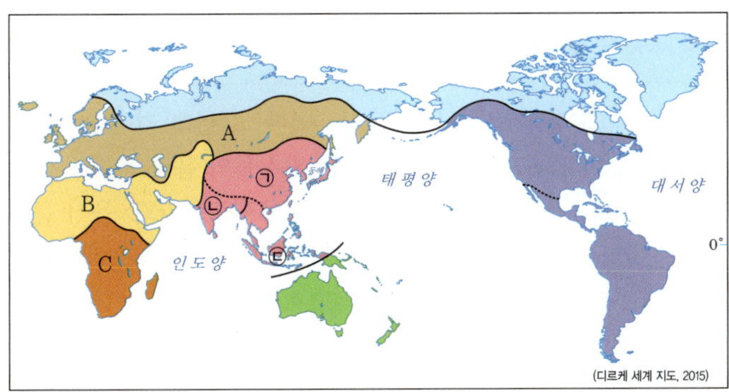

중요

294
▶ 25715-0158

A, B 문화권에 대한 설명으로 옳은 것만을 〈보기〉에서 고른 것은?

보기

ㄱ. A는 크리스트교가 생활양식과 주민 의식 형성에 크게 영향을 미쳤다.

ㄴ. B의 주민은 보온에 유리한 동물의 털가죽으로 만든 옷을 주로 입는다.

ㄷ. A와 B의 지중해 연안에는 여름이 건조한 온대 기후가 나타난다.

ㄹ. B는 A보다 대체로 산업화의 시작 시기가 이르다.

① ㄱ, ㄴ   ② ㄱ, ㄷ   ③ ㄴ, ㄷ
④ ㄴ, ㄹ   ⑤ ㄷ, ㄹ

295
▶ 25715-0159

(가)~(다) 특성이 나타나는 문화권을 ㉠~㉢에서 고른 것은?

(가)	한자가 기반이 된 문자를 사용하고 음식을 섭취할 때 주로 젓가락을 사용한다.
(나)	힌두교와 불교의 발상지가 있으며, 신자 비율이 가장 높은 힌두교를 중심으로 이슬람교와 불교문화가 발달하였다.
(다)	세계적인 벼농사 지역이며, 인도양과 태평양을 연결하는 교통의 요충지이다.

　(가) (나) (다)　　　　(가) (나) (다)
① ㉠ ㉡ ㉢　　② ㉠ ㉢ ㉡
③ ㉡ ㉠ ㉢　　④ ㉡ ㉢ ㉠
⑤ ㉢ ㉠ ㉡

296
▶ 25715-0160

B 문화권과 C 문화권의 경계가 되는 지형 요소로 옳은 것은?

① 나일강　　　　② 콩고강
③ 사하라 사막　　④ 아틀라스산맥
⑤ 동아프리카 지구대

297
▶ 25715-0161

(가), (나) 사진과 관련된 문화권에 대한 설명으로 옳은 것은?

(가)　　　　(나)

▲ 마사이족 전통춤 아두무　　▲ 아르헨티나의 전통춤 탱고

① (가)는 대부분 사헬 지대의 북쪽에 해당하는 지역이다.
② (나)의 주민은 대부분 가톨릭교를 믿는다.
③ (가)의 전통춤은 (나) 춤의 영향을 받아 형성되었다.
④ (가), (나) 모두 쌀이 주식으로 이용된다.
⑤ (가)에는 아마존 분지, (나)에는 콩고 분지가 있다.

중요

298
▶ 25715-0162

지도의 (가) 지역에 대한 설명으로 옳지 <u>않은</u> 것은?

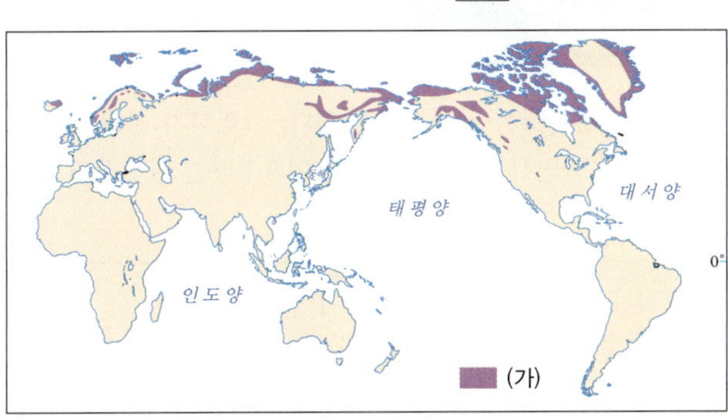

① 툰드라 기후가 나타난다.
② 연 증발량이 연 강수량보다 많다.
③ 인간 거주에 불리하여 인구 밀도가 매우 낮다.
④ 가옥은 지면과 바닥을 띄워서 짓는 경우가 많다.
⑤ 주민들은 전통적으로 순록을 유목하며 생활해 왔다.

299

▶ 25715-0163

문화 변동의 요인 (가)~(다)에 대한 설명으로 옳은 것은?

문화 변동의 요인	사례
(가)	7세기 초 고구려의 담징은 일본에 종이와 먹의 제조 방법을 전하였다.
(나)	한국의 드라마와 노래가 인터넷 등을 통해 전 세계로 퍼지면서 한류 열풍이 불고 있다.
(다)	체로키족은 영어의 알파벳에서 아이디어를 얻어 자기들의 체로키 문자를 만들었다.

① (가)는 기존에 존재하지 않았던 새로운 문화 요소를 만들어 내는 것이다.
② (나)는 매개체를 통한 간접적인 접촉에 의해 문화 요소가 전파되는 현상이다.
③ (다)는 기존에 존재하고 있었지만 알려지지 않았던 것을 찾아내는 것이다.
④ (가)와 달리 (나)는 외재적 요인에 의해 문화가 변동한 사례이다.
⑤ (나)와 달리 (다)는 내재적 요인에 의해 문화가 변동한 사례이다.

300

▶ 25715-0164

다음 자료의 문화 변동 양상에 대한 설명으로 가장 적절한 것은?

우리나라 사찰에는 불교와 관련이 없는 산신각이 갖추어져 있다. 산신(山神)은 본래 산악숭배의 토착 신앙과 관련된 것으로, 우리나라에 불교가 처음 전파되었을 때의 사찰에는 산신각이 없었다. 그러다가 불교가 산신 신앙을 수용하면서 조선 시대 중기 이후부터는 산신각을 짓게 되었다.

① 내재적 요인에 의해 문화 변동이 발생하였다.
② 문화 변동의 결과 기존 사회의 고유한 문화가 사라졌다.
③ 한 사회의 문화와 전파된 다른 사회의 문화가 나란히 존재하는 현상이 발생하였다.
④ 한 사회의 문화가 다른 사회의 문화 체계에 흡수되어 정체성을 상실하는 현상이 나타났다.
⑤ 외래문화와 기존의 문화가 결합하여 새로운 성격을 가진 제3의 문화가 나타나는 현상이 발생하였다.

301

중요

▶ 25715-0165

다음 사례에 대한 설명으로 옳은 것은? (단, 갑국과 을국 간에는 문화 교류가 없었음.)

갑국의 고유한 음식 문화는 ○○이다. 그런데 최근 A국의 유학생들이 들어오면서 갑국에서는 자신들의 음식 문화인 ○○에 A국의 음식 문화인 ●●을 결합한 새로운 ◉◉ 음식 문화가 나타났다. 한편 을국 사람들은 A국의 드라마를 통해 A국의 혼인 문화인 ■■을 접하게 되면서 자신들의 고유한 혼인 문화인 □□가 소멸되었다.

① 갑국에서는 내재적 요인에 의한 문화 변동이 나타났다.
② 을국에서는 A국의 혼인 문화가 변형되어 정착되었다.
③ 갑국의 음식 문화에서는 문화 융합 현상이 발생하였다.
④ 을국의 혼인 문화에서는 문화 병존 현상이 나타났다.
⑤ 갑국의 음식 문화와 을국의 혼인 문화는 모두 직접 전파에 의해 변동하였다.

302

▶ 25715-0166

다음 글의 A가 지니는 의의로 옳은 것만을 〈보기〉에서 고른 것은?

시대와 환경의 변화에 따라 문화는 끊임없이 변동한다. 반면 한 사회에서 세대 간 전승을 통해 과거에서부터 현재까지 이어져 내려오면서 그 가치를 인정받고 있는 고유한 문화가 있다. 이를 A라고 한다.

〈 보기 〉

ㄱ. 문화의 정체성을 유지하는 데 도움을 준다.
ㄴ. 자신의 문화에 대한 자긍심을 가지도록 한다.
ㄷ. 구성원에게 미래 지향적 사고방식을 갖도록 한다.
ㄹ. 문화 교류를 통해 세계 각국은 문화적 동질성을 추구한다.

① ㄱ, ㄴ ② ㄱ, ㄷ ③ ㄴ, ㄷ
④ ㄴ, ㄹ ⑤ ㄷ, ㄹ

중요
303
▶ 25715-0167

다음 사례에서 나타난 문화 변동 양상에 대한 설명으로 옳은 것은?

> 예전에 갑국 사람들은 전통 의복인 한복을 입고 생활하였다. 하지만 근대 서양 문물이 들어오면서 서양식 의복이 도입되었고, 사람들의 일상복은 점차 한복에서 양복으로 바뀌었다. 현재는 일상생활에서 한복을 입는 사람을 거의 찾아보기 힘들다. 이제 갑국 사람들은 집이나 학교, 회사 등에서 전통 한복을 일상복으로 착용하지 않게 되었다.

① 다른 문화에서 자극을 받아 발명이 이루어졌다.
② 자문화의 정체성을 상실한 문화 변동이 나타났다.
③ 강제적 문화 접변에 의한 문화 동화가 발생하였다.
④ 서로 다른 문화 요소가 결합하여 문화 융합이 나타났다.
⑤ 전파된 문화가 변형되어 새로운 문화 요소가 만들어졌다.

304
▶ 25715-0168

자료를 통해 알 수 있는 우리 전통문화의 특징으로 가장 적절한 것은?

> • 마을에서는 서낭신에게 농사의 풍요를 기원하였다.
> • 줄다리기, 지신밟기 같은 전통적인 민속놀이를 하였다.
> • 추수를 끝낸 뒤 햇곡식으로 음식을 장만하여 고사를 지냈다.

① 농경 중심의 문화였다.
② 정치와 종교가 결합된 문화였다.
③ 다양한 개성을 표출하는 문화였다.
④ 민족의 우수성을 강조하는 문화였다.
⑤ 토착 문화와 외래문화가 조화를 이룬 문화였다.

305
▶ 25715-0169

다음 자료가 전통문화와 관련하여 공통적으로 말하고자 하는 내용으로 가장 적절한 것은?

▲ 나전 칠기 휴대 전화 케이스

▲ 고려청자 이어폰 케이스

① 전통을 현대에 종속된 문화로 간주해야 한다.
② 전통의 내용과 형식을 그대로 계승해야 한다.
③ 전통을 현대와 대립되는 것으로 이해해야 한다.
④ 전통을 계승하되 창조적 변화를 추구해야 한다.
⑤ 전통과 다른 이질적인 문화의 수용을 거부해야 한다.

306
▶ 25715-0170

다음 사례를 통해 도출할 수 있는 전통문화에 대한 시사점으로 가장 적절한 것은?

> • 우리나라의 한 기업은 전통 가마솥의 원리를 이용한 전기밥솥을 개발하였다. 가마솥은 열전도율이 높고 열이 오랫동안 지속되어 밥과 같은 슬로푸드(slow food, 시간을 들여서 천천히 만들고 먹는 음식)를 만드는 데 최적의 조리 도구이다.
> • 한 온라인 쇼핑몰에서는 고객이 주문한 상품의 선물 포장을 요청한 경우, 전통 기와 문양이나 오방색을 반영한 포장지를 선택할 수 있게 하였다. 이러한 포장지는 선물에 고풍스러움을 더해 주어 주문 고객들에게 각광을 받고 있다.

① 세계화는 전통문화의 질적 저하를 초래한다.
② 문화 교류가 강화되어 문화의 다양성이 나타난다.
③ 전통문화는 보편화된 세계 문화와 일치해야 한다.
④ 전통문화를 현대적 감각으로 계승하여 발전시킨다.
⑤ 전통문화와 외래문화가 공존하는 것이 바람직하다.

307
▶ 25715-0171

다음 사례가 우리에게 시사하는 바로 가장 적절한 것은?

> 모둠별로 전통 음식 상품을 소개하는 동영상을 제작하고 있다. 갑이 속한 모둠은 김치 양념을 소개하는 동영상을 다음과 같이 제작하였다.

① 전통문화의 발전을 위해 외래문화를 거부해야 한다.
② 문화적 자부심을 바탕으로 다른 문화를 흡수해야 한다.
③ 다양한 문화를 통합하여 단일한 세계 문화를 형성해야 한다.
④ 전통문화를 세계에서 통용될 수 있는 문화로 재창조해야 한다.
⑤ 문화적 정체성 확립을 위해 고유의 전통문화를 있는 그대로 재현해야 한다.

[308~309] 다음은 두 종교의 성지를 나타낸 것이다. 물음에 답하시오.

(가)

(나)

▲ 바라나시

▲ 메카

308 (가), (나)에 해당하는 종교의 명칭을 각각 쓰시오.　　▶ 25715-0172

(가) – (　　　　　　)　　　　　(나) – (　　　　　　)

309 (가), (나) 종교의 문화 특성을 금기시하는 음식과 이유를 중심으로 각각 서술하시오.　　▶ 25715-0173

____

____

[310~311] (가), (나)는 문화 변동의 양상과 관련된 사례이다. 읽고 물음에 답하시오.

(가) 우리나라에서는 외국인의 왕래가 많은 공항뿐만 아니라 백화점에서도 다양한 외국 음식을 파는 식당가를 찾을 수 있다. 이곳에서는 한식 외에도 일식, 중식 등 다양한 음식을 선택하여 먹을 수 있다.
(나) 햄버거는 6·25 전쟁 무렵 미국 군인들을 통해 우리나라에 전해진 것으로 알려졌다. 그러나 우리나라의 햄버거 전문점에는 우리나라에만 있는 불고기 버거 메뉴가 있고, 이를 많은 사람이 즐겨 먹는다.

310 (가), (나)에 해당하는 문화 변동의 양상을 각각 쓰시오.　　▶ 25715-0174

(가) – (　　　　　　)　　　　　(나) – (　　　　　　)

311 (가), (나)에 해당하는 문화 변동 양상의 공통점과 차이점을 서술하시오.　　▶ 25715-0175

____

____

정답과 해설 **29**쪽

312

▶ 25715-0176

다음은 (가)~(다) 문화권의 특징을 분류하여 나타낸 것이다. 이에 대한 설명으로 옳지 <u>않은</u> 것은? (단, (가)~(다)는 각각 라틴 아메리카 문화권, 앵글로아메리카 문화권, 오세아니아 문화권 중 하나임.)

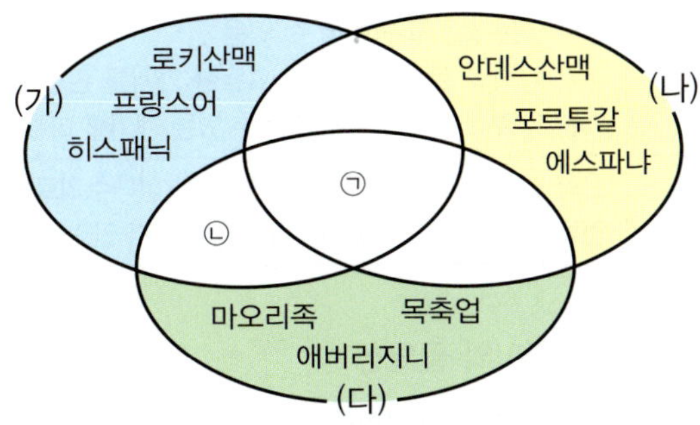

① (가)는 주로 북서 유럽의 영향을 많이 받았다.
② (가)는 (나)보다 열대 기후 지역이 차지하는 비율이 높다.
③ (다)는 (가)보다 문화권 내 국가 수가 많다.
④ ㉠에는 '크리스트교', ㉡에는 '개신교'가 들어갈 수 있다.
⑤ (가)와 (나)의 경계는 리오그란데강이다.

313

▶ 25715-0177

다음 자료에 대한 설명으로 옳은 것은? (단, (가)~(라), A~D는 각각 불교, 이슬람교, 크리스트교, 힌두교 중 하나임.)

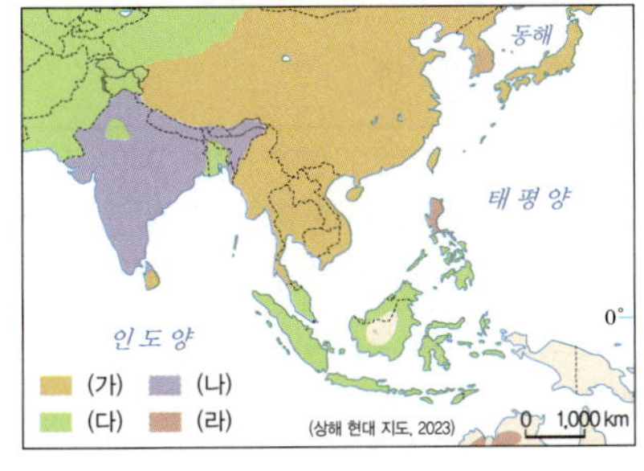

▲ 아시아 일부 지역의 종교   ▲ 세계의 종교별 신자 비율

① (가)와 B는 남부 아시아 문화권이 발상지이다.
② (나)는 (다)보다 세계 신자 수가 많다.
③ (라)는 C보다 동남아시아 문화권에서 신자 수가 많다.
④ 건조 문화권의 주민은 대부분 A를 신봉한다.
⑤ D의 신자들은 소를 숭배하며, 쇠고기를 금기시한다.

314

▶ 25715-0178

그림은 문화 변동의 양상을 분류한 것이다. 이에 대한 옳은 설명만을 〈보기〉에서 고른 것은? (단, A~C는 각각 문화 동화, 문화 융합, 문화 병존 중 하나임.)

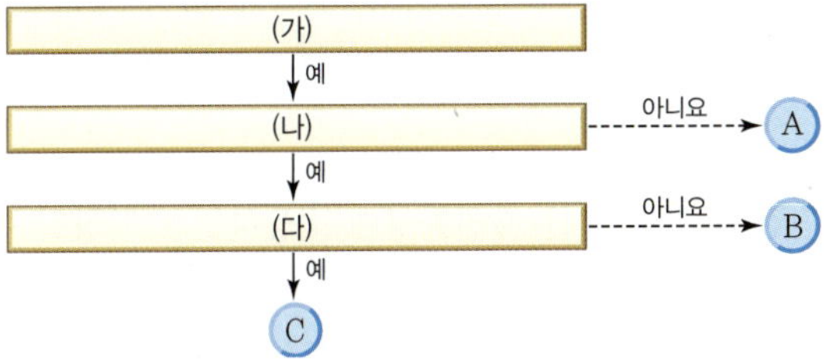

〈 보기 〉

ㄱ. (가)에는 '자발적인 문화 접변의 결과인가?'가 들어갈 수 있다.
ㄴ. A가 문화 동화라면, (나)에 '자문화의 정체성을 유지하는가?'가 들어갈 수 있다.
ㄷ. B가 문화 융합, C가 문화 병존이라면, (다)에 '외래문화가 변형되어 정착하는가?'가 들어갈 수 있다.
ㄹ. (다)가 '새로운 문화 요소를 창출하는가?'라면, C의 예로 우리의 온돌과 서양의 침대가 결합한 돌침대를 들 수 있다.

① ㄱ, ㄴ   ② ㄱ, ㄷ   ③ ㄴ, ㄷ
④ ㄴ, ㄹ   ⑤ ㄷ, ㄹ

315

▶ 25715-0179

다음 사례에 대한 설명으로 가장 적절한 것은?

> 난타는 4명의 요리사가 결혼 피로연 음식을 만드는 과정을 익살스럽게 표현한 대사가 없는 뮤지컬로, 많은 외국인들에게 호평을 받고 있다. 배우들은 칼과 도마를 사용하여 요리 재료를 두들기고, 음악은 전통 사물놀이 리듬에 피아노 반주의 재즈가 더해졌다. 난타의 성공 요인으로 한국 전통문화의 요소와 함께 흥, 재치 등과 같은 인류의 보편적 심성이 잘 어우러져 있다는 점이 꼽힌다.

① 새로운 문화 창조를 위해 전통문화와 단절하였다.
② 전통문화를 원형대로 보존하려는 노력이 나타났다.
③ 전통문화 요소를 외래문화 요소로 전면 대체하였다.
④ 전통문화의 가치를 훼손하는 외래문화 요소를 배제하였다.
⑤ 전통문화 요소와 외래문화 요소를 결합하는 시도가 나타났다.

03 문화 상대주의와 보편 윤리 ~ 04 다문화 사회와 문화적 다양성 존중

① 문화 상대주의와 보편 윤리

1. 문화의 다양성

(1) **의미**: 사람들이 모여 사는 지역, 환경에 따라 의식주 및 종교, 도덕 등을 포함하는 문화는 다양하게 나타남

(2) **원인**

　① 인간이 서로 다른 자연환경에 적응하면서 다양한 문화가 발생함

　② 사회 구성원들이 공유하는 가치관, 종교, 관습 등 인문환경이 다르므로 다양한 문화가 나타남

2. 문화의 차이를 바라보는 태도

(1) **자문화 중심주의**

의미	문화적 다양성과 특수성을 고려하지 않고 다른 문화를 열등하게 보고 자문화를 우월하게 평가하는 태도
순기능	• 문화를 공유하는 사회 구성원 간의 통합에 이바지함 • 자기 문화에 대한 자긍심을 갖게 하여 문화 주체성 확립에 이바지함
역기능	• 자문화의 우월성을 강조하여 다른 민족 · 문화 등을 차별하여 갈등을 유발함 • 새로운 문화를 창조하는 것을 방해하며 국제적 고립 또는 문화 제국주의를 초래할 수 있음
사례	중화사상

시험 빈출 자료　중화사상

> 중화사상(中華思想)이란 중국의 민족 사상으로 중(中)은 지리적 · 문화적으로 중앙이라는 뜻이고, 화(華)는 중국의 뛰어난 문화를 의미한다. 즉 중국이 세계의 중심이며 모든 것이 중국을 중심으로 하여 전 세계에 퍼져 나간다고 믿는 말이다.
> ― 우리역사넷 누리집 ―

자료 분석 | 중화사상은 중국이 자신의 민족이 우월하다고 여기며, 다른 민족을 배척하는 성향을 가진 사상이다.

(2) **문화 사대주의**

의미	자문화를 열등하게 보고 다른 문화를 맹목적으로 우월하게 평가하고 추종하려는 태도
순기능	다른 문화의 우수한 점을 적극적으로 배우려는 태도는 자문화를 발전시킬 수 있는 계기가 됨
역기능	자문화에 대한 정체성과 주체성이 상실될 위험 초래
사례	무분별한 외래어 사용

(3) **문화 상대주의**

의미	특정 문화를 기준으로 다른 문화를 평가하거나 우열을 가리는 태도에서 벗어나 그 사회의 특수한 환경과 역사적 · 사회적 맥락에서 문화를 이해하는 태도
순기능	• 서로 다른 문화를 존중하고 문화적 차이로 인해 발생할 수 있는 갈등을 방지할 수 있음 • 각 사회의 문화가 가지는 고유한 가치를 존중하고, 다양한 문화가 평화롭게 공존할 수 있는 계기를 마련
한계	문화 상대주의가 지나쳐 극단적 문화 상대주의로 이어지면 인류의 보편적 가치를 훼손하는 문화까지 인정할 수 있음

3. 보편 윤리의 의미와 필요성

(1) **의미**: 모든 사회에서 시대와 지역을 초월하여 적용되는 보편적인 가치를 존중하는 윤리 규범

(2) **필요성**

　① 다양한 문화를 특정 사회의 맥락 속에서 이해하면서도 해당 문화를 객관적으로 성찰하여 극단적 문화 상대주의에 빠지는 것을 방지함

　② 문화 교류로 인한 사회적 혼란이 발생하는 것을 예방할 수 있음

　③ 보편 윤리의 사례: '모든 생명을 소중히 여겨야 한다.', '무고한 사람을 살해해서는 안 된다.', '남의 물건을 훔쳐서는 안 된다.' 등과 같은 보편 윤리가 존재함

4. 보편 윤리를 통한 문화 성찰

(1) **의미**: 자문화와 다른 문화를 보편 윤리의 관점에서 합리적으로 성찰하는 것

(2) **필요성**

　① 자문화 성찰: 기존의 자문화를 성찰하는 것은 문화 발전과 새로운 문화 창조에 중요한 역할을 할 수 있음

　② 보편 윤리에 근거한 자문화 성찰의 예

연고주의	입학, 채용 등에서 전문성보다 혈연, 학연, 지연 등의 개인적 배경 요소를 더 중요하게 여겨 공정성을 훼손할 수 있음 → 사회 정의라는 보편 윤리에 어긋남
권위주의	권위주의가 지나치면 사회 구성원 간의 평등한 관계를 해치고 인권을 침해하는 문제를 일으킬 수 있음

　③ 타 문화 성찰: 개별 문화의 고유한 가치를 지키면서도 객관적으로 문화를 바라볼 수 있어 인류 공동의 문화 발전을 이룰 수 있음

❷ 다문화 사회와 문화적 다양성 존중

1. 다문화 사회의 의미와 등장 배경

(1) 의미: 한 사회 내에서 인종, 언어, 종교 등 서로 다른 문화적 배경을 가진 다양한 집단이 함께 살아가며 여러 문화가 공존하는 사회

(2) 등장 배경: 교통과 통신 기술의 발달로 국가 간 인구 이동이 활발해지며 문화 교류가 확대되면서 등장

2. 다문화 사회의 영향

긍정적 영향	• 여러 산업 분야에서 노동력 부족 문제를 해결 • 서로 다른 문화가 공존하여 문화적 다양성 증대 및 문화 발전 촉진
부정적 영향	• 문화적 차이에 따른 사회 갈등 발생 • 다른 문화를 지닌 사람에 대한 혐오나 차별 문제 발생

3. 다문화 사회의 갈등 해결 방안

(1) 다문화 사회의 갈등: 서로 다른 문화가 한 사회 안에서 공존할 때 서로에 대한 편견과 몰이해로 인해 발생하는 갈등

(2) 다문화 사회의 갈등 해결 방안

① 개인적 차원의 노력: 편견과 차별적인 태도를 지양, 관용의 자세와 문화 상대주의적 태도 함양

② 사회적 차원의 노력: 다문화 사회를 지원하는 법과 제도의 마련, 편견과 고정 관념을 없애기 위한 다문화 교육 강화

4. 다문화 정책

(1) 동화주의

의미	주류 문화를 중심으로 소수 문화를 주류 문화 안으로 흡수·융합시켜 사회를 통합하려는 입장
순기능	주류 문화나 가치를 중심으로 사회 통합과 질서를 유지하는 데 용이함
한계	소수 인종과 민족의 문화, 고유성, 인권 등이 침해되기 쉽고, 소수 인종 및 민족 간 갈등을 심화시키는 문제를 초래할 수 있음

(2) 샐러드 볼 이론

의미	샐러드 속의 다양한 재료들이 고유의 맛과 색을 유지하면서 하나의 그릇에 담기듯이, 다양한 문화가 대등하게 조화를 이루는 방식으로 사회를 통합하려는 입장
순기능	소수자 집단의 문화 고유성을 인정하고 다양한 문화의 공존을 추구할 수 있음
한계	문화적 역동성과 다양성이 강조되는 만큼 기존 주류 사회의 정체성과 통합성이 약화될 수 있음

개념 핵심 문제

정답과 해설 30쪽

✿ 문화 이해의 태도와 의미를 알맞게 연결하시오.

316 문화 사대주의 •

317 문화 상대주의 •

318 자문화 중심주의 •

• ㉠ 다른 문화를 저평가하며 자문화를 우월하게 여기는 태도

• ㉡ 다른 문화를 맹목적으로 우월하게 여기며 추종하려는 태도

• ㉢ 각 사회의 특수한 환경과 역사적·사회적 맥락에서 문화를 이해하려는 태도

✿ 빈칸에 들어갈 알맞은 말을 쓰시오.

319 ( )은/는 모든 사회에서 시대와 지역을 초월하여 적용되는 보편적인 가치를 존중하는 윤리 규범이다.

320 문화 상대주의가 지나쳐 ( )(으)로 이어지면 인류의 보편적 가치를 훼손하는 문화까지 인정할 수 있다.

321 ( )은/는 주류 문화를 중심으로 소수 문화를 주류 문화 안으로 흡수·융합시켜 사회를 통합하려 한다.

322 ( )은/는 다양한 문화가 대등하게 조화를 이루는 방식으로 사회를 통합하려는 정책이다.

✿ 다문화 사회의 긍정적 영향에는 '긍정', 부정적 영향에는 '부정'을 쓰시오.

323 다양한 문화의 공존으로 인해 다양한 문화를 체험할 수 있다.
( )

324 이주민이 지닌 가치관과 생활 방식 등에 대한 이해 부족이 서로를 이해하기 어렵게 만든다.
( )

325 이주민의 유입에 따라 일자리 경쟁이 증가할 수 있다.
( )

✿ 다문화 사회의 갈등 해결을 위한 개인적 차원의 노력이면 '개인', 사회적 차원의 노력이면 '사회'를 쓰시오.

326 사회 구성원 전체를 대상으로 한 다양한 다문화 교육 기회를 제공해야 한다.
( )

327 외국인 노동자의 근로 환경을 개선하기 위한 정부 차원의 정책을 확대해야 한다.
( )

328 종교, 출신 국가가 다르다는 이유에서 비롯한 편견이나 고정 관념을 버려야 한다.
( )

329
▶ 25715-0180

(가)와 (나) 지역 간 음식 문화의 차이가 나타나게 된 원인으로 가장 적절한 것은?

> (가) 대다수 지역이 산지로 구성되어 있으며 여름철 기후가 시원하여 목축업이 활발하게 이루어져, 사람들은 유제품을 이용한 치즈 요리를 즐겨 소비한다.
> (나) 국토 전체가 바다로 둘러싸여 있고 계절풍의 영향으로 여름철 강수량이 풍부하여 수산업과 농업이 발달해, 사람들은 해산물과 쌀을 기반으로 한 요리를 즐겨 먹는다.

① 종교의 차이
② 인구의 차이
③ 언어의 차이
④ 자연환경의 차이
⑤ 경제 구조의 차이

330
▶ 25715-0181

(가)와 (나) 지역에서 다르게 나타나고 있는 문화로 가장 적절한 것은?

> (가) 죽은 사람이 좋은 곳으로 향하길 바라는 마음으로 유족과 함께 박수를 친다
> (나) 애도의 마음을 담아 유족과 함께 슬픔을 나눈다.

① 의복 문화
② 놀이 문화
③ 음식 문화
④ 직업 문화
⑤ 장례 문화

331
▶ 25715-0182

다음 글을 통해 추론할 수 있는 내용으로 가장 적절한 것은?

> 불교 문화권에 사는 ○○ 사람들이 불교의 화장 대신 천장(天葬)을 선호하게 된 이유는 다음과 같다. ○○ 사람들은 설산 고원의 환경으로 인해 목재 등 연료가 부족해 화장이 어려웠고, 불교의 '윤회' 사상에 따라 육체는 껍데기에 불과하며 영혼은 불멸한다는 믿음을 갖고 있었기 때문이다.

① 문화는 종교를 배제하고 형성되는 특징이 있다.
② 문화는 삶의 바탕인 의식주에 국한되어 발생한다.
③ 문화는 사회 구성원의 가치관과 무관하게 형성된다.
④ 문화는 같은 종교를 가진 사람들에게 모두 동일하게 나타난다.
⑤ 문화는 자연환경뿐만 아니라 인문환경의 영향을 받아 형성된다.

332
▶ 25715-0183

갑, 을의 입장으로 가장 적절한 것은?

> **갑**: 문화적 차이는 창의성과 혁신을 촉진하며, 문제 해결력과 새로운 아이디어를 제공한다. 또한, 다양한 문화를 경험함으로써 타인에 대한 편견이 줄어들고 다름을 존중하는 사회적 분위기가 형성된다.
> **을**: 문화적 차이는 상호 작용에서 오해와 갈등을 초래할 수 있다. 다양한 문화적 경험에 의해 문화적 차이가 부정적으로 인식될 경우 차별과 편견이 발생할 수 있으며, 이는 사회적 갈등을 심화시키는 원인이 된다.

① 갑: 문화적 차이가 개인 간의 갈등을 심화시킨다.
② 갑: 문화적 차이가 문제 해결에 긍정적 영향을 준다.
③ 을: 문화적 차이가 사회적 협력을 저해할 수 없다.
④ 을: 문화적 차이가 사회 갈등의 요인이 될 수 없다.
⑤ 갑과 을: 다양한 문화적 경험이 타 문화에 대한 존중 의식을 향상시킨다.

중요
333
▶ 25715-0184

밑줄 친 ㉠이 지닌 타 문화를 이해하는 태도로 가장 적절한 것은?

> 아마존강 유역에 살던 ○○족은 옷을 입지 않은 상태로 지내며 몸의 장식으로 사회적 계층을 표시했다. 그러나 ㉠ 유럽 가톨릭 신부들이 이들을 미개하다고 판단해 강제로 옷을 입게 하자, 높은 기온과 습도로 인해 피부병이 발생했고, 장식이 가려져 계층 체계가 붕괴하며 사회적 혼란이 초래되었다.

① 문화 상대주의
② 자문화 중심주의
③ 문화 사대주의
④ 타 문화에 대한 관용
⑤ 극단적 문화 상대주의

[334~335] 다음 표는 문화 이해의 태도를 비교한 것이다. 읽고 물음에 답하시오. (단, (가)~(다)는 문화 사대주의, 자문화 중심주의, 문화 상대주의 중 하나임.)

구분	(가)	(나)	(다)
문화 간의 우열이 존재하는가?	예	예	아니요
자신의 문화를 타 문화보다 우월하게 바라보는가?	아니요	예	아니요

334

▶ 25715-0185

(가)와 (나)에 대한 설명으로 가장 적절한 것은?

① (가)는 다른 모든 민족의 문화를 배척해야 한다고 본다.
② (가)는 특정 문화를 기준으로 다른 문화를 평가할 수 있다고 본다.
③ (나)는 다른 문화보다 자신의 문화를 열등한 문화로 본다.
④ (나)는 자기 문화에 대한 주체성과 정체성을 상실할 수 있다고 본다.
⑤ (가)와 (나)는 자문화에 대한 자긍심을 바탕으로 구성원 간의 결속력을 높일 수 있다고 본다.

335

▶ 25715-0186

(다)에 대한 설명으로 적절한 것만을 〈보기〉에서 있는 대로 고른 것은?

〔 보기 〕

ㄱ. 문화를 평가하기 위한 절대적인 기준이 존재한다고 본다.
ㄴ. 다양한 문화가 상호 존중되고 공존할 수 있는 사회를 지향해야 한다고 본다.
ㄷ. 각 사회의 문화는 그 환경과 맥락 속에서 고유한 가치를 지닌다고 본다.
ㄹ. 문화를 이해하는 잘못된 태도인 문화 절대주의를 극복해야 한다고 본다.

① ㄱ, ㄷ ② ㄱ, ㄹ ③ ㄴ, ㄹ
④ ㄱ, ㄴ, ㄷ ⑤ ㄴ, ㄷ, ㄹ

336

▶ 25715-0187

다음 수업 장면에서 교사의 질문에 적절한 대답을 한 학생만을 있는 대로 고른 것은?

① 갑, 을 ② 갑, 병 ③ 을, 정
④ 갑, 병, 정 ⑤ 을, 병, 정

337

▶ 25715-0188

㉠에 들어갈 내용으로 가장 적절한 것은?

① 다른 문화를 폄하하는 태도로 이어질 수 있습니다.
② 보편적 가치를 침해하는 문화를 옹호할 수 있습니다.
③ 다른 문화에 대한 편견에 빠지게 되는 문제가 있습니다.
④ 다른 문화를 맹목적으로 추종하는 문제를 발생시킵니다.
⑤ 다른 문화보다 자신의 문화의 우월성을 강조하게 됩니다.

338
▶ 25715-0189

그림은 A에 대한 인터넷 검색 화면이다. A에 대한 설명으로 가장 적절한 것은?

> **A** 🔍
>
> 모든 인간에게 적용되는 도덕적 원칙이나 가치관을 의미한다. 이는 특정 문화나 사회적 맥락에 구애받지 않고, 인류 전체에 공통으로 적용될 수 있는 윤리적 기준을 찾으려는 시도를 포함한다.

① 가치 판단을 배제하고 평가하는 역할을 한다.
② 도덕적으로 정당화되지 않는 문화를 옹호한다.
③ 극단적 문화 상대주의 태도를 지니도록 돕는다.
④ 각자의 문화를 성찰할 수 있는 계기를 마련해 준다.
⑤ 문화를 주관적 입장에서만 평가할 수 있는 방안이다.

339
▶ 25715-0190

(가)에 대한 설명으로 적절하지 <u>않은</u> 것은?

> 다양한 문화적 배경을 가진 사람들이 함께 어우러져 살아가는 사회가 ___(가)___ 이다. ___(가)___ 에서는 서로 다른 문화가 공존하여 문화적 다양성이 증대되고 상호 이해를 도울 수 있다.

① 새로운 형태의 가족이 등장하는 계기가 될 수 있다.
② 이주민의 경제활동으로 인해 경기 침체가 발생한다.
③ 사회 구성원이 선택할 수 있는 문화가 늘어나고 있다.
④ 교통과 통신의 발달로 인적 교류가 증가하여 등장할 수 있다.
⑤ 외국인 근로자의 유입과 국제결혼의 증가로 등장할 수 있다.

340
▶ 25715-0191

㉠에 들어갈 내용으로 적절하지 <u>않은</u> 것은?

> **교사:** 우리 사회가 다문화 사회로 이행하고 있습니다. 이러한 변화로 나타나게 될 긍정적 측면을 발표해 보세요.
> **학생:** 다문화 사회는 ________㉠________

① 타 문화를 이해하는 바탕이 될 수 있습니다.
② 새로운 문화를 창조하는 계기가 될 수 있습니다.
③ 문화적 측면에서 국가 경쟁력이 향상될 수 있습니다.
④ 노동력 부족 문제를 해소하는 데 기여할 수 있습니다.
⑤ 이주민을 우대함으로써 역차별이 발생할 수 있습니다.

341
▶ 25715-0192

다음 신문 칼럼의 입장으로 적절한 것만을 〈보기〉에서 있는 대로 고른 것은?

> ○○신문 **칼 럼** ○○○○년 ○월 ○일
>
> 우리 사회가 다문화 사회로 진입하면서 제노포비아에 대한 경각심을 가져야 할 때이다. 제노포비아는 외국인이나 다른 문화를 두려워하거나 혐오하는 감정으로, 사회 분열과 차별을 초래한다. 이는 외국인 노동자에 대한 반감으로 이어져 경제 성장에 악영향을 미칠 수 있으며, 차별과 폭력으로 인권을 침해한다. 제노포비아는 다양한 문화가 공존하는 사회의 가치를 해치며, 창의성과 발전을 저해한다. 이를 극복하기 위해서는 다양한 문화를 이해하는 교육을 실시하고 타 문화에 대한 편견을 줄이는 홍보 활동을 장려할 필요가 있다.

> **〈 보기 〉**
> ㄱ. 제노포비아는 국가의 경제 성장을 저해할 수 있다.
> ㄴ. 제노포비아는 문화 상대주의 태도에서 비롯되는 문제이다.
> ㄷ. 제노포비아는 다문화 사회로 인해 발생할 수 있는 문제이다.
> ㄹ. 제노포비아가 외국인에 대한 억압으로 이어져 개인의 권리를 침해할 수 있다.

① ㄱ, ㄴ   ② ㄱ, ㄷ   ③ ㄴ, ㄹ
④ ㄱ, ㄷ, ㄹ   ⑤ ㄴ, ㄷ, ㄹ

342
▶ 25715-0193

다음 글과 관련하여 다문화 사회에서 발생하는 갈등으로 가장 적절한 것은?

> 무더운 여름, ○○국 출신의 국제결혼 이민자 A 씨는 점심 후 낮잠을 자고 있는데, 이를 본 한국인 시어머니가 A 씨를 게으르다고 꾸중하며 갈등이 발생하고 있다. ○○국에서는 높은 기온에 따라 체력을 보충하기 위해 낮잠을 자거나 휴식을 취한다.

① 문화적 차이에 따른 갈등
② 종교적 차이에 따른 갈등
③ 언어적 차이에 따른 갈등
④ 다문화 지원비에 따른 갈등
⑤ 경제 분야에서의 일자리 갈등

343

▶ 25715-0194

다음 글에서 설명하는 다문화 정책에 대한 내용으로 적절한 것만을 〈보기〉에서 있는 대로 고른 것은?

다문화 사회에서 발생할 수 있는 갈등을 예방하기 위해서는 용광로에 금, 철, 구리 등 다양한 금속이 녹아드는 것처럼 주류 문화를 중심으로 비주류 문화를 주류 문화 안으로 흡수·편입시켜야 한다.

〈 보기 〉

ㄱ. 다양한 문화의 정체성이 상실될 수 있는 한계가 있다.
ㄴ. 주류 문화와 비주류 문화와의 갈등을 초래할 수 있다.
ㄷ. 사회는 동질적인 문화로 구성되어야 발전할 수 있다고 본다.
ㄹ. 주류 문화와 비주류 문화 간에는 우열이 존재하지 않는다고 본다.

① ㄱ, ㄷ　　　② ㄱ, ㄹ　　　③ ㄴ, ㄹ
④ ㄱ, ㄴ, ㄷ　　　⑤ ㄴ, ㄷ, ㄹ

344 (중요)

▶ 25715-0195

(가)의 입장에서 (나)의 A에 들어갈 내용으로 가장 적절한 것은?

(가)	샐러드 볼에 담긴 양상추, 토마토 등의 재료가 각각 고유한 맛을 유지하면서도 어우러지는 것처럼 다양한 문화가 대등하게 공존하며 서로 조화를 이룰 수 있다.
(나)	

① 개별 문화 간에 문화적 동질화를 추구해야 합니다.
② 자문화를 중심으로 이주민 문화를 평가해야 합니다.
③ 이주민 문화가 형성된 맥락에 대한 이해가 필요합니다.
④ 주류 문화를 우위에 두고 비주류 문화를 인정해야 합니다.
⑤ 다양한 문화의 공존이 아닌 문화 간 통합을 추구해야 합니다.

345

▶ 25715-0196

갑의 질문에 대한 을의 대답 ㉠으로 적절한 것만을 〈보기〉에서 있는 대로 고른 것은?

〈 보기 〉

ㄱ. 다른 문화를 존중하려는 관용의 자세를 습득해야 해.
ㄴ. 이주민 문화를 존중하는 문화 상대주의적 태도를 길러야 해.
ㄷ. 편견과 고정 관념을 없애기 위해 다문화 교육을 제도화해야 해.
ㄹ. 주류 문화보다 이주민 문화를 우위에 두고 존중하는 태도를 지녀야 해.

① ㄱ, ㄷ　　　② ㄱ, ㄹ　　　③ ㄴ, ㄹ
④ ㄱ, ㄴ, ㄷ　　　⑤ ㄴ, ㄷ, ㄹ

346

▶ 25715-0197

다음 협약의 내용으로 적절한 것만을 〈보기〉에서 있는 대로 고른 것은?

「문화적 표현의 다양성 보호와 증진에 관한 협약」의 주요 내용

• 인류의 모든 문화는 시간과 공간에 따라 다양성을 지니며, 이를 인정하고 존중해야 합니다.
• 각 국가는 자국의 전통문화를 보존하기 위한 문화 정책을 수립할 수 있습니다.
• 문화적 권리를 보호하기 위한 활동과 문화적 취약 계층에 대한 지원이 허용됩니다.
• 문화 교류 및 문화 개발에 기여하는 국가와 국제단체의 역할을 장려합니다.

〈 보기 〉

ㄱ. 문화적 약자에 대한 지원이 정당화될 수 있다.
ㄴ. 국가에 의한 문화 간의 교류가 허용될 수 있다.
ㄷ. 문화는 역사와 지리적 맥락에 따라 다양한 특성을 보인다.
ㄹ. 다른 문화와 공존하기 위해 자문화의 정체성을 포기해야 한다.

① ㄱ, ㄷ　　　② ㄱ, ㄹ　　　③ ㄴ, ㄹ
④ ㄱ, ㄴ, ㄷ　　　⑤ ㄴ, ㄷ, ㄹ

[347~348] 다음 글을 읽고 물음에 답하시오.

대명혼일도(大明混一圖)는 중국을 중심으로 아프리카, 유럽, 인도 등을 포함한 세계지도이다. 이 지도는 명(明)나라 초기인 1389년에서 1391년 사이에 제작된 것으로 추정된다. 지도의 중앙에는 명나라가 넓게 자리하고 있으며, 그 주변에는 북쪽의 몽골, 남쪽의 자바섬, 동쪽의 조선과 일본, 서쪽의 아프리카와 유럽이 위치해 있다. 대명혼일도는 명나라와 그 주변 국가들을 강조하고 있어, ㉠ <u>명나라 중심의 세계관</u>을 잘 보여준다. 이러한 지도 제작은 당시 명나라가 세계에서 차지하는 위상과 영향력을 반영하고 있으며, 그 시대의 지리적 이해를 바탕으로 한 것이다.

347 ㉠과 같이 문화를 이해하는 태도를 쓰시오. ▶ 25715-0198

(   )

348 ㉠과 같이 문화를 이해하는 태도의 문제점을 쓰시오. ▶ 25715-0199

____

____

[349~350] 다음 글을 읽고 물음에 답하시오.

○○는 주민 2명 중 1명이 외국에서 태어난 이민자로 구성되어 있어 다양한 문화가 공존하는 도시이며, ⎡ (가) ⎤ 정책을 최초로 도입한 곳이다. 이 도시에서는 다양한 민족 집단에 행정적 및 사회적 차원에서 동등한 서비스를 제공하는 데 중점을 두고 있다. 또한 다문화와 관련된 종합 시설의 설치, 축제, 교육 등에 대한 재정 지원을 지속해서 하고 있다. 예를 들어, 매년 '□□ 축제'를 개최하여 이주민들의 전통문화를 함께 즐기고, 다양한 문화적 배경을 가진 사람들이 서로를 이해할 기회를 제공한다.

349 (가)에 해당하는 다문화 정책의 이름을 쓰시오. ▶ 25715-0200

(   )

350 (가)와 달리 이주민 문화를 주류 문화에 융합하려는 다문화 정책을 쓰고, 그 문제점을 쓰시오. ▶ 25715-0201

____

____

351
▶ 25715-0202

(가)의 갑, 을의 입장을 (나) 그림으로 탐구하고자 할 때, A~C에 들어갈 적절한 질문만을 〈보기〉에서 있는 대로 고른 것은?

(가)	갑: 자문화가 다른 문화보다 우월하다고 여기고 자신이 속한 문화의 기준으로 다른 문화를 평가하는 태도를 지녀야 한다. 을: 각 문화는 환경과 역사적 배경 속에서 형성되기 때문에 그 고유한 맥락 속에서 이해되어야 한다.

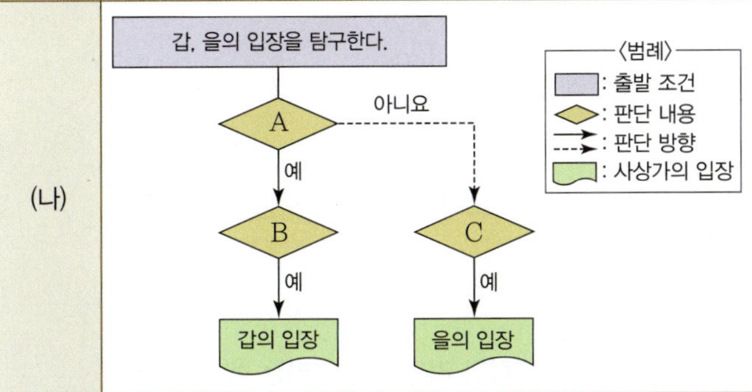

(나)	

〔 보기 〕

ㄱ. A: 자문화와 다른 문화를 존중하고 수용해야 하는가?
ㄴ. B: 다양한 문화 간에 우열을 나눌 수 있는가?
ㄷ. B: 타 문화의 가치를 자문화의 관점으로 평가해야 하는가?
ㄹ. C: 자문화뿐만 아니라 다른 문화도 상대적 가치를 지닐 수 있는가?

① ㄱ, ㄷ　　　② ㄱ, ㄹ　　　③ ㄴ, ㄹ
④ ㄱ, ㄴ, ㄷ　　⑤ ㄴ, ㄷ, ㄹ

352
▶ 25715-0203

㉠에 들어갈 내용으로 가장 적절한 것은?

> "남의 물건을 훔치면 안 된다."
> "무고한 사람을 살해해서는 안 된다."
> 이러한 것들이 보편 윤리에 해당한다. 보편 윤리가 필요한 이유는 ______ ㉠

① 모든 문화를 허용하고 존중하기 위해서이다.
② 다른 문화를 주관적으로 평가하기 위해서이다.
③ 극단적 문화 상대주의를 경계할 수 있기 때문이다.
④ 자문화의 우월성을 강조해야 할 필요가 있기 때문이다.
⑤ 문화적 차이를 부정하고 획일적인 문화를 형성해야 하기 때문이다.

353
▶ 25715-0204

(가)의 입장에서 (나)의 A에게 제시할 조언으로 가장 적절한 것은?

(가)	바람직한 문화 상대주의 태도를 갖기 위해서는 인류가 공유하는 인간 존엄성, 생명 존중, 자유와 평등을 존중하는 윤리적 기준, 즉 보편 윤리가 필요하다.
(나)	A는 조혼의 전통을 강조하며 자신의 어린 딸을 나이가 많은 남자와 결혼시키려 하고 있다. 이러한 조혼의 배경에는 남성이 여성과 결혼하기 위해 예비 신부의 가정에 지참금을 주는 문화가 있기 때문이다.

① 모든 문화에 대한 관용이 필요함을 명심하세요.
② 모든 문화의 다양성을 존중해야 함을 명심하세요.
③ 인류의 보편적 가치를 존중해야 함을 명심하세요.
④ 소수가 지닌 문화라면 존중해야 함을 명심하세요.
⑤ 타 문화를 자문화보다 중요시해야 함을 명심하세요.

354
▶ 25715-0205

갑이 을에게 제기할 수 있는 비판으로 가장 적절한 것은?

갑: 샐러드의 각 재료가 섞여 있지만, 각각의 고유한 맛을 잃지 않는 것처럼, 다양한 문화가 한 사회 안에서 각각의 독특한 특성을 유지하며 조화롭게 공존해야 한다. 을: 다양한 문화적 배경을 가진 사람들이 새로운 사회에 적응하기 위해 자신들의 고유한 문화를 포기하고, 주류 문화에 흡수되는 과정을 지향해야 한다.

① 각자의 문화 정체성을 포기해야 함을 간과한다.
② 다른 문화권의 기준을 따르는 것이 중요함을 간과한다.
③ 비주류 문화가 존재하면 사회 갈등이 발생함을 간과한다.
④ 각 문화의 독립성이 아닌 통일된 정체성이 중요함을 간과한다.
⑤ 문화적 차이를 존중하고 문화 간 공존을 추구해야 함을 간과한다.

◆ 다음 중 옳은 내용에는 ○표, 옳지 않은 내용에는 ×표를 하시오.

01 세계의 다양한 문화권

355 기후적 특성에 따라 다양한 음식 문화권이 형성되는데, 열대 기후 지역에서는 향신료를 많이 사용하고, 냉대 기후 지역에서는 열량이 높은 육류와 훈제 요리가 발달해 있다. ( )

356 사하라 사막을 경계로 북쪽의 건조 문화권과 남쪽의 아프리카 문화권으로 구분된다. ( )

357 유목 중심 사회는 농경 중심 사회에 비해 협동 노동이 강조되기 때문에 공동체 문화가 발달하였다. ( )

358 힌두교의 발상지는 남부 아시아, 불교의 발상지는 동남아시아, 크리스트교의 발상지는 서남아시아이다. ( )

359 북서부 유럽과 앵글로아메리카는 가톨릭교 신자의 비율이 높으며, 남부 유럽과 라틴 아메리카는 개신교 신자의 비율이 높다. ( )

02 문화 변동과 전통문화

360 직접 전파는 인적 교류를 통해 서양의 사탕수수가 동양으로 들어온 것을 그 사례로 들 수 있다. ( )

361 자극 전파는 인쇄물이나 인터넷 등 매개체를 통해 간접적으로 이루어지는 전파이다. ( )

362 다양한 종교 기념일과 종교 경관이 공존하는 말레이시아의 모습은 문화 융합의 사례이다. ( )

363 문화 병존과 문화 융합은 모두 문화적 다양성을 증진하는 데 기여한다. ( )

364 전통문화는 사회 구성원의 자긍심을 고취하고 국가의 이미지를 높이며 문화 산업 육성에 이바지할 수 있다. ( )

03 문화 상대주의와 보편 윤리

365 문화적 차이가 발생하는 이유는 지역마다 자연환경과 종교, 관습 등이 다르기 때문이다. ( )

366 한글이 만들어질 때 중국의 한자를 계속 사용해야 한다는 주장을 한 사람들은 문화 사대주의 태도를 지니고 있다고 볼 수 있다. ( )

367 자문화 중심주의는 자신의 문화를 중시하고 타 문화를 낮게 평가하는 문제를 초래한다. ( )

368 문화 상대주의는 문화 간의 우열을 인정하며 각 사회가 가진 역사적 배경과 환경을 고려해서 다른 문화를 평가하는 태도이다. ( )

369 극단적 문화 상대주의는 보편 윤리에 어긋나는 문화도 관용하는 문제점을 지니고 있다. ( )

04 다문화 사회와 문화적 다양성 존중

370 다문화 사회는 교통과 통신 수단이 발달하고, 국가 간의 이동과 의사소통이 편리해지면서 발달하였다. ( )

371 다문화 사회로 진입하게 되면 문화적 갈등을 예방하기 위한 다문화 교육이 필요하다. ( )

372 다문화 사회에서는 이주민을 배척하는 제노포비아의 문제가 발생할 수 있다. ( )

373 동화주의는 자문화의 우월성을 추구하면서 이주민 문화를 흡수·융합시키려는 정책이다. ( )

374 샐러드 볼 이론은 주류 문화와 비주류 문화의 경계를 구별하며 문화 간의 공존을 추구한다. ( )

정답 확인 355 ○ 356 ○ 357 × 358 × 359 × 360 ○ 361 × 362 × 363 ○ 364 ○ 365 ○ 366 ○ 367 ○ 368 ×
369 ○ 370 ○ 371 ○ 372 ○ 373 ○ 374 ×

오답 체크

357 유목 중심 사회는 주로 이동 생활을 하기 때문에 공동체 문화의 발달이 미약하고 의식주 재료의 대부분을 가축으로부터 구한다.

358 힌두교와 불교의 발상지는 남부 아시아이며, 크리스트교와 이슬람교의 발상지는 서남아시아이다.

359 북서부 유럽과 앵글로아메리카는 크리스트교 종파 중 개신교의 비율이 높고, 남부 유럽과 라틴 아메리카는 크리스트교 종파 중 가톨릭의 비율이 높다.

361 자극 전파는 다른 사회에서 전파된 문화 요소에 자극을 받아 새로운 발명이 일어나는 것이다.

362 다양한 종교 기념일과 종교 경관이 공존하는 말레이시아의 모습은 문화 병존의 사례이다.

368 문화 상대주의는 문화 간에 우열을 구분하지 않고, 타 문화를 이해할 때 그 사회의 역사적 배경과 환경을 고려하는 것을 의미한다.

374 샐러드 볼 이론은 주류 문화와 비주류 문화를 구별하지 않고 서로 대등한 문화로 인정하고 공존을 추구한다.

대단원 종합 문제

01 세계의 다양한 문화권

[375~376] 지도는 가옥의 재료로 구분한 문화권을 나타낸 것이다. 물음에 답하시오. (단, A~D는 각각 가죽·천, 나무, 돌, 흙 중 하나임.)

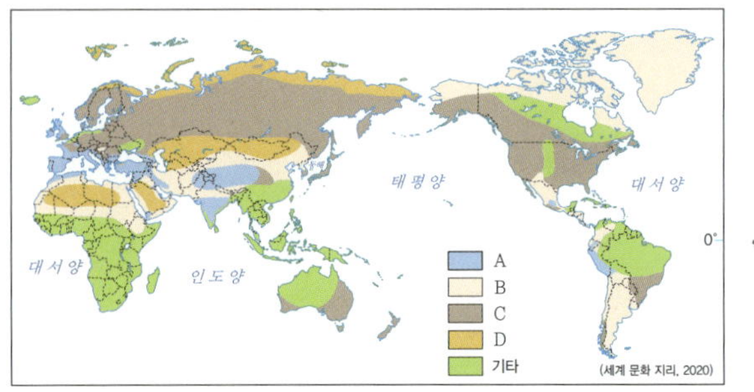

375
▶ 25715-0206

지도의 A~D 문화권에 대한 설명으로 옳은 것은?

① A의 지중해 연안 지역은 전통 가옥의 벽 색깔이 흑색 계열이다.
② B의 아프리카 지역은 가옥의 창이 크고 개방적이다.
③ C의 유라시아 대륙에는 타이가라 불리는 울창한 숲이 나타난다.
④ D는 C보다 대체로 연 강수량이 많다.
⑤ A는 흙, B는 돌, C는 가죽·천, D는 나무이다.

376
▶ 25715-0207

사진과 같은 가옥의 형태가 나타나는 문화권을 지도의 A~D에서 고르고, 가옥의 특성과 그 이유를 서술하시오.

(가)　　　　　　　(나)

[377~378] 지도는 아프리카와 아시아 일부의 주식 문화권을 나타낸 것이다. 물음에 답하시오. (단, A~D는 각각 감자·고구마류, 밀, 쌀, 옥수수·수수 중 하나임.)

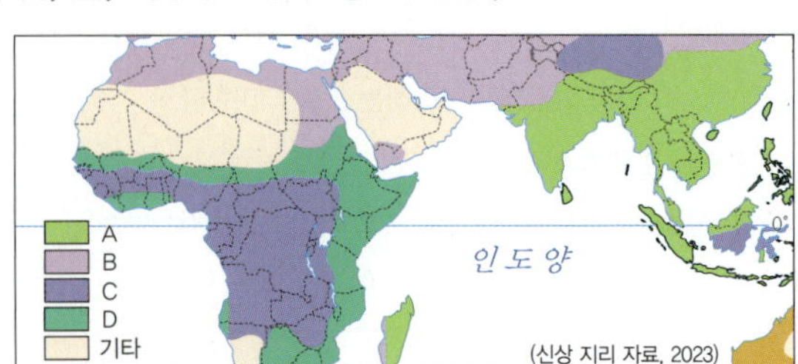

377
▶ 25715-0208

A~D에 대한 설명으로 옳은 것만을 〈보기〉에서 고른 것은?

〈 보기 〉
ㄱ. A는 계절풍 지역에서 주로 재배된다.
ㄴ. C는 아프리카에서 이동식 화전 농업으로 재배된다.
ㄷ. D는 주로 국수의 재료로 이용된다.
ㄹ. A는 B보다 유럽에서 소비하는 비율이 높다.

① ㄱ, ㄴ　　　② ㄱ, ㄷ　　　③ ㄴ, ㄷ
④ ㄴ, ㄹ　　　⑤ ㄷ, ㄹ

378
▶ 25715-0209

(가)~(다) 음식 재료로 이용되는 작물을 지도의 A~D에서 고른 것은?

(가)　　　　　　(나)　　　　　　(다)

▲ 파스타　　　▲ 밥　　　▲ 토르티야

	(가)	(나)	(다)			(가)	(나)	(다)
①	A	B	C		②	A	C	D
③	B	A	C		④	B	A	D
⑤	B	C	D					

379
▶ 25715-0210

다음은 세 종교의 신자들이 종교 활동을 하는 모습이다. (가)~(다) 종교에 대한 설명으로 옳은 것은? (단, (가)~(다)는 각각 불교, 이슬람교, 힌두교 중 하나임.)

(가)　　　　　　(나)　　　　　　(다)

▲ 탁발 모습　　　▲ 예배하는 모습　　　▲ 갠지스강에서의 종교 의식

① (가)는 (가)~(다) 중 세계 신자 수가 가장 많다.
② (나)는 신자들이 다양한 신을 믿는 다신교이다.
③ (다)의 신자들은 하루에 다섯 번 메카를 향해 예배한다.
④ (가), (다)는 모두 남부 아시아 문화권이 발상지이다.
⑤ (나)는 아프리카 문화권, (다)는 동남아시아 문화권에 속한다.

02 문화 변동과 전통문화

380

▶ 25715-0211

(가), (나)에 대한 설명으로 옳은 것은? (단, A, B는 각각 문화 동화, 문화 병존 중 하나임.)

문화 변동의 양상	사례
(가)	갑국 사람들이 A국의 선교사들이 들여온 신흥 종교를 받아들인 결과 갑국에는 A국의 신흥 종교와 갑국의 토착 종교가 함께 존재하고 있다.
(나)	을국 사람들은 B국의 드라마를 통해 접한 B국의 아파트 문화에 매료되었고, 그 결과 을국의 주거 문화는 B국의 주거 문화로 대체되었다.

① (가)는 직접 전파에 의해서만 나타날 수 있다.
② (나)는 강제적 문화 접변에 의해서만 나타난다.
③ (가)와 달리 (나)는 자문화의 정체성을 상실한다.
④ (나)와 달리 (가)는 새로운 문화 요소가 창조된다.
⑤ (가), (나) 사례는 모두 자극 전파에 의한 문화 변동이다.

381

▶ 25715-0212

다음 자료에 해당하는 문화 변동의 양상으로 옳은 것은?

〈라오스의 빠뚜싸이(Patuxay)〉

프랑스의 식민지였던 라오스가 독립 전쟁에서 사망한 라오스인들을 추모하기 위해 만든 건축물로, '승리의 문'이라는 뜻이다. 프랑스에 있는 개선문을 본떠 만들었으며, 라오스의 전통 양식이 가미되어 있다. 

① 문화 융합   ② 문화 동화   ③ 자극 전파
④ 문화 병존   ⑤ 간접 전파

382

▶ 25715-0213

자료에 나타난 전통문화 요소의 공통적인 기능으로 가장 적절한 것은?

▲ 줄다리기

▲ 모내기

① 세대 간 의사소통을 촉진한다.
② 사회 유지와 통합에 이바지한다.
③ 문화 산업의 발전에 도움을 준다.
④ 구성원의 사고방식을 획일화시킨다.
⑤ 대외적으로 국가의 이미지를 높인다.

383

▶ 25715-0214

다음은 문화 변동의 요인을 도식화한 것이다. A~E에 해당하는 사례로 옳은 것은? (단, A~E는 각각 발명, 발견, 직접 전파, 간접 전파, 자극 전파 중 하나임.)

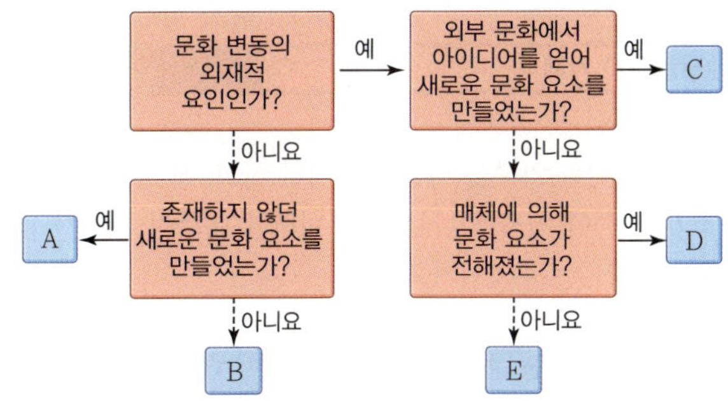

① A – 녹두에 비만 예방 유산균이 들어 있다는 사실이 국내 연구진에 의해 최초로 밝혀졌다.
② B – 새로운 전염병의 유전자를 소멸시킬 수 있는 백신을 국내 연구진이 최초로 개발하였다.
③ C – 국내 어느 기업의 연구원은 주변 사람들이 즐겨 신는 지압 양말에서 아이디어를 얻어 미끄러지지 않는 찻잔을 개발하였다.
④ D – 베트남 여성들이 우리나라 남성들과 결혼하면서 우리나라에 베트남의 문화가 전파되고 있다.
⑤ E – 문익점이 중국에서 목화씨를 가져와 우리나라 사람들의 의복 문화에 큰 변화가 초래되었다.

384

▶ 25715-0215

다음 자료에 대한 설명으로 가장 적절한 것은?

한국관광공사에서 제작한 한국 관광 홍보 영상은 퓨전 국악 밴드의 음악과 오늘날 유행하는 매력적인 춤을 선보이면서 한국의 주요 관광지를 무심하게 툭 던져 놓듯 배경으로 썼다. 서울, 부산, 전주 등 국내 6개 도시를 배경으로 만들어진 영상의 조회 수는 3억 회를 넘어섰다.

① 전통문화를 원형대로 보존하려는 노력이 나타났다.
② 전통문화 요소를 현대적 감각에 맞게 재해석하였다.
③ 전통문화 요소를 외래문화 요소로 전면 대체하였다.
④ 전통문화의 가치를 훼손하는 외래문화 요소를 배제하였다.
⑤ 전통문화는 경제적 이익의 수단이 될 수 없음을 강조하였다.

03 문화 상대주의와 보편 윤리

385

▶ 25715-0216

그림은 인터넷 게시판 화면이다. 밑줄 친 질문에 대한 적절한 댓글을 단 사람만을 있는 대로 고른 것은?

> ○○통합사회 카페
>
> A 지역에서는 악수를 나누며 인사를 하고, B 지역에서는 고개를 숙여 인사를 나눕니다. 이러한 <u>문화적 차이가 발생하는 이유는 무엇인가요?</u>
>
> ┗ 갑: 각 사회가 보편 윤리를 지니고 있기 때문입니다.
> ┗ 을: 전쟁과 식민 지배의 역사적 요인으로 발생할 수 있습니다.
> ┗ 병: 지역마다 개인과 사회의 도덕적 기준과 신념 체계가 서로 다르기 때문입니다.
> ┗ 정: 문화는 각 지역의 지리적, 경제적 요인 등이 복합적으로 작용한 결과이기 때문입니다.

① 갑, 을   ② 갑, 정   ③ 병, 정
④ 갑, 을, 병   ⑤ 을, 병, 정

386

▶ 25715-0217

표는 문화 이해의 태도를 구분한 것이다. (가), (나)에 들어갈 수 있는 질문으로 적절한 것만을 〈보기〉에서 있는 대로 고른 것은?

문화 이해 태도 질문	자문화 중심주의	문화 사대주의
(가)	예	예
(나)	예	아니요

〈 보기 〉
ㄱ. (가): 문화를 평가의 대상으로 볼 수 있는가?
ㄴ. (가): 문화 간에는 우열이 존재한다고 보는가?
ㄷ. (나): 문화를 일정한 기준을 통해 평가하는가?
ㄹ. (나): 자문화의 입장에서 타 문화를 배척하는가?

① ㄱ, ㄴ   ② ㄱ, ㄷ   ③ ㄷ, ㄹ
④ ㄱ, ㄴ, ㄹ   ⑤ ㄴ, ㄷ, ㄹ

387

▶ 25715-0218

다음 글의 입장으로 적절한 것만을 〈보기〉에서 있는 대로 고른 것은?

> 각 문화에 대한 가치 판단은 그 문화의 역사적 배경 및 관습과 연계해서 이루어져야 한다. 즉 어떤 문화의 행동이나 신념을 다른 문화의 기준으로 평가하지 않고, 그 문화의 맥락에서 이해하려고 하는 태도를 지녀야 한다.

〈 보기 〉
ㄱ. 자문화를 기준으로 다른 문화를 평가해야 한다.
ㄴ. 각 사회의 문화가 형성된 배경을 고려해야 한다.
ㄷ. 문화 간의 이해를 증진하는 태도를 지녀야 한다.
ㄹ. 보편적 가치를 침해하지 않는 문화라면 존중한다.

① ㄱ, ㄴ   ② ㄱ, ㄹ   ③ ㄷ, ㄹ
④ ㄱ, ㄴ, ㄷ   ⑤ ㄴ, ㄷ, ㄹ

[388~389] 다음을 읽고 물음에 답하시오.

> 토론 주제: ___________㉠___________

388

▶ 25715-0219

㉠에 들어갈 적절한 내용을 쓰시오.

(   )

389

▶ 25715-0220

갑, 을의 입장으로 적절한 것만을 〈보기〉에서 있는 대로 고른 것은?

〈 보기 〉
ㄱ. 갑: 명예보다 생명을 존엄하게 대우해야 정의롭다.
ㄴ. 을: 문화를 평가할 수 있는 보편적 기준이 존재한다.
ㄷ. 갑과 을: 문화는 사실의 영역이므로 가치를 개입해서는 안 된다.

① ㄱ   ② ㄴ   ③ ㄱ, ㄷ
④ ㄴ, ㄷ   ⑤ ㄱ, ㄴ, ㄷ

04 다문화 사회와 문화적 다양성 존중

[390~391] 다음 글을 읽고 물음에 답하시오

> 인터넷과 교통수단의 발달로 정보와 사람의 이동이 쉬워져, 서로 다른 문화에 대한 이해와 교류가 증가함에 따라 다양한 문화가 서로 영향을 주고받는 ㉠ 다문화 사회가 등장하였다. 이러한 변화에 맞춰 많은 국가에서는 다양한 정책과 함께 이민자와 그들의 문화를 포용하려는 노력이 이루어지고 있다.

390
▶ 25715-0221

㉠의 긍정적 영향을 한 가지 쓰시오.

___

391
▶ 25715-0222

㉠의 부정적 영향을 한 가지 쓰시오.

___

392
▶ 25715-0223

다음 편지 내용에서 가족이 이민 생활에서 긍정적인 경험을 한 이유로 가장 적절한 것은?

> 사랑하는 ○○님께
>
> 이민 후 우리 생활이 궁금하신 것 같아 편지를 보내드립니다. 오늘은 아이 수업 시간에 선생님이 ◇◇ 뮤직 비디오를 보여주신 후 한국 문화 특별 수업을 진행하셨다고 합니다. 선생님께서 ◇◇ 노래 한국어 가사를 듣고 싶어 하셨고, 그 가사로 영어 단어장을 만들어 주셨다고 이야기했습니다. 이민자로서 새로운 환경에 적응하라는 압박이 아닌, 새로운 문화를 경험할 수 있게 해 준 선생님의 모습을 통해 '문화의 모자이크' 정신을 잘 느낄 수 있었습니다. 이처럼 다양한 문화가 조화를 이룰 수 있도록 지원되는 다양한 프로그램으로 인해 우리 가족은 잘 지내고 있습니다.

① 이주민 문화에 대한 몰이해
② 한국 문화를 특별히 다룬 수업
③ 문화 동화주의에 따른 교육 환경
④ 이민을 통한 영어 학습의 기회 획득
⑤ 이주민의 언어를 영어로 대체하는 교육

393
▶ 25715-0224

다음 글의 입장으로 적절한 것만을 〈보기〉에서 있는 대로 고른 것은?

> 고용 허가제는 구직자가 일터를 구하도록 하는 것이 아니라, 사업자에게 외국인의 고용을 허가해 주는 방식의 이주 노동자 공급 제도이다. 사업자에게 고용의 권리를 배타적으로 부여하였기 때문에 사업자 동의 없이 이주 노동자가 사업장을 옮기는 것은 불가능하다. 이 때문에 사업자의 임금 체불, 부당 대우, 폭행 등에 이주 노동자는 매우 취약할 수밖에 없다. 이런 문제들을 해결하기 위해 개선 방안이 필요하다. 이주 노동자의 권리를 보호하기 위한 법적 장치가 강화되어야 하고 고용주에게 다문화 교육을 해야 한다.

〈 보기 〉

ㄱ. 고용 허가제는 구직자가 자유롭게 일자리를 선택하도록 돕는다.
ㄴ. 임금 체불과 부당 대우로 이주 노동자의 권리가 침해될 수 있다.
ㄷ. 고용 허가제는 사업자에게 외국인을 고용할 수 있는 권리를 부여한다.
ㄹ. 이주 노동자의 권리를 보호하기 위한 사회적 차원의 노력이 필요하다.

① ㄱ, ㄴ   ② ㄱ, ㄷ   ③ ㄷ, ㄹ
④ ㄱ, ㄴ, ㄹ   ⑤ ㄴ, ㄷ, ㄹ

394
▶ 25715-0225

(가)의 입장에 비해 (나)의 입장이 갖는 상대적 특징을 그림의 ㉠~㉤ 중에서 고른 것은?

> (가) 다양한 인종과 문화가 샐러드 볼의 재료처럼 섞여 있지만 각자의 정체성과 특징을 잃지 않고 대등하게 조화를 이루어야 한다.
>
> (나) 이주민 문화를 주류 문화에 융합하여 문화 간의 차이를 줄이고 하나의 단일한 문화 정체성을 형성해야 한다.

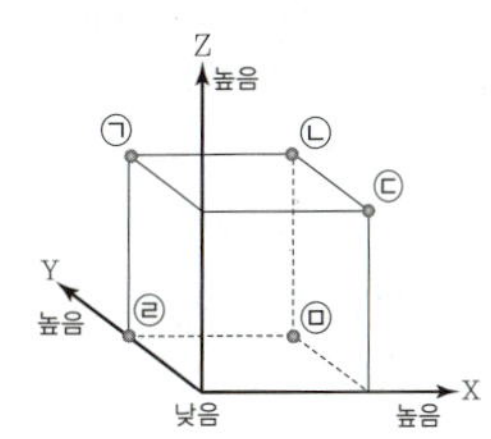

① ㉠   ② ㉡   ③ ㉢   ④ ㉣   ⑤ ㉤

395

2023학년도 11월 고1 학력평가

다음 자료는 어떤 문화권의 특징을 워드 클라우드로 표현한 것이다. (가)에 해당하는 문화권을 지도의 A~E에서 고른 것은?

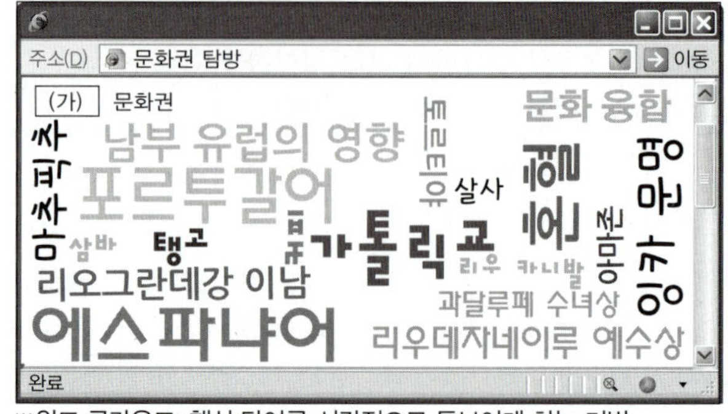

※워드 클라우드: 핵심 단어를 시각적으로 돋보이게 하는 기법

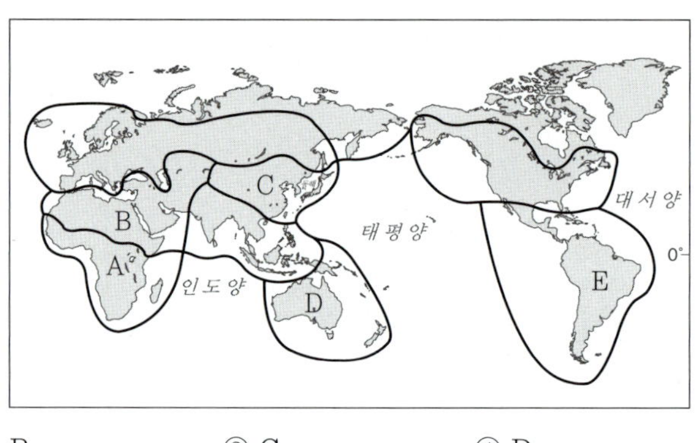

① A ② B ③ C ④ D ⑤ E

396

2023학년도 11월 고1 학력평가

(가), (나)에 나타난 문화 변동에 대한 설명으로 옳은 것은?

> (가) 싱가포르는 불교의 베삭 데이, 이슬람교의 하리 라야 푸아사, 기독교의 크리스마스 등 다양한 종교의 기념일을 공휴일로 지정하고 있다. 이처럼 싱가포르에는 다른 지역에서 전파된 여러 종교가 공존하고 있다.
>
> (나) 수리남에는 유럽, 아프리카 등 여러 지역 출신의 이민자가 많다. 이러한 문화적 다양성을 바탕으로 카세코라는 새로운 대중음악 양식이 만들어졌다. 카세코는 수리남 전통 악기를 활용한 리듬, 서양 악기를 활용한 멜로디, 아프리카 특유의 가창 방식이 한데 어우러진 특징이 있다.
>
>   * 베삭 데이: 석가모니의 탄생을 기리는 불교 축제
>   ** 하리 라야 푸아사: 라마단이 끝나는 것을 기념하는 이슬람교 축제

① (가)에서는 문화 융합이 나타난다.

② (가)에서는 발견에 의한 문화 변동이 나타난다.

③ (나)에서는 문화 동화가 나타난다.

④ (나)에서는 (가)에서와 달리 간접 전파가 나타난다.

⑤ (나)에서는 (가)에서와 달리 새로 창조된 문화 요소가 나타난다.

397

다음 글의 필자가 지닌 문화 이해의 태도에 대한 설명으로 옳은 것은?

> 몽골의 마유주는 말의 젖을 가죽으로 만든 자루에 넣어 숙성시켜 만든 것으로 몽골인들이 물처럼 즐겨 마시는 술의 일종이다. 그런데 마유주는 발효되어 시큼한 향과 맛이 나는 데다가 가죽 냄새도 배어 있어 서양의 한 경제 전문지에서 세계 10대 혐오 음식으로 선정할 정도로 부정적인 평가를 받기도 하였다. 하지만 마유주는 물이 귀하고 음식이 상하기 쉬운 환경에서 유목 생활을 하는 몽골인들 나름의 생존 방식으로 바라보아야 한다.

① 문화 간에는 우열이 존재한다고 본다.
② 자문화를 기준으로 타 문화를 평가한다.
③ 자문화보다 타 문화가 우월하다고 본다.
④ 자문화의 정체성을 상실할 우려가 있다.
⑤ 문화를 해당 사회의 맥락에서 이해하려고 한다.

398

갑~병의 문화 이해의 태도에 대한 설명으로 옳은 것은? (단, 갑~병의 태도는 각각 문화 사대주의, 문화 상대주의, 자문화 중심주의 중 하나이다.)

> 갑: 우리나라 가수가 전 세계적으로 유명한 것은 당연한 일이에요. 우리나라의 대중음악은 수준이 매우 낮은 다른 나라들의 대중음악보다 훨씬 뛰어나니까요.
> 을: 저는 그렇게 생각하지 않아요. 노래의 멜로디나 가사 모두 ○○국의 대중음악이 더 우수한걸요. 우리나라의 대중음악은 ○○국의 이러한 우수성을 절대 따라갈 수 없어요.
> 병: 각국의 대중음악은 해당 국가의 정서나 문화적 맥락 속에서 이해해야 해요. 따라서 우리나라와 ○○국의 대중음악 중에서 무엇이 더 나은지는 가릴 수 없어요.

① 갑의 태도는 모든 문화의 고유한 가치를 인정한다.
② 을의 태도는 문화의 다양성을 보존하는 데 유리하다.
③ 병의 태도는 자문화보다 타 문화를 우월한 것으로 본다.
④ 갑, 을의 태도는 모두 문화 간의 우열을 평가할 수 없다고 본다.
⑤ 갑의 태도는 병의 태도보다 문화적 마찰을 일으킬 가능성이 높다.

01 산업화와 도시화에 따른 변화

❶ 산업화와 도시화에 따른 변화

1. 산업화

(1) **의미**: 농업 중심의 사회가 공업, 서비스업 중심의 사회로 변화하는 과정

(2) **원인**: 산업 혁명으로 대량 생산이 가능해졌고, 분업이 활발하게 이루어짐

(3) **영향**

① 인구 증가: 생산력이 증대되고 생활 수준이 향상되어 인구가 급격히 증가

② 도시화 촉진: 촌락에 거주하던 사람들이 일자리를 찾아 도시로 이동(이촌향도)하면서 도시화 촉진

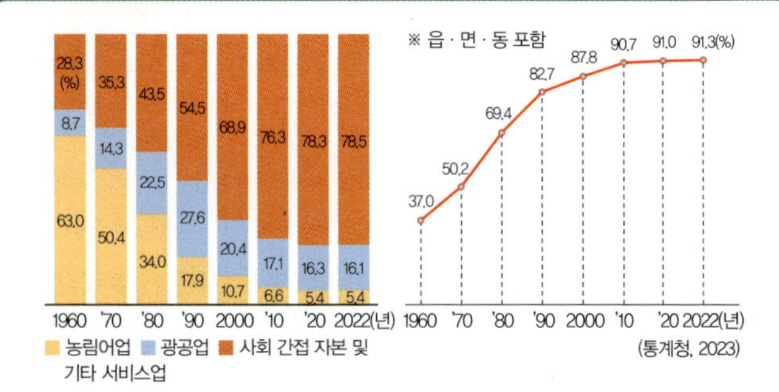

시험 빈출 자료 우리나라 산업 구조와 도시화율 변화

자료 분석 | 산업화가 진전되면서 1차 산업 종사자 비율이 감소하고 3차 산업 종사자 비율이 증가하였으며, 도시 거주 인구의 비율이 증가하고 있다.

2. 도시화

(1) **의미**: 전체 인구 중에서 도시에 거주하는 인구 비율이 높아지고, 도시적 생활양식, 도시 경관이 확대되는 과정

(2) **원인**: 산업화에 따라 촌락에 살던 사람들이 일자리를 찾아 도시로 이주

(3) **특징**

① 산업화 과정을 일찍 시작한 국가, 지역(대륙)의 도시화율이 그렇지 않은 국가나 지역(대륙)보다 높음 예 유럽, 앵글로아메리카

② 산업화 과정이 늦은 국가, 지역(대륙)의 경우 도시화의 속도가 빠른 편임 예 라틴 아메리카, 아프리카

3. 산업화와 도시화에 따른 생활공간의 변화

(1) 거주 공간 변화

① 토지 이용의 집약도 증가: 도시에 많은 사람과 기능이 집중 → 공간의 효율적 이용을 위해 건물의 높이가 고층화되고 밀집함

② 도시 내부 구조 분화: 상업 및 업무 기능, 공업 기능, 주거 기능 등과 같은 도시 내 다양한 기능의 공간적인 분화가 나타남

③ 교외화 진행: 대도시의 인구와 기능이 주변 지역으로 확대 → 대도시와 주변 지역이 하나의 생활권을 이루는 대도시권 형성

(2) 생태 환경 변화

① 자연 상태의 토지(논, 밭, 숲, 초지 등) 면적 감소

② 산업 단지 및 시가지 개발로 아스팔트, 콘크리트 등으로 덮인 토지 면적 증가

③ 산업 시설, 차량 등에서 배출된 오염 물질로 대기 오염이 나타남

④ 도시에서 배출된 인공 열 등으로 도시 기온이 주변 지역보다 높아짐(열섬 현상)

⑤ 하천 정비 및 직선화로 동식물 서식 환경 변화 및 생물 다양성 축소

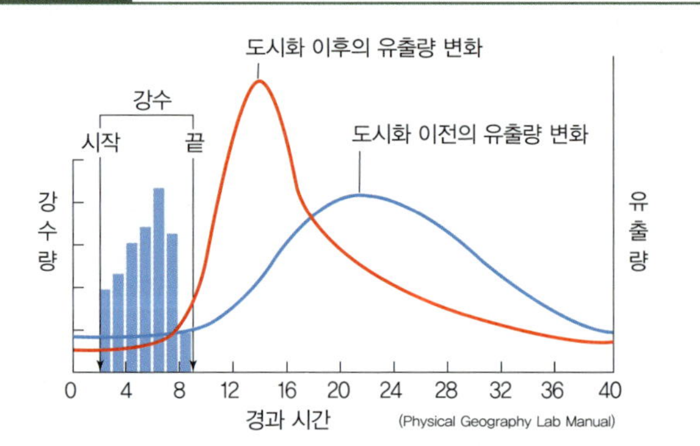

시험 빈출 자료 도시화에 따른 하천 유출량의 변화

자료 분석 | 도시화가 진행되면 콘크리트, 아스팔트로 덮인 불투수 면적이 늘어나 빗물이 토양으로 잘 흡수되지 못하고 하천으로 빠르게 흘러든다. 그래프에서 도시화 이전은 하천의 유출량이 완만히 상승한 뒤 하강하는 형태이지만 도시화 이후는 하천의 유출량이 빠르게 상승한 뒤 하강하는 형태를 보인다. 따라서 도시는 하천의 최고 수위가 높아져 홍수가 발생할 위험이 커진다.

4. 산업화와 도시화에 따른 생활양식 변화

(1) 도시적 생활양식(도시성) 확산

① 효율성, 합리성을 추구

② 특정한 목적에 따른 수단적인 인간관계(2차적 인간관계)를 맺음

(2) 직업의 분화

① 기계화·분업화로 직업이 세분화, 전문화됨

② 신기술과 산업이 등장하면서 새로운 직업이 출현하고 직업의 수가 증가 → 도시 주민의 이질성, 직업 간 소득 수준의 차이 증가

(3) 생활 수준 향상

① 대량 생산 및 소비가 일어나고, 공급되는 서비스의 양이 증가하면서 삶이 더욱 풍요로워짐
② 대중교통 수단이 발달하고, 다양한 상업·여가 시설이 확충되어 생활이 편리해짐

(4) 개인주의적 가치관 확산

① 핵가족, 1인 가구로 가족의 형태 변화, 주민 간 이질성 증대 등으로 공동체에 대한 유대감 약화
② 개인 간 경쟁이 치열해졌고, 개인의 가치와 성취를 중시하는 태도 확산

❷ 산업화·도시화에 따른 문제점과 해결 방안

1. 산업화·도시화에 따른 문제점

주택 및 교통	• 도시의 많은 인구에 비해 적은 주택 → 집값 상승, 소득 수준에 따른 주거 지역 분리 • 자동차 증가에 따른 교통량 증가 → 교통 체증 심화, 교통사고, 소음, 주차난 발생
환경	• 산업 시설, 가정 등에서 배출하는 오염 물질 → 대기질 악화, 하천과 지하수의 오염 등 • 생태 환경 훼손으로 생물 종 다양성 감소
노동	• 산업 구조 변화, 생산 과정 자동화로 실업 발생 → 빈부 격차 심화, 범죄 등 사회적 문제 유발 • 사회 변화에 따른 노동(관계)법 미비 → 파업, 시위 같은 노동 문제 발생
지역 격차	• 촌락 인구의 도시 이동으로 촌락 인구 감소 → 촌락의 경제 활동 위축, 지역 공동체 쇠퇴

2. 산업화·도시화에 따른 문제점의 해결 방안

주택 및 교통	• 낙후된 정주 환경 개선을 위한 도시 재생 사업 • 대중교통 체계 정비, 교통 기반 시설 확충
환경	• 녹지 공간 확충 및 생태 환경 복원 • 오염 물질 배출 규제 및 관리 정책 마련
노동	• 실업자를 위한 직업 교육, 취업 정보 제공 • 국가는 노동자 권리를 보장할 수 있는 제도를 마련하고 노사 간 소통과 협력 유도
지역 격차	• 국토의 균형 발전을 위해 산업·행정 등 각종 기능 분산 • 촌락의 생활 여건 개선, 일자리 창출 정책 수립

개념 핵심 문제

정답과 해설 36쪽

✪ 빈칸에 들어갈 알맞은 말을 쓰시오.

399 (　　　　)은/는 산업의 중심이 농업 중심에서 공업과 서비스업 중심으로 변화하는 과정을 의미한다.

400 (　　　　)은/는 전체 인구 중에서 도시에 거주하는 인구의 비율이 높아지거나 도시적 생활 양식이 확대되는 과정이다.

401 (　　　　)은/는 대도시의 인구와 기능이 주변 지역으로 확대되어 대도시와 주변 지역이 하나의 생활권을 이루는 범위를 의미한다.

402 (　　　　)은/는 대도시의 인구와 기능이 주변으로 확대되는 현상으로 대도시권 형성의 원인이 된다.

✪ 다음 내용이 옳으면 ○표, 틀리면 ×표를 하시오.

403 산업화 과정을 일찍 시작한 선진국은 개발 도상국에 비해 도시화 속도가 빠르게 진행되었다.　　　　(　　　)

404 도시의 인구 비율이 증가하면 1차 산업의 비율은 감소하는 추세를 보인다.　　　　(　　　)

405 도시 내 불투수 면적의 증가는 도시의 홍수 발생 위험을 높이는 원인이 된다.　　　　(　　　)

406 신기술과 첨단 산업이 등장하면서 도시 주민의 직업 간 소득 수준의 차이가 감소하였다.　　　　(　　　)

✪ 다음 내용에 알맞은 말을 고르시오.

407 산업화 과정을 일찍이 시작한 국가는 산업화 과정이 늦은 국가에 비해 대체로 도시화율이(높다, 낮다).

408 도시화로 시가지의 면적이 늘어나면서 강우 시 하천 유출량은 도시화 이전에 비해 (빠르게, 완만히) 증가했다가 (빠르게, 완만히) 감소하는 경향을 보인다.

409 도시에 많은 인구가 집중하면서 공간을 효율적으로 이용하기 위해 토지 이용의 집약도가 (증가, 감소)한다.

410 도시는 주민 간 (이질성, 동질성)이 높은 곳으로 (공동체, 개인)의 가치를 중요시하는 태도가 나타난다.

✪ 산업화·도시화에 따른 문제와 적절한 해결 방안을 알맞게 연결하시오.

411 주택 문제　　•　　• ㉠ 각종 기능의 지방 분산

412 환경 문제　　•　　• ㉡ 직업 교육 및 취업 정보 제공

413 노동 문제　　•　　• ㉢ 녹지 공간의 확충

414 지역 격차 문제　•　　• ㉣ 도시 재생 사업

415
▶ 25715-0226

다음 그래프는 우리나라의 도시·촌락 인구 및 도시화율 변화를 나타낸 것이다. 이에 대한 옳은 설명만을 〈보기〉에서 고른 것은?

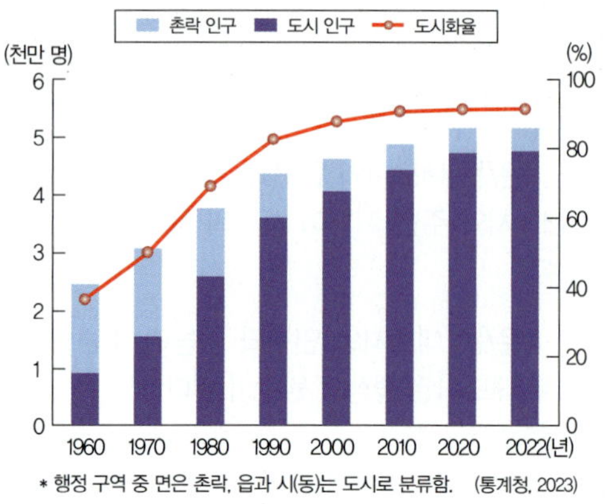

* 행정 구역 중 면은 촌락, 읍과 시(동)는 도시로 분류함. (통계청, 2023)

〈 보기 〉

ㄱ. 도시 인구 증가율은 점점 높아지고 있다.
ㄴ. 촌락 인구의 비율은 지속적으로 감소하였다.
ㄷ. 모든 시기 도시 인구는 촌락 인구보다 많았다.
ㄹ. 도시화율 변화는 1970~1980년이 가장 크다.

① ㄱ, ㄴ 　　② ㄱ, ㄷ 　　③ ㄴ, ㄷ
④ ㄴ, ㄹ 　　⑤ ㄷ, ㄹ

중요
416
▶ 25715-0227

다음 글의 ㉠, ㉡에 대한 설명으로 옳지 **않은** 것은?

　　산업 혁명으로 기계가 발달하고 대량 생산과 분업화가 이루어지면서 산업 사회로 들어서게 되었다. 농업 중심의 사회에서 공업과 서비스업 중심의 사회로 변화하는 과정을 　㉠　(이)라고 한다. 　㉠　(에) 따라 촌락의 인구가 일자리를 구하기 위해 도시로 이동하면서 　㉡　이/가 빠르게 진행되었다.

① ㉠은 경제 발전 수준을 향상시킨다.
② ㉠의 정도는 산업별 생산액 또는 산업별 종사자 수 비율을 통해서 파악할 수 있다.
③ ㉡의 수준은 전체 인구에서 차지하는 도시 인구 비율을 통해서 파악할 수 있다.
④ ㉡이 진행되면서 1차 산업의 비율도 함께 증가한다.
⑤ ㉠은 ㉡을 촉진하는 요인으로 작용한다.

중요
417
▶ 25715-0228

다음은 통합사회 수업 장면이다. 교사의 질문에 옳게 답한 학생만을 있는 대로 고른 것은?

교사: 산업화, 도시화로 생활공간은 어떤 변화가 나타났을까요?
갑: 주거·공업 기능이 도시 주변 지역으로 분산되었어요.
을: 교외화가 일어나 도시의 토지 이용 집약도가 낮아졌어요.
병: 대도시 주변에 도시적 경관이 확대되었어요.
정: 대도시와 주변 지역이 하나의 생활권을 형성하였어요.

① 갑, 을 　　② 갑, 병 　　③ 을, 정
④ 갑, 을, 병 　　⑤ 갑, 병, 정

418
▶ 25715-0229

지도의 ㉠~㉢ 지역에 대한 옳은 설명만을 〈보기〉에서 있는 대로 고른 것은?

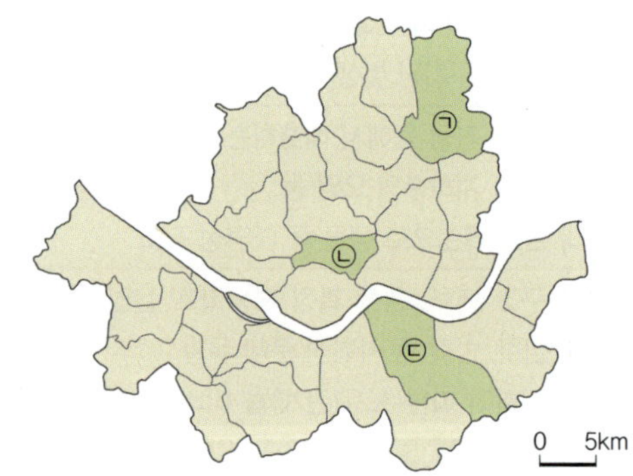

〈 보기 〉

ㄱ. ㉠은 ㉡보다 도시 내의 접근성이 높다.
ㄴ. ㉡은 ㉢의 기능을 분담하는 역할을 한다.
ㄷ. ㉢은 ㉠보다 업무 기능의 비중이 높다.

① ㄱ 　　② ㄷ 　　③ ㄱ, ㄴ
④ ㄴ, ㄷ 　　⑤ ㄱ, ㄴ, ㄷ

419
▶ 25715-0230

다음 글의 (가), (나)에 들어갈 내용으로 옳은 것은?

　　산업화와 도시화가 진행되면서 　(가)　이 확산하였다. 　(가)　은 도시에 거주하는 사람들의 독특한 생활 양식을 말한다. 또한 다양성과 자율성을 강조하는 　(나)　적인 가치관이 확산되고 있다.

　　(가)　　(나)　　　　　　(가)　　(나)
① 도시성　공동체　　② 도시성　개인주의
③ 효율성　공동체　　④ 익명성　개인주의
⑤ 합리성　공동체

420

▶ 25715-0231

다음 글의 ㉠~㉤에 대한 설명으로 옳은 것은?

> ### 선진국과 개발 도상국의 도시화
>
> 18세기 초 인구 50만여 명이었던 ㉠런던은 19세기 초 인구 100만 명이 넘는 대도시로 성장하였다. ㉡산업 혁명 시기 런던의 인구 증가 및 교통의 발달은 도심과 ㉢교외 지역의 팽창을 가져왔다. ㉣멕시코시티는 오랜 역사를 가진 도시로 20세기에 산업화와 도시화가 진행되어 산업 시설의 집중과 많은 인구 유입이 이루어졌다. 2020년 현재 인구는 약 900만 명이며, ㉤대도시권의 인구는 약 2,300만 명에 이른다.

① ㉠이 속한 국가가 ㉣이 속한 국가보다 도시화가 빠르게 진행되었다.
② ㉡은 해당 시기의 높은 출산율이 주된 원인이다.
③ ㉢은 도시 내부 구조의 분화에 따른 상업·업무 지구의 교외화에 의한 것이다.
④ ㉣은 ㉠보다 오랜 산업화의 역사를 가진 도시이다.
⑤ ㉤은 ㉣을 중심으로 하나의 생활권을 이루는 지역을 의미한다.

421

▶ 25715-0232

다음은 '생활공간과 사회' 단원의 탐구 계획을 작성한 것이다. ㉠에 들어갈 내용으로 가장 적절한 것은?

> 1. **조사 주제:** ㉠
> 2. **조사 지역:** ○○시 □□구 △△동 일원
> 3. **조사 방법:** 복합 쇼핑몰에서 시민 설문 조사(무작위)
> 4. **설문 내용:**
>   – 현재 거주하는 집에 함께 사는 가족은 몇 명인가요?
>   – 무슨 직업에 종사하고 있나요?
>   – 결혼을 반드시 해야 한다고 생각하나요?

① 산업화로 인한 직업의 분화
② 도시화로 인한 거주 공간의 변화
③ 도시화로 인한 생활양식의 변화
④ 산업화로 인한 생태 환경의 변화
⑤ 산업화·도시화에 따른 생활 수준 향상

422

▶ 25715-0233

다음 글의 ㉠에 대한 옳은 설명만을 〈보기〉에서 고른 것은?

> 산업화와 도시화는 거주 공간, 생태 환경, 생활 양식 등에 큰 변화를 가져왔다. 거주 공간에서는 도시 내부 구조 분화와 대도시권 형성 등이 나타났고, 생태 환경에서는 녹지 면적 축소, 하천의 복개 및 직강화 등이 나타났다. 한편 산업화와 도시화는 ㉠사회 모습, 사람들의 생활 양식과 가치관에도 큰 변화를 가져왔다.

〈 보기 〉

ㄱ. 생산 공정의 자동화로 직업의 수가 감소한다.
ㄴ. 가족 형태 변화로 간편식, 소형 가전제품 판매량이 증가한다.
ㄷ. 개인보다는 공동체를 우선시하는 공동체적 가치관이 뚜렷해진다.
ㄹ. 주민 구성의 이질성이 증가하고, 2차적 인간관계 형성 경향이 커진다.

① ㄱ, ㄴ ② ㄱ, ㄷ ③ ㄴ, ㄷ
④ ㄴ, ㄹ ⑤ ㄷ, ㄹ

423

▶ 25715-0234

자료는 어떤 도시의 강수 시 하천 유출량 변화를 나타낸 것이다. (가)와 비교한 (나)의 상대적 특성으로 옳은 것은? (단, (가), (나)는 각각 도시화 이전, 도시화 이후 중 하나임.)

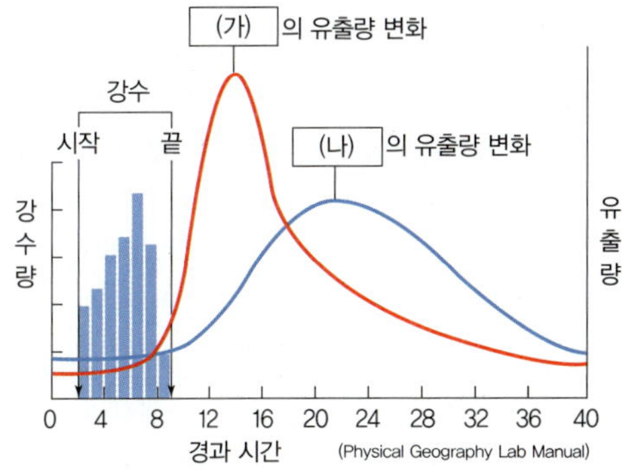

① 시가지 면적의 비율이 높다.
② 도시 내 생물 다양성이 크다.
③ 하천의 홍수 발생 위험성이 크다.
④ 열섬 현상의 발생 가능성이 높다.
⑤ 빗물이 토양에 흡수되는 양이 적다.

424

▶ 25715-0235

다음 글의 ㉠에 대한 설명으로 옳지 <u>않은</u> 것은?

> 도시화가 진행되면서 ㉠ <u>촌락과 구분되는 도시만의 독특한 생활 양식</u>이 등장하는데, 이를 도시적 생활 양식이라고 한다. 도시적 생활 양식은 생계를 위한 활동에서부터 일상생활 속 다양한 삶의 모습에 이르기까지 도시에서 살아가는 사람들의 일반적인 생활 모습을 통해 파악할 수 있다.

① 효율성과 합리성을 추구하는 경향이 강하다.
② 집단의 공공성보다 개인의 권리를 우선시한다.
③ 구성원 간의 이질성이 크고 유대감이 약한 편이다.
④ 대체로 직장과 주거지가 공간적으로 분리되어 있다.
⑤ 대부분 비슷한 직종에 종사하며 직업 간 소득 차가 작다.

425 ^{중요}

▶ 25715-0236

그래프는 우리나라 1인 가구 비율의 변화를 나타낸 것이다. 이와 관련한 도시의 변화로 가장 적절한 것은?

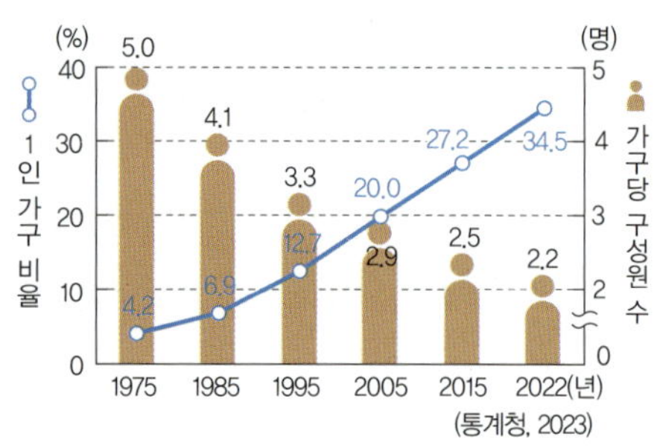

① 고령 인구 비율이 감소하였다.
② 반조리 가공식품 소비가 증가하였다.
③ 여성의 사회 활동 참여율이 줄어들었다.
④ 계층 간 소득의 불평등 정도가 줄어들었다.
⑤ 중·대형 평형의 아파트 수요가 증가하였다.

426

▶ 25715-0237

다음 글에 나타난 ㉠을 해결하기 위한 대책으로 가장 적절한 것은?

> 서울의 강남역 부근은 2010년부터 2022년까지 침수가 다섯 차례 발생하였다. 강남역은 주변 지역보다 10m 정도 낮아 물이 고일 수밖에 없는 환경이지만, ㉠ <u>빗물이 땅으로 흡수되지 못하고 도로를 따라 흘러들고 있는 것</u>이 주요 문제가 되는 것이다.

① 신속·정확한 홍수 예보
② 보행 도로에 투수성 블록 설치
③ 침수 방지를 위한 차수벽 설치
④ 인근 도시 하천 복개 공사 실시
⑤ 대규모 빗물 저류 배수 시설 설치

427 ^{중요}

▶ 25715-0238

다음 자료는 도시화 전후의 빗물 유출량 변화를 나타낸 것이다. 이를 통해 파악할 수 있는 도시화 이후의 변화로 옳지 <u>않은</u> 것은?

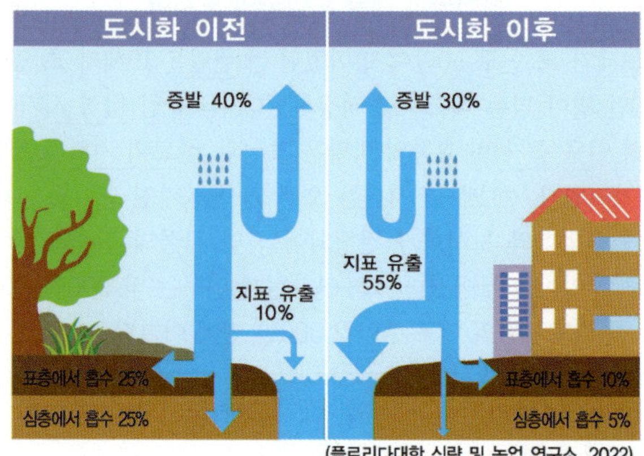

① 토지 이용의 집약도가 감소하였다.
② 도시의 불투수 면적이 증가하였다.
③ 도시의 홍수 발생 빈도가 높아졌다.
④ 도시의 생물 종 다양성이 감소하였다.
⑤ 도시의 열섬 현상이 더욱 뚜렷해졌다.

428

▶ 25715-0239

다음은 통합사회 수업 장면이다. 교사의 질문에 옳은 답을 한 학생만을 고른 것은?

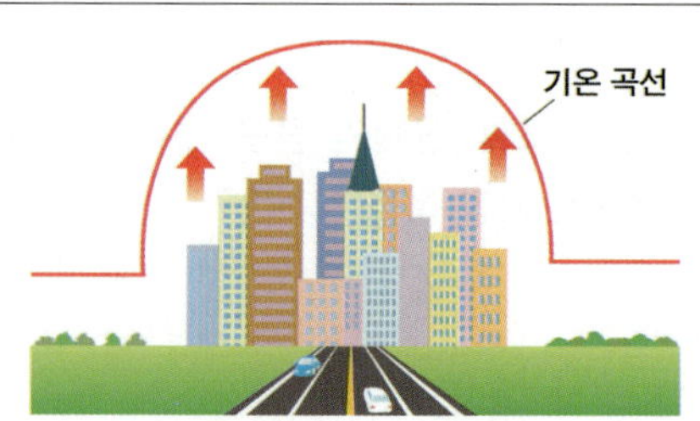

교사: 자료와 같이 도시가 교외 지역보다 기온이 높게 나타나는 이유는 무엇일까요?
갑: 도시에서는 자동차 운행, 난방 등으로 인공 열이 발생하기 때문이에요.
을: 도시는 건물과 도로가 많아 태양열을 많이 흡수해요.
교사: 도시의 기온을 낮추기 위한 대책으로는 무엇이 있을까요?
병: 고층 빌딩을 촘촘하게 배치해 그늘을 만들어요.
정: 강수 시에 빗물이 빨리 빠져나가도록 배수로를 정비해요.

① 갑, 을   ② 갑, 병   ③ 을, 병
④ 을, 정   ⑤ 병, 정

429

▶ 25715-0240

다음 글의 ㉠~㉢에 대한 설명으로 적절하지 <u>않은</u> 것은?

> 산업화와 도시화로 다양한 문제가 발생했다. 먼저 ㉠ 도시로의 인구 집중에 따른 주택 문제가 나타났으며, ㉡ 교통 문제도 심각해졌다. 또한 ㉢ 무분별한 개발에 따른 도시 재해 위험이 증가했고, ㉣ 생태 환경의 악화도 진행되었다. 한편 ㉤ 사회적 측면의 문제도 간과할 수 없다.

① ㉠: 집값이 높아지고 불량 주택 지역이 형성되었다.
② ㉡: 교통 혼잡, 주차난 등이 심화되었다.
③ ㉢: 도시 내 지진 발생 가능성이 높아졌다.
④ ㉣: 동식물의 서식처인 녹지 면적이 감소하였다.
⑤ ㉤: 도시 내 실업과 범죄가 증가하였다.

430

▶ 25715-0241

(가), (나)의 내용과 관련되는 것을 글의 ㉠~㉣에서 고른 것은?

> (가) 속초시는 고독사 제로 도시를 선포하고 지역 내 80세 이상 노인을 대상으로 '어르신 안부를 묻는 우유 배달' 사업을 진행하고 있다. 배달부는 배달한 우유가 방치되는 이상 징후를 발견하면 즉시 해당 사실을 관련 담당자에게 통보한다.
>
> (나) 수원시는 2018년부터 그린 커튼 조성 사업을 시행하고 있다. 그린 커튼은 건축물 창가나 외벽에 덩굴 식물을 심어 식물이 그물망이나 밧줄을 타고 자라 외벽을 덮도록 만드는 친환경 사업으로 여름철 건물 온도를 낮추고 미세 먼지를 저감하는 효과가 있다.

> 산업화·도시화에 따른 문제를 해결하기 위해서는 국가와 지역 그리고 개인의 노력이 필요하다. 국가와 지방 자치 단체는 ㉠ 각종 도시 기반 시설을 확충하며, 도시 계획을 통한 ㉡ 녹지 공간 확대를 적극적으로 추진해야 한다. 또한 법과 제도를 보완하고 ㉢ 사회 복지 제도를 확대하는 정책을 마련해야 한다. 개인도 생태 시민으로서 ㉣ 친환경적인 생활 실천에 동참해야 한다.

	(가)	(나)		(가)	(나)
①	㉠	㉡	②	㉢	㉠
③	㉢	㉡	④	㉣	㉠
⑤	㉣	㉡			

431

▶ 25715-0242

다음 그림을 통해서 파악할 수 있는 생활 양식의 변화 내용으로 적절한 것만을 〈보기〉에서 있는 대로 고른 것은?

> **〈 보기 〉**
>
> ㄱ. 출퇴근 거리와 시간이 감소하였다.
> ㄴ. 주민들의 직업이 다양해지고 전문화되었다.
> ㄷ. 가족 형태가 대가족에서 핵가족으로 변화하였다.
> ㄹ. 개인주의적 성향이 커졌고 이웃 간 유대 관계가 줄어들었다.

① ㄱ, ㄴ   ② ㄱ, ㄷ   ③ ㄴ, ㄷ
④ ㄱ, ㄴ, ㄹ   ⑤ ㄴ, ㄷ, ㄹ

432

▶ 25715-0243

(가)~(다)를 통해 알 수 있는 문제를 해결하기 위한 대책으로 적절하지 <u>않은</u> 것은?

(가)   (나)   (다)

① (가)-인구와 산업의 지역 분산 정책 실행
② (가)-도시 주변 지역에 대규모 주택 단지 건설
③ (나)-대중교통 수단 확충 및 신규 도로 건설
④ (다)-도시 생활 쓰레기의 주변 촌락 매립
⑤ (다)-친환경 교통수단 이용 보조금 지급

[433~434] 다음 자료를 보고 물음에 답하시오.

(가)

	1977년	2022년	
임야	65,660km^2	63,427km^2	3.4% 감소
논밭	22,144km^2	18,487km^2	16.5% 감소
대지	1,760km^2	3,342km^2	89.9% 증가
도로	1,612km^2	3,453km^2	114.1% 증가

(국토 교통부, 각 연도)

▲ 우리나라 국토 용도별 이용 면적 변화

(나)

	지역	일 강수량(mm)	피해 상황
2010년 9월	서울 강남	293.0	강서 지역 저지대 침수 및 배수구 역류
2011년 7월	서울 강남	320.0	사당역, 강남역 침수 및 우면산 산사태 발생
2014년 8월	부산 금정	244.5	부산 지하철 침수 및 우장춘로 지하 차도 잠기면서 2명이 사망
2016년 10월	울산 매곡	382.5	태풍 '차바' 상륙으로 인한 비 피해 및 KTX, 항공기 운행 중단
2017년 7월	청주	290.2	건물 침수 및 단수 · 정전
9월	부산 영도	358.5	건물 침수 및 하천 인근 도로 교통 통제
2018년 8월	광주 조선대	136.5	백운고가, 남대문로 등 도로와 상가 수십 곳이 침수
2020년 7월 23일	부산 기장	205.0	시간당 강수량이 1920년 이래 10번째로 많은 81.6mm 기록 초량 제1지하 차도가 2.5m 높이까지 침수, 사망자 3명 발생
2020년 7월 30일	대전	시간당 102mm 폭우	아파트가 침수되면서 주민 1명 사망

▲ 주요 도시 홍수 발생 현황

▶ 25715-0244

433 (가)에 나타난 우리나라 국토 용도별 토지 이용 면적 변화의 특성을 쓰고 이와 같은 변화의 주된 원인을 서술하시오.

____

____

▶ 25715-0245

434 (나) 문제의 원인과 대책을 (가)와 연관시켜 서술하시오.

____

____

[435~436] 다음 글을 읽고 물음에 답하시오.

> ⎡ (가) ⎤은/는 산업의 중심이 농업 중심에서 공업과 서비스업 중심으로 변화하는 현상이다. 이 과정에서 사람들은 일자리를 찾아 도시로 이동하였고, 이에 따라 도시에 인구가 집중되어 전체 인구에서 도시 인구가 차지하는 비율이 높아지고 도시적 생활양식이 확대되었다. 이와 같은 과정을 ⎡ (나) ⎤(이)라고 한다.
>
> ⎡ (가) ⎤의 과정에서 나타난 기계화와 분업화로 노동의 주체인 인간이 기계의 부속품처럼 하나의 수단으로 전락해 노동의 의미와 목적을 잃어버린 채 소외되는 ⎡ (다) ⎤ 현상이 나타났다.

▶ 25715-0246

435 (가)~(다)에 들어갈 알맞은 말을 쓰시오.

(가) – (　　　　　)　　　　　(나) – (　　　　　)　　　　　(다) – (　　　　　)

▶ 25715-0247

436 (나)에 따른 거주 공간의 변화를 서술하시오.

____

____

정답과 해설 39쪽

437
▶ 25715-0248

그래프는 강수 이후 시간에 따른 도시 하천의 수위를 나타낸 것이다. B에서 A로의 변화가 나타난 직접적 원인으로 적절한 것만을 〈보기〉에서 고른 것은? (단, A, B는 각각 도시화 이전, 도시화 이후 중 하나임.)

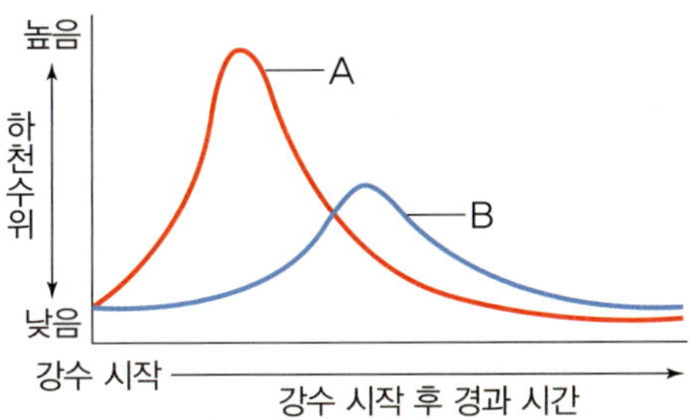

보기

ㄱ. 개발 제한 구역이 설정되었다.
ㄴ. 임야, 공원 등 녹지 공간이 감소하였다.
ㄷ. 교통량의 증가로 인공 열 방출이 많아졌다.
ㄹ. 주택 부족 해결을 위하여 택지가 개발되었다.

① ㄱ, ㄴ   ② ㄱ, ㄷ   ③ ㄴ, ㄷ
④ ㄴ, ㄹ   ⑤ ㄷ, ㄹ

438
▶ 25715-0249

지도는 서울특별시의 구(區)별 주간 인구 지수를 나타낸 것이다. (가) 구와 비교한 (나) 구의 상대적 특징으로 옳은 것을 그림의 A~E에서 고른 것은?

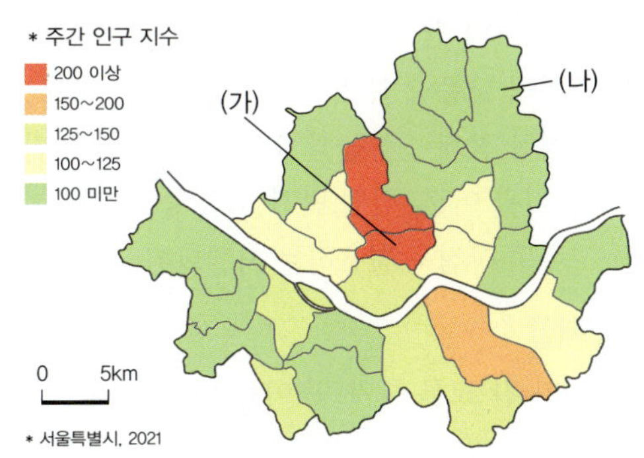

* 주간 인구 지수: 상주인구에 대한 주간 인구의 비율
** 주간 인구 = 상주인구 + 유입(통근 · 통학) 인구 − 유출(통근 · 통학) 인구

① A   ② B   ③ C   ④ D   ⑤ E

439
▶ 25715-0250

다음 글의 ㉠~㉤에 대한 설명으로 적절하지 <u>않은</u> 것은?

> 산업화와 도시화에 따라 세탁 문화는 빠르게 변화하였다. 가정에서는 ㉠ 여성들의 세탁 노동을 대체해야만 했다. ㉡ 세탁기가 일반 가정에 보급되었고 ㉢ 세탁과 관련된 직업이 생겨났다. ㉣ 세탁물을 수거하고 세탁 후 각 가정으로 배송하는 서비스업이 발달하고 있으며, ㉤ 매장에 방문하여 세탁과 건조를 하면서 여유로움과 휴식을 즐기는 셀프 빨래방이 유행하고 있다.

① ㉠: 여성의 사회 진출 비율이 높아졌기 때문이다.
② ㉡: 생산력이 향상되어 세탁기의 대량 생산이 가능해졌기 때문이다.
③ ㉢: 직업이 세분화되고 전문화되었음을 의미한다.
④ ㉣: 도시 인구 및 1인 가구 증가의 영향이 크다.
⑤ ㉤: 해당 공간이 타인과 어울리고 소통하는 공간의 성격을 가지기 때문이다.

440
▶ 25715-0251

그래프는 우리나라의 산업 구조 및 도시화율의 변화를 나타낸 것이다. 이 과정에서 나타난 변화로 옳은 것은?

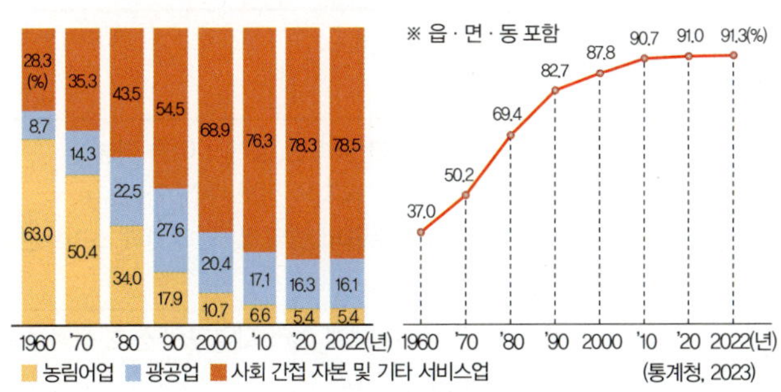

① 도시와 촌락의 지역 간 격차가 감소하였다.
② 도시 주민의 이질성과 개인 간 경쟁이 줄어들었다.
③ 업무 및 상업 기능이 도시 주변 지역으로 분산되었다.
④ 도시와 주변 지역이 기능적으로 밀접한 관계를 형성하였다.
⑤ 인구 고령화 및 대가족화 현상을 반영한 실버 산업이 발달하였다.

02 교통·통신 및 과학기술의 발달에 따른 변화 ~ 03 우리 지역의 공간 변화

1 교통·통신 및 과학기술의 발달에 따른 변화

1. 일상생활 범위의 확대

(1) **원인**: 교통·통신 발달로 이동에 필요한 시간·비용 감소

(2) **영향**

① 주거지, 공장 등이 도시 외곽 지역으로 이동하는 교외화 현상 발생

② 대도시의 기능과 영향력이 주변 도시로 확대되어 대도시권 형성

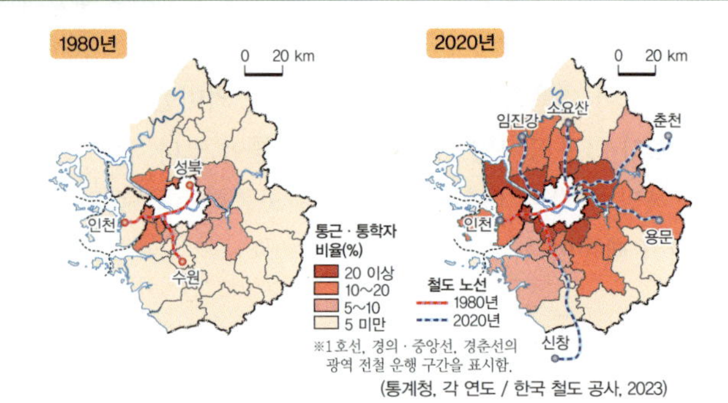

자료 분석 | 철도 노선이 연장·신설되면서 서울의 통근·통학권의 범위가 과거에 비해 확대되었다. 교통수단의 발달과 교통망의 확충으로 대도시로의 이동이 편리해지면 대도시 주변 지역으로 인구와 기능이 이동하며 대도시권이 형성된다.

2. 경제 활동 범위의 확대

원인	항공기와 선박 등 교통수단의 발달 및 인터넷과 스마트폰의 대중화
영향	• 생산자: 기업 활동의 공간적 범위가 확대(본사, 연구소, 생산 공장이 분산되어 입지하는 공간적 분업 형성) • 소비자: 전자 상거래를 통한 해외 상품 구입, 편리한 금융 거래를 통한 해외 투자 가능

3. 여가 공간의 확대

원인	• 기차, 항공기 등을 이용한 신속한 장거리 이동 가능 • 뉴 미디어를 통한 국내외 각지의 정보 수집 가능 • 항공기와 선박 등 교통수단의 발달 및 인터넷과 스마트폰의 대중화
영향	국내외 여행객이 증가하고 세계 여러 지역과의 상호 작용을 통해 다양한 문화를 경험

4. 생태 환경의 변화

(1) **부정적 측면**: 생태계 파괴, 동식물의 서식 환경 악화

① 도로, 철도 등 교통망과 통신 시설 건설

② 교통량 증가에 따른 오염 물질 배출량 증가

③ 지역 간 교류 증가에 따른 외래 생물 종 유입

(2) **긍정적 측면**: 동식물의 생태 환경 유지·관리에 활용

예 빅 데이터를 분석하여 생태 통로를 설치, 멸종 위기 종에 통신 장비를 부착하여 서식 환경을 분석하고 보호

5. 교통·통신 및 과학기술 발달에 따른 생활 양식의 변화

근무	시간과 장소에 구애받지 않는 원격 근무(재택 근무) 가능 → 출퇴근 거리와 시간 감소
생활	4차 산업 혁명의 핵심 기술(사물 인터넷, 빅 데이터, 인공 지능 등) → 다양한 분야에 활용되어 일상생활 및 정책 개발 기업 활동에 도움 예 원격 교육, 플랫폼 경제 등
인간 관계	가상 공간의 교류 확대 → 새롭고 다양한 인간관계 형성 예 누리 소통망을 통한 쌍방향 의사소통
정치	동영상 공유 플랫폼, 인터넷 개인 방송, 누리 소통망 등 다양한 형태로 개인의 정치적 의견 표출, 전자 투표 청원, 서명 운동 등 시민의 정치 참여 확대 → 전자 민주주의 실현

6. 교통·통신 및 과학기술 발달에 따른 문제점과 해결 방안

(1) **지역 격차 확대**

① **원인**: 교통 접근성의 차이와 빨대 효과

• 교통이 발달한 지역: 접근성이 높아 인구가 유입되고 경제 활동이 활성화되면서 발전함

• 교통이 발달하지 못한 지역: 접근성이 낮아 경제 활동이 위축되고 점차 쇠퇴함

• 빨대 효과: 새로운 교통수단의 개통으로 주변 도시의 인구와 경제력이 대도시로 유입됨

② **해결 방안**: 지역 간 균형 발전을 위한 방안 모색

• 낙후 지역에 교통망 확충

• 지역의 성장 잠재력을 높일 수 있도록 생활 여건 개선 예 공공 기관 이전, 산업 단지 조성 등

• 지역 고유의 장점을 활용하는 차별화된 전략 수립

(2) **전염병의 확산**

① **원인**: 국가 간 교류 증가 및 이동 범위 확대

② **해결 방안**: 감염원과 전파 과정 철저 관리, 국가 간 실질적인 협력 체계 구축, 개인 위생 관리에 노력

(3) **생태 환경 파괴**

원인	• 선박, 항공기를 통한 사람과 물자의 활발한 이동 → 유입된 동식물이 토종 동식물의 생태계 위협 • 주요 교통수단에 사용되는 화석 연료가 환경 오염 유발 • 교통로 건설에 따른 동식물 서식처 고립 및 파괴
해결 방안	• 생태 교란 종의 확산 방지 대책 마련 • 환경 오염 물질 배출 규제 정책 강화 및 친환경 대체 연료 개발 • 동식물 대체 서식처 조성 또는 생태 통로 건설

(4) 정보 격차 발생

① 정보 격차: 경제·사회·지역·신체적 여건 등으로 나타나는 정보의 불평등 현상 → 소득이나 부의 불평등으로 이어져 경제·사회적 격차를 확대할 수 있음

② 해결 방안
- 디지털 소외 계층이 쉽게 정보 서비스에 접근할 수 있는 기술을 개발하고 관련 제품을 제공
- 디지털 소외 계층에 대한 정보 격차 해소 교육 실시

(5) 노동 시장 양극화

① 원인
- 4차 산업 혁명은 로봇, 기계, 프로그램 등이 인간의 노동 대체 → 단순 생산직·사무직·관리직 감소, 과학·수학·정보 통신 분야 일자리 증가
- 중숙련 일자리가 감소하고 노동 시장이 고숙련 일자리와 저숙련 일자리 위주의 구조로 재편됨 → 시간이 지남에 따라 소득 격차 심화

② 해결 방안
- 산업 구조 변화에 따른 교육 훈련 기회 확대
- 노동자를 위한 사회 안전망 강화 및 경제적 지원

시험 빈출 자료 정보 격차의 현황과 해결 방안

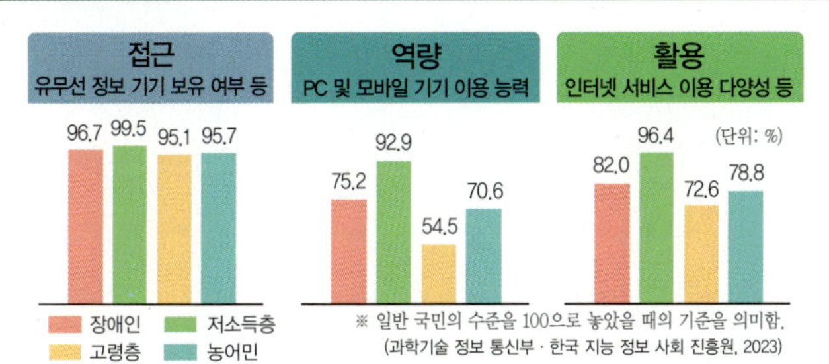

자료 분석 | 그래프는 일반 국민의 디지털 정보화 수준을 100으로 놓고 평가한 취약 계층의 디지털 정보화 수준을 상대적으로 나타낸 것이다. 정보 기기의 보유에 해당하는 '접근' 항목은 정보 격차가 크지 않지만 정보 기기의 이용 능력에 해당하는 '역량' 항목은 정보 격차가 크다. 특히 고령층의 경우 정보 기기 이용 능력이 낮으므로 맞춤형 정보화 교육을 제공하고, 쉬운 언어와 디자인을 사용하여 고령층이 쉽게 이용할 수 있는 디지털 환경을 만들어야 한다.

❷ 우리 지역의 공간 변화

공간 변화	토지 이용, 인구, 산업 구조, 생태 환경, 직업, 주민의 가치관, 인간관계 등에 대한 지역 조사
지역 문제 사례	• 지역 경제 활성화 및 거주 환경 개선 • 무분별한 지역 개발에 따른 환경 문제 • 인구 과밀화에 따른 시설 부족 • 노동력 부족 등 지역 경제 침체 등
지역 조사 방법	1. 계획 수립(지역 선정, 조사 항목·방법 선정) 2. 정보 수집(실내 조사, 야외 조사) 3. 정리 및 분석(자료 정리 및 시각화) 4. 보고서 작성(지역의 공간 변화 및 문제점이 드러나도록 작성)

개념 핵심 문제

정답과 해설 40쪽

✪ **빈칸에 들어갈 알맞은 말을 쓰시오.**

441 (   )은/는 새로운 교통수단의 개통으로 주변 도시의 인구와 경제력이 대도시로 유입되는 현상이다.

442 (   )은/는 도로 및 철도 등에 의해 단절된 생태계의 연결 및 야생 동물의 이동을 위한 인공 구조물이다.

443 통신 수단이 발달하면서 여론 수렴, 홍보 활동, 전자 투표, 청원, 서명 운동 등 시민의 정치 참여가 확대되면서 (   )의 실현이 가능해졌다.

444 (   )은/는 경제·사회·지역·신체적 여건 등으로 나타나는 정보의 불평등 현상을 말한다.

445 교통과 통신의 발달은 기업 활동의 공간적 범위를 확대하여 본사, 연구소, 생산 공장이 분산하여 입지하는 공간적 (   )이 나타난다.

✪ **다음 내용이 옳으면 ○표, 틀리면 ×표를 하시오.**

446 교통·통신의 발달로 지역 간, 계층 간 경제 격차는 줄어들고 있다. (   )

447 인터넷과 통신 기기의 보편화는 전자 상거래 활성화, 정치 참여의 기회 확대에 기여했다. (   )

448 교통수단의 발달로 국제 이동이 늘어나면서 생태계 교란 및 전염병 확산 가능성이 높아졌다. (   )

449 조사한 자료를 정리하고 표, 그래프, 지도 등으로 시각화하는 것은 정보 수집 단계에 해당한다. (   )

✪ **다음 내용에 알맞은 말을 고르시오.**

450 제4차 산업 혁명으로 중숙련 일자리는 (증가, 감소)하고 고숙련 일자리는 (증가, 감소)할 것으로 예상된다.

451 교통이 발달하여 접근성이 (높은, 낮은) 지역은 인구가 유입되고 경제가 활성화하지만, 그렇지 못한 지역은 경제가 위축되고 점차 쇠퇴한다.

452 특정 지역의 전염병이 급속히 전파되어 피해를 일으키는 경우가 늘어난 이유는 (교통, 통신)의 발달로 사람들의 신속한 이동이 가능해졌기 때문이다.

453 (교통, 통신)의 발달로 금융 거래가 쉽고 편리해졌으며, 화상 회의, 원격 근무 등 공간의 제약이 크게 완화되었다.

454

▶ 25715-0252

다음 자료와 같은 변화의 영향으로 적절한 것만을 〈보기〉에서 고른 것은?

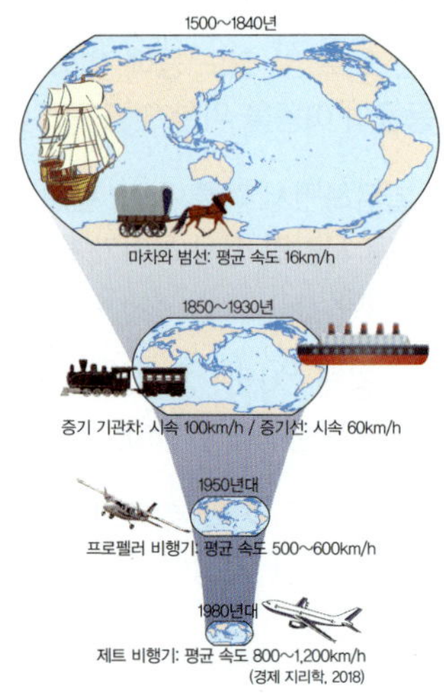

〈 보기 〉

ㄱ. 지역 간 경제 수준의 격차가 줄어들었다.
ㄴ. 개인, 기업의 경제 활동 범위가 확대되었다.
ㄷ. 전염병의 확산 범위가 넓어지고 전파 속도가 빨라졌다.
ㄹ. 화상 회의, 원격 근무 등을 통해 공간의 제약이 크게 완화되었다.

① ㄱ, ㄴ　　② ㄱ, ㄷ　　③ ㄴ, ㄷ
④ ㄴ, ㄹ　　⑤ ㄷ, ㄹ

455

▶ 25715-0253

다음과 같은 변화의 직접적인 원인으로 가장 적절한 것은?

서울 대도시권에 형성된 통행권(通行圈)은 2010년 들어 공간적 범위가 광역화되었다. 인천광역시를 중심으로 형성된 인천권은 큰 변화가 없었지만, 서울 서부권, 경기 남부권, 경기 북부권 등에서는 공간적 범위의 확대가 뚜렷하였다. 서울 대도시권 평균 통근 거리는 2002년 16.2km에서 2010년 17.7km로 증가하였다.

① 사물 인터넷과 인공 지능 기술의 발달
② 항공기를 이용한 대량 화물 수송량 증가
③ 뉴 미디어를 통한 다양한 문화 경험 증가
④ 교통로 건설에 따른 동식물의 서식지 분리
⑤ 교통 발달로 이동에 필요한 시간과 비용 감소

456

▶ 25715-0254

그래프는 우리나라 해외 온라인 직접 구매의 변화를 나타낸 것이다. 이와 같은 변화의 직접적인 원인으로 옳지 않은 것은?

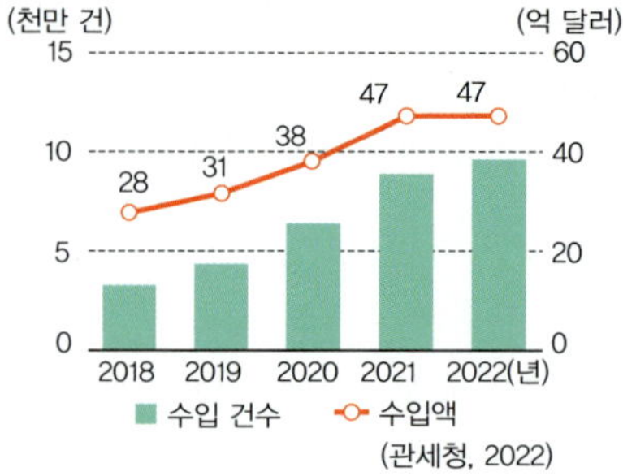

① 기업의 경제 활동 범위 확대
② 대도시를 중심으로 한 지하철 교통 발달
③ 스마트폰의 대중화와 모바일 유통 채널 확장
④ 교통 발달에 따른 화물 운송 비용·시간 감소
⑤ 정보 통신 기술 발달에 따른 금융 거래 간소화

457

▶ 25715-0255

다음 글의 ㉠~㉣에 대한 옳은 설명만을 〈보기〉에서 있는 대로 고른 것은?

㉠ 교통·통신의 발달은 이동에 필요한 시간과 비용을 감소시키고 지역 간 ㉡ 접근성 향상을 가져와 통근과 쇼핑 등 일상생활이 이루어지는 범위를 넓힌다. 이 과정에서 ㉢ 주거지와 공장 등은 도시 외곽 지역으로 이전하고, ㉣ 대도시의 기능 및 영향력이 미치는 공간적 범위는 더욱 확대된다.

〈 보기 〉

ㄱ. ㉠은 단위 거리당 이동 비용을 증가시킨다.
ㄴ. ㉡은 경제 활동의 활성화에 기여한다.
ㄷ. ㉢은 교외화 현상에 대한 것이다.
ㄹ. ㉣을 대도시권이라고 한다.

① ㄱ, ㄴ　　② ㄱ, ㄷ　　③ ㄷ, ㄹ
④ ㄱ, ㄴ, ㄹ　　⑤ ㄴ, ㄷ, ㄹ

중요 458
▶ 25715-0256

다음 글의 ㉠~㉣에 대한 옳은 설명만을 〈보기〉에서 고른 것은?

> ㉠ 교통이 발달할 경우 중소 도시는 관광객 증가, 운송비 절감 등의 긍정적인 효과가 나타나지만 한편 ㉡ 고가 소비재의 대도시 의존도 심화 등의 부정적 효과가 나타나기도 한다. ㉢ 부정적 효과가 긍정적 효과를 초과하는 경우 이전보다 ㉣ 지역 격차는 커질 수 있다.
> * ㉠은 중소 도시-대도시 간 새로운 교통로(수단)의 개통을 의미함.

〈 보기 〉

ㄱ. ㉠에 따라 중소 도시-대도시 간 교류가 증가한다.
ㄴ. ㉡은 중소 도시 주민의 일상생활권을 확대시킨다.
ㄷ. ㉢은 빨대 효과가 나타나는 경우이다.
ㄹ. ㉣ 문제 해결을 위해 경쟁력 있는 지역을 중심으로 성장을 도모할 필요가 있다.

① ㄱ, ㄴ ② ㄱ, ㄷ ③ ㄴ, ㄷ ④ ㄴ, ㄹ ⑤ ㄷ, ㄹ

459
▶ 25715-0257

그래프를 통해 파악할 수 있는 문제를 해결하기 위한 방안으로 가장 적절한 것은?

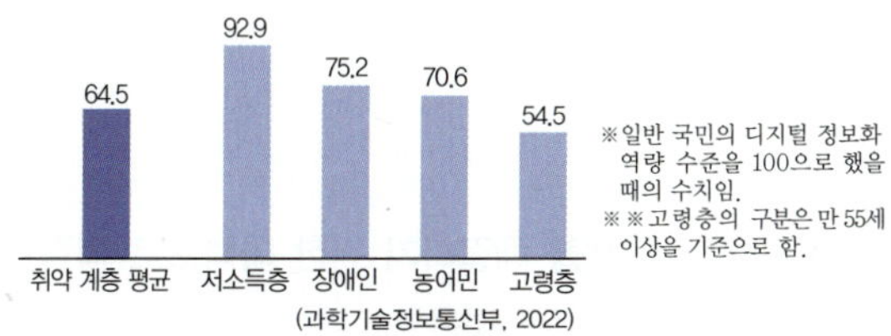

① 플랫폼 경제 활성화 방안 모색
② 사회적 약자에 대한 정보 활용 교육
③ 사이버 범죄 예방을 위한 제도 규제 강화
④ 빅 데이터 분석을 통한 교통 정보 안내 확대
⑤ 행정 관련 민원의 키오스크 처리 항목 점진적 확대

460
▶ 25715-0258

다음 글의 ㉠, ㉡에 들어갈 내용으로 옳은 것은?

> 과학기술의 발달로 사회 전반에서 정보 통신 기술을 활용하게 되었다. ㉠ 란 지식과 정보가 중요한 자원이 되어 사회 전반에 큰 변화가 나타나는 것을 말한다. 인공 지능, 빅 데이터, 사물 인터넷 등 지능 정보 기술은 다양한 산업, 서비스 분야에 융합되어 혁신적인 변화를 이끌고 있는데 이를 ㉡ (이)라고 한다.

	㉠	㉡		㉠	㉡
①	산업화	모바일 혁명	②	세계화	3차 산업 혁명
③	정보화	4차 산업 혁명	④	정보화	3차 산업 혁명
⑤	세계화	4차 산업 혁명			

461
▶ 25715-0259

(가), (나)의 영향에 대한 설명으로 옳지 않은 것은?

> (가) 과학기술의 발달로 로봇이나 기계, 프로그램 등이 일정하게 반복되는 업무를 중심으로 인간의 노동을 대체하고 있다.
> (나) 과학기술의 발달에 따라 정보를 소유하고 접근할 수 있는 제도와 환경의 차이로 지역 간, 계층 간, 세대 간의 정보 격차가 발생하고 있다.

① (가): 노동 시장의 양극화가 확대될 것이다.
② (가): 지식 및 정보 플랫폼을 활용하는 사업이 늘어날 것이다.
③ (나): 정보 취약 계층의 디지털 중독 현상이 심화될 것이다.
④ (나): 농어민, 저소득층, 고령층의 정보화 수준이 상대적으로 낮아질 것이다.
⑤ (가), (나): 계층 간 소득 불평등 현상이 심화될 것이다.

462
▶ 25715-0260

다음은 통합사회 수업 시간에 정리한 노트이다. ㉠에 들어갈 사례로 적절하지 않은 것은?

> **● 교통·통신 및 과학기술 발달과 생태 환경의 변화 ●**
>
> (1) 부정적 측면: 생태계 파괴, 동식물의 서식 환경 악화
> - 도로, 철도 등 교통망과 통신 시설 건설
> - 교통량 증가에 따른 오염 물질 배출량 증가
> - 지역 간 교류 증가에 따른 외래 생물 종 유입
>
> (2) 긍정적 측면
>   사례: ㉠

① 드론을 활용한 산불 진화 작업
② 환경 오염 배출에 대한 규제 강화
③ 실시간 로드킬 감지 및 위험 안내 시스템 구축
④ 동물 이동 빅 데이터를 분석한 생태 통로의 설치
⑤ 위성 위치 확인 시스템을 활용한 멸종 위기 동물 분석 및 보호

463

▶ 25715-0261

(가), (나)는 정보화에 따른 문제점에 대한 것이다. 이에 대한 설명으로 옳은 것은?

> (가) 최근 IP 카메라가 해킹되어 보안 카메라 영상이 유출되는 사례가 늘어나고 있으며, 인공 지능을 이용해 얼굴과 음성을 피해자의 지인인 것처럼 흉내 내 상대방을 속이고 돈을 가로채는 사기도 발생하고 있다.
> (나) 코로나바이러스 감염증−19에 가장 위험했던 고령층 대부분은 모바일 기기를 통한 감염병 안내 정보 및 정부 지원 생활 혜택 서비스, 백신 접종 예약 신청 등에 어려움을 느꼈다.

① (가)는 가상 공간의 익명성을 이용한 범죄이다.
② (가)는 디지털 중독 문제의 심각성을 보여준다.
③ (나)는 노동 시장 양극화의 문제를 보여준다.
④ (나)의 대책으로 정보 윤리에 대한 교육이 필요하다.
⑤ (가), (나)는 모두 정보 격차에 따른 부작용에 해당한다.

464

▶ 25715-0262

지도는 수도권 통근 네트워크 변화에 대한 것이다. 이와 같은 변화의 주된 원인으로 옳은 것은?

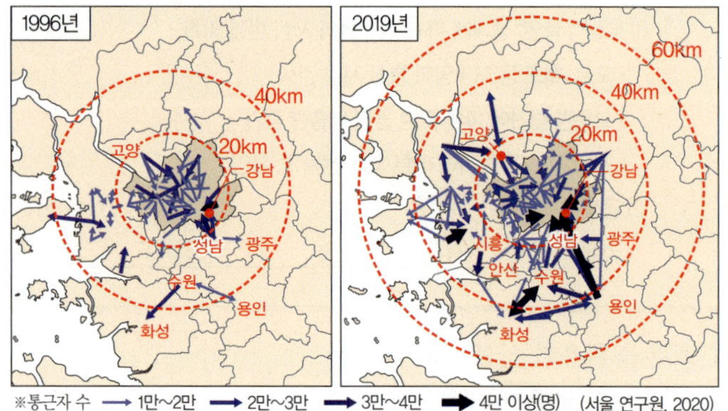

① 항공 교통의 발달
② 지역 간 접근성 향상
③ 사물 인터넷의 대중화
④ 비대면 원격 근무 확대
⑤ 인터넷, 스마트폰의 보급

465

▶ 25715-0263

다음 자료는 우리나라의 디지털 정보 격차에 대한 것이다. 이에 대한 옳은 분석만을 〈보기〉에서 고른 것은?

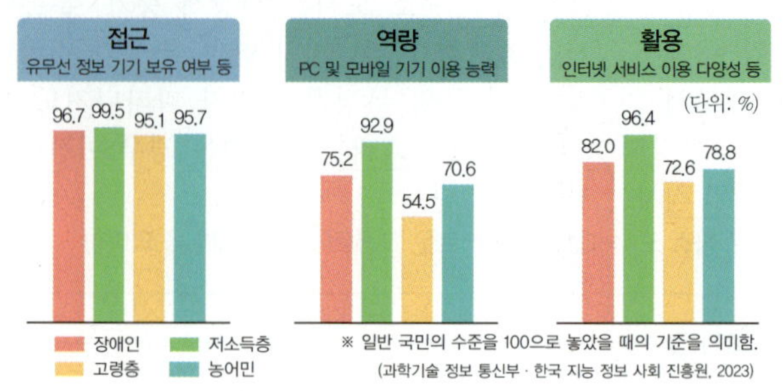

〈 보기 〉

ㄱ. 정보 격차는 접근 부문에서 가장 크게 나타난다.
ㄴ. 정보화 수준에는 소득보다 연령이 더 큰 영향을 미친다.
ㄷ. 정보 격차 해소를 위한 시급한 정책은 고령층 정보 기기 보급이다.
ㄹ. 정보 취약 계층 각각은 모두 '활용'보다 '역량' 부문 정보 격차가 크다.

① ㄱ, ㄴ   ② ㄱ, ㄷ   ③ ㄴ, ㄷ
④ ㄴ, ㄹ   ⑤ ㄷ, ㄹ

466

▶ 25715-0264

다음 자료와 관련한 문제를 해결하기 위한 대책으로 적절한 것만을 〈보기〉에서 있는 대로 고른 것은?

> 배의 무게 중심을 유지하기 위해 채우는 물을 선박 평형수라고 한다. 배의 평형을 유지하기 위해 화물 하역 시에는 평형수를 채우고 화물 적재 시에는 평형수를 배출하는데, 그 과정에서 매년 7,000종에 달하는 해양 생물이 국경을 넘는 국제적인 이사를 하게 된다.

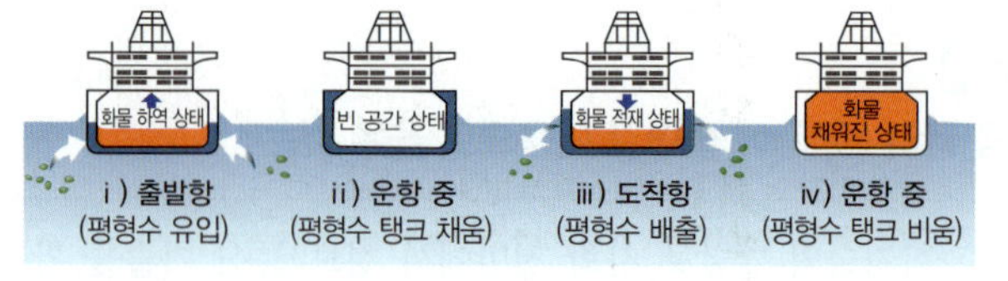

〈 보기 〉

ㄱ. 서식지 보호를 위해 생태 통로를 건설한다.
ㄴ. 선박에서 배출되는 대기 오염 물질 배출 규제를 강화한다.
ㄷ. 생태계 교란 생물을 지정하고 관리 체계를 구축한다.
ㄹ. 선박 평형수의 적절한 처리와 관리에 대한 모니터링을 강화한다.

① ㄱ, ㄴ   ② ㄱ, ㄷ   ③ ㄷ, ㄹ
④ ㄱ, ㄴ, ㄹ   ⑤ ㄴ, ㄷ, ㄹ

467
▶ 25715-0265

지역 조사 내용에 따른 조사 항목과 조사 방법이 모두 적절한 모둠으로 옳은 것은?

	구분	조사 내용	조사 항목	조사 방법
①	1모둠	경관 변화	토지 이용 변화	실내 조사 (설문)
②	2모둠	산업 구조의 변화	도시의 연혁과 유래	실내 조사 (문헌)
③	3모둠	인구의 변화	도시 인구의 증감	야외 조사 (관찰)
④	4모둠	생활 환경 변화	생활 폐기물 발생 현황	야외 조사 (관찰·면담)
⑤	5모둠	인간관계 변화	주민 가치관 변화	실내 조사 (항공 사진)

중요
468
▶ 25715-0266

그림은 지역 조사의 일반적 절차와 순서를 나타낸 것이다. (가)~(라)에 해당하는 옳은 내용을 〈보기〉에서 고른 것은?

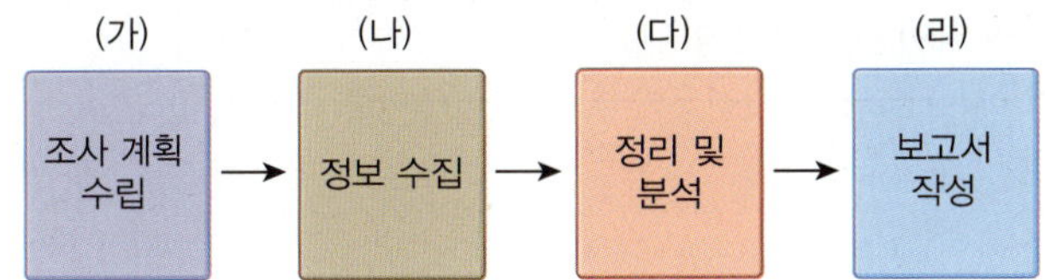

〈 보기 〉
ㄱ. 문제 해결 방안을 제안하였다.
ㄴ. 조사 항목과 조사 방법을 선정하였다.
ㄷ. 조사 목적에 맞는 자료로 시각화하였다.
ㄹ. 도서관과 인터넷에서 문헌과 자료를 찾아보았다.

	(가)	(나)	(다)	(라)
①	ㄱ	ㄷ	ㄴ	ㄹ
②	ㄱ	ㄹ	ㄷ	ㄴ
③	ㄴ	ㄹ	ㄷ	ㄱ
④	ㄹ	ㄴ	ㄷ	ㄱ
⑤	ㄹ	ㄷ	ㄴ	ㄱ

469
▶ 25715-0267

표에 나타난 지역 변화 과정에서 발생할 수 있는 문제로 적절하지 <u>않은</u> 것은?

구분	1968년 용인군	2020년 용인시
면적	605㎢	591㎢
인구	98,700명	1,090,097명
가구	16,568가구	386,929가구
산업 구조 (종사자 수, %)	1차: 62.1 2차: 0.9 3차: 37.0	1차: 0.1 2차: 15.1 3차: 84.8

① 산업 시설의 증가로 대기질이 악화되었다.
② 인구 집중에 따른 교통 문제가 심화되었다.
③ 핵가족화의 진전으로 노인 문제가 대두되었다.
④ 주민 간 이질성이 높아졌고 친밀도가 낮아졌다.
⑤ 지역 내 농촌 학교의 과밀 학급 문제가 심각해졌다.

470
▶ 25715-0268

다음은 지역 조사 과정 중 일부 장면이다. 이에 대한 옳은 설명만을 〈보기〉에서 있는 대로 고른 것은?

〈 보기 〉
ㄱ. ㉠은 조사 항목에 해당한다.
ㄴ. ㉡은 여러 시기의 항공 사진을 통해 파악할 수 있다.
ㄷ. ㉢으로 조사 지역의 농업 종사자 비율이 증가했다.
ㄹ. 해당 조사 과정은 지역 정보 수집 단계에 해당한다.

① ㄱ, ㄷ　　② ㄱ, ㄹ　　③ ㄴ, ㄹ
④ ㄱ, ㄴ, ㄷ　　⑤ ㄴ, ㄷ, ㄹ

[471~472] 다음은 새로운 교통로·교통수단의 신설이 지역에 미치는 여러 영향을 나타낸 것이다. 이를 보고 물음에 답하시오.

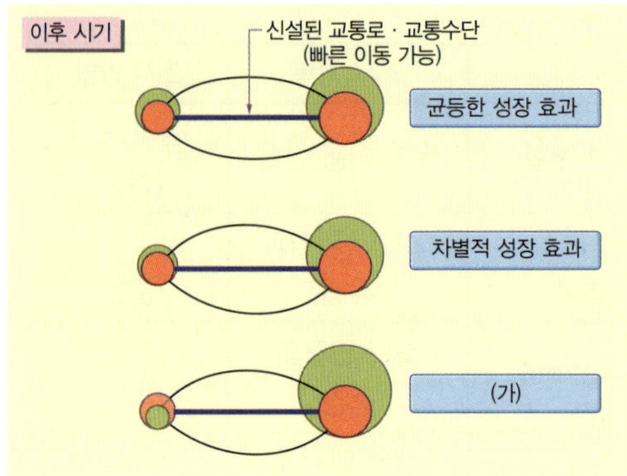

471 (가)에 들어갈 말을 쓰시오.　　　　　▶ 25715-0269

(　　　　　　　)

472 (가)와 같은 현상이 나타나는 이유를 서술하시오.　　　　　▶ 25715-0270

____

____

[473~475] 다음 글을 읽고 물음에 답하시오.

> 인터넷이 등장할 때만 하더라도 노인들은 꼭 인터넷을 써야 할 이유가 없었다. 그저 불편만 견디면 되었다. 그러나 이제 노인들은 불편함을 넘어 불이익을 받는 시대가 되어가고 있다. 만일 음식점에서 주문의 방법이 모두 키오스크로 바뀌었다고 가정해 보자. 노인들은 음식 주문에 어려움을 느껴 포기하는 사람이 많아지게 된다. 기업은 ㉠ 키오스크에서 수집된 메뉴별 매출, 시간대별 손님 수 등을 분석하여 음식점 영업 전략을 수립할 것이므로 결국 노인들은 원하는 서비스를 받기 어려워진다.
>
> 이처럼 [　　㉡　　]을/를 적극적으로 기업 활동에 활용하는 시대에는 ㉢ 디지털 경제에 의한 계층 간 불균형, 즉 정보를 쉽게 접할 수 있는 자와 그렇지 못한 자 사이의 차이는 커질 것이다.

473 ㉠의 내용을 참고하여 ㉡에 들어갈 말을 쓰시오　　　　　▶ 25715-0271

(　　　　　　　)

474 ㉢에 해당하는 용어를 쓰시오.　　　　　▶ 25715-0272

(　　　　　　　)

475 위의 글에 나타난 정보 취약 계층과 관련하여 ㉢을 줄이기 위한 대책을 서술하시오.　　　　　▶ 25715-0273

____

____

1등급 고난도 문제

476
▶ 25715-0274

지도는 서울로의 통근·통학자 비율 및 일부 철도 노선의 변화를 나타낸 것이다. 이와 관련한 내용으로 적절한 것만을 〈보기〉에서 고른 것은?

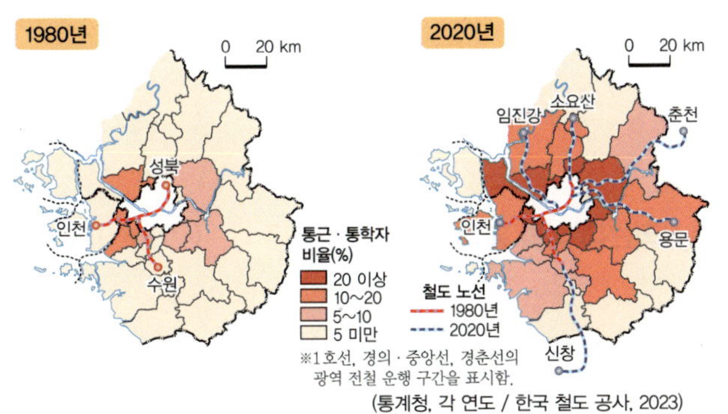

〔 보기 〕
ㄱ. 서울로의 인구 집중이 가속화되었다.
ㄴ. 교통 발달로 국토의 균형 발전이 촉진되었다.
ㄷ. 서울의 병원, 학원 등을 이용하는 춘천 인구가 증가했다.
ㄹ. 지역 간 접근성이 향상되고 대도시권의 범위가 확대되었다.

① ㄱ, ㄴ　　② ㄱ, ㄷ　　③ ㄴ, ㄷ
④ ㄴ, ㄹ　　⑤ ㄷ, ㄹ

477
▶ 25715-0275

그래프는 쇼핑 거래액의 변화를 나타낸 것이다. 이러한 변화의 영향으로 옳지 않은 것은?

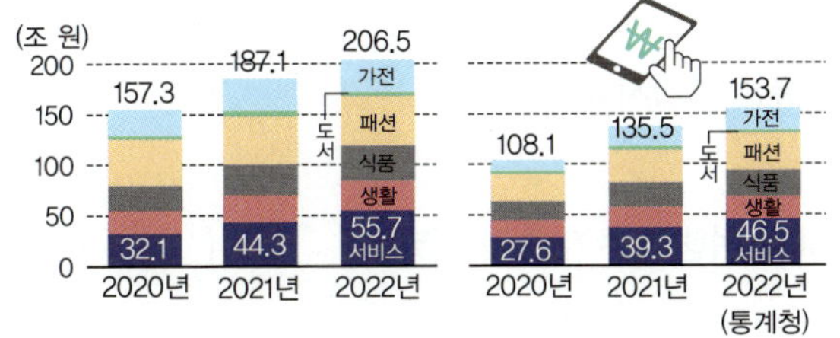

① 택배 및 물류 관련 산업이 성장하고 있다.
② 빨대 효과로 인해 지역 격차가 커지고 있다.
③ 구매 행위의 시·공간 제약이 줄어들고 있다.
④ 거래 과정에서 비대면 의사소통이 늘어나고 있다.
⑤ 별도의 매장 없이 제품을 판매하는 업체가 늘어나고 있다.

478
▶ 25715-0276

다음 글의 ㉠~㉣에 대한 옳은 설명만을 〈보기〉에서 고른 것은?

세종특별차치시가 ㉠ 빅 데이터를 분석해 도시 문제 해결 방안을 도출하는 아이디어를 공모했다. 최우수상은 버스 카드 거래 이력 및 ㉡ 정류장 위치 분석을 통해 ㉢ 대중교통의 환승을 추정하고, 환승 수요가 있는 새로운 노선을 제안하여 대중교통 이용 시간을 단축하는 방안이다. 장려상으로는 세종시 응급 의료 센터 ㉣ 최적 입지 선정이 이름을 올렸다.

〔 보기 〕
ㄱ. ㉠: 4차 산업 혁명의 핵심 기술에 해당한다.
ㄴ. ㉡: 위성 위치 확인 시스템(GPS)을 활용할 수 있다.
ㄷ. ㉢: 정보 기술을 활용하여 신규 도로 건설의 적합성과 효용성을 확인하였다.
ㄹ. ㉣: 교통 발달로 최적 입지 선정이 간편해졌다

① ㄱ, ㄴ　　② ㄱ, ㄷ　　③ ㄴ, ㄷ
④ ㄴ, ㄹ　　⑤ ㄷ, ㄹ

479
▶ 25715-0277

다음은 통합사회 시간에 정리한 노트이다. (가) 단계에서 이루어지는 내용으로 가장 적절한 것은?

〈 지역 조사 프로젝트 〉
● 주제: 우리 지역은 어떻게 변화했을까?
● 조사 단계
　1. 조사 주제와 지역 선정
　2. 조사 항목 및 조사 방법 선정
　3. 지역 정보 수집
　4. ______(가)______
　5. 보고서의 작성

① 전통 시장 상인과 면담하고 면담 장면을 촬영한다.
② 지역의 변화를 다룬 신문 기사를 인터넷에서 찾아본다.
③ 주민들을 대상으로 조사한 설문 내용을 도표로 작성한다.
④ 방문 지역의 순서를 정하고 주민을 통해 확인할 내용을 정리한다.
⑤ 지역 변화 과정에서 나타난 문제점과 이에 대한 대책을 제시한다.

✪ 다음 중 옳은 내용에는 ○표, 옳지 않은 내용에는 ×표를 하시오.

01 산업화와 도시화에 따른 변화

480 산업화는 농업 중심의 사회에서 공업과 서비스업 중심의 사회로 변화하는 현상을 말한다. (   )

481 촌락의 인구가 도시로 이주하는 현상을 이촌향도라고 한다. (   )

482 도시화의 심화로 주거 · 공업 기능은 도시 주변 지역으로 분산되는데 이를 교외화라고 한다. (   )

483 산업화 · 도시화 이후 2, 3차 산업 종사자 비율이 증가하고 주민 공동체 의식이 강화되었다. (   )

484 도심은 주변 지역보다 지가, 접근성이 높아 건물 밀도와 건물의 평균 높이가 높다. (   )

485 도시화로 직업이 다양해지고 전문화되면서 개인주의 가치관이 심화되었다. (   )

486 산업화 · 도시화로 1인 가구의 비율이 늘어나고 있으며 이타적인 사회 관계가 자리잡았다. (   )

487 도시에 불투수 면적이 늘어나면서 도시 내 하천의 범람 위험이 높아졌다. (   )

488 산업화 · 도시화에 따라 도시 내 사회적 불평등이 줄어들었다. (   )

02 교통·통신 및 과학기술의 발달에 따른 변화

489 빨대 효과는 새로운 교통수단의 개통으로 중소 도시가 대도시의 경제력을 흡수하는 현상이다. (   )

490 교통의 발달은 일상생활의 범위를 확대시켰고 지역 간 상호 교류를 증가시켰다. (   )

491 교통이 발달하면서 물리적 거리가 줄어들어 국가 간 무역량, 해외 여행객 수가 증가하였다. (   )

492 교통의 발달은 지역 격차의 확대, 전염병 확산, 생태 환경 파괴 등의 영향을 끼쳤다. (   )

493 사이버 폭력, 사이버 금융 사기 등의 피해 예방을 위해서는 철저한 익명성 보장이 필요하다. (   )

494 고령층의 정보 격차 해소를 위해 가장 시급한 정책은 정보화 기기를 보급하는 것이다.　　　　(　　)

495 정보·통신 및 과학기술의 발달로 시민의 정치 참여의 폭이 넓어졌다.　　　　(　　)

03 우리 지역의 공간 변화

496 산업과 교통·통신의 발달에 따른 공간 변화로 모든 지역은 함께 성장한다.　　　　(　　)

497 지역의 공간 변화를 조사할 때 대체로 조사 항목, 방법을 먼저 선정한 후 조사 지역을 선정한다.　　　　(　　)

498 위성 사진은 특정 지역의 과거와 현재의 토지 이용 변화 파악에 유용하다.　　　　(　　)

499 주민의 가치관 및 주민 의식의 변화를 파악하기 위한 면담, 관찰 등은 야외 조사에 해당한다.　　　　(　　)

정답 확인 480 ○ 481 ○ 482 ○ 483 × 484 ○ 485 ○ 486 × 487 ○ 488 × 489 × 490 ○ 491 × 492 ○ 493 × 494 ×
495 ○ 496 × 497 × 498 ○ 499 ○

오답 체크

483 2, 3차 산업 종사자 비율은 늘어났지만 주민 간의 공동체 의식은 약화되었다.

486 도시인들은 효율성, 합리성, 자율성을 추구하며 특정한 목적을 가지고 인간관계를 맺는 경향을 보인다.

488 도시화가 진행됨에 따라 도시 내 사회적 불평등은 심화되는 경우가 많다.

489 교통수단의 개통으로 대도시가 중소 도시의 경제력을 흡수하는 빨대 현상이 나타난다.

491 교통의 발달로 신속한 이동이 가능해져 이동 시간은 줄어들었지만 물리적 거리가 줄어든 것은 아니다.

493 사이버 폭력, 사이버 금융 사기 등은 가상 공간의 익명성을 이용한 사이버 범죄이다.

494 고령층이 가장 어려워하는 것은 정보 기기의 이용 방법이므로 정보 기기 활용 교육이 시급하다.

496 산업과 교통·통신의 발달에 따라 성장하는 지역도 있지만 어떤 지역은 쇠퇴하기도 한다.

497 일반적으로 조사 주제와 지역을 먼저 선정한 후 조사 항목과 조사 방법을 선정한다.

대단원 종합 문제

01 산업화와 도시화에 따른 변화

500
▶ 25715-0278

다음 글의 ㉠에 대한 내용으로 적절한 것만을 〈보기〉에서 고른 것은?

> 산업화와 도시화로 소득 수준이 높아지고 거주 환경이 개선되는 등 전반적인 생활수준이 향상되었으나, ㉠ 인구와 기능이 지나치게 집중하면서 발생하는 여러 도시 문제로 어려움을 겪기도 한다.

〈 보기 〉
ㄱ. 스미싱, 피싱 등 사이버 범죄가 증가한다.
ㄴ. 생산 가능 인구 감소로 휴경지가 증가한다.
ㄷ. 교통 혼잡, 소음 발생, 주차난 등이 발생한다.
ㄹ. 집값이 상승하며 소득에 따라 주거지가 분리된다.

① ㄱ, ㄴ ② ㄱ, ㄷ ③ ㄴ, ㄷ
④ ㄴ, ㄹ ⑤ ㄷ, ㄹ

501
▶ 25715-0279

그래프는 도시화 전후의 하천 수위 변화를 나타낸 것이다. 이와 같은 변화의 주된 원인으로 옳은 것은?

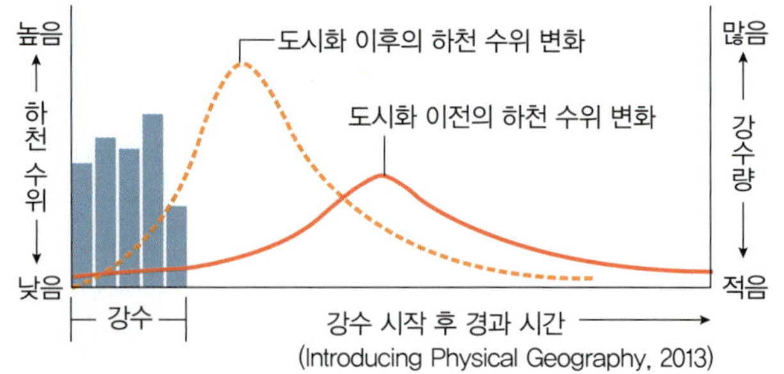

① 옥상 녹화 사업 실시
② 개발 제한 구역 설정
③ 불투수 면적 비율 증가
④ 열섬 현상 발생 빈도 증가
⑤ 대기 오염 물질 발생량 증가

502
▶ 25715-0280

표는 교통·통신 발달에 따른 문제와 해결 방안에 대한 것이다. (가), (나)에 들어갈 내용으로 적절한 것은?

문제	지역 격차	전염병 확산	생태 환경 변화
해결 방안	(가)	국가 간 협력 및 검역 강화	(나)

	(가)	(나)
①	낙후 지역 교통망 확충	생태 통로 건설
②	인구의 지방 정착 유도	외래 생물종 도입
③	도시 거주 환경 개선	오염 물질 배출 제한
④	공공 기관의 지역 이전	외래 생물종 도입
⑤	개발 제한 구역 축소	오염 물질 배출 제한

503
▶ 25715-0281

사진에 나타난 지역의 변화에 대한 설명으로 옳은 것만을 〈보기〉에서 고른 것은?

▲ 구로 공업 단지
(1965~1980년)

▲ 서울 디지털 지식 산업 센터(1991~2020년)

〈 보기 〉
ㄱ. 수질, 대기 오염 문제가 완화되었다.
ㄴ. 2차 산업 종사자의 비율이 증가하였다.
ㄷ. 지식, 정보가 중심이 되는 산업이 발달하였다.
ㄹ. 시가지 면적이 감소하고 녹지 면적이 늘어났다.

① ㄱ, ㄴ ② ㄱ, ㄷ ③ ㄴ, ㄷ
④ ㄴ, ㄹ ⑤ ㄷ, ㄹ

504

▶ 25715-0282

지도는 서울특별시를 나타낸 것이다. (가) 구(區)보다 (나) 구(區)의 수치가 큰 항목으로 옳은 것은?

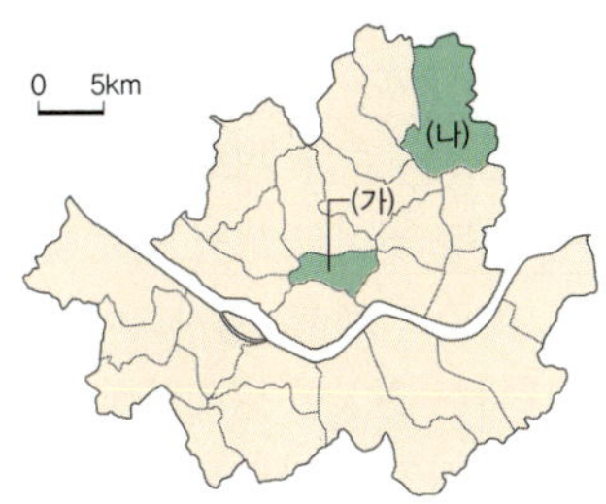

① 평균 지가
② 초등학교 수
③ 대기업 본사 수
④ 지역 내 총생산
⑤ 대중교통 접근성

505

▶ 25715-0283

(가), (나) 지도에 나타난 도시 기후 현상의 원인으로 적절하지 않은 것은?

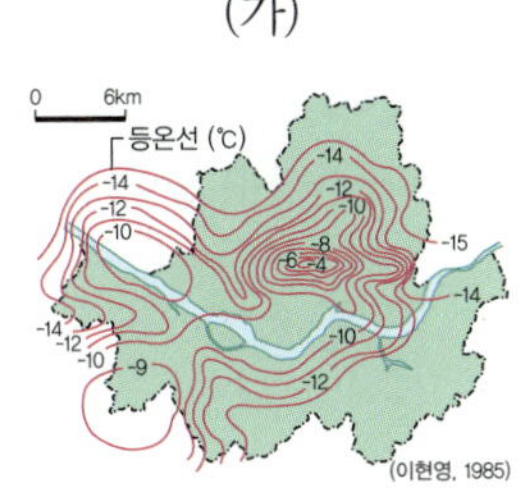
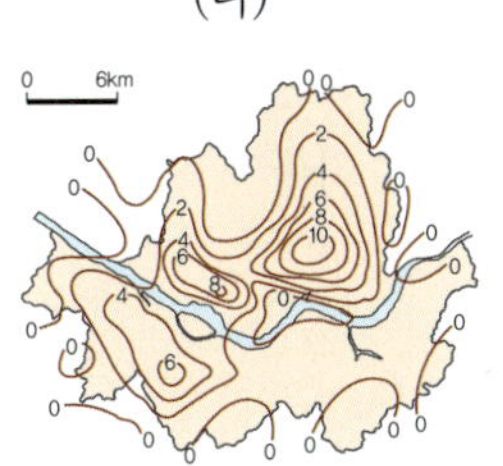

▲ 겨울철 서울의 기온 분포 (1월 특정 시점)　　▲ 서울의 열대야 출현일

① 주택 건설에 따른 콘크리트 건물의 증가
② 시가지 개발에 따른 녹지 및 수면의 감소
③ 교통로 건설에 따른 아스팔트 포장 면적 증가
④ 도시 내 공기 순환을 돕기 위한 바람길의 설계
⑤ 자동차, 공장, 냉·난방 기기에서 발생하는 인공 열 증가

506

▶ 25715-0284

다음 글의 (가)에 들어갈 내용으로 적절하지 않은 것은?

▲ 옥상 녹화 사업

○○시가 도심 내 건축물 옥상에 나무와 꽃을 심고 휴게 시설물을 설치해 시민들에게 도심 속 그린 오아시스를 제공하는 옥상 녹화 사업을 확대한다. 이와 같은 사업은 시민들에게 삭막했던 도심 속 쉼터 역할을 할 뿐만 아니라 ＿＿＿＿＿(가)＿＿＿＿＿

① 열섬 현상을 완화하는 효과가 있다.
② 냉·난방 에너지를 절감하는 효과가 있다.
③ 도시 내 동식물의 서식처를 제공할 수 있다.
④ 빗물을 일시 저장해 도시 홍수를 예방할 수 있다.
⑤ 생활 환경을 개선해 지역 격차를 완화할 수 있다.

[507~508] 다음 글을 읽고 물음에 답하시오.

> ⓐ 콘크리트나 아스팔트로 포장된 시가지 면적이 넓어지면서 도시 지역의 기온이 주변 지역에 비해 높아지는 ⓑ 현상이 나타났다. 또한 ⓒ , 이로 인해 범람하는 경우가 많아졌다.

507

▶ 25715-0285

ⓑ에 들어갈 용어를 쓰시오.

(　　　　　　)

508

▶ 25715-0286

ⓐ의 내용과 관련하여 ⓒ에 들어갈 적절한 내용을 서술하시오.

＿＿＿＿＿＿＿＿＿＿＿＿＿＿＿＿＿＿＿＿＿

＿＿＿＿＿＿＿＿＿＿＿＿＿＿＿＿＿＿＿＿＿

02 교통·통신 및 과학기술의 발달에 따른 변화

509

▶ 25715-0287

다음 글을 통해 추론할 수 있는 내용으로 옳은 것만을 〈보기〉에서 고른 것은?

> 2012년 서울과 춘천을 오가는 ITX 청춘 열차가 개통되면서 춘천의 지역 소득이 늘어날 것으로 예상했지만, 2011년과 2020년의 지역 총소득을 비교하면 춘천의 소득은 여전히 제자리걸음이다. 춘천으로 방문하는 관광객은 증가했지만 서울에서 춘천으로 통학하는 학생이 늘면서 춘천 지역의 자취생이 감소했기 때문이다.

〈 보기 〉

ㄱ. 교통로의 건설은 생태계의 단절을 가져온다.
ㄴ. 새로운 교통수단은 지역 간 교류를 증가시킨다.
ㄷ. 교통의 발달은 지역의 격차를 완화하는 효과가 크다.
ㄹ. 도시 간 이동이 편리해지면 빨대 효과가 나타나기도 한다.

① ㄱ, ㄴ　　② ㄱ, ㄷ　　③ ㄴ, ㄷ
④ ㄴ, ㄹ　　⑤ ㄷ, ㄹ

510
▶ 25715-0288

다음과 같은 변화에 따른 영향으로 옳지 <u>않은</u> 것은?

시기	교통수단	속도(km/h)
1500~1840(년)	마차, 범선	4~16
1850~1930(년)	증기선, 증기 기관차	25~100
1950년대	프로펠러 비행기	480~640
1970년대	제트 비행기	800~1200

① 국가 간 교역이 활발해졌다.
② 생활 공간 범위가 확대되었다.
③ 무점포 상점이 많아져 상권이 확대되었다.
④ 특정 전염병이 급속히 전파되는 경우가 많아졌다.
⑤ 해외 유입 생물에 의한 생태계 교란이 발생하였다.

511
▶ 25715-0289

다음 글의 ㉠에 해당하는 집단으로 적절하지 <u>않은</u> 것은?

정보 격차는 일반 국민에 비해 정보 통신 기술에 접근할 수 있는 능력이 낮아 발생하는 격차를 의미한다. 정보가 부가 가치 창출의 중요한 원천이 되는 사회에서 ㉠ 디지털 소외 계층의 정보 격차는 사회 양극화 문제를 더 심화시킬 수 있다.

① 고령층　　　② 장애인　　　③ 농어민
④ 저소득층　　　⑤ 아동 · 청소년

512
▶ 25715-0290

다음과 같은 문제를 해결하기 위한 방안으로 적절한 것만을 〈보기〉에서 고른 것은?

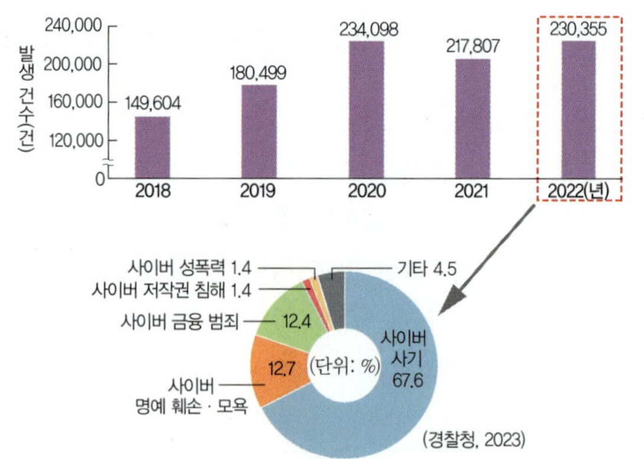

▲ 사이버 범죄 발생 건수와 유형별 발생 비율

〈 보기 〉

ㄱ. 정보 통신 윤리 교육의 지속적 실시
ㄴ. 정보 취약 계층에 대한 정보 기기의 제공
ㄷ. 개인 정보 보호 및 사생활 보호 법률 정비
ㄹ. 지능 정보 활용을 통한 대면 접촉의 최소화

① ㄱ, ㄴ　　② ㄱ, ㄷ　　③ ㄴ, ㄷ　　④ ㄴ, ㄹ　　⑤ ㄷ, ㄹ

513
▶ 25715-0291

다음 글의 ㉠~㉣에 대한 설명으로 적절한 것만을 〈보기〉에서 있는 대로 고른 것은?

앞으로 정보 통신 기술과 ㉠ 제4차 산업의 핵심 기술이 융 · 복합되면 기존 산업 현장의 모습은 크게 변화될 것이다. ㉡ 기존 산업의 일자리는 줄어들게 될 것이고 고급 정보 관련 기술 일자리는 중요해질 것이다. 이로 인해 ㉢ 일자리에 따른 임금, 근로 조건 등의 차이가 나타나는 현상이 심해지게 된다. 이와 같은 변화는 소득 격차를 심화시키고 사회적 갈등을 초래할 수 있다. 따라서 ㉣ 이러한 문제를 해결하기 위한 노력이 필요하다.

〈 보기 〉

ㄱ. ㉠: 빅 데이터, 자율 주행 등의 기술이 포함된다.
ㄴ. ㉡: 인공 지능을 이용한 기계, 로봇 등이 노동력을 대체하기 때문이다.
ㄷ. ㉢: '노동 시장의 양극화'에 대한 설명이다.
ㄹ. ㉣: 자동화 설비를 확충하여 기업의 생산성을 높인다.

① ㄱ, ㄴ　　　② ㄱ, ㄹ　　　③ ㄷ, ㄹ
④ ㄱ, ㄴ, ㄷ　　　⑤ ㄴ, ㄷ, ㄹ

514
▶ 25715-0292

다음은 통합사회 수업 장면이다. 교사의 질문에 옳은 답을 한 학생만을 고른 것은?

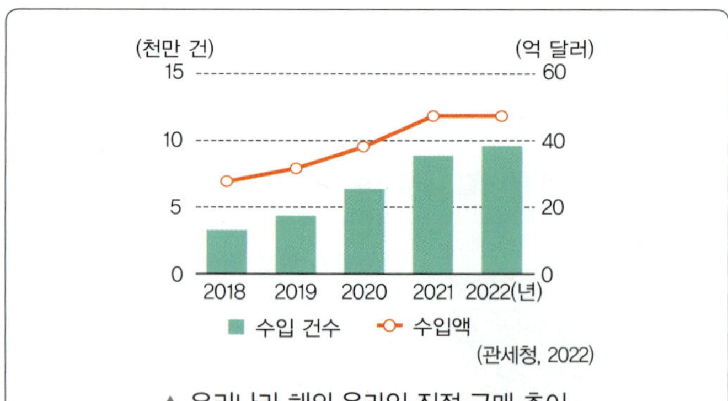

▲ 우리나라 해외 온라인 직접 구매 추이

교사: 그래프에 나타난 변화의 원인을 설명해 볼까요?
갑: 제품을 실시간으로 전달받을 수 있기 때문이에요.
을: 금융 거래가 온라인으로 간편해졌기 때문이에요.
병: 시간 · 장소 제약 없는 거래가 가능하기 때문이에요.
정: 지역 간 물리적 거리가 가까워졌기 때문이에요.

① 갑, 을　　　② 갑, 병　　　③ 을, 병
④ 을, 정　　　⑤ 병, 정

[515~516] 다음 그림을 보고 물음에 답하시오.

(가)

(나)

515

▶ 25715-0293

(가), (나) 문제의 공통적 원인을 쓰시오.

(   )

516

▶ 25715-0294

(가)와 같이 인구와 경제력이 대도시로 유출되는 현상을 의미하는 용어를 쓰시오.

(   )

03 우리 지역의 공간 변화

517

▶ 25715-0295

다음은 지역 조사 과정을 나타낸 것이다. (가)~(다)에 들어갈 적절한 조사 활동으로 옳은 것을 〈보기〉에서 고른 것은?

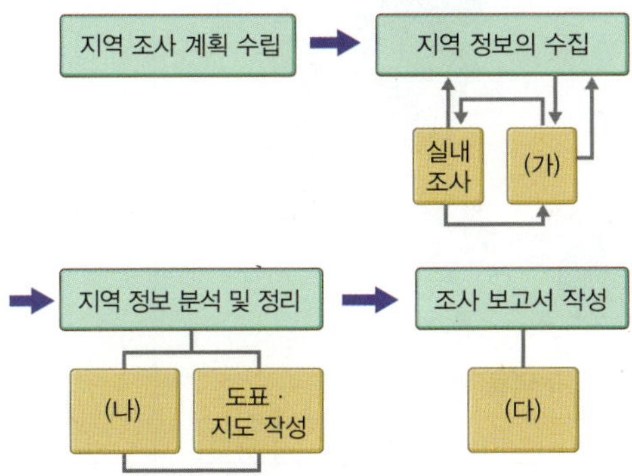

〔 보기 〕

ㄱ. 현지 주민을 만나 인터뷰를 실시한다.

ㄴ. 지역의 문제점과 해결 방안을 탐색한다.

ㄷ. 여러 정보를 그래프로 시각화하여 표현한다.

ㄹ. 조사 주제와 주제에 적합한 항목을 결정한다.

(가)	(나)	(다)		(가)	(나)	(다)		(가)	(나)	(다)
① ㄱ	ㄴ	ㄷ		② ㄱ	ㄷ	ㄴ		③ ㄴ	ㄷ	ㄹ
④ ㄴ	ㄹ	ㄷ		⑤ ㄷ	ㄹ	ㄱ				

518

▶ 25715-0296

표는 통합사회 프로젝트 수업의 모둠별 지역 조사 계획을 정리한 것이다. ㉠~㉤에 대한 설명으로 옳지 <u>않은</u> 것은?

모둠	조사 주제	조사 내용 · 항목
갑	경관 변화	㉠ 항공 사진 분석
을	직업 변화	㉡ 산업별 취업자 비율 변화
병	인구 변화	㉢ 연령층별 인구 구조 변화
정	생태 환경 변화	㉣ 지역의 생태 환경 문제
무	인간관계 변화	㉤ 지역 인식 설문 조사

① ㉠: 시기별로 다른 위치의 사진을 선택해야 한다.

② ㉡: 파이 차트(원 그래프)로 표현할 수 있다.

③ ㉢: 인구 피라미드로 나타낼 수 있다.

④ ㉣: 실내 조사를 통해서도 원인을 파악할 수 있다.

⑤ ㉤: '지역 정보의 수집' 단계에 해당하는 활동이다.

519

▶ 25715-0297

다음은 ○○ 모둠의 지역 조사 보고서에 대한 학생들의 대화 내용이다. 대화 내용이 옳은 학생만을 고른 것은?

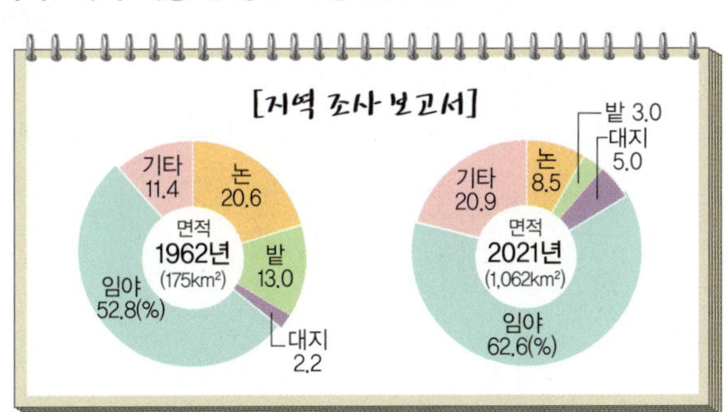

※ 대지: 건축물을 건축할 수 있는 땅

갑: 야외 조사를 통해 얻은 정보를 그래프로 시각화한 자료구나.

을: 대지의 면적 비율이 늘었네. 인구가 많이 증가했을 것 같아.

병: 논, 밭 비율은 줄었어. 1차 산업 종사자 비율은 감소했을 거야.

정: 그런데 임야 비율은 늘어났어. 아마 시가지에 나무를 많이 심었기 때문일 거야.

① 갑, 을   ② 갑, 병   ③ 을, 병

④ 을, 정   ⑤ 병, 정

520

다음은 학생이 작성한 형성 평가지이다. 옳은 답변만을 고른 것은?

[형 성 평 가]

※ 산업화·도시화에 따른 생활 공간과 생활양식의 변화에 대한 설명이 맞으면 '예', 틀리면 '아니요' 에 ✔표시 하시오.

[설명 1] 집단보다 개인의 목표를 중시하는 개인주의적 가치관이 확산되었다.　　예 ☐　아니요 ☑ ········ ㉠

[설명 2] 2, 3차 산업의 증가로 인해 직업이 다양해지고 세분화·전문화되었다.　　예 ☑　아니요 ☐ ········ ㉡

[설명 3] 주거. 업무. 상업. 여가 등을 수행하는 다양한 공간으로 분화되었다.　　예 ☑　아니요 ☐ ········ ㉢

[설명 4] 도시 인구가 증가하고 시가지 면적이 확대되면서 토지 이용의 집약도가 높아졌다.　　예 ☐　아니요 ☑ ········ ㉣

① ㉠, ㉡　　② ㉠, ㉢　　③ ㉡, ㉢　　④ ㉡, ㉣　　⑤ ㉢, ㉣

521

다음 자료는 통합사회 학습지의 일부이다. 정답 스티커를 옳게 붙인 답안을 고른 것은?

○지도는 (가), (나) 시기의 우리나라 도시 분포 및 도시 인구를 나타낸 것입니다. 아래 진술을 읽고 진술이 맞으면 '⊙', 틀리면 '⊗' 모양의 정답 스티커를 순서대로 답안에 붙이세요. 단, (가)와 (나)는 각각 1970년과 2020년 중 하나입니다.

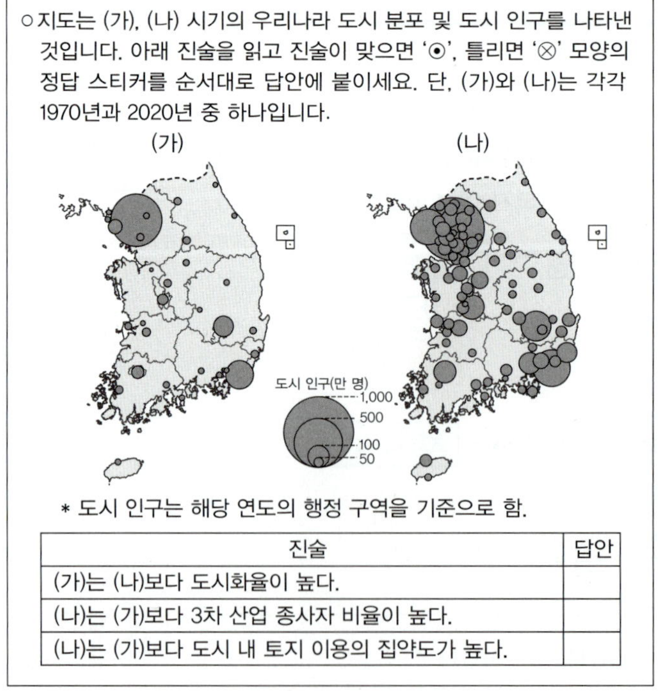

* 도시 인구는 해당 연도의 행정 구역을 기준으로 함.

진술	답안
(가)는 (나)보다 도시화율이 높다.	
(나)는 (가)보다 3차 산업 종사자 비율이 높다.	
(나)는 (가)보다 도시 내 토지 이용의 집약도가 높다.	

| | | ① 답안 | | ② 답안 | | ③ 답안 | | ④ 답안 | | ⑤ 답안 |

① 답안: ⊙ / ⊙ / ⊗　　② 답안: ⊙ / ⊗ / ⊗　　③ 답안: ⊗ / ⊙ / ⊙　　④ 답안: ⊗ / ⊙ / ⊗　　⑤ 답안: ⊗ / ⊗ / ⊙

522

2023학년도 11월 고1 학력평가

다음 자료는 학생이 생성형 인공 지능과 대화한 내용의 일부이다. 밑줄 친 ⊙~㉣에 대한 옳은 설명만을 〈보기〉에서 있는 대로 고른 것은?

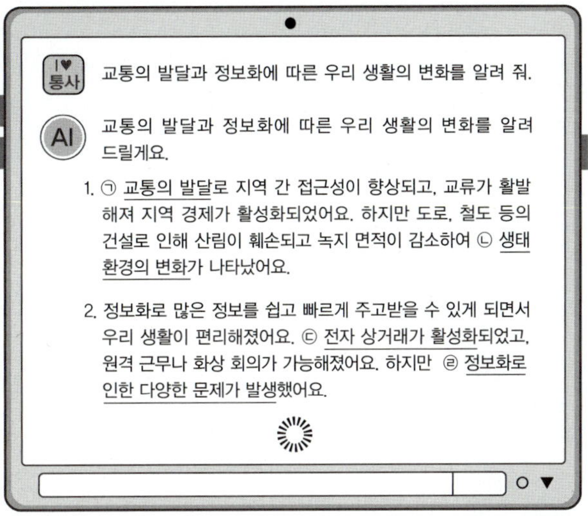

〈 보기 〉

ㄱ. ⊙으로 인해 개인의 일상생활 범위가 확대되었다.
ㄴ. ⓒ의 사례로 '교통로 건설에 따른 야생 동물의 이동 통로 단절'을 들 수 있다.
ㄷ. ⓒ으로 인해 소비 활동의 공간적 제약이 강화되었다.
ㄹ. ㉣로 지역 간, 계층 간 정보 격차 발생을 들 수 있다.

① ㄱ, ㄴ   ② ㄱ, ㄷ   ③ ㄷ, ㄹ   ④ ㄱ, ㄴ, ㄹ   ⑤ ㄴ, ㄷ, ㄹ

523

2023학년도 9월 고1 학력평가

다음 자료는 지역 조사 과정을 나타낸 것이다. (가)~(다)에 들어갈 적절한 활동만을 〈보기〉에서 고른 것은?

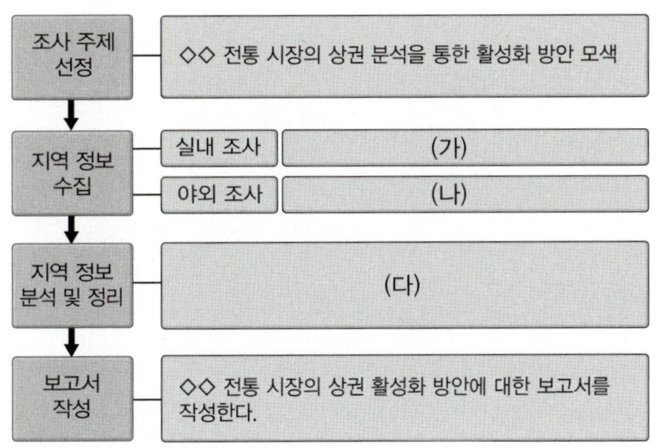

〈 보기 〉

ㄱ. ◇◇ 전통 시장의 위치, 교통망, 상점 수 등을 인터넷을 활용하여 조사한다.
ㄴ. ◇◇ 전통 시장을 방문하여 이용자를 대상으로 이용 횟수, 만족도 등을 설문 조사한다.
ㄷ. ◇◇ 전통 시장 이용자의 만족도, 업종별 상점 현황을 분석하여 도표나 그래프 등으로 표현한다.

	(가)	(나)	(다)		(가)	(나)	(다)
①	ㄱ	ㄴ	ㄷ	②	ㄱ	ㄷ	ㄴ
③	ㄴ	ㄱ	ㄷ	④	ㄷ	ㄱ	ㄴ
⑤	ㄷ	ㄴ	ㄱ				

개념완성 문항편 통합사회 1188제

통합사회 2

01 인권의 의미와 현대 사회의 인권

❶ 인권의 의미와 변화 양상

1. 인권의 의미와 특징

의미	인간으로서 존엄과 가치를 인정받으며 살아가기 위해 마땅히 누려야 할 기본적인 권리
특징	• 보편성: 인종·종교·성별·사회적 신분 등에 관계없이 누구나 보편적으로 가지는 권리 • 천부성: 누구나 태어나면서부터 가지는 당연한 권리 • 항구성: 일정 기간만 주어지는 것이 아니라 영구히 보장되는 권리 • 불가침성: 국가나 다른 사람에 의해 침해되어서는 안 되는 권리

2. 인권의 발달 과정

(1) 시민 혁명 이전

① 왕과 귀족, 성직자 등이 권력을 독점함
② 대부분의 평민들은 엄격한 신분 제도 때문에 부당한 차별에 시달림

(2) 시민 혁명 발생 배경: 상공업의 발달 과정에서 성장한 시민 계급이 천부 인권 사상, 사회 계약설, 계몽사상의 영향을 받아 시민 혁명 주도

구분	결과	주요 문서
영국 명예혁명 (1688)	의회 중심의 입헌 군주제 수립	권리 장전
미국 독립혁명 (1776)	최초의 민주 공화국 수립 (대통령제)	미국 독립 선언문
프랑스 혁명 (1789)	근대 시민 사회 성립 (자유, 평등, 박애의 이념)	인간과 시민의 권리 선언

시험 빈출 자료 인간과 시민의 권리 선언

제1조 인간은 태어나면서부터 자유로우며 평등한 권리를 가진다.
제2조 모든 정치적 결사의 목적은 그 무엇도 침해할 수 없는 인간의 자연권을 보전하는 데 있다. 그 권리는 자유, 재산, 안전 및 압제에 대한 저항이다.
제3조 모든 주권의 원천은 본래 국민에게 있다. 어떤 개인이나 단체라 하더라도 국민에게서 나오지 않은 권위를 행사할 수 없다.
제16조 법의 준수가 보장되지 않거나, 권력 분립이 확정되지 않은 사회는 결코 헌법을 갖추었다고 할 수 없다.

자료 분석 | 프랑스 혁명 당시 발표된 「인간과 시민의 권리 선언」에는 재산권 보장, 자유권, 평등권, 국민 주권주의, 권력 분립의 원리 등이 명시되어 있었다.

(3) 참정권 확대 운동: 시민 혁명 이후에도 참정권을 보장받지 못한 이들이 주도(차티스트 운동, 여성 참정권 운동 등) → 20세기에 이르러 보통 선거가 실시됨

(4) 20세기 초: 산업 혁명 이후 열악한 노동 환경, 빈부 격차 등으로 인간다운 생활이 어려워 국민의 생존을 국가가 보장해 줄 것을 요구 → 독일 바이마르 헌법(1919)에서 최초로 사회권이 명시됨

(5) 제2차 세계 대전 이후

① 인종 차별, 국가 간 빈부 격차 등으로 인권을 누리지 못하는 개인과 집단에 대한 각성 → 연대권의 강조
② 연대권의 의미: 자신이 소속되어 있는 공동체에서 더 나아가 국제적인 연대와 협력을 할 수 있는 권리
③ 세계 인권 선언(1948)을 통해 인권의 국제적 기준 제시

시험 빈출 자료 인권의 확대

1세대 인권	2세대 인권	3세대 인권
• 사상, 양심, 종교의 자유 • 생명과 자유, 안전에 대한 권리 • 집회 및 결사, 표현의 자유 • 자유로운 선거를 통해 정부에 참여할 권리	• 교육에 관한 권리 • 문화에 대한 권리 • 사회 보장을 받을 권리 • 의식주와 의료 등 적절한 생활 수준을 누릴 권리	• 자결권 • 평화에 대한 권리 • 지속가능한 환경에 대한 권리 • 사회·문화적 발전을 자유롭게 추구할 권리

자료 분석 | 근대 시민 혁명을 통해 보장된 1세대 인권은 자유권 중심, 1919년 바이마르 헌법에서 최초로 규정된 2세대 인권은 사회권 중심이다. 그리고 제2차 세계 대전 이후 등장한 3세대 인권은 인종 차별, 국가 간 빈부 격차 등으로 인권을 누리지 못하는 집단의 인권 보호에 주목하여 전 지구적 차원의 연대와 단결을 강조하였다.

❷ 현대 사회의 인권

1. 인권 확장의 배경

(1) 배경: 인권 의식의 성장, 다양한 사회문제 발생, 생활 수준의 향상 등

(2) 종류: 주거권, 안전권, 환경권, 문화권, 잊힐 권리 등

2. 현대 사회에서 새롭게 강조되는 인권

(1) 주거권

① 의미: 쾌적하고 안정적인 주거 환경에서 인간다운 주거 생활을 할 권리
② 배경: 주택 부족, 주거비 증가 등으로 인한 주거 생활의 불안정성 증가
③ 보장 노력: 헌법에 국가의 주거권 보장 노력을 명시, 「주거

기본법」 등을 통해 국민의 주거권 보장, 최저 주거 기준 설정 등으로 주거 약자 지원 노력

(2) 안전권

① 의미: 각종 위험으로부터 안전을 보호받을 권리
② 배경: 자연재해를 비롯한 다양한 요인에 의해 국민 안전이 위협됨
③ 보장 노력: 헌법에 국가의 안전권 보장 노력을 명시, 「재난 및 안전 관리 기본법」에 국가와 지방 자치 단체의 재난 안전 관리에 관한 구체적인 정책 방향을 규정하고 있음

(3) 환경권

① 의미: 건강하고 쾌적한 생활에 필요한 모든 조건이 충족된 환경을 누리는 권리
② 배경: 각종 환경 문제 및 기후변화의 발생 등
③ 보장 노력: 헌법에 국가의 환경권 보장 노력을 명시, 「환경 정책 기본법」에 국가, 지방 자치 단체, 기업 등의 환경을 보전할 의무 등을 규정함

(4) 문화권

① 의미: 자유롭게 공동체의 문화생활에 참여할 권리, 문화적 삶의 주체로서 자신의 문화적 정체성을 유지할 권리
② 배경: 문화 활동에 참여하고 누릴 권리에 대한 인식 확산
③ 보장 노력: 헌법에 전통문화의 계승·발전과 민족 문화의 창달 노력을 국가의 의무로 규정, 「문화 다양성의 보호와 증진에 관한 법률」을 통해 문화적 정체성 유지와 다양한 문화에 관한 이해 증진을 위해 노력함

(5) 잊힐 권리

① 의미: 개인 정보 주체가 온라인상 자신에 관한 정보의 삭제 및 확산 방지를 요구할 수 있는 권리
② 배경: 개인 정보를 비롯해 민감한 정보들이 포털 등에서 공개되면서 정보를 통제할 수 있는 권리에 대한 보장 의식 확산

시험 빈출 자료 헌법에 보장된 주거권, 안전권, 환경권

권리	관련 헌법 조항
주거권	제35조 ③ 국가는 주택 개발 정책 등을 통하여 모든 국민이 쾌적한 주거 생활을 할 수 있도록 노력하여야 한다.
안전권	제34조 ⑥ 국가는 재해를 예방하고 그 위험으로부터 국민을 보호하기 위하여 노력하여야 한다.
환경권	제35조 ① 모든 국민은 건강하고 쾌적한 환경에서 생활할 권리를 가지며, 국가와 국민은 환경 보전을 위하여 노력하여야 한다.

자료 분석 | 우리나라는 국민의 주거권, 안전권, 환경권 보장을 위한 국가의 노력을 헌법에 명시하고 있다.

개념 핵심 문제

정답과 해설 48쪽

❂ 빈칸에 들어갈 알맞은 말을 쓰시오.

524 (　　　)은/는 인간으로서 존엄과 가치를 인정받으며 살아가기 위해 마땅히 누려야 할 기본적인 권리이다.

525 인권의 특징 중 (　　　)은/는 인권이 성별·연령·종교·국적·사회적 신분·인종 등과 관계없이 인간이라면 누구나 가지는 권리임을 의미한다.

526 (　　　)은/는 천부 인권 사상, 사회 계약설, 계몽사상의 영향을 받은 시민들이 주도하였다.

527 시민이 주도한 (　　　) 혁명에서는 재산권 보장, 자유권, 평등권 등이 명시된 「인간과 시민의 권리 선언」이 발표되었다.

❂ 다음 내용에 알맞은 말을 고르시오.

528 (환경권, 주거권)은 건강하고 쾌적한 생활에 필요한 모든 조건이 충족된 환경을 누리는 권리를 말한다.

529 (주거권, 안전권)은 쾌적하고 안정적인 주거 환경에서 인간다운 주거 생활을 할 권리이다.

530 근대 시민 혁명을 통해 보장된 1세대 인권은 (사회권, 자유권) 중심의 권리이다.

531 (연대권, 사회권)은 자신이 소속되어 있는 공동체에서 더 나아가 국제적인 연대와 협력을 할 수 있는 권리이다.

❂ 다음 설명에 해당하는 인권의 유형을 〈보기〉에서 고르시오.

〔 보기 〕

ㄱ. 1세대 인권　　　ㄴ. 2세대 인권　　　ㄷ. 3세대 인권

532 자결권이 해당되는 것 　　　　　　　　　　(　　)

533 평화에 대한 권리가 해당되는 것 　　　　　(　　)

534 사회 보장을 받을 권리가 해당되는 것 　　(　　)

535 집회 및 결사, 표현의 자유가 해당되는 것 　(　　)

❂ 인권 관련 문서와 그 설명을 알맞게 연결하시오.

536 권리 장전　　•　　　　• ㉠ 최초로 사회권을 명시

537 세계 인권 선언　•　　　• ㉡ 인권의 국제적 기준 제시

538 바이마르 헌법　•　　　• ㉢ 영국 명예혁명 결과 발표된 인권 관련 문서

539

▶ 25715-0298

밑줄 친 '이것'에 대한 설명으로 옳지 <u>않은</u> 것은?

> 이것은 모든 인간이 인간이라는 이유만으로 자신의 존엄성을 보호받으며 행복하게 살아갈 권리를 의미한다.

① 타인에게 양도할 수 없다.
② 태어나면서부터 갖는 권리이다.
③ 헌법에 명시함으로써 비로소 보장받을 수 있다.
④ 일정 기간에만 한정되는 것이 아니라 영구히 보장된다.
⑤ 인종 · 성별 · 종교 등에 관계없이 인류 구성원 누구나 가지는 권리이다.

540

중요

▶ 25715-0299

다음은 프랑스 혁명 결과 발표된 인간과 시민의 권리 선언의 일부이다. 이에 대한 옳은 설명만을 〈보기〉에서 있는 대로 고른 것은?

> 제1조 인간은 자유롭게, 그리고 평등한 권리를 가지고 태어난다.
> 제2조 모든 정치적 결사의 목적은 그 무엇도 침해할 수 없는 인간의 자연권을 보전하는 데 있다.
> 제3조 모든 주권의 원천은 본래 국민에게 있다. 어떤 개인이나 단체라 하더라도 국민에게서 나오지 않는 권리를 행사할 수 없다.
> 제6조 법은 일반 의지의 표현이다. 모든 시민은 직접 또는 대표를 통해서 법 제정에 참여할 수 있는 권리를 갖는다.

〔 보기 〕
ㄱ. 천부 인권 사상이 반영되어 있다.
ㄴ. 정치 과정에서 시민의 참여를 인정하고 있다.
ㄷ. 국가의 주권은 대표될 수 없음을 전제로 한다.

① ㄴ   ② ㄷ   ③ ㄱ, ㄴ
④ ㄱ, ㄷ   ⑤ ㄱ, ㄴ, ㄷ

541

▶ 25715-0300

다음은 17세기 영국의 어느 문서의 주요 내용이다. 이에 대한 설명으로 옳은 것은?

> • 의회의 승인 없이 법을 개정하거나 법의 효력을 정지시킬 수 없다.
> • 의회의 승인 없이 과세할 수 없다.
> • 의회의 승인 없이 상비군을 유지할 수 없다.

① 국왕의 권력을 강화시켰다.
② 직접 민주주의를 지향하였다.
③ 시민들의 인권 보장을 위한 토대가 되었다.
④ 귀족의 권한을 약화시키는 결정적 계기가 되었다.
⑤ 인종, 성별에 관계없이 모든 국민에게 선거권을 부여하였다.

542

중요

▶ 25715-0301

(가)~(다)는 인권의 변화 과정을 세대별로 구분한 것이다. 이에 대한 설명으로 옳지 <u>않은</u> 것은?

종류	계기	내용
(가)	18세기 계몽주의와 사회 계약론에 기반함	재산권, 신체의 자유, 종교 · 양심의 자유, 참정권 등
(나)	산업 혁명으로 파괴당하는 인간의 삶의 모습을 극복하고자 하는 노력으로 제창함	아동의 노동 금지, 노동조합의 결성 및 가입에 관한 권리, 사회 보장에 관한 권리 등
(다)	인종 차별, 국가 간 빈부 격차로 인해 인권을 누리지 못하는 개인과 집단에 대한 반성	국제 사회에서 자결권, 평화에 대한 권리, 지속가능한 환경에 대한 권리 등

① (가)에는 개인의 자유와 인권을 보호하기 위해 국가의 불간섭을 요구하는 권리가 포함된다.
② (나)는 국가의 간섭으로부터 국민을 보호하기 위한 권리이다.
③ (나)는 국가에 대하여 인간다운 생활을 요구할 수 있는 권리이다.
④ (가)~(다)는 모두 인간의 존엄성에서 기인하는 권리이다.
⑤ (가), (나), (다)를 통해 인권 개념은 역사적 산물임을 알 수 있다.

543
▶ 25715-0302

다음 자료는 19세기 영국에서 선언된 인민 헌장의 주요 내용이다. 이에 대해 옳게 이해한 학생은?

- 21세 이상 남성의 보통 선거권 인정
- 인구 비례에 따른 평등한 선거구 설정
- 비밀 투표 보장
- 의원에 대한 보수 지급
- 의원 출마자의 재산 자격 제한 폐지

① 갑: 선거권 연령을 낮추는 것이 목적이었군.
② 을: 국가 권력으로부터의 자유를 강조하였군.
③ 병: 당시에는 재산이 너무 많으면 의원이 될 수 없었군.
④ 정: 노동자들이 자신들의 참정권을 보장받기 위한 운동을 벌였군.
⑤ 무: 일정 연령이 되면 모든 사람들이 선거권을 갖게 해 달라는 내용이 포함되어 있군.

중요 544
▶ 25715-0303

그림은 인권 개념의 확장 과정을 나타낸다. ㉠에 해당하는 권리가 <u>아닌</u> 것은?

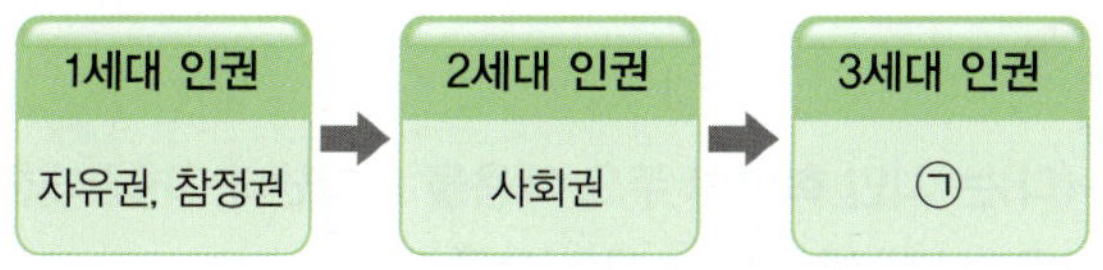

① 자결권
② 발전의 권리
③ 평화의 권리
④ 재난으로부터 구제받을 권리
⑤ 선거를 통해 정치 과정에 참여할 권리

545
▶ 25715-0304

(가)에 들어갈 인권으로 옳은 것은?

　자본주의 경제 체제에서 공장이나 기업과 같은 생산 수단을 소유한 자본가들은 자신들의 이익을 위하여 노동자들에게 혹독한 노동을 시키고 낮은 임금을 지급하기 일쑤였다. 이에 노동자들은 노동조합을 결성하여 자신들의 권리를 주장하였고, 사회적 약자를 보호하고 모든 국민의 기본적 생활을 보장해 줄 것을 국가에 요구하였다. 그 결과 바이마르 헌법에서 처음으로 국가가 모든 국민에게 최소한의 인간다운 삶을 보장해야 한다는 내용, 즉 ＿＿(가)＿＿ 이 명시되었다.

① 자유권　　② 참정권　　③ 사회권
④ 평등권　　⑤ 연대권

546
▶ 25715-0305

다음은 인권 보장의 역사를 대표하는 주요 문서를 나타낸다. ㉠~㉤에 대한 설명으로 옳은 것은?

㉠ 권리 장전 → ㉡ 미국 독립 선언 → ㉢ 인간과 시민의 권리 선언 → ㉣ 바이마르 헌법 → ㉤ 세계 인권 선언

① ㉠ – 사회권을 최초로 규정하였다.
② ㉡ – 인권 보장의 국제적 기준을 제시하였다.
③ ㉢ – 자유와 평등, 재산권 보장을 명시하였다.
④ ㉣ – 주권이 국민에게 있음을 최초로 명시하였다.
⑤ ㉤ – 신분에 따라 누릴 수 있는 권리가 다름을 강조하였다.

중요 547
▶ 25715-0306

(가)에 들어갈 수업 주제로 옳은 것은?

- **수업 주제:** ＿＿＿＿(가)＿＿＿＿
- **관련 사례**
  - 1867년 당시 영국 하원 의원이었던 밀(Mill, J. S.)은 선거법 개정안에 '남성'이라는 단어 대신 '사람'이라는 단어를 사용하자고 제안했다. 선거법이 여성의 참정권을 배제하였기 때문이다. 그러나 당시 사람들은 여성의 옷을 입고 있는 밀의 모습을 그리는 등 그를 조롱했다.
  - 1965년 3월 5일, 셀마-몽고메리 행진에는 킹(King, M. L.) 목사의 주도하에 흑인은 물론, 백인들도 참여하였다. 그중 백인 목사 리브(Reeb, J.)는 행진 과정에서 인종 차별주의자들로부터 공격을 받아 심각한 부상을 입었고, 셀마의 병원들이 그의 치료를 거부하면서 결국 사망하였다.
  - 어린이날의 창시자인 소파 방정환은 1923년 5월 1일, 어린이날 기념식에서 세계 최초의 어린이 인권 선언문으로 불리는 '어린이날 선언문'을 발표했다. 방정환은 어린이를 어른과 똑같이 독립된 인격으로 인정할 것을 요구하며 어린이는 민족의 미래임을 강조했다.

① 흑인 인권 운동의 전개 양상
② 아동 인권 보호를 위한 노력
③ 여성 참정권 운동의 전개 양상
④ 자유권 보장을 위한 투쟁의 역사
⑤ 약자의 인권을 위해 싸운 사람들

548

▶ 25715-0307

(가), (나)에 들어갈 내용으로 옳은 것은?

20세기 중반 이후부터 다양한 인권 문제를 해결하기 위해서는 인류 공동의 노력이 필요하다는 공감대가 전 세계적으로 형성되었다. 이에 국제 연합은 ___(가)___ 을 채택하여 인권 보장의 국제 기준을 마련하였다. 이를 통해 인권은 인류 보편적 가치이며 장애인, 아동, 난민 등 사회적 약자의 권리를 보장해야 한다는 인식이 확대되었다. 특히 국적이나 인종과 상관없이 누구나 평등할 권리, 평화의 권리, 재난으로부터 구제될 권리, 민족이나 집단의 자결권 등을 내용으로 하는 ___(나)___ 이 강조되고 있다.

	(가)	(나)
①	세계 인권 선언	연대권
②	세계 인권 선언	자유권
③	아동의 권리에 관한 협약	평등권
④	인간과 시민의 권리 선언	연대권
⑤	인간과 시민의 권리 선언	평등권

549

▶ 25715-0308

다음은 세계 인권 선언 중 일부이다. 이에 부합하는 진술만을 〈보기〉에서 있는 대로 고른 것은?

제1조 모든 사람은 태어날 때부터 자유롭고 존엄하며 평등하다.
제27조 모든 사람은 자기가 속한 사회의 문화생활에 자유롭게 참여하고 예술을 즐기며 과학의 진보와 혜택을 공유할 권리가 있다.

〈 보기 〉
ㄱ. 모든 사람에게는 문화권이 있다.
ㄴ. 인권은 보편적이고 천부적인 것이다.
ㄷ. 인권은 누구나 차별 없이 누릴 수 있는 것이다.
ㄹ. 인권은 필요한 경우 타인에게 양도 가능한 것이다.

① ㄱ, ㄴ 　② ㄱ, ㄹ 　③ ㄷ, ㄹ
④ ㄱ, ㄴ, ㄷ 　⑤ ㄴ, ㄷ, ㄹ

550

▶ 25715-0309

다음 글을 통해 도출할 수 있는 결론으로 가장 적절한 것은?

근대 이전, 왕과 귀족에게 억압과 차별을 받으며 살았던 대다수 사람들이 이에 저항하기 시작하였다. 근대에 천부 인권 사상과 계몽사상이 확산되면서 시민 혁명이 일어났으며, 영국 명예혁명, 미국 독립 혁명, 프랑스 혁명이 대표적이다. 이 혁명들로 인권 관련 선언문이 발표되어 자유와 평등이 보장되었지만, 이후에도 재산, 성별, 신분에 따라 차별이 존재하였다. 이를 해결하기 위해 노동자와 여성들이 각각 차티스트 운동과 참정권 운동을 벌였고, 20세기 이후 대부분의 나라에서 노동자와 여성의 참정권이 보장되었다.

① 인권 보장을 위해서는 반드시 법의 제정이 필요하다.
② 인권의 보장 여부는 국가 권력의 의지에 따라 결정된다.
③ 시간의 흐름에 따라 인권은 자연적으로 그 범위가 확대되었다.
④ 시민 혁명의 결과 모든 사람들이 정치 과정에 자유롭게 참여할 수 있게 되었다.
⑤ 인권은 오랜 기간 시민들이 부당한 권력이나 제도에 맞서 싸워 이루어 낸 역사적 산물이다.

중요
551

▶ 25715-0310

(가)~(다)는 시민 혁명의 주요 내용을 나타낸다. 이에 대한 옳은 설명만을 〈보기〉에서 있는 대로 고른 것은?

(가) 영국의 식민지에서 벗어나 독립을 쟁취한 것으로서 영국 정부의 차세(茶稅) 부과에 대한 반발로 '보스턴 차 사건'이 발생한 이후 독립 전쟁에서 승리하여 독립 선언문을 채택하였다.
(나) 찰스 2세와 제임스 2세의 전제 정치가 원인이 되어 의회가 메리와 윌리엄을 공동 왕으로 추대하였고, 이후 '권리 장전'이 승인되었다.
(다) 자유, 평등, 박애를 혁명의 이념으로 삼고 제3신분의 경제적 자유를 비롯한 구제도의 모순을 극복하고자 한 혁명으로 근대 시민 사회 성립의 계기가 되었다.

〈 보기 〉
ㄱ. (가)의 독립 선언문에는 저항권이 규정되었다.
ㄴ. (나)의 결과 왕의 권한이 강화되었다.
ㄷ. (다)의 결과 재산, 직업, 성별에 따른 선거권 제한이 철폐되었다.
ㄹ. 역사적으로 (나)-(가)-(다) 순으로 전개되었다.

① ㄱ, ㄴ 　② ㄱ, ㄹ 　③ ㄷ, ㄹ
④ ㄱ, ㄴ, ㄷ 　⑤ ㄴ, ㄷ, ㄹ

552
▶ 25715-0311

(가)에 해당하는 인권에 대한 설명으로 옳은 것은?

'지·옥·고'라는 신조어는 지하방, 옥탑방, 고시원을 지칭하는 것으로 우리나라 청년 주거 빈곤의 심각성을 보여 준다. 국토교통부가 정한 '최저 주거 기준'은 1인 가구 기준 14㎡의 면적에 화장실과 부엌이 있어야 한다. 그러나 많은 청년들이 인간답게 살 수 있는 최소한의 기준에도 부합하지 않는 곳에 살면서 비싼 월세를 내고 있다. 국토교통부가 발표한 「2021년 주거 실태 조사 보고서」에 따르면 최저 주거 기준 미달 비율은 일반 가구는 4.5%였으나 청년 가구는 7.9%로 높게 나타났다. 이는 많은 청년들의 　(가)　이/가 제대로 보장받지 못하고 있다는 사실을 드러낸다. 청년들의 　(가)　을/를 보장하기 위해 국가의 노력이 절실하다.

① 국가로부터의 자유를 강조한다.
② 국가 운영에의 참여를 강조한다.
③ 시민 혁명 당시부터 강조되어 왔다.
④ 정보화의 결과 강조되기 시작하였다.
⑤ 국가의 적극적인 역할을 필요로 한다.

553
▶ 25715-0312

다음 기사와 관련이 깊은 현대 사회의 인권을 규정한 헌법 조항으로 가장 적절한 것은?

서울 지하철이 승강장 안전문(스크린도어)을 설치하면서 지하철 내 사고로 인한 사망자 수가 급감한 것으로 나타났다. 서울교통공사에 따르면 서울 지하철 1~8호선은 2009년 당시 전국 최초로 265개 모든 역에 스크린도어 설치를 마무리했다. 그 결과 2010년부터 2022년까지 연평균 서울 지하철 승강장 사망자 수는 0.5명으로, 2001~2009년의 연평균 사망자 수인 37.1명 대비 큰 폭으로 감소했다.

① 모든 국민은 인간으로서의 존엄과 가치를 가지며, 행복을 추구할 권리를 가진다.
② 국가는 재해를 예방하고 그 위험으로부터 국민을 보호하기 위하여 노력하여야 한다.
③ 국가는 주택 개발 정책 등을 통하여 모든 국민이 쾌적한 주거 생활을 할 수 있도록 노력하여야 한다.
④ 모든 국민은 건강하고 쾌적한 환경에서 생활할 권리를 가지며, 국가와 국민은 환경 보전을 위하여 노력하여야 한다.
⑤ 타인의 범죄 행위로 인하여 생명·신체에 대한 피해를 받은 국민은 법률이 정하는 바에 의하여 국가로부터 구조를 받을 수 있다.

554
중요
▶ 25715-0313

다음 자료의 (가)~(다)에 들어갈 옳은 내용만을 〈보기〉에서 있는 대로 고른 것은?

서술형 평가

◎ **문제:** 우리 주변에서 A~C가 각각 어떻게 보장되는지 한 가지씩 서술하시오.

A: 건강하고 쾌적한 환경에서 살 권리
B: 생명과 안전을 위협하는 각종 위험으로부터 안전할 권리
C: 누구나 문화생활에 참여하고 문화를 향유할 수 있는 권리

◎ **학생 답안**

인권	해당 인권의 보장과 관련된 사례
A	(가)
B	(나)
C	(다)

◎ **교사의 채점 결과:** A~C 모두 옳은 내용을 서술하였음.

〈 보기 〉

ㄱ. (가) – 도심 속 공원은 각종 유해 물질로 오염된 공기를 정화하여 우리가 쾌적한 환경에서 살 수 있게 한다.
ㄴ. (나) – 안전 신문고 제도를 통해 국민이 일상생활에서 안전을 위협하는 요소를 발견하고 이를 신고하면 정부가 해결할 수 있도록 하고 있다.
ㄷ. (다) – 문화가 있는 날로 정한 매달 마지막 수요일에는 각종 문화 시설을 할인된 가격 또는 무료로 이용할 수 있다.

① ㄱ　　　　② ㄴ　　　　③ ㄱ, ㄷ
④ ㄴ, ㄷ　　　⑤ ㄱ, ㄴ, ㄷ

555
▶ 25715-0314

(가)에 들어갈 인권으로 옳은 것은?

2009년 스페인의 한 변호사는 특정 인터넷 사이트에서 자신의 이름을 검색하다가, 1998년에 자신의 집이 경매에 부쳐진 일을 누구나 해당 사이트를 통해 알 수 있다는 사실을 접했다. 그는 해당 사이트에 그 정보를 삭제해 달라고 요구하였으나 거절당하자 소송을 제기하였다. 이에 2014년 유럽 사법 재판소(ECJ)는 그의 요구대로 정보를 삭제하라는 판결을 내렸다. 이 사건을 계기로 유럽에서는 　(가)　을/를 보장하는 법이 제정되었다.

① 환경권　　　② 주거권　　　③ 문화권
④ 안전권　　　⑤ 잊힐 권리

[556~557] 다음 글을 읽고 물음에 답하시오.

사회에는 피부색, 종교, 성별, 재산, 나이 등이 다양한 사람들이 저마다의 모습으로 살아가고 있다. 이렇게 다양한 모습과 특징을 지닌 사람들은 모두 인간이라는 이유만으로 누구나 존중받을 권리가 있다. 이처럼 인간으로서 ___(가)___ 와/과 가치를 인정받으며 살아가기 위해 마땅히 누려야 할 기본적인 권리를 ___(나)___ (이)라고 한다. 이러한 ___(나)___ 은/는 ㉠ 보편성, ㉡ 천부성, ㉢ 불가침성, ㉣ 항구성의 특징을 갖는다.

556 (가), (나)에 들어갈 용어를 각각 쓰시오.　　　　　　▶ 25715-0315

(가) – (　　　　　　　　)　　　　　　　(나) – (　　　　　　　　)

557 밑줄 친 ㉠~㉣의 의미를 각각 서술하시오.　　　　　　▶ 25715-0316

____

____

[558~559] 다음 글을 읽고 물음에 답하시오.

오늘날 인권 의식이 높아지고 사회가 변화하면서 생활 환경이 달라지고 있다. 이러한 변화에 따라 다양한 사회문제가 등장하고 있으며, 이를 해결하기 위한 새로운 인권이 주목을 받고 있다. 이러한 인권 중 ___(가)___ 은/는 '국가는 주택 개발 정책 등을 통하여 모든 국민이 쾌적한 주거 생활을 할 수 있도록 노력하여야 한다.'라는 헌법 조항에, ___(나)___ 은/는 '국가는 재해를 예방하고 그 위험으로부터 국민을 보호하기 위하여 노력하여야 한다.'라는 헌법 조항에 규정되어 있다.

558 (가), (나)에 들어갈 인권을 쓰시오.　　　　　　▶ 25715-0317

(가) – (　　　　　　　　)　　　　　　　(나) – (　　　　　　　　)

559 (가), (나) 이외에 밑줄 친 '새로운 인권'에 해당하는 권리를 **두 가지** 제시하고, 그 의미를 서술하시오.　　　　　　▶ 25715-0318

____

____

560
▶ 25715-0319

밑줄 친 ⊙~ⓒ에 대한 설명으로 옳은 것은?

> 프랑스의 법학자 카렐 바사크는 인권의 변천 과정을 ⊙1세대 인권, ⓒ2세대 인권, ⓒ3세대 인권으로 발전하는 3단계로 제시하였다.

① ⊙은 인간다운 삶의 보장을 국가에 적극적으로 요구할 수 있는 권리를 의미한다.
② ⓒ은 '국가로부터의 자유'로서 권리 장전과 관련이 깊다.
③ '국가 권력의 자의적인 체포 및 구금으로부터의 자유'는 ⓒ에 해당한다.
④ '자결권 및 평화에 관한 권리'는 ⓒ에 해당한다.
⑤ ⓒ은 ⊙과 달리 시민 혁명을 통해 획득한 권리이다.

561
▶ 25715-0320

다음 자료에서 게임 규칙에 따라 말을 이동시켰을 때, 말의 최종 위치로 옳은 것은? (단, 말의 최종 위치는 A ~ E 중 하나임.)

인권의 특징 게임

[게임 규칙]

- 인권의 특징에 관한 진술 (가) ~ (마)를 순서대로 읽고, 옳고 그름을 판단한다.
- 각 진술이 옳으면 게임판에서 실선 화살표를 따라 한 지점만 이동하고, 옳지 않으면 게임판에서 점선 화살표를 따라 한 지점만 이동한다.

> (가) 인간이라면 누구나 누릴 수 있다.
> (나) 일정 기간에 한시적으로 보장된다.
> (다) 태어나면서부터 당연하게 가진다.
> (라) 필요한 경우 타인에게 양도할 수 있다.
> (마) 국가나 다른 사람이 침해해서는 안 된다.

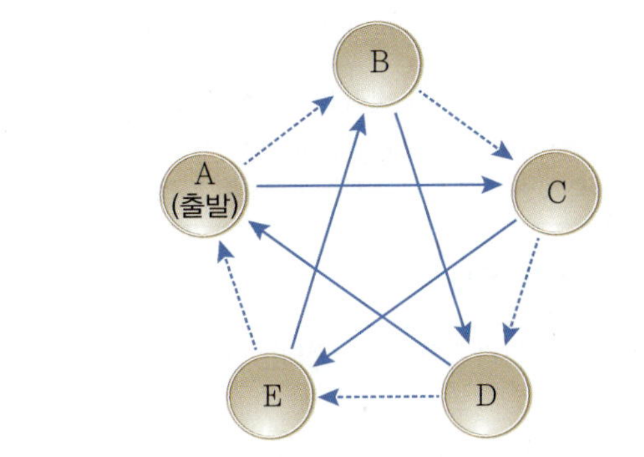

① A ② B ③ C ④ D ⑤ E

562
▶ 25715-0321

다음 자료에 대한 옳은 설명만을 〈보기〉에서 있는 대로 고른 것은?

(가) 바이마르 헌법	제109조 모든 국민은 법률 앞에 평등하다. 남녀는 원칙적으로 국민으로서의 동일한 권리를 가지며 의무를 진다. 제111조 모든 국민은 전 국가 내에서 이전의 자유를 가진다. 제159조 노동 조건 및 거래 조건의 유지 및 개선을 위한 결사의 목적은 누구에게 대하여도 또한 어떠한 직업에 대하여도 보장한다.
(나) 인종 차별 철폐 협약	제1조 1. 인종 차별은 인종, 피부색 등에 근거를 둔 어떠한 구별, 배척, 제한 또는 우선권을 말하며, … 제2조 2. 협약 체결국은 … 사회적, 경제적, 문화적 등에 있어서 특정 인종 집단 또는 개인의 적절한 발전과 보호를 보증하는 특수하고 구체적인 조치를 취하여 이들에게 완전하고 평등한 인권과 기본적 자유의 향유를 보장토록 한다.

〈 보기 〉
ㄱ. (가)는 사회권이 명시된 최초의 헌법이다.
ㄴ. (가)에는 모두 국가 권력의 간섭에서 벗어나 자유롭게 생활할 수 있는 권리가 반영되어 있다.
ㄷ. (나)에는 (가)와 달리 합리적인 이유 없이 차별받지 않을 권리가 반영되어 있다.

① ㄱ ② ㄷ ③ ㄱ, ㄴ
④ ㄴ, ㄷ ⑤ ㄱ, ㄴ, ㄷ

563
▶ 25715-0322

교사의 질문에 대해 옳지 <u>않은</u> 내용을 발표한 학생은?

> 교사: 현대 사회에서 새롭게 주목받고 있는 권리에 대해 발표해 볼까요?
> 갑: 문화권 보장을 위한 제도로는 경제적·사회적·지리적 어려움으로 문화생활을 누리기 힘든 사람들에게 문화 체험, 스포츠 관람 등을 지원하는 문화 복지 제도를 들 수 있습니다.
> 을: 환경 보전의 필요성이 커지면서 우리나라는 헌법에서 환경권을 국민의 권리로 규정하고 있습니다.
> 병: 그와 동시에 헌법에는 국민의 환경 보전 의무를 명시하고 있습니다.
> 정: 우리나라는 주거권을 보장하기 위해 「주거 기본법」을 제정하고 있지만, 별도의 최저 주거 기준을 설정하고 있지는 않습니다.
> 무: 우리나라는 안전권을 보장하기 위해 헌법에서 국가의 재해 예방 의무를 명시하고 있습니다.

① 갑 ② 을 ③ 병 ④ 정 ⑤ 무

02 인권 보장을 위한 헌법의 역할과 시민 참여 ~ 03 인권 문제의 양상과 해결 방안

❶ 인권 보장을 위한 헌법의 역할과 시민 참여

1. 인권 보장을 위한 헌법의 역할

(1) 인권과 헌법의 관계

① 헌법의 인권 보장: 헌법은 최고법으로, 국민의 기본권과 이를 보장하기 위한 각종 제도적 장치를 명시

② 우리나라 헌법에서 보장하는 기본권

인간의 존엄 및 가치와 행복 추구권	• 인간의 존엄과 가치: 인간이라는 이유만으로 존엄성과 가치를 존중받을 권리 • 행복 추구권: 물질적·정신적으로 안락하고 만족스러운 삶을 살 수 있는 권리
자유권	국가 권력의 간섭을 받지 않고 자유롭게 생활할 수 있는 권리
평등권	모든 국민이 불합리한 차별을 받지 않고 동등하게 대우받을 권리
참정권	국가의 의사 결정에 참여할 수 있는 권리
사회권	국민이 국가에 인간다운 생활의 보장을 요구할 수 있는 권리
청구권	다른 기본권이 침해되었을 때 이의 구제를 요구할 수 있는 권리

(2) 인권 보장을 위한 제도적 장치

국민 주권의 원리	주권이 국민에게 있다는 원리 → 국민 투표나 선거 등은 국민 주권의 원리를 구체적으로 실현하는 정치 제도임
법치주의	법률에 근거한 공권력의 행사만을 허용하는 원칙
권력 분립 제도	국가 권력을 여러 곳으로 나누어 견제와 균형의 원리가 작동하게 함
민주적 선거 제도	선거를 통해 국가를 운영할 대표자를 선출하여 국민의 의사와 이익을 정치에 반영하도록 함
복수 정당제	누구든지 자유롭게 정당을 설립할 수 있고, 두 개 이상의 정당이 자유롭게 활동할 수 있음 → 국민의 다양한 정치적 견해가 정치에 잘 반영되어 민주적 기본 질서 유지
기본권 구제 제도	법원의 재판, 헌법재판소의 위헌 법률 심판 및 헌법 소원 심판, 국가 인권 위원회의 인권 침해 구제 등

시험 빈출 자료 우리나라의 권력 분립 제도

국회 / 법률안 거부권 / 국정 감사권, 탄핵 소추권 / 대법원장 임명 동의권 / 위헌 법률 심판 제청권 / 대법관 임명권, 사면권 / 명령·규칙 심사권 / 정부 (대통령) / 법원

자료 분석 | 우리나라는 국회, 정부, 법원에 각각 입법권, 행정권, 사법권을 부여하고 권력이 남용되지 않도록 다양한 상호 견제 장치를 두고 있다.

2. 시민의 권익 보호를 위한 시민 참여

(1) 시민 참여의 의미와 방법

의미	시민이 국가의 정책이나 사회문제에 관심을 갖고 의견을 개진하는 등 일정한 행동을 하는 것
역할	공동체의 이익 증진, 대의 민주주의 보완 등
방법	• 선거 및 투표 참여 • 정당, 시민 단체, 이익 집단 활동 • 공청회, 주민 간담회 참여 • 자원봉사 활동 • 입법 청원이나 주민 조례 청구 등

(2) 시민 불복종

① 의미: 부정의한 법이나 정책을 바로잡기 위해 의도적으로 법을 위반하는 행위

② 정당화 조건: 목적의 정당성, 비폭력적인 방법, 최후의 수단, 처벌의 감수

❷ 인권 문제의 양상과 해결 방안

1. 우리 사회의 인권 문제 양상과 해결 방안

(1) 사회적 소수자 차별 문제

사회적 소수자	• 의미: 한 사회에서 신체적 또는 문화적 특징 때문에 다른 구성원에게 차별을 받으며 스스로 차별받는 집단에 속해 있다는 의식을 가진 사람 • 유형: 장애인, 이주 외국인(외국인 노동자, 결혼 이민자), 노인, 여성, 북한 이탈 주민 등
양상	• 여성: 성별 임금 격차가 심함, 직장에서 승진이 어려움 • 노인: 고용, 해고 등에서 연령을 이유로 차별을 받고 있음 • 이주 노동자: 낮은 임금, 열악한 노동·주거 환경 등에 노출되어 있음 • 장애인: 이동 및 대중교통 수단 이용에서 차별을 많이 겪고 있음
원인	다른 집단에 대한 편견, 법이나 제도의 미흡 등
해결 방안	• 개인적 차원: 편견을 버리고 사회적 소수자가 겪는 문제에 대한 공감 및 인권 감수성 함양 • 사회적 차원: 사회적 소수자를 차별하는 정책이나 법률을 폐지

(2) 청소년 노동권 침해 문제

청소년 노동권	청소년이 인간의 존엄성이 존중되는 근로 조건에서 노동할 수 있는 권리
실태	폭언 및 폭행 등 비인간적인 대우, 최저 임금보다 낮은 임금 지급, 근로 계약서 미작성, 임금 체불 등

<table>
<tr><td rowspan="2">보호
규정</td><td>

• 사용자는 15세 미만인 사람을 원칙적으로 근로자로 고용할 수 없음. 단, 예외적으로 일정한 기준에 따라 고용 노동부 장관이 발급한 취직 인허증을 지닌 경우 15세 미만인 사람도 취업이 가능함
• 18세 미만인 사람을 고용하는 사용자는 그 연령을 증명하는 가족 관계 기록 사항에 관한 증명서와 법정 대리인의 동의서를 사업장에 갖추어 두어야 함
• 사용자는 18세 미만인 사람을 도덕상 또는 보건상 유해 · 위험한 사업에 사용할 수 없음
• 15세 이상 18세 미만인 사람의 근로 시간은 원칙적으로 1일 7시간, 1주 35시간을 초과하지 못하며, 당사자 합의에 의한 연장 근로도 1일 1시간, 1주 5시간을 초과할 수 없음
• 미성년자의 근로 계약은 법정 대리인의 동의를 얻어 본인이 직접 체결해야 하며, 법정 대리인이 미성년자의 근로 계약을 대리할 수 없음
• 미성년자도 성인 근로자와 마찬가지로 최저 임금 제도의 적용을 받음
• 미성년자도 독자적으로 임금을 청구할 수 있음
</td></tr>
</table>

해결 방안	• 국가: 청소년 노동 기준이나 구제 절차의 보완, 노동 인권 교육 실시 • 사용자: 청소년의 노동권 보장, 청소년을 보호하고 배려하는 자세가 필요 • 청소년: 관련 노동법을 정확히 숙지, 부당한 대우를 받았을 경우에는 적극적으로 대처

2. 세계 인권 문제의 양상과 해결 방안

(1) 세계 인권 문제의 양상

빈곤	기아 수준이 위험한 국가들은 잇따른 자연재해로 식량 생산이 어렵거나 민주주의가 정착되지 못하고 잦은 내전으로 평화로운 삶이 유지되지 못함
성차별	남녀 차별이 심한 국가들은 대체로 종교나 관습, 사회 구조와 편견 등에 의한 여성 차별 관행이 남아 있는 경우가 많음
아동 인권 침해	아동 인권이 심각하게 위협받는 국가들은 대체로 척박한 자연환경과 빈곤, 내전 등으로 아동이 생존을 위해 과중한 노동을 하고 학교 교육이나 적절한 보호를 받지 못하는 경우가 많음
난민 문제	국가 간 전쟁, 내전, 자연재해 등으로 인해 발생하는 난민은 인간의 존엄성을 누리지 못하는 환경에서 생활하고 있음

(2) 세계 인권 문제의 해결 방안

국제적 차원	• 국제 연합 인권 이사회(UNHRC), 국제 연합 아동 기금(UNICEF), 국제 연합 난민 기구(UNHCR), 국제 연합 개발 계획(UNDP), 세계 식량 계획(WFP) 등의 기구를 통해 각국의 인권 상황을 파악하고 인권 침해 해결에 노력함 • 국제 사면 위원회, 국경 없는 의사회 등과 같은 비정부 기구도 인권 문제 해결을 위해 노력함
국가적 차원	• 국제기구의 인권 보장 노력을 지원하는 등 국제적 연대에 동참해야 함 • 빈곤, 차별 등의 문제를 겪고 있는 나라에 경제적 지원 등을 할 수 있음
개인적 차원	세계시민 의식으로 세계 인권 문제 해결을 위해 노력해야 함

정답과 해설 **51**쪽

❂ 빈칸에 들어갈 알맞은 말을 쓰시오.

564 우리나라 (　　　)에는 국민의 기본권과 이를 보장하기 위한 각종 제도적 장치가 명시되어 있다.

565 (　　　)은/는 부정의한 법이나 정책을 바로잡기 위해 의도적으로 법을 위반하는 행위를 말한다.

566 한 사회에서 신체적 또는 문화적 특징 때문에 다른 구성원에게 차별을 받으며 스스로 차별받는 집단에 속해 있다는 의식을 가진 사람을 (　　　)(이)라고 한다.

567 인권 문제 해결을 위해 노력하는 (　　　)에는 국제 사면 위원회, 국경 없는 의사회 등이 있다.

❂ 다음 내용에 알맞은 말을 고르시오.

568 사면권은 (행정부, 입법부, 사법부)에 대한 (행정부, 입법부, 사법부)의 견제 장치에 해당한다.

569 (헌법재판소, 국가 인권 위원회)의 위헌 법률 심판 및 헌법 소원 심판은 우리나라의 기본권 구제 제도 중 하나이다.

570 15세 이상 18세 미만인 사람의 근로 시간은 원칙적으로 1일 (7시간, 8시간), 1주 (35시간, 40시간)을 초과하지 못한다.

571 미성년자의 근로 계약은 법정 대리인의 (동의를 얻어, 동의 없이) 본인이 직접 체결해야 한다.

❂ 다음에서 설명하는 인권의 유형을 〈보기〉에서 고르시오.

> **보기**
>
> ㄱ. 자유권　　　　ㄴ. 참정권
> ㄷ. 사회권　　　　ㄹ. 청구권

572 국가의 의사 결정에 참여할 수 있는 권리　　　(　　　)

573 국민이 국가에 인간다운 생활의 보장을 요구할 수 있는 권리　　　(　　　)

574 국가 권력의 간섭을 받지 않고 자유롭게 생활할 수 있는 권리　　　(　　　)

575 다른 기본권이 침해되었을 때 이의 구제를 요구할 수 있는 권리　　　(　　　)

❂ 세계 인권 문제의 양상과 그 내용을 알맞게 연결하시오.

576 성차별　　•　　　•　㉠ 과중한 노동에 시달리는 아동

577 난민　　•　　　•　㉡ 국가 간 전쟁, 내전, 자연재해 등으로 발생

578 아동 인권 침해 •　　　•　㉢ 종교나 관습 등에 의한 여성 차별

579
▶ 25715-0323

다음은 학생이 작성한 형성 평가지이다. (가)에 해당하는 기본권에 대한 설명으로 옳은 것은?

형성 평가

◎ 문제: [　　　(가)　　　]의 종류에 대해 서술하시오.

◎ 학생 답안
국가 기관의 주요 공무원을 선출하는 권리, 국가 및 공공 단체의 구성원으로서 직무를 담당할 수 있는 권리, 국가 중요 정책이나 헌법 개정안을 투표로 결정할 수 있는 권리 등이 있다.

◎ 채점 결과: 모두 옳게 서술함

---

① 다른 기본권 보장의 전제 조건이 된다.
② 헌법에 열거하지 않더라도 보장받을 수 있다.
③ 인간의 존엄성을 보장하기 위한 본질적인 권리이다.
④ 국가의 정치 과정에 적극적으로 참여할 수 있는 권리이다.
⑤ 국가에 대해 인간다운 생활의 보장을 요구할 수 있는 권리이다.

580

▶ 25715-0324

다음 헌법 조항에 공통적으로 나타난 기본권에 대한 설명으로 옳은 것은?

- 모든 국민은 헌법과 법률이 정한 법관에 의하여 법률에 의한 재판을 받을 권리를 가진다.
- 타인의 범죄 행위로 인하여 생명·신체에 대한 피해를 받은 국민은 법률이 정하는 바에 의하여 국가로부터 구조를 받을 수 있다.

① 방어적 성격의 권리이다.
② 다른 기본권과 달리 그 자체가 목적인 권리이다.
③ 선거권 확대 운동은 이 권리를 얻기 위한 것이었다.
④ 최소한의 인간다운 생활을 보장하기 위한 권리이다.
⑤ 다른 기본권이 침해되었을 때 구제를 요구할 수 있는 권리이다.

581
▶ 25715-0325

다음 대화에 나타난 기본권 A로 옳은 것은?

갑: 변호사님, 어젯밤 경찰관들에게 체포되면서 체포를 하는 이유나 변호인의 도움을 받을 권리에 대해 아무런 이야기도 듣지 못했습니다.
변호사: 당신은 헌법에서 보장하는 기본권인 A를 침해당했습니다.

① 자유권　　② 평등권　　③ 참정권
④ 사회권　　⑤ 청구권

582
▶ 25715-0326

(가)에 들어갈 내용으로 가장 적절한 것은?

우리나라 헌법에서는 인권을 보장하기 위해 '이것'을 규정하고 있다. '이것'은 국민의 대표로 구성된 국회가 법률을 제정하고 이에 근거하여 국가를 운영하는 것을 말한다. 헌법에서는 국민의 권리와 의무에 관한 사항을 법률로 정하고 법률의 목적과 내용 또한 인권 보장에 적법한 형태로 규정하고 있다. 이를 통해 [　　　(가)　　　]하고자 한다.

① 사회 복지 정책을 확대하여 국민의 삶의 질을 개선
② 국가 권력을 강화하여 정책 추진의 효율성을 극대화
③ 국가 안보를 강화하여 외부의 위협으로부터 국민을 보호
④ 국가 경제의 안정적 성장을 촉진하여 국민의 복리를 증진
⑤ 국가 권력의 자의적인 행사를 예방하여 국민의 기본권을 보호

583
▶ 25715-0327

(가)~(다)에 해당하는 용어로 옳은 것은?

- A~C는 각각 사법부, 입법부, 행정부 중 하나이다.
- A는 법률을 제정하고, B는 정책을 집행하며, C는 법률을 적용하는 기관이다.
- [　(가)　]은 A가 B에 대해 행사하는 권력 견제 장치이다.
- [　(나)　]은 B가 C에 대해 행사하는 권력 견제 장치이다.
- [　(다)　]은 C가 A에 대해 행사하는 권력 견제 장치이다.

	(가)	(나)	(다)
①	국정 감사권	대법관 임명권	위헌 법률 심판 제청권
②	국정 감사권	대법원장 임명 동의권	명령·규칙 심사권
③	탄핵 소추권	대법관 임명권	대법원장 임명 동의권
④	탄핵 소추권	위헌 법률 심판 제청권	대법관 임명권
⑤	법률안 거부권	탄핵 소추권	명령·규칙 심사권

584
▶ 25715-0328

다음 헌법 조항에 대해 옳게 이해한 학생의 진술만을 〈보기〉에서 고른 것은?

> 제37조 ① 국민의 자유와 권리는 헌법에 열거되지 아니한 이유로 경시되지 아니한다.
> ② 국민의 모든 자유와 권리는 국가 안전 보장·질서 유지 또는 공공복리를 위하여 필요한 경우에 한하여 법률로써 제한할 수 있으며, 제한하는 경우에도 자유와 권리의 본질적인 내용을 침해할 수 없다.

〈 보기 〉

ㄱ. 기본권을 제한하려면 특별한 조건이 성립해야 하는군.
ㄴ. 헌법의 궁극적 목표는 국민의 권리 보장이라는 것을 알 수 있어.
ㄷ. 개인의 인권보다는 공동체의 안전이 더 중요하다는 것을 알 수 있어.
ㄹ. 헌법에 명시적으로 규정된 인권이 아니면 언제든지 권리 행사가 제한될 수 있군.

① ㄱ, ㄴ   ② ㄱ, ㄷ   ③ ㄴ, ㄷ
④ ㄴ, ㄹ   ⑤ ㄷ, ㄹ

585
▶ 25715-0329

갑국과 을국의 상황에 대한 옳은 설명만을 〈보기〉에서 있는 대로 고른 것은?

> 갑국과 을국 모두 여러 정당이 존재한다. 그러나 갑국은 건국 이래 A 정당이 계속 정권을 잡고 있으며, 다른 정당은 허울뿐인 조직에 불과하다. 반면, 을국은 다수의 정당들이 정권 획득을 목표로 치열한 경쟁을 벌인다.

〈 보기 〉

ㄱ. 갑국은 을국에 비해 독재의 가능성이 높다.
ㄴ. 을국은 갑국에 비해 인권 보장 측면에서 유리하다.
ㄷ. 을국은 갑국에 비해 다양한 정치적 의견이 공존할 것이다.
ㄹ. 을국에서는 갑국과 달리 민주적 정권 교체 가능성이 낮을 것이다.

① ㄱ, ㄴ   ② ㄱ, ㄹ   ③ ㄷ, ㄹ
④ ㄱ, ㄴ, ㄷ   ⑤ ㄴ, ㄷ, ㄹ

586 〔중요〕
▶ 25715-0330

(가)~(다)에 들어갈 내용으로 옳은 것은?

> 우리나라는 법원과 별도로 헌법과 관련된 분쟁을 심판하는 ___(가)___ 을/를 설치하여, 재판의 전제가 된 법률이 헌법에 위반되는지의 여부를 심판하는 위헌 법률 심판 제도와 법률이나 공권력이 헌법에 보장된 국민의 기본적 인권을 침해하는지의 여부를 심판하는 헌법 소원 심판 제도를 시행하고 있다. 이러한 제도를 통해 ___(가)___ 은/는 ___(나)___ 이 다른 법이나 국가 권력보다 우위에 있음을 분명히 하여 실질적 ___(다)___ 를 실현하는 데 핵심적인 역할을 수행하고 있다.

	(가)	(나)	(다)
①	대법원	법률	법치주의
②	대법원	헌법	입헌주의
③	헌법재판소	법률	민주주의
④	헌법재판소	헌법	법치주의
⑤	국가 인권 위원회	인권	법치주의

587
▶ 25715-0331

(가)에 해당하는 제도로 옳은 것은?

> 육군 훈련소에서 강제로 종교 행사에 참석하게 하는 행위는 종교의 자유를 침해하여 위헌이라는 헌법재판소 결정이 나왔다. △△씨는 육군 훈련소에서 군사 훈련을 받는 동안 주말 종교 행사에 불참하겠다는 의사를 밝혔으나, 계속된 권유에 결국 종교 행사에 참석하였다. 이에 △△씨는 육군 훈련소 내 종교 시설에서 개최되는 종교 행사 중 하나를 선택하여 참석하도록 하는 조치가 종교의 자유를 침해한다며 ___(가)___ 을 청구했다. 헌법재판소는 "종교 시설에서 개최되는 종교 행사에 참석을 강제한 것만으로 청구인이 신앙을 가지지 않을 자유와 종교적 집회에 참석하지 않을 자유를 제한하는 것"이라고 밝혔다.

① 행정 심판   ② 입법 청원
③ 국민 참여 재판   ④ 위헌 법률 심판
⑤ 헌법 소원 심판

588

▶ 25715-0332

표는 시민 참여의 유형 (가)~(라)를 분류한 것이다. (가)~(라)에 해당하는 옳은 사례만을 〈보기〉에서 있는 대로 고른 것은?

구분	개별적 참여	집단적 참여
일회성 참여	(가)	(나)
지속적 참여	(다)	(라)

〔 보기 〕

ㄱ. (가): 환경 개선을 촉구하는 서명 운동을 보고 서명에 참여하기
ㄴ. (나): 선거에서 환경 정책을 공약으로 내세운 후보에 투표하기
ㄷ. (다): 환경 관련 부처 홈페이지(누리집)에 환경 개선 정책 제안하기
ㄹ. (라): 환경 보호 단체를 결성하여 지속적으로 정부에 대책 요구하기.

① ㄱ, ㄴ　　　② ㄱ, ㄹ　　　③ ㄴ, ㄷ
④ ㄱ, ㄷ, ㄹ　　　⑤ ㄴ, ㄷ, ㄹ

589

▶ 25715-0333

교사의 질문에 대한 학생의 대답으로 옳은 것만을 〈보기〉에서 있는 대로 고른 것은?

교사: 1930년 영국은 식민지인 인도의 산업을 통제할 목적으로 소금법을 제정하여 인도 내 소금 생산을 금지하고 과도한 세금을 붙여 영국산 소금을 독점 판매하였습니다. 간디는 부당한 소금법의 폐지를 요구하였으나 받아들여지지 않자 영국 총독에게 저항했고 소금법을 반대하는 행진을 시작하였습니다. 이는 훗날 '소금 행진'으로 불리게 되었습니다. 이러한 '소금 행진'이 시민 불복종으로서 정당화되기 위한 조건에는 무엇이 있을까요?

〔 보기 〕

ㄱ. 공개적이며 비폭력적이어야 합니다.
ㄴ. 현행 법규를 위반하지 않는 범위 내에서 행해져야 합니다.
ㄷ. 사회 정의 실현을 목표로 하는 양심적인 행동이어야 합니다.
ㄹ. 다른 방법으로는 문제를 해결할 수 없을 때 사용되는 최후의 수단이어야 합니다.

① ㄱ, ㄴ　　　② ㄴ, ㄹ　　　③ ㄷ, ㄹ
④ ㄱ, ㄴ, ㄷ　　　⑤ ㄱ, ㄷ, ㄹ

590

▶ 25715-0334

다음 두 사례를 종합하여 추론할 수 있는 내용으로 가장 적절한 것은?

• 극단적인 인종 차별 정책인 '아파르트헤이트'가 존재하던 시절의 남아프리카 공화국에서 백인들은 전체 인구의 10% 미만이었고, 인구 대다수는 흑인이었다. 그러나 당시 사회적 소수자는 흑인들이었다.
• 미국 인구에서 흑인이 차지하는 비율은 약 12% 정도이고, 유태인이 차지하는 비율은 약 2% 정도이다. 그러나 유태인과 달리 흑인들에 대해서만 사회적 소수자 문제가 제기된다.

① 사회적 소수자를 규정하는 기준은 신체적 특징이다.
② 사회적 소수자는 단순히 수가 적은 사람들을 의미하는 것이 아니다.
③ 사회적 소수자는 교육, 고용의 기회를 제대로 보장받지 못하고 있다.
④ 사회적 소수자는 주류 집단에 비해 사회적 자원의 획득에서 불리하다.
⑤ 스스로가 차별받는 집단의 구성원임을 인식하고 있지 않아도 사회적 소수자로 분류된다.

591

▶ 25715-0335

사회적 소수자 문제의 해결 방안과 관련하여 다음 글이 강조하고 있는 내용으로 가장 적절한 것은?

사회적 소수자 문제를 다루고 있는 영화 '완득이'를 보면 신발 가게 아주머니와 앞집 아저씨가 베트남에서 온 완득이 어머니를 '저쪽 사람'으로 호명한다. 사회적 소수자를 그들이 사는 세상 바깥에 존재하는 비정상적인 사람들로 보는 것이다. 대부분의 사회적 소수자 문제는 이러한 배타적 태도에서 비롯됨을 분명히 인식하고, 이를 극복하기 위해 노력해야 한다.

① 의식 개혁보다 제도 개선에 주력해야 한다.
② 사회적 소수자에게 사회의 지배적 가치를 주입시켜야 한다.
③ 사회적 소수자 스스로가 차별을 해소하기 위해 노력해야 한다.
④ 사회적 소수자와 그렇지 않은 사람을 엄격하게 구분해야 한다.
⑤ 사회적 소수자에 대한 편견을 버리고 공존하려는 자세를 가져야 한다.

중요
592
▶ 25715-0336

다음은 근로 계약서의 일부이다. 이에 대한 설명으로 옳은 것은?
(단, 을은 중학교를 졸업하였음.)

근로 계약서

사업자 갑(40세)과 근로자 을(17세)은 다음과 같이 근로 계약
을 체결한다.
1. 계약 기간: 2025. 1. 1.~2025. 3. 31.
2. 근무 장소 및 업무 내용: ○○ 제과점 / 상품 계산 및 청소
3. 근로 시간: 오전 9시~오후 3시
  (휴게 시간: 오전 11시 30분~오후 12시 30분)
4. 근무일/휴일: 월~금 / 토, 일
5. 임금: 시간당 9,500원
* 2025년의 법정 최저 임금은 시간당 10,030원임

---

① 휴게 시간은 근로 기준법에 위배된다.
② 근로 시간은 근로 계약서에 명시하지 않아도 된다.
③ 근로 계약 체결 시 을은 법정 대리인의 동의가 필요하다.
④ 갑은 을에게 임금 전액을 현금이 아닌 상품권으로 지급할 수 있다.
⑤ 을이 근로 계약에 동의했으므로 법정 최저 임금을 요구할 수 없다.

593
▶ 25715-0337

다음 글의 ○○이 겪는 문제를 해결할 수 있는 옳은 방법만을
〈보기〉에서 있는 대로 고른 것은?

아버지와 단둘이 살고 있는 콩고 공화국의 소년 ○○은 10살
이다. 아버지는 지병이 있어 일을 할 수 없으며, 병원비가 없어
제대로 된 치료를 받지 못하고 있다. ○○은 새벽에 일어나면
1시간가량을 걸어서 코발트 광산에 간다. 코발트 광산에는 ○○
또래의 아이들이 많다. ○○을 비롯한 아이들은 밤까지 맨손으
로 코발트를 채취하고 운반하는 일을 한다. 하루에 12시간을
일하는 동안 쉬는 시간은 점심을 먹는 30분뿐이며, 이렇게 하
루 12시간씩 일하고 받는 일당은 원화로 1천 원에 불과하다.

〈 보기 〉

ㄱ. 국가의 정치적 의사 결정에 참여할 권리를 제한하여야 한다.
ㄴ. 개인의 자유를 보호하기 위해 국가의 개입이 축소되어야
  한다.
ㄷ. 사회 구성원을 보호하기 위한 각종 복지 정책이 마련되어
  야 한다.
ㄹ. 아동 인권에 대한 국제적인 관심을 토대로 국가 간의 공조
  나 연대가 이루어져야 한다.

---

① ㄱ, ㄷ   ② ㄴ, ㄹ   ③ ㄷ, ㄹ
④ ㄱ, ㄴ, ㄷ   ⑤ ㄱ, ㄴ, ㄹ

594
▶ 25715-0338

자료에 나타난 세계 인권 문제에 대한 적절한 해결 방안만을 〈보기〉
에서 있는 대로 고른 것은?

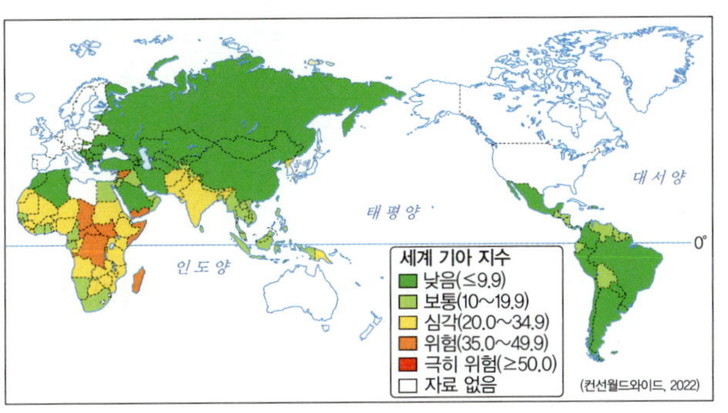

〈 보기 〉

ㄱ. 세계시민 의식과 공동체 의식을 함양한다.
ㄴ. 해당 국가의 주권에 해당하는 영역이므로 국제 사회는 관
  심을 자제해야 한다.
ㄷ. 국제 연합이나 비정부 기구를 통해 영양 부족 문제를 겪고
  있는 국가에 경제적 지원을 한다.
ㄹ. 가난한 국가에 대한 원조의 의무를 이행하지 않을 경우 강
  대국과 국제기구가 연합하여 처벌한다.

---

① ㄱ, ㄴ   ② ㄱ, ㄷ   ③ ㄷ, ㄹ
④ ㄱ, ㄴ, ㄹ   ⑤ ㄴ, ㄷ, ㄹ

595
▶ 25715-0339

(가)에 해당하는 인권 지수로 옳은 것은?

　(가)　는 국제 언론 감시 단체인 국경 없는 기자회(RSF)
가 2002년부터 매년 발표하는 것으로, 약 180개의 국가를 대
상으로 여러 국가의 기자와 언론 기관, 누리꾼이 향유하는 언
론 자유의 정도와 개별 국가가 이러한 권리를 준수하기 위해
얼마나 노력하고 있는지를 측정한다. 이 지수가 높을수록 언
론의 자유가 보장된 사회이며, 정치적 자유의 수준을 확인하
는 척도로 활용된다. 우리나라의 경우 2006년에 역대 최고인
31위를 보였지만 2023년 47위, 2024년 62위를 기록하였다.

---

① 성 불평등 지수   ② 세계 자유 지수
③ 세계 평화 지수   ④ 인간 개발 지수
⑤ 세계 언론 자유 지수

서답형 완성 문제

[596~597] 다음 글을 읽고 물음에 답하시오.

> 우리나라는 법체계에서 가장 상위에 있는 법, 즉 최고법인 　(가)　 을/를 토대로 ㉠ 국민의 인권을 보장하기 위한 여러 가지 제도적 장치를 마련하고 있다. 　(가)　 에는 국가의 권력 구조와 운영 원리 및 헌법으로 보장되는 국민의 기본적인 권리, 즉 　(나)　 이/가 규정되어 있어 통치자나 국가 기관이 권력을 남용하여 국민의 권리를 부당하게 침해할 수 없다.

596 (가), (나)에 해당하는 용어를 각각 쓰시오.　　　　　▶ 25715-0340

(가) – (　　　　　　　　)　　　　　　　　(나) – (　　　　　　　　)

597 밑줄 친 ㉠에 해당하는 것을 세 가지 서술하시오.　　　　　▶ 25715-0341

____

____

[598~599] 다음 글을 읽고 물음에 답하시오.

> 1950년대 미국 앨라배마주에는 흑백 분리법에 따라 버스 내 흑인과 백인의 좌석이 나뉘어 있었고, 흑인은 백인에게 자리를 양보해야 한다는 규정이 있었다. 그런데 만석이 된 버스에서 백인에게 자리를 양보할 것을 요구받은 흑인 여성 로자 파크스가 이를 거부하였고, 이로 인해 체포되었다. 흑인 사회는 로자 파크스 사건에 분노했고, 흑인들은 마틴 루터 킹 목사를 중심으로 그들에게 허용되지 않은 구역에서 자신들의 권리를 주장하다 경찰에 연행되었다. 1년간의 노력 끝에 결국 흑백 분리법은 위헌 판결을 받았고, 당시 흑인들의 행동은 부정의한 법이나 정책을 바로잡기 위해 의도적으로 법을 위반하는 행위인 　(가)　 의 대표적 사례로 역사에 남게 되었다.

598 (가)에 해당하는 용어를 쓰시오.　　　　　▶ 25715-0342

(　　　　　　　　)

599 (가)가 정당화되기 위한 조건 네 가지를 서술하시오.　　　　　▶ 25715-0343

____

____

1등급 고난도 문제

600
▶ 25715-0344

다음 사례에서 갑, 을이 침해받은 기본권의 공통적인 특징으로 옳은 것은?

- 갑은 아파트 경비실에서 근무하고 있는데 매월 최저 임금에 미치지 못하는 월급을 받고 있다.
- 을은 취업을 위해 노동조합에 가입하지 않는다는 조건으로 회사와 근로 계약서를 체결해야 했다.

① '국가로부터의 자유'에 해당한다.
② 청구권과 달리 소극적 성격을 가진 권리이다.
③ '기본권 보장을 위한 기본권'으로서의 성격을 가진다.
④ 국민이 국가의 정치 과정에 적극적으로 참여할 수 있는 권리이다.
⑤ 국민이 국가에 인간다운 생활의 보장을 요구할 수 있는 권리이다.

601
▶ 25715-0345

다음 자료에 대한 설명으로 옳은 것은?

표는 시민 참여의 사례 ㉠~㉣을 구분한 것이다. 정치 참여의 주체가 집단인지 개인인지에 따라 A 유형과 B 유형으로 구분되며, 시민 참여가 지속적인지 아닌지에 따라 C 유형과 D 유형으로 구분된다. 단, ㉡의 사례로는 '시민 단체가 오랜 기간 동안 정부에 청원과 집회를 통해 법률을 개정하게 한 것'을 들 수 있다.

구분	A 유형	B 유형
C 유형	㉠	㉡
D 유형	㉢	㉣

① ㉠에는 '갑이 공청회에 개인적으로 참석한 것'이 들어갈 수 있다.
② ㉡에는 '올림픽의 성공적 개최를 기원하는 지역 단체의 집회가 한 차례 열린 것'이 들어갈 수 있다.
③ ㉢에는 '을이 공공 기관의 홈페이지(누리집)에 개인적으로 일회성의 민원을 제기한 것'이 들어갈 수 있다.
④ ㉣에는 '정당이 매년 전당 대회를 열어 당 대표를 선출하는 것'이 들어갈 수 있다.
⑤ ㉢은 ㉡보다 정부의 정책 결정에 미치는 영향력이 더 큰 방법이다.

602
▶ 25715-0346

다음 글에서 을국 출신 이주 노동자가 사회적 소수자에 해당하는 이유만을 〈보기〉에서 고른 것은?

갑국과 을국은 같은 민족이 만든 국가이지만 갑국은 부유한 반면 을국은 가난하다. 20세기 중반 갑국에서는 육체노동을 필요로 하는 직종에서 노동력 부족 문제가 심각해지자 을국으로부터 대규모 이주 노동자를 받아들였고, 그들은 갑국의 경제 성장에 크게 기여하였다. 하지만 그들은 지금까지도 교육 수준이나 임금 수준 등에 있어서 갑국의 다른 국민에 비해 현저하게 낮은 상태에 있다. 이에 을국 출신 이주 노동자들은 단체를 결성하여 자신들에 대하여 가해지고 있는 차별을 철폐하기 위한 운동을 하고 있다.

〔 보기 〕

ㄱ. 주류 집단에 비해 인구 측면에서 소수에 해당한다.
ㄴ. 민족이 다르다는 이유로 주류 집단으로부터 배척당하고 있다.
ㄷ. 자신들이 주류 집단으로부터 차별받고 있다는 인식을 가지고 있다.
ㄹ. 사회적 희소가치의 배분에 있어서 주류 집단에 비해 열악한 대우를 받고 있다.

① ㄱ, ㄴ   ② ㄱ, ㄷ   ③ ㄴ, ㄷ
④ ㄴ, ㄹ   ⑤ ㄷ, ㄹ

603
▶ 25715-0347

(가)에 들어갈 수 있는 법적 조언으로 옳은 것은?

Q: 저(갑, 18세)와 제 동생(을, 17세)은 모두 고등학교에 다닙니다. 이번 방학에 용돈을 벌기 위해 아르바이트를 하려고 했는데, 마침 대형 마트에서 창고를 정리하는 아르바이트생을 구한다고 해서 찾아가 보려고 합니다. 저와 제 동생이 근로 계약 체결 시 주의해야 할 사항에는 무엇이 있을까요?

A: (가)

① 을과 달리 갑은 부모가 대리하여 근로 계약을 체결할 수 없습니다.
② 을과 달리 갑은 법정 대리인인 부모의 동의를 얻어야 근로 계약을 체결할 수 있습니다.
③ 연장 근로가 없다면 을과 달리 갑은 휴게 시간을 제외하고 1일에 8시간을 근로할 수 있습니다.
④ 갑, 을은 모두 하루에 1시간을 초과하여 연장 근로를 할 수 없습니다.
⑤ 갑, 을은 모두 부모의 동의를 얻어야 사용자에게 임금을 청구할 수 있습니다.

✪ 다음 중 옳은 내용에는 ○표, 옳지 않은 내용에는 ×표를 하시오.

01 인권의 의미와 현대 사회의 인권

604 인권은 인종, 성별, 사회적 신분 등에 관계없이 모든 인간이 평등하게 가지는 기본적인 권리이다. (   )

605 근대 이전의 사회에서는 대부분의 사람들에게 인권이 보장되었으나, 소수의 귀족과 성직자들만 차별을 받았다. (   )

606 프랑스 혁명(1789)은 주로 귀족과 성직자들이 주도하여 일어난 혁명으로, 재산권을 보호하기 위해 인간과 시민의 권리 선언을 발표하였다. (   )

607 바이마르 헌법은 제1차 세계 대전 이후 독일에서 제정된 헌법으로, 역사상 자유권을 처음으로 헌법에 명시하여 국민의 기본적인 생활 보장을 강조하였다. (   )

608 차티스트 운동과 여성 참정권 운동은 시민 혁명 이후에도 참정권을 보장받지 못한 사람들이 주도한 운동이다. (   )

609 세계 인권 선언(1948)은 인류 전체의 자유와 평등을 보장하며, 이를 어떤 개인이나 국가도 침해할 수 없다고 선언하였다. (   )

610 현대 사회에서 강조되는 환경권은 단순히 깨끗한 자연을 보호하는 것뿐만 아니라, 쾌적하고 건강한 생활 환경을 제공받을 권리를 포함한다. (   )

611 주거권은 헌법에 명시되어 있지 않으며, 정부나 지방 자치 단체의 정책에 따라 임의로 결정되는 권리이다. (   )

612 현대 사회에서는 정보 사회의 도래로 개인 정보 보호가 중요한 인권으로 강조되고 있으며, '잊힐 권리'와 같은 새로운 권리 개념이 등장하고 있다. (   )

02 인권 보장을 위한 헌법의 역할과 시민 참여

613 헌법은 국민의 인권을 보장하기 위해 국민의 기본권을 구체적으로 명시하고, 이를 보호하기 위한 제도적 장치를 마련한다. (   )

614 우리나라 헌법에서 보장하는 자유권에는 신체의 자유, 통신의 자유, 그리고 재산권 행사의 자유 등이 포함된다. (   )

615 참정권은 국민이 국가의 의사 결정에 참여할 수 있는 권리로, 선거권, 공무 담임권, 국민 투표권 등이 포함된다. (   )

616 복수 정당제는 두 개 이상의 정당이 활동하는 것을 제한하고, 국민의 정치적 견해를 하나로 통일하는 것을 목표로 한다. ( )

617 시민 불복종은 부당한 법이나 정책을 비폭력적인 방법으로 저항하는 행위로, 사회 정의를 실현하려는 목적으로 이루어진다. ( )

03 인권 문제의 양상과 해결 방안

618 사회적 소수자는 단순히 경제적 지위에 따라 결정되는 것이며, 경제적 지위가 낮지 않으면 사회적 소수자에 포함되지 않는다. ( )

619 사회적 소수자에 대한 차별 문제는 개인의 편견에 의해서만 발생한다. ( )

620 연소 근로자 노동에 대한 법적 규정에 따르면, 18세 미만의 연소 근로자는 1일 7시간 이내, 1주 35시간 이내의 근로가 가능하다. ( )

621 국제 사회는 인종 차별 철폐 협약, 여성 차별 철폐 협약 등을 통해 사회적 약자의 인권을 보호하기 위해 협력하고 있다. ( )

622 현대 사회에서는 환경 문제와 기후위기와 같은 국제 사회문제가 인권 문제로 부각되고 있으며, 이를 해결하기 위해서는 국제적인 협력이 필수적이다. ( )

623 세계 인권 문제를 해결하기 위해 국제 연합(UN)과 같은 국제기구는 난민 구호 활동, 개발 지원, 식량 제공 등 다양한 활동을 통해 문제 해결에 기여하고 있다. ( )

정답 확인 604 ○ 605 × 606 × 607 × 608 ○ 609 ○ 610 ○ 611 × 612 ○ 613 ○ 614 ○ 615 ○ 616 × 617 ○
618 × 619 × 620 ○ 621 ○ 622 ○ 623 ○

오답 체크

605 근대 이전에는 귀족과 성직자들이 권력을 독점하고, 대부분의 평민들이 차별을 받았다.

606 프랑스 혁명은 시민 계급이 주도하여 일어났으며, 인간과 시민의 권리 선언을 통해 자유권과 평등권을 강조하였다.

607 바이마르 헌법은 제1차 세계 대전 이후 독일에서 제정된 헌법으로, 역사상 사회권을 처음으로 헌법에 명시하여 국민의 기본적인 생활 보장을 강조하였다.

611 주거권은 헌법에 명시된 기본 권리로, 정부와 지방 자치 단체는 이를 보장하기 위해 정책을 수립해야 한다.

616 복수 정당제는 다양한 정당이 자유롭게 활동할 수 있도록 하여 국민의 다양한 정치적 견해를 반영하는 것을 목표로 한다.

618 사회적 소수자는 경제적 지위뿐만 아니라 인종, 성별, 나이, 장애 등 다양한 이유로 차별을 받는 집단을 포함한다.

619 사회적 소수자에 대한 차별 문제는 개인의 편견뿐만 아니라 제도적 차별에 의해서도 발생한다.

대단원 종합 문제

01 인권의 의미와 현대 사회의 인권

624

▶ 25715-0348

밑줄 친 ㉠~㉢에 해당하는 인권의 특징으로 옳은 것은?

> ㉠인류 구성원 모두가 ㉡원래부터 존엄성과 동등하고도 ㉢누구도 침해할 수 없는 권리를 가지고 있다는 점을 인정하는 것이 자유롭고 정의로우며 평화로운 세상을 이루는 밑바탕이 된다.

	(가)	(나)	(다)
①	보편성	천부성	불가침성
②	보편성	불가침성	천부성
③	보편성	항구성	불가침성
④	천부성	보편성	불가침성
⑤	천부성	보편성	항구성

625

▶ 25715-0349

교사의 질문에 대한 학생의 대답으로 옳은 것은?

> 제163조 ② 모든 독일 국민은 경제적 노동을 통해 생활비를 마련할 기회를 보장받아야 하며, 적절한 노동의 기회를 갖지 못하는 자에 대하여는 필요한 생계비를 지급한다.

교사: 위 내용은 독일 바이마르 헌법의 일부입니다. 이를 통해 알 수 있는 독일 바이마르 헌법이 갖는 의의에 대해 발표해 볼까요?

① 국민 주권의 원리와 저항권을 규정하였습니다.
② 권력 분립, 소유권 불가침의 원칙을 강조했습니다.
③ 의회 중심의 입헌 군주제가 시작되는 데 큰 기여를 했습니다.
④ 제2차 세계 대전 이후 인권의 국제적 기준을 제시하였습니다.
⑤ 최초로 사회권을 규정하여 복지 국가 헌법에 영향을 끼쳤습니다.

626

▶ 25715-0350

밑줄 친 ㉠~㉢에 대한 옳은 설명만을 〈보기〉에서 고른 것은?

> 프랑스의 법률가인 카렐 바사크는 프랑스 혁명의 이념을 근거로 역사적으로 확장된 권리를 표와 같이 구분하였다.
>
> | 구분 | 인권 목록 |
> |---|---|
> | 1세대 인권 | • ㉠ 노예적 예속 상태로부터의 자유
• 생명과 자유, 안전에 관한 권리 등 |
> | 2세대 인권 | • ㉡ 사회 보장을 받을 권리
• 교육에 관한 권리 등 |
> | 3세대 인권 | • 평화에 관한 권리
• ㉢ 인도주의적 재난 구제를 받을 권리 등 |

〔 보기 〕

ㄱ. ㉠은 국가의 적극적인 개입을 요구하는 권리이다.
ㄴ. ㉡은 자본주의의 문제점을 해결하는 과정에서 등장하였다.
ㄷ. ㉢은 집단적이고 연대적인 성격의 권리이다.
ㄹ. ㉢은 ㉠, ㉡과 달리 시민 혁명을 계기로 보장받기 시작하였다.

① ㄱ, ㄴ ② ㄱ, ㄷ ③ ㄴ, ㄷ
④ ㄴ, ㄹ ⑤ ㄷ, ㄹ

627

▶ 25715-0351

현대 사회에서 새롭게 강조되는 인권 A로 옳은 것은?

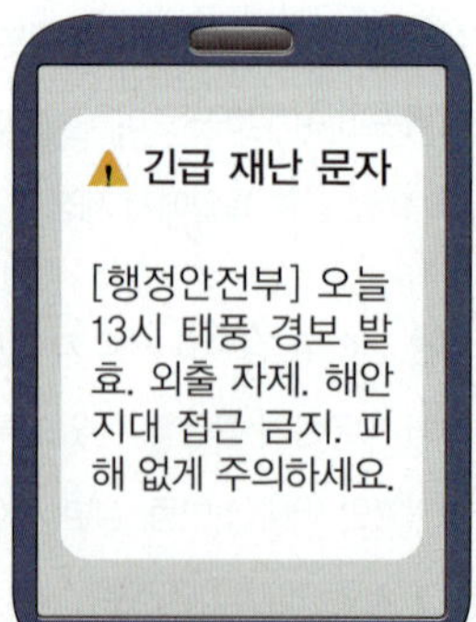

A를 보장하기 위한 노력의 사례

정부는 재난 상황이 발생하면 재난 문자를 발송하여 국민에게 재난 상황을 신속히 알리고 있다.

① 안전권 ② 환경권 ③ 주거권
④ 문화권 ⑤ 참정권

628

▶ 25715-0352

다음 자료의 (가)에 들어갈 권리에 대한 옳은 설명만을 〈보기〉에서 고른 것은?

> 교사: 현대 사회에서 인권의 개념이 확장되면서 나타나게 된 권리 중 ___(가)___ 에 대해 설명해 볼까요?
> 갑: 경제적, 문화적 배경과 상관없이 누구나 문화생활을 향유할 수 있는 권리를 말합니다.
> 을: 표현의 자유 보장을 통해 차별화된 문화 양식을 만들 수 있는 권리를 말합니다.
> 병: 이를 보장하기 위해 우리나라 헌법은 '모든 국민은 문화적 생활의 모든 영역에 있어서 차별을 받지 아니한다.'라고 규정하고 있습니다.
> 교사: 모두 옳게 설명했습니다.

〔 보기 〕
ㄱ. 사회의 다양성 확대에 기여하는 권리이다.
ㄴ. 문화적 정체성 확립에 도움을 주는 권리이다.
ㄷ. 쾌적한 주거 환경 조성을 강조하는 권리이다.
ㄹ. 전염병으로부터 국민의 안전을 보장해 주는 권리이다.

① ㄱ, ㄴ   ② ㄱ, ㄷ   ③ ㄴ, ㄷ
④ ㄴ, ㄹ   ⑤ ㄷ, ㄹ

02　**인권 보장을 위한 헌법의 역할과 시민 참여**

629

▶ 25715-0353

다음 헌법 조항에 대한 설명으로 가장 적절한 것은?

> 제37조 ② 국민의 모든 자유와 권리는 국가 안전 보장·질서 유지 또는 공공복리를 위하여 필요한 경우에 한하여 법률로써 제한할 수 있으며, 제한하는 경우에도 자유와 권리의 본질적인 내용을 침해할 수 없다.

① 기본권은 국가에 의해 부여되는 권리임을 밝히고 있다.
② 국민의 기본권 보장과 국가의 이익은 양립할 수 없음을 보여 준다.
③ 기본권은 헌법에 구체적으로 열거된 것만 보장됨을 강조하고 있다.
④ 국가 권력에 의해 국민의 기본권을 효율적으로 제한하는 방법을 제시하고 있다.
⑤ 법률에 의해 기본권을 제한하더라도 그 제한에 있어 한계가 있음을 밝히고 있다.

[630~631] 다음 자료를 보고 물음에 답하시오.

> 프랑스의 정치 철학자 몽테스키외(Montesquieu)는 유럽의 거의 모든 나라를 여행하며 각 나라의 풍습과 제도를 살피고, 군주정과 전제정, 공화정 등 다양한 정치 체제를 20여 년 동안 비교·연구하여 『법의 정신』을 집필하였다. 몽테스키외는 이 책에서 권력을 ⊙입법권, ⓒ행정권, ⓒ사법권으로 나누고, 나뉜 권력이 서로 감시하는 견제와 균형의 원리를 추구해야 ___(가)___ 할 수 있다고 주장하였다.

630

▶ 25715-0354

위 자료에 대한 옳은 설명만을 〈보기〉에서 고른 것은?

〔 보기 〕
ㄱ. ⊙은 어떤 문제에 대하여 법을 적용하여 그 적법성과 위법성을 판단하는 권한을 의미한다.
ㄴ. 우리나라의 경우 ⓒ은 국회가 담당한다.
ㄷ. 우리나라의 경우 ⊙에 대한 ⓒ의 견제 장치로는 법률안 거부권을 들 수 있다.
ㄹ. (가)에는 '국가 권력의 남용을 막고 국민의 인권을 보장'이 들어갈 수 있다.

① ㄱ, ㄴ   ② ㄱ, ㄷ   ③ ㄴ, ㄷ
④ ㄴ, ㄹ   ⑤ ㄷ, ㄹ

631

▶ 25715-0355

우리나라에서 ⓒ에 대한 ⓒ의 견제 장치를 한 가지 쓰시오.

(　　　　　　　　　　)

632

▶ 25715-0356

밑줄 친 '이 원리'를 구체적으로 실현하는 제도만을 〈보기〉에서 고른 것은?

> 이 원리는 국가의 의사를 결정하는 최고 권력인 주권이 국민에게 있다는 것을 의미한다. 이는 정치권력의 행사가 국민의 동의를 바탕으로 이루어짐을 분명히 하는 것으로, 우리나라의 경우 "대한민국은 민주 공화국이다.", "대한민국의 주권은 국민에게 있고, 모든 권력은 국민으로부터 나온다."와 같은 헌법 조항에 이 원리가 반영되어 있다.

〔 보기 〕
ㄱ. 선거 제도　　　　　　ㄴ. 사회 보장 제도
ㄷ. 국민 투표 제도　　　　ㄹ. 기본권 구제 제도

① ㄱ, ㄴ   ② ㄱ, ㄷ   ③ ㄴ, ㄷ
④ ㄴ, ㄹ   ⑤ ㄷ, ㄹ

[633~634] 다음 자료를 보고 물음에 답하시오.

〈기본권의 유형 중 [(가)] 침해 사례〉

- △△ 물류 창고에서 일주일 동안 아르바이트생으로 근무하고 있는 갑은 단기간만 일을 한다는 이유로 최저 임금에 미달하는 급여를 받았다.
- ○○ 시청은 새 청사를 건축 중에 있는데, 공사 현장 근처에 살고 있는 을은 심한 먼지와 소음으로 많은 정신적 · 육체적 피해를 겪고 있다.

633
▶ 25715-0357

(가)에 들어갈 기본권 유형을 쓰시오.

(   )

634
▶ 25715-0358

(가)에 들어갈 기본권의 유형의 의미와 성격을 각각 서술하시오.

635
▶ 25715-0359

교사의 질문에 대한 학생의 대답으로 옳지 않은 것은?

① 입법 청원을 통해 의회에 특정 법률의 제정 또는 개정 등을 문서로 요청할 수 있습니다.
② 민주주의 사회의 가장 기본적인 시민 참여 방법인 선거에 참여하여 대표에 정당성을 부여할 수 있습니다.
③ 정치적 견해를 같이 하는 사람들이 모인 집단인 정당에 가입하여 정책 제안을 위한 여론 형성 활동을 할 수 있습니다.
④ 해당 집단의 특수 이익을 추구하기 위해 모인 사람들이 자발적으로 조직한 단체인 시민 단체에 가입하여 정부 정책에 영향력을 행사할 수 있습니다.
⑤ 국가의 중요한 정책의 결정 및 법령을 제정 또는 개정하기 전 이해관계자나 해당 분야의 전문가들로부터 의견을 듣는 제도인 공청회에 참여하여 의견을 제시할 수 있습니다.

636
▶ 25715-0360

다음 자료에서 학생이 받을 점수로 옳은 것은?

통합사회 형성 평가

◎ **문제:** 시민 불복종의 정당화 조건에 관한 설명이 옳은 경우 '예', 옳지 않은 경우 '아니요'라고 쓰시오. (정답인 항목당 1점 부여)

◎ **학생 답안**

정당화 조건	답란
위법 행위에 대한 처벌을 감수해야 한다.	예
비폭력적인 방법을 통해서 이루어져야 한다.	예
공익을 위해 비공개적으로 이루어져야 한다.	예
사회 정의 실현을 목표로 하는 행위여야 한다.	예
다른 방법으로는 해결할 수 없는 최후의 수단이어야 한다.	아니요

① 1점   ② 2점   ③ 3점   ④ 4점   ⑤ 5점

---

03 인권 문제의 양상과 해결 방안

637
▶ 25715-0361

밑줄 친 ⊙~ⓒ에 대한 옳은 설명만을 〈보기〉에서 있는 대로 고른 것은?

제14조(정당한 ⊙ <u>편의 제공 의무</u>)

1. ⓛ <u>장애인</u>의 통학 및 교육 기관 내에서의 이동 및 접근에 불이익이 없도록 하기 위한 각종 이동용 보장구의 대여 및 수리
3. ⓒ <u>장애로 인한 학습 참여의 불이익을 해소하기 위한</u> 확대 독서기, 보청기기, 높낮이 조절용 책상, 각종 보완 · 대체 의사소통 도구 등의 대여 및 보조견의 배치나 휠체어의 접근을 위한 여유 공간 확보

〔 보기 〕

ㄱ. ⓛ은 생물학적 특성이 아닌 문화적 특성에 의해 사회적 소수자로 규정된다.
ㄴ. 장애인에 대한 배려심 부족은 ⓒ을 발생시키는 요인이 될 수 있다.
ㄷ. ⊙은 ⓛ에 대한 역차별을 야기할 우려가 있다.

① ㄱ   ② ㄴ   ③ ㄱ, ㄷ
④ ㄴ, ㄷ   ⑤ ㄱ, ㄴ, ㄷ

638
▶ 25715-0362

그림의 (가)에 들어갈 수 있는 내용으로 옳은 것은?

인터넷 상담 게시판
Q. 저는 16세이며 고등학생입니다. 저는 방학 기간인 현재 동네의 한 식당에서 아르바이트를 하고 있습니다. 그런데 (가) 이건 근로 기준법에 위반된 것 아닌가요?
└ A. 말씀하신 사례는 근로 기준법에 위반된 경우가 아닙니다.

① 저를 대리하여 부모님이 근로 계약을 체결하도록 하였어요.

② 사장님이 미성년자라는 이유로 매달 임금 전액을 부모님에게 지급하였어요.

③ 근로 계약서상 임금은 사장님이 자금 사정이 괜찮은 날에 지급한다고 기재되어 있어요.

④ 근로 계약을 체결한 후 사장님으로부터 받은 계약서를 보니 근로 시간과 임금만 기재되어 있었어요.

⑤ 사장님이 주 5일 동안 근무일에 오후 10시까지 하루 8시간씩 근로하기를 원해 제가 부모님의 동의를 얻어 합의했어요.

639
▶ 25715-0363

세계 인권 문제와 관련하여 다음과 같은 국제기구가 필요한 이유로 가장 적절한 것은?

국경 없는 기자회	국경 없는 의사회
표현의 자유와 언론의 자유를 증진하고 언론인들의 인권을 보호하기 위해 설립된 국제적인 비영리, 비정부 기구이다.	세계 어느 지역이든 전쟁·기아·질병·자연재해 등이 발생하여 의사의 구조를 필요로 하는 상황이 발생하면 주민들의 구호에 임하기 위해 청년 의사와 언론인 등이 만든 단체이다.

① 개인적 차원에서 인권 문제를 해결하기 위해

② 국제적 연대를 통해 인권 문제를 해결하기 위해

③ 강대국들을 중심으로 국제 질서를 유지하기 위해

④ 개별 국가의 자체적인 노력으로 인권 문제를 해결하기 위해

⑤ 특정 국가의 이해관계를 반영하여 인권 문제를 해결하기 위해

640
▶ 25715-0364

밑줄 친 ㉠~㉣에 대한 설명으로 옳은 것은?

오늘날은 시민 의식의 성장과 함께 국가별로 헌법과 같은 제도적 장치를 갖추고 있어서 시민의 인권이 과거와 비교하여 한층 잘 보장되고 있는 것이 사실이다. 그러나 아직까지도 국제 사회의 일부 지역에서는 빈곤, 내전, 관습, 종교 등 여러 가지 요인에 의해 인권 침해가 발생하는 경우가 있다. 국제 사회의 대표적인 인권 문제는 ㉠ 난민 및 기아 문제, ㉡ 성차별, ㉢ 국민의 기본권 침해, ㉣ 아동 학대 등이 있다.

① ㉠은 종교적 이유 때문에 발생하는 경우가 대부분이다.

② ㉡은 사회 구조적 문제보다는 개인적인 능력 차이로 인해 발생하는 경우가 많다.

③ ㉢이 심각한 나라들은 국가 권력이 국민의 자유와 평등을 해치는 경우가 많다.

④ ㉣의 문제는 주로 저개발국보다 선진국에서 많이 발생한다.

⑤ ㉡과 달리 ㉣은 국제적인 연대로 해결책을 모색할 필요가 있다.

641
▶ 25715-0365

다음 자료에 대한 옳은 분석만을 〈보기〉에서 있는 대로 고른 것은?

표는 갑국의 A 지역과 B 지역의 주민 총 2,000명을 대상으로 "㉠ 국내에 체류하고 있는 난민에게 생계비 지원, 정착비 지원 등과 같은 사회 보장을 하는 것에 대해 어떻게 생각하는가?"라는 질문의 응답 결과를 나타낸다. 단, 갑국은 A 지역과 B 지역만으로 구성되며, 각 지역의 주민은 남성과 여성을 합해 1,000명이고, 무응답이나 복수 응답은 없다.

〈A 지역〉 (단위: %)

구분	찬성	보통	반대
남성	49	29	22
여성	48	30	22

〈B 지역〉 (단위: %)

구분	찬성	보통	반대
남성	65	20	15
여성	67	19	14

〈 보기 〉

ㄱ. A 지역 응답자의 절반 이상이 ㉠에 대해 '찬성'으로 응답하였다.

ㄴ. ㉠에 대해 '반대'로 응답한 사람은 A 지역이 B 지역보다 많다.

ㄷ. A 지역이 B 지역보다 국내 체류 난민에 대한 각종 지원 정책 수립에 긍정적이다.

① ㄱ   ② ㄴ   ③ ㄱ, ㄷ

④ ㄴ, ㄷ   ⑤ ㄱ, ㄴ, ㄷ

642

2024학년도 6월 고1 학력평가

밑줄 친 '인민 헌장'에 대한 설명으로 가장 적절한 것은?

① 명예혁명의 배경이 되었다.
② 참정권 확장의 계기가 되었다.
③ 미국 독립 선언의 기초가 되었다.
④ 인권 보장의 국제적 기준을 제시하였다.
⑤ 모든 사회적 차별 철폐를 주요 내용으로 한다.

643

2024학년도 6월 고1 학력평가

다음은 교사가 학생에게 쓴 메일의 일부이다. 이에 대한 설명으로 옳은 것은?

RE: '오늘날 새롭게 보장되고 있는 인권' 발표 자료 보내요.

보낸 사람 교사 〈teacher@mail.net〉
받는 사람 학생 (1학년 △반 ○○○) 〈student@mail.net〉

메일 잘 받았어요. 그런데 보내준 ㉠ '자료 1~자료 4' 중에서 1개는 ㉡ ○○○ 학생이 발표하기로 한 권리와는 ㉢ 다른 권리를 다루고 있습니다. 이 부분만 수정해서 다시 보내주세요.

자료 1　　　관련 '법' 소개	자료 2　　　관련 '정책' 소개
제1조(목적) 이 법은 주거 복지 등 주거 정책의 수립·추진 등에 관한 사항을 정하고 …(중략)… 국민의 주거 안정과 주거 수준의 향상에 이바지하는 것을 목적으로 한다.	(가)

자료 3　　　관련 '웹툰' 소개	자료 4　　　관련 '신문 기사' 소개
집 걱정 없이 살 수 있을까?	○○시에서는 다양한 계층의 아이들이 문화생활에서 차별을 받지 않도록 '꿈의 오케스트라'를 운영하고 있다. 이 음악 프로그램은 1975년 베네수엘라의 불우 청소년들을 위한 '엘 시스테마(El Sistema)'를 모태로 하고 있다.

① ㉠에 해당하는 자료는 '자료 1'이다.
② ㉢은 각종 위험으로부터 안전을 보호받을 권리이다.
③ ㉡은 ㉢과 달리 인권의 범위가 넓어지면서 등장한 권리이다.
④ ㉢은 ㉡과 달리 대기의 질이 나빠지면서 등장한 권리이다.
⑤ (가)에는 취약 계층에게 임대 주택을 우선 공급하는 정책의 내용이 들어갈 수 있다.

644

기본권의 유형 A~C에 대한 설명으로 옳은 것은? (단, A~C는 각각 자유권, 평등권, 사회권 중 하나임.)

- 갑은 출근하던 중 지하철에서 경찰관에게 체포되었다. 하지만 이 과정에서 체포의 이유 및 변호인의 조력을 받을 권리를 전혀 고지받지 못해 [A]를 침해당했다.
- 을은 열악한 고시원에서 살고 있다. 최저 주거 기준에 미치지 못하는 고시원 시설로 인해 인간다운 생활을 할 권리인 [B]를 침해당했다.
- 평소 간호사가 되고 싶었던 병은 ○○병원 간호사 채용 시험에 응시하였다. 그러나 합리적 이유 없이 성별만을 이유로 채용에서 배제되어 [C]를 침해당했다.

① A의 예로 교육을 받을 권리를 들 수 있다.
② B는 국가 권력으로부터 간섭받지 않을 방어적 권리이다.
③ C는 가장 최근에 등장한 현대적 권리이다.
④ B는 A와 달리 국가의 존재를 전제로 한 적극적 권리이다.
⑤ C는 B와 달리 다른 기본권 보장을 위한 수단적 성격의 권리이다.

645

다음 사례에서 부각되는 사회적 소수자의 특징으로 가장 적절한 것은?

유럽의 식민지 경쟁으로 흑인들이 살고 있던 ○○국에 백인들이 유입되었다. ○○국 전체 인구의 10% 정도를 차지하는 백인들이 점차 권력을 잡아갔다. 정권을 잡은 소수의 백인들로부터 다수의 흑인들은 거주 공간·직업·투표권을 제한당하는 등 사회 전반에 걸쳐 차별을 받았다.

① 사회적 소수자는 집단의 크기에 의해 결정되는 것이 아니다.
② 사회적 소수자에 대한 차별은 개인적 능력 차이에 기인한다.
③ 사회적 소수자를 규정하는 기준은 절대적이며 변하지 않는다.
④ 사회적 소수자는 해당 사회에서 지배적인 영향을 끼치는 집단과 동일한 신체적 특징을 가지고 있다.
⑤ 사회적 소수자는 해당 사회에서 지배적인 영향을 끼치는 집단보다 경제적 자원 획득에 유리한 위치에 있다.

01 정의의 의미와 실질적 기준

① 정의의 의미와 필요성

1. 정의의 의미

(1) 의미

① 옳음 또는 공정함과 유사한 의미로 여겨짐
② 인간이 지켜야 할 올바른 도리 또는 사회를 구성하고 유지하는 공정한 도리
③ 각자에게 마땅히 받을 몫이 공정하게 분배되는 것

(2) 정의의 의미에 대한 다양한 입장

맹자	정의란 잘못을 부끄러워하고 이익에 집착하지 않는 올곧음 혹은 의로움[義]을 의미함
그리스 신화	정의의 여신상은 모두에게 공평하고 공정한 기준[저울]을 적용해야 함과 강력한 제재[칼]를 통한 정의 실현을 상징함
플라톤	정의란 구성원 각자가 타고난 성향에 따라 맡은 일에서 탁월함[덕]을 발휘하여 조화를 이룬 상태를 의미함
벤담	정의란 최대 다수의 사람이 최대 행복을 얻는 것, 즉 사회적 이익의 극대화를 의미함
롤스	정의란 사회 제도의 제1덕목으로서, 법이나 제도가 효율적이고 질서 정연하더라도 정의롭지 못하면 개선 또는 폐기되어야 함

 플라톤의 정의

> 나라를 수립하고자 할 때 늘 준수해야 하는 올바름은 각자가 나라와 관련된 일들 가운데 자기 성향에 가장 적합한 한 가지 일에 종사해야 한다는 것이다. 나아가 자신의 일은 하되 남의 일에는 참견하지 않는 것이 올바름이다. …(중략)… 장인이나 상인이 재화와 같은 것의 힘을 빌려 방위자가 되거나 또는 방위자가 그럴 자격도 없으면서 통치자가 된다면, 그것은 나라에 파멸을 가져올 것이다.
>
> – 플라톤, 『국가』 –

자료 분석 | 플라톤은 인간은 태어날 때부터 성향이 서로 달라서 저마다 다른 일을 하는 데에 적합하다고 보고, 통치자, 방위자, 생산자라는 세 계층이 각각 사회적 역할을 분담하여 그에 맞는 탁월성을 발휘할 때 국가는 정의롭게 된다고 보았다. 또한 세 계층의 사람이 서로 참견하거나 일을 바꾸는 것은 국가에 해악이 된다고 보았다.

2. 아리스토텔레스의 정의

(1) 정의: 일반적 정의와 부분적[특수적] 정의로 구분
(2) 부분적 정의: 분배적 정의와 교정적 정의 등으로 구분

일반적 정의		준법으로서의 정의: 공동의 이익을 추구하는 법을 지키는 것은 정의이고, 지키지 않는 것은 부정의임
부분적 정의	분배적 정의	명예, 권력, 부와 같은 사회적 가치를 각 사람의 가치에 따라 공정하게 분배하는 것
	교정적 정의	타인에게 해악 또는 이익을 준 만큼 보상하게 또는 보상받게 함으로써 서로 동등하지 않은 것을 바로잡는 것

 아리스토텔레스의 부분적 정의

> • 부분적 정의의 한 종류는 명예나 돈 혹은 정치 체제를 함께하는 사람들 사이에서 나눌 수 있는 것들의 분배에서 성립한다. 당사자들이 동등함에도 동등하지 않은 몫을, 혹은 동등하지 않음에도 동등한 몫을 분배받으면 싸움과 불평이 생겨난다. 각자의 가치에 따라 비례적으로 분배해야 한다.
>
> • 다른 한 종류의 부분적 정의는 상호 교섭에서 성립하는 교정적 정의이다. 어떤 사람은 손해를 입히고 다른 사람은 손해를 입은 경우, 그 손해의 차이에만 주목하여 서로 동등하지 않은 것을 동등하게 만들어야 한다.
>
> – 아리스토텔레스, 『니코마코스 윤리학』 –

자료 분석 | 아리스토텔레스에게 분배적 정의는 구성원들 사이에서 나눌 수 있는 것, 즉 명예, 부와 같은 것을 각자의 가치에 따라 공정하게 분배하는 것을 말한다. 같은 것은 같게, 다른 것은 다르게 비례적으로 분배하는 것이 정의롭다. 교정적 정의는 상호 교섭에서 발생한 손해와 이익의 차이에만 주목하여 손해에 대한 보상과 이익에 대한 돌려받음을 통해 해악을 바로잡고자 한다.

3. 분배적 정의와 교정적 정의

(1) 분배적 정의: 사회적 이익과 사회적 부담을 어떤 기준으로 분배하는 것이 공정한지에 관한 정의
① 사회적 이익의 예: 기본 권리, 기회, 지위와 직책, 부와 소득 등
② 사회적 부담의 예: 사회적 책임, 세금 등

(2) 교정적 정의: 부정의나 불법적 행위를 어떤 기준과 원칙에 의해 바로잡는 것이 공정한지에 관한 정의

 응보주의와 공리주의

> • 형벌은 결코 범죄자 자신이나 시민 사회의 선을 촉진하기 위한 수단으로 가해서는 안 되고, 오직 그가 범죄를 저질렀기 때문에 가해져야 한다. 오직 엄격한 보복법만이 형벌의 질과 양을 명확하게 제시한다. 예를 들어 살인에 대한 최상의 동등은 사형이다.
>
> – 칸트, 『윤리 형이상학』 –
>
> • 처벌의 목적은 오직 범죄자가 시민들에게 새로운 해악을 입힐 가능성을 방지하고, 타인들이 유사한 행위를 할 가능성을 억제시키는 것이다. 예를 들어 사형을 대체한 종신 노역형만으로도 가장 완강한 자의 마음을 억제시키기에 충분하다. 종신 노역형은 사형 이상의 확실한 효과를 가져온다.
>
> – 베카리아, 『범죄와 형벌』 –

자료 분석 | 응보주의 입장인 칸트는 처벌의 본질은 범죄 행위에 대한 응당한 보복이라고 보았다. 칸트는 범죄에 상응하는 동등한 형벌을 부과해야 한다고 보고, 살인범은 사형에 처해져야 한다고 주장하였다. 공리주의적 입장인 베카리아는 처벌은 범죄 예방과 범죄자에 대한 교화를 통해 사회적 이익을 증진하기 위한 수단이라고 보았다. 베카리아는 지속적인 본보기가 되어 예방 효과가 큰 종신 노역형이 사형보다 바람직하다고 주장하였다.

4. 정의의 필요성

(1) **구성원의 기본적 권리 보장**: 정의로운 사회에서 개인은 자유와 기본적 권리를 보장받을 수 있고 개인선을 실현할 수 있음
(2) **사회 통합 실현에 기여**: 정의가 실현되면 구성원 간 이해 갈등이 공정하게 해결되어 상호 신뢰와 협력이 강화되고 공동선을 실현할 수 있음

② 분배적 정의의 실질적 기준

1. 업적에 따른 분배: 각자의 업적과 기여 정도에 따라 분배하는 것

장점	• 업적에 대한 객관적 측정과 평가가 용이하여 공정성을 확보할 수 있음 • 성취 동기가 높아져 생산성을 높일 수 있음
단점	• 서로 다른 종류의 업적의 가치를 측정하는 기준 마련이 어려울 수 있음 • 사회적 약자의 처지 개선이 어려울 수 있음

2. 능력에 따른 분배: 각자의 육체적 능력 또는 정신적 능력에 따라 분배하는 것

장점	• 능력이 뛰어난 사람에게 적절한 대우를 할 수 있음 • 잠재적 능력을 적극적으로 계발하고자 하는 동기를 부여할 수 있음 • 구성원들의 능력이 계발되어 사회의 발전에 기여할 수 있음
단점	• 능력을 측정하는 객관적 기준을 마련하기 어려울 수 있음 • 능력을 갖춤에 있어 우연적 요소(가정 환경, 타고난 재능 등)가 개입될 수 있음

3. 필요에 따른 분배: 사회의 모든 구성원이 기본적 욕구를 충족할 수 있도록 분배하는 것

장점	• 사회적 약자의 인간다운 삶을 보장할 수 있음 • 다양한 복지 제도와 사회 안전망을 마련하여 사회 불평등을 완화할 수 있음
단점	• 모든 구성원의 필요와 욕구를 충족시키는 것이 어려울 수 있음 • 일하고자 하는 동기가 약화될 수 있음 • 경제적 효율성이 저하될 수 있음

시험 빈출 자료 **왈처의 다양한 분배 기준**

> 어떤 사회적 가치 X도 X의 의미와는 상관없이 단지 누군가가 다른 가치 Y를 가지고 있다는 이유만으로 Y를 소유한 사람들에게 분배되어서는 안 된다. — 마이클 왈처, 『정의와 다원적 평등』

자료 분석 | 왈처는 공동체의 역사적, 문화적 맥락에 따른 다양한 정의의 기준을 인정하고, 사회적 가치들의 특수한 의미에 따라 분배 기준이 달라야 한다고 보았다. 안전은 필요, 돈은 자유 교환, 기본 교육은 평등에 의해 분배되어야 한다는 것이다. 왈처는 하나의 가치가 다른 영역을 지배하는 것을 전제라고 보고, 돈을 가졌다는 이유로 권력 등 다른 영역까지 지배하게 되는 사회는 전제적이라고 보았다.

정답과 해설 **58쪽**

❂ **빈칸에 들어갈 알맞은 말을 쓰시오.**

646 일반적으로 (   )은/는 각자에게 마땅히 받을 몫이 공정하게 분배되는 것을 의미한다.

647 아리스토텔레스는 정의를 (   ) 정의와 부분적 정의로 구분하였다.

648 아리스토텔레스는 (   ) 정의란 명예, 부와 같은 사회적 가치를 각 사람의 가치에 따라 공정하게 분배하는 것이라고 보았다.

649 (   )에 따른 분배는 사회적 약자의 불리한 여건을 개선할 수 있다는 장점을 지닌다.

❂ **다음 내용에 알맞은 말을 고르시오.**

650 정의의 여신상이 한 손에 들고 있는 저울은 모든 구성원에게 (동일하게, 동일하지 않게) 공정한 기준을 적용해야 함을 상징한다.

651 플라톤은 정의란 구성원 각자가 (타고난 성향에 따라, 타고난 성향과 무관하게) 맡은 일에서 탁월함[덕]을 발휘하여 조화를 이룬 상태라고 보았다.

652 아리스토텔레스는 교정적 정의란 남에게 해악 또는 이익을 준 만큼 보상하게 또는 보상받게 함으로써 서로 (동등하게, 동등하지 않게) 하는 것이라고 보았다.

❂ **다음에서 설명하는 개념을 〈보기〉에서 고르시오.**

> **보기**
> ㄱ. 업적에 따른 분배　　　　ㄴ. 능력에 따른 분배
> ㄷ. 필요에 따른 분배

653 모든 구성원이 기본적 욕구를 충족할 수 있도록 분배하는 것이다. (   )

654 각자의 육체적·정신적 능력에 따라 분배하는 것이다. (   )

655 각자의 성과와 실적에 따라 분배하는 것이다. (   )

❂ **각 사상가와 그의 정의에 대한 입장을 알맞게 연결하시오.**

656 맹자 ·　　　· ㉠ 잘못을 부끄러워하고 이익에 집착하지 않는 올곧음

657 벤담 ·　　　· ㉡ 사회 제도의 제1덕목

658 롤스 ·　　　· ㉢ 사회적 이익의 극대화

통합사회 2

659

▶ 25715-0366

그림의 강연자의 입장으로 적절하지 않은 것은?

① 정의란 각자가 마땅히 받아야 할 몫을 받는 것이다.
② 정의의 기준은 시대나 사회에 따라 달라질 수 있다.
③ 사회는 개인 간의 이해 갈등에 개입하지 말아야 한다.
④ 사회적 이익과 부담을 올바르게 분배하는 것은 정의에 부합한다.
⑤ 각자의 합당한 몫에 대한 기준이 요청되는 까닭은 개인 간의 이해관계가 상충하기 때문이다.

660

▶ 25715-0367

다음을 주장한 사상가의 입장으로 가장 적절한 것은?

> 임금이 '어떻게 하면 내 나라를 이롭게 할 수 있을까?'라고 하면 대부들은 '어떻게 하면 내 집안을 이롭게 할까?'라고 한다. 또한 사서인(士庶人)들은 '어떻게 하면 내 몸을 이롭게 할까?'라고 한다. 위와 아래가 서로 이익을 다투면 나라가 위태로워진다. 어질면서도 그 어버이를 저버린 자가 아직 없었고, 의로우면서도 그 임금을 뒷전으로 미루어 놓은 자가 아직 없었다.

① 이익에 집착하지 않고 의로움을 따라야 한다.
② 자신과 타인의 잘못을 부끄러워해서는 안 된다.
③ 통치자는 의로움보다 이익을 먼저 고려해야 한다.
④ 통치자는 백성이 사익 추구에 전념하도록 해야 한다.
⑤ 통치자가 백성에게 모범이 되어야 하는 것은 아니다.

[661~662] **다음을 주장한 사상가의 입장에서 물음에 답하시오.**

> 정의는 일반적 정의와 부분적 정의로 나뉜다. 부분적 정의의 하나의 부류는 ㉠ 분배적 정의이고, 또 다른 하나의 부류는 ㉡ 교정적 정의이다.

중요

661

▶ 25715-0368

㉠에 대한 설명으로 적절한 것만을 〈보기〉에서 고른 것은?

〈 보기 〉

ㄱ. 공정함의 실현과 무관한 정의이다.
ㄴ. 각자의 가치에 따라 분배해야 한다.
ㄷ. 명예와 같은 사회적 가치를 분배하는 것이다.
ㄹ. 모든 구성원에게 재화를 균등하게 분배해야 한다.

① ㄱ, ㄴ ② ㄱ, ㄷ ③ ㄴ, ㄷ
④ ㄴ, ㄹ ⑤ ㄷ, ㄹ

중요

662

▶ 25715-0369

㉡에 대한 설명으로 적절한 것만을 〈보기〉에서 고른 것은?

〈 보기 〉

ㄱ. 타인에게 이익을 준 만큼 보상받게 하는 것이다.
ㄴ. 상호 이익을 주고받는 관계에서 요청될 수 있다.
ㄷ. 부정의가 발생하지 않았어도 적용되는 정의이다.
ㄹ. 해악을 끼친 것 이상으로 보상하도록 하는 것이다.

① ㄱ, ㄴ ② ㄱ, ㄷ ③ ㄴ, ㄷ
④ ㄴ, ㄹ ⑤ ㄷ, ㄹ

663

▶ 25715-0370

다음 중 정의가 요청되는 까닭으로 적절하지 않은 것은?

① 사회 통합과 사회 질서를 유지하기 위해서이다.
② 공동선이 아니라 개인선을 실현하기 위해서이다.
③ 모든 구성원이 인간다운 삶을 누리기 위해서이다.
④ 사회적 가치를 둘러싼 갈등을 조정하기 위해서이다.
⑤ 모든 구성원의 자유와 권리를 보장하기 위해서이다.

664
▶ 25715-0371

㉠, ㉡에 대한 설명으로 가장 적절한 것은?

> 분배적 정의는 다양한 사회적 가치를 마땅히 받을 만한 사람이 받게 하는 것을 지향한다. 여기에서 분배의 대상이 되는 사회적 가치는 ㉠사회적 이익과 ㉡사회적 부담으로 나눌 수 있다.

① ㉠에는 국방의 의무, 납세 등이 포함된다.
② ㉠은 모든 사람의 욕구를 충족할 만큼 충분하다.
③ ㉡의 분배를 둘러싼 사회 갈등은 발생하지 않는다.
④ ㉡에는 기본 권리, 명예, 부와 소득 등이 포함된다.
⑤ ㉠과 ㉡의 공정한 분배 기준에 대한 관점은 다양하다.

665
▶ 25715-0372

다음을 주장한 사상가의 입장으로 가장 적절한 것은?

> 국가는 개개인의 사적 욕망에 좌우되지 않고 그러한 욕망을 조용히 누그러뜨리는 조절자로 기능해야 한다. 형벌의 목적은 오직 범죄자가 시민들에게 새로운 해악을 입힐 가능성을 방지하고, 본보기를 보여줌으로써 일반인들이 공포를 느껴 유사한 범죄 행위를 할 가능성을 억제시키는 것이다. 또한 범죄의 중대성은 피해자의 지위에 따라서가 아니라 오직 사회에 끼친 해악에 따라 결정된다.

① 국가는 시민들이 형벌을 두려워하도록 해서는 안 된다.
② 범죄자가 처벌받는 모습을 본보기로 보여주어서는 안 된다.
③ 형벌의 본질을 범죄 행위에 대한 응당한 보복에 두어야 한다.
④ 범죄를 누가 저질렀는지에 따라 형벌의 양은 달라져야 한다.
⑤ 형벌이 정당화되려면 그 형벌이 공동체 전체의 이익을 증진해야 한다.

666
중요
▶ 25715-0373

다음을 주장한 사상가의 입장에서 ㉠에 들어갈 진술로 가장 적절한 것은?

> 형벌은 엄격한 보복법에 따른다. 사법적 형벌은 어떤 다른 선을 촉진하기 위한 한낱 수단으로서 가해질 수는 없고, ㉠ 그에게 가해지지 않으면 안 된다.

① 오직 범죄자가 범죄 행위를 저질렀기 때문에
② 일반인들의 고통을 감소시킬 수 있기 때문에
③ 사회 전체의 행복을 증가시킬 수 있기 때문에
④ 일반인들이 그 범죄를 모방할 수 있기 때문에
⑤ 범죄자가 형벌 받기를 스스로 욕구했기 때문에

667
▶ 25715-0374

다음 주장에 부합하는 진술만을 〈보기〉에서 고른 것은?

> 동일 범죄에 동일 벌금을 내는 제도는 비교적 재산이 많은 사람들에게는 예방 효과가 떨어진다. 또한 동일한 범죄에 동일한 벌금을 내게 되면 궁극적으로 불평등을 유발한다. 그러므로 재산 비례 벌금제가 도입되어야 한다.

〈 보기 〉

ㄱ. 동일 범죄에 동일 벌금을 부과해야 한다.
ㄴ. 새로운 범죄가 발생되지 않도록 해야 한다.
ㄷ. 부정의 또는 불법적 행위는 교정되어야 한다.
ㄹ. 벌금 제도는 범죄 예방 효과가 없는 제도이다.

① ㄱ, ㄴ ② ㄱ, ㄷ ③ ㄴ, ㄷ
④ ㄴ, ㄹ ⑤ ㄷ, ㄹ

중요
668
▶ 25715-0375

분배의 실질적 기준에 대한 갑, 을, 병의 입장으로 적절하지 않은 것은?

> 갑: 장학금은 경제적으로 불우한 환경에 처해 학업을 계속하기 어려운 학생에게 지급해야 한다.
> 을: 학교 발전에 가장 많은 공헌을 한 학생이 장학금을 받아야 한다.
> 병: 우수한 학업 능력을 가진 학생이 장학금을 받아야 한다.

① 갑: 빈곤층의 처지가 개선되도록 분배해야 한다.
② 갑: 개인의 기본 욕구가 충족되도록 분배해야 한다.
③ 을: 각자의 업적과 기여에 비례하여 분배해야 한다.
④ 병: 능력이 탁월한 사람에게 더 많이 보상해야 한다.
⑤ 갑과 병: 부와 소득을 항상 균등하게 분배해야 한다.

[669~670] 다음 글을 읽고 물음에 답하시오.

> 각자의 기여 정도를 평가하여 더 많이 기여한 사람에게는 더 많은 보상이 주어지고 더 적게 기여한 사람에게는 더 적은 보상이 주어지는 분배가 공정한 분배이다. 이러한 분배의 장점은 ⃞ ㉠ ⃞ 것이고, 그 단점은 ⃞ ㉡ ⃞ 것이다.

669
▶ 25715-0376

윗글이 설명하는 분배 기준의 특성으로 가장 적절한 것은?

① 능력에 따른 분배의 결과와 항상 동일하다.
② 정치적 평등이 아니라 경제적 평등을 지향한다.
③ 업적의 차이에 따라 각자의 몫은 다르게 분배된다.
④ 구성원 모두에게 최소한의 인간다운 삶을 보장한다.
⑤ 타고난 재능의 차이가 분배 결과에 영향을 미치지 않는다.

670
▶ 25715-0377

㉠, ㉡에 들어갈 적절한 진술만을 〈보기〉에서 고른 것은?

> **〈 보기 〉**
> ㄱ. ㉠: 사회적 약자들의 삶을 개선할 수 있다는
> ㄴ. ㉠: 각자의 성과를 측정하기가 비교적 쉬울 수 있다는
> ㄷ. ㉡: 구성원 간 협력이 강화되는 반면 경쟁이 약화될 수 있다는
> ㄹ. ㉡: 서로 다른 성과를 비교할 객관적 기준을 마련하기 어려울 수 있다는

① ㄱ, ㄴ ② ㄱ, ㄷ ③ ㄴ, ㄷ
④ ㄴ, ㄹ ⑤ ㄷ, ㄹ

[671~672] 다음 글을 읽고 물음에 답하시오.

> 사회의 모든 구성원이 기본적 욕구를 충족할 수 있도록 분배하는 것이 공정한 분배이다. 따라서 가정 형편이 어려운 학생에게는 장학금을 주어 학업을 계속할 수 있도록 해야 하고, 생계유지가 곤란한 사람에게는 다양한 복지 서비스를 제공하여 최소한의 인간다운 삶을 살도록 해야 한다. 이러한 분배의 장점은 ⃞ ㉠ ⃞ 것이고, 그 단점은 ⃞ ㉡ ⃞ 것이다.

671
▶ 25715-0378

윗글이 설명하는 분배 기준에 따른 예시로 적절한 것만을 〈보기〉에서 고른 것은?

> **〈 보기 〉**
> ㄱ. 올림픽 메달에 따른 연금
> ㄴ. 신입생 성적 우수 장학금
> ㄷ. 소득 연계형 국가 장학금
> ㄹ. 기초 생활 수급자 지원금

① ㄱ, ㄴ ② ㄱ, ㄷ ③ ㄴ, ㄷ
④ ㄴ, ㄹ ⑤ ㄷ, ㄹ

672
▶ 25715-0379

㉠, ㉡에 들어갈 적절한 진술만을 〈보기〉에서 고른 것은?

> **〈 보기 〉**
> ㄱ. ㉠: 모든 구성원의 스스로 일하고자 하는 동기를 강화할 수 있다는
> ㄴ. ㉠: 불리한 여건에 처해 있는 구성원들의 존엄성을 보장할 수 있다는
> ㄷ. ㉡: 구성원 간 부와 소득의 불평등이 심화될 수 있다는
> ㄹ. ㉡: 재화의 유한성으로 인해 모든 사람의 욕구 충족이 어려울 수 있다는

① ㄱ, ㄴ ② ㄱ, ㄷ ③ ㄴ, ㄷ
④ ㄴ, ㄹ ⑤ ㄷ, ㄹ

673
▶ 25715-0380

갑, 을의 입장으로 적절한 것만을 〈보기〉에서 고른 것은?

> **갑**: 놀이공원에서 패스트 패스권을 사서 줄을 서지 않고 빠르게 입장하도록 하는 것은 부당해.
>
> **을**: 돈을 더 내고 패스트 패스권을 사는 것은 돈으로 시간을 사는 거야. 따라서 빠르게 입장하는 것은 정당해.
>
> **갑**: 돈으로 시간을 사는 것은 정당하지 않아. 돈을 받고 줄 서기의 원칙인 선착순을 어길 수 있는 권리를 주는 것은 부당해.

〈 보기 〉

ㄱ. 갑: 줄 서기에 시장의 원리가 작동해서는 안 된다.
ㄴ. 을: 돈으로 서비스를 사는 것은 개인의 선택에 맡겨야 한다.
ㄷ. 을: 줄 서기의 원칙인 선착순은 어떠한 상황에서도 지켜져야 한다.
ㄹ. 갑과 을: 돈으로 서비스를 사는 건 정당하지 않다.

① ㄱ, ㄴ ② ㄱ, ㄷ ③ ㄴ, ㄷ
④ ㄴ, ㄹ ⑤ ㄷ, ㄹ

674
▶ 25715-0381

다음 글이 강조하고 있는 내용으로 가장 적절한 것은?

> 기업은 일정한 기준에 따라 매년 일부 직원에게 성과급을 지급해야 한다. 성과급 지급은 조직 문화의 혁신과 생산성 향상을 불러온다. 또한 기업은 성과급 지급에 있어서 평가의 객관성과 공정성을 확보하기 위해 지속적으로 노력해야 한다.

① 업적에 따른 분배를 지양해야 한다.
② 차등 보상은 기업의 생산성을 저하시킨다.
③ 성과급은 합당한 기준에 따라 지급되어야 한다.
④ 조직 문화 혁신을 위해 차등 보상은 금해야 한다.
⑤ 사회적 약자를 우선적으로 배려하여 분배해야 한다.

[675~676] 다음 글을 읽고 물음에 답하시오.

> 우리는 올림픽 국가 대표를 선발할 때 실력과 무관하게 학연, 지연, 혈연에 의해 선발하는 것을 받아들일 수 없다. 오케스트라 단원을 선발할 때 연주 실력이 뛰어난 사람을 단원으로 선발해야 하는 것과 마찬가지로 뛰어난 운동 실력을 갖춘 사람을 국가 대표로 선발해야 한다. 실력이 탁월한 사람에게 더 많은 보상이 이루어져야 공정한 분배이다. 이러한 분배의 장점은 　⊙　 것이고, 그 단점은 　ⓒ　 것이다.

675
▶ 25715-0382

윗글이 설명하는 분배 기준으로 옳은 것은?

① 노동에 따른 분배
② 능력에 따른 분배
③ 업적에 따른 분배
④ 필요에 따른 분배
⑤ 절대적 평등에 따른 분배

676
▶ 25715-0383

⊙, ⓒ에 들어갈 적절한 진술만을 〈보기〉에서 고른 것은?

〈 보기 〉

ㄱ. ⊙: 각자의 몫이 정해질 때 각자의 선천적 우연성이 영향을 끼칠 수 없다는
ㄴ. ⊙: 개개인이 직무 수행에 필요한 실력을 갖춤으로써 사회 발전에 기여할 수 있다는
ㄷ. ⓒ: 개인이 자신의 잠재력을 발휘하도록 하는 동기를 제공할 수 없다는
ㄹ. ⓒ: 각자의 실력을 평가할 때 객관적이고 정확한 기준을 마련하기 어려울 수 있다는

① ㄱ, ㄴ ② ㄱ, ㄷ ③ ㄴ, ㄷ
④ ㄴ, ㄹ ⑤ ㄷ, ㄹ

통합사회 2

[677~678] 갑, 을 사상가들의 입장을 읽고 물음에 답하시오.

> 갑: 형벌은 결코 범죄자 자신이나 시민 사회의 선을 촉진하기 위한 수단으로 가해서는 안 되고, 오직 그가 범죄를 저질렀기 때문에 가해져야 한다. 오직 엄격한 보복법만이 형벌의 질과 양을 명확하게 제시한다. 예를 들어 살인에 대한 최상의 동등은 사형이다.
>
> 을: 형벌의 목적은 오직 범죄자가 시민들에게 새로운 해악을 입힐 가능성을 방지하고, 타인들이 유사한 행위를 할 가능성을 억제시키는 것이다. 예를 들어 사형을 대체한 종신 노역형만으로도 가장 완강한 자의 마음을 억제시키기에 충분하다.

677 갑, 을 사상가가 누구인지 각각 쓰시오.

▶ 25715-0384

갑 – (   )   을 – (   )

▶ 25715-0385

678 형벌의 목적에 관해 갑이 을에게 제기할 수 있는 적절한 비판을 서술하시오. (단, 갑과 을의 형벌의 목적을 모두 활용하여 서술할 것)

____

____

[679~680] 다음은 고대 서양 사상가의 주장이다. 읽고 물음에 답하시오.

> 부분적 정의의 한 종류인 [㉠   ]은/는 명예나 돈 혹은 정치 체제를 함께하는 사람들 사이에서 나눌 수 있는 것들의 분배에서 성립한다. 이러한 것들은 각자의 가치에 따라 비례적으로 분배해야 한다. 다른 한 종류의 부분적 정의는 상호 교섭에서 성립하는 [㉡   ]이다. 어떤 사람은 손해를 입히고 다른 사람은 손해를 입은 경우, 그 손해의 차이에만 주목하여 서로 동등하지 않은 것을 동등하게 만들어야 한다.

679 ㉠, ㉡에 들어갈 내용을 쓰시오.

▶ 25715-0386

㉠ – (   )   ㉡ – (   )

▶ 25715-0387

680 위 사상가의 입장에서 명예나 재화 등의 사회적 가치를 어떻게 분배해야 하는지와 그렇게 분배해야 하는 이유를 서술하시오.

____

____

정답과 해설 60쪽

681
▶ 25715-0388

다음을 주장한 사상가의 ㉠, ㉡에 대한 입장으로 적절한 것만을 〈보기〉에서 있는 대로 고른 것은?

> 부분적 정의의 한 부분은 ㉠분배적 정의이다. 당사자들이 동등함에도 동등하지 않은 몫을 혹은 동등하지 않음에도 동등한 몫을 분배받아 갖게 되면 싸움과 불평이 생겨난다. 다른 한 부분은 ㉡교정적 정의이다. 교정적 정의는 상호 교섭에서 발생한다. 상호 교섭에서 정의로운 것은 어떤 종류의 동등함이고 부정의한 것은 동등하지 않음이다.

〈 보기 〉

ㄱ. ㉠: 명예와 부는 각자의 가치에 따라 비례적으로 분배해야 한다.
ㄴ. ㉡: 손해를 입히고 손해를 입은 경우, 그 손해의 차이에만 주목해서는 안 된다.
ㄷ. ㉠과 ㉡: 부정의와 무관하게 요청되며, 공정함을 확보하고자 한다.

① ㄱ 　　② ㄴ 　　③ ㄱ, ㄷ
④ ㄴ, ㄷ 　　⑤ ㄱ, ㄴ, ㄷ

682
▶ 25715-0389

다음 신문 칼럼에서 지지할 견해로 가장 적절한 것은?

○○신문	**칼 럼**	○○○○년 ○월 ○일

> 개인의 능력은 주로 타고난 재능이나 가정 환경 등의 영향을 받아 형성된다. 그런데 누구도 자신의 타고난 재능이나 가정 환경을 당연히 받을 만한 것으로 여겨서는 안 된다. 또한 노력을 기울이는 능력조차도 자연적 행운이 가져다준 결과이므로 당연한 것이라고 할 수 없다. 능력에 따른 분배는 타고난 재능이나 환경과 같은 우연적 요소가 개입된다는 점에서 한계를 지닌다.

① 각자의 노력 정도에 따라 분배해야 한다.
② 능력에 따른 분배는 공정하지 않을 수 있다.
③ 천부적 재능은 응분의 몫으로 주어진 것이다.
④ 노력과 달리 타고난 재능은 우연적 요소가 아니다.
⑤ 각자의 능력에 우연적 요소가 개입될 여지는 없다.

683
▶ 25715-0390

㉠에 들어갈 진술로 가장 적절한 것은?

> 나는 형벌의 목적은 응당한 보복이며, 동등성의 원리에 따라 형벌은 범죄와 동등하게 가해져야 한다고 생각한다. 따라서 살인을 한 자는 사형에 처해져야 한다. 그런데 어떤 사상가는 형벌이 정당화되려면 그 형벌이 타인의 범죄를 억제하기에 충분한 정도의 강도만을 가져야 한다고 보고, 종신 노역형이 충분하고 지속적인 범죄 예방 효과가 있다는 이유를 들어 사형을 반대한다. 나는 이러한 주장이 ㉠ 고 생각한다.

① 형벌의 목적이 범죄 예방에 있지 않음을 강조한다
② 범죄에 대한 형벌은 응보의 원리에 따라야 함을 강조한다
③ 형벌은 정의 사회를 실현하는 데 기여해야 함을 간과한다
④ 형벌은 시민 사회의 선을 위해 가해져서는 안 됨을 간과한다
⑤ 형벌은 범죄를 예방하기에 충분한 정도 이상의 강도를 가져야 함을 강조한다

684
▶ 25715-0391

다음을 주장한 사상가의 입장으로 가장 적절한 것은?

> 다양한 사회적 가치는 그 사회만의 특수한 사회적 의미를 담고 있다. 따라서 그 사회적 의미에 알맞은 분배 기준에 따라 분배가 이루어져야 한다. 예를 들어 사회적 안전과 의료 혜택은 필요에 의해, 화폐는 자유 교환에 의해, 기본 교육은 엄격한 평등에 의해, 고등 교육은 시장과 공적에 의해 분배되어야 한다.

① 사회적 가치들은 다양한 기준에 의해 분배되어야 한다.
② 동일한 사회적 가치는 모든 사회에서 동일한 의미만을 지닌다.
③ 분배 대상이 되는 사회적 가치의 특수성을 고려해서는 안 된다.
④ 모든 사회적 가치가 구성원들에게 평등하게 분배될 때 정의가 실현된다.
⑤ 모든 사회는 단일한 보편적 분배 기준에 따라 사회적 가치들을 분배해야 한다.

02 다양한 정의관의 특징과 적용 ~ 03 다양한 불평등 현상과 정의로운 사회 실현

❶ 다양한 정의관의 특징과 적용

1. 자유주의적 정의관의 의미와 특징

(1) **의미:** 개인의 자유와 권리를 중시하는 사상

(2) **자유주의적 정의관의 특징**

① 모든 인간은 자유와 권리를 지님
② 개인은 자신의 삶을 선택할 자유와 권리를 지님
③ 국가는 개인의 자유와 권리를 보장하기 위한 수단임
④ 개인선과 공동선 충돌 시 개인선을 우선함

(3) **자유주의적 정의관의 대표적 사상가**

① 노직(소유 권리로서의 정의)
- 개인은 정당하게 취득 또는 양도받은 소유물에 대한 배타적, 절대적 소유 권리를 가짐
- 국가의 역할: 개인의 자유와 소유 권리를 보호하는 것에 한정됨 → 최소 국가는 정당화가 가능한 유일한 국가임
- 정의의 원칙들

취득의 원칙	정당하게 취득한 재화는 취득한 자에게 소유 권리가 있음
이전의 원칙	정의로운 상황에서 자유로이 양도받은 재화에 대한 정당한 소유 권리가 있음
교정의 원칙	취득 또는 양도의 과정에서 부정의한 소유가 발생할 때는 이를 바로 잡아야 함

② 롤스(공정으로서의 정의)
- 공정한 상황, 즉 원초적 입장에서 합의된 정의의 원칙들에 의해 사회 기본 구조와 제도가 규제되어야 함
- 정의의 원칙들

제1원칙	모든 사람은 평등한 기본적 자유들을 최대한 누려야 함(평등한 자유의 원칙: 최우선 원칙)
제2원칙	• 직위, 직책은 모든 사람에게 공정하게 열려 있어야 함(공정한 기회균등의 원칙) • 사회적·경제적 불평등은 최소 수혜자에게 최대 이익이 되게 편성되어야 함(차등의 원칙)

시험 빈출 자료 롤스의 정의의 두 원칙

- 제1원칙이 요구하는 평등한 기본적 자유에 대한 침해가 보다 많은 사회적·경제적 이득에 의하여 정당화되거나 보상될 수 없다. 기본적 자유들은 서로 다른 기본적 자유들끼리 상충할 때만 그 내부에서 제한되며 조정될 수 있다.
- 제2원칙은 소득 및 재산의 분배와 권한, 책임 및 명령 계통 등에 있어 차등을 두는 조직들의 기획에 적용된다. 재산 및 소득의 분배가 반드시 균등해야 할 필요는 없으나 그것은 모든 사람에게 이익이 되도록 이루어져야 하며, 동시에 권한을 갖는 직위와 명령을 내릴 수 있는 직책은 누구에게나 접근 가능해야 한다.

                                           – 롤스, 「정의론」 –

자료 분석 | 롤스는 자유의 우선성과 제1원칙을 제2원칙보다 우선하는 축차적 서열을 주장하였다. 롤스에 따르면 제1원칙은 사회 구성원의 기본적 자유들을 평등하게 보장할 것을 규정한다. 제2원칙은 사회적·경제적 불평등과 관련된 사회 구조에 적용되어 사회적·경제적 불평등이 인정되는 두 가지 조건을 규정한다.

2. 공동체주의적 정의관의 의미와 특징

(1) **의미:** 공동체에 대한 의무와 공동선을 중시하는 사상

(2) **공동체주의적 정의관의 특징**

① 개인은 공동체와 분리된 독립적 존재가 아님
② 개인은 공동체의 역사와 전통으로부터 자신의 정체성을 형성함
③ 개인은 공동체의 가치와 목적을 내면화하고 사회적 책임과 의무를 다해야 함
④ 개인선과 공동선 충돌 시 공동선을 우선함

(3) **공동체주의적 정의관의 대표적 사상가**

① 매킨타이어
- 현대 사회의 도덕의 위기: 인간을 공동체와 분리된 독립적 존재로만 보는 자유주의적 인간관에서 비롯됨
- 개인의 삶과 도덕적 판단에는 공동체의 전통과 역사가 반영되어 있음

② 샌델
- 개인은 무연고적 자아가 아니라 연고적 자아임
- 개인은 책임감을 가지고 공동선 증진에 기여해야 함

3. 권리와 의무, 사익과 공익의 조화

(1) 자유주의적 정의관과 공동체주의적 정의관은 모두 개인의 행복과 사회 정의를 지향함
(2) 개인의 권리와 공동체에 대한 의무는 상호 보완적임
(3) 개인은 사익을 추구하면서도 공동선을 고려해야 하고, 공동체는 개인의 이익과 권리를 최대한 보장해야 함

❷ 다양한 불평등 현상과 정의로운 사회 실현

1. 다양한 사회 및 공간 불평등 현상

(1) **사회 계층의 양극화**

① 의미: 구성원 간 불평등의 심화로 구성원이 상층과 하층으로 쏠리는 현상
② 주요 원인: 재산과 소득 차이에 따른 경제적 격차
③ 영향
- 교육 기회의 격차와 같은 다양한 격차로 이어져 삶의 질적인 차이가 발생될 수 있음
- 계층 간 위화감과 갈등을 유발할 수 있음

(2) 공간 불평등

① 의미: 지역 간 경제적·사회적·문화적 격차가 발생하는 현상

② 원인: 성장 위주의 지역 개발 정책 또는 지역별 생산 요소의 차이

③ 영향
- 지역 간 생활 환경 전반의 불평등으로 이어질 수 있음
- 국토의 효율적 이용 및 사회 통합을 저해할 수 있음

(3) 사회적 약자에 대한 차별

① 현상: 사회적 약자들이 불합리한 차별이나 불이익을 받는 것

② 원인: 성별, 장애, 출신 등에 대한 선입견과 편견, 차별을 쉽게 받아들이는 문화적, 사회 구조적 환경

③ 영향: 사회적 약자의 존엄성 훼손 및 기본권 침해

2. 사회 및 공간 불평등 현상의 개선 방안

(1) 사회 복지 제도

① 의미: 사회 계층의 양극화 현상을 개선하고, 사회 구성원들의 기본적 욕구 충족과 인간다운 삶을 보장하기 위해 국가가 지원하는 제도

② 우리나라의 사회 복지 제도

사회 보험	• 개인, 정부, 기업이 보험료를 분담하여 질병, 장애, 노령, 실업 등 각종 위험에 대비하는 것 • 예: 국민 건강 보험, 국민연금, 고용 보험, 산업 재해 보상 보험, 노인 장기 요양 보험
공공 부조	• 저소득 계층에게 최소한의 생활을 보장하는 것 • 예: 생계 급여, 의료 급여, 주거 급여, 교육 급여
사회 서비스	• 도움이 필요한 국민에게 상담, 재활, 돌봄 등 다양한 서비스 혜택을 제공하는 것 • 예: 노인 복지 서비스, 장애인 복지 서비스, 아동 복지 서비스, 가정 복지 서비스

(2) 지역 격차 완화 정책

① 지역 브랜드 상품화 및 지역 축제 등 지역의 특성을 살린 지역 발전 전략 수립

② 지역 내 공공 임대 주택, 장기 전세 주택 등 공급

③ 도시 정비 사업 실시

(3) 적극적 평등 실현 조치

① 의미: 차별받았던 사회적 약자의 불리한 처지를 개선하기 위해 그들에게 직간접적 혜택을 제공하는 것

② 우리나라의 적극적 평등 실현 조치의 예
- 「장애인 고용 촉진 및 직업 재활법」
- 국회 의원 비례 대표 후보자 추천에서의 여성 할당제
- 빈곤층이나 장애를 가진 학생을 위한 대학 입학 전형

정답과 해설 **61**쪽

❖ 빈칸에 들어갈 알맞은 말을 쓰시오.

685 자유주의적 정의관은 개인의 자유와 (　　　)을/를 중시하는 사상이다.

686 (　　　)은/는 개인은 공동체와 분리된 독립적 존재가 아니라 공동체의 역사와 전통으로부터 자신의 정체성을 형성한다고 본다.

687 (　　　)은/는 지역 간 경제적·사회적·문화적 격차가 발생하는 현상이다.

688 (　　　) 조치는 차별받았던 사회적 약자의 불리한 처지를 개선하기 위해 혜택을 제공하는 제도이다.

❖ 다음 내용에 알맞은 말을 고르시오.

689 노직은 개인이 자신의 정당한 소유물에 대한 (절대적, 상대적) 소유 권리를 가진다고 보았다.

690 샌델은 개인의 자아는 특정한 공동체의 문화와 역사 등의 (영향을 받으며, 영향을 받지 않으며) 자신의 정체성을 형성한다고 보았다.

691 공공부조는 저소득 계층에게 (최소한의, 최대한의) 인간다운 삶을 보장하기 위해 국가가 지원하는 제도이다.

❖ 다음에서 설명하는 개념을 〈보기〉에서 고르시오.

> 【 보기 】
> ㄱ. 노직의 교정의 원칙
> ㄴ. 롤스의 차등의 원칙
> ㄷ. 롤스의 공정한 기회균등의 원칙

692 취득 또는 양도의 과정에서 부정의한 소유가 발생할 때는 이를 바로잡아야 한다. (　　　)

693 사회적·경제적 불평등의 계기가 되는 직위, 직책은 모든 사람에게 열려 있어야 한다. (　　　)

694 사회적·경제적 불평등은 최소 수혜자에게 최대 이익이 되도록 편성되어야 한다. (　　　)

❖ 각 사회 복지 제도와 그 예를 알맞게 연결하시오.

695 사회 보험　•　　　•　㉠ 노인 복지 서비스

696 공공 부조　•　　　•　㉡ 국민 기초 생활 보장 제도

697 사회 서비스　•　　　•　㉢ 국민연금

698
▶ 25715-0392

다음 주장에 부합하는 진술만을 〈보기〉에서 있는 대로 고른 것은?

> 개인은 공동체가 추구하는 가치와 목적의 영향 아래 사회적 책임을 다할 것을 요구받으며 살아가는 존재이다. 따라서 공동체 구성원 누구나 공동선을 달성하기 위해 자신의 사회적 책임과 의무를 성실히 이행해야 한다.

〈 보기 〉
- ㄱ. 공동선보다 개인의 자율성이 우선되어야 한다.
- ㄴ. 인간은 공동체 안에서 좋은 삶을 성취할 수 있다.
- ㄷ. 모든 개인은 공동체와 본질적으로 연결되어 있다.
- ㄹ. 공동체는 개인에게 좋은 삶의 방식을 제시해야 한다.

① ㄱ, ㄴ ② ㄱ, ㄷ ③ ㄷ, ㄹ
④ ㄱ, ㄴ, ㄹ ⑤ ㄴ, ㄷ, ㄹ

699
▶ 25715-0393

그림의 강연자의 입장으로 적절하지 않은 것은?

① 모든 구성원의 기본권은 최대한 보장되어야 한다.
② 개인의 자유와 권리가 보장되는 사회는 정의롭다.
③ 개인의 삶의 목적은 스스로 선택할 수 있어야 한다.
④ 공동체의 이익보다 개인의 행복과 가치가 중요하다.
⑤ 자아 정체성은 사회가 부여한 역할에 의해 형성된다.

[700~701] 다음을 주장한 사상가의 입장에서 물음에 답하시오.

> ⬛ ㉠ ⬛ 는 정당화할 수 있는 가장 포괄적인 국가이다. ⬛ ㉠ ⬛ 보다 더 포괄적인 국가는 개인의 권리를 침해한다. 소유 권리론은 취득의 원칙, 이전의 원칙, 교정의 원칙으로 이루어져 있다.

700
▶ 25715-0394

㉠에 들어갈 내용으로 가장 적절한 것은?

① 최소 국가 ② 전제 국가 ③ 복지 국가
④ 민주 국가 ⑤ 군주 국가

701
▶ 25715-0395

위 사상가의 입장으로 적절한 것만을 〈보기〉에서 고른 것은?

〈 보기 〉
- ㄱ. 국가는 개인의 소유 권리를 최대한 제한해야 한다.
- ㄴ. 개인은 자신의 정당한 소유물을 자유롭게 처분할 수 없다.
- ㄷ. 정당한 취득과 이전의 과정을 거쳐 얻은 소유물은 정당하다.
- ㄹ. 개인은 자신의 삶의 목적을 자유롭게 선택할 수 있어야 한다.

① ㄱ, ㄴ ② ㄱ, ㄷ ③ ㄴ, ㄷ
④ ㄴ, ㄹ ⑤ ㄷ, ㄹ

중요
702
▶ 25715-0396

다음을 주장한 사상가의 입장으로 가장 적절한 것은?

> 제1원칙에 따르면 모든 사람은 평등한 기본적 자유를 최대한 누려야 한다. 제2원칙에 따르면 사회적·경제적 불평등은 두 조건을 충족하는 경우에 허용될 수 있다. 두 조건은 공정한 기회균등의 원칙과 차등의 원칙으로 구성된다.

① 공정한 분배는 현실 사회에서 실현될 수 없다.
② 경제적 불평등이 있는 사회는 정의로울 수 없다.
③ 정의의 원칙들에 의해 규제되는 사회는 정의롭다.
④ 기본적 자유들은 어떠한 경우에도 제한될 수 없다.
⑤ 공직을 차지할 기회가 모든 구성원에게 주어질 필요는 없다.

703

▶ 25715-0397

공동체주의적 정의관의 입장에서 자유주의적 정의관에 제시할 수 있는 비판으로 적절한 것만을 〈보기〉에서 고른 것은?

〔 보기 〕

ㄱ. 공동체의 가치와 목적이 약화될 수 있음을 간과한다.
ㄴ. 인간은 공동체에서 분리될 수 있는 독립적 존재임을 간과한다.
ㄷ. 국가가 개인의 자유와 권리를 보장하는 수단만은 아님을 간과한다.
ㄹ. 개인의 자율성과 독립성이 최우선으로 보장되어야 함을 간과한다.

① ㄱ, ㄴ　　　② ㄱ, ㄷ　　　③ ㄴ, ㄷ
④ ㄴ, ㄹ　　　⑤ ㄷ, ㄹ

[704~705] 다음을 주장한 사상가의 입장에서 물음에 답하시오.

우리는 우리 자신을 공동체의 구성원으로 인식해야 우리의 목적과 성격을 제대로 이해할 수 있다. 우리는 우리 자신을 ⑤ ㄱ 자아, 즉 어떤 기획과 입장들에 이미 몸담은 자아로서 파악하지 않는다면 우리는 우리가 가진 도덕적, 정치적 경험의 측면들을 이해할 수 없다.

704

▶ 25715-0398

㉠에 들어갈 내용으로 가장 적절한 것은?

① 연고적　　　② 독립적　　　③ 자율적
④ 자연적　　　⑤ 개별적

705

▶ 25715-0399

위 사상가의 입장으로 적절한 것만을 〈보기〉에서 고른 것은?

〔 보기 〕

ㄱ. 개인은 공동체 안에서 자신의 정체성을 형성한다.
ㄴ. 공동의 이익이 아니라 개인의 이익만이 가치를 지닌다.
ㄷ. 개인은 공동체가 추구하는 가치를 요구받으며 살아간다.
ㄹ. 국가는 개인의 선(善)을 보호하고 증진하는 수단일 뿐이다.

① ㄱ, ㄴ　　　② ㄱ, ㄷ　　　③ ㄴ, ㄷ
④ ㄴ, ㄹ　　　⑤ ㄷ, ㄹ

706

▶ 25715-0400

다음을 주장한 사상가의 입장으로 적절하지 **않은** 것은?

나는 누군가의 아들이거나 딸이며, 누군가의 사촌이다. 또한 나는 이 도시나 저 도시의 시민이며, 어떤 동업조합이나 직업의 구성원이며, 이러저러한 씨족이나 부족 그리고 국민에 속한다. 그러므로 나에게 선(善)인 것은 이러한 역할을 맡고 있는 사람에게도 선이어야 할 것이다.

① 개인의 좋은 삶은 공동체와 분리될 수 있다.
② 개인의 정체성은 공동체 속에 그 근거를 둔다.
③ 개인은 다양한 공동체의 구성원으로서 존재한다.
④ 개인은 공동체로부터 사회적 책임과 의무를 부여받는다.
⑤ 개인은 공동체로부터 어떤 특정한 전통을 물려받은 존재이다.

707

▶ 25715-0401

다음 수업 장면에서 교사의 질문에 적절한 대답을 한 학생만을 있는 대로 고른 것은?

① 갑, 병　　　② 을, 정　　　③ 병, 정
④ 갑, 을, 병　　　⑤ 갑, 을, 정

708

▶ 25715-0402

다음 신문 칼럼에서 강조하고 있는 내용으로 가장 적절한 것은?

○○신문　　　　**칼 럼**　　　　○○○○년 ○월 ○일

　　개인들이 가진 사적 이익과 열정은 그들로 하여금 자연스럽게 자신을 사회에 가장 유리한 쪽으로 돌리게 만듭니다. 우리가 맛있는 빵을 먹을 수 있는 까닭은 제빵업자의 자비심이 아니라 자신의 이익을 추구하는 마음 때문입니다. 정부의 각종 규제들은 가장 유리한 곳에 자산을 배분하도록 하는 개인의 자연스러운 특성을 교란시킬 뿐입니다.

① 인간은 사익을 멀리하는 본성을 지닌다.
② 국가는 사익 추구를 되도록 규제해야 한다.
③ 개인의 사익 추구는 사회에도 이익이 된다.
④ 사익보다 공익을 우선할 때 공익이 증진된다.
⑤ 공익 증진을 위해서는 개인의 자비심에 호소해야 한다.

709

▶ 25715-0403

다음 제도에 대한 설명으로 가장 적절한 것은?

　　우리나라에서 실시하고 있는 국민 기초 생활 보장 제도는 생활이 어려운 국민에게 국가가 기본적인 생활을 보장하고 자립적인 생활을 조성하기 위한 취지로 이루어진 제도이다. 이 제도는 급여 수준을 향상시키기 위해 지급 기준을 세분화하여 연령과 관계없이 가구의 소득이나 재산 등을 기준으로 지원 여부를 결정한다. 대표적으로 생계 급여, 주거 급여, 의료 급여, 교육 급여 등이 있다.

① 선별주의에 입각하여 실시하는 제도이다.
② 정부, 기업, 개인이 분담하여 재원을 마련한다.
③ 빈곤에 대한 책임을 개인에 한정하는 제도이다.
④ 사회적 권리로서 모든 국민에게 제공되는 제도이다.
⑤ 대상자의 경제활동을 제한하고 규제하는 제도이다.

710

▶ 25715-0404

다음을 통해 알 수 있는 사회 불평등 현상에 대한 설명으로 가장 적절한 것은?

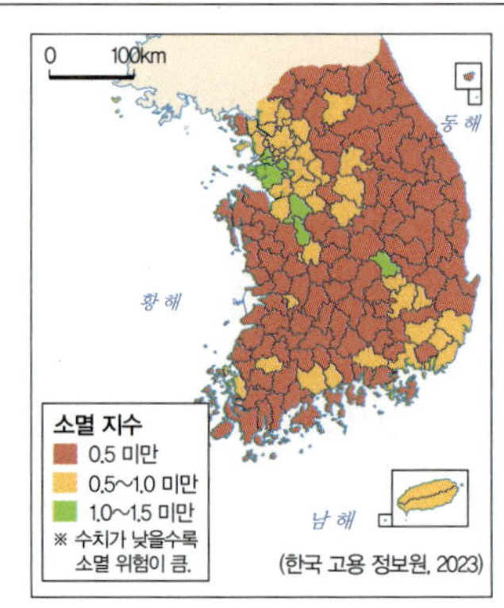

이 그림은 인구 소멸 위험 현황이다. 2023년 2월 기준 전국 228개 시군구 중 118곳이 소멸 위험 지역으로 분류되었다. 소멸 위험 지역은 20~39세 여성 인구를 65세 이상 고령 인구로 나눈 값이 0.5 미만인 지역을 뜻한다.

① 지역별 생산 요소가 서로 다르지 않아서 발생한다.
② 성장 위주의 지역 개발 정책을 통해 해결될 수 있다.
③ 국토의 효율적인 이용과 사회 통합을 강화할 수 있다.
④ 지역 간 사회적 자원의 불균등한 분포로 인한 현상이다.
⑤ 생활 환경 전반의 지역 간 불평등으로 이어지지는 않는다.

중요
711

▶ 25715-0405

㉠에 대한 설명으로 적절한 것만을 〈보기〉에서 있는 대로 고른 것은?

　　우리 사회는 여전히 ㉠ 사회적 약자에 대한 차별이 발생하고 있다. 사회적 약자란 경제 수준이나 사회적 지위 등에서 열악한 위치에 있음으로 인해 인간으로서 당연히 누려야 할 권리를 충분히 누리지 못하거나 인간다운 삶을 꾸려 나가는 데 어려움을 겪는 사람 또는 집단을 말한다.

〈 보기 〉

ㄱ. 사회적 약자의 기본권 침해로 이어질 수 있다.
ㄴ. 사회 구성원 간의 차이가 차별로 이어지는 현상이다.
ㄷ. 성별, 장애 등에 따른 선입견과 편견으로 인해 발생할 수 있다.
ㄹ. 차별을 부당하다고 생각하는 문화적·구조적 환경에 의해 발생한다.

① ㄱ, ㄷ　　　② ㄱ, ㄹ　　　③ ㄴ, ㄹ
④ ㄱ, ㄴ, ㄷ　　　⑤ ㄴ, ㄷ, ㄹ

중요
712
▶ 25715-0406

다음은 우리나라 사회 복지 제도의 세 가지 유형을 구분한 것이다. (가)~(다)에 대한 적절한 설명만을 〈보기〉에서 고른 것은?

구분	(가)	(나)	(다)
대상	전 국민	저소득층	지원이 필요한 모든 국민
특징	사회적 위험 대비	최소한의 생활 보장	다양한 서비스 제공

〈 보기 〉

ㄱ. (가)는 국가가 전액 지원하는 제도이다.
ㄴ. (나)에는 의료 급여, 생계 급여, 주거 급여가 있다.
ㄷ. (다)는 (가)와 달리 사회 계층의 양극화를 개선하고자 한다.
ㄹ. (가), (나), (다) 모두는 사회 구성원의 인간다운 삶을 보장하고자 한다.

① ㄱ, ㄴ ② ㄱ, ㄷ ③ ㄴ, ㄷ
④ ㄴ, ㄹ ⑤ ㄷ, ㄹ

713
▶ 25715-0407

다음을 통해 알 수 있는 사회 불평등 현상에 대한 설명으로 적절한 것만을 〈보기〉에서 고른 것은?

○○신문	**칼 럼**	○○○○년 ○월 ○일

자산 상위 가구와 하위 가구의 자산 격차가 역대급으로 벌어졌다. 통계청의 2022년 가계 금융 복지 조사를 보면 자산 상위 20%(자산 5분위) 가구의 평균 자산과 하위 20%(자산 1분위)의 차이는 약 64배였다. 전년 대비 상위 20%의 평균 자산은 9.1% 늘어났고, 이 중 부동산 증가분이 10.7%였다. 분위별로 부동산 자산을 보유한 가구 비율을 보면 5분위의 98.6%가 부동산 자산을 보유하였지만 1분위는 10.1%뿐이었다.

〈 보기 〉

ㄱ. 계층 간의 위계가 사라질 때 나타나는 현상이다.
ㄴ. 교육, 여가 등 삶의 질의 격차로 이어질 수 있는 현상이다.
ㄷ. 사회 계층 중 중간 계층이 급속도로 증가할 때 나타나는 현상이다.
ㄹ. 구성원 간에 재산과 소득의 불평등이 심화될 때 나타나는 현상이다.

① ㄱ, ㄴ ② ㄱ, ㄷ ③ ㄴ, ㄷ
④ ㄴ, ㄹ ⑤ ㄷ, ㄹ

714
▶ 25715-0408

다음 자료를 통해 알 수 있는 정책에 대한 설명으로 적절한 것만을 〈보기〉에서 고른 것은?

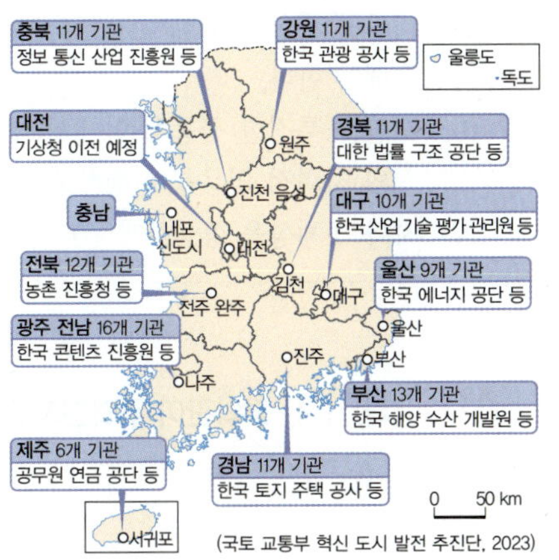

(국토 교통부 혁신 도시 발전 추진단, 2023)

* 행정 구역은 2023년 기준임

〈 보기 〉

ㄱ. 국토의 균형 발전을 목적으로 하는 정책이다.
ㄴ. 정부가 아니라 지역 주민이 주관하는 정책이다.
ㄷ. 지역 간의 특화 발전을 이루어 공간 불평등을 완화하는 정책이다.
ㄹ. 공공 기관을 수도권에 집중시켜 업무의 효율성을 높이는 정책이다.

① ㄱ, ㄴ ② ㄱ, ㄷ ③ ㄴ, ㄷ
④ ㄴ, ㄹ ⑤ ㄷ, ㄹ

715
▶ 25715-0409

㉠에 대한 설명으로 가장 적절한 것은?

[　㉠　]은/는 어느 정도 이상의 규모를 가진 사업장의 사용자에게 일정 비율 이상의 장애인을 고용하도록 의무를 부과하고, 이를 이행하지 않으면 부담금을 내도록 한 제도이다. 이 제도를 규정한 「장애인 고용 촉진 및 직업 재활법」에 따라 국가 및 지방 자치 단체뿐만 아니라 상시 50인 이상의 직원이 일하는 민간 기업에서는 장애인을 일정 비율 이상 고용해야 한다.

① 적극적 평등 실현 조치에 해당한다.
② 모든 민간 기업이 준수해야 하는 제도이다.
③ 과거의 차별과 무관한 장애인 우대 제도이다.
④ 장애인에게 형식적 기회균등만을 보장하고자 한다.
⑤ 장애인에게 혜택을 제공하는 것이 아니라 의무를 부과하는 것이다.

서답형 완성 문제

[716~717] (가), (나)의 입장을 읽고 물음에 답하시오.

> (가) 개인은 자신이 원하는 삶을 스스로 결정할 수 있는 자유와 권리가 있다. 국가는 이러한 개인의 자유와 권리를 증진하기 위해 존재한다. 따라서 타인에게 해악을 끼치지 않는 한 개인의 자유로운 삶을 최대한 허용해야 한다.
>
> (나) 개인은 특정한 공동체 안에서 태어나 그 공동체의 구성원으로서 공동체의 가치와 목적을 내면화하고 자신의 사회적 의무를 이행하고자 하는 존재이다. 즉 개인은 자신에게 주어진 사회적 역할을 수행함으로써 자아 정체성을 형성하게 된다.

716 (가), (나) 정의관이 무엇인지 각각 쓰시오. ▶ 25715-0410

(가) – (　　　　　　　)　　　　　　　(나) – (　　　　　　　)

717 개인선과 공동선의 관계에 대한 (가), (나)의 입장을 서술하시오. ▶ 25715-0411

____

____

[718~719] 갑, 을은 현대 사회사상가이다. 읽고 물음에 답하시오.

> 갑: 사회 기본 구조에 대한 정의의 원칙들은 원초적 합의의 대상이다. 평등한 원초적 입장은 일정한 정의관에 이르게 하도록 규정된 순수한 가상적 상황으로 이해된다. 정의의 원칙들은 무지의 베일 속에서 선택된다.
>
> 을: 사회 내 한 사람의 소유물은 취득과 이전에서의 정의의 원리 또는 불의의 교정의 원리에 의해 그가 그 소유물에 대한 권리를 부여받았으면 정당한 것이다. 만약 각 사람의 소유물이 정당하다면 소유물의 전체 집합도 정당하다.

718 갑, 을 사상가가 누구인지 각각 쓰시오. ▶ 25715-0412

갑 – (　　　　　　　)　　　　　　　을 – (　　　　　　　)

▶ 25715-0413

719 정부가 사회적 양극화의 심화를 해소하기 위해 상속세를 부과하는 것에 대한 갑, 을의 입장을 서술하시오.

____

____

1등급 고난도 문제

720
▶ 25715-0414

다음 글이 강조하고 있는 내용으로 가장 적절한 것은?

> 개인의 행위 중 사회의 제재를 받아야 할 유일한 행위는 그 행위가 타인과 관련된 행위이면서 그 타인에게 해악을 끼쳤을 때이다. 반대로 오로지 자신에게만 관련된 경우 그의 인격의 독립은 당연한 것이고 절대적인 것이다. 자신에 대해, 즉 자신의 신체와 정신에 대해 각자는 주권자이다.

① 개인의 행복 추구는 무조건적으로 보장되어야 한다.
② 개인의 행위를 제한하는 국가는 그 자체로 부정의하다.
③ 국가의 권력 행사는 언제나 개인의 의사와 일치되게 행해져야 한다.
④ 개인 자신에만 관련된 행동이어도 국가는 그 행위에 간섭할 수 있다.
⑤ 국가의 제재는 오직 타인에게 해를 끼치는 행동에 한정되어야 한다.

721
▶ 25715-0415

(가)의 주장을 (나)로 나타낼 때, ㉠에 대한 반론의 근거로 가장 적절한 것은?

(가)	소수자 우대 정책은 기회의 평등을 침해하는 정책이므로 허용해서는 안 된다.
(나)	**대전제:** 기회의 평등을 침해하는 정책을 허용해서는 안 된다. **소전제:** ㉠ **결론:** 소수자 우대 정책을 허용해서는 안 된다.

① 소수자 우대 정책은 실질적으로 기회의 균등을 실현한다.
② 소수자 우대 정책은 소수자에 대한 부정적 인식을 확산시킨다.
③ 소수자 우대 정책은 역차별로 인한 새로운 사회 갈등을 촉발한다.
④ 소수자 우대 정책은 과거의 부당한 차별에 대한 적절한 보상이 아니다.
⑤ 소수자 우대 정책은 능력이 뛰어난 사람에게 보상해야 한다는 원칙에 위배된다.

722
▶ 25715-0416

(가)의 갑, 을 사상가들의 입장을 (나) 그림으로 탐구하고자 할 때, A~C에 들어갈 적절한 질문만을 〈보기〉에서 있는 대로 고른 것은?

(가)	갑: 모두에게 공정한 기회균등이 실현되어야 한다. 사회적·경제적 불평등은 최소 수혜자에게 이익이 되어야 한다. 을: 취득과 이전에서의 정의의 원칙 또는 교정의 원칙에 의해 그가 그 소유물에 대한 권리를 부여받았으면 정당하다.

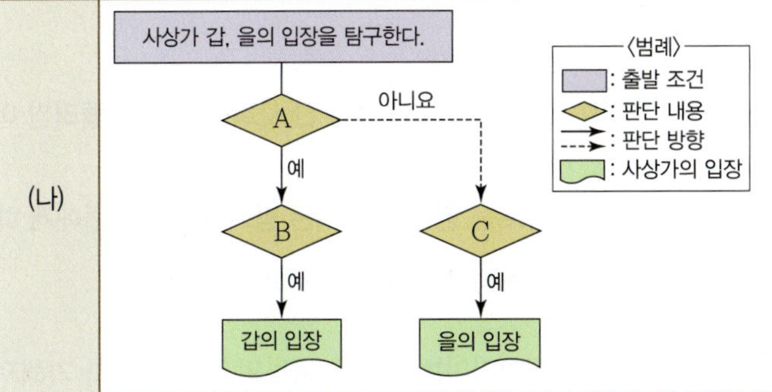

〈보기〉
ㄱ. A: 부와 소득의 불평등은 정당화될 수 있는가?
ㄴ. B: 직위와 직책은 모두에게 개방되어야 하는가?
ㄷ. B: 기본적 자유는 복지 증진을 위해 제한될 수 있는가?
ㄹ. C: 분배 과정이 정당했다면 분배 결과도 정당한가?

① ㄱ, ㄴ   ② ㄱ, ㄷ   ③ ㄴ, ㄹ
④ ㄱ, ㄷ, ㄹ   ⑤ ㄴ, ㄷ, ㄹ

723
▶ 25715-0417

㉠에 들어갈 진술로 가장 적절한 것은?

> 나는 공동체와 분리되어 존재하는 것이 아니다. 나는 나의 가족, 나의 도시, 나의 부족, 나의 민족으로부터 다양한 빚과 유산, 정당한 기대와 의무를 물려받는다. 그런데 어떤 사람은 개인은 독립적 존재이며, 공동체와 국가는 개인의 자유를 보호하고 증진하는 수단으로서만 가치가 있다고 본다. 나는 이러한 주장이 ㉠ 간과한다고 생각한다.

① 인간은 사회와 분리되어 존재할 수 있음을
② 개인의 정체성은 개인의 선택으로 이루어짐을
③ 공동선의 실현보다 개인의 이익 증진이 우선됨을
④ 개인의 도덕은 공동체의 역사와 전통에서 출발함을
⑤ 개인의 자아는 사회적 역할과 지위로부터 분리됨을

✪ 다음 중 옳은 내용에는 ○표, 옳지 않은 내용에는 ×표를 하시오.

01 정의의 의미와 실질적 기준

724 플라톤은 사회 각 계층의 사람들이 각자 자신의 맡은 일에서 탁월함을 발휘해 조화를 이룰 때 사회 정의가 실현된다고 보았다. ( )

725 롤스는 법이나 제도가 효율적이고 정연하더라도 정의롭지 못하면 개선되어야 한다고 보았다. ( )

726 아리스토텔레스는 일반적으로 법을 지키는 사람은 정의롭고 법을 지키지 않는 사람은 부정의하다고 보았다. ( )

727 일반적으로 구성원 간 사회적 이익을 둘러싼 이해 갈등 자체가 발생되지 않아야 정의로운 사회이다. ( )

728 칸트는 형벌의 목적은 범죄자가 시민들에게 해악을 입힐 가능성을 방지하고 일반 시민들이 유사한 행위를 할 가능성을 억제하는 것이라고 보았다. ( )

729 베카리아는 형벌은 응보의 원리에 따라 가해져야 한다고 보고 사형을 반대하였다. ( )

730 왈처는 하나의 사회적 가치가 다른 모든 영역을 지배하여 장악하는 것을 전제라고 보았다. ( )

731 업적에 따른 분배 방식은 각 개인의 역량을 향상시키고 사회 전체의 생산성을 높이는 데 기여할 수 있다. ( )

732 필요에 따른 분배 방식은 사회적 가치들의 분배에 있어 선천적 자질이나 부모의 사회적·경제적 지위 등 우연적 요소의 개입을 강화시킨다. ( )

02 다양한 정의관의 특징과 적용

733 자유주의적 정의관은 국가는 개인의 자유와 권리를 보장하기 위한 수단일 뿐이라고 본다. ( )

734 노직은 타인의 권리를 침해하지 않고 정당하게 소유물을 취득한 개인은 그 소유물에 대한 배타적 소유 권리를 갖는다고 보았다. ( )

735 롤스는 공정한 기회균등의 원칙만 지켜진다면 사회적·경제적 불평등은 정당화된다고 보았다. ( )

736 공동체주의적 정의관은 공동체는 개인이 좋은 삶을 살아가는 데 중요한 기반이며, 개인은 공동체의 덕목을 실천하며 살아가는 존재라고 본다. ( )

737 매킨타이어는 인간을 공동체와 분리된 독립된 존재로만 보는 자유주의적 인간관에서 현대 사회 도덕의 위기
가 비롯되었다고 보았다. (　　　)

738 샌델은 법과 정치가 개인의 좋은 삶에 도덕적 중립을 지켜야 한다고 보았다. (　　　)

03 다양한 불평등 현상과 정의로운 사회 실현

739 경제적 불평등의 심화는 삶의 다른 측면에도 영향을 미쳐 삶의 질적인 격차를 발생시킨다. (　　　)

740 공간 불평등은 도시와 도시 사이에서가 아니라 도시와 농촌 사이에서만 발생되는 현상이다. (　　　)

741 국민 연금, 고용 보험과 같은 사회 보험은 위험에 대비하는 제도로서 개인이 전액 부담한다. (　　　)

742 국가 균형 발전 특별법과 공공 기관 지방 이전 정책 등은 공간 불평등 완화 정책에 해당한다. (　　　)

743 적극적 평등 실현 조치는 사회적 약자에게 실질적인 기회의 평등을 보장하기 위해 일정한 혜택을 제공하는
제도이다. (　　　)

정답 확인 724 ○ 725 ○ 726 ○ 727 × 728 × 729 × 730 ○ 731 ○ 732 × 733 ○ 734 ○ 735 × 736 ○ 737 ○
738 × 739 ○ 740 × 741 × 742 ○ 743 ○

오답 체크

727 정의로운 사회는 구성원 간 이해 갈등 자체가 발생되지 않는 사회가 아니라 이해 갈등이 공정하게 조정되는 사회이다.

728 칸트는 형벌의 목적을 범죄 예방이 아니라 응당한 보복, 즉 응보라고 보았다.

729 응보의 원리에 따라 형벌이 가해져야 한다고 본 사상가는 베카리아가 아니라 칸트이다.

732 필요에 따른 분배 방식은 분배에 있어 우연적 요소의 개입을 완화시킨다.

735 롤스는 사회적·경제적 불평등은 공정한 기회균등의 원칙만이 아니라 차등의 원칙도 지켜질 때 정당화될 수 있다고 보았다.

738 샌델은 개인을 연고적 자아라고 보고, 법과 정치는 도덕적 중립을 지켜야 한다고 주장하지 않았다.

740 공간 불평등은 도시와 농촌 간뿐만 아니라 도시와 도시 간에도 발생할 수 있다.

741 사회 보험은 개인, 정부, 기업이 보험료를 분담하는 보험 제도이다.

대단원 종합 문제

01 정의의 의미와 실질적 기준

744
▶ 25715-0418

다음을 주장한 사상가의 입장으로 적절한 것만을 〈보기〉에서 있는 대로 고른 것은?

> 나라를 수립하고자 할 때 늘 준수해야 하는 올바름은 각자가 나라와 관련된 일들 가운데 자기 성향에 가장 적합한 한 가지 일에 종사해야 한다는 것이다. 나아가 자신의 일은 하되 남의 일에는 참견하지 않는 것이 올바름이다.

〈 보기 〉

ㄱ. 사회적 역할은 각자 타고난 성향에 따라 정해져야 한다.
ㄴ. 어떠한 사회적 역할도 서로 자유롭게 교환할 수 있어야 한다.
ㄷ. 한 사람이 다양한 직분에서 탁월함을 발휘할 때 정의는 실현된다.

① ㄱ ② ㄴ ③ ㄱ, ㄷ
④ ㄴ, ㄷ ⑤ ㄱ, ㄴ, ㄷ

745
▶ 25715-0419

다음을 주장한 사상가의 입장으로 적절한 것만을 〈보기〉에서 있는 대로 고른 것은?

> 법을 지키지 않는 사람은 부정의한 사람이고, 법을 지키는 사람은 정의로운 사람이므로 법에 따르는 것은 분명히 어떤 의미에서 모두 정의로운 것이다. 우리는 하나의 단일한 방식에 따라 정치 공동체를 위해 행복과 행복의 부분들을 만들어 내고, 그것들을 보전하는 것이 정의로운 것이라고 말한다.

〈 보기 〉

ㄱ. 정의로운 사람인지는 준법 여부에 달려 있다.
ㄴ. 정치 공동체의 행복을 증진하는 것은 정의롭다.
ㄷ. 일반적 의미에서의 정의는 준법으로서의 정의이다.
ㄹ. 법을 지키는 행위가 공동선을 증진하는 것은 아니다.

① ㄱ, ㄷ ② ㄱ, ㄹ ③ ㄴ, ㄹ
④ ㄱ, ㄴ, ㄷ ⑤ ㄴ, ㄷ, ㄹ

[746~747] 다음을 주장한 사상가의 입장에서 물음에 답하시오.

> 분배 정의의 대상인 ⑦ 은/는 사회적 의미들을 가지고 있으며, 우리는 이러한 의미들에 대한 해석을 통해 분배적 정의로 나아가는 길을 모색한다. 우리는 각각의 분배 영역에 내재적인 원칙들을 모색한다. 부(富)는 경제 영역에, 권력은 정치 영역에 머물러야 한다.

746
▶ 25715-0420

⑦에 들어갈 내용을 쓰시오.

(   )

747
▶ 25715-0421

'부'를 지녔다는 이유만으로 정치권력까지 장악하는 것에 대한 위 사상가의 입장과 그 근거를 서술하시오.

____

____

748
▶ 25715-0422

다음은 서술형 평가 문제와 학생 답안이다. 학생 답안의 ⑦~⑩ 중 옳지 <u>않은</u> 것은?

> ◎ **문제:** 사회 정의의 필요성을 다섯 가지 서술하시오.
>
> ◎ **학생 답안:** 사회 정의가 우리에게 필요한 이유는 다음과 같다. 사회 정의가 실현되면, ⑦ 첫째, 모든 구성원이 인간 존엄성을 누리며 행복한 삶을 살아갈 수 있기 때문이다. ⓛ 둘째, 사회적 가치를 둘러싼 이해 갈등이 공정하게 해결될 수 있기 때문이다. ⓒ 셋째, 개인이 자유와 권리를 제한 없이 누릴 수 있기 때문이다. ⓔ 넷째, 사회 공동체 전체를 위한 선이 실현될 수 있기 때문이다. ⑩ 다섯째, 개인선과 공동선이 조화를 이룰 수 있는 기반을 갖출 수 있기 때문이다.

① ⑦ ② ⓛ ③ ⓒ ④ ⓔ ⑤ ⑩

749
▶ 25715-0423

다음을 주장한 사상가의 입장으로 가장 적절한 것은?

> 사상 체계의 제1덕목을 진리라고 한다면, 정의는 사회 제도의 제1덕목이다. 모든 사람은 전체 사회의 복지라는 명목으로도 유린될 수 없는 정의에 입각한 불가침성을 갖는다. 그러므로 타인이 갖게 될 보다 큰 선을 위하여 소수의 자유를 뺏는 것은 정당화될 수 없다. 법이나 제도가 아무리 효율적이고 정연하다 할지라도 그것이 정당하지 못하면 개선되거나 폐기되어야 한다. 부정의는 그보다 더 큰 부정의를 피하기 위해 필요한 경우에만 참을 수 있을 뿐이다.

① 법과 사회 제도는 정의에 의해 규제되어야 한다.
② 사회 부정의는 어떠한 경우에도 용인될 수 없다.
③ 다수의 이익 증진은 정의 실현보다 우선해야 한다.
④ 경제적 이익을 위해 시민적 자유는 제한될 수 있다.
⑤ 법의 정당성 여부는 사회의 복지 증진에 달려 있다.

[750~751] 갑, 을 사상가들의 주장을 읽고 물음에 답하시오.

> **갑:** 생명권은 타인이나 일반 사회에 양도할 수 없다. 따라서 사형은 권리의 문제가 아니다. 또한 단기간에 강렬한 인상을 남기는 사형보다 지속적인 고통의 본보기가 되어 범죄 예방 효과가 큰 종신 노역형이 바람직하다.
>
> **을:** 생명을 빼앗은 살인을 했다면 그는 죽어야만 한다. 삶과 죽음 사이에 동종성은 없으므로 사형 외에 보복의 동등성은 없다. 시민 사회가 모든 구성원의 동의로 해체될 때도 감옥에 있는 마지막 살인자는 처형되어야 한다.

750
▶ 25715-0424

사형제에 대한 갑의 입장과 그 입장을 채택한 이유를 서술하시오.

____

____

751
▶ 25715-0425

사형제에 대한 을의 입장과 그 입장을 채택한 이유를 서술하시오.

____

____

752
▶ 25715-0426

갑, 을의 입장으로 적절한 것만을 〈보기〉에서 있는 대로 고른 것은?

> **갑:** 대학 입학은 오직 지원자가 현재 지니고 있는 학업 능력과 실력을 기준으로만 결정되어야 공정하다고 생각해.
>
> **을:** 그렇지 않아. 다른 요인도 고려해야 해. 지원자들의 타고난 재능이 동일했더라도 가정 환경의 차이로 학업 능력과 실력은 달라지기 마련이야.

〈 보기 〉

ㄱ. 갑: 능력이 더 뛰어난 학생에게 입학할 자격을 부여해야 한다.
ㄴ. 을: 각 개인의 능력에는 우연적인 요소가 개입되어 있을 수 있다.
ㄷ. 갑과 을: 능력에 근거한 입시 제도는 사회적 약자를 충분히 배려하고 있다.

① ㄱ   ② ㄷ   ③ ㄱ, ㄴ
④ ㄴ, ㄷ   ⑤ ㄱ, ㄴ, ㄷ

02   다양한 정의관의 특징과 적용

753
▶ 25715-0427

갑, 을의 입장으로 적절한 것만을 〈보기〉에서 고른 것은?

> **갑:** 부모로부터 물려받은 재산은 자신이 한 노동의 대가가 아니므로 모두 상속받는 것은 부당하다. 따라서 상속세 부과를 통해 영구적인 부의 대물림을 막고 사회적 불평등을 완화해야 한다. 상속세를 내는 것은 마땅한 국민의 의무이다.
>
> **을:** 합법적으로 재산을 형성한 부모가 자녀에게 상속한 재산에 대해 세금을 부과하는 것은 부당하다. 소유 권리를 가진 자에게는 자신 대신 자신의 소유물을 소유할 자를 선택할 권리가 있다. 개인의 정당한 소유물을 어떻게 사용할 것인지는 전적으로 개인이 결정할 문제이다.

〈 보기 〉

ㄱ. 갑: 국가는 부의 대물림을 마땅히 규제해야 한다.
ㄴ. 갑: 상속세에 대한 의무는 부의 불평등을 강화한다.
ㄷ. 을: 상속세는 개인의 소유 권리를 침해하는 것이다.
ㄹ. 갑과 을: 사회적 불평등 완화를 위한 세금은 불필요하다.

① ㄱ, ㄴ   ② ㄱ, ㄷ   ③ ㄴ, ㄷ
④ ㄴ, ㄹ   ⑤ ㄷ, ㄹ

[754~755] 다음을 주장한 사상가의 입장에서 물음에 답하시오.

> 사회의 기본 구조와 제도를 규제하는 정의의 두 원칙은 자신의 이익 증진에 관심을 가진 자유롭고 합리적인 사람들이 공정한 상황, 즉 타고난 재능, 가정 환경 등의 자연적·사회적 우연성이 배제된 원초적 입장에서 합의되어야 한다. 이를 ⓐ ▢▢ (으)로서의 정의관이라고 부른다.

754
▶ 25715-0428

⊙에 들어갈 내용을 쓰시오.

(   )

755
▶ 25715-0429

위 사상가가 제시한 사회적·경제적 불평등이 정당화되기 위한 조건 두 가지를 서술하시오.

____

____

756
▶ 25715-0430

그림의 강연자의 입장으로 가장 적절한 것은?

① 개인은 공동체와 분리된 독립적이고 자율적인 존재이다.
② 국가는 공동선을 도모할 때 도덕적 중립을 유지해야 한다.
③ 개인의 자아는 공동체가 공유하고 있는 목적에 영향을 받는다.
④ 좋은 삶에 대한 고민과 선택은 온전히 개인의 선택에 맡겨야 한다.
⑤ 법과 정치는 공동선의 실현이 아니라 개인선의 실현을 목적으로해야 한다.

757
▶ 25715-0431

(가)의 갑, 을의 입장에서 서로에게 제기할 수 있는 비판을 (나) 그림으로 표현할 때, A, B에 해당하는 진술로 적절한 것만을 〈보기〉에서 있는 대로 고른 것은?

(가)	갑: 개인의 자유와 권리를 최대한 보장해야 한다. 또한 개인은 어떠한 삶이 좋은 삶인지 스스로 선택할 수 있어야 한다. 을: 특정 개인에게만 이로운 것이 아닌 공동선을 실현해야 한다. 개인은 공동체가 공유하는 좋은 삶의 모습을 추구해야 한다.
(나)	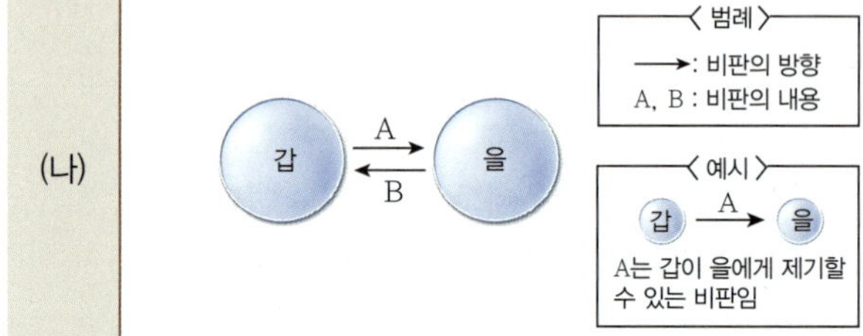

〈 보기 〉
ㄱ. A: 공동체는 개인에게 특정한 가치를 강요해서는 안 됨을 간과한다.
ㄴ. A: 국가는 개인의 소유 권리를 보장하기 위한 수단이 아님을 간과한다.
ㄷ. B: 개인의 삶의 목적과 가치는 공동체와 연관되어 있음을 간과한다.

① ㄱ   ② ㄴ   ③ ㄱ, ㄷ
④ ㄴ, ㄷ   ⑤ ㄱ, ㄴ, ㄷ

758
▶ 25715-0432

을 사상가의 입장에서 갑 사상가에게 제시할 수 있는 비판으로 가장 적절한 것은?

> 갑: 각 개인의 타고난 재능이 그가 마땅히 받을 만한 것이라고 말할 수 없다 해도, 개인은 자신의 타고난 재능에 대한 소유 권리를 가지며 그 타고난 재능으로부터 산출되는 것에 대해서도 마찬가지다.
>
> 을: 각 개인의 타고난 재능은 그 개인이 누릴 자격이 있는 것이 아니다. 불리한 처지에 있는 사람의 여건을 향상시켜 준다는 조건에서만 그가 가진 타고난 우월한 재능으로부터 더 큰 이익을 얻을 수 있다.

① 복지를 위한 부의 재분배는 정당할 수 있음을 간과한다.
② 빈부 격차의 발생 자체가 부정의하지는 않음을 간과한다.
③ 정당한 소유물에 대해 배타적 소유 권리가 보장됨을 간과한다.
④ 개인의 천부적 재능은 각자에게 소유 권리가 있음을 간과한다.
⑤ 모든 개인에게 최대한의 자유를 평등하게 보장해야 함을 간과한다.

03 다양한 불평등 현상과 정의로운 사회 실현

[759~760] 다음을 읽고 물음에 답하시오.

> 사회 집단은 사회 내 구성원들의 재산·수입·직업·교육·종교·인종·혈연 등의 조건을 기준으로 동일한 위치에 속하는 사람들로 구성된다. 사회 집단은 보통 상층, 중층, 하층으로 분류되는데 이를 사회 계층이라고 한다. 최근에는 중간 계층이 줄고 양극단인 상층과 하층으로 구성원들이 쏠리는 ⟨ ㉠ ⟩이/가 심화되고 있다.

759
▶ 25715-0433

㉠에 들어갈 내용을 쓰시오.

(   )

760
▶ 25715-0434

㉠이 심화될 때 나타날 수 있는 문제점 두 가지를 서술하시오.

____

____

761
▶ 25715-0435

다음 신문 칼럼에서 지지할 견해로 가장 적절한 것은?

○○신문	**칼 럼**	○○○○년 ○월 ○일

> 부와 소득의 불평등은 허용된다. 하지만 어떤 시민도 재산으로 다른 시민을 살 수 있을 만큼 부유하지 않아야 하고, 어떤 시민도 자기 몸을 종속시켜야 할 만큼 가난하지 않아야 한다. 부와 소득의 불평등이 지나치게 클 경우 자유를 지속할 수 없기 때문이다.

① 경제적 불평등은 자유에 영향을 준다.
② 부와 소득의 불평등은 정당화될 수 없다.
③ 소득 격차는 사회적 문제를 초래할 수 없다.
④ 사회에 존재하는 모든 불평등은 그 자체로 부정의하다.
⑤ 모든 구성원이 절대적으로 동일한 재산을 소유해야 한다.

762
▶ 25715-0436

사회 복지 제도 (가), (나)에 대한 설명을 아래 그림으로 표현하고자 할 때, A~C에 해당하는 내용으로 적절한 것만을 〈보기〉에서 있는 대로 고른 것은?

> (가) 개인, 정부, 기업이 보험료를 분담하여 질병, 장애, 노령, 실업, 사망 등 각종 위험에 대비하는 제도이다.
> (나) 생계가 어려운 저소득 계층이 최소한의 인간다운 삶을 살아가도록 지원하는 제도이다.

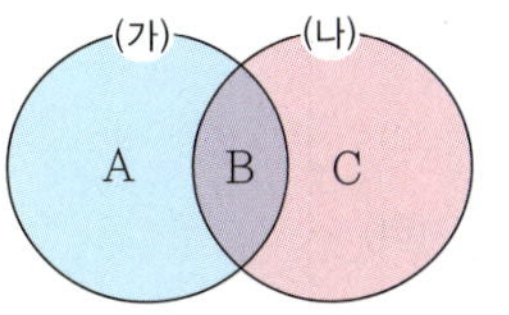

〈 보기 〉

ㄱ. A: 국가가 주도하는 사회 복지 제도이다.
ㄴ. B: 제도 실행을 통해 소득 재분배가 이루어진다.
ㄷ. B: 국가가 사회 계층의 양극화를 개선하고자 실시하는 제도이다.
ㄹ. C: 전 국민을 대상으로 실시되는 사회 복지 제도이다.

① ㄱ, ㄴ   ② ㄱ, ㄹ   ③ ㄴ, ㄷ
④ ㄱ, ㄷ, ㄹ   ⑤ ㄴ, ㄷ, ㄹ

763
▶ 25715-0437

적극적 평등 실현 조치에 대한 갑, 을의 입장으로 적절하지 **않은** 것은?

> 갑: 적극적 평등 실현 조치는 과거부터 현재까지 사회적으로 차별받아 왔던 사회적 약자에게 다양한 측면에서 직간접적 혜택을 제공하는 정의로운 조치이다.
> 을: 적극적 평등 실현 조치는 사회적 약자라는 이유만으로 특혜를 제공하는 것이므로 역차별의 문제를 낳을 수 있고 이로 인해 사회 갈등을 유발하는 정의롭지 못한 조치이다.

① 갑: 부당한 차별로 인해 발생한 불평등을 시정할 수 있다.
② 갑: 노력이나 성취를 중시하는 업적주의 원칙에 부합한다.
③ 을: 모든 구성원에게 기회의 평등을 보장하지는 못하고 있다.
④ 을: 역차별로 인해 구성원 간 새로운 갈등이 발생할 수 있다.
⑤ 갑과 을: 특정 개인이나 특정 집단에 대한 혜택을 제공하는 것이다.

764

2023학년도 11월 고1 학력평가

(가)의 갑, 을의 입장에서 서로에게 제기할 수 있는 비판을 (나) 그림으로 표현할 때, A, B에 해당하는 내용으로 가장 적절한 것은?

(가)	갑: 각자의 삶의 방식은 스스로 선택해야 한다. 타인에게 피해를 주지 않는 한 개인의 자유와 권리는 최대한 보장되어야 하며, 공동체는 개인에게 특정한 가치를 강요하는 등 그들의 삶에 간섭하지 않아야 한다. 을: 각자의 삶의 방식은 소속된 공동체의 역사와 전통을 공유하는 가운데 형성되는 것이다. 공동체는 개인에게 공동선을 지향하는 가치와 미덕을 적극 권장할 수 있으며, 개인은 공동체의 책무를 물려받게 된다.
(나)	갑　A→　을　B←　〈 범례 〉 → : 비판의 방향　A, B : 비판의 내용　〈 예시 〉 갑 A→ 을　A는 갑이 을에게 제기할 수 있는 비판임

① A: 공동체가 개인의 삶의 방식을 규제해야 함을 간과한다.
② A: 개인의 자유는 어떤 경우에도 제한될 수 없음을 간과한다.
③ A: 개인은 공동체가 권장하는 미덕을 함양해야 함을 간과한다.
④ B: 공동체는 개인의 정체성 형성의 중요한 토대가 됨을 간과한다.
⑤ B: 공동체는 개인의 권리를 보장하는 수단에 불과함을 간과한다.

765

2022학년도 11월 고1 학력평가

(가), (나) 사상에 대한 옳은 설명만을 〈보기〉에서 고른 것은?

> (가) 개인은 공동체의 전통이나 가치로부터 독립적이고 자율적인 존재이다. 공동체의 이익은 공동체에 속한 개인이 자유롭게 이익을 추구함으로써 증가할 수 있다.
>
> (나) 개인은 공동체의 영향을 받으며 정체성을 형성해 나가는 존재이다. 공동체 속에서 살아가는 구성원 각자는 공동체가 발전함으로써 행복한 삶을 영위할 수 있다.

〈 보기 〉

ㄱ. (가)는 개인의 자유와 권리의 보장을 중시한다.
ㄴ. (가)는 공동체가 개인의 삶의 방식을 결정한다고 본다.
ㄷ. (나)는 공동체의 발전을 위한 개인의 책무를 강조한다.
ㄹ. (가), (나)는 모두 개인의 이익과 공동체의 이익이 항상 배타적이라고 본다.

① ㄱ, ㄴ　　　② ㄱ, ㄷ　　　③ ㄴ, ㄷ　　　④ ㄴ, ㄹ　　　⑤ ㄷ, ㄹ

766

밑줄 친 ㉠~㉣에 대한 옳은 설명만을 〈보기〉에서 있는 대로 고른 것은?

우리나라는 1970년대에 정부 주도의 ㉠ 성장 거점 개발을 추진하였다. 이로 인해 ㉡ 수도권은 인구와 자본의 유입으로 크게 성장했지만, 비수도권은 상대적으로 성장이 정체되거나 낙후되었다. 우리나라는 이러한 ㉢ 수도권과 비수도권 간의 격차를 해결하기 위해 다양한 ㉣ 지역 격차 완화 정책을 추진하고 있다.

〈 보기 〉

ㄱ. ㉠은 투자의 효율성보다 지역 간 형평성을 강조한다.
ㄴ. ㉡은 국토의 공간적 불평등이 심화하였음을 의미한다.
ㄷ. ㉢은 사회 통합을 저해하는 요인으로 작용할 수 있다.
ㄹ. ㉣의 사례로 '수도권 소재 공공 기관의 지방 이전'을 들 수 있다.

① ㄱ, ㄷ   ② ㄱ, ㄹ   ③ ㄴ, ㄹ   ④ ㄱ, ㄴ, ㄷ   ⑤ ㄴ, ㄷ, ㄹ

767

(가), (나)에서 공통으로 추론할 수 있는 내용으로 가장 적절한 것은?

(가) 장애인 의무 고용 제도란 국내 사업주에게 일정 비율 이상의 장애인을 고용하도록 의무를 부과하는 제도로, 이를 이행하지 않으면 부담금을 내야 한다. 그러나 아직 우리 사회에서는 장애인에 관한 사회적 인식이 크게 바뀌지 않아 여전히 장애인 고용은 저조한 수준에 머물러 있다.

(나) 남녀 고용 평등법은 고용 시장에서의 여성의 채용·승진·임금 차별을 막기 위해서 제정되었다. 하지만 법이 시행된 이후에도 성차별적 인식으로 인해 여전히 여성은 임금과 고용에서 차별을 받고 있다.

① 성별에 따른 차별이 장애에 따른 차별보다 강하다.
② 사회적 소수자를 규정하는 기준은 절대적이며 변하지 않는다.
③ 장애인과 여성에 대한 사회적 차별은 개인적 능력 차이에서 기인한다.
④ 사회적 소수자 우대 정책으로 인한 역차별 문제도 함께 해소해야 한다.
⑤ 사회적 소수자에 대한 차별을 해소하기 위해서는 법과 제도의 시행뿐만 아니라 의식 개선도 이루어져야 한다.

01 자본주의의 전개 과정과 경제 체제 ~ 02 합리적 선택과 경제 주체의 역할

❶ 자본주의의 전개 과정과 경제 체제

1. 자본주의의 역사적 전개와 특징

(1) 자본주의의 의미와 특징

① 의미: 사유 재산 제도를 바탕으로 자유로운 경제활동이 보장되는 경제 체제

② 특징: 사유 재산권 보장, 시장 기능 활성화, 경제활동의 자유 보장

(2) 자본주의의 역사적 전개 과정

① 상업 자본주의(16~18세기)
- 상인 계층이 경제활동을 주도하는 자본주의
- 배경: 신항로 및 식민지 개척을 통해 해외로부터 자본의 공급, 상품 수요의 증가, 교역의 확대 등을 배경으로 성장

② 산업 자본주의(18~19세기)
- 산업 시설을 소유한 자본가 주도의 자본주의
- 배경: 18세기 중반 영국에서 시작된 산업 혁명으로 인해 상품의 대량 생산이 가능해짐

시험 빈출 자료   '보이지 않는 손', 애덤 스미스

> 우리가 저녁 식사를 기대할 수 있는 건 푸줏간 주인, 양조장 주인, 빵집 주인의 자비심 덕분이 아니라, 그들이 자기 이익을 챙기려는 생각 덕분이다. …… 각 개인은 보이지 않는 손에 인도되어 자기가 전혀 의도하지 않았던 목적을 촉진하게 된다. …… 그는 자신의 이익을 추구함으로써 오히려 더 효과적으로 사회의 이익을 촉진한다.
>
> — 애덤 스미스, 『국부론』 —

자료 분석 | 중상주의 시대에는 국가가 상업을 적극적으로 장려하고 보호함으로써 금, 은을 최대한 확보하는 것이 국부를 증진시킬 수 있다고 보았다. 그러나 애덤 스미스는 국부는 금, 은이 아닌 경제 주체에게 실제로 필요한 물자임을 강조하였으며, 이는 시장에서의 자유로운 경제활동을 통해 증가한다고 보고 정부의 시장 개입을 반대하였다. 그가 말한 '보이지 않는 손'은 시장 가격의 자원 배분 기능을 의미한다.

---

③ 수정 자본주의(20세기)
- 국가의 적극적 시장 개입을 중시한 자본주의
- 배경: 19세기 후반 자유 경쟁을 지나치게 강조한 결과 대규모 독점 기업의 등장, 소수 대자본에 의한 독과점 발생 → 과잉 생산과 소비 부족 → 생산 위축에 따른 기업의 도산과 대량 실업의 문제 발생

④ 신자유주의(20세기 말)
- 정부 역할 축소와 자유로운 경제활동을 강조
- 배경: 20세기 후반 정부의 지나친 시장 개입에 따른 비효율 발생, 복지 확대로 인한 근로 의욕 저하 및 정부의 재정 악화, 1970년대 석유 파동으로 인해 발생한 스태그플레이션에 대한 정부 대처의 한계 발생

2. 경제 체제에 따른 다양한 삶의 방식

(1) 경제 체제: 생산물의 종류와 수량, 생산 방법, 분배 방식 등의 기본적인 경제 문제를 해결하기 위해 합의된 제도나 방식

(2) 시장경제 체제: 시장 원리에 의한 경제 문제 해결, 자본주의와 결합하여 사유 재산권 보장, 시장 가격에 기초한 개별 경제 주체의 자유로운 의사 결정 보장

장점	'보이지 않는 손'의 작동으로 효율적인 자원 배분, 사유 재산권 보장으로 개인의 능력과 창의성 발휘 등
한계	빈부 격차의 발생으로 형평성 저해, 급격한 경기 변동 가능성으로 인해 시장의 안정성 저해 등

(3) 계획경제 체제: 정부의 결정과 통제에 의한 경제 문제 해결, 사회주의와 결합하여 사유 재산권을 원칙적으로 부정, 생산 수단의 국유화, 경제 주체의 자유 제한

장점	정부의 계획을 통해 부와 소득의 불평등 완화, 정부의 명령과 계획에 따른 자원 배분 등으로 사회 주요 목적의 신속한 달성 등
한계	경제적 유인 부족 → 경제활동의 창의성과 역량 발휘 저해, 비효율적 자원 배분, 소비자의 다양한 욕구 미반영, 경제 성장과 발전의 부진 등

(4) 혼합 경제 체제: 시장경제 체제와 계획경제 체제의 요소가 결합된 경제 체제, 오늘날 대부분의 국가는 혼합 경제 체제를 채택함, 국가가 추구하는 목표에 따라 혼합의 정도가 다름

시험 빈출 자료   경제 체제의 분류

생산 수단의 소유 형태에 따라	자본주의	개인의 생산 수단 소유를 법적으로 보장
	사회주의	생산 수단의 국유 또는 공유만을 인정
경제 문제의 해결 방식에 따라	계획경제	정부의 계획 및 명령에 따라 경제 문제 해결
	시장경제	시장 가격에 따라 자유롭게 경제 문제 해결

---

❷ 합리적 선택과 경제 주체의 역할

1. 합리적 선택의 의미와 한계

(1) 합리적 선택

① 자원의 희소성으로 인해 선택의 문제가 발생

② 주어진 대안 중에서 편익을 극대화하는 대안 선택 과정

- 편익: 경제적 선택으로 얻게 되는 효용이나 만족감
- 기회비용: 대안 선택으로 발생하는 경제적 비용
- 기회비용 = 명시적 비용 + 암묵적 비용
  - 명시적 비용: 실제로 지불하는 비용(가격)
  - 암묵적 비용: 대안 선택 과정에서 포기한 경제적 이익
- 합리적 선택: 편익 – 기회비용 > 0

(2) 합리적 선택의 한계

① 시장 실패: 특정한 경우 자원 배분이 효율적으로 이루어지지 못하는 시장 기능의 한계 현상

② 시장 실패의 유형

독과점 문제	시장에 하나(독점) 또는 소수(과점)의 공급자만 존재하는 상태 → 생산량을 줄이거나 담합을 통해 가격을 인상 → 소비자 피해 발생
외부 효과	• 외부 효과: 경제활동 과정에서 의도치 않게 타인(제3자)에게 이익 또는 피해가 발생했으나 경제적 보상이나 배상이 이루어지지 않는 현상 • 긍정적 외부 효과: 제3자에게 이익을 주지만 보상을 받지 못함 → 사회적 최적 수준보다 과소 생산 또는 소비함 • 부정적 외부 효과: 제3자에게 피해가 발생했음에도 제재를 받지 않음 → 사회적 최적 수준보다 과다 생산 또는 소비함
공공재 부족	• 공공재: 대가를 지불하지 않은 사람도 이용할 수 있는 재화나 서비스 • 공공재의 특성으로 인해 기업의 생산 동기가 부족 → 공공재가 충분히 공급되기 어려움
정보의 비대칭성	거래와 관련하여 소비자와 판매자가 가진 정보의 양과 질이 다른 상태 발생 → 비양심적 거래 발생, 불신 조장, 자원의 비효율적 배분

2. 지속가능발전을 위한 경제 주체의 바람직한 역할과 책임

(1) 정부의 역할

① 공정한 경쟁 촉진: 독과점, 담합, 불공정 거래 규제

② 외부 효과 개선

- 긍적적 외부 효과: 세금 감면, 보조금 지급 → 생산 및 소비 촉진
- 부정적 외부 효과: 세금 부과, 벌금 및 과징금 부과 → 생산 및 소비 억제

③ 공공재 생산: 정부가 공공재 생산에 직접 참여

④ 정보의 비대칭성 개선: 성분 표시, 원산지 표시 실시

⑤ 빈부 격차 개선: 소득 재분배 정책, 사회 보장 제도

(2) 기업가의 역할: 혁신을 추구하는 기업가 정신, 기업 윤리와 사회적 책임 실행 노력

(3) 노동자의 역할: 노동 3권을 스스로 추구하고 생산 활동에 적극 참여, 기업과 상호 동반자 의식 필요

(4) 소비자의 역할: 소비자 주권 인식, 윤리적 소비 노력

개념 핵심 문제

정답과 해설 67쪽

✪ 빈칸에 들어갈 알맞은 말을 쓰시오.

768 자본주의는 (　　　) 재산 제도를 바탕으로 자유로운 경제 활동이 보장되는 경제 체제이다.

769 계획경제 체제는 (　　　)의 결정과 통제에 의해 경제 문제를 해결하려는 경제 체제이다.

770 인간의 욕망에 비해 사용할 수 있는 자원의 양은 상대적으로 부족한 상태, 즉 자원의 (　　　)(으)로 인해 선택의 문제가 발생한다.

771 시장경제 체제에서 자원의 배분이 효율적으로 이루어지지 못하는 현상을 (　　　)(이)라고 한다.

✪ 다음 내용에 알맞은 말을 고르시오.

772 16~18세기에 등장했던 자본주의로, 상품의 생산보다는 상품의 유통 과정이 경제활동을 주도하는 자본주의를 (상업, 산업) 자본주의라고 한다.

773 1929년 대공황을 극복하는 과정에서 정부의 역할을 (축소, 확대)하는 방향으로 자본주의가 변화하였다.

774 실제로 지불한 것은 아니지만 어떤 대안을 선택함에 따라 얻을 수 있었으나 포기한 경제적 이익을 (명시적, 암묵적) 비용이라고 한다.

✪ 다음에서 설명하는 개념을 〈보기〉에서 고르시오.

> **보기**
> ㄱ. 독과점　　　　　　ㄴ. 기회비용
> ㄷ. 소비자 주권　　　　ㄹ. 보이지 않는 손

775 명시적 비용 + 암묵적 비용 　　　　　　　(　　)

776 애덤 스미스가 시장 가격의 자원 배분 기능을 비유적으로 표현한 것 　　　　　　　　　　　　　(　　)

777 시장에 하나(독점) 또는 소수(과점)의 공급자만 존재하는 상태 　　　　　　　　　　　　　　　　　(　　)

778 상품의 종류와 품질, 가격 등은 기업이 아니라 소비자의 선택에 의해 좌우된다. 　　　　　　　　(　　)

✪ 시장 실패의 요인과 관련된 설명을 알맞게 연결하시오.

779 담합　　•

　　•ㄱ 제3자에게 대가없이 발생하는 이익 또는 손해

780 외부 효과　　•

　　•ㄴ 무임승차자 문제가 발생

781 공공재　　•

　　•ㄷ 생산량과 가격을 사전에 협의하여 결정

782
▶ 25715-0438

㉠~㉢에 대한 옳은 설명만을 〈보기〉에서 고른 것은?

> ㉠ 자본주의는 개인이 자유롭게 재산을 획득하고 사용할 수 있는 권리를 보장하며, 이를 바탕으로 개인과 기업이 경제활동을 자유롭게 할 수 있는 시스템이다. 이 체제에서는 ㉡ 에서 수요와 공급의 원칙에 따라 ㉢ 이/가 자연스럽게 형성되며, 경제 주체들은 ㉣ 하려는 목적을 갖고 활동한다. 또한 자유로운 경쟁은 시장의 효율성을 높이고, 기업 간 혁신을 유도하는 중요한 원동력이 된다.

〈 보기 〉
ㄱ. ㉠에서는 생산 수단의 공유를 원칙으로 한다.
ㄴ. ㉡에는 '시장'이 들어갈 수 있다.
ㄷ. ㉢에는 '가격'이 들어갈 수 없다.
ㄹ. ㉣에는 '사적 이익을 극대화'가 들어갈 수 있다.

① ㄱ, ㄴ ② ㄱ, ㄷ ③ ㄴ, ㄷ
④ ㄴ, ㄹ ⑤ ㄷ, ㄹ

중요
783
▶ 25715-0439

다음 글에 대한 설명으로 옳은 것은? (단, A, B는 각각 상업 자본주의, 산업 자본주의 중 하나임.)

> A는 16세기에서 18세기까지 유럽에서 주로 발달한 자본주의 형태로, 상품의 교역과 유통을 중심으로 이윤을 창출하는 경제활동이 특징이다. B는 18세기 후반 산업 혁명 이후 발달한 자본주의 형태로, 공장과 기계를 이용한 대량 생산이 주요 특징이다. A에서는 ㉠ 계층이 경제적 주도권을 가졌으나, B에서는 ㉡ 계층이 주도권을 가졌다.

① A를 옹호한 대표적 학자는 애덤 스미스이다.
② B는 절대 왕정의 중상주의 정책에 따라 성장하였다.
③ A는 산업 자본주의, B는 상업 자본주의이다.
④ 정부의 시장 개입 정도는 A보다 B에서 컸다.
⑤ ㉠에는 '상인', ㉡에는 '자본가'가 들어갈 수 있다.

784
▶ 25715-0440

표는 구분 기준에 따라 경제 체제를 구분하고 그것의 특징을 나타낸 것이다. 이에 대한 옳은 설명만을 〈보기〉에서 고른 것은?

구분 기준	경제 체제의 특징
(가)	㉠ 개인의 소유권 인정
	㉡ 국유 또는 공유만 인정
(나)	정부의 계획 및 명령
	㉢ 시장 가격

〈 보기 〉
ㄱ. '생산 수단의 소유 형태'는 (가)에 들어갈 수 있다.
ㄴ. (나)에 따라 시장경제 체제와 계획경제 체제를 구분할 수 있다.
ㄷ. ㉡은 법에 의해 강제되나, ㉠은 법적 강제성이 없다.
ㄹ. ㉢에 해당하는 경제 체제는 '사회주의 경제 체제'이다.

① ㄱ, ㄴ ② ㄱ, ㄷ ③ ㄴ, ㄷ
④ ㄴ, ㄹ ⑤ ㄷ, ㄹ

785
▶ 25715-0441

다음 글에 대한 설명으로 옳은 것은?

> 우리가 저녁 식사를 할 수 있는 것은 정육점 주인, 양조장 주인, 혹은 빵집 주인의 자비 덕분이 아니라, 그들의 이기심 덕분이다. 그들은 자신의 이익을 추구하는 과정에서 우리의 필요를 충족시키게 되는 것이다. 각 개인은 자신의 이익을 추구하는 과정에서, 마치 ㉠ 보이지 않는 손에 이끌리듯 사회의 공공 이익을 증진시킨다. 개인은 이러한 결과를 의도하지 않았으나, 이는 종종 그가 의도했던 결과보다 ㉡ 더 좋은 결과를 가져오기도 한다.

① 경제학자 케인스가 주장한 내용이다.
② 경제활동에 대한 규제를 강조하고 있다.
③ 정부가 시장에 개입해야 할 당위성이 나타나 있다.
④ ㉠은 '선한 의지'를 비유적으로 표현한 것이다.
⑤ ㉡에는 '사회 이익의 증대'가 해당할 수 있다.

786
▶ 25715-0442

교사의 질문에 대한 옳은 답변만을 〈보기〉에서 고른 것은?

〈 보기 〉
ㄱ. 사회 보장 제도를 확대하여 복지를 강화했습니다.
ㄴ. 국가 부채를 줄이기 위해 정부의 지출을 축소했습니다.
ㄷ. 정부의 대규모 공공사업 투자로 일자리를 창출했습니다.
ㄹ. 은행에 대한 규제를 모두 없애 금융 시장의 자유를 보장했습니다.

① ㄱ, ㄴ ② ㄱ, ㄷ ③ ㄴ, ㄷ
④ ㄴ, ㄹ ⑤ ㄷ, ㄹ

787
▶ 25715-0443

다음은 자본주의의 역사적 전개 과정 중 등장한 이념 또는 정책에 대한 공통적인 내용이다. 이에 대한 설명으로 옳은 것은?

- 정부 역할을 제한하고 시장의 기능과 자유로운 경제활동을 강조하는 자본주의
- 20세기 후반 정부의 지나친 시장 개입에 따른 비효율성 비판
- 1970년대 석유 파동으로 인해 발생한 ⓐ 에 대한 정부 대처의 한계를 비판

① 복지 예산의 확대를 주장하였다.
② 시장 기능의 한계를 강조하였다.
③ 공기업의 민영화에 대해 긍정적이다.
④ 노동 시장의 유연화에 대해 반대한다.
⑤ ⓐ에는 '디플레이션'이 들어갈 수 있다.

788
▶ 25715-0444

그림의 (가)에 들어갈 질문으로 옳은 것은?

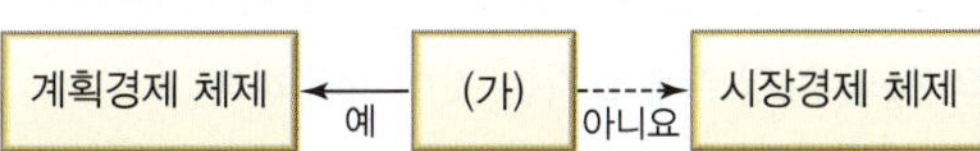

① 자원 배분의 효율성이 강조되는가?
② 개인의 이윤 추구 동기가 강조되는가?
③ 희소성에 따른 경제 문제가 발생하는가?
④ 경제활동에 대한 정부의 통제를 중시하는가?
⑤ 경제 주체의 자유로운 의사 결정이 보장되는가?

789
▶ 25715-0445

A, B에 대한 옳은 설명만을 〈보기〉에서 고른 것은? (단, A, B는 각각 계획경제 체제, 시장경제 체제 중 하나임.)

경제 체제는 무엇을 얼마나, 어떻게 생산하고 분배할 것인지를 해결하는 방식에 따라 나눌 수 있다. A에서는 정부가 대부분의 자원을 소유하고 경제활동을 직접 통제하며, 경제적 의사 결정을 중앙에서 주도한다. 반대로 B에서는 개인의 재산권이 보장되며, 가계와 기업이 자율적으로 경제적 선택을 하여 문제를 해결한다.

〈 보기 〉
ㄱ. A에서는 민간 경제 주체의 자유로운 경쟁을 강조한다.
ㄴ. A에서는 원칙적으로 생산 수단의 사적 소유를 인정하지 않는다.
ㄷ. B에서는 정부 계획에 의해 소득 격차를 완화하고자 한다.
ㄹ. B에서는 '보이지 않는 손'에 의한 자원 배분을 강조한다.

① ㄱ, ㄴ ② ㄱ, ㄷ ③ ㄴ, ㄷ
④ ㄴ, ㄹ ⑤ ㄷ, ㄹ

주요
790
▶ 25715-0446

갑은 표와 같은 상황에서 하나를 선택해야 한다. 이에 대한 옳은 설명만을 〈보기〉에서 고른 것은?

구분	A재	B재
편익(만 원)	5	8
가격(만 원)	3	4

〈 보기 〉
ㄱ. A재 선택의 암묵적 비용은 4만 원이다.
ㄴ. B재를 선택하는 것이 합리적이다.
ㄷ. B재 선택의 기회비용은 5만 원이다.
ㄹ. 명시적 비용은 B재가 A재보다 3만 원 크다.

① ㄱ, ㄴ ② ㄱ, ㄷ ③ ㄴ, ㄷ
④ ㄴ, ㄹ ⑤ ㄷ, ㄹ

791

▶ 25715-0447

다음 사례에 대한 옳은 설명만을 〈보기〉에서 고른 것은?

> 갑은 ⊙유명 뮤지컬 관람을 10만 원에 예약했다. 이 표는 공연 전날까지 취소하면 전액 환불받을 수 있다. 그런데 갑의 친구 을이 뮤지컬 관람 당일 ⓒ아이돌 그룹 공연을 관람하자고 하였다. 공연 표는 한 장당 8만 원인데 을이 선물로 주겠다고 하였다. ⓒ고민 끝에 갑은 뮤지컬 대신 아이돌 그룹 공연을 보았다. 뮤지컬 표 값은 환불받지 못했지만 갑은 만족해했고 갑의 선택은 합리적이었다.

〈 보기 〉

ㄱ. 갑의 최종 선택의 기회비용은 10만 원보다 작을 것이다.
ㄴ. ⓒ에 대한 갑의 편익이 9만 원이라면 갑의 선택은 달라졌을 것이다.
ㄷ. ⓒ 과정에서 갑은 뮤지컬 예매에 지불한 10만 원을 고려하면 안 된다.
ㄹ. ⊙의 암묵적 비용은 ⓒ의 암묵적 비용보다 작을 것이다.

① ㄱ, ㄴ   ② ㄱ, ㄷ   ③ ㄴ, ㄷ
④ ㄴ, ㄹ   ⑤ ㄷ, ㄹ

792

중요

▶ 25715-0448

밑줄 친 ⊙~②에 대한 설명으로 옳은 것은?

> 합리적 선택을 내리기 위해서는 ⊙다양한 경제적 가치를 고려해야 한다. ⓒ기회비용은 특정 선택을 할 때 포기한 다른 선택의 가치를 의미하며, 이는 우리가 선택의 결과를 평가할 때 중요한 기준이 된다. 또한 ⓒ암묵적 비용은 직접적으로 금전적 지출이 발생하지는 않지만, 자원을 다른 곳에 사용할 수 있었다는 숨겨진 기회 손실을 포함한다. 따라서 합리적인 의사 결정을 위해서는 이러한 모든 비용 요소를 종합적으로 검토하여 ②가장 높은 가치를 창출하는 선택을 해야 한다.

① ⊙에는 매몰 비용도 포함시켜 계산해야 한다.
② ⓒ에는 해당 선택을 위해 지불되는 현금은 포함되지 않는다.
③ ⓒ은 선택으로 포기한 모든 대안들의 가치를 합한 값이다.
④ ②의 순편익은 항상 양(+)의 값을 가진다.
⑤ ⓒ의 크기는 ⓒ에 명시적 비용을 더한 값과 동일하다.

793

▶ 25715-0449

다음 자료에 나타난 시장 실패의 요인으로 가장 적절한 것은?

> 소수의 대형 기업이 시장을 장악하면서 소상공인이나 중소기업이 설 자리를 잃고, 결과적으로 경제적 양극화가 심화된다. 이러한 시장 구조는 고용 감소, 임금 불평등 등 사회 전반에 부정적인 영향을 미칠 수 있다.

① 외부 효과   ② 독과점 문제
③ 공공재 부족   ④ 정보의 비대칭성
⑤ 빈부 격차의 심화

794

▶ 25715-0450

(가)~(라)에 대한 설명으로 옳은 것은?

> (가) 집 앞 정원 가꾸기
> (나) 공공장소에서의 흡연
> (다) 전염병 예방을 위한 백신 접종
> (라) 개인 차량의 이용으로 인한 교통 정체

① (가)는 부정적 외부 효과에 해당한다.
② (나)는 보조금 지급 정책으로 해결해야 한다.
③ (다)는 사회적 최적 수준보다 과다 생산된다.
④ (라)는 세금 부과 정책으로 해결할 수 있다.
⑤ (가), (다)는 시장 실패에 해당하지 않는다.

795

▶ 25715-0451

다음 글에 대한 옳은 설명만을 〈보기〉에서 고른 것은?

> ⊙도심의 공공 화장실은 모든 시민과 관광객이 자유롭게 이용할 수 있는 공공재에 해당한다. ⓒ누구나 비용 없이 자유롭게 이용할 수 있다. 그러나 상황이 바뀌어 ⓒ이용자가 많아지면서 화장실의 수가 부족해지고, 긴 대기 줄이 생기는 문제가 발생한다. 또한, ②운영 비용을 부담하지 않는 무임승차자가 많아 화장실의 관리와 청결이 저하된다. 이로 인해 불편함과 위생 문제가 커지고 있다.

〈 보기 〉

ㄱ. ⊙의 공급은 정부에 맡기는 것이 적절하다.
ㄴ. ⓒ을 비배제성이라고 한다.
ㄷ. ⓒ을 비경합성이라고 한다.
ㄹ. ②의 원인은 정부 실패에 있다.

① ㄱ, ㄴ   ② ㄱ, ㄷ   ③ ㄴ, ㄷ
④ ㄴ, ㄹ   ⑤ ㄷ, ㄹ

796

▶ 25715-0452

다음과 같은 현상의 발생 원인으로 옳은 것은?

중고차 판매자는 차량의 상태, 사고 이력, 수리 내역 등과 같은 정보를 잘 알고 있지만, 구매자는 이러한 정보를 알지 못할 수 있다. 이로 인해 판매자는 자동차를 과대 평가하여 높은 가격에 판매할 수 있는 반면, 구매자는 차량의 진정한 가치를 파악하지 못해 손해를 볼 수 있다. 결과적으로, 품질이 좋은 차량은 시장에서 합리적인 가격으로 판매되지 않아 판매자들이 시장에 나오는 것을 꺼리게 된다. 반면, 품질이 낮은 차량은 계속해서 거래되므로, 시장에는 품질이 낮은 차량만 남게 된다.

① 소득 양극화
② 부정적 외부 효과
③ 공공재의 부족
④ 무임승차자 문제
⑤ 거래 당사자 간 정보의 비대칭성

중요

797

▶ 25715-0453

다음 글에 대한 설명으로 옳은 것은?

도심에 위치한 한 공장이 경제 성장의 중심에 있다. 이 공장은 수많은 일자리를 제공하며 지역 경제 활성화에 기여하고 있다. 그러나 ㉠공장에서 발생하는 폐수와 대기 오염은 주변 지역 주민들에게 심각한 피해를 주고 있다. 공장 주변에 사는 사람들은 오염된 공기와 물 때문에 건강 문제가 발생하고, 호흡기 질환과 피부병 등의 피해를 입고 있다. 공장에서는 오염을 줄이기 위한 비용을 부담하지 않고, 그로 인한 환경 피해는 주민들에게 전가되고 있다. 이 경우 ㉡정부의 적극적인 개입이 필요하다. 예를 들어, 공장이 오염 방지 시설을 설치하도록 규제하거나, 오염세를 부과함으로써 공해 문제를 줄일 수 있다.

① ㉠은 해당 상품의 가격 인상 요인에 해당한다.
② ㉠은 해당 상품의 소비자 편익을 증가시키는 요인이다.
③ ㉡으로 인해 해당 상품의 시장 가격은 하락한다.
④ 시장 원리에 맡길 경우 ㉠은 적정 수준보다 적게 발생한다.
⑤ 해당 상품의 생산량 감소는 ㉡의 목표에 해당할 수 있다.

798

▶ 25715-0454

다음 글에 대한 설명으로 옳은 것은?

㉠ESG 경영은 환경(Environmental), 사회(Social), 지배구조(Governance)를 고려하여 기업의 지속가능한 발전을 추구하는 방식이다. 이는 단순한 이익 추구를 넘어 기업이 사회와 환경에 미치는 영향을 인식하고 책임 있는 행동을 하는 것을 의미한다. ㉡기업가 정신은 혁신과 기회를 탐색하는 태도로, ESG 경영과 밀접하게 연결되어 있다. 기업가는 환경 문제 해결이나 사회적 가치를 창출하는 제품과 서비스를 개발하여 ㉢지속가능한 성장을 도모할 수 있다. 결국, ESG 경영은 기업가 정신의 핵심 요소로, 기업이 사회적 책임을 다하면서도 혁신을 통해 지속가능한 미래를 창출하는 데 중요한 역할을 한다.

① ㉠은 장기적으로 기업의 이윤을 저하시키는 요인이다.
② ㉡은 모험적인 도전보다 안정적인 현상 유지를 중시하는 태도이다.
③ ㉢은 이윤 창출과 함께 사회적 책임을 다할 때 달성될 수 있다.
④ ㉠과 ㉡은 양자택일의 관계에 있다.
⑤ ㉢을 위해서는 ㉠의 비중을 낮추어야 한다.

799

▶ 25715-0455

(가)~(다)에 대한 옳은 설명만을 〈보기〉에서 고른 것은?

(가) 노동자는 노동조합을 조직하고 가입할 권리가 있다.
(나) 노동자는 고용주와의 협상에서 자신의 요구를 반영할 수 있는 권리를 가진다.
(다) 노동자는 집단적으로 파업이나 시위를 통해 권리를 주장할 수 있다.

〈 보기 〉

ㄱ. (가)는 단결권에 대한 설명이다.
ㄴ. (나)는 단체 행동권에 대한 설명이다.
ㄷ. (나)를 통해 임금 인상을 요구할 수 있다.
ㄹ. (가), (나)와 달리 (다)는 노동 3권에 해당하지 않는다.

① ㄱ, ㄴ
② ㄱ, ㄷ
③ ㄴ, ㄷ
④ ㄴ, ㄹ
⑤ ㄷ, ㄹ

서답형 **완성 문제**

[800~801] 자료를 보고 물음에 답하시오.

(가)	(나)
공급이 수요를 창출하는 시대는 끝났다. 인위적으로 수요를 만들어 내지 못하면 공황에서 탈출할 수 없다. 정부가 적극적으로 시장에 개입해서 투자를 늘려야 한다. 공공 투자를 확대해 일자리를 늘리면 서민들의 호주머니에 돈이 생길 것이고, 그들은 물건을 사려고 상점에 몰려들 것이다. 그러면 문을 닫았던 공장이 생산을 재개할 것이고, 그에 따라 취업 문이 넓어질 것이다.	자유 시장경제가 개인과 사회의 번영을 극대화한다. 시장의 자율성을 통해 자원이 효율적으로 배분되며, 개인의 창의력과 선택권이 극대화된다. 또한, 인플레이션은 언제나 어디서나 화폐적 현상이며 과도한 화폐 공급이 경제 불안정의 원인이다. 정부의 역할을 최소화하고 개인의 선택권을 보장하는 것이 궁극적으로 자유 사회를 유지하는 핵심이다.

▶ 25715-0456

800 (가), (나)와 같은 주장이 자본주의의 역사적 전개 과정 중 어느 단계의 핵심 내용에 해당하는지를 쓰시오

(가) – (　　　　　　　　) 　　　　　　　(나) – (　　　　　　　　)

▶ 25715-0457

801 (가), (나) 주장의 차이점이 대비되는 핵심 쟁점을 정리하여 서술하시오.

____

____

[802~803] 다음 글을 읽고 물음에 답하시오.

기회 비용은 경제적 비용이라고도 하며 회계적 비용과 구분된다. 회계적 비용은 명시적 비용만을 고려한 것인 데 반해 기회비용은 ㉠다른 대안을 선택했을 경우 얻을 수 있는 경제적 이익까지 고려한다. 가능한 대안 중 어떤 선택을 해도 이익이 발생하는 상황이라 할지라도 무엇이 최선인지를 명쾌하게 구분하기 위해서는 기회비용을 활용해야 한다. 매몰 비용은 이미 지불되어 회수가 불가능한 비용을 말한다. 현재의 선택으로 바꿀 수 없다면 그것은 과거의 비용이며 이는 미래의 가치에 영향을 미치지 않는다. 합리적 선택을 위해서는 매몰 비용은 절대 고려하면 안 된다.

▶ 25715-0458

802 ㉠을 지칭하는 용어를 쓰시오.

(　　　　　　　　)

▶ 25715-0459

803 영화표를 구입하고 들어간 극장에서 재미없는 영화를 계속 봐야 할지 아니면 관람을 중단하고 나와야 할지 기회비용과 매몰 비용 개념을 활용하여 설명하시오.

____

____

1등급 고난도 문제

804

▶ 25715-0460

다음 자료는 경제 체제 퀴즈에 대한 학생들의 답변과 교사의 채점 결과이다. 이에 대한 옳은 설명만을 〈보기〉에서 고른 것은? (단, A, B는 각각 계획경제 체제, 시장경제 체제 중 하나임.)

경제 체제 퀴즈

경제 체제 A, B의 특징에 관한 질문에 '예' 또는 '아니요'로 답하시오. (단, 질문 1개당 맞으면 1점, 틀리면 0점임.)

질문	답변	
	갑	을
A, B 모두 희소성에 따른 선택의 문제에 직면하는가?	아니요	예
A에서는 생산 수단의 사적 소유를 보장하는가?	예	아니요
B에서는 자유로운 경쟁을 강조하는가?	아니요	(가)
점수	2점	2점

〈 보기 〉

ㄱ. (가)는 '예'이다.
ㄴ. A에서는 경제적 유인 체계를 중시한다.
ㄷ. B에서는 정부의 계획과 명령에 따라 자원을 배분한다.
ㄹ. A와 달리 B에서는 '보이지 않는 손'의 기능을 중시한다.

① ㄱ, ㄴ   ② ㄱ, ㄷ   ③ ㄴ, ㄷ
④ ㄴ, ㄹ   ⑤ ㄷ, ㄹ

805

▶ 25715-0461

다음 사례에 대한 옳은 설명만을 〈보기〉에서 고른 것은?

갑은 만두, 김밥, 순대 중 하나를 선택하려고 한다. 합리적인 판단에 따라 갑은 만두를 선택하였다.

구분	만두	김밥	순대
편익	7,000원	6,000원	8,000원
가격	4,000원	5,000원	6,000원

〈 보기 〉

ㄱ. 김밥의 기회비용이 가장 크다.
ㄴ. 만두 선택의 순편익은 1,000원이다.
ㄷ. 암묵적 비용은 순대 선택이 김밥보다 크다.
ㄹ. 만두가 품절이라면 순대를 선택했을 것이다.

① ㄱ, ㄴ   ② ㄱ, ㄷ   ③ ㄴ, ㄷ
④ ㄴ, ㄹ   ⑤ ㄷ, ㄹ

806

▶ 25715-0462

다음 자료에 대한 설명으로 옳은 것은?

제조업을 하는 갑이 하천에 방류한 오염수 때문에 인근에서 농업을 하는 을의 매출액이 감소했다. 이 문제 해결을 위한 대책에는 A, B가 있다.

A	갑이 정화 시설을 설치하고 오염수를 모두 정화한다.
B	을이 오염된 하천수를 정화해 사용하고, 갑에게 정화 비용을 청구한다.

아래 표는 대책 A, B를 시행할 경우, 갑과 을의 이윤 변화를 나타낸다. 대책 시행 후 갑의 매출액에는 변화가 없고, 비용만 변한다. 을의 경우 비용에는 변화가 없고, 매출액만 변한다.

(단위: 천만 원)

구분	현재	대책 시행 후	
		A	B
갑의 이윤	6	3	5
을의 이윤	4	6	6

① 긍정적 외부 효과가 나타난 사례이다.
② 외부 효과로 인한 피해자는 갑이다.
③ A보다 B가 사회적으로 더 효율적이다.
④ 갑이 부담하는 비용은 A가 B보다 작다.
⑤ A와 달리 B에서는 외부 효과가 개선되었다.

807

▶ 25715-0463

표는 갑이 거주할 집을 선택하기 위해 작성한 것이다. 이에 대한 설명으로 옳은 것은?

(단위: 천만 원)

구분		A	B	C
비용		5	3	4
편익	냉난방	1	1	2
	디자인	3	2	3
	편리성	2	2	3

① 기회비용은 B가 가장 작다.
② B를 선택하는 것이 합리적이다.
③ A와 C의 암묵적 비용은 동일하다.
④ 편익 항목에서 냉난방을 삭제하면 B 선택의 순편익은 감소한다.
⑤ 편익 항목에서 냉난방을 삭제하더라도 합리적 선택은 동일하다.

03 자산 관리와 금융 생활 설계

❶ 금융 자산의 특징과 자산 관리의 원칙

1. 금융 자산의 종류

(1) **예금**: 약속된 이자를 받기로 하고 금융 회사에 돈을 맡기는 금융 자산
  ① 종류: 저축성 예금(정기 예금, 정기 적금), 요구불 예금
  ② 특징: 안전성은 높으나 수익성이 낮음

정기 예금	은행에 일정 기간 돈을 맡기고 계약 기간 후 맡긴 돈과 그에 대한 이자를 돌려받는 상품
정기 적금	일정 기간 동안 정기적으로 돈을 납입하며 계약 기간 후 맡긴 돈과 그에 대한 이자를 돌려받는 상품

> **더 알아보기**　**예금자 보호 제도**
>
> 예금자 보호 제도는 금융 기관이 영업 정지, 파산 등으로 예금자에게 예금을 지급하지 못하게 될 때 예금 보험 공사가 예금자에게 예금 보험금을 지급하는 제도이다. 예금자 보호는 금융 기관별로 각각 적용되며, 예금 보험금은 동일 금융 기관 내에서 원금과 이자를 합하여 1인당 최대 1억 원까지 지급된다. (2025년 9월 1일부터 상향 시행됨)

(2) **주식**: 투자자에게 회사 소유권의 일부를 지급하는 증서, 주식 시장에서 거래 가능
  ① 특징: 주식 시장의 상황에 따라 주식 가격 변동 가능, 수익성은 높으나 안전성이 낮음
  ② 투자 수익: 주식 매매에 따른 시세 차익 및 배당 수익 기대 가능

(3) **채권**: 돈을 빌린 후 제공하는 증서, 채권 시장에서 거래 가능
  ① 특징: 정해진 기간 후 이자와 원금을 돌려받을 수 있음, 주식보다 안전성이 높음
  ② 투자 수익: 채권 매매에 따른 시세 차익 및 이자 수익 기대 가능

> **시험 빈출 자료**　**다양한 금융 자산: 펀드, 보험, 연금**
>
> | 펀드 | 금융 기관에 돈을 맡겨서 대신 투자하도록 하는 금융 자산으로, 예금 상품보다 높은 수익을 기대할 수는 있으나 자산 운용의 결과 원금 손실이 발생할 수 있음 |
> |---|---|
> | 보험 | 장래에 예상되는 위험(사망, 상해, 화재, 교통사고 등)을 보험 회사에 전가하는 대가로 보험료를 납부하는 상품 |
> | 연금 | 노후 생활의 안정을 위해 필요한 자금을 적립하여 노령, 퇴직 등의 사유가 발생했을 때 급여를 지급받는 금융 자산 |
>
> **자료 분석 |** 대표적인 금융 자산에는 예금, 채권, 주식 외에도 펀드, 보험, 연금 등이 있다.

2. 자산 관리의 기본 원칙

(1) **안전성**: 투자한 금융 자산의 원금과 이자가 보호될 수 있는 정도

(2) **수익성**: 금융 자산의 가격 상승이나 이자 수익을 기대할 수 있는 정도

(3) **유동성**: 보유하고 있는 자산을 쉽게 현금으로 전환할 수 있는 정도

(4) **자산 관리를 위해 고려할 사항**
  ① 금융 자산의 안전성, 수익성, 유동성 → 어떤 금융 자산에 투자할 것인가?
  ② 현재의 수입과 자산의 규모 → 가진 자산 중 어느 정도의 자금을 투자할 것인가?
  ③ 미래에 필요할 자금의 종류와 규모 → 저축의 목적과 기간은 어떻게 되는가?
  ④ 물가 상승률 → 투자의 실질 수익률은 어느 정도로 예상되는가?

> **시험 빈출 자료**　**수익성과 안전성의 상충 관계**
>
> 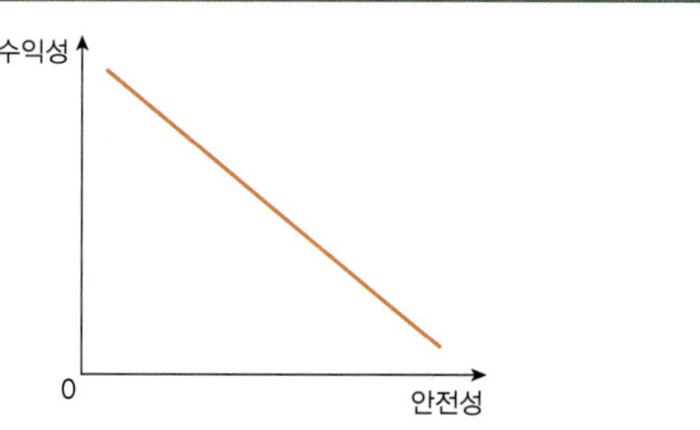
>
>
> **자료 분석 |** 일반적으로 주식과 같이 높은 수익을 기대할 수 있는 금융 자산은 안전성이 낮고, 예금과 같이 원금 손실의 위험성이 낮은 금융 자산은 수익성이 낮다.

3. 나의 미래를 위한 금융 생활 설계

(1) **금융 생활 설계의 의미**: 자신의 생애 주기별 과업을 실행하기 위해 재무 목표를 설정하고, 미래의 수입과 지출을 예상하여 과업 달성에 필요한 구체적인 계획을 세우는 과정

(2) **금융 생활 설계의 필요성**: 제한된 소득을 활용하여 현재의 생활을 유지하고, 주기별 과업을 달성하며 예기치 못한 위험에도 대비하여 안정적인 미래를 설계하는 데 도움을 줌

(3) **금융 생활 설계의 원칙**
  ① 현재의 소득뿐만 아니라 미래에 변화할 소득까지 고려하여 장기적인 관점에서 소비와 저축을 고려해야 함
  ② 기대 수명 연장 등으로 고령화가 가속화되면서 은퇴 이후를 대비할 필요성이 증가하여 노년기에 소요될 충분한 자금을 확보해야 함

(4) 생애 주기별 소득과 지출의 변화

① 유소년기: 주로 보호자의 소득에 의존하여 생활함
② 청년기: 취업하면서 안정적인 소득을 얻음, 결혼과 자녀 출산 등을 대비해 자산을 모으고 지출을 관리해야 함
③ 중·장년기: 소득은 가장 높지만 자녀 양육, 자녀 결혼 등으로 소비도 대폭 늘어남
④ 노년기: 은퇴 이후 소득은 빠르게 감소하는 반면, 지출은 소득에 비해 감소하는 속도가 느림

시험 빈출 자료 **생애 주기별 수입과 지출 곡선**

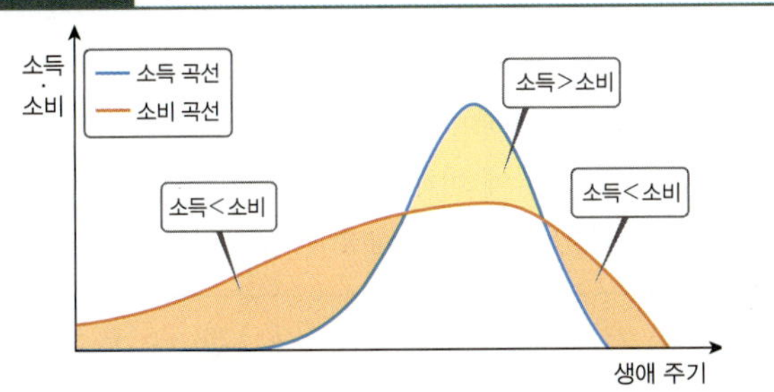

자료 분석 | 인생에서 일정 시기가 되면 주택 마련, 결혼 자금, 자녀 교육, 노후 설계 자금 등 다양한 목적에 쓸 돈이 필요하다. 따라서 생애 주기별 과업에 따라 금융 생활을 설계하는 것이 중요하다. 유소년기에는 소득이 없다가 청년기부터 소득이 발생하지만 소득보다 소비가 많은 시기이다. 중·장년기에는 소득이 소비보다 많아져 저축을 할 수 있는 시기이다. 노년기에는 소득이 감소하여 소득보다 소비가 많아진다. 기대 수명의 증가로 노년기가 늘어남에 따라 중·장년기에 저축의 중요성이 증가하고 있다.

❷ 경제적·정치적·사회적 환경 변화와 금융 의사 결정

1. 경제적 환경의 변화

(1) 일자리 시장이 안정적(불안정적)이고 수입이 증가(감소)할 경우: 개인은 소비와 투자를 늘림(줄임)

(2) 정부가 세율을 인상(인하)하거나 중앙은행이 기준 금리를 인상(인하)할 경우: 개인은 소비와 투자를 줄임(늘림)

2. 정치적·사회적 환경의 변화

(1) 전쟁, 테러 등으로 국내외의 정치 상황이 불안정할 경우: 안전성이 높은 금융 자산에 대한 선호가 높아짐

(2) 환경에 대한 관심 증대로 친환경 제품에 대한 수요가 증가할 경우: 관련 기업의 실적이 좋아질 것으로 예상하여 해당 기업에 대한 투자가 늘어남

개념 핵심 문제

정답과 해설 71쪽

❖ 빈칸에 들어갈 알맞은 말을 쓰시오.

808 (   )에는 정기 예금과 정기 적금이 있다.

809 투자한 금융 자산의 원금과 이자가 보호될 수 있는 정도를 (   )(이)라고 한다.

810 자신의 생애 주기별 과업을 실행하기 위해 재무 목표를 설정하고, 미래의 수입과 지출을 예상하여 과업 달성에 필요한 구체적인 계획을 세우는 과정을 (   )(이)라고 한다.

❖ 다음 내용에 알맞은 말을 고르시오.

811 정기 예금은 주식에 비해 안전성은 (높지만, 낮지만) 수익성은 (높은, 낮은) 편이다.

812 투자자에게 회사 소유권의 일부를 지급하는 증표는 (주식, 채권)이고, 돈을 빌린 후 제공하는 증서는 (주식, 채권)이다.

813 안전성이 (높을수록, 낮을수록) 수익성이 낮아진다.

814 유동성이 (낮을, 높을) 경우 금융 자산을 현금으로 전환하기 어려워진다.

❖ 다음에서 설명하는 개념을 〈보기〉에서 고르시오.

〔 보기 〕
ㄱ. 예금   ㄴ. 주식   ㄷ. 채권

815 안전성이 가장 높은 금융 자산이다. (   )

816 시세 차익을 기대할 수 있다. (   )

817 이자 수익을 기대할 수 있다. (   )

818 배당 수익을 기대할 수 있다. (   )

❖ 생애 주기별 소득과 지출의 변화를 알맞게 연결하시오.

819 청년기 •   • ㉠ 소득과 지출이 모두 감소하나 소득이 더 빨리 감소하는 시기

820 중·장년기 •   • ㉡ 결혼과 자녀 출산 대비 자산을 모으는 시기

821 노년기 •   • ㉢ 소득이 소비보다 많은 시기

822

▶ 25715-0464

다음 글에 대한 옳은 설명만을 〈보기〉에서 고른 것은?

> 사람들은 경제생활을 하면서 ㉠ 자금이 부족해 돈을 빌리기도 하고, 여윳돈이 생겨 돈을 빌려주기도 한다. 또한, 평균 수명이 길어지면서 소득이 있는 기간에 비해 소비를 해야 하는 기간이 (㉡)지고 있어 현재와 (㉢)을/를 고려한 ㉣ 자산의 체계적인 관리가 필요하다.

〔 보기 〕
ㄱ. ㉠을 '금융'이라고 한다.
ㄴ. ㉡에는 '짧아'가 들어갈 수 있다.
ㄷ. ㉢에는 '미래'가 들어갈 수 있다.
ㄹ. ㉣을 위해 주식 투자를 하지 않아야 한다.

① ㄱ, ㄴ　　　② ㄱ, ㄷ　　　③ ㄴ, ㄷ
④ ㄴ, ㄹ　　　⑤ ㄷ, ㄹ

823

▶ 25715-0465

교사의 질문에 옳은 대답을 한 학생만을 고른 것은?

> 교사: 회사는 자금을 마련하기 위해 주식과 채권을 발행하기도 하는데, 주식과 채권의 특징에 대해 발표해 볼까요?
> 갑: 채권은 회사의 소유 지분을 나타냅니다.
> 을: 주식에 투자한 자금은 회사의 자본금이 됩니다.
> 병: 주식에 투자한 자금은 회사의 부채가 됩니다.
> 정: 채권은 회사가 돈을 빌리기 위해 발행합니다.

① 갑, 을　　　② 갑, 병　　　③ 을, 병
④ 을, 정　　　⑤ 병, 정

824

▶ 25715-0466

(가)~(다)에 대한 설명으로 옳은 것은?

> (가) 보통 예금　　　(나) 정기 예금　　　(다) 정기 적금

① 일정 금액을 정기적으로 맡기는 예금은 (가)이다.
② 목돈을 한 번에 맡기는 예금은 (다)이다.
③ 필요할 때마다 수시로 찾을 것 같다면 (나)보다 (가)가 적절하다.
④ 저축성 예금은 (다), 요구불 예금은 (나)이다.
⑤ (가)와 달리 (나), (다)는 예금자 보호 제도가 적용된다.

825

▶ 25715-0467

자산 관리의 기본 원칙 (가)~(다)에 대한 옳은 설명만을 〈보기〉에서 고른 것은?

(가)	투자한 자산으로부터 이익을 기대할 수 있는 정도
(나)	보유한 자산을 필요할 때 쉽게 현금으로 바꿀 수 있는 정도
(다)	투자한 자산의 가치가 줄어들지 않고 안전하게 보호될 수 있는 정도

〔 보기 〕
ㄱ. 채권은 주식에 비해 (가)가 높은 편이다.
ㄴ. 부동산은 거래 금액이 크고 거래 시간이 길어 (나)가 높다.
ㄷ. 주식은 정기 예금에 비해 (다)가 낮은 편이다.
ㄹ. (가)와 (다)는 일반적으로 상충 관계에 있다.

① ㄱ, ㄴ　　　② ㄱ, ㄷ　　　③ ㄴ, ㄷ
④ ㄴ, ㄹ　　　⑤ ㄷ, ㄹ

826

▶ 25715-0468

표는 갑과 을의 금융 자산 투자 현황을 나타낸다. 이에 대한 옳은 설명만을 〈보기〉에서 고른 것은?

(단위: 만 원)

구분	갑	을
정기 예금	150	200
주식	100	250
채권	250	50

〔 보기 〕
ㄱ. 원금이 보장되는 금융 자산에 투자한 금액은 갑보다 을이 적다.
ㄴ. 배당 수익을 기대할 수 있는 금융 자산에 투자한 금액은 갑보다 을이 적다.
ㄷ. 이자 수익을 기대할 수 있는 금융 자산에 투자한 금액은 갑보다 을이 적다.
ㄹ. 시세 차익을 기대할 수 있는 금융 자산에 투자한 금액은 갑보다 을이 적다.

① ㄱ, ㄴ　　　② ㄱ, ㄷ　　　③ ㄴ, ㄷ
④ ㄴ, ㄹ　　　⑤ ㄷ, ㄹ

827
▶ 25715-0469

자료는 금융 자산 (가)~(다)의 일반적인 특징을 나타낸다. 이에 대한 옳은 설명만을 〈보기〉에서 고른 것은? (단, (가)~(다)는 각각 정기 예금, 주식, 채권 중 하나임.)

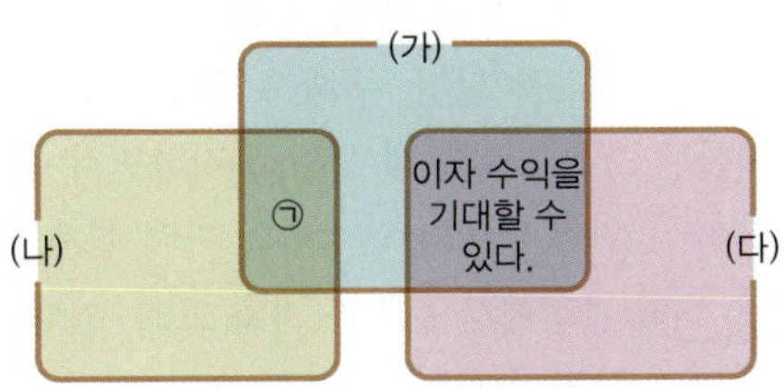

* (다)는 원금 손실이 발생하지 않음.

〈 보기 〉
ㄱ. (가)의 소유자는 주주로서의 지위를 가진다.
ㄴ. (나)는 (가)보다 수익성이 높다.
ㄷ. ㉠에 '배당 수익을 얻을 수 있다.'가 들어갈 수 있다.
ㄹ. ㉠에 '시세 차익을 얻을 수 있다.'가 들어갈 수 있다.

① ㄱ, ㄴ   ② ㄱ, ㄷ   ③ ㄴ, ㄷ
④ ㄴ, ㄹ   ⑤ ㄷ, ㄹ

828
▶ 25715-0470

표는 채권의 특징에 대한 진술에 대해 학생 갑~무가 옳다고 생각하는 것을 있는 대로 표시한 것이다. 옳게 답변한 학생은?

채권의 특징에 대한 진술	학생의 답변				
	갑	을	병	정	무
채권의 가격은 변한다.	○		○	○	
채권에는 만기가 없다.		○		○	○
채권은 정부도 발행한다.			○		○

(○: 옳음)

① 갑   ② 을   ③ 병   ④ 정   ⑤ 무

829
중요
▶ 25715-0471

자료는 갑의 시기별 모든 금융 자산을 나타낸다. 이에 대한 옳은 설명만을 〈보기〉에서 고른 것은?

〈t기〉

보통 예금	200만 원
정기 적금	300만 원
주식	500만 원

〈t+1기〉

보통 예금	200만 원
정기 예금	400만 원
주식	100만 원
채권	500만 원

〈 보기 〉
ㄱ. 갑의 t+1기 금융 자산은 t기에 비해 10% 증가하였다.
ㄴ. 예금자 보호 제도의 대상이 되는 금융 자산의 t+1기의 금액이 t기에 비해 증가하였다.
ㄷ. t+1기에 갑의 투자 성향은 t기에 비해 수익성보다 안전성을 중시하는 방향으로 변화하였다.
ㄹ. 시세 차익을 기대할 수 있는 금융 자산이 전체 금융 자산에서 차지하는 비중은 t기에 비해 t+1기에 감소하였다.

① ㄱ, ㄴ   ② ㄱ, ㄷ   ③ ㄴ, ㄷ
④ ㄴ, ㄹ   ⑤ ㄷ, ㄹ

830
▶ 25715-0472

그림은 금융 자산 A, B의 일반적인 특징을 비교한 것이다. 이에 대한 설명으로 옳은 것은? (단, A, B는 각각 정기 예금과 주식 중 하나임.)

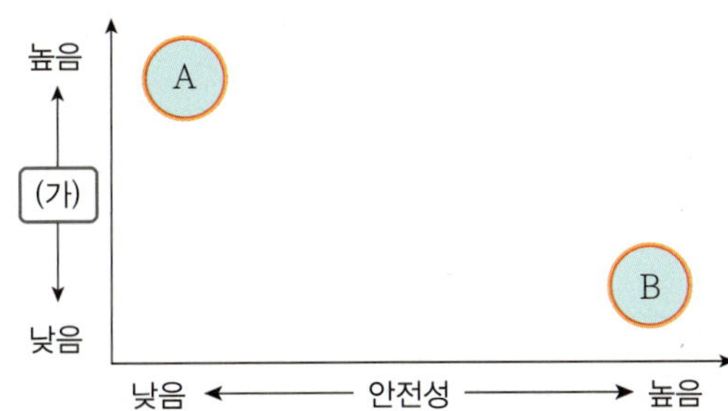

① (가)에는 '유동성'이 들어갈 수 있다.
② A는 예금자 보호의 대상이 된다.
③ B의 소유자는 주주로서의 지위를 가진다.
④ B와 채권의 공통점은 이자 수익을 기대할 수 있다는 것이다.
⑤ B는 A와 달리 시세 차익을 기대할 수 있다.

831

▶ 25715-0473

다음 글에 대한 옳은 설명만을 〈보기〉에서 고른 것은?

"100−나이 법칙"은 자산 배분 전략 중 하나로, 투자에서의 위험을 관리하기 위해 사용된다. 이 법칙에 따르면, 100에서 자신의 나이를 뺀 수치만큼을 　㉠　 같은 고위험 자산에 투자하고, 나머지를 　㉡　 같은 저위험 자산에 투자하는 것이 권장된다. 예를 들어, 30세라면 100−30=70이므로, 전체 자산의 70%는 고위험 자산에, 나머지 30%는 안정적인 자산에 투자하는 방식이다. 나이가 많아질수록 저위험 자산의 비율을 높여 자산의 　㉢　 을/를 강화하는 전략이다. ㉣ 이러한 전략은 평균 수명 증가로 인한 경제적 부담을 덜기 위한 투자 전략으로 널리 사용된다.

〈 보기 〉

ㄱ. ㉠에는 '주식'이 들어갈 수 없다.
ㄴ. ㉡에는 '예금'이 들어갈 수 있다.
ㄷ. ㉢에는 '수익성'이 들어갈 수 있다.
ㄹ. 젊을수록 안전성보다 수익성을 추구하는 것은 ㉣에 해당한다.

① ㄱ, ㄴ　　　② ㄱ, ㄷ　　　③ ㄴ, ㄷ
④ ㄴ, ㄹ　　　⑤ ㄷ, ㄹ

832

중요

▶ 25715-0474

그림은 생애 주기별 소득과 소비를 나타낸다. 이에 대한 설명으로 옳은 것은?

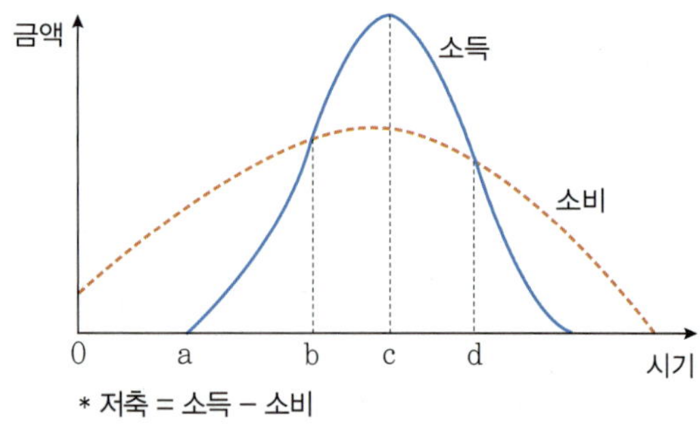

① a 시기부터 소득이 소비보다 커진다.
② b 시기부터 소득이 발생한다.
③ c 시기에 소득의 총 누적 금액이 최대가 된다.
④ d 시기에 저축의 총 누적 금액이 최대가 된다.
⑤ 소비는 현재의 소득 수준 내에서 이루어진다.

833

▶ 25715-0475

자료는 금융 생활 설계에 대한 학습 내용을 요약한 것이다. 이에 대한 설명으로 옳은 것은?

- **금융 생활 설계**: 자신의 ㉠ 생애 주기별 과업 실행을 위해 ㉡ 재무 목표를 설정, 구체적 계획 수립 과정
- **필요성**: 제한된 소득으로 현재 생활 유지하면서 주기별 과업 달성 ㉢ 위험 대비와 안정적인 미래 설계
- **원칙**: 　㉣　 적 관점에서 소비와 저축 고려, 기대 수명 연장으로 ㉤ 노년기 장기화 대비

① 결혼과 출산은 ㉠에 해당한다.
② ㉡의 달성을 위해 현재의 수입과 지출만 고려한다.
③ ㉢을 위해 대출 규모를 확대한다.
④ ㉣에는 '장기'보다 '단기'가 적절하다.
⑤ ㉤은 저축을 가장 많이 해야 할 시기이다.

834

▶ 25715-0476

자료에 대한 옳은 설명만을 〈보기〉에서 고른 것은? (단, 은퇴 시기는 65세로 가정함.)

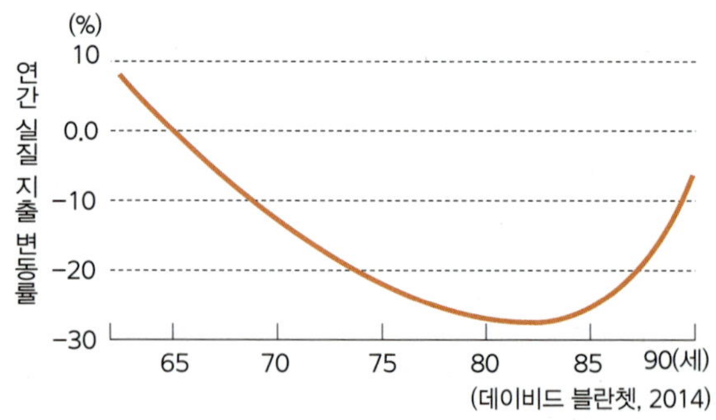

* 연간 실질 지출 변동률: 은퇴 연도의 지출 대비 은퇴 후 연도별 지출의 비율임. (예를 들어, 74세에 −20%라는 것은 65세의 지출이 5천만 원이라면 74세에 지출이 4천만 원이라는 뜻임.)

〈 보기 〉

ㄱ. 은퇴 이후 지출은 지속적으로 감소한다.
ㄴ. 은퇴 이후 지출은 은퇴 전보다 감소한다.
ㄷ. 사망 직전에 지출 증가를 대비할 필요가 있다.
ㄹ. 은퇴 직후에 지출을 가장 적게 하는 경향이 있다.

① ㄱ, ㄴ　　　② ㄱ, ㄷ　　　③ ㄴ, ㄷ
④ ㄴ, ㄹ　　　⑤ ㄷ, ㄹ

835

▶ 25715-0477

그림은 생애 주기별 1인당 연 소비 및 소득의 관계를 나타낸다. 이를 토대로 연령대별 금융 생활을 설계한 것으로 적절하지 <u>않은</u> 것은?

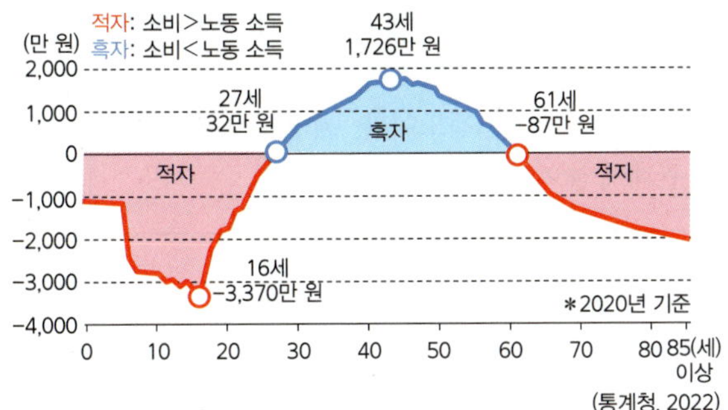

① 10대: 상급 학교 진학을 준비한다.
② 20대: 대학에 진학하거나 직업 훈련을 받는다.
③ 30대: 취업 후 결혼 자금을 마련한다.
④ 40대: 자녀를 양육하고 집을 마련한다.
⑤ 50대: 은퇴 후 노후 대비 자금으로 생활한다.

836

▶ 25715-0478

다음 글은 금융 투자 관련 안내문이다. 이에 대한 설명으로 옳은 것은?

> ㉠달걀을 한 바구니에 담지 말라는 말은 ㉡포트폴리오 구성의 필요성을 상징적으로 보여주는 말이다. 또한 ㉢변화하는 경제 상황을 고려하여 ㉣포트폴리오를 적절하게 바꾸는 일도 중요하다.

① ㉠은 집중 투자의 필요성을 강조한다.
② ㉠은 대출을 활용한 공격적 투자의 위험성을 보여준다.
③ ㉡은 수익성 극대화를 위한 것이다.
④ 정치적 환경 변화는 ㉢에 해당하지 않는다.
⑤ "파도에 맞서지 말고 파도를 타야 산다."라는 말은 ㉣에 대한 적절한 비유에 해당한다.

837

▶ 25715-0479

(가), (나)에 대한 옳은 설명만을 〈보기〉에서 고른 것은?

> (가) 기준 금리 인하   (나) 세율 인상

〔 보기 〕

ㄱ. (가)는 개인들의 저축을 늘리는 요인이다.
ㄴ. (가)는 대출로 인한 금융 비용을 낮추는 요인이다.
ㄷ. (나)는 개인들의 소비를 줄이는 요인이다.
ㄹ. (나)는 개인들의 금융 자산 투자를 늘리는 요인이다.

① ㄱ, ㄴ   ② ㄱ, ㄷ   ③ ㄴ, ㄷ
④ ㄴ, ㄹ   ⑤ ㄷ, ㄹ

838

▶ 25715-0480

그림은 금융 생활 설계의 과정을 나타낸다. 이에 대한 옳은 설명만을 〈보기〉에서 고른 것은?

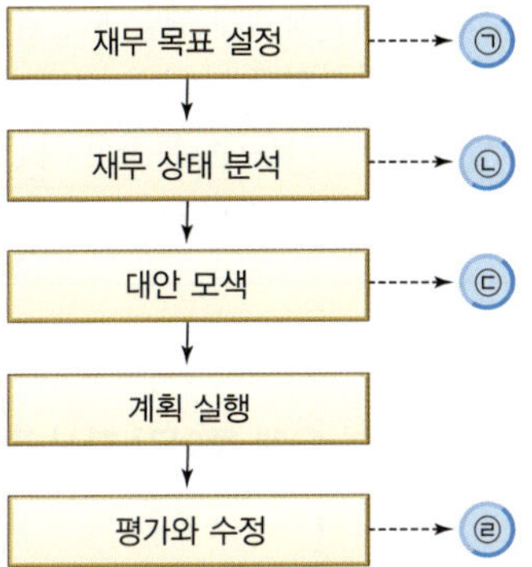

〔 보기 〕

ㄱ. ㉠에서 자신의 가치관을 최대한 배제해야 한다.
ㄴ. ㉡에서 자신의 부채는 고려하면 안 된다.
ㄷ. ㉢에서 자금 대출은 대안에 해당한다.
ㄹ. ㉣에 따라 금융 생활 설계를 적절하게 수정할 필요가 있다.

① ㄱ, ㄴ   ② ㄱ, ㄷ   ③ ㄴ, ㄷ
④ ㄴ, ㄹ   ⑤ ㄷ, ㄹ

중요

839

▶ 25715-0481

(가), (나)에 대한 옳은 설명만을 〈보기〉에서 고른 것은?

구분	거시 경제 지표의 변화
(가)	원/달러 환율의 상승 추세가 당분간 지속될 것으로 예상됨
(나)	한국은행이 기준 금리를 단계적 · 지속적으로 인상하기로 함

〔 보기 〕

ㄱ. (가)는 개인들의 해외 상품 직접 구매를 지속적으로 증가시키는 요인에 해당한다.
ㄴ. 해외여행 계획이 있다면 되도록 이른 시기에 실행하는 결정은 (가)에 대한 적절한 대응에 해당한다.
ㄷ. (나)는 개인들의 은행 대출로 인한 이자 비용을 증가시키는 요인에 해당한다.
ㄹ. (나)는 한국은행이 현재 경기 침체가 심각 수준이라고 판단했을 때 단행될 수 있는 정책적 변화에 해당한다.

① ㄱ, ㄴ   ② ㄱ, ㄷ   ③ ㄴ, ㄷ
④ ㄴ, ㄹ   ⑤ ㄷ, ㄹ

[840~841] 다음 자료를 읽고 물음에 답하시오.

- 예금자 보호 제도는 금융 회사가 파산 등의 사유로 예금을 돌려주지 못할 때 예금 보험 공사가 일정 한도 내에서 예금자에게 예금 보험금을 대신 지급하는 제도이다. 예금은 이러한 이유로 ⑦ 이/가 가장 높은 금융 자산이다.
- ⑥ 은/는 투자한 자산의 가치 상승이나 이자 수익 등을 기대할 수 있는 정도이다. 세상에 공짜 점심은 없듯이 일반적으로 ⑦ 와/과 ⑥ 은/는 상충 관계에 놓여 있다.

840 ⑦과 ⑥에 들어갈 자산 관리의 원칙을 쓰시오.

▶ 25715-0482

⑦ – (   )　　　　　　　　⑥ – (   )

841 ▶ 25715-0483

제시문의 밑줄 친 내용 '⑦ 와/과 ⑥ 은/는 상충 관계'라는 말의 의미를 예와 함께 서술하시오.

____

____

[842~843] 다음 글을 읽고 물음에 답하시오.

　인생에서 개인이 달성하고자 하는 목표는 다양하며 그 목표를 이루고 행복한 삶을 누리는 데는 경제적 여건이 영향을 미친다. 시간의 흐름에 따라 삶이 변화하는 일련의 단계를 ⑦ (이)라고 하는데, 이 과정에서 시기에 따라 수입과 지출의 규모가 달라진다. 생애 동안 수입과 지출이 변화하는 큰 흐름을 이해하고 이에 대비하는 현명한 금융 의사 결정이 필요하다.

842 ⑦에 들어갈 용어 쓰시오.

▶ 25715-0484

(   )

843 ▶ 25715-0485

제시문에서 밑줄 친 '수입과 지출이 변화하는 큰 흐름'을 청년기, 중년기, 노년기로 구분하여 서술하시오.

____

____

1등급 고난도 문제

844
▶ 25715-0486

그림은 금융 자산 A~C를 일반적인 특징에 따라 분류한 것이다. 이에 대한 옳은 설명만을 〈보기〉에서 고른 것은? (단, A~C는 각각 정기 예금, 주식, 채권 중 하나임.)

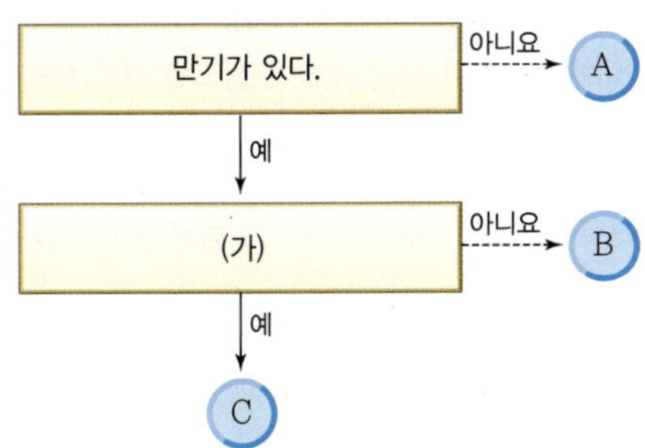

〈 보기 〉
ㄱ. A가 안전성이 가장 높다.
ㄴ. A는 B와 달리 배당 수익을 기대할 수 있다.
ㄷ. B, C는 모두 시세 차익을 기대할 수 있다.
ㄹ. '이자 수익을 기대할 수 있다.'는 (가)에 들어갈 수 없다.

① ㄱ, ㄴ　　② ㄱ, ㄷ　　③ ㄴ, ㄷ
④ ㄴ, ㄹ　　⑤ ㄷ, ㄹ

845
▶ 25715-0487

표는 갑이 보유한 금융 자산의 연도별 비중을 나타낸다. 이에 대한 옳은 분석만을 〈보기〉에서 고른 것은?

(단위: %)

구분	현금	보통 예금	주식	채권
t년	20	50	20	10
t+1년	10	40	40	10

* 갑이 보유한 금융 자산의 총액은 t년에 4,000만 원이고, t+1년에 6,000만 원임.

〈 보기 〉
ㄱ. 수익성이 가장 낮은 금융 자산의 총액은 t년에 비해 t+1년에 20% 감소했다.
ㄴ. t년에 이자 수익을 기대할 수 있는 금융 자산의 총액은 2,400만 원이다.
ㄷ. 배당 수익을 기대할 수 있는 금융 자산의 총액은 t+1년이 t년의 2배이다.
ㄹ. 시세 차익을 기대할 수 있는 금융 자산의 비중은 t+1년이 t년의 2배 미만이다.

① ㄱ, ㄴ　　② ㄱ, ㄷ　　③ ㄴ, ㄷ
④ ㄴ, ㄹ　　⑤ ㄷ, ㄹ

846
▶ 25715-0488

표는 갑~병이 투자한 금융 자산의 비중을 나타낸다. 이에 대한 옳은 설명만을 〈보기〉에서 고른 것은?

(단위: %)

구분	국내		해외	
	주식	채권	주식	채권
갑	65	15	15	5
을	15	40	20	25
병	25	20	45	10

〈 보기 〉
ㄱ. 수익성 추구 성향은 을이 갑보다 강하다.
ㄴ. 병이 갑보다 환율 변화에 영향을 많이 받을 것이다.
ㄷ. 을, 병이 각각 투자한 주식 투자 금액에서 국내 주식이 차지하는 비중은 을이 병보다 작다.
ㄹ. 갑, 병이 각각 투자한 해외 투자 금액에서 이자 수익을 기대할 수 있는 금융 자산이 차지하는 비중은 병이 갑보다 작다.

① ㄱ, ㄴ　　② ㄱ, ㄷ　　③ ㄴ, ㄷ
④ ㄴ, ㄹ　　⑤ ㄷ, ㄹ

847
▶ 25715-0489

그림은 갑의 생애 주기 곡선이다. 이에 대한 설명으로 옳은 것은?

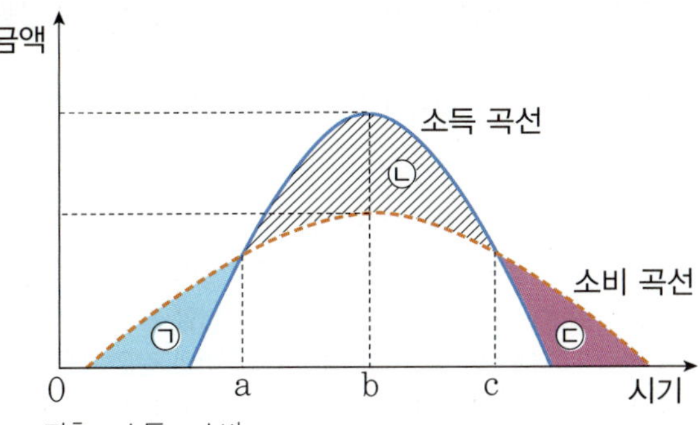

① 누적 저축액이 가장 큰 시기는 b이다.
② ㉡보다 ㉢을 크게 설계하는 것이 바람직하다.
③ c 이후 기간이 길어질수록 ㉡을 확대해야 한다.
④ 갑의 소득 발생 시기가 늦어질수록 ㉠은 작아진다.
⑤ a 이전과 달리 c 이후에는 소비가 소득보다 크다.

04 국제 분업과 무역

❶ 국제 분업과 무역의 필요성

1. 국제 분업과 무역

국제 분업	• 각 나라가 무역에 유리한 것을 특화하여 생산하는 것 • 특화 생산하여 무역하면 교역 참여국 모두 더 많은 이익을 얻을 수 있음
무역	각 나라가 자신들이 생산한 재화와 서비스를 다른 나라와 사고파는 국제 거래

2. 국제 분업 및 무역이 필요한 이유

(1) 국가 간 생산 비용의 차이

① 국가마다 보유한 생산 요소의 종류와 양이 다름

② 국가 간 차이 발생의 요인

- 자연환경: 국가에 따라 기후, 지형 등이 다름
- 보유 자원: 국가가 보유한 자원의 양과 질이 다름
- 사회적 조건: 인구, 교육 수준, 경제 규모 등의 차이 → 노동, 자본 등 생산 요소, 기술 수준의 차이로 이어짐

③ 보유한 생산 요소의 차이로 같은 종류의 상품을 생산하더라도 국가마다 생산비의 차이가 발생함

④ 국내에서 생산 가능한 상품이라도 외국에서 더 저렴하게 생산 가능한 경우가 있음 → 직접 생산하는 것보다 수입하는 것이 경제적임

시험 빈출 자료 무역 확대의 긍정적 영향

- 다양한 상품이나 서비스를 낮은 가격에 소비할 기회 증대
- 무역의 확대에 따른 기업의 생산량 증가로 규모의 경제가 발생하여 생산비 절감
- 기업의 생산량 증가에 따른 고용 창출로 경제 활성화 및 일자리 증가
- 해외 기업과의 경쟁 과정에서 기업의 기술 수준 향상 및 상품의 질 개선
- 외국과 교역하는 과정에서 선진 기술의 전파 및 경제 발전의 기회 마련 가능

자료 분석 | 무역 확대는 다양한 상품과 서비스의 소비 기회를 증가시키고, 기업의 생산 효율성 및 경쟁력을 높이며, 고용 창출과 경제 성장을 촉진한다. 또한 선진 기술과 경영 방식을 도입할 수 있는 기회를 제공하여 전체 경제에 긍정적인 영향을 미친다. 이와 같은 내용은 자유 무역 확대의 근거로 활용된다.

시험 빈출 자료 무역 확대의 부정적 영향

- 무역에 따른 이해관계자의 증가로 인하여 정부가 경제 정책을 자율적으로 운영하는 데 제한이 따를 수 있음
- 선진국과 개발 도상국 간의 경제 격차가 더욱 확대됨 → 선진국에 비해 경쟁력이 낮은 개발 도상국의 경우 무역 과정에서 손해를 볼 수 있음
- 국가 간 상호 의존도가 높아져 어느 한 지역의 경제 문제가 다른 나라로 확대됨 → 무역 의존도가 높은 국가의 경우 더욱 큰 영향을 주고받음

자료 분석 | 무역 확대는 국가의 자율적인 경제 정책에 제약을 줄 수 있으며, 선진국과 개발도상국 간의 경제 격차를 확대할 위험이 있다. 또한, 국가 간 경제적 상호 의존도가 높아져 한 지역의 경제적 문제가 쉽게 다른 국가로 확산될 수 있는 단점을 지니고 있다. 이는 보호 무역 정책의 근거가 된다.

(2) 절대 우위

① 의미: 특정한 상품을 생산하는 비용이 다른 나라보다 적은 경우

② 무역의 발생: 다른 나라에 비해 절대 우위를 가진 상품을 생산하여 수출하고, 다른 나라에 비해 절대 우위가 없는 상품을 수입

(3) 비교 우위

① 의미: 특정한 상품을 생산하는 기회비용이 다른 나라보다 적은 경우

② 무역의 발생: 한 나라가 다른 나라에 비해 상대적으로 기회비용이 적은 상품을 생산하여 수출하고, 기회비용이 큰 상품을 수입

③ 의의: 한 나라가 모든 상품의 생산에 절대 우위를 가진 경우의 국제 무역을 설명할 수 있음

시험 빈출 자료 절대 우위에 따른 무역

각 재화 1단위 생산에 드는 비용

(단위: 달러)

구분	X재	Y재
갑국	6	8
을국	10	5

갑국과 을국만 존재하며, 양국 모두 X재와 Y재만 생산한다고 가정한다.

자료 분석 | 비용으로 두 나라의 경쟁력을 비교하면, 갑국은 X재를 더 저렴하게 생산할 수 있고, 을국은 Y재를 더 저렴하게 생산할 수 있다. 이처럼 상대국에 비해 생산 비용이 적게 드는 경우를 절대 우위라고 한다. 갑국은 X재에 절대 우위가 있고, 을국은 Y재에 절대 우위가 있다고 말한다.

시험 빈출 자료   비교 우위에 따른 무역

각 재화 1단위 생산에 드는 비용

(단위: 달러)

구분	X재	Y재
병국	2	4
정국	6	6

병국과 정국만 존재하며, 양국 모두 X재와 Y재만 생산한다고 가정한다.

자료 분석 | 현재 병국이 두 재화 생산에서 모두 절대 우위를 가진다. 절대 우위에 따르면 무역을 설명할 수 없다. 그러나 아래 표와 같이 기회비용을 적용하면 무역을 설명할 수 있다.

구분	X재	Y재
병국	Y재 1/2개	X재 2개
정국	Y재 1개	X재 1개

X재 1단위 생산의 기회비용은 병국이 작고, Y재 1단위 생산의 기회비용은 정국이 작다. 이처럼 상대국에 비해 기회비용이 작은 경우를 비교 우위라고 한다. 병국은 X재 생산에 비교 우위가 있고, 정국은 Y재 생산에 비교 우위가 있다고 말한다.

❷ 지속가능발전에 기여하는 국제 무역의 방안

1. 오늘날 국제 무역의 흐름

(1) 교통 · 통신 수단 발달로 인해 재화, 서비스, 노동, 자본, 기술이 자유롭게 이동

(2) 자유 무역의 실현을 목표로 하는 세계 무역 기구(WTO) 출범 및 자유 무역 협정(FTA) 체결의 확대 → 무역에 대한 규제 완화로 국제 무역의 규모 확대

(3) 자유 무역의 한계로 인해 보호 무역을 강화하는 국가의 등장

2. 지속가능발전을 위한 국제 무역의 방안

(1) 지속가능한 소비 및 생산을 촉진하기 위한 국제 사회의 노력 필요

(2) 친환경 기술에 대한 연구 개발 확대

(3) 선진국의 기술 이전 및 협력을 통한 개발 도상국 지원

(4) 국가 간 경제적 불평등 해결 및 공정 무역 촉진

✪ 빈칸에 들어갈 알맞은 말을 쓰시오.

848 (　　　)은/는 각 나라가 자신들이 생산한 재화와 서비스를 다른 나라와 사고파는 국제 거래이다.

849 국제 분업은 각 나라가 무역에 유리한 것을 (　　　)하여 생산하는 것이다.

850 특정한 상품을 생산하는 비용이 다른 나라보다 적은 경우를 (　　　)(이)라고 한다.

851 특정한 상품을 생산하는 기회비용이 다른 나라보다 적은 경우를 (　　　)(이)라고 한다.

✪ 다음 내용에 알맞은 말을 고르시오.

852 각국은 기회비용이 (큰, 작은) 재화의 생산에 비교 우위를 가진다.

853 비교 우위에 따르면, 한 나라가 모든 상품의 생산에 절대 우위를 가진 경우의 국제 무역을 설명할 수 (있다, 없다).

854 유치산업의 경우 경쟁력 확보 시점까지 정부 차원의 대책이 필요하다는 주장은 (자유 무역, 보호 무역)을 옹호하는 근거이다.

855 세계 무역 기구(WTO)의 설립, 자유 무역 협정(FTA) 확대 등으로 인하여 국가 간 자유 무역이 (확대, 축소)되고 있다.

✪ 다음에서 설명하는 개념을 〈보기〉에서 고르시오.

〈 보기 〉

ㄱ. 규모의 경제   ㄴ. 무역 의존도
ㄷ. 지속가능발전   ㄹ. 기회비용
ㅁ. 세계 무역 기구

856 미래 세대의 필요를 충족시킬 능력을 저해하지 않으면서 현 세대의 필요를 충족시키는 발전을 (　　　)(이)라고 한다.

857 무역의 확대에 따른 기업의 생산량 증가로 (　　　)이/가 발생하면 생산비가 절감될 수 있다.

858 국가 간 상호 의존도가 높아져 어느 한 지역의 경제 문제가 다른 나라로 확대될 수 있어, (　　　)이/가 높은 국가의 경우 더욱 큰 영향을 주고받는다.

859 (　　　)은/는 세계의 교역 증진과 경제 발전을 목적으로 설립된 국제기구로 자유 무역의 실현을 목표로 한다.

860 (　　　)은/는 특정 재화의 생산을 위해 포기해야 하는 것의 가치이다.

861

▶ 25715-0490

다음 글에 대한 설명으로 옳은 것은?

> 경영자 갑은 비서 을보다 경영 능력도 훨씬 뛰어나고, 문서를 작성하는 속도도 더 빠르다고 가정해 보자. 즉 갑은 이 두 가지 일 모두 을보다 잘할 수 있는 상황이다. 하지만 갑은 자신의 시간과 능력을 극대화하기 위해 을을 고용하여 문서 작성 업무를 비서에게 맡긴다. 왜 그럴까? 그 이유는, 갑이 문서를 작성하는 시간에 기업 경영에 집중하면 훨씬 더 큰 이득을 얻을 수 있기 때문이다.

① 갑은 경영에만 절대 우위가 있다.
② 갑은 문서 작성에 비교 우위가 있다.
③ 을은 경영에 비교 우위가 있다.
④ 을은 문서 작성에 절대 우위가 있다.
⑤ 갑과 을은 비교 우위에 따라 분업하였다.

862

▶ 25715-0491

다음 글의 근거로 옳은 내용만을 〈보기〉에서 고른 것은?

> 무역 확대는 소비자에게 다양한 상품과 서비스를 제공하고, 기업의 경쟁력과 생산성을 높이며, 일자리와 경제 성장을 촉진한다. 또한 선진 기술과 경영 방식을 도입할 기회를 열어 전체 경제에 긍정적 영향을 준다.

〈 보기 〉

ㄱ. 선진국과 개발 도상국 간의 경제 격차가 더욱 확대될 수 있다.
ㄴ. 다양한 상품이나 서비스를 낮은 가격에 소비할 기회가 늘어난다.
ㄷ. 유치산업의 경우 경쟁력 확보 시점까지 정부 차원의 보호가 필요하다.
ㄹ. 무역의 확대에 따른 기업의 생산량 증가로 규모의 경제가 발생하여 생산비가 절감된다.

① ㄱ, ㄴ   ② ㄱ, ㄷ   ③ ㄴ, ㄷ
④ ㄴ, ㄹ   ⑤ ㄷ, ㄹ

863

▶ 25715-0492

갑과 을의 토론에 대한 옳은 설명만을 〈보기〉에서 고른 것은?

> **갑:** 국내 기업을 보호하면 일자리가 안정되고, 그만큼 국민의 소득이 올라가니까 소비력이 좋아지면서 국내 경제 성장에 긍정적 영향을 줄 수 있습니다.
>
> **을:** 하지만 기업 간 경쟁이 활발해야 기술 발전이 이뤄지고 생산성이 높아져요. 글로벌 시장에서 경쟁력을 유지하려면 혁신이 필수니까, 그 과정이 곧 경제 성장을 가속화하는 역할을 합니다.

〈 보기 〉

ㄱ. 갑은 보호 무역을 옹호하고 있다.
ㄴ. 을은 자국민의 안정적인 일자리 확보를 중시하고 있다.
ㄷ. 을은 비교 우위에 있는 산업에 대한 집중 투자를 지지할 것이다.
ㄹ. 을에 비해 갑은 소비자의 다양한 선택을 중시할 것이다.

① ㄱ, ㄴ   ② ㄱ, ㄷ   ③ ㄴ, ㄷ
④ ㄴ, ㄹ   ⑤ ㄷ, ㄹ

864

중요

▶ 25715-0493

다음 글에 대한 옳은 설명만을 〈보기〉에서 고른 것은?

> 갑국과 을국은 자원과 노동, 자본 등의 생산 요소를 동일하게 가지고 있다. 갑국은 X재만 생산하면 10개, Y재만 생산하면 5개를 생산할 수 있다. 을국은 X재만 생산하면 12개, Y재만 생산하면 16개를 생산할 수 있다.

〈 보기 〉

ㄱ. 갑국은 두 재화 모두 절대 우위를 가진다.
ㄴ. 갑국에서 X재 1개 생산의 기회비용은 Y재 2개이다.
ㄷ. 을국은 Y재 생산에 비교 우위를 가진다.
ㄹ. X재 1개의 생산 비용은 갑국이 을국보다 크다.

① ㄱ, ㄴ   ② ㄱ, ㄷ   ③ ㄴ, ㄷ
④ ㄴ, ㄹ   ⑤ ㄷ, ㄹ

865
▶ 25715-0494

밑줄 친 내용에 대한 옳은 설명만을 〈보기〉에서 고른 것은?

자유 무역의 장점에도 불구하고, 자유 무역이 가진 한계점으로 인하여 관세 부과, 수입 할당제 등의 방안을 적용하는 A에 대한 필요성도 제기되고 있다.

〔 보기 〕

ㄱ. 무역 적자 방지
ㄴ. 국내 일자리 확보
ㄷ. 규모의 경제 실현
ㄹ. 소비자의 선택권 확대

① ㄱ, ㄴ　② ㄱ, ㄷ　③ ㄴ, ㄷ　④ ㄴ, ㄹ　⑤ ㄷ, ㄹ

866
▶ 25715-0495

다음과 같은 현상이 발생하는 이유로 옳은 것은?

동일한 상품을 생산하더라도 국가별로 생산비가 다르게 나타난다.

① 모든 국가가 동일한 생산 요소를 보유하고 있기 때문이다.
② 모든 국가는 동일한 양과 질의 자원을 보유하고 있기 때문이다.
③ 사회적 조건에 차이가 없다면 생산비는 거의 동일하게 유지된다.
④ 각 국가의 경제 규모와 무역 규범이 동일하게 설정되어 있기 때문이다.
⑤ 국가마다 기후, 지형 등 자연환경이 달라 생산 요소가 다르기 때문이다.

중요
867
▶ 25715-0496

다음 자료에 대한 옳은 설명만을 〈보기〉에서 고른 것은?

표는 갑국과 을국에서 X재와 Y재 1단위 생산에 필요한 비용을 나타낸다.

구분	X재	Y재
갑국	3달러	4달러
을국	1달러	2달러

〔 보기 〕

ㄱ. 갑국은 X재 생산에 비교 우위를 가진다.
ㄴ. 갑국은 X재 4단위를 생산하려면 Y재 3단위 생산을 포기해야 한다.
ㄷ. 을국은 X재, Y재 생산에 모두 절대 우위를 가진다.
ㄹ. 을국은 Y재 2단위를 생산하려면 X재 1단위 생산을 포기해야 한다.

① ㄱ, ㄴ　② ㄱ, ㄷ　③ ㄴ, ㄷ　④ ㄴ, ㄹ　⑤ ㄷ, ㄹ

868
▶ 25715-0497

자료에 대한 옳은 설명만을 〈보기〉에서 고른 것은?

생산 가능 곡선은 생산 자원과 생산 기술을 사용해 최대로 생산 가능한 두 상품의 조합을 나타낸 선이다. 갑국의 생산 가능 곡선상의 A, B, C 점은 모두 효율적인 생산 지점이지만, D는 자원을 효율적으로 활용하지 못한 생산 지점이며, E는 자원을 효율적으로 활용하더라도 생산할 수 없는 지점이다.

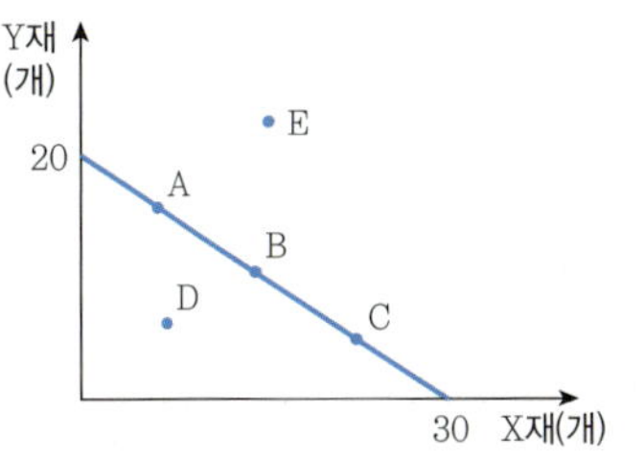

〔 보기 〕

ㄱ. A점에서 Y재 1개 생산의 기회비용은 X재 2/3개이다.
ㄴ. 갑국은 X재 20개와 Y재 10개를 동시에 생산할 수 있다.
ㄷ. 갑국은 무역을 통해 E점에서 소비할 수 있는 경우가 나타날 수 있다.
ㄹ. C점에서 X재 3개를 생산하기 위해 포기해야 하는 Y재의 수량은 2개이다.

① ㄱ, ㄴ　② ㄱ, ㄷ　③ ㄴ, ㄷ
④ ㄴ, ㄹ　⑤ ㄷ, ㄹ

869
▶ 25715-0498

자료에 대한 옳은 설명만을 〈보기〉에서 고른 것은?

표는 갑국과 을국의 X재, Y재 생산 수준을 나타낸다.

구분	갑국	을국
X재 1단위 생산의 기회비용	㉠	Y재 3/5단위
Y재 1단위 생산의 기회비용	X재 2/3단위	㉡

〔 보기 〕

ㄱ. X재의 비교 우위는 을국에 있다.
ㄴ. ㉠에는 'Y재 3/2단위'가 들어갈 수 있다.
ㄷ. ㉡에는 'X재 3/5단위'가 들어갈 수 있다.
ㄹ. 을국이 Y재를 15단위 더 생산하려면 X재 20단위 생산을 포기해야 한다.

① ㄱ, ㄴ　② ㄱ, ㄷ　③ ㄴ, ㄷ
④ ㄴ, ㄹ　⑤ ㄷ, ㄹ

870

▶ 25715-0499

밑줄 친 ㉠의 목적과 그 효과에 대한 설명으로 옳은 것은?

> 오늘날 많은 사람들은 ㉠ 공정 무역을 통해 세계 무역 시장에서 발생하는 불공정한 관행을 개선하고자 한다. 공정 무역은 생산자에게 정당한 대가를 지급하고, 노동 조건과 환경 보호를 중시하며, 지역 사회의 자립을 돕는 것을 목표로 한다. 이러한 방식은 단순히 이윤을 추구하는 기존의 무역 방식과 달리, 지속가능한 발전을 촉진하고 빈곤을 감소시키며, 경제적 불평등을 완화하는 데 기여한다. 공정 무역을 지지하는 사람들은 이를 통해 소비와 생산 과정 전반에 걸쳐 사회적 책임을 실현하고자 한다.

① 생산자의 정당한 대가를 보장한다.
② 수출입 과정을 단순화하는 데 초점을 맞춘다.
③ 이윤 극대화를 위해 무역 과정을 단순화한다.
④ 빈부 격차를 심화시키고 불평등을 증가시킨다.
⑤ 노동 조건을 무시하고 비용 절감에 중점을 둔다.

871

▶ 25715-0500

다음 글에 대한 설명으로 옳은 것은?

> 국가 간 무역 협정에 지속가능발전을 위한 요소가 포함되는 사례가 늘고 있다. 예를 들어, 한국과 유럽 연합(EU) 간 자유 무역 협정(FTA)에는 환경 보호와 노동자 보호와 같은 전통적으로 무역과 관련 없는 규범이 포함되어 있다. 이러한 규범이 무역 장벽으로 작용한다는 비판도 있지만, 유럽 연합은 무역에서 환경 및 노동 규범을 강화하는 흐름을 주도하고 있다.

① 무역과 직접 관련된 요소들만 규율하는 경향이 강화되고 있다.
② 지속가능발전과 관련된 규범은 무역 장벽을 없애는 데 기여한다.
③ 환경 보호와 노동자 보호는 지속가능발전을 위한 요소에 해당한다.
④ 지속가능발전에 대한 내용은 무역 협정에 포함되지 않는 것이 최근 경향이다.
⑤ 자유 무역 협정(FTA)에는 환경 보호, 노동자 보호와 같은 규범이 포함되면 안 된다.

서답형 완성 문제

정답과 해설 **77**쪽

[872~873] 자료를 보고 물음에 답하시오.

> (가) 나라별로 기술, 노동력, 자본 등 생산 요소가 다르다 보니 같은 상품이라도 생산 비용이 크게 차이가 난다. 이런 차이를 활용해 생산비가 적게 드는 상품은 자국에서 생산해 수출하고, 생산비가 많이 드는 상품은 해외에서 수입해 소비하면, 무역에 참여한 양국 모두가 이익을 얻을 수 있다. 이를 기반으로 무역하면, 자원의 효율적 배분이 가능해진다.
>
> (나) 한 나라가 모든 상품에서 생산 비용이 낮더라도 무역은 여전히 필요하다. 중요한 것은 특정 상품을 생산할 때 상대적으로 더 적은 기회비용이 드는지를 따지는 것이다. 각 나라가 이렇게 유리한 상품에 집중하고 교역하면 자원을 효율적으로 활용할 수 있어 모두에게 이익이 된다. 이는 단순한 생산 능력을 넘어선 경제적 선택의 원리를 보여준다.

872

▶ 25715-0501

(가), (나)는 무역의 원리를 설명한 것이다. 각각의 무역 원리를 쓰시오.

(가) – (　　　　　　　　　) (나) – (　　　　　　　　　)

873

▶ 25715-0502

(나)의 원리로 무역할 때 (가)에 비해 무역의 가능성은 확대된다. 그 이유를 서술하시오. ('비용'과 '기회비용'을 사용)

____

____

[874~875] 다음 자료를 보고 물음에 답하시오.

〈각 재화 1단위의 생산 비용〉

구분	X재	Y재
갑국	10달러	20달러
을국	30달러	40달러

874

▶ 25715-0503

갑국이 비교 우위를 가진 재화 1단위 생산의 기회비용을 구하시오.

____

875

▶ 25715-0504

을국이 비교 우위를 가진 재화 1단위 생산의 기회비용을 구하시오.

____

876

▶ 25715-0505

다음 글에 대한 설명으로 옳은 것은?

> 오늘날 기업 활동은 국경을 넘어 세계 곳곳에서 이루어지며, 이 과정에서 ㉠글로벌 가치 사슬이란 개념이 등장했다. 이는 상품 생산이 한 나라에 국한되지 않고 여러 나라에 걸쳐 진행되며 각 단계에서 부가 가치를 창출하는 과정을 의미한다. 기업들은 효율성을 극대화하기 위해 생산 단계를 세분화하고, 각 단계에 적합한 국가를 선택해 배치하며 글로벌 가치 사슬을 발전시켰다. 과거에는 무역이 완제품 중심이었다면, 이제는 생산 과정에서 사용되는 중간재의 국제 거래가 크게 늘어나 국제 분업 구조가 한층 복잡해졌다. 이는 국가 간 경제적 연결성을 강화하는 중요한 변화로 볼 수 있다.

① ㉠은 중간재의 국제 거래 증가와 관련이 깊다.
② ㉠은 국제 분업 구조를 단순화시키는 데 기여한다.
③ ㉠의 발달로 최종 소비재 거래가 크게 증가하였다.
④ ㉠은 국가 간 경제적 연결성을 약화시키는 경향이 있다.
⑤ 기업들은 효율성을 극대화하기 위해 생산 단계를 세분화하고, 모든 단계에 적합한 한 국가를 선택한다.

877

▶ 25715-0506

(가), (나)에 대한 설명으로 옳은 것은?

> (가) 해외 기업과의 경쟁은 국내 산업의 경쟁력을 높이고 규모의 경제를 실현하게 한다. 비교 우위를 가진 산업이 성장하면 생산과 고용이 증가한다. 또한, 각국이 특화된 생산과 교환을 통해 전 세계적으로 생산량을 극대화하면 모든 나라의 사회적 이익이 증대된다.
>
> (나) 유치산업은 경쟁력을 확보할 때까지 정부의 지원이 요구된다. 또한 교역 대상국에 비해 경쟁력이 약한 산업과 기업의 경쟁력을 강화하고 실업을 예방해야 한다. 더 나아가 선진국과 개발 도상국 간의 경제 격차가 심화되지 않도록 균형을 유지하는 노력도 필요하다.

① (가)는 선진국과 개발 도상국 간의 경제 격차를 완화하기 위한 노력이 필요함을 강조하고 있다.
② (나)는 무역 과정에 대한 일정한 제약과 조정의 논거를 제시하고 있다.
③ (나)에 따르면, 경쟁력이 약한 산업과 기업을 유지하기 위해 국제 무역을 금지해야 한다.
④ (가)는 (나)에 비해 자유 무역 확대에 소극적인 입장이다.
⑤ (가)와 같은 관점은 (나)와 달리 공정하고 지속가능한 무역 환경 조성을 중요시한다.

878

▶ 25715-0507

다음 자료에 대한 옳은 설명만을 〈보기〉에서 고른 것은?

> 표는 각국의 생산 요소를 모두 활용하여 생산할 수 있는 최대 생산 가능 수량을 나타낸다. 예를 들어 갑국은 X재만 생산할 경우 최대 20개 생산할 수 있다. 단, 생산 요소는 노동뿐이며 두 나라의 노동 가능 인구는 동일하다.
>
> (단위: 개)
>
> | 구분 | X재 | Y재 |
> |------|------|------|
> | 갑국 | 20 | 60 |
> | 을국 | 40 | 80 |

〈 보기 〉

ㄱ. 갑국에서 X재 1개 생산의 기회비용은 Y재 1/3개이다.
ㄴ. 을국에서 Y재 1개 생산의 기회비용은 X재 1/2개이다.
ㄷ. X재 6개 생산에 필요한 노동자 수가 갑국에서 12명이면, 을국에서는 24명이다.
ㄹ. Y재 12개 생산에 필요한 노동자 수가 을국에서 12명이면, 갑국에서는 16명이다.

① ㄱ, ㄴ   ② ㄱ, ㄷ   ③ ㄴ, ㄷ
④ ㄴ, ㄹ   ⑤ ㄷ, ㄹ

879

▶ 25715-0508

그림은 A국과 B국의 생산 가능 곡선을 나타낸다. 생산 가능 곡선은 생산 자원과 생산 기술을 사용해 최대로 생산 가능한 두 상품의 조합을 나타낸다. 이에 대한 옳은 설명만을 〈보기〉에서 고른 것은?

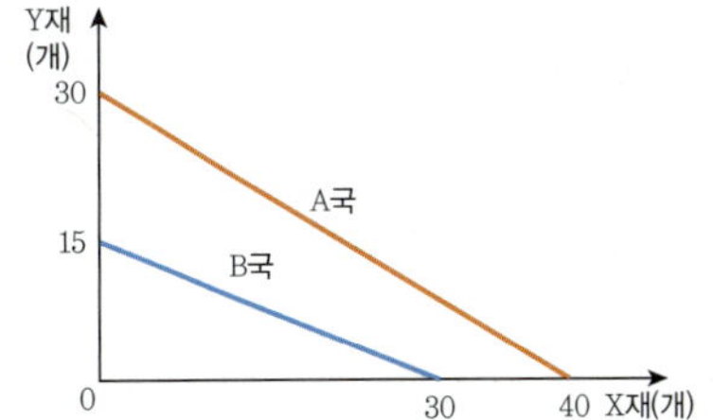

〈 보기 〉

ㄱ. Y재 생산의 비교 우위는 A국에 있다.
ㄴ. X재 1단위 생산의 기회비용은 A국이 B국보다 작다.
ㄷ. A국에서 X재 2단위 생산의 기회비용은 Y재 3/2단위이다.
ㄹ. B국에서 Y재 3단위 생산의 기회비용은 X재 1/3단위이다.

① ㄱ, ㄴ   ② ㄱ, ㄷ   ③ ㄴ, ㄷ
④ ㄴ, ㄹ   ⑤ ㄷ, ㄹ

✪ 다음 중 옳은 내용에는 ○표, 옳지 않은 내용에는 ×표를 하시오.

01 자본주의의 전개 과정과 경제 체제

880 자본주의는 사유 재산 제도를 바탕으로 자유로운 경제활동을 보장한다. ( )

881 산업 자본주의는 신항로 및 식민지 개척을 통해 해외로부터 자본의 공급, 상품 수요의 증가, 교역의 확대 등을 배경으로 성장하였다. ( )

882 대공황은 소비 과잉에 따른 공급 부족 사태로 인하여 발생하였다. ( )

883 석유 파동으로 인하여 경기 침체와 물가 상승이 동시에 발생하는 스태그플레이션이 발생하였다. ( )

884 생산 수단의 소유 형태에 따라 계획경제, 시장경제로 분류할 수 있다. ( )

885 실제로 지불한 비용 이외에 대안 선택 과정에서 포기한 경제적 이익을 기회비용이라 한다. ( )

02 합리적 선택과 경제 주체의 역할

886 특정한 경우 자원 배분이 효율적으로 이루어지지 못하는 시장 기능의 한계 현상을 시장 실패라고 한다. ( )

887 거래와 관련하여 소비자와 판매자가 가진 정보의 양과 질이 동일할 때 정보의 비대칭성이 발생한다. ( )

888 부정적 외부 효과를 개선하기 위해서는 세금 감면, 보조금 지급 정책을 실시해야 한다. ( )

03 자산 관리와 금융 생활 설계

889 예금은 안전성은 높으나 수익성이 낮은 금융 자산이다. ( )

890 투자자에게 회사 소유권의 일부를 지급하는 증표가 채권이다. ( )

891 일반적으로 채권에는 만기가 있고 이자 수익을 기대할 수 있다. ( )

892 채권과 달리 주식은 시세 차익을 기대할 수 있다. ( )

893 보유하고 있는 자산을 쉽게 현금으로 전환할 수 있는 정도를 안전성이라고 한다. ( )

894 일반적으로 안전성과 수익성은 비례 관계에 있다. ( )

895 인생에서 일정 시기가 되면 주택 마련, 결혼 자금, 자녀 교육, 노후 설계 자금 등 다양한 목적에 쓸 돈이 필요하기 때문에 생애 주기별 과업에 따라 금융 생활을 설계하는 것이 중요하다. ( )

04 국제 분업과 무역

896 각 나라가 각자에 유리한 재화나 상품에 생산 요소를 집중 투입하여 생산하는 것을 무역이라고 한다. ( )

897 국가 간에 자연환경, 보유 자원, 사회적 조건의 차이가 있기 때문에 각종 재화의 생산 비용에 차이가 발생한다. ( )

898 국내에서 생산 가능한 상품이라도 외국에서 더 저렴하게 생산 가능한 경우에는 직접 생산하는 것보다 수입하는 것이 경제적이다. ( )

899 일정한 경우 생산량 증가에 따라 평균 생산비가 절감되는 현상이 발생할 수 있는데 이를 긍정적 외부 효과 현상이라고 한다. ( )

900 특정한 상품을 생산하는 기회비용이 다른 나라보다 적은 경우를 절대 우위라고 한다. ( )

901 보호 무역의 실현을 목표로 하는 세계 무역 기구(WTO)가 출범함에 따라 무역에 대한 규제가 강화되어 공정 무역이 확대되었다. ( )

정답 확인 880 ○ 881 × 882 × 883 ○ 884 × 885 × 886 ○ 887 × 888 × 889 ○ 890 × 891 ○ 892 × 893 × 894 × 895 ○ 896 × 897 ○ 898 ○ 899 × 900 × 901 ×

오답 체크

881 산업 자본주의가 아니라 상업 자본주의에 대한 설명이다.

882 대공황은 과잉 생산에 따라 수요 부족으로 인하여 발생하였다.

884 생산 수단의 소유 형태에 따른 분류는 자본주의와 사회주의이다. 계획/시장경제 체제로 분류하는 기준은 경제 문제의 해결 방식이다.

885 기회비용이 아니라 암묵적 비용에 대한 설명이다.

887 당사자 간 정보의 양과 질이 상이할 때 발생한다.

888 부정적 외부 효과를 해결하기 위해서는 세금을 부과하거나, 보조금을 삭감해야 한다.

890 채권이 아니라 주식에 대한 설명이다.

892 채권은 만기가 되기 전에 채권 시장에서 팔 수 있다. 이 경우 채권의 가격은 수요 공급 원리에 따라 결정되며 채권을 매입한 가격보다 높은 가격에 매도할 경우 시세 차익이 발생할 수 있다.

893 안전성이 아니라 유동성에 대한 설명이다.

894 비례 관계가 아니라 상충 관계이다.

896 무역이 아니라 특화라고 한다.

899 긍정적 외부 효과가 아니라 규모의 경제라고 한다.

900 절대 우위는 생산의 비용이 낮은 경우, 비교 우위는 생산의 기회비용이 낮은 경우이다.

901 세계 무역 기구(WTO)는 자유 무역의 실현을 목표로 하는 국제기구이다.

대단원 종합 문제

01 자본주의의 전개 과정과 경제 체제

902
▶ 25715-0509

자료는 자본주의의 역사적 전개 과정에 대한 것이다. 이에 대한 옳은 설명만을 〈보기〉에서 고른 것은?

> (가) 상인 계층이 경제활동을 주도하는 자본주의
> (나) 산업 시설을 소유한 자본가 주도의 자본주의
> (다) 수정 자본주의

〈 보기 〉

ㄱ. (가)의 사상적 바탕에는 자유방임주의가 있다.
ㄴ. (나)를 산업 자본주의라고 한다.
ㄷ. (다)는 국가의 적극적 시장 개입을 중시한다.
ㄹ. 시기 순서로 나열하면 (나) → (가) → (다)이다.

① ㄱ, ㄴ ② ㄱ, ㄷ ③ ㄴ, ㄷ
④ ㄴ, ㄹ ⑤ ㄷ, ㄹ

903
▶ 25715-0510

다음 학생들의 대화에 대한 옳은 설명만을 〈보기〉에서 고른 것은?

> 갑: 중상주의 시대에는 국부를 어떻게 생각했을까?
> 을: 금과 은 같은 귀금속을 많이 확보하는 게 국부를 늘리는 길이라고 봤지.
> 갑: 그래서 국가가 [㉠] 을/를 장려하고 보호한 거야?
> 을: 맞아. [㉡] 하려고 했어.
> 갑: 그런데 애덤 스미스는 다르게 봤다며?
> 을: 응. 스미스는 국부를 분업과 경쟁에서 찾고자 했어. [㉢] 경제활동이 중요하다고 했지.
> 갑: 그럼 '보이지 않는 손'은?
> 을: [㉣] 을/를 강조한 것이지. 시장에 맡기면 스스로 균형을 잡는다는 뜻이야.

〈 보기 〉

ㄱ. ㉠에는 '상업'이 들어갈 수 있다.
ㄴ. ㉡에는 '수출은 늘리고 수입은 억제'가 들어갈 수 있다.
ㄷ. ㉢에는 '계획적인'이 들어갈 수 있다.
ㄹ. ㉣에는 '드러나지 않은 정부의 노력'이 들어갈 수 있다.

① ㄱ, ㄴ ② ㄱ, ㄷ ③ ㄴ, ㄷ
④ ㄴ, ㄹ ⑤ ㄷ, ㄹ

904
▶ 25715-0511

(가)~(다)에 대한 설명으로 옳은 것은?

> (가) 계획경제 체제
> (나) 시장경제 체제
> (다) (가)와 (나)의 요소가 결합된 경제 체제

① (가)는 개인의 능력과 창의력을 발휘할 수 있도록 동기를 부여한다.
② (가)는 소비자의 다양한 욕구를 반영하기 어렵다.
③ (나)는 (다)와 달리 오늘날 대부분의 국가가 채택하고 있다.
④ (가)는 (나)에 비해 자원 배분이 효율적이다.
⑤ (다)는 (나)와 달리 빈부 격차의 심화로 형평성이 저해될 수 있다.

02 합리적 선택과 경제 주체의 역할

905
▶ 25715-0512

다음 자료에 대한 설명으로 옳은 것은?

> 대학생 갑이 연휴 중 남은 하루를 활용하는 방법을 고민하고 있다. 다음은 가능한 대안들과 각각의 비용 및 편익을 정리한 표이다. 갑은 (가)와 (나) 중 하나만 할 수 있다.
>
> | 구분 | (가)
아르바이트 | (나)
친구와 영화 보기 |
> | --- | --- | --- |
> | 지출 | 교통비
5,000원 | 영화표
15,000원 |
> | 암묵적 비용 | 포기한 영화 보기의
경제적 이득
75,000원 | 포기한 소득
80,000원 |
> | 경제적 이득 | 소득 − 교통비 =
80,000원 | 영화 보기의 만족감 −
영화표 비용 =
75,000원 |

① (나)의 기회비용은 80,000원이다.
② (가)를 선택하는 것이 합리적이다.
③ '영화 보기의 만족감'의 크기는 75,000원이다.
④ (가)와 달리 (나)에서는 명시적 비용이 발생하지 않는다.
⑤ 지출 항목의 금액과 암묵적 비용을 더한 값이 경제적 이득보다 작은 선택이 합리적 선택이다.

906

▶ 25715-0513

다음 자료에 대한 옳은 설명만을 〈보기〉에서 고른 것은?

표의 내용만을 고려하여 X재와 Y재 중 하나를 선택하고자 한다.

(단위: 만 원)

구분	X재	Y재
가격	2	5
편익	6	10

〔 보기 〕

ㄱ. X재를 선택하는 것이 합리적이다.
ㄴ. Y재 선택의 기회비용은 9만 원이다.
ㄷ. X재 선택의 암묵적 비용은 5만 원이다.
ㄹ. 기회비용은 Y재 선택이 X재 선택보다 작다.

① ㄱ, ㄴ　　　② ㄱ, ㄷ　　　③ ㄴ, ㄷ
④ ㄴ, ㄹ　　　⑤ ㄷ, ㄹ

[907~908] 다음 자료를 보고 물음에 답하시오.

A는 개인의 경제활동이 의도치 않게 제3자에게 이익이나 피해를 주면서도 이에 대한 보상이나 제재가 이루어지지 않는 현상이다. ㉠ 긍정적인 경우, 제3자에게 이익을 주지만 보상이 이루어지지 않아 해당 활동이 지속되지 않을 위험이 있고, ㉡ 부정적인 경우, 제3자에게 피해를 입히고도 제재를 받지 않아 문제가 반복된다.

907

▶ 25715-0514

A가 무엇인지 쓰시오.

(　　　　　　　)

908

▶ 25715-0515

㉠과 ㉡에 대한 해결 방안을 각각 서술하시오.

909

▶ 25715-0516

다음은 시장 실패의 요인 중 하나이다. 이를 지칭하는 용어로 옳은 것은?

의사는 환자의 건강 상태와 필요한 치료에 대한 정보를 훨씬 더 잘 알고 있지만, 환자는 이를 정확히 알지 못한다. 이로 인해 일부 의료 기관이 불필요한 검사나 치료를 권유하거나 과잉 진료를 통해 이익을 추구하는 사례가 발생할 수 있다.

① 담합　　　② 무임승차　　　③ 불완전 경쟁
④ 공유지의 비극　　⑤ 정보의 비대칭성

[910~911]　자료는 친구들끼리 자산 관리에 대해 이야기하는 내용이다. 읽고 물음에 답하시오.

철수: 요즘 자산 관리에 관심이 많아졌어. 근데 뭘 해야 할지 모르겠네. ㉠ 주식은 너무 위험해 보여.
영희: 그러면 안정적으로 돈을 굴릴 방법은 뭐가 있을까?
민수: 그림 ㉡ 채권은 어때? 정부나 기업에 돈을 빌려주는 것이라서 안정적이야.
철수: 채권도 좋긴 한데, ㉢ 돈이 필요하면 바로 못 찾는 경우가 많다고 하던데?
영희: 그럼 은행 예금은 어때? 요즘은 금리가 좀 낮긴 하지만, 돈을 안전하게 보관하면서 이자도 받을 수 있잖아.
철수: 음, 듣고 보니 각각 특징이 다 다르네. 주식은 장기적으로, 채권은 중간 정도, 예금은 안전하게 관리하는 용도로 하면 되겠네.
민수: 맞아, 각각 장단점이 있으니까 목표에 맞게 ㉣ 분산해서 투자하는 게 좋아!

910

▶ 25715-0517

위 자료에 대한 옳은 설명만을 〈보기〉에서 고른 것은?

〔 보기 〕

ㄱ. ㉠과 달리 ㉡에서는 배당 수익을 기대할 수 있다.
ㄴ. 시세 차익을 기대할 수 있는 점은 ㉠과 ㉡의 공통점이다.
ㄷ. 이자 수익을 기대할 수 없는 점은 ㉠과 ㉡의 공통점이다.
ㄹ. ㉢과 관련한 자산 관리의 기준은 유동성이다.

① ㄱ, ㄴ　　　② ㄱ, ㄷ　　　③ ㄴ, ㄷ
④ ㄴ, ㄹ　　　⑤ ㄷ, ㄹ

911

▶ 25715-0518

㉣을 의미하는 투자 격언으로 옳은 것은?

① 투자는 기다림의 예술이다.
② 공포에 사서 환희에 팔아라.
③ 계란을 한 바구니에 담지 마라.
④ 자신이 이해하지 못하는 것에는 투자하지 마라.
⑤ 시장은 예측하는 것이 아니라 대응하는 것이다.

912
▶ 25715-0519

자료에 대한 옳은 분석 및 추론만을 〈보기〉에서 고른 것은?

- 갑은 국내 주식은 물론 해외 주식까지 주식 투자에 큰 비중을 두고 있다.
- 을은 국내 시장에 한정하여 투자하고 있다. 현재 투자 가치는 주식 400만 원, 채권 300만 원, 정기 예금 200만 원이다.
- 병은 을과 같이 국내 시장에 주식, 채권, 정기 예금에 골고루 투자하고 있지만 을에 비해 위험을 피하고 안전성을 최우선으로 고려하고 있다. 단, 투자 가치의 총액은 을과 동일하다.

〈 보기 〉
ㄱ. 갑에 비해 을은 환율 변화로 인한 영향을 크게 받는다.
ㄴ. 을의 경우 이자 수익을 기대할 수 있는 상품의 투자 가치가 전체의 절반을 넘는다.
ㄷ. 병이 보유한 주식의 가치는 400만 원을 넘을 것이다.
ㄹ. 갑, 을, 병 모두 배당 수익을 기대할 수 있는 금융 자산을 보유하고 있다.

① ㄱ, ㄴ　　② ㄱ, ㄷ　　③ ㄴ, ㄷ
④ ㄴ, ㄹ　　⑤ ㄷ, ㄹ

[913~914] 다음 자료를 보고 물음에 답하시오.

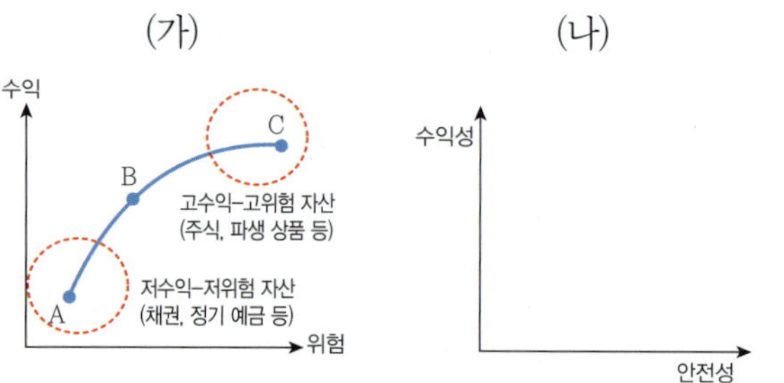

913
▶ 25715-0520

(가) 그림의 위험 변인을 안전성으로 바꿀 경우 변경되는 곡선을 (나)에 그리고, A~C점을 해당 곡선에 표시하시오.

914
▶ 25715-0521

이와 같은 수익성과 안전성의 관계를 무엇이라고 하는지 쓰고, 그 이유를 서술하시오.

____

____

915
▶ 25715-0522

자료에 대한 옳은 분석 및 추론만을 〈보기〉에서 고른 것은?

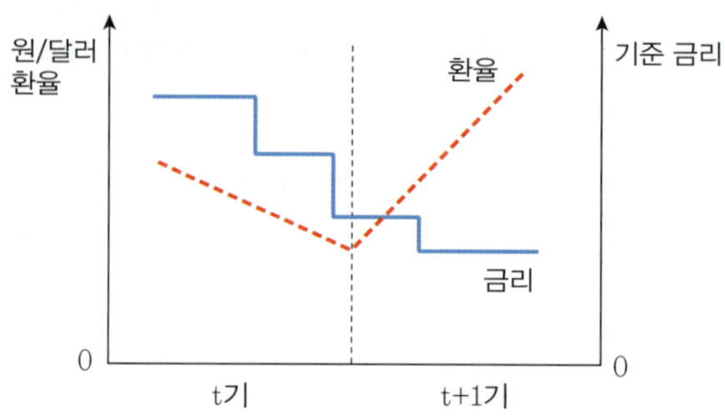

〈 보기 〉
ㄱ. 한국은행은 t기의 경기 상황을 과열 국면이라고 판단했을 것이다.
ㄴ. t기의 환율 변동은 해외여행 수요를 감소시키는 요인으로 작용했을 것이다.
ㄷ. t+1기에 미국 주식에 투자한 사람은 환율 변동으로 추가적인 이익을 얻을 수 있다.
ㄹ. 동일한 금액으로 정기 예금에 투자한다면 t+1기보다 t기에 투자를 시작하는 것이 유리할 것이다.

① ㄱ, ㄴ　　② ㄱ, ㄷ　　③ ㄴ, ㄷ
④ ㄴ, ㄹ　　⑤ ㄷ, ㄹ

916
▶ 25715-0523

그림은 갑의 생애 주기 곡선이다. 이에 대한 설명으로 옳은 것은?

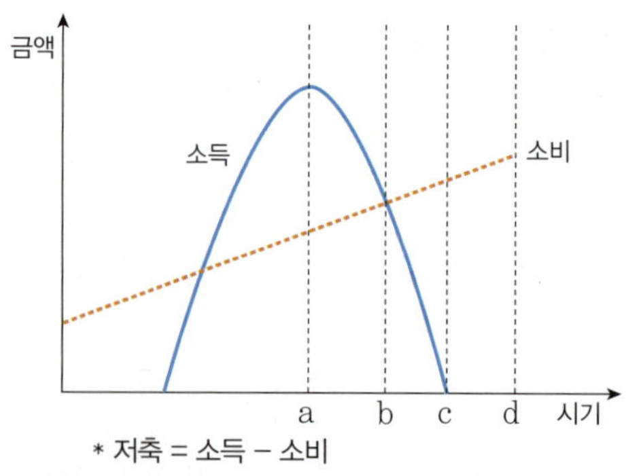

① 누적 저축액은 a에서 최대가 된다.
② 누적 소득액은 c에서 최대가 된다.
③ b~c 기간에 소비 수준이 가장 높다.
④ a~d 기간에 연령과 소득은 비례 관계이다.
⑤ b~c 기간에 소득이 감소할수록 소비도 감소한다.

04 국제 분업과 무역

917
A, B가 발생하는 요인에 대한 옳은 설명만을 〈보기〉에서 고른 것은?
▶ 25715-0524

> A는 각 국가가 비교 우위 상품을 전문 생산하는 것이며, B는 이를 교환하여 상호 이익을 추구하는 활동이다.

〔 보기 〕
ㄱ. 재화의 생산 기술 수준에 차이가 있다.
ㄴ. 보유한 생산 요소의 종류와 양이 다르다.
ㄷ. 모든 국가는 절대 우위에 있는 재화를 가진다.
ㄹ. 국내 일자리 창출과 유지에 대한 요구가 강하다.

① ㄱ, ㄴ ② ㄱ, ㄷ ③ ㄴ, ㄷ
④ ㄴ, ㄹ ⑤ ㄷ, ㄹ

[918~919] 다음 글을 읽고 물음에 답하시오.

> A는 현재 세대의 필요를 충족시키면서도 미래 세대가 그들의 필요를 충족할 수 있는 능력을 저해하지 않는 발전을 의미한다. 경제 성장, 사회적 형평성, 환경 보호를 균형 있게 추구하며, 모든 세대가 지속적으로 번영할 수 있는 기반을 마련하는 데 초점을 둔다.

918
A에 해당하는 용어를 쓰시오.
▶ 25715-0525

(   )

919
A에 대한 설명으로 옳은 것은?
▶ 25715-0526

① 환경 보호를 최우선으로 하여 경제활동을 최소화한다.
② 사회적 형평성을 포기하고, 자원의 효율적 이용에 집중한다.
③ 기술 발전을 통해 모든 사회문제를 해결하는 것을 목표로 한다.
④ 경제적 성장을 최우선으로 하여 국가 경쟁력 강화를 목표로 한다.
⑤ 현재 세대의 필요를 충족하되, 미래 세대의 자원 이용 능력을 보장한다.

920
다음 중 교사의 질문에 옳은 대답을 한 학생은?
▶ 25715-0527

> **교사:** 보호 무역에 대해 발표해 볼까요?
> **갑:** 보호 무역은 다양한 상품을 소비할 수 있고, 기업 경쟁력과 경제 성장을 촉진하니까 좋은 것 같아요.
> **을:** 하지만 보호 무역 확대로 한 나라의 경제 문제가 다른 나라로 쉽게 확산될 수 있고, 선진국과 개발 도상국 간 경제 격차가 커질 위험도 있어요.
> **병:** 또한 보호 무역을 하면 상품 가격이 올라서 소비자 부담이 커질 수 있어요.
> **정:** 반면, 보호 무역을 통해 선진 기술이나 경영 방식을 배울 기회도 생기니까 우리 경제에 긍정적일 것 같아요.
> **무:** 보호 무역 확산으로 국가 간 의존도가 높아지면 한 나라의 경제 위기가 다른 나라로 쉽게 확산될 수도 있어요.

① 갑 ② 을 ③ 병 ④ 정 ⑤ 무

921
자료에 대한 옳은 설명만을 〈보기〉에서 고른 것은?
▶ 25715-0528

> 표는 각 재화 1단위 생산에 드는 생산 비용을 나타낸다. (가), (나) 모두 당사자 양국 간의 무역만 고려한다.

(가) 갑국과 을국의 상황

구분	X재	Y재
갑국	2달러	6달러
을국	4달러	3달러

(나) 병국과 정국의 상황

구분	A재	B재
병국	10달러	14달러
정국	15달러	18달러

〔 보기 〕
ㄱ. (나)에서 병국은 A재 생산에 비교 우위가 있다.
ㄴ. 갑국에서 X재 1단위 생산의 기회비용은 Y재 3단위이다.
ㄷ. (나)와 달리 (가)는 절대 우위에 따른 무역이 가능하다.
ㄹ. 정국에서 B재 5단위를 생산하려면 A재 7단위 생산을 포기해야 한다.

① ㄱ, ㄴ ② ㄱ, ㄷ ③ ㄴ, ㄷ
④ ㄴ, ㄹ ⑤ ㄷ, ㄹ

922

2024학년도 10월 고1 학력평가

다음 자료에 대한 분석 및 추론으로 옳은 것은?

> 갑은 주말 저녁 3시간 동안의 여가를 즐기기 위해 체험료가 3만 원인 ㉠ 도자기 공예 체험과 관람료가 2만 원인 ㉡ 밴드 공연 관람 중 하나를 합리적으로 선택하고자 한다. 갑의 선택에 따른 편익을 화폐 가치로 표시하면 각각 ㉢ 4만 원으로 같다. 단, 제시된 내용 이외의 조건은 고려하지 않는다.

① ㉠ 선택에 따른 명시적 비용은 1만 원이다.
② ㉡ 선택에 따른 암묵적 비용은 3만 원이다.
③ ㉠은 ㉡보다 선택에 따른 기회비용이 작다.
④ ㉡은 ㉠과 달리 선택에 따른 편익이 기회비용보다 크다.
⑤ ㉢이 5만 원으로 상승하면 ㉠을 선택하는 것이 합리적이다.

923

2024학년도 10월 고1 학력평가

그림은 갑과 을의 금융 자산별 보유액을 나타낸다. 이에 대한 설명으로 옳은 것은?

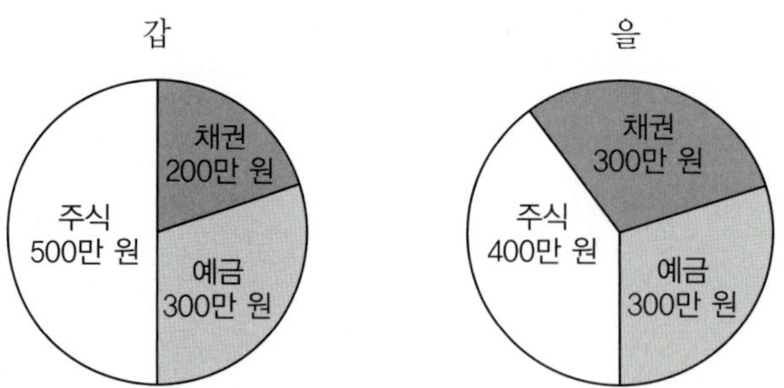

① 배당금을 기대할 수 있는 금융 자산의 보유액은 을이 갑보다 크다.
② 이자 수익을 기대할 수 있는 금융 자산의 보유액은 갑과 을이 같다.
③ 시세 차익을 기대할 수 있는 금융 자산의 보유액은 갑과 을이 같다.
④ 예금자 보호 제도의 적용을 받는 금융 자산의 보유액은 갑이 을보다 크다.
⑤ 정부나 기업 등이 자금을 빌린 후 제공하는 증서인 금융 자산의 보유액은 갑과 을이 같다.

924

다음 자료에서 공통으로 추론할 수 있는 시장 실패의 요인으로 옳은 것은?

- 마당을 아름다운 정원으로 꾸민 집주인은 그 정원을 보게 되는 행인들에게 의도치 않은 만족감을 주지만, 만족감을 얻은 이들로부터 이에 대한 대가를 받을 수 없다.
- 거리에서 무분별하게 흡연을 하는 사람은 그 주변의 행인들에게 의도치 않은 피해를 주지만, 피해를 입은 이들에게 이에 대한 대가를 지불하지 않는다.

① 독과점 형성
② 공공재 부족
③ 외부 효과 발생
④ 불공정 거래 행위
⑤ 경제적 불평등 심화

925

다음 자료에 대한 분석으로 옳은 것은?

갑국과 을국은 각각 쌀과 반도체만을 생산한다. 표는 갑국과 을국의 각 재화 1단위 생산에 필요한 노동자 수를 나타낸다. 단, 양국의 생산 요소는 노동뿐이며, 노동자 수는 동일하다.

구분	갑국	을국
쌀	2명	3명
반도체	4명	5명

① 쌀의 최대 생산 가능량은 갑국이 을국보다 적다.
② 을국은 쌀과 반도체 생산에 모두 절대 우위를 가진다.
③ 갑국의 쌀 1단위 생산의 기회비용은 반도체 2단위이다.
④ 반도체 1단위 생산의 기회비용은 갑국이 을국보다 작다.
⑤ 갑국은 쌀 생산에, 을국은 반도체 생산에 비교 우위를 가진다.

01 세계화의 다양한 양상과 문제 해결 방안

❶ 세계화의 다양한 양상

1. 세계화와 지역화

(1) 세계화의 의미와 영향

의미	교통·통신의 발달 등에 따라 정치·경제·사회·문화 등 다양한 분야에서 국경을 넘어 세계가 하나의 공동체로 통합되는 현상
영향	• 지구적 차원의 협력과 분업을 통한 생산성·효율성 증대 및 소비 활동 확대 • 전 세계의 다양한 문화가 서로 활발하게 교류 • 인권, 자유, 평등과 같은 보편적 가치가 전 세계로 확산

(2) 지역화의 의미와 지역화 전략

① 의미: 지역의 생활양식이나 경제·사회·문화 등 지역적 특성이 세계적 차원에서 가치를 지니게 되는 현상

② 지역화 전략: 지역 고유의 정체성을 바탕으로 경제를 활성화하고 경쟁력을 높이려는 노력

지리적 표시제	특정 지역의 지리적 특성을 반영한 우수한 상품이 그 지역에서 생산·가공되었음을 증명 및 표시하는 제도
장소 마케팅	특정 장소를 하나의 상품으로 인식하고 매력적으로 보일 수 있도록 이미지와 시설 등을 개발하는 전략
지역 브랜드화	지역의 상품과 서비스, 축제 등을 브랜드로 인식시켜 지역 이미지를 높이고 지역 경제를 활성화하는 전략

2. 세계 도시와 다국적 기업

(1) 세계 도시

① 의미: 세계화 시대에 국경을 넘어 정치·경제·문화 등 다양한 분야에서 세계적 중심지 역할을 수행하는 도시, 세계적 교통·통신망의 핵심적인 결절지, 세계의 자본이 집적되고 축적되는 장소

② 성장 배경: 교통·정보 통신의 발달에 따른 경제 활동의 세계화, 국가 간 자유 무역 확대 및 다국적 기업의 활발한 활동과 자본 및 금융의 국제화 등

③ 특징: 다양한 국제기구의 본부가 입지하거나 국제회의와 행사가 개최됨, 다국적 기업의 본사 및 관련 업무 기능이 집중됨, 금융·보험·법률·마케팅·광고 등의 생산자 서비스업이 발달함, 문화 활동의 중심축 역할을 함

④ 최상위 세계 도시

뉴욕	국제 연합(UN) 본부, 세계 금융 시장의 중심인 '월 스트리트' 등이 있는 최상위 계층의 세계 도시
런던	금융 중심지 '시티 오브 런던'을 중심으로 많은 다국적 기업과 금융 기업의 본사가 입지함
도쿄	세계적인 경제력을 바탕으로 다국적 기업의 본사가 많이 입지해 있음

 세계 도시 체계의 구분

자료 분석 | 세계 도시는 국제 금융 영향력, 다국적 기업의 본사 수, 생산자 서비스업 부문 집중 정도, 국제기구 본부 수 등을 기준으로 계층을 나눈다. 최상위 세계 도시로 갈수록 도시 수는 적어지나, 기능이 많아지고 영향력은 커지며, 동일 계층의 도시 간 평균 거리는 멀어진다.

(2) 다국적 기업

① 의미: 국경을 넘어 전 세계적으로 제품을 생산하거나 판매하는 기업 → 초국적 기업이라고도 함

② 다국적 기업의 공간적 분업: 경영 효율성 제고, 이윤 극대화, 원료 및 판매 시장 확보 등을 위해 본사, 연구소, 생산 공장 등을 공간적으로 분리하여 운영

본사	• 경영 기획 및 관리 기능 담당 • 자본과 우수한 인력을 확보하기 쉬운 본국의 대도시에 위치하는 경우가 많음
연구소	• 핵심 기술 및 디자인 개발 기능 담당 • 대학 및 연구 시설이 밀집하고 기술 수준이 높은 선진국에 위치하는 경우가 많음
생산 공장	• 제품 생산 기능 담당 • 생산비 절감을 위해 임금 수준이 낮은 개발 도상국에 설립하는 경우가 많음 • 무역 장벽 극복과 판매 시장 확보를 위해 선진국에 설립하기도 함

 ○○자동차의 공간적 분업

자료 분석 | 우리나라에 본사가 있는 ○○자동차는 해외에도 연구소와 생산 공장 등을 설립하여 세계적 규모의 경영 체제를 구축한 다국적 기업이다. ○○자동차는 미국, 독일 등에 연구소를 설치하고, 인도, 브라질 등에 생산 공장을 설립하여 자동차를 판매하는 등 세계 곳곳에서 기업 활동을 한다. 특히 2023년 기준 미국 조지아주에 건설 중인 전기 자동차 전용 생산 공장은 미국 내 판매 시장을 확보하는 데 도움이 될 것으로 예상된다.

(3) 다국적 기업이 지역에 미치는 영향

구분	긍정적 영향	부정적 영향
본국	해외에서 얻은 수익으로 본국에 투자 유발	생산 공장 등의 해외 이전으로 실업률 증가
투자 유치국	• 고용 창출로 인한 지역 경제 활성화 • 선진국의 기업으로부터 기술 및 경영 기법의 습득 기회	• 다국적 기업에 대한 경제 의존도 심화 • 다국적 기업보다 경쟁력이 부족한 지역 내 자국 기업의 피해

② 세계화의 문제점과 해결 방안

1. 빈부 격차 심화

현황	• 전 세계적으로 부는 증가하였지만, 증가한 부가 일부 국가에 집중 → 선진국과 개발 도상국의 소득 격차 심화 • 한 국가 내에서도 산업과 기업의 경쟁력에 따라 부의 차등 분배가 이루어지면서 빈부 격차가 발생
원인	• 세계화에 따른 자유 무역의 확대 → 경쟁에 유리한 선진국의 다국적 기업에 부가 집중 • 수출 구조의 차이 → 선진국은 기술 집약적이고 부가 가치가 높은 제품, 개발 도상국은 부가 가치가 낮은 제품을 주로 수출함
해결 방안	• 개발 도상국이 경제적으로 자립할 수 있도록 국제기구를 통한 지원, 선진국의 투자와 기술 이전 등이 필요 • 불평등한 무역 구조 개선 → 공정 무역, 공정 여행 등의 윤리적 소비 실천

2. 문화의 획일화와 소멸

의미	전 지구적 차원에서 문화 교류가 활발해지면서 지역 간의 문화가 비슷해지는 현상
원인	• 교통 · 통신의 발달로 국가 간 교류가 증가 → 다양한 문화 경험 • 국가 간 무역 증가, 다국적 기업 상품의 영향력 확대 등으로 선진국의 문화가 보편화 • 세계화로 인해 영어, 중국어, 에스파냐어 등과 같은 언어는 영향력이 증가하였지만, 소수 민족의 고유 언어는 사라질 위기에 처함
해결 방안	• 자기 문화의 정체성을 유지하면서 외래문화를 비판적으로 수용 • 각 지역의 다양한 문화를 보호하기 위한 유네스코(UNESCO)의 문화 다양성 선언 채택 등

3. 보편 윤리와 특수 윤리 간 갈등

문제점	세계화로 인해 국가 간, 지역 간 인구 이동과 문화 교류가 증가하면서 보편 윤리와 특수 윤리 간의 충돌이 나타나기도 함
해결 방안	• 보편 윤리에 대한 존중과 특수 윤리에 대한 맥락적 고려가 필요 • 특수 윤리를 인정하되 인간의 존엄성, 평등, 자유 등 인류의 보편적 가치를 기준으로 각 사회의 특수 윤리를 성찰해야 함

개념 핵심 문제

정답과 해설 82쪽

❂ **빈칸에 들어갈 알맞은 말을 쓰시오.**

926 (　　　)은/는 교통 · 통신의 발달 등에 따라 국경을 넘어 세계가 하나의 공동체로 통합되는 현상을 말한다.

927 (　　　)은/는 세계화 시대에 국경을 넘어 세계적인 중심지 역할을 수행하는 도시를 의미한다.

928 국경을 넘어 세계 각 지역에 생산 공장 등을 두고 제품을 생산 · 판매하는 기업을 (　　　) 기업이라고 한다.

929 기업의 규모가 커지면서 각 기능이 공간적으로 분리되는 현상을 (　　　)(이)라고 한다.

❂ **다음에서 설명하는 개념을 〈보기〉에서 고르시오.**

> **(보기)**
>
> ㄱ. 장소 마케팅　　ㄴ. 지리적 표시제　　ㄷ. 지역 브랜드화

930 특정 지역의 지리적 특성을 반영한 우수한 상품이 그 지역에서 생산 · 가공되었음을 증명 및 표시하는 제도　　(　　　)

931 특정 장소를 하나의 상품으로 인식하고 매력적으로 보일 수 있도록 이미지와 시설 등을 개발하는 전략　　(　　　)

932 지역의 상품과 서비스, 축제 등을 브랜드로 인식시켜 지역 이미지를 높이고 지역 경제를 활성화하는 전략　　(　　　)

❂ **다국적 기업의 조직과 주된 입지 특성을 옳게 연결하시오.**

933 본사　　　•　　　•　㉠ 대학 및 연구 시설이 밀집한 지역

934 연구소　　•　　　•　㉡ 다국적 기업 본국의 대도시

935 생산 공장 •　　　•　㉢ 임금 수준이 낮은 개발 도상국

❂ **다음 내용에 알맞은 말을 고르시오.**

936 국가 간, 지역 간 교류가 활발해지면서 국경의 의미가 (강해지고, 약해지고) 있다.

937 세계 도시에는 금융 · 보험 · 광고 등의 (생산자, 소비자) 서비스업이 발달해 있다.

938 공정 무역은 (개발 도상국, 선진국)의 생산자에게 정당한 대가가 돌아가게 함으로써 이들이 자립할 수 있도록 하는 무역 방식이다.

939 세계화의 흐름 속에서 인간의 존엄성, 평등, 자유 등 (보편 윤리, 특수 윤리)를 중시하는 흐름이 나타나고 있다.

940

▶ 25715-0529

다음은 통합사회 학습 노트의 일부이다. (가), (나)에 들어갈 내용으로 옳은 것은?

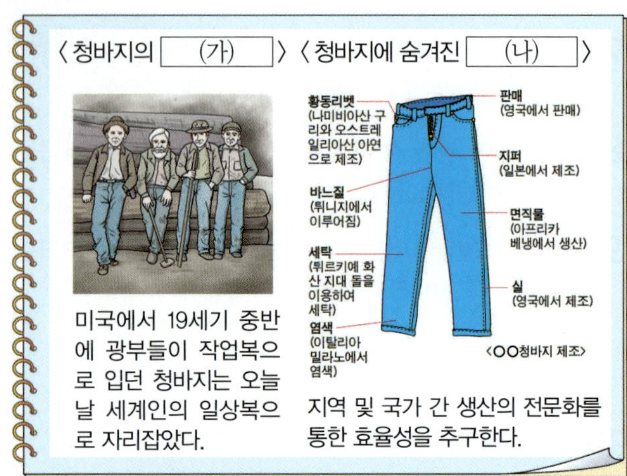

	(가)	(나)
①	세계화	국제적 분업
②	세계화	경제적 불평등
③	세계화	문화의 획일화
④	지역화	국제적 분업
⑤	지역화	경제적 불평등

941

▶ 25715-0530

다음 자료의 (가)에 들어갈 내용으로 가장 적절한 것은?

포르투갈 포르투는 설문 조사를 통해 해당 지역을 대표하는 요소들을 아이콘으로 제작하였고, 여기에 포르투 고유의 도자기 타일 '아줄레주'가 지닌 특유의 파란색을 입혔다. 이를 통해 제작된 'Porto.'는 해당 지역을 상징하며 포르투의 정체성을 알리는 다양한 분야에서 활용되고 있다.

① 다국적 기업의 현지화 전략
② 지역 브랜드를 통한 지역화 전략
③ 공정 무역 확대에 따른 생산지의 경제 성장
④ 관광 자원의 개발을 통한 지역 경제의 활성화
⑤ 세계 무역 기구의 등장과 자유 무역 협정의 확대

[942~944] 그래프는 세계의 48개 주요 도시를 대상으로 교통, 환경 등 6개 지표로 평가하여 도출된 도시 순위의 일부를 나타낸 것이다. 물음에 답하시오. (단, (가), (나)는 각각 뉴욕, 시드니 중 하나임.)

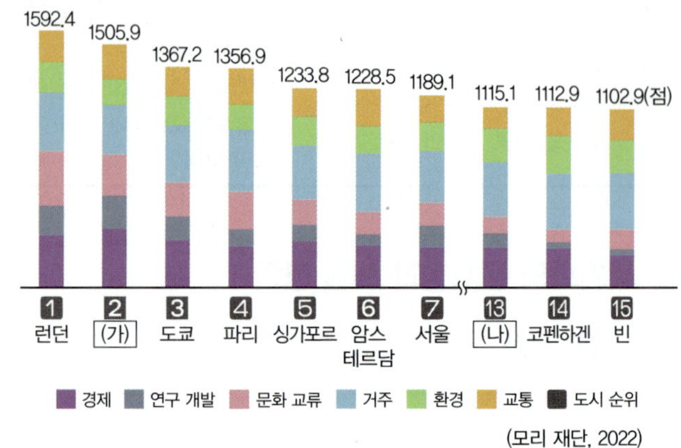

942

▶ 25715-0531

그래프에 나타난 도시에 대한 설명으로 옳지 <u>않은</u> 것은?

① 전 세계의 중심지 역할을 하는 도시들이다.
② 전 세계의 자본과 정보가 집중되는 도시들이다.
③ (가)는 최상위 계층에 해당하는 세계 도시이다.
④ (나)에는 국제 연합(UN) 본부가 있다.
⑤ (가)는 앵글로아메리카, (나)는 오세아니아에 위치한다.

943

▶ 25715-0532

그래프의 (가), (나) 도시를 지도의 A~C에서 고른 것은?

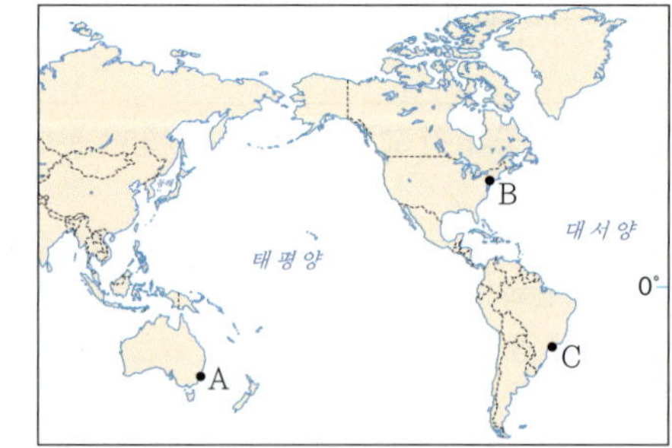

	(가)	(나)
①	A	B
②	A	C
③	B	A
④	B	C
⑤	C	A

중요
944

▶ 25715-0533

(나) 도시에 대한 (가) 도시의 상대적 특성을 그림의 A~E에서 고른 것은?

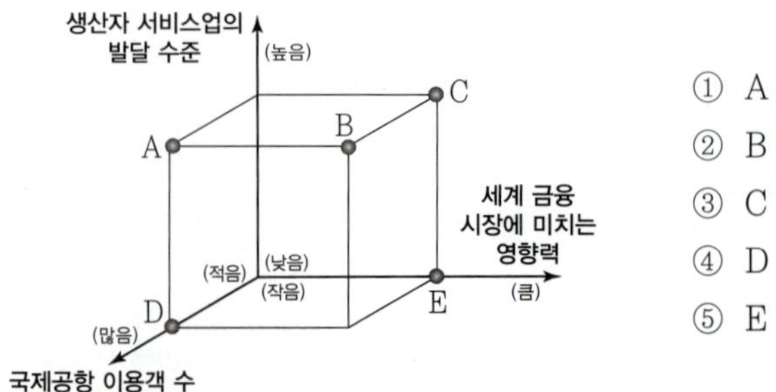

① A
② B
③ C
④ D
⑤ E

[945~946] 지도는 어느 다국적 기업의 기능별 공간적 분업을 나타낸 것이다. 물음에 답하시오. (단, (가)~(다)는 각각 본사, 생산 공장, 연구소 중 하나임.)

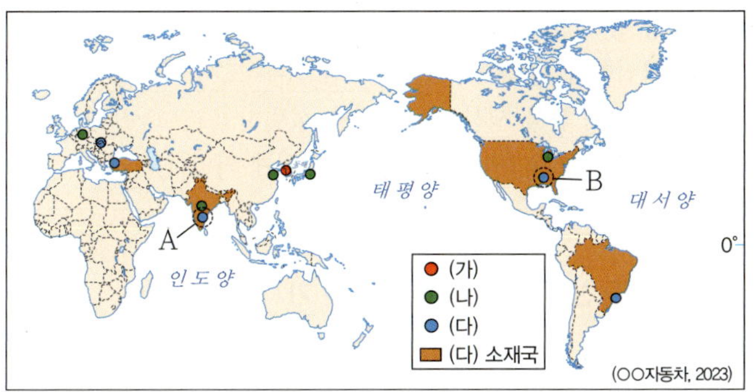

945

▶ 25715-0534

지도에 대한 설명으로 옳은 것만을 〈보기〉에서 있는 대로 고른 것은?

(보기)

ㄱ. 해당 기업은 국경을 넘어 세계적인 경제 활동을 수행한다.
ㄴ. (가)는 기업의 경영 기획 및 관리 기능을 수행한다.
ㄷ. (나)는 (다)보다 고급 인력에 대한 수요가 크다.

① ㄱ   ② ㄷ   ③ ㄱ, ㄴ
④ ㄴ, ㄷ   ⑤ ㄱ, ㄴ, ㄷ

946

▶ 25715-0535

다음 자료의 ㉠, ㉡에 들어갈 내용으로 가장 적절한 것은?

	㉠	㉡
①	핵심 기술 및 디자인 개발을 위해	저렴하고 풍부한 노동력 확보를 위해
②	핵심 기술 및 디자인 개발을 위해	현지 시장 개척과 무역 장벽 극복을 위해
③	저렴하고 풍부한 노동력 확보를 위해	핵심 기술 및 디자인 개발을 위해
④	저렴하고 풍부한 노동력 확보를 위해	현지 시장 개척과 무역 장벽 극복을 위해
⑤	현지 시장 개척과 무역 장벽 극복을 위해	저렴하고 풍부한 노동력 확보를 위해

947

▶ 25715-0536

다음 자료에 대한 설명으로 옳지 <u>않은</u> 것은? (단, A~D는 각각 독일, 미국, 케냐, 필리핀 중 하나임.)

세계화로 자유 무역이 확대되면서 전 세계의 부는 증대되었지만 국가 간 ㉠ 있다. 이는 상대적으로 ㉡ 선진국은 ㉢ 제품, ㉣ 개발 도상국은 ㉤ 제품을 주로 수출하는 구조와도 깊은 관계가 있다.

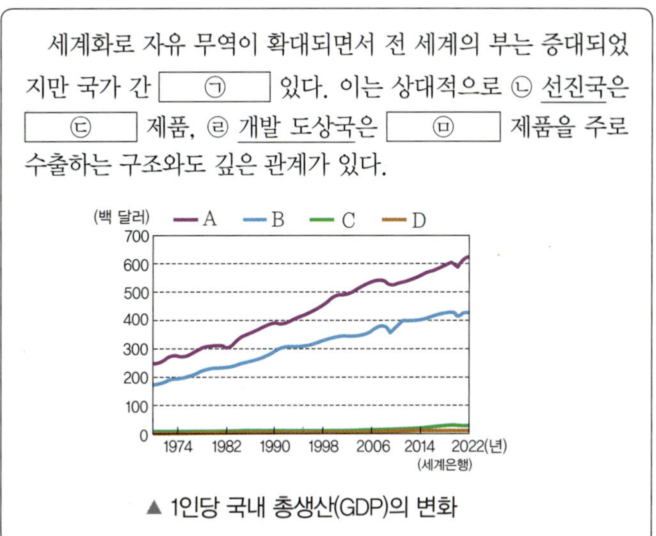

▲ 1인당 국내 총생산(GDP)의 변화

① ㉠에는 '빈부 격차가 심화되고'가 들어갈 수 있다.
② ㉢에는 '기술 집약적이고 부가 가치가 높은'이 들어갈 수 있다.
③ ㉤에는 '부가 가치가 낮은'이 들어갈 수 있다.
④ A는 유럽, D는 아시아에 위치한다.
⑤ B는 ㉡, C는 ㉣에 해당한다.

948

▶ 25715-0537

다음 자료를 통해 알 수 있는 세계화의 문제점으로 가장 적절한 것은?

그림은 아마존 일대의 자생 식물과 원주민의 언어를 약품으로 형상화한 것이다. 생물 종 다양성이 높은 아마존은 원주민들에게 오랜 기간 살아 있는 약국이 되어주었고, 그들은 약용 식물에 관한 독특한 지식을 수천 년 동안 구전해 왔다. 그러나 소수 언어가 소멸되는 위기에 처하면서 해당 지식 역시 사라질 위험을 겪고 있다.

① 국가 간 빈부 격차의 심화
② 문화의 획일화와 소멸 문제
③ 세계 자본 시장의 유기적 연결
④ 보편 윤리와 특수 윤리 간 갈등
⑤ 국제 협력과 공간적 분업의 확대

중요
949
▶ 25715-0538

다음 자료를 통해 알 수 있는 세계화의 문제점에 대한 해결 방안으로 적절한 것만을 〈보기〉에서 있는 대로 고른 것은?

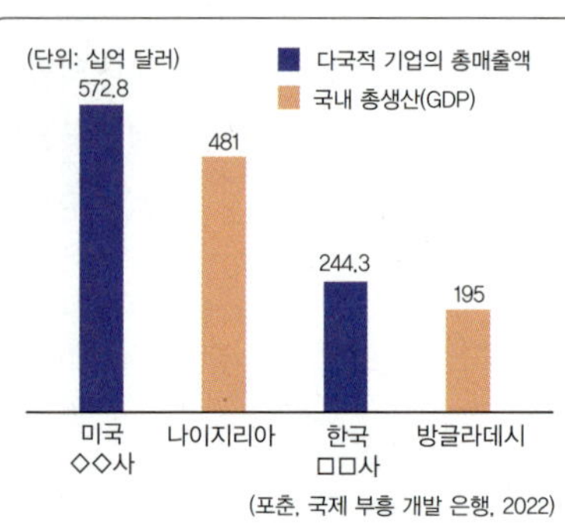

세계화 과정에서 국가 간 빈부 격차가 심화되고 있으며, 세계적인 다국적 기업의 총매출액은 한 국가의 국내 총생산(GDP)보다 많다.

▲ 두 다국적 기업 및 국가의 경제 규모

〈 보기 〉
ㄱ. 자국 산업 보호를 위한 세계 각국의 무역 장벽 폐지
ㄴ. 경제적으로 자립할 수 있는 공적 개발 원조(ODA) 지원
ㄷ. ESG 경영을 통한 개발 도상국 생산 공장 노동자의 노동 환경 개선 및 기술 이전
ㄹ. 유네스코(UNESCO)의 문화 다양성 선언을 바탕으로 한 문화의 고유성과 다양성 보전

① ㄱ, ㄴ　　② ㄱ, ㄷ　　③ ㄴ, ㄷ
④ ㄱ, ㄷ, ㄹ　　⑤ ㄴ, ㄷ, ㄹ

950
▶ 25715-0539

다음 글의 ⊙~@에 대한 설명으로 옳지 않은 것은?

> ⊙ 은/는 ⓒ 개발 도상국의 생산자에게 정당한 대가가 돌아가도록 하여 생산자가 겪는 빈곤 문제를 줄이고 이들의 경제적 자립을 도울 수 있는 무역 방식이다. ⓒ 은/는 여행자에게 현지 문화를 체험하는 의미 있는 경험을 주고, @ 현지인에게 실질적인 경제적 혜택이 돌아가도록 하는 여행 방식이다.

① ⓒ을 위해 중간 유통 과정을 늘리는 것이 필요하다.
② 여행 지역의 주민이 운영하는 식당과 숙소를 이용하는 것은 @에게 도움이 된다.
③ ⊙은 '공정 무역', ⓒ은 '공정 여행'이다.
④ ⊙, ⓒ은 윤리적 소비와 관계가 깊다.
⑤ ⊙, ⓒ의 실천은 세계화로 인한 국가 간의 빈부 격차를 해결하기 위한 노력에 해당한다.

서답형 완성 문제

정답과 해설 84쪽

[951~952] 다음 글을 보고 물음에 답하시오.

> 우리나라에 본사가 있는 ○○ 전자는 해외에도 연구소와 생산 공장 등을 설립하여 세계적 규모의 경영 체제를 구축한 다국적 기업이다. 근래에는 ⊙ 베트남 북부 도시 하이퐁에 텔레비전, 세탁기 등을 생산하는 공장을 설립하였고, ⓒ 생산 공장의 설립은 하이퐁에 다양한 영향을 미치게 되었다.

951
▶ 25715-0540

밑줄 친 ⊙의 주요 원인을 한 가지 서술하시오.

____

952
▶ 25715-0541

밑줄 친 ⓒ이 하이퐁에 미치는 긍정적인 영향을 한 가지 서술하시오.

____

[953~954] 다음 사례를 읽고 물음에 답하시오.

> 인도네시아 수마트라섬 북부에 위치한 특별행정주인 아체주(州)는 이슬람 전통과 근본주의가 강한 지역으로 샤리아(이슬람 관습법)를 법률로 시행하고 있다. 최근 오스트레일리아의 관광객이 술을 마시다가 종교 경찰에 체포되어 태형을 선고받은 사례와 같이 아체주에서는 샤리아를 지키지 않는 행동이 적발되면 공개 태형을 받는다. 국제 인권 단체들은 아체주에 공개 태형을 중단할 것을 촉구하지만, 이 지역 주민들은 오히려 이를 적극적으로 지지하고 있다. 아체주의 사례는 인류의 보편적 가치인 (가) 윤리와 특정 사회에서만 공유하는 규범·가치인 (나) 윤리 간의 갈등을 보여준다.

953
▶ 25715-0542

사례에서 파악할 수 있는 (가) 윤리와 (나) 윤리의 내용을 각각 한 가지씩 쓰시오.

(가) – (　　　　　　　)　(나) – (　　　　　　　)

954
▶ 25715-0543

세계시민으로서 (가) 윤리와 (나) 윤리 간의 갈등을 해결하기 위해 가져야 할 바람직한 태도에 대해 서술하시오.

____

955
▶ 25715-0544

다음 글의 ㉠~㉤에 대한 설명으로 옳지 <u>않은</u> 것은?

> 오늘날에는 세계 각 지역이 경제·사회·문화 측면에 서로 큰 영향을 주고받으며 ㉠ 세계화가 빠르게 진행되고 있다. 국경을 초월한 ㉡ 다국적 기업의 국제적 분업이 나타나고 있으며, 국가 간 무역량도 크게 증가하여 ㉢ 세계가 하나의 시장으로 재편되는 경제의 세계화가 나타나고 있다. 또한 다양한 문화를 쉽게 경험할 수 있게 되었지만, ㉣ 문화의 세계화에 따른 부작용도 나타나고 있다. 한편, 세계화의 흐름 속에서 ㉤ 특정 지역이 고유한 특성을 바탕으로 세계적 차원에서 가치를 갖는 현상이 나타나고 있다.

① ㉠의 주요 배경은 교통과 통신의 발달이다.
② ㉡의 사례로 다국적 기업이 세계 여러 국가에서 부품을 공급받아 항공기를 생산하는 것이 있다.
③ ㉢으로 국가 간 경쟁이 완화되며 경제 격차가 작아졌다.
④ ㉣의 사례로 문화의 획일화와 소수 민족 문화의 쇠퇴를 들 수 있다.
⑤ ㉤을 위한 전략으로 지리적 표시제를 들 수 있다.

956
▶ 25715-0545

다음 자료에 대한 설명으로 옳지 <u>않은</u> 것은?

> 세계 도시에는 ㉠ 국제 연합(UN)과 같은 국제기구의 본부가 입지하고, 금융, 보험, 부동산, 광고, 마케팅 등의 ☐ ㉡ ☐ 이/가 발달하여 국제 정치와 경제에 미치는 영향이 크다. 표의 (가), (나)와 같은 세계 도시들은 기능적으로 연결되어 있고, 도시 규모와 기능 및 영향력에 따라 뚜렷한 ㉢ 계층 구조를 보이는데, 이를 세계 도시 체계라고 한다.

세계 도시	(가)	(나)
위·경도	40°44′N, 73°56′W	51°30′N, 0°08′W
유명 명소	• 월 스트리트 • 브로드웨이	• 빅 벤 • 타워 브리지

① ㉠의 본부는 (가)에 위치한다.
② ㉡에는 '생산자 서비스업'이 들어갈 수 있다.
③ ㉢에서 최상위 세계 도시는 하위 세계 도시보다 동일 계층의 도시 간 평균 거리가 가깝다.
④ (가)와 (나)는 최상위 세계 도시에 해당한다.
⑤ (가)는 아메리카, (나)는 유럽에 위치한다.

957
▶ 25715-0546

그래프는 지도에 표시된 두 국가의 수출 상품 구조를 나타낸 것이다. 이에 대한 옳은 설명만을 〈보기〉에서 있는 대로 고른 것은?

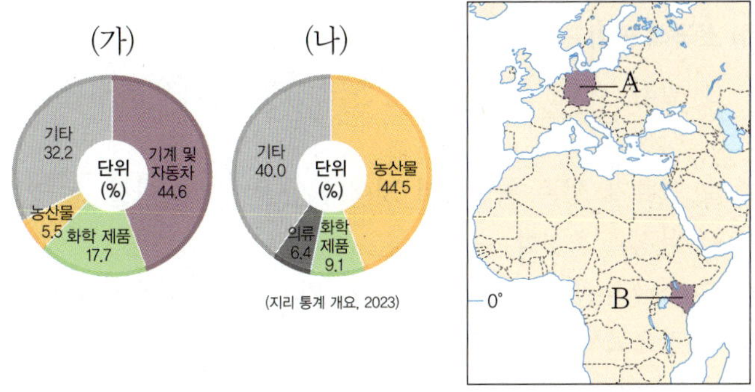

〈 보기 〉
ㄱ. (가)는 (나)보다 1인당 국내 총생산이 많다.
ㄴ. (가)는 (나)보다 부가 가치가 높은 상품의 수출액 비율이 높다.
ㄷ. (나)는 (가)보다 세계 무역 구조에서 차지하는 무역액 비율이 높다.
ㄹ. (가)는 B, (나)는 A이다.

① ㄱ, ㄴ ② ㄱ, ㄷ ③ ㄷ, ㄹ
④ ㄱ, ㄴ, ㄹ ⑤ ㄴ, ㄷ, ㄹ

958
▶ 25715-0547

다음은 통합사회 수업 장면의 일부이다. ㉠~㉤에 대한 설명으로 옳지 <u>않은</u> 것은?

① ㉠이 진행되면서 국경의 의미가 약화되었다.
② ㉡을 위해 유네스코는 문화 다양성 선언을 채택하였다.
③ 공정 무역을 통해 상호 공존을 추구하는 것은 ㉢에 도움이 된다.
④ 이슬람 관습법은 ㉣, 인간의 존엄성은 ㉤에 해당한다.
⑤ ㉥은 세계시민으로서 지녀야 할 자세에 해당한다.

02 평화의 의미와 국제 사회의 역할

① 평화의 의미와 중요성

1. 평화의 의미

(1) 소극적 평화

① 범죄, 테러, 전쟁 등과 같은 직접적·물리적 폭력이 없는 상태

② 인류가 생존 위협에서 벗어나 안전하게 살아갈 수 있는 환경을 조성함

③ 소극적 평화의 실현만으로는 빈곤, 인권 침해와 같이 인간으로서 존엄성을 보장받기 어려운 상황이 발생할 수 있음

(2) 적극적 평화

① 직접적·물리적 폭력뿐만 아니라 간접적 폭력(구조적 폭력, 문화적 폭력)까지 모두 사라진 상태

② 구조적 폭력: 빈곤, 기아, 억압, 차별 등 불공정한 사회 구조나 제도로 인해 발생하는 폭력

③ 문화적 폭력: 종교, 사상, 언어, 예술 등 문화적 영역에서 발생하는 폭력

④ 적극적 평화가 실현되어야 비로소 인류가 인간다운 삶을 누릴 수 있게 됨

시험 빈출 자료　**갈퉁이 주장한 폭력의 종류**

> 　직접적인 폭력은 언어적인 폭력과 신체적인 폭력으로 나누어질 수 있다. …(중략)… 간접적 폭력은 사회 구조 자체에서 일어난다. 외적으로 일어나는 구조적 폭력의 두 가지 주요한 형태는 정치와 경제에서 잘 알려진 억압과 착취이다. 이 두 가지 형태의 폭력은 몸과 마음에 작용하지만, 반드시 의도된 것은 아니다. 이러한 모든 것의 이면에는 문화적 폭력이 존재한다. 이는 모두 상징적인 것으로 종교와 사상, 언어와 예술, 과학과 법, 대중 매체와 교육의 내부에 존재하는 것이다. 이러한 문화적 폭력의 기능은 매우 간단한데, 직접적 폭력과 구조적 폭력을 정당화하는 것이다.

자료 분석 | 갈퉁은 세 가지 폭력이 유기적으로 연결되어 있다고 보았다. 따라서 진정한 평화를 실현하기 위해서는 직접적 폭력은 물론이고 간접적 폭력까지 모두 사라져야 한다고 보았다.

---

2. 평화의 실현이 중요한 이유

(1) 인류의 안전과 생존 보장: 생존의 위협에서 벗어나 안전하게 살 수 있는 환경을 조성함

(2) 인간답게 살 권리 보장: 빈곤, 기아, 각종 차별과 불평등에서 벗어나 인간답게 살아갈 수 있음

(3) 평화 실현을 위한 방안

① 국제 갈등은 여러 가지 원인이 복합적으로 작용하여 발생함

② 국제 갈등은 어느 한 국가나 지역의 노력만으로 해결할 수 없기에 상호 의존성이 중요함을 인식해야 함

③ 다양한 국제 사회 행위 주체들이 비폭력적인 방법을 통해 지속적으로 협력해야 함

④ 국제기구(정부 간 국제기구)를 통한 갈등 조정, 국제 협약 체결, 국제 스포츠 대회 개최 등이 있음

시험 빈출 자료　**세계 주요 갈등 지역**

자료 분석 | 오늘날 국제 사회는 자원, 민족, 종교 등 다양한 원인이 복잡하게 얽혀 갈등과 분쟁이 끊임없이 발생하고 있다. 국제 사회의 갈등은 어느 한 국가의 노력만으로는 해결하기 어렵기 때문에 인류의 안전과 생존을 보장하고, 인간다운 삶을 누리기 위해 평화를 실현하고자 노력해야 한다.

---

② 평화 실현을 위한 행위 주체의 역할

1. 국제 사회의 갈등과 협력

(1) 국제 사회의 갈등: 각 국가는 자국의 이익을 우선적으로 추구하는 과정에서 갈등과 분쟁이 발생할 수 있음

(2) 국제 사회의 협력: 세계화의 진전으로 국가 간 상호 의존성이 증대되면서 국제적 갈등과 분쟁을 해결하기 위해 긴밀한 협력이 필요해짐

2. 국제 사회의 행위 주체

(1) 국가

① 국제 사회의 가장 기본적인 행위 주체

② 일정한 영토와 국민을 바탕으로 주권을 행사함

③ 자국의 이익, 자국민 보호를 위한 외교 활동을 우선적으로 추구하는 경향이 있음

④ 여러 국제기구에 참여해 공식적으로 활동함

⑤ 국가 간 갈등을 해결하기 위해 외교적 협상을 하는 등 평화 실현에 이바지함

(2) 국제기구(정부 간 국제기구)

① 각국의 정부를 회원으로 하는 행위 주체

② 국가 간 이해관계를 조정하거나 국제 규범을 정립함

③ 분쟁 당사국 간 갈등 해결을 위한 중재자 역할을 함

④ 국제 연합(UN), 세계 보건 기구(WHO), 경제 협력 개발 기구(OECD), 국제 통화 기금(IMF) 등이 있음

(3) 비정부 기구(국제 비정부 기구)

① 개인이나 민간단체를 회원으로 하는 행위 주체

② 개별 국가의 이해관계를 뛰어넘어 국제 사회 전체의 이익을 위해 활동함

③ 환경 보호, 인권 보장, 보건 · 의료 지원 등을 실현하기 위해 공동으로 노력함

④ 국제 사면 위원회(Amnesty International), 국경 없는 의사회(MSF), 그린피스(Greenpeace) 등이 있음

(4) 개인

① 개인도 다른 행위 주체와 마찬가지로 국제 사회의 중요한 행위 주체임을 인식해야 함

② 인류의 보편적 가치(국제 평화, 인권 존중 등) 실현을 위해 노력해야 함

③ 전 세계적으로 일어나는 문제에 관심을 가지고 참여할 수 있는 방법을 찾아 적극적으로 실천해야 함

④ 시민 단체 참여, 구호 물품 지원, 후원, 기부, 봉사, 집회 참여 등이 있음

더 알아보기 이스라엘 – 하마스 전쟁

이스라엘과 팔레스타인의 무장 정파 하마스의 전쟁으로 전 세계가 충격에 빠졌다. 전례 없는 기습 공격, 인질 납치, 보복 공습이 이뤄지면서 이스라엘과 팔레스타인 양측에 모두 돌이킬 수 없는 상처를 남기고 있다. 이에 대해 2024년 3월, 국제기구(정부 간 국제기구)인 국제 연합(UN) 안전 보장 이사회가 가자지구에서의 "즉각적인 휴전 및 모든 인질의 즉각적이고 조건 없는 석방"을 요구하는 결의안을 채택하였으며, 비정부 기구(국제 비정부 기구)인 국제 사면 위원회(Amnesty International)에서는 자체 조사를 통해 이스라엘군이 공격에서 민간인을 보호하기 위해 가능한 모든 예방 조치를 취하지 못한 것에 대해 비판하기도 했다. 또한 같은 해 4월 미국에서는 몇몇 유명 대학교에서 이스라엘–하마스 전쟁을 반대하는 시위가 발생한 가운데 대규모 인원이 체포되기도 했다. 이처럼 국제 사회에서 발생한 갈등을 해결하기 위해서는 행위 주체의 바람직한 역할과 실천이 중요하다.

✪ 다음에서 설명하는 개념을 〈보기〉에서 고르시오.

> **보기**
>
> ㄱ. 직접적 폭력　　　　ㄴ. 구조적 폭력
> ㄷ. 문화적 폭력　　　　ㄹ. 소극적 평화
> ㅁ. 적극적 평화

959 해를 입히거나 상처를 주려는 의도로 행사되는 폭력

(　　　)

960 빈곤, 억압, 차별 등 사회 구조 자체에서 비롯되는 폭력

(　　　)

961 종교, 사상, 언어, 예술 등의 문화적 영역에서 가해지는 폭력

(　　　)

962 전쟁이나 분쟁이 없음으로 인해 실현되는 평화의 상태

(　　　)

963 물리적 · 직접적 폭력뿐만 아니라 간접적 폭력까지 모두 제거된 평화의 상태

(　　　)

✪ 다음 내용에 알맞은 말을 고르시오.

964 갈퉁은 (소극적, 적극적) 평화가 실현되어야 인류가 인간다운 삶을 영위할 수 있다고 보았다.

965 갈퉁은 전쟁과 분쟁에서 벗어난다는 것은 (소극적, 적극적) 평화가 실현된 것으로 보았다.

966 갈퉁은 사회 제도나 관습에 따라 나타나는 억압과 착취를 벗어나 인권이 증진되는 것은 (소극적, 적극적) 평화가 실현된 것으로 보았다.

967 비정부 기구는 국제적인 연대 활동을 통해 (사적 이익, 인류 보편적 가치)을/를 실현하기 위해 노력한다.

968 개인은 국제 사회의 중요한 행위 주체라 할 수 (있다, 없다).

✪ 국제 사회의 행위 주체를 알맞게 연결하시오.

969 국가　·　　　　　· ㉠ 개인이나 민간단체를 회원으로 하는 행위 주체

970 국제기구　·　　　· ㉡ 국제 사회의 가장 기본적인 행위 주체

971 비정부 기구 ·　　　· ㉢ 각국의 정부를 회원으로 하는 행위 주체

972
▶ 25715-0548

(가), (나)에 관한 설명으로 옳은 것은?

> (가) 범죄, 테러, 전쟁 등과 같은 직접적·물리적 폭력이 없는 상태를 의미함
> (나) 직접적·물리적 폭력뿐만 아니라 간접적 폭력까지 모두 사라진 상태를 의미함

① (가): 사회적, 문화적 차원의 폭력까지 사라진 상태이다.
② (가): 인간의 잠재적 능력을 충분히 실현할 수 있는 상태이다.
③ (나): 빈곤이나 기아와 같은 구조적 폭력도 사라진 상태이다.
④ (나): 폭력을 용인하는 사회 구조에 무감각할 수 있다는 한계가 있다.
⑤ (가)와 (나): 현실적으로 달성할 수 없는 목표를 추구한다.

974
▶ 25715-0550

다음 사례를 통해 추론할 수 있는 내용으로 적절하지 않은 것은?

> 2005년 우리나라는 제주를 '세계 평화의 섬'으로 지정하였다. '세계 평화의 섬'은 모든 위협 요소로부터 자유로운 상태인 적극적 평화를 실천해 나가는 일련의 사고 체계와 정책 등을 포괄하는 활동으로, 제주 4·3의 아픔을 상생과 화해의 정신으로 승화시키고, 21세기 탈냉전 시대의 동북아 평화 구축과 국제적인 교류 협력의 장으로서의 역할을 제주에 부여한 것이다. 이후 제주에서는 현재까지 평화 이념의 확산을 위해 여러 국제 회의를 유치하고 다양한 기념 사업을 해 오고 있다.

① 진정한 평화는 직접적 폭력의 제거만으로 실현될 수 있다.
② 진정한 평화를 실현하기 위해서는 폭력의 예방이 중요하다.
③ 진정한 평화는 폭력이 아닌 평화적 수단을 통해 실현될 수 있다.
④ 진정한 평화를 실현하기 위해서는 사회 제도의 개선이 필요하다.
⑤ 평화를 창조하는 것은 폭력을 줄이거나 피하는 것과 관련이 있다.

중요
973
▶ 25715-0549

다음을 주장한 사상가의 입장만을 〈보기〉에서 고른 것은?

> 직접적인 폭력은 언어적인 폭력과 신체적인 폭력으로 나누어질 수 있다. 간접적 폭력은 사회 구조 자체에서 일어난다. 외적으로 일어나는 구조적 폭력의 두 가지 주요한 형태는 정치와 경제에서 잘 알려진 억압과 착취이다. 이 두 가지 형태의 폭력은 몸과 마음에 작용하지만, 반드시 의도된 것은 아니다. 이러한 모든 것의 이면에는 문화적 폭력이 존재한다.

〈 보기 〉

ㄱ. 직접적인 폭력은 신체적 폭력으로만 나타난다.
ㄴ. 평화 실현을 위한 폭력의 사용은 정당화될 수 있다.
ㄷ. 폭력을 예방하기 위해 적극적 평화의 실현이 중요하다.
ㄹ. 직접적 폭력이 반드시 간접적 폭력에 기인하는 것은 아니다.

① ㄱ, ㄴ   ② ㄱ, ㄷ   ③ ㄴ, ㄷ
④ ㄴ, ㄹ   ⑤ ㄷ, ㄹ

975
▶ 25715-0551

다음 신문 칼럼의 입장으로 가장 적절한 것은?

○○신문	**칼 럼**	○○○○년 ○월 ○일

> 국제 분쟁은 영토, 자원, 민족, 종교, 문화 등 다양한 원인에 의해 나타난다. 대체로 두 개 이상의 원인이 복합적으로 작용하여 전개되기도 한다. 하지만 인류가 인간다운 삶을 누리기 위해서는 국제 평화는 필수 불가결하다. 인류의 안전과 생존을 보장하고 삶의 질을 높이기 위해서는 국제 사회에서 평화의 실현이 중요하다.

① 국제 평화의 실현은 어느 한 국가의 노력만으로 가능하다.
② 인류의 삶의 질을 높이기 위한 국제 사회의 노력이 중요하다.
③ 국제 평화의 실현은 인류의 안전 보장 및 생존과 관련이 없다.
④ 국제 평화의 실현과 국가 간 빈부 격차의 해소는 상관이 없다.
⑤ 인간이 누려야 할 기본적 권리는 자국의 이익 증대를 통해 실현할 수 있다.

[976~977] 다음은 교사의 질문과 이에 대한 학생들의 답변이다. 물음에 답하시오.

976
▶ 25715-0552

교사의 질문에 옳게 답변한 학생만을 고른 것은?

① 갑, 을 ② 갑, 병 ③ 을, 병
④ 을, 정 ⑤ 병, 정

977
▶ 25715-0553

갑의 입장에서 정에 대해 제기할 수 있는 비판만을 〈보기〉에서 고른 것은?

〈 보기 〉

ㄱ. 인간의 기본적인 욕구를 무시하는 것 또한 폭력임을 간과한다.
ㄴ. 의도적이고 가시적인 행위만을 폭력으로 규정해야 함을 간과한다.
ㄷ. 적극적 평화는 평화적 수단에 의해서 실현될 수 있음을 간과한다.
ㄹ. 폭력은 타인에게 피해를 줄 의도를 가진 경우로 한정해야 함을 간과한다.

① ㄱ, ㄴ ② ㄱ, ㄷ ③ ㄴ, ㄷ ④ ㄴ, ㄹ ⑤ ㄷ, ㄹ

중요

978
▶ 25715-0554

다음 사상가의 입장으로 옳은 것은?

• 모든 국가의 시민적 정치 체제는 공화 정체이어야 한다.
• 국제법은 자유로운 국가들의 연방 체제에 기초해야 한다.
• 세계시민법은 보편적 우호의 조건들에 국한되어야 한다.

① 영원한 평화는 평화 조약만으로 성취할 수 있다.
② 영원한 평화를 실현하기 위해서는 평화 연맹이 필요하다.
③ 영원한 평화는 달성하기 불가능한 공허한 이념일 뿐이다.
④ 영원한 평화는 세계 정부 수립을 통해서만 실현할 수 있다.
⑤ 영원한 평화를 실현하기 위해서는 개별 국가의 주권을 폐지해야 한다.

979
▶ 25715-0555

다음을 주장한 사상가의 입장으로 옳은 것은?

• 국제 정치는 인간의 이기적 본성에 기초한 객관적 법칙의 지배를 받는다.
• 권력으로 정의되는 이익의 개념은 국가들이 도덕적으로 지나친 행동을 하거나 정치적으로 우매한 행동을 하는 것을 피할 수 있게 한다.

① 국가 간 세력 균형을 통해 영원한 평화가 실현된다.
② 국제 관계는 국익과 힘의 논리보다 도덕성이 지배한다.
③ 국가의 이익은 정치적, 문화적 상황에 따라 가변적이다.
④ 국가의 궁극적인 목적은 영원한 평화를 실현하는 데 있다.
⑤ 국제 관계는 상위의 주권적 권력을 가진 국제기구에 의해 결정된다.

980
▶ 25715-0556

(가), (나)에 해당하는 국제 사회 행위 주체만을 〈보기〉에서 골라 옳게 짝지은 것은?

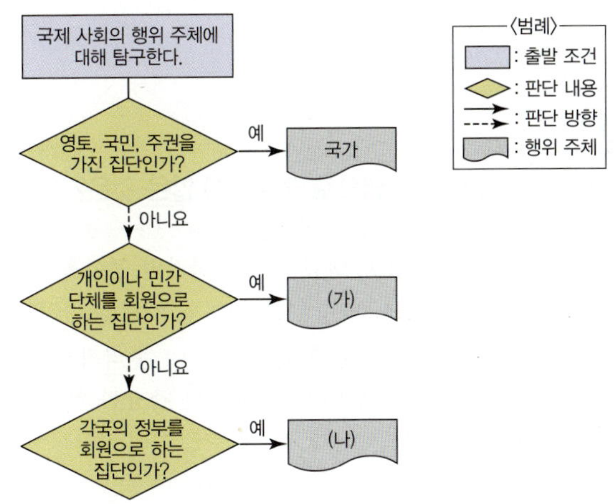

〈 보기 〉

ㄱ. 국제 연합 ㄴ. 그린피스
ㄷ. 국제 통화 기금 ㄹ. 국제 사면 위원회

	(가)	(나)		(가)	(나)
①	ㄱ, ㄴ	ㄷ, ㄹ	②	ㄱ, ㄷ	ㄴ, ㄹ
③	ㄴ, ㄷ	ㄱ, ㄹ	④	ㄴ, ㄹ	ㄱ, ㄷ
⑤	ㄷ, ㄹ	ㄱ, ㄴ			

981

▶ 25715-0557

다음 글에 대한 설명으로 적절한 것만을 〈보기〉에서 고른 것은?

> 이스라엘과 팔레스타인의 무장 정파 하마스의 전쟁으로 전 세계가 충격에 빠졌다. 전례 없는 기습 공격, 인질 납치, 보복 공습이 이뤄지면서 이스라엘과 팔레스타인 양측에 모두 돌이킬 수 없는 상처를 남기고 있다. 이에 대해 2024년 3월, 국제 기구인 국제 연합 안전 보장 이사회가 가자지구에서의 "즉각적인 휴전 및 모든 인질의 즉각적이고 조건 없는 석방"을 요구하는 결의안을 채택하였으며, 비정부 기구인 국제 사면 위원회에서는 자체 조사를 통해 이스라엘군이 공격에서 민간인을 보호하기 위해 가능한 모든 예방 조치를 취하지 못한 것에 대해 비판하기도 했다. 또한 같은 해 4월 미국에서는 몇몇 유명 대학교에서 이스라엘-하마스 전쟁을 반대하는 시위가 발생한 가운데 대규모 인원이 체포되기도 했다.

〈 보기 〉
ㄱ. 국제 사회에서 국가만이 유일한 행위 주체이다.
ㄴ. 국제 평화는 어느 한 국가의 노력만으로 해결하기 어렵다.
ㄷ. 국제 평화를 실현하기 위한 국제기구의 역할은 중요하지 않다.
ㄹ. 국제 평화를 실현하기 위해 국제 사회의 다양한 주체가 노력하고 있다.

① ㄱ, ㄴ   ② ㄱ, ㄷ   ③ ㄴ, ㄷ
④ ㄴ, ㄹ   ⑤ ㄷ, ㄹ

982

▶ 25715-0558

밑줄 친 ㉠~㉣에 대한 설명으로 적절하지 않은 것은?

> 국제 사회에서는 다양한 행위 주체가 국가의 영역을 초월하여 상호 유기적으로 교류하며 평화 실현을 위해 노력하고 있다. 국제 사회에서 활동하는 행위 주체에는 ㉠ 국가, ㉡ 국제기구, ㉢ 비정부 기구가 있지만, ㉣ 개인도 중요한 행위 주체임을 잊지 말아야 한다.

① ㉠은 자국의 이익과 자국민 보호를 추구한다.
② ㉡은 영토와 독립적인 주권을 가진 행위 주체이다.
③ ㉢은 국제적 연대 활동을 통해 인류의 보편적 가치를 실현하기 위해 노력한다.
④ ㉣은 전 세계에 일어난 문제에 관심을 가지고 참여 방법을 모색해야 한다.
⑤ ㉡은 ㉣에 비해 국가 간 이해관계를 조정하고 국제 규범을 정립한다.

서답형 완성 문제

정답과 해설 **86**쪽

[983~984] 다음 글을 읽고 물음에 답하시오.

> ㉠ 문화적 폭력은 직접적이고 구조적인 폭력을 합법화시킨다. 그러한 폭력은 행위자로 하여금 ㉡ 직접적 폭력을 수행하도록 하거나, ㉢ 구조적 폭력에 대응하지 않도록 하는 것이다. 이러한 폭력은 의도적일 수도 있고 비의도적일 수도 있다.

▶ 25715-0559

983 ㉠, ㉡, ㉢이 모두 제거된 상태에 해당하는 용어를 쓰시오.

( )

▶ 25715-0560

984 ㉡만 제거된 상태가 가진 한계를 **983**에 해당하는 용어와 비교해서 서술하시오.

____

____

[985~986] 다음 글을 읽고 물음에 답하시오.

> ㉠ 국제 연합(UN) 안전 보장 이사회는 24일, ㉡ 지구 궤도상 핵무기 배치를 금지하는 내용의 결의안을 표결에 부쳤지만, 상임 이사국인 ㉢ 러시아의 거부권 행사로 부결됐다. ㉣ 미국과 일본이 공동 제안한 이 결의안에 대해 15개 이사국 가운데 13개국이 찬성했으며, 또 다른 상임 이사국 중국은 기권했다. 국제 연합(UN) 주재 미국 대사는 이날 표결 뒤 발언에서, "오늘의 (러시아의) 거부권 행사는, '만일 규칙을 따른다면 왜 그것들을 재확인하는 결의안을 지지하지 않는가?'라는 질문을 던진다."며, "당혹스럽고 수치스러운 일"이라고 말했다. 이에 대해 러시아 대사는 미국이 러시아의 의도를 훼손하고 있다고 주장하면서, 곧 국제 연합(UN) 안전 보장 이사회 이사국들과 우주 평화 유지를 위한 자체 결의안 초안에 대한 협의를 시작할 것이라고 밝혔다.

▶ 25715-0561

985 국제 사회 행위 주체로서 ㉠, ㉢을 지칭하는 용어를 각각 쓰시오.

㉠ – ( )   ㉢ – ( )

▶ 25715-0562

986 ㉡에 나타난 문제에 대해 국제 평화의 관점에서 개인이 가져야 할 바람직한 역할에 관해 서술하시오.

____

____

1등급 고난도 문제

987

▶ 25715-0563

다음을 주장한 사상가의 입장으로 적절하지 않은 것은?

> 평화 연맹은 국가의 권력에 대한 어떤 지배를 목표로 하지 않는다. 이 연맹은 국가 자체의 자유를 지속시키고 보호하며, 다른 국가들의 자유에 대해서도 그러하다. 이 연맹의 이념은 서서히 모든 국가로 확산하지 않으면 안 되며, 그럼으로써 영원한 평화로 인도해 갈 이념의 객관적 실재성은 분명해질 것이다.

① 국가는 평화 실현을 위해 합리적으로 행동할 수 있다.
② 국가는 평화 연맹을 통해 자국의 안전을 보장할 수 있다.
③ 인간은 이성적 사고와 행동을 할 수 있는 합리적 존재이다.
④ 국가의 정체(政體)를 개선함으로써 국제 관계도 변화할 수 있다.
⑤ 국가 간 세력 균형을 제도화함으로써 영구 평화를 실현할 수 있다.

988

▶ 25715-0564

다음을 주장한 사상가의 입장으로 옳은 것만을 〈보기〉에서 고른 것은?

> 푸딩은 먹어 보아야 맛을 알 수 있듯이, 평화는 갈등을 처리하는 능력으로 시험할 수 있다. 평화를 실현하기 위해 행위자들은 비폭력적이어야 한다. 그 과정에서 물리적 폭력과 언어의 폭력을 배제하며, 비폭력적으로 갈등을 처리하는 것을 정당화하는 평화 문화 속에서 진행되어야 한다.

〈 보기 〉

ㄱ. 빈곤, 기아 문제는 구조적 폭력이 존재하는 상태이다.
ㄴ. 국가 간 세력 균형을 통해 유지되는 평화는 소극적 평화이다.
ㄷ. 적극적 평화는 폭력의 제거가 아니라 예방으로 실현할 수 있다.
ㄹ. 평화를 성취하기 위한 무력의 포기는 적극적 평화를 실현하는 것이다.

① ㄱ, ㄴ ② ㄱ, ㄷ ③ ㄴ, ㄷ
④ ㄴ, ㄹ ⑤ ㄷ, ㄹ

[989~990] 다음 글을 읽고 물음에 답하시오.

> ⊙ 예멘 후티 반군이 ⓛ 이스라엘─하마스 전쟁 당사국인 ⓒ 이스라엘을 응징하겠다며 홍해를 지나는 선박을 잇달아 공격하자, 미국이 다국적 해군을 모아 대응에 나섰다. 미국은 "최근 예멘 후티 반군의 ⓔ 무분별한 공격이 격화되며 교역의 자유로운 흐름이 위협받고, 무고한 선원들이 위험에 빠지고 있다"며 "ⓜ 국제법에 근거한 항행의 자유를 위반한 후티 반군의 행동은 (가) 집단적 대응이 필요한 국제적 도전"이라고 말했다.

989

▶ 25715-0565

⊙~ⓜ에 대한 설명으로 가장 적절한 것은?

① ⊙은 인류의 보편적 가치를 실현하기 위해 노력하는 국제 사회의 행위 주체이다.
② ⓛ은 자국의 이익과 자국민 보호를 위해 결정된 필요 불가결한 행위이다.
③ ⓒ은 ⓜ을 규정하기 위해 행동하는 비정부 기구이다.
④ ⓔ은 소극적 평화를 실현하기 위해 제거해야 할 폭력이다.
⑤ ⓜ은 국제기구, 다국적 기업의 상호 협력에 의해 제정된다.

990

▶ 25715-0566

(가)에 대한 갑, 을의 입장으로 적절한 것만을 〈보기〉에서 고른 것은?

> **갑:** 국가 안보를 실현하기 위해서는 무력에 의한 방법도 정당하다.
> **을:** 평화적 수단에 의해 실행되지 않으면 또 다른 폭력이 나타날 수 있다.

〈 보기 〉

ㄱ. 갑: 무력에 의한 개입은 도덕규범이 작용할 여지가 없다.
ㄴ. 을: 평화적 수단에 의해 평화 실현이라는 목적을 정당화할 수 있다.
ㄷ. 을: 국제 갈등의 해결은 이해관계가 있는 당사자만의 문제로 보아야 한다.
ㄹ. 갑과 을: 국제 사회의 다양한 행위 주체들의 노력이 필요하다.

① ㄱ, ㄴ ② ㄱ, ㄷ ③ ㄴ, ㄷ
④ ㄴ, ㄹ ⑤ ㄷ, ㄹ

03 남북 분단 및 동아시아 역사 갈등과 세계 평화를 위한 노력

❶ 평화 통일의 필요성

1. 남북 분단의 배경

(1) **지역적 분단**: 1945년 광복 직후 미국과 소련에 의해 북위 38 도선을 경계로 분단됨

(2) **체제상의 분단**: 남한은 자유주의 체제, 북한은 공산주의 체제 가 수립됨

(3) **정부상의 분단**: 1948년 대한민국 정부와 북한 정권이 수립됨

(4) **6 · 25 전쟁(1950~1953년)**: 북한의 남침에 의한 전쟁이 발발 하고 이후 정전 협정을 맺으며 분단이 굳어짐

2. 평화 통일을 위한 노력

(1) **통일의 필요성**

개인적 차원	• 이산가족의 고통 해소 • 전쟁의 위협에서 벗어나 자유롭고 평화로운 삶 향유
역사적 · 문화적 차원	• 분단에 따른 굴절된 역사를 바로잡음 • 한민족으로서의 민족 정체성 회복에 따른 민족의 역량 극대화
지리적 · 공간적 차원	• 통일로 인한 삶의 공간 확대 • 대륙과 해양을 연결해 지정학적 여건 개선
사회적 · 경제적 차원	• 국가 공동체 발전과 국제적 위상 제고 • 막대한 분단 비용 절감으로 지속가능한 발전 추구
종합적 차원	전쟁 없는 평화로운 삶과 공동체 실현

(2) **평화 통일을 위한 노력**

① **국가적 차원**: 남북한 간 평화적 교류와 협력을 지속적으로 추진해 군사적 긴장을 완화하고 신뢰를 회복해야 함

② **국제적 차원**: 남북한의 평화 통일이 세계 평화와 번영에 기여한다는 사실을 바탕으로 우호적인 국제 환경을 조성해야 함

(3) **통일과 관련된 비용**

분단 비용	• 분단으로 인해 발생하는 유 · 무형의 모든 비용 • 분단 기간 중 지속적으로 발생하는 비용 • 남북한 모두의 손해로 이어지는 소모적 비용 • 국방비, 외교 비용, 이산가족의 고통 등이 있음
통일 비용	• 통일로 인해 일시적으로 소요되는 비용 • 한반도의 번영을 위한 투자적 성격의 생산적 비용 • 초기 사회문제 처리 비용, 경제적 인프라 구축 비용 등이 있음
통일 편익	• 통일로 인해 얻는 경제적 · 비경제적 보상과 혜택 • 통일로 인해 지속적으로 발생하는 혜택

❷ 동아시아의 역사 갈등과 해결 방안

1. 중국과의 역사 갈등

(1) **동북공정을 통한 역사 왜곡**

① 중국 동북 3성(지린성, 랴오닝성, 헤이룽장성)의 역사, 지리, 민족 연구 과정에서 역사를 왜곡함

② 과거 고조선, 부여, 고구려, 발해 영토였던 한반도 북부와 만주 지역의 역사를 고대 중국 역사의 일부라고 왜곡하고 있음

③ 이 지역에 있는 소수 민족의 분리 독립을 막고 국경 지역을 안정화하기 위한 목적임

(2) **우리나라 전통 문화유산(김치, 비빔밥, 한복 등)에 대한 왜곡**

2. 일본과의 역사 갈등

(1) **일본의 역사 교과서 왜곡**

① 일본의 역사 교과서 검정 과정에서 일본의 만행을 미화하는 내용을 기술함

② 우리나라 침략을 '진출'로 표현하고, 일본군 '위안부'와 강제 징용 관련 서술을 삭제하는 등 식민 지배와 침략 전쟁을 정당화함

(2) **독도의 분쟁 지역화 시도**

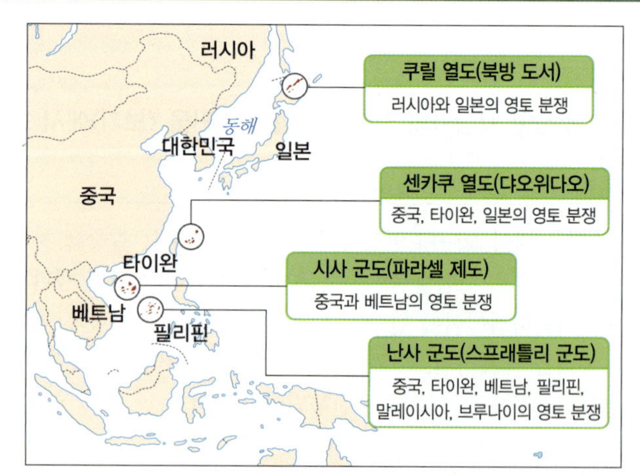

자료 분석 | 각국이 작은 섬들을 두고 치열한 갈등을 벌이는 것은 섬 주위의 바다 밑에 잠자고 있는 막대한 천연자원과 지정학적 중요성 때문이다.

3. 동아시아 역사 갈등의 해결 방안

(1) **공동 역사 연구 진행 사례**

① 2002년 한 · 일 역사 공동 연구 위원회 설립함

② 2005년, 2012년 한 · 중 · 일 학자, 교사, 시민 활동가에 의해 공동 역사 교재 발간함

③ 2006년 동북아 역사 재단을 설립해 역사 왜곡에 대응하기 위한 연구를 지원함

(2) 다양한 문화 교류의 확대 사례

① 2000년 아시아 각국 시민 단체의 연대로 '여성 국제 전범 법정'을 개최해 일본군 '위안부' 문제를 해결하기 위해 노력함

② 2002년 이후 매년 '역사 인식과 동아시아 평화 포럼'을 개최함

❸ 세계 평화에 기여하는 우리나라

1. 국제 사회 속의 우리나라

(1) 지정학적 측면 유라시아 대륙과 해양을 잇는 동아시아의 전략적 관문에 위치함

(2) 경제적 측면

① 1996년 경제 협력 개발 기구(OECD)에 가입함

② 2021년 유엔 무역 개발 회의(UNCTAD)에서 우리나라가 '개발 도상국 그룹'에서 '선진국 그룹'으로 변경됨

(3) 정치적 측면

① 2020년 이후 3차례 '주요 7개국 정상 회의(G7)'에 초청됨

② 2023년 국제 연합(UN) 안전 보장 이사회 비상임 이사국으로 선출됨

③ 그 외 각종 국제기구에서 활발히 활동하고 있음

(4) 문화적 측면

① 많은 전통 문화유산이 유네스코 세계 유산으로 등재됨

② 대중문화의 영역에서는 한류가 확산하고 있음

2. 세계 평화를 위한 우리나라의 노력

국가적 차원	• 분쟁 지역에 평화 유지군을 파견해 국제 연합(UN)의 활동을 지원함 • 개발 도상국에 대한 경제 개발 지원과 사회 복지 향상을 위한 경제적 지원을 함 • 평화 통일을 위한 노력으로 동아시아 지역 긴장 완화를 위해 노력함 • 에너지와 자원 절약을 통해 탄소 배출량을 줄이고, 지구 온난화 방지를 위해 노력하는 등 환경 보전을 추구함
개인, 민간단체 차원	• 비정부 기구에 가입해 다양한 방법으로 세계 평화를 위해 활동함 • 빈곤, 기아, 재난 등으로 고통받는 국가에 식량과 구호 물품을 보냄

정답과 해설 **88**쪽

◆ 다음 내용에 알맞은 말을 고르시오.

991 광복 이후 북한은 (자본주의, 공산주의) 체제가, 남한은 (자유주의, 사회주의) 체제가 수립되었다.

992 1950년 6 · 25 전쟁은 (남한, 북한)의 (남침, 북침)으로 발발했다.

993 평화 통일을 실현하기 위해 남북한은 (평화적 교류, 적대적 대립)을/를 지속적으로 추진해야 한다.

◆ 다음에서 설명하는 개념을 〈보기〉에서 고르시오.

〔 보기 〕

ㄱ. 분단 비용　　　ㄴ. 통일 비용　　　ㄷ. 통일 편익

994 통일로 인해 얻는 경제적 · 비경제적 보상과 혜택　(　　　)

995 통일로 인해 일시적으로 소요되는 생산적 비용　(　　　)

996 분단이 지속됨으로 인해 발생하는 소모적 비용　(　　　)

◆ 빈칸에 들어갈 알맞은 말을 쓰시오.

997 중국은 (　　　)을/를 통해 한반도 북부와 만주 지역의 소수 민족들의 분리 독립을 막고 국경 지역을 안정화하기 위해 역사를 왜곡하고 있다.

998 일본은 역사 교과서 왜곡을 통해 식민지 지배의 만행을 미화하는 (　　　)을/를 시도하고 있다.

◆ 동아시아 영토 분쟁에 대해 빈칸에 들어갈 알맞은 말을 쓰시오.

999 ㉠은 러시아와 일본의 영토 분쟁 지역인 (　　　)이다.

1000 ㉡은 중국, 타이완, 일본의 영토 분쟁 지역인 (　　　)이다.

1001 ㉢은 중국, 베트남의 영토 분쟁 지역인 (　　　)이다.

1002 ㉣은 중국, 타이완, 베트남, 필리핀, 말레이시아, 브루나이의 영토 분쟁 지역인 (　　　)이다.

1003 위 지역에 영토 분쟁이 주로 발생하는 원인은 바다 밑에 잠자고 있는 막대한 (　　　)와/과 지정학적 중요성 때문이다.

1004
▶ 25715-0567

남북 분단의 과정을 〈보기〉에서 순서대로 배열한 것은?

〈 보기 〉

(가) 6 · 25 전쟁 발발과 정전 협정
(나) 남북한에 각기 상이한 정부가 수립됨
(다) 북위 38도선을 경계로 미국과 소련에 의해 분단

① (가)-(나)-(다)
② (가)-(다)-(나)
③ (나)-(가)-(다)
④ (나)-(다)-(가)
⑤ (다)-(나)-(가)

1005
▶ 25715-0568

다음 신문 칼럼의 ㉠에 들어갈 제목으로 가장 적절한 것은?

| ○○신문 | **칼 럼** | ○○○○년 ○월 ○일 |

㉠

　우리의 본래 모습은 한반도에서 한민족이 한 나라를 이루고 사는 것이다. 한반도에 두 개 이상의 국가 체제가 존재하면 평화가 보장되지 않는 것이 우리의 역사에서 본 현실이다. 분단은 우리의 의사에 반해 우리의 본래 모습을 파괴하고 자유를 제약하며 평화를 위협하고 우리의 존엄을 침해하고 있으며 번영을 가로막고 있다. 이러한 분단에 안주하지 말고 주인의식을 갖고 본래 모습을 찾는 것이 우리가 더 좋은 삶을 살 수 있는 환경을 만드는 것이다.

① 통일을 향한 꿈, 포기하지 말아야
② 통일은 강한 군사력이 뒷받침되어야
③ 통일, 미래 사회의 번영을 위해 재고해야
④ 통일은 분단 비용과 통일 비용의 실익을 따져야
⑤ 통일은 정치적 통합보다 문화 교류가 우선되어야

1006
▶ 25715-0569

남북 분단의 국내적 배경만을 〈보기〉에서 고른 것은?

〈 보기 〉

ㄱ. 국제적 냉전 체제로 인한 대결 심화
ㄴ. 한반도 주변국들의 자국의 이익 추구
ㄷ. 이념 갈등으로 인한 민족 내부의 대립
ㄹ. 6 · 25 전쟁으로 인한 남북 분단 고착화

① ㄱ, ㄴ
② ㄱ, ㄷ
③ ㄴ, ㄷ
④ ㄴ, ㄹ
⑤ ㄷ, ㄹ

1007
▶ 25715-0570

㉠에 들어갈 진술로 가장 적절한 것은?

　남북이 점진적 통합 과정을 거쳐 2030년쯤 통일을 이룰 경우 2050년까지 20여 년 동안 얻게 될 혜택이 같은 기간 동안 들어갈 비용의 2배 가까이 많을 것으로 분석되었다. 이는 　㉠　는 과거의 통념을 깨는 결과이다. 분석 기관에 따르면, 단기간에 성급하게 정치 · 경제적 통일을 하지만 않으면 어떤 경우에도 통일 혜택이 비용을 능가할 것이라며 통일 비용에 대한 우려가 과도하게 부풀려진 측면이 있다고 하였다.

① 분단 비용은 미래를 위한 투자적 성격을 지닌다
② 통일 비용은 통일의 과정에서 발생하는 비용이다
③ 분단 비용은 통일 이후에도 지속적으로 발생한다
④ 통일 비용은 통일 편익도 수반함을 고려해야 한다
⑤ 과도한 통일 비용 때문에 통일 편익이 없을 것이다

중요

1008
▶ 25715-0571

(가)에 나타난 동아시아 영토 분쟁 지역을 (나)에서 옳게 찾은 것은?

| (가) | 세계 4대 어장인 북서 태평양 어장이 있어 어족 자원이 풍부하며 러시아에는 태평양에 진출하는 전략적 요충지이기도 하다. 또한 해저에 석유, 금, 황 등의 지하자원이 풍부하게 매장되어 있어 경제적으로 중요성이 커지게 되자 이를 차지하려는 러시아와 일본의 영토 분쟁이 발생하고 있다. |
| (나) | 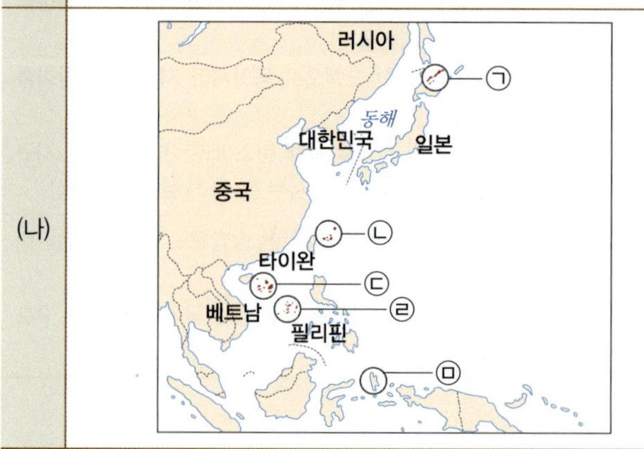 |

① ㉠
② ㉡
③ ㉢
④ ㉣
⑤ ㉤

1009
▶ 25715-0572

⊙~ⓒ에 대한 옳은 설명만을 〈보기〉에서 있는 대로 고른 것은?

통일을 반대하는 사람들은 통일이 수반하는 비용의 총체인 ⊙ 이/가 커서 경제에 악영향을 미칠 것을 우려한다. 그러나 우리는 분단이 지속되는 동안 지불해야 하는 기회비용인 ⓛ 와/과 통일로 얻게 되는 보상과 혜택인 ⓒ 을/를 비교하여 통일이 장기적으로 볼 때 더 경제적 이득이라는 것을 알려 줄 필요가 있다.

〈 보기 〉
ㄱ. ⊙에는 남북한 생활 수준 통합 비용을 들 수 있다.
ㄴ. ⓛ은 통일 이후에도 지속적이고 영구적으로 발생한다.
ㄷ. ⓒ은 ⊙과 달리 장기간 지속적으로 발생한다.
ㄹ. ⓒ의 예로 ⓛ이 소멸하는 것을 들 수 있다.

① ㄱ, ㄴ 　② ㄴ, ㄷ 　③ ㄴ, ㄹ
④ ㄱ, ㄴ, ㄹ 　⑤ ㄱ, ㄷ, ㄹ

1010
▶ 25715-0573

⊙에 들어갈 내용으로 가장 적절한 것은?

⊙ 의 사례

- "1965년 한일 기본 조약과 협정 체결로 일본이 한국에 경제 협력을 하고 개인에 대한 보상은 한국 정부에 맡겨졌다."
- "한국의 친일 반민족 행위자 재산 국가 귀속 특별법과 같은 인권 문제에 대해 일본이 한국에 확실한 개선을 요구하는 것이 진정한 의미의 우호이다."
- "독도는 한국이 불법으로 점거하고 있기 때문에 일본은 항의를 계속하고 있다."

① 일본의 '위안부' 은폐 문제
② 중국의 고구려사 왜곡 문제
③ 일본의 독도 분쟁 지역화 문제
④ 일본의 역사 교과서 왜곡 문제
⑤ 중국의 백두산정계비 이동 문제

1011
▶ 25715-0574

다음은 동아시아 갈등 상황을 나타낸 지도이다. 지도를 통해 알 수 있는 갈등 문제로 가장 적절한 것은?

〈중국이 새로 발표한 만리장성〉

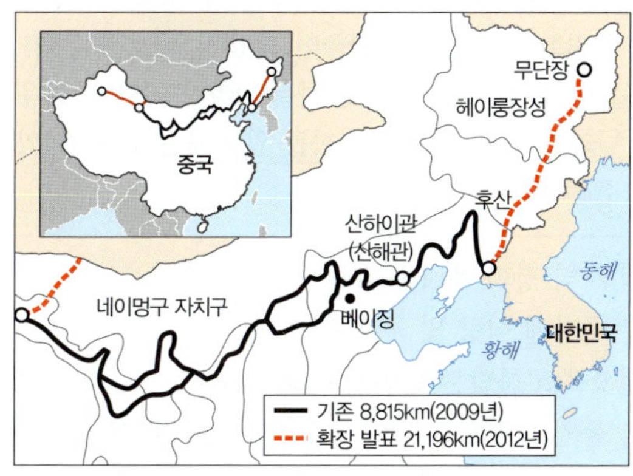

① 일본의 '위안부' 문제
② 중국의 동북공정 문제
③ 중국과 러시아의 영토 분쟁
④ 중국의 티베트 독립 운동 문제
⑤ 일본의 사도 광산 세계 유산 등재

1012
▶ 25715-0575

다음 글의 입장에서 ⊙을 해결하기 위한 방안으로 적절하지 <u>않은</u> 것은?

동아시아의 국제 정세는 큰 변동과 불안에 휩싸여 있다. 이런 때일수록 한·중·일은 끓어오르는 애국주의가 상대국에 대한 적개심, 증오심으로 폭발하지 않도록 주의를 기울여야 한다. 특히 ⊙ 역사, 문화 갈등을 잘 관리해야 하고 이를 위해 관계자들의 공동 연구 및 집단 대화가 꼭 필요하다.

① 영토 분쟁 지역 군대 파견
② 국제기구를 통한 다자 협상
③ 동북아 역사 재단 설립 및 활동
④ 청소년 방문 등 민간 교류 확대
⑤ 한·중·일 공동 역사 교재 발행

1013
▶ 25715-0576

다음 글의 입장에서 ㉠에 해당하는 내용으로 적절하지 **않은** 것은?

> 우리나라는 2010년 경제 협력 개발 기구(OECD) 산하 개발 원조 위원회의 24번째 회원국이 되었다. 이로써 우리나라는 원조를 받던 나라에서 원조를 하는 나라가 되었다. 도움을 받았던 나라가 이제 ㉠ 세계 평화를 위해 도움을 줄 수 있는 것은 아주 큰 의미를 지닌다.

① 분쟁 지역 평화 유지군 파견
② 빈곤 국가에 식량 및 구호 물품 지원
③ 내전으로 고통받는 난민의 수용 거부
④ 평화 통일 노력으로 동아시아 지역 긴장 완화
⑤ 개발 도상국 경제 개발 및 사회 복지 향상 지원

1014
▶ 25715-0577

다음은 우리나라의 공적 개발 원조 현황을 나타낸 것이다. 자료에 대한 설명으로 옳은 것은? (단, 공적 개발 원조는 양자 간 협력과 다자간 협력으로 구분되며, 양자 간 협력은 무상 원조와 유상 원조로 구별됨.)

(단위: 백만 달러)

구분	2018년	2019년	2020년	2021년	2022년
공적 개발 원조	2,357	2,463	2,250	2,872	2,786
양자 간 협력	1,734	1,857	1,751	2,168	2,189
• 무상 원조	1,131	1,171	1,155	1,384	1,498
• 유상 원조	603	686	596	784	691
다자간 협력	623	606	499	704	597

① 우리나라의 공적 개발 원조액은 매년 증가하고 있다.
② 유상 원조액보다 다자간 협력액이 많았던 해는 없다.
③ 2020년보다 2022년 양자 간 협력 내 무상 원조 비율이 높다.
④ 공적 개발 원조액에서 양자 간 협력 비율이 매년 증가하고 있다.
⑤ 2021년보다 2019년 전체 원조액에서 차지하는 양자 간 협력액 비율이 더 높다.

서답형 완성 문제

정답과 해설 **89**쪽

[1015~1016] 다음 글을 읽고 물음에 답하시오.

> 접경 지역의 남북 협력 지구에 '청년 창업 벤처 육성 단지'를 조성하고, 우리 미래 세대의 경쟁력과 북한의 특수성을 접목해 남북 경협 아이템을 발굴하거나, 남북 청년이 만나 교류하는 미래의 공간을 구상하고 통일 교육과 접목한 전시 체험, 공연장, 공동 시장 등을 구축할 수도 있다. 또한 정책 참여 기회를 늘리기 위해 청년 세대의 '미래 전략 포럼'을 개최해 한반도 이슈에 대해 협의한 내용을 통일 정책에 반영하거나, 청년들이 해커톤* 방식으로 정책을 도출하는 아이디어 공모전을 시도해 볼 수 있을 것이다.
>
> * 해커톤: 해킹(Hacking)과 마라톤(Marathon)의 합성어로 다양한 분야의 관련 전문가들이 제한된 시간 동안 아이디어를 도출하고 결과물을 만들어 내는 것

1015 ▶ 25715-0578

윗글의 내용을 바탕으로 통일을 위해 필요한 자세를 서술하시오.

____

1016 ▶ 25715-0579

통일을 위해 미래 세대가 실천할 수 있는 일을 구체적으로 서술하시오.

____

____

[1017~1018] 다음 글을 읽고 물음에 답하시오.

> 중국은 ____㉠____을/를 통해 동북 지역(만주)에 존재했던 역대 정권이 모두 중국의 속국이거나 소수 민족 지방 정권이라는 왜곡된 역사관을 보여 주고 있다. 국내외 전문가들은 한반도 통일 정권이 출현한 뒤 중국이 고조선·고구려·발해의 옛 영토이던 만주 지역에 대한 영토 분쟁을 일으킬 것에 대비하려 한다는 것이 일반적인 관측이다. 이들 나라가 중국사의 일부분이자 중국 중앙 정권의 속국·지방 정권이었다는 논리를 학술적으로 미리 뒷받침하려는 의도라는 것이다.

1017 ▶ 25715-0580

㉠에 들어갈 알맞은 용어를 쓰시오.

(   )

1018 ▶ 25715-0581

㉠을 통해 한반도 통일이 필요한 이유에 관해 서술하시오.

____

1등급 고난도 문제

1019
▶ 25715-0582

㉠~㉢에 관한 옳은 설명만을 〈보기〉에서 고른 것은?

㉠	분단으로 인해 부담하는 유·무형의 모든 비용
㉡	통일 이후 이질적인 요소를 통합하는 데 부담해야 할 비용
㉢	통일로 얻게 되는 여러 가지 보상과 혜택

〈 보기 〉

ㄱ. ㉠에는 국내 집단 간 갈등으로 인한 비용이 포함된다.
ㄴ. ㉢은 통일 이후 경제 규모가 커지게 되면 증가할 수 있다.
ㄷ. ㉡은 ㉠과 달리 민족 경쟁력 약화의 원인이 된다.
ㄹ. ㉠과 ㉡은 장기간 지속적인 손실을 발생시킨다.

① ㄱ, ㄴ ② ㄱ, ㄷ ③ ㄴ, ㄷ
④ ㄴ, ㄹ ⑤ ㄷ, ㄹ

1020
▶ 25715-0583

(가)의 입장에 비해 (나)의 입장이 갖는 상대적 특징을 그림의 ㉠~㉤ 중에서 고른 것은?

(가) 분단의 장기화로 인해 천문학적인 비용이 지속된다면 통일을 위한 재원이 고갈될 수 있다. 신속한 정치적 결단을 통해 통일 비용을 최소화하고 통일 편익을 극대화할 수 있도록 해야 한다.

(나) 급진적인 남북한의 정치적 통합은 이후 사회적, 경제적 문제를 일으켜 부작용이 나타날 가능성이 크다. 다방면의 남북한 교류를 통한 유대감을 바탕으로 국민적 합의를 먼저 이끌어야 한다.

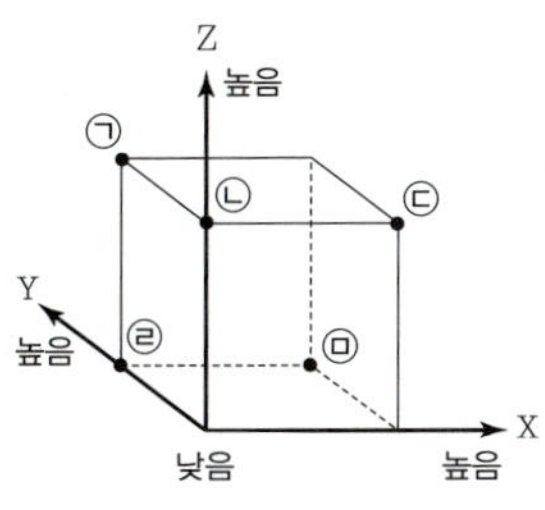

① ㉠ ② ㉡ ③ ㉢ ④ ㉣ ⑤ ㉤

1021
▶ 25715-0584

그림에서 갑, 을은 옳고 병은 틀린 대답을 했다고 할 때, A에 해당하는 것은?

① 국제 사회 속의 우리나라의 위상
② 세계 평화를 위한 우리나라의 노력
③ 동아시아 지역에서 우리나라의 지위
④ 국제 행위 주체로서 우리나라의 역할
⑤ 남북통일을 대비하는 우리나라의 모습

1022
▶ 25715-0585

다음의 신문 칼럼과 역사 인식을 같이하는 사례로 적절한 것은?

| ○○신문 | **칼 럼** | ○○○○년 ○월 ○일 |

제국주의적 침략은 인류에게서 다시는 되풀이되어서는 안 되는 폭력의 역사이다. 소중한 가족과 이웃의 목숨을 앗아가고, 우리가 이룩한 경제적 성과들을 한 번에 무너뜨릴 수 있는 것이 전쟁이다. 침략의 역사를 자랑스럽게 여기는 우익 세력들이 집권하고 있는 일본이 군사 강국이 된다면, 이러한 아픔의 역사가 다시 주변국들에 찾아올 수도 있다. 그렇기에 우리는 일본이 역사 왜곡을 중단하고 과거에 대한 반성과 성찰을 할 수 있도록 끊임없이 요구해야 한다.

① 일본 총리의 야스쿠니 신사 공식 참배
② 국내외 곳곳에 평화의 소녀상 설치 추진
③ 한국의 근대화를 위한 식민지 근대화론 주장
④ 대동아 공영권 건설을 위한 조선인 강제 동원
⑤ 우리나라 영토인 독도에 대한 분쟁 지역화 시도

✪ 다음 중 옳은 내용에는 ○표, 옳지 않은 내용에는 ×표를 하시오.

01 세계화의 다양한 양상과 문제 해결 방안

1023 지역의 상품과 서비스, 축제 등을 브랜드로 인식시켜 지역 이미지를 높이고 지역 경제를 활성화하는 전략을 지리적 표시제라고 한다. ( )

1024 국제 연합(UN) 본부, 월 스트리트는 미국 뉴욕에 위치한다. ( )

1025 최상위 세계 도시는 하위 세계 도시보다 동일 계층의 도시 간 평균 거리가 가깝다. ( )

1026 다국적 기업의 본사는 자본과 우수한 인력을 확보하기 쉬운 본국의 대도시에 위치하는 경우가 많다. ( )

1027 다국적 기업은 무역 장벽 극복 및 판매 시장 확보를 위해 생산 공장을 선진국에 설립하기도 한다. ( )

1028 세계화가 진행되면서 선진국과 개발 도상국 간의 1인당 국민 총소득(GNI) 격차는 줄어들었다. ( )

1029 문화 다양성 선언은 문화의 고유성과 다양성을 보존하기 위한 국제적 노력 사례에 해당한다. ( )

02 평화의 의미와 국제 사회의 역할

1030 갈퉁은 문화적 폭력이 사라지면 구조적 폭력이 저절로 사라진다고 보았다. ( )

1031 갈퉁은 평화를 창조하지 않으면 모든 종류의 폭력이 반복되는 경향을 지닌다고 보았다. ( )

1032 칸트는 평화 연맹이 없어도 전쟁이 종식되면 영구 평화가 보장된다고 보았다. ( )

1033 국제기구의 회원국은 자국의 이해관계를 우선적으로 고려하는 경향이 있다. ( )

1034 비정부 기구는 국제기구의 회원으로 활동할 수 없다. ( )

1035 개인은 세계시민 의식을 갖추고 있어도 국제 사회의 평화를 위한 역할을 가질 수 없다. ( )

1036 평화 통일로 남북 간 전쟁의 위협을 제거하면 소극적 평화를 실현할 수 있다. （　）

1037 통일은 한반도와 동아시아의 안정과 세계 평화에 기여하기 때문에 필요하다. （　）

1038 통일 이후 편익은 분단 비용과 통일 비용이 모두 사라질 때 나타난다. （　）

1039 중국은 동북공정을 통해 동북 3성 지역에 있는 소수 민족들의 분리 독립을 막고자 한다. （　）

1040 일본은 제국주의 침략을 미화하고 은폐하기 위해 역사를 왜곡하고 있다. （　）

1041 우리나라는 분단 극복을 통해 세계 평화에 기여하기보다는 동아시아 지역 긴장을 완화하고자 한다. （　）

1042 우리나라는 전통 문화유산을 유네스코 세계 유산으로 등재하거나 각종 국제 대회를 유치함으로써 국제적 위상을 높이고 있다. （　）

정답 확인　1023 ✕　1024 ○　1025 ✕　1026 ○　1027 ○　1028 ✕　1029 ○　1030 ✕　1031 ○　1032 ✕　1033 ○　1034 ○　1035 ✕
1036 ○　1037 ○　1038 ✕　1039 ○　1040 ○　1041 ✕　1042 ○

오답 체크

1023　지역의 상품과 서비스, 축제 등을 브랜드로 인식시켜 지역 이미지를 높이고 지역 경제를 활성화하는 전략은 지역 브랜드화이다.

1025　최상위 세계 도시는 하위 세계 도시보다 동일 계층의 도시 간 평균 거리가 멀다.

1028　전 세계적으로 부는 증가하였지만, 증가한 부가 일부 국가에 집중되며 선진국과 개발 도상국의 1인당 국민 총소득(GNI) 격차가 심화되고 있다.

1030　갈퉁은 폭력이 어디에서나 시작하여 어느 방향으로나 흐를 수 있다고 보았다.

1032　칸트는 평화 연맹의 결성뿐만 아니라 공화 정체, 세계시민법이 모두 실현되어야 한다고 보았다.

1035　개인도 다른 국제 사회의 행위 주체와 마찬가지로 적극적인 관심을 가지고 국제 평화 실현을 위해 노력할 수 있다.

1038　통일 후 투자적 성격의 통일 비용이 점점 줄어들면서 통일 편익은 증가한다.

1041　남북한 통합은 동아시아 지역의 긴장을 완화하면서 세계 평화에 기여할 수 있는 방안이다.

대단원 종합 문제

01 세계화의 다양한 양상과 문제 해결 방안

[1043~1044] 다음 글을 읽고 물음에 답하시오.

> 경제, 문화 등 다양한 부문에서 세계가 하나의 공동체로 통합되는 현상인 (가) 의 흐름 속에 다른 지역과 차별되는 어떤 지역의 지역적 특성이 세계적 차원에서 가치를 지니게 되는 현상을 (나) (이)라고 한다. 최근에는 지역 고유의 정체성을 바탕으로 경제를 활성화하고 경쟁력을 높이려는 전략이 부각되고 있는데, (다) 등이 대표적이다. 글로컬라이제이션(Glocalization)에 대한 관심 또한 커지고 있는데, 이는 (가) 와/과 (나) 을/를 합성한 단어로서 전 세계 시장을 대상으로 활동을 수행하되 각 지역의 고유한 의식, 문화, 기호, 행동 양식 등을 존중하는 전략이다.

1043
▶ 25715-0586

(가), (나)에 들어갈 용어를 각각 쓰시오.

(가) – (   )   (나) – (   )

1044
▶ 25715-0587

(다)에 들어갈 수 있는 용어의 의미와 그에 해당하는 사례 한 가지를 각각 서술하시오.

1045
▶ 25715-0588

지도는 세계 도시 체계를 나타낸 것이다. 이에 대한 설명으로 옳지 <u>않은</u> 것은?

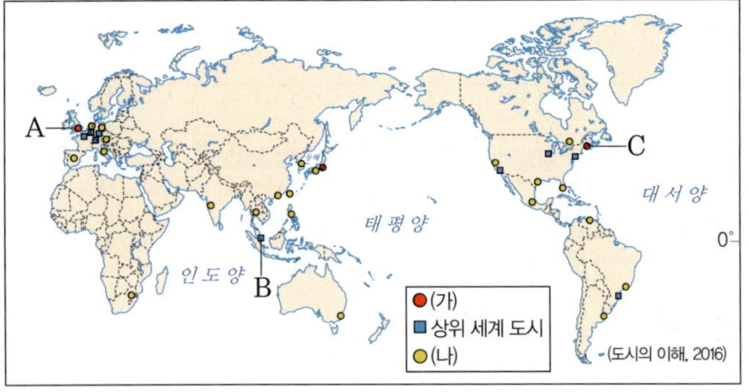

① (가)는 (나)보다 생산자 서비스업 발달 수준이 높다.
② (나)에 위치한 국제공항은 (가)에 위치한 국제공항보다 다른 도시와의 항공기 평균 운항 편수가 적다.
③ A, C는 모두 해당 국가의 수도이다.
④ 세계 금융의 핵심 지역으로 A에는 '시티 오브 런던', C에는 '월 스트리트'가 있다.
⑤ A~C 중 연 강수량은 B가 가장 많다.

1046
▶ 25715-0589

다음 자료의 ㉠~㉤에 대한 설명으로 옳은 것만을 〈보기〉에서 있는 대로 고른 것은?

> ㉠ ○○사의 스마트폰은 ㉡ 을/를 통해 생산되고 있다. 스마트폰의 핵심 부품들은 한국, 미국, 독일, 일본 등에서 생산된 것이며, 스마트폰은 ㉢ 베트남에 있는 공장 등에서 완제품으로 조립된다.

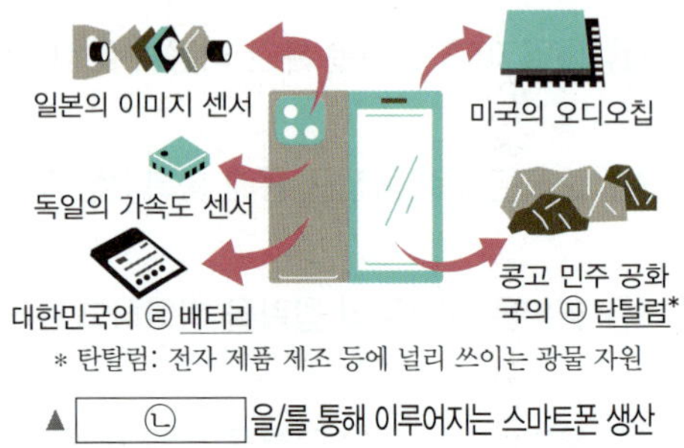

〈 보기 〉

ㄱ. ㉠과 같은 기업의 활동으로 세계화는 더욱 활성화되고 있다.
ㄴ. ㉡은 부품 운송비를 절감하기 위해 도입된다.
ㄷ. ㉢의 입지 요인으로 저렴한 노동비를 들 수 있다.
ㄹ. ㉣은 ㉤보다 고부가 가치의 수출품이다.

① ㄱ, ㄴ   ② ㄴ, ㄹ   ③ ㄷ, ㄹ
④ ㄱ, ㄴ, ㄷ   ⑤ ㄱ, ㄷ, ㄹ

1047
▶ 25715-0590

다음 글의 (가) 국가를 지도의 A~E에서 고른 것은?

> 세계 화훼 시장의 중심지로 네덜란드가 널리 알려져 있지만, 네덜란드의 많은 화훼 농가들은 탄소 배출 비용 절감 등을 위해 에티오피아, 탄자니아 등과 국경을 접하고 있는 (가) (으)로 이전하였다. 이 국가의 수도는 나이로비로, 그 북서쪽에 위치한 나이바샤호 주변 지역은 기후 조건이 장미 재배에 적합하고 풍부한 물 자원도 이용할 수 있어 장미 재배 산업이 발달할 수 있었다. 그러나 담수 개발로 인한 물 부족 문제, 화학 비료 사용으로 인한 환경 오염 문제, 노동자에 대한 저임금 및 인권 문제 등을 초래하게 되었고, 이는 장미 재배 산업에 드리워진 그림자를 우리에게 보여주고 있다.

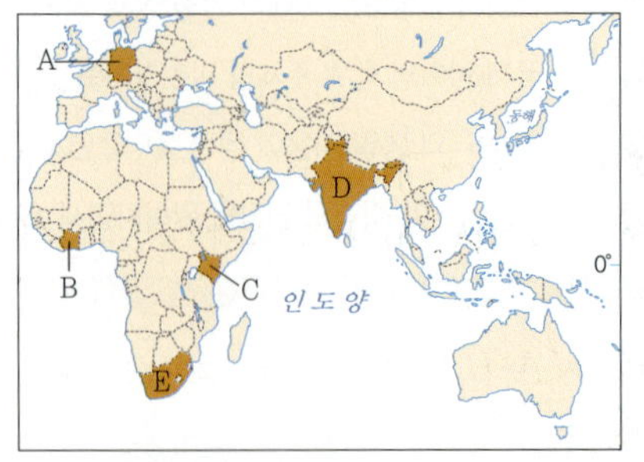

① A
② B
③ C
④ D
⑤ E

1048
▶ 25715-0591

다음은 통합사회 온라인 수업 장면의 일부이다. (가)에 들어갈 내용으로 옳은 것은?

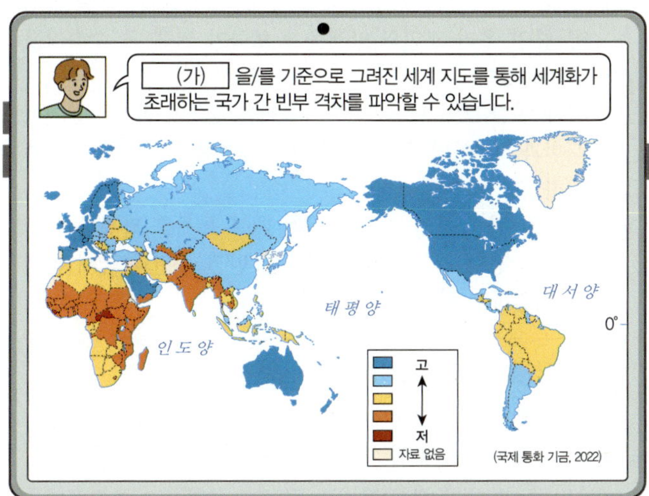

① 모국어 소멸 위험도
② 지리적 표시제 상품 수
③ 1인당 국내 총생산(GDP)
④ 다국적 기업의 생산 공장 수
⑤ 공적 개발 원조(ODA) 수용 금액

1049
▶ 25715-0592

다음 글의 ㉠~㉤에 대한 설명으로 옳지 않은 것은?

우리는 ㉠ 세계 어디서나 같은 종류의 식품을 먹고, 음식을 즐기는 형태가 비슷해진 모습을 볼 수 있다. 전 세계에서 유통되는 농작물 씨앗의 상당량을 공급하는 소수의 ㉡ 다국적 기업은 세계 종자 시장에서 막대한 영향력을 행사하고 있으며, ㉢ 식량의 생산지와 거주지 사이의 거리는 멀어졌다. 이와 같은 추세가 지속된다면, ㉣ 이/가 나타날 수 있다. 따라서 브라질, 뉴질랜드 등에서는 학교 급식 재료의 일부를 지역 농장에서 재배한 것으로 사용하는 ㉤ 활용 정책을 추진하는 등 세계 각지에서 음식의 다양성을 살리기 위한 노력이 이어지고 있다.

① ㉠은 음식 문화의 획일화에 해당한다.
② ㉡을 통한 공급과 수요의 인위적 조절은 농업 취약국의 식량 안보를 위협할 수 있다.
③ ㉢은 세계화에 따른 푸드 마일리지 증가에 해당한다.
④ ㉣에는 '음식과 작물이 담고 있는 역사와 문화 정체성 강화'가 들어갈 수 있다.
⑤ ㉤에는 '로컬 푸드'가 들어갈 수 있다.

1050
▶ 25715-0593

다음을 주장한 사상가의 입장으로 옳은 것만을 〈보기〉에서 고른 것은?

적극적 평화는 혁명적 명제이다. 이는 평화 문화뿐만 아니라 평화 구조도 필요로 한다. 이 두 가지 평화 체제의 특성은 행위자들을 비폭력적이고 창의적으로 이끌며, 거꾸로 비폭력적이고 창의적인 행위자들은 평화 문화와 평화 구조를 만든다는 것이다.

〈 보기 〉

ㄱ. 국가 간 전쟁이 종식되는 즉시 적극적 평화가 실현된다.
ㄴ. 진정한 평화는 평화적 수단을 통해서 실현되어야 한다.
ㄷ. 평화는 영향력 있는 정치 지도자에 의해서만 실현될 수 있다.
ㄹ. 문화는 폭력을 정당화할 뿐 아니라 평화를 정당화하기도 한다.

① ㄱ, ㄴ ② ㄱ, ㄷ ③ ㄴ, ㄷ
④ ㄴ, ㄹ ⑤ ㄷ, ㄹ

1051
▶ 25715-0594

갑, 을 사상가들의 입장으로 적절한 것만을 〈보기〉에서 고른 것은?

갑: 국내 정치와 같은 법적 질서와 강제력의 틀이 없는 국제 정치에서 국제법의 지배란 위태로운 세력 균형에 의해서만 지탱된다.
을: 영원한 평화를 실현하기 위해서는 평화 연맹이 필요하다. 각국은 공화정 체제를 확립하고 평화적 방문권도 보장해야 한다.

〈 보기 〉

ㄱ. 갑: 인간의 본성은 타인과의 공통 이익 추구를 불가능하게 한다.
ㄴ. 갑: 자국의 이익보다 보편적 도덕성을 우선할 때 평화가 실현된다.
ㄷ. 을: 평화를 실현하기 위해서는 모든 국가가 공화정 체제를 구축해야 한다.
ㄹ. 갑과 을: 국제 평화의 이해를 위해서는 인간의 본성에 대한 이해가 전제되어야 한다.

① ㄱ, ㄴ ② ㄱ, ㄷ ③ ㄴ, ㄷ
④ ㄴ, ㄹ ⑤ ㄷ, ㄹ

[1052~1053] 다음 글을 읽고 물음에 답하시오.

> ⊙ 이스라엘과 팔레스타인의 무장 정파 하마스의 전쟁으로 양 측에 모두 돌이킬 수 없는 상처를 남기고 있다. ⓛ 국제 연합(UN) 안전 보장 이사회는 휴전 및 인질 석방을 요구하는 결의안을 채택 하였으며, ⓒ 국경 없는 의사회(MSF)는 직접적으로 피해를 본 사 람들에게 긴급 의료 구호 활동을 하였다.

1052

▶ 25715-0595

⊙~ⓒ이 속한 국제 사회의 행위 주체에 대한 설명으로 가장 적절한 것은?

① ⊙이 추구하는 이익과 인류 공동의 이익은 언제나 상호 대립한다.
② ⓛ은 군대 파견, 구호 활동 등을 하지 않는다.
③ ⓒ은 국제 조약의 체결에 중추적 역할을 담당한다.
④ ⊙은 ⓒ과 달리 국제기구의 회원으로 활동할 수 있다.
⑤ ⓛ은 ⓒ과 달리 인류 보편적 가치를 실현하기 위해 활동한다.

1053

▶ 25715-0596

다음을 주장한 사상가의 입장에서 ⊙~ⓒ에게 할 수 있는 조언으로 가장 적절한 것은?

> • 어떠한 독립 국가도 상속, 교환, 매매 혹은 증여에 의해 다른 국가의 소유로 전락될 수 없다.
> • 상비군은 조만간 완전히 폐기되어야 한다.
> • 어떠한 국가도 다른 국가의 체제와 통치에 폭력으로 간섭해서는 안 된다.

① ⊙에게: 진정한 평화를 실현하기 위해서는 도덕에 충실해야한다.
② ⓛ에게: 평화 실현을 위해 주권적 권력을 통한 간섭으로 문제를 해결해야 한다.
③ ⓒ에게: 전쟁과 관련한 국채가 원활하게 발행될 수 있도록 권고해야 한다.
④ ⊙과 ⓛ에게: 세계 정부를 수립하여 개별 국가의 주권을 포기하도록 해야 한다.
⑤ ⓛ과 ⓒ에게: 평화 조약을 통해 평화 상태가 보장될 수 있음을 알려야 한다.

1054

▶ 25715-0597

다음 (가)~(다)에 대한 설명으로 가장 적절한 것은?

> (가) 우리나라는 무력 충돌 사태가 발생한 아프리카 수단에 체류 중인 우리 교민의 안전을 확보하기 위해 군 수송기를 급파하였다.
> (나) 국제 연합(UN) 안전 보장 이사회는 결의안 위반을 근거로 북한과 러시아의 군사 협력을 비판하며 즉각 중단할 것을 촉구하였다.
> (다) 미국의 전 대통령 지미 카터는 대북 특사를 자청하여 한반도의 전쟁 위기를 막아내는 등 인권 증진과 국제 분쟁을 해결하기 위해 노력하였다.

① (가)는 국제기구의 역할에 대한 내용이다.
② (나)는 국제적으로 영향력이 큰 개인에 대한 내용이다.
③ (다)는 국제기구 회원의 자격으로 활동하는 내용이다.
④ (가)는 (다)와 달리 재외 국민 보호를 우선적으로 추구한다.
⑤ (나)는 (다)와 달리 국제 갈등이 개별 국가의 이해관계에서 벗어나 있음을 알 수 있다.

1055

▶ 25715-0598

다음과 같은 국제 갈등의 해결 방안으로 가장 적절한 것은?

> • 걸프 만에 위치한 아부무사섬을 두고 이란과 아랍 에미리트가 영유권을 주장하고 있다. 섬 인근의 엄청난 석유 매장량과 더불어 호르무즈 해협을 통과하는 모든 선박은 반드시 아부무사섬을 거쳐야 하는 지정학적 중요성 때문이다.
> • 무슬림 인구가 77%를 차지하는 카슈미르 지역이 힌두교가 지배층을 형성하고 있는 인도에 귀속되면서 지금까지도 끊임없는 충돌이 일어나고 있다.

① 국가 간 무력 충돌을 통해 분쟁을 해결해야 한다.
② 갈등 당사국 간의 문제로 국한해서 해결해야 한다.
③ 당사국뿐 아니라 다양한 주체의 협력을 통해 해결해야 한다.
④ 당사국의 주권을 인정하지 않고 하나의 국가로 재편해야 한다.
⑤ 국제법은 어떠한 경우라도 당사국의 국내법보다 우선해서 적용해야 한다.

03   남북 분단 및 동아시아 역사 갈등과 세계 평화를 위한 노력

1056
▶ 25715-0599

다음 내용에 비추어 볼 때, (가)에 들어갈 질문으로 가장 적절한 것은?

> 주제: ⬚ (가) ⬚
> - 한반도 전체 경제 규모 확대로 새로운 성장 동력을 창출할 수 있다.
> - 통일로 인한 전쟁 불확실성 해소로 국가 신용도 상승을 기대할 수 있다.
> - 대륙과 해양을 연결하는 교통·물류망 구축을 통해 동북아 경제의 허브로 도약할 수 있다.

① 통일의 문화적 의의는 무엇인가?
② 통일을 방해하는 요인은 무엇인가?
③ 통일로 인한 경제적 편익은 무엇인가?
④ 통일을 위해 실천해야 할 노력은 무엇인가?
⑤ 통일이 세계 평화에 어떤 기여를 할 수 있는가?

1057
▶ 25715-0600

㉠~㉤ 중 옳지 _않은_ 것은?

> 1. 분단 비용
>   - 남북한 간의 대결과 갈등으로 인해 발생하는 비용… ㉠
>   - 남북 경협과 대북 지원에 소요되는 비용 ………… ㉡
> 2. 통일 비용
>   - 남북한 제도 통합 과정에서 소요되는 비용 ……… ㉢
>   - 통일 편익을 증진하기 위한 한시적 비용 ………… ㉣
> 3. 통일 편익
>   - 통일로 얻을 수 있는 경제적·비경제적 편익……… ㉤

① ㉠   ② ㉡   ③ ㉢   ④ ㉣   ⑤ ㉤

1058
▶ 25715-0601

㉠에 들어갈 내용으로 가장 적절한 것은?

> 통일 이전에 동질성 회복이 우선돼야 한다. 통일이 됐다고 하더라도 사회적 동질성 회복을 위한 과정이 없다면 크고 작은 갈등이 발생할 수밖에 없기 때문이다. 그런데 일부 사람들은 동질성 회복을 위해 시간을 허비하다 보면 분단 비용이 증가할 수밖에 없기에 정치적 통일을 먼저 달성한 후 사회적 동질성 회복을 해도 늦지 않다고 주장한다. 나는 이에 대해 ⬚ ㉠ ⬚고 생각한다.

① 분단 비용을 고려하지 않고 사회적 통합만을 강조한다
② 통일 과정에서 주변국의 이해관계를 지나치게 강조한다
③ 단일 정부 구성이 사회·문화적 통합보다 중요함을 간과한다
④ 평화 통일을 위해서는 적대감 해소를 우선해야 함을 간과한다
⑤ 정치가들의 결단에 따른 제도의 통합이 중요하다는 점을 간과한다

1059
▶ 25715-0602

㉠에 대한 옳은 내용만을 〈보기〉에서 있는 대로 고른 것은?

> **〈 보기 〉**
> ㄱ. 청일 전쟁 이전에 일본의 영토였다.
> ㄴ. 현재 일본이 실효적으로 지배하고 있다.
> ㄷ. 중국과 일본이 자국의 영토라고 주장하고 있다.
> ㄹ. 인근 해역의 풍부한 해양 자원이 분쟁의 주요 원인이다.

① ㄱ, ㄴ   ② ㄱ, ㄹ   ③ ㄷ, ㄹ
④ ㄱ, ㄴ, ㄷ   ⑤ ㄴ, ㄷ, ㄹ

1060
▶ 25715-0603

우리나라가 세계 평화에 기여할 방안에만 모두 'V'를 표시한 학생은?

방안 \ 학생	갑	을	병	정	무
남북 분단을 극복하고 통일을 위해 노력한다.	V	V		V	
평화 유지군 파견으로 국제 연합 활동을 지원한다.	V			V	V
타국의 인권 탄압 정책에 불개입주의를 견지한다.			V	V	V
빈곤과 기아로 고통을 겪고 있는 국가를 외면한다.		V	V		V

① 갑   ② 을   ③ 병   ④ 정   ⑤ 무

1061
▶ 25715-0604

다음은 학생이 작성한 형성 평가지이다. 학생이 표시한 답이 옳은 것만을 ㉠~㉣ 중에서 고른 것은?

> **형성 평가**
>
> ※ 독도가 대한민국의 고유 영토임을 알리는 뉴스 제작에 대한 설명이 맞으면 '예', 틀리면 '아니요'에 V표시 하시오.
> [설명 1] 시간적 관점에서 『삼국사기』, 『만기요람』 등 옛 문헌에 기록된 내용을 살펴본다.   예 □ 아니요 ☑ …… ㉠
> [설명 2] 공간적 관점에서 독도가 대한민국의 주권이 미치는 고유 영토임을 알린다.   예 □ 아니요 ☑ …… ㉡
> [설명 3] 사회적 관점에서 일본의 독도 영유권 주장의 타당성을 소개한다.   예 □ 아니요 ☑ …… ㉢
> [설명 4] 윤리적 관점에서 독도에 대한 국민적 공감대가 폭넓게 형성돼야 함을 호소한다.   예 ☑ 아니요 □ …… ㉣

① ㉠, ㉡   ② ㉠, ㉢   ③ ㉡, ㉢   ④ ㉡, ㉣   ⑤ ㉢, ㉣

1062

2023학년도 11월 고1 학력평가

(가), (나)에 들어갈 내용으로 가장 적절한 것은?

- 뉴욕의 월가는 세계적인 금융 기관과 증권 거래소 등이 있어 세계 경제에 큰 영향을 미친다. 또한 뉴욕에는 국제 연합(UN)의 본부가 있어 주요 국제회의가 개최되며, 세계 공연 예술의 중심지인 브로드웨이가 있다. 이처럼 뉴욕은 세계적으로 중심지 역할을 수행하는 ___(가)___ 이다.
- 뉴욕은 1970년대 경제 불황으로 생긴 부정적인 이미지를 탈피하고자 'I♥NY'이라는 도시 브랜드를 만들었다. 뉴욕은 이를 활용해 다양한 문화 상품을 개발하고 관광 수익을 올리고 있다. 이처럼 뉴욕은 지역 브랜드화를 통한 ___(나)___ 전략으로 지역 경제를 활성화하고, 긍정적 이미지를 만들 수 있었다

	(가)	(나)
①	세계 도시	지역화
②	세계 도시	문화의 획일화
③	세계 도시	다국적 기업의 현지화
④	생태 도시	지역화
⑤	생태 도시	다국적 기업의 현지화

1063

2023학년도 11월 고1 학력평가

밑줄 친 ㉠~㉢에 대한 옳은 설명만을 〈보기〉에서 고른 것은?

폭력을 줄이는 것도 중요하지만, 폭력을 예방하는 것이 더 중요하다. 전자는 ㉠ 소극적 평화를 목표로 하지만, 후자는 ㉡ 적극적 평화를 지향한다. ㉢ 진정한 평화를 실현하려면 전쟁, 테러 등 신체에 직접 해를 가하는 직접적·물리적 폭력이 제거된 소극적 평화 상태뿐만 아니라, 억압, 착취 등의 구조적 폭력과 종교와 사상, 언어와 예술 등의 내부에 존재하는 문화적 폭력까지 사라진 적극적 평화 상태를 추구해야 한다.

〈 보기 〉

ㄱ. ㉠의 실현은 구조적 폭력의 해소를 보장한다.
ㄴ. ㉡은 경제적 착취와 빈곤이 제거된 상태를 포함한다.
ㄷ. ㉢은 모든 종류의 폭력이 사라진 상태를 지향한다.
ㄹ. ㉢은 ㉡ 없이 ㉠의 달성만으로도 실현된다.

① ㄱ, ㄴ ② ㄱ, ㄷ ③ ㄴ, ㄷ ④ ㄴ, ㄹ ⑤ ㄷ, ㄹ

1064

2024학년도 3월 고1 학력평가

〈자료 1〉은 국제 사회의 행위 주체를 학습하기 위한 십자말풀이이고, 〈자료 2〉는 〈자료 1〉을 활용한 수업 장면이다. 갑 ~ 무 중 옳지 <u>않은</u> 진술을 한 학생은?

〈자료 1〉

[가로 열쇠]
ⓛ 영토, 국민, 주권을 가진 국제 사회의 행위 주체
ⓔ 개인과 민간단체가 회원으로 가입할 수 있는 국제 기구

[세로 열쇠]
ⓐ (가)
ⓒ 영어 약자로 UN

〈자료 2〉
교사: 힌트 하나 줄까요? ⓐ은 '다'로 시작합니다.
갑: ⓐ의 예로 그린피스, 국경 없는 의사회를 들 수 있지요.
을: ⓛ은 '국가'입니다.
병: ⓒ은 정부 간 국제기구의 예에 해당해요.
정: ⓔ은 '국제 비정부 기구'이지요.
무: (가)에는 '세계 여러 나라에서 생산과 판매를 하며 국제적으로 활동하는 기업'이 들어갈 수 있어요.

① 갑　　② 을　　③ 병　　④ 정　　⑤ 무

1065

2024학년도 3월 고1 학력평가

다음 글의 입장으로 가장 적절한 것은?

남북한의 시로 다른 체제를 통합하는 데 드는 통일 비용으로 인해 통일에 부정적인 사람들이 있다. 그러나 통일 비용은 크게 걱정할 문제가 아니다. 분단이 지속되는 한 국방비 · 외교비와 같은 분단 비용은 계속 발생하지만, 통일 비용은 통일 전후 한시적으로만 발생한다. 장기적으로 볼 때 통일로 인한 이익의 합, 즉 통일 편익이 통일 비용보다 더 크다.

① 통일 비용은 통일 이전에만 한시적으로 발생한다.
② 분단 비용은 통일 이후에도 지속적으로 발생한다.
③ 통일로 얻게 되는 장기적 이익이 통일 비용보다 크다.
④ 통일 편익은 분단 때문에 치러야 하는 소모적 비용이다.
⑤ 분단 비용은 서로 다른 체제를 통합하는 데 드는 비용이다.

01 세계의 인구 변화와 인구 문제

① 세계의 인구 변화

1. 세계의 인구 성장과 분포 및 인구 변천

(1) 인구 성장과 분포

인구 성장	산업화 이전에는 정체하거나 매우 느린 속도로 증가, 산업화 이후에는 급격히 증가
인구 분포	• 세계 인구의 약 90%가 북반구에 거주 • 자연적 요인: 기후, 지형 등 → 북반구 온대 기후의 하천 및 해안 지역에 인구 밀집, 건조·한대 기후 지역과 산지 지형은 인구 희박 • 사회적·경제적 요인: 산업, 문화 등 → 농업이 발달하거나 공업이 발달한 곳, 일자리가 많은 선진국 등에 인구가 집중

시험 빈출 자료   **세계의 인구 성장 추이**

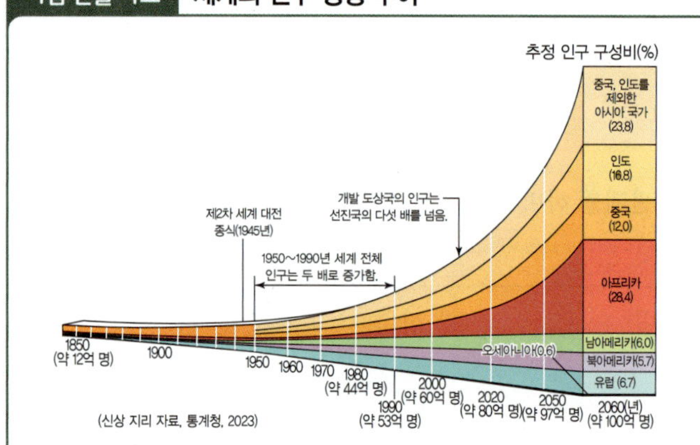

자료 분석 | 최근 세계 인구 성장은 선진국보다 인구 증가율이 높은 개발 도상국이 주도하고 있다. 선진국이 많은 유럽과 북아메리카는 인구 증가율이 정체 혹은 감소 상태이며, 개발 도상국이 많은 아시아와 아프리카는 산업화가 확산되면서 인구가 급격히 증가하고 있다.

(2) 지역별 인구 변천의 차이

① 인구 변천 모형의 단계별 특징

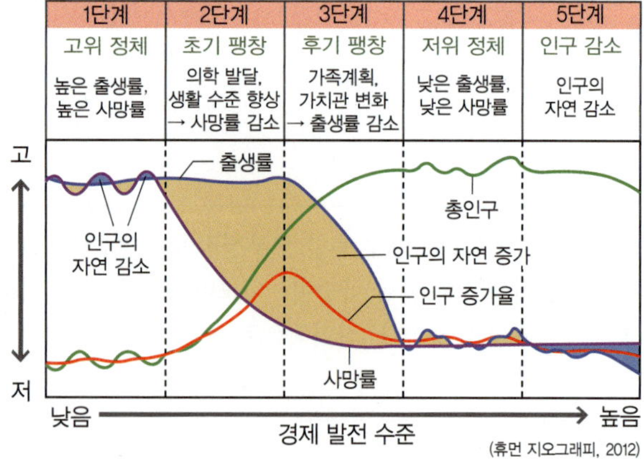

② 선진국과 개발 도상국의 인구 변천 단계: 현재 선진국은 4단계 또는 5단계, 개발 도상국은 2단계나 3단계에 속하는 경우가 많음

2. 세계의 인구 구조

(1) **연령층별 인구 구조**: 선진국은 개발 도상국보다 유소년층 인구 비율이 낮고, 노년층 인구 비율이 높음 → 중위 연령, 노령화 지수가 높음

(2) **인구 부양비**: 선진국은 노년 부양비가 높고, 개발 도상국은 유소년 부양비가 높음

(3) **산업별 인구 구조**: 선진국은 개발 도상국보다 1차 산업 종사자 비율이 낮고, 3차 산업 종사자 비율이 높은 경우가 많음

3. 세계의 인구 이동

(1) **인구 이동의 발생 원인**: 교통과 통신의 발달에 따른 세계화의 영향, 정치·경제·문화·환경적 요인 등

배출 요인	특정 지역 인구를 다른 지역으로 밀어내 이주하게 만드는 요인 → 빈곤, 낮은 임금, 일자리 부족, 인종·종교·정치적 억압, 자연재해 등
흡인 요인	다른 지역으로부터 인구를 끌어들여 머무르게 하는 요인 → 풍부한 일자리, 높은 임금, 교육·문화·복지 시설, 쾌적한 주거 환경 등

(2) **인구 이동의 유형**: 동기(자발, 강제), 공간 범위(국내, 국제), 원인(경제, 정치, 환경) 등에 따라 구분

경제적 이동	높은 임금과 일자리를 찾아 이동 → 개발 도상국에서 선진국으로 이동
정치적 이동	분쟁, 내전 등에 따른 보다 안전한 지역으로의 이동 → 난민의 이동
환경적 이동	사막화, 해수면 상승 등 기후변화에 따른 자연재해를 피해 다른 지역으로 이동

시험 빈출 자료   **세계의 인구 이동**

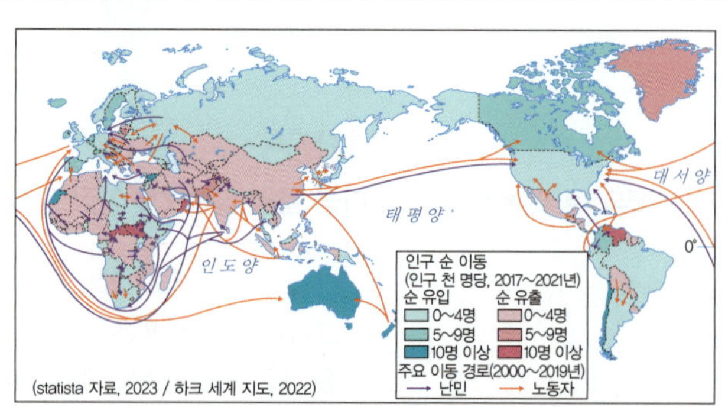

자료 분석 | 경제적 요인에 의한 인구 이동은 아프리카, 라틴 아메리카, 아시아 등지의 개발 도상국에서 유럽과 앵글로아메리카 등지의 선진국으로 이동하는 것이 대표적이다. 예를 들면, 중국이나 필리핀에서 미국, 캐나다 등지로 이동하는 사례가 있다. 반면, 정치적 요인에 의한 인구 이동은 정치적으로 불안한 아프리카와 서남아시아 등의 국가에서 주변국으로 이동하는 것이 대표적이다. 정치적 이동의 사례로는 시리아, 아프가니스탄에서 튀르키예, 이란, 파키스탄 등지로 이동하는 사례가 있다.

❷ 세계의 인구 문제와 해결 방안

1. 선진국의 인구 문제

저출산	• 원인: 결혼과 출산, 자녀에 대한 가치관의 변화 및 여성의 사회 활동 증가 등 → 낮은 합계 출산율을 보임 • 영향: 경제 활동 인구의 감소에 따른 노동력 감소 → 소비 위축 및 경제 성장률 하락
고령화	• 원인: 의학 기술의 발달과 생활 수준 향상에 따라 평균 수명 연장 • 영향: 노년 부양비 증가, 노년층에 대한 사회 복지 비용 증가 → 세대 간 갈등 문제 발생

2. 개발 도상국의 인구 문제

인구 과잉	• 사망률은 빠르게 감소하지만, 출생률은 여전히 높아 인구 급증 • 식량 및 자원의 부족, 빈곤과 실업 등 → 부양할 수 있는 한계를 넘어선 인구 과잉 발생
대도시 인구 과밀	급속한 이촌향도 현상 → 도시 인구가 급속하게 증가하면서 일자리와 주택 부족 등의 도시 문제 발생

3. 인구 이동에 따른 영향

인구 유입 국가	경제 발전 수준이 높은 유럽과 앵글로아메리카, 오세아니아 등지의 선진국 → 부족한 노동력 확보로 경제 활성화, 이주민과 기존 주민 간의 문화적 차이에 따른 갈등 발생 등
인구 유출 국가	경제 발전 수준이 비교적 낮은 아프리카, 아시아, 라틴 아메리카 등지의 개발 도상국 → 해외로 이주한 본국 노동자들의 송금액 증가, 청장년층의 유출로 인한 사회적 분위기 침체 등

4. 인구 문제의 해결 방안

(1) 정책적 방안

선진국	저출산	출산 및 육아 비용 지원, 양육 및 보육 시설 확충, 출산·육아 휴직 제도 활성화와 같은 다양한 출산 장려 정책 실시 등
	고령화	연금 제도 및 사회 보장 제도 강화, 정년 연장 및 노인 일자리 확대, 노인 복지 시설 확충 등
개발 도상국	인구 과잉	산아 제한 정책, 인구 부양력을 높이기 위한 식량 확보, 경제 발전 등
	대도시 인구 과밀	촌락 지역의 생활 환경 개선, 중소 도시 육성 등

(2) 가치관의 변화

① 가족의 소중함, 정서적 지지자로서 자녀의 가치 등 가족 친화적 가치관 확대
② 양성평등의 문화 확립, 장기적 안목과 미래 세대에 대한 책임 의식을 토대로 세대 간 정의 실현

정답과 해설 **93쪽**

❂ 빈칸에 들어갈 알맞은 말을 쓰시오.

1066 세계의 인구를 지역(대륙)별로 보면 2022년 기준 세계 인구의 60%에 가까운 인구가 (　　　)에 거주한다.

1067 (　　　)은/는 여성 1명이 가임 기간(15~49세) 동안 낳을 것으로 예상되는 평균 출생아 수이다.

1068 전체 인구에서 노년층 인구 비율이 7% 이상~14% 미만이면 (　　　) 사회, 14% 이상~20% 미만이면 (　　　) 사회, 20% 이상이면 (　　　) 사회로 구분한다.

❂ 다음에서 설명하는 개념을 〈보기〉에서 고르시오.

> ─〔 보기 〕─
> ㄱ. 노령화 지수　　　　ㄴ. 성비
> ㄷ. 유소년 부양비　　　ㄹ. 중위 연령

1069 여성 100명당 남성의 수　　　　　　　　(　　　)

1070 유소년층 인구 100명에 대한 노년층 인구의 비　(　　　)

1071 청장년층 인구 100명에 대한 유소년층 인구의 비(　　　)

1072 전체 인구를 연령순으로 일렬로 세웠을 때 한가운데 있는 사람의 나이　　　　　　　　　　(　　　)

❂ 다음 내용에 알맞은 말을 고르시오.

1073 제2차 세계 대전 이후 아시아, 아프리카 등 (선진국, 개발 도상국)이 많은 지역(대륙)이 세계 인구 성장을 주도하고 있다.

1074 인구 변천 모형의 5단계에서는 인구의 자연적 (증가, 감소)가 나타난다.

1075 인구 증감은 출생자 수와 사망자 수의 차이인 (자연적, 사회적) 증감과 전입자 수와 전출자 수의 차이인 (자연적, 사회적) 증감을 통해 파악할 수 있다.

1076 분쟁과 내전을 피해 아프리카와 서남아시아 등의 국가로부터 주변국으로 이동하는 것은 (경제적, 정치적) 이동에 해당한다.

❂ 인구 문제와 그에 대한 해결 방안을 옳게 연결하시오.

1077 저출산　·　　　　　　·　㉠ 출산 억제 정책

1078 고령화　·　　　　　　·　㉡ 양육 및 보육 시설 확충

1079 인구 과잉　·　　　　　·　㉢ 정년 연장 및 일자리 확대

1080
▶ 25715-0605

그래프는 세계 인구 성장 추이를 나타낸 것이다. 이에 대한 설명으로 옳은 것만을 〈보기〉에서 고른 것은?

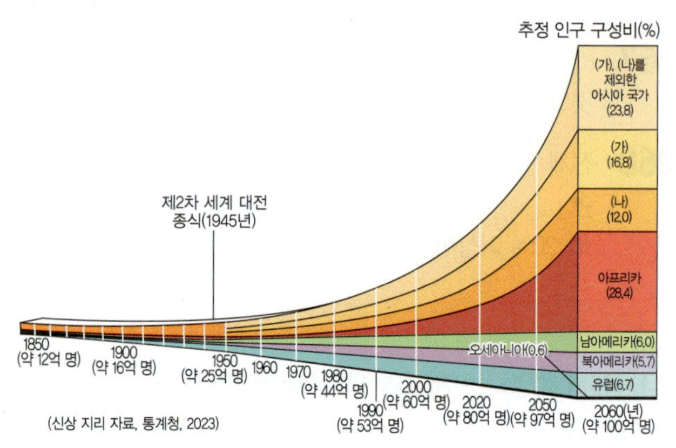

〈 보기 〉

ㄱ. (가)는 인도, (나)는 중국이다.
ㄴ. 1900~1950년보다 1950~2000년의 인구 증가율이 높다.
ㄷ. 1950년 이후 개발 도상국보다 선진국의 인구 증가가 많다.
ㄹ. 2020년 유럽은 아프리카보다 총인구가 많다.

① ㄱ, ㄴ   ② ㄱ, ㄷ   ③ ㄴ, ㄷ
④ ㄴ, ㄹ   ⑤ ㄷ, ㄹ

중요
1081
▶ 25715-0606

지도는 세계의 인구 분포를 나타낸 것이다. A~E에 대한 설명으로 옳은 것은?

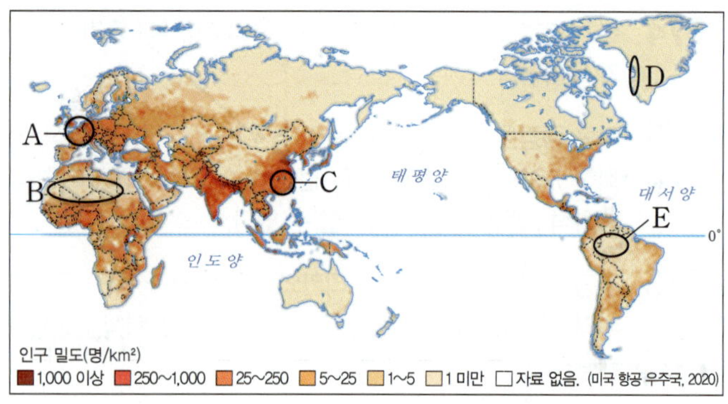

① A는 계절풍의 영향으로 벼농사가 발달하여 인구가 밀집해 있다.
② B는 연중 높은 기온과 습도로 인해 인간 거주에 불리하다.
③ C는 산업 혁명으로 공업이 일찍부터 발달하여 인구가 밀집해 있다.
④ D는 툰드라 기후가 나타나 인간 거주에 불리하다.
⑤ E는 연 강수량이 매우 적어 인구가 희박하다.

[1082~1084] 다음 자료는 인구 변천 모형을 나타낸 것이다. 물음에 답하시오.

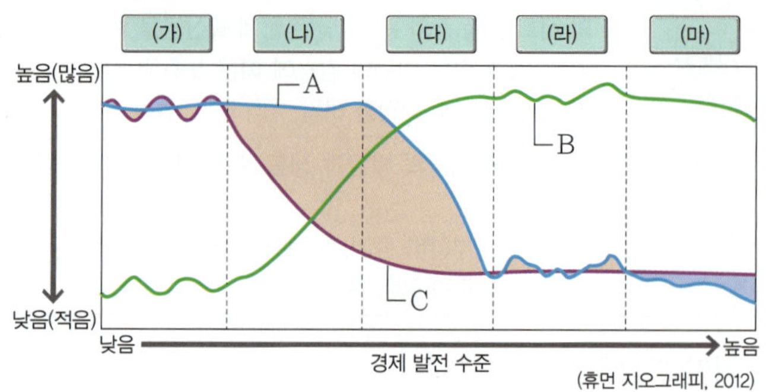

1082
▶ 25715-0607

A~C에 해당하는 인구 지표로 옳은 것은?

	A	B	C
①	출생률	사망률	총인구
②	출생률	총인구	사망률
③	사망률	출생률	총인구
④	사망률	총인구	출생률
⑤	총인구	사망률	출생률

1083
▶ 25715-0608

(가)~(마) 단계에 대한 설명으로 옳지 않은 것은?

① (가) 단계는 산업화 이전의 전통 사회에서 주로 나타난다.
② (나) 단계에서 C가 낮아지는 원인으로 의학 발달을 들 수 있다.
③ (다) 단계에서 A가 낮아지는 원인으로 가족계획과 가치관 변화를 들 수 있다.
④ (라) 단계는 선진국보다 개발 도상국에서 주로 나타난다.
⑤ (마) 단계는 (나) 단계보다 인구의 자연 증가율이 낮다.

1084
▶ 25715-0609

(가) 단계에 대한 (라) 단계의 상대적 특징을 그림의 A~E에서 고른 것은?

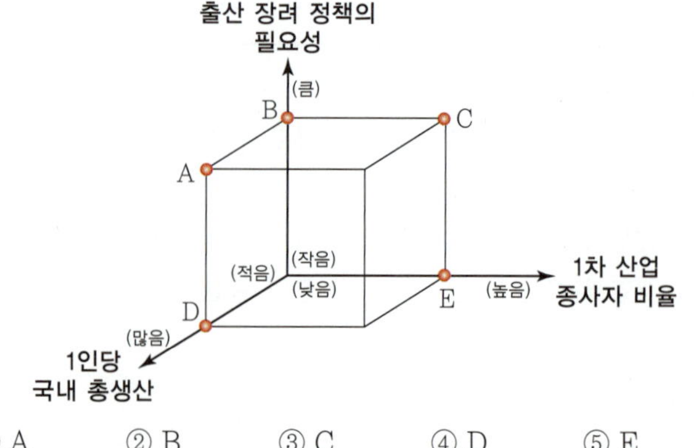

① A   ② B   ③ C   ④ D   ⑤ E

1085
▶ 25715-0610

다음 글의 (가)~(다)에 들어갈 내용으로 옳은 것은?

> 인구 구조란 한 지역의 인구를 성, 나이, 교육, 직업 등에 따라 분류한 결과로, 국가가 처해 있는 환경에 따라 그 모습이 다르게 나타난다. 일반적으로   (가)   은/는 유소년층 인구 비율이 높고 노년층 인구 비율이 낮은 반면,   (나)   은/는 유소년층 인구 비율이 낮고 노년층 인구 비율이 높게 나타나   (다)   등이 높게 나타난다.

	(가)	(나)	(다)
①	선진국	개발 도상국	출생률
②	선진국	개발 도상국	노령화 지수
③	개발 도상국	선진국	출생률
④	개발 도상국	선진국	영아 사망률
⑤	개발 도상국	선진국	노령화 지수

1086
▶ 25715-0611

그래프는 두 국가의 인구 피라미드를 나타낸 것이다. (가) 국가보다 (나) 국가에서 높게 나타나는 인구 지표만을 〈보기〉에서 고른 것은? (단, (가), (나)는 각각 니제르, 일본 중 하나임.)

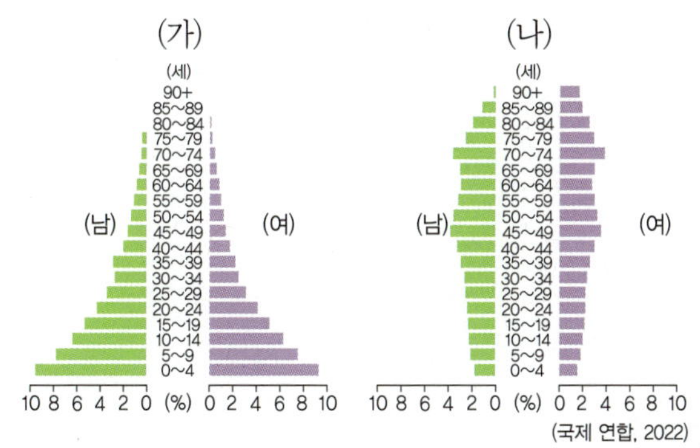

〔 보기 〕

ㄱ. 중위 연령	ㄴ. 기대 수명
ㄷ. 합계 출산율	ㄹ. 유소년 부양비

① ㄱ, ㄴ 　　② ㄱ, ㄷ 　　③ ㄴ, ㄷ
④ ㄴ, ㄹ 　　⑤ ㄷ, ㄹ

1087
▶ 25715-0612

인구 이동의 요인 중 흡인 요인으로 옳은 것만을 〈보기〉에서 고른 것은?

〔 보기 〕

ㄱ. 기아와 빈곤	ㄴ. 높은 임금 수준
ㄷ. 풍부한 문화 시설	ㄹ. 열악한 주거 환경

① ㄱ, ㄴ 　　② ㄱ, ㄷ 　　③ ㄴ, ㄷ
④ ㄴ, ㄹ 　　⑤ ㄷ, ㄹ

1088
▶ 25715-0613

다음은 통합사회 수업 시간에 사용한 게임이다. 방 탈출 게임에서 탈출할 수 있는 문을 게임판의 A~E에서 고른 것은?

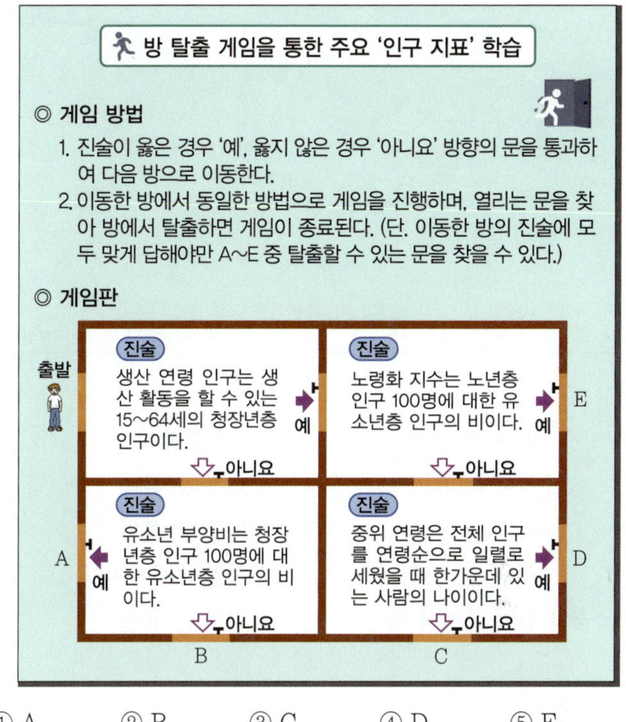

① A 　② B 　③ C 　④ D 　⑤ E

중요
1089
▶ 25715-0614

다음 글의 ㉠~㉰에 대한 설명으로 옳지 <u>않은</u> 것은?

> 오늘날 세계는 전 지구적 범위에서 다양한 유형의 인구 이동이 이루어지고 있으며, 이동의 동기, 공간 범위, 기간 등에 따라 그 유형이 다양하다. 인구 이동은   ㉠   에 따라 ㉡ 경제적 이동, ㉢ 정치적 이동, ㉣ 환경적 이동 등으로 구분할 수 있다. 특히 정치적 이동은 전쟁 및 분쟁을 피해 안전한 지역으로 이동하는 것으로, 국제 사회에서는 이러한 인구 집단을 ㉤ 난민이라고 부른다. 한편, 인구의 국제 이동이 활발해지면서 인구 유출 지역은   ㉥   등으로 어려움을 겪기도 한다.

① ㉠에는 '이동 원인'이 들어갈 수 있다.
② ㉢은 ㉡보다 전 세계 인구 이동 규모가 크다.
③ ㉣의 사례로 키리바시 기후 난민의 국제 이동이 있다.
④ ㉤은 앵글로아메리카보다 아프리카에서 많이 발생한다.
⑤ ㉥에는 '청장년층 노동력 부족 문제'가 들어갈 수 있다.

1090
▶ 25715-0615

지도는 두 인구 지표의 세계 상위 10개국을 나타낸 것이다. (가), (나) 지표로 옳은 것은?

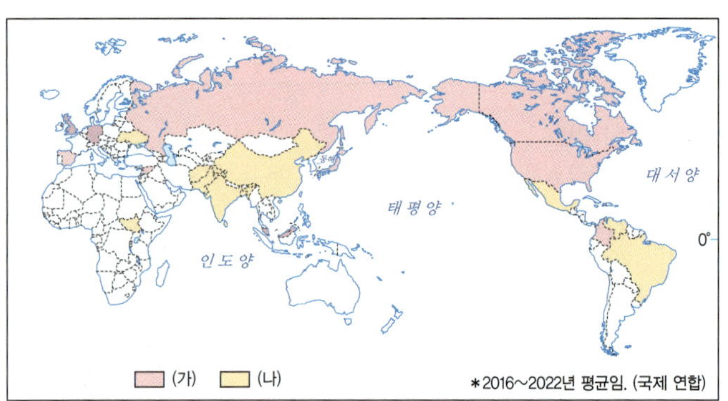

	(가)	(나)
①	인구 순 유입	기대 수명
②	인구 순 유입	인구 순 유출
③	인구 순 유출	인구 순 유입
④	인구 순 유출	3차 산업 종사자 비율
⑤	3차 산업 종사자 비율	인구 순 유출

1091
▶ 25715-0616

다음은 통합사회 학습지의 일부이다. 정답 스티커를 옳게 붙인 답안을 고른 것은?

지도는 각각 ○○ 국가에서의 (가) 인구 이동과 ◇◇ 국가로의 (나) 인구 이동을 나타낸 것입니다. 아래 진술을 읽고 진술이 맞으면 '😊', 틀리면 '😠' 모양의 정답 스티커를 순서대로 붙이세요.

진술	답안
(가)의 이민자들은 주로 전문 기술직에 종사한다.	
(나)는 (가)보다 자발적 성격이 강한 이동이다.	
(가)는 정치적, (나)는 경제적 요인에 의한 이동이다.	

① 답안 😊 😊 😠　② 답안 😊 😠 😊　③ 답안 😠 😊 😊　④ 답안 😠 😠 😊　⑤ 답안 😠 😠 😊

1092
▶ 25715-0617

다음 글의 ㉠, ㉡ 인구 이동의 특징으로 가장 적절한 것을 그림의 A~D에서 고른 것은?

- 2021년 기준 인구가 약 570만 명인 싱가포르에는 ㉠ 해당 국가로 이동해 온 외국인 가사 도우미 약 30만 명이 거주한다. 싱가포르 전체가 약 139만 가구이므로 다섯 가구 중 한 가구꼴로 외국인 가사 도우미를 고용한 것이다.
- 시리아 사람들은 2011년 내전이 발생한 이후 삶의 터전을 잃어 어려움을 겪고 있다. 많은 이들은 ㉡ 내전을 피해 튀르키예, 레바논 등 인근 국가로 이동하였고, 보다 안전한 유럽으로 가려는 사람들이 늘어나며 마찰이 발생했다.

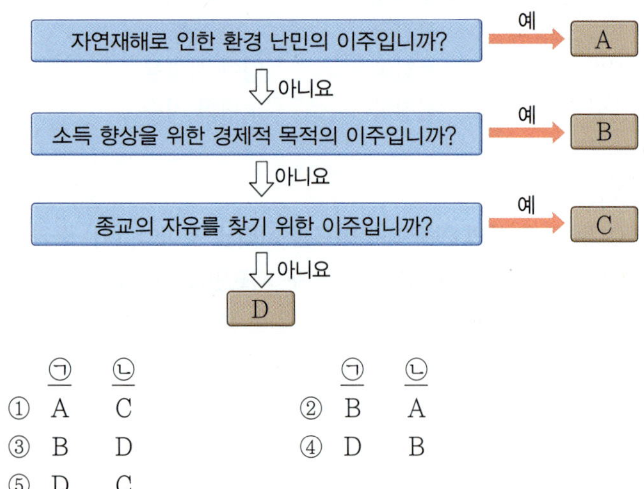

	㉠	㉡			㉠	㉡
①	A	C		②	B	A
③	B	D		④	D	B
⑤	D	C				

1093
중요
▶ 25715-0618

그래프는 두 국가의 연령층별 인구 비율과 총인구 변화를 나타낸 것이다. (가), (나) 국가에 대한 설명으로 옳은 것은? (단, (가), (나)는 각각 니제르, 독일 중 하나임.)

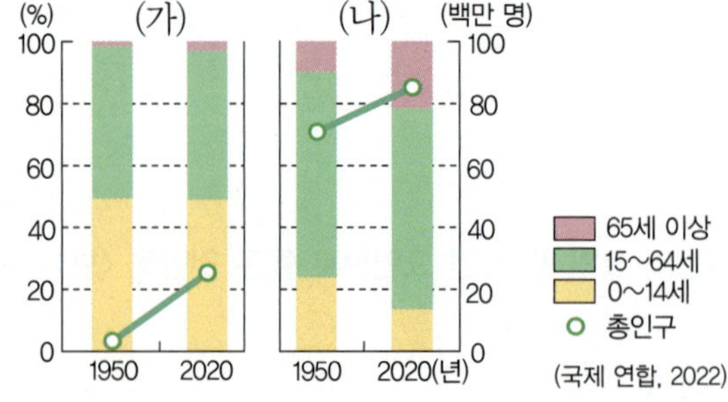

① (나)는 두 시기 모두 노령화 지수가 100 이상이다.
② (가)는 (나)보다 총부양비가 낮다.
③ (가)는 (나)보다 1950년 유소년층 인구가 적다.
④ (나)는 (가)보다 1950~2020년 인구 증가율이 높다.
⑤ (가)는 독일, (나)는 니제르이다.

1094

▶ 25715-0619

지도의 인구 지표로 옳은 것은?

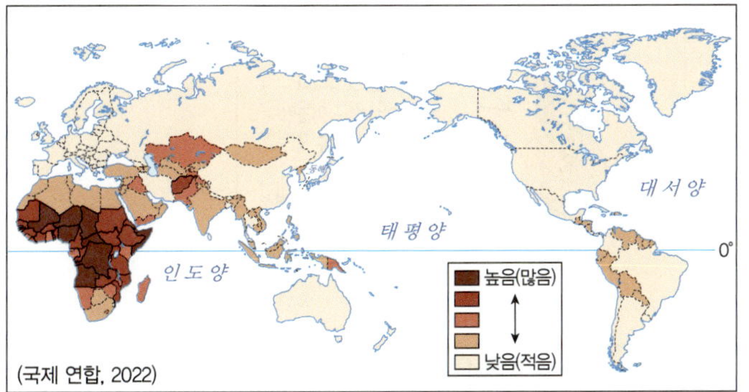

① 총인구
② 인구 밀도
③ 중위 연령
④ 노년 부양비
⑤ 합계 출산율

주요

1095

▶ 25715-0620

다음은 통합사회 온라인 수업 장면의 일부이다. 답글의 내용이 옳은 학생만을 있는 대로 고른 것은?

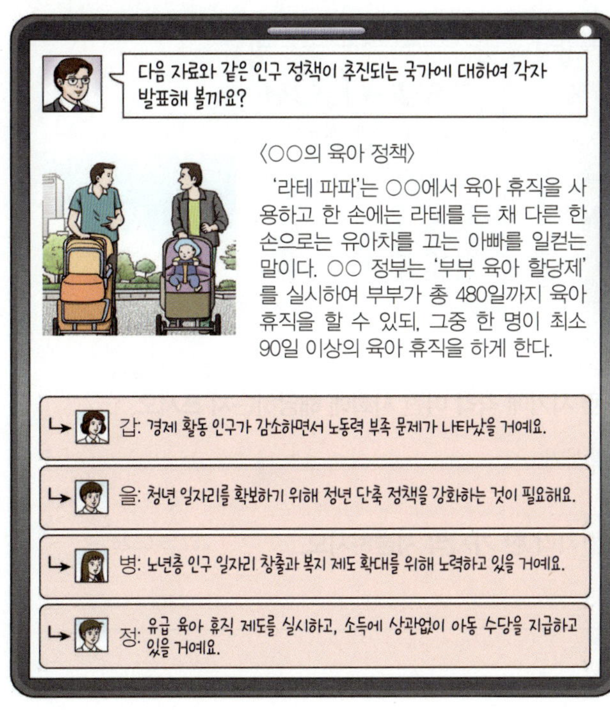

① 갑, 을
② 갑, 병
③ 을, 정
④ 갑, 병, 정
⑤ 을, 병, 정

[1096~1097] 다음 자료를 보고 물음에 답하시오. (단, (가)~(다)는 각각 1970년, 2020년, 2050년 중 하나이고, 2050년은 추정치임.)

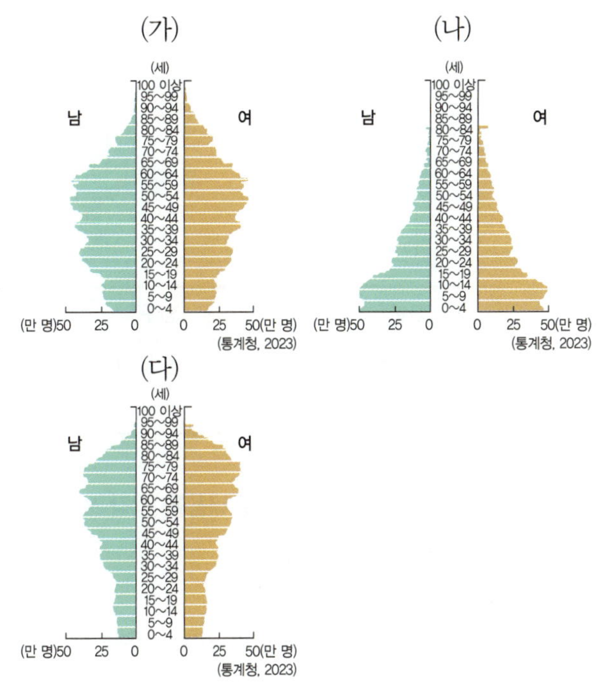

그래프는 ⊙ 우리나라의 인구 구조 변화 및 전망에 대한 것이다. 이를 통해 우리나라는 ［ ⓒ ］ 현상이 빠르게 진행되고 있음을 파악할 수 있다. 이에 대응하여 우리나라에서는 제4차 ◇◇ 기본 계획(2021~2025)을 통해 ⓒ 함께 일하고 함께 돌보는 사회 조성, ⓔ 인구 구조 변화에 대한 적응 등의 정책을 추진하고 있다.

1096

▶ 25715-0621

(가)~(다)를 이른 순서대로 배열한 것은?

① (가) → (나) → (다)
② (가) → (다) → (나)
③ (나) → (가) → (다)
④ (나) → (다) → (가)
⑤ (다) → (나) → (가)

1097

▶ 25715-0622

⊙~ⓔ에 대한 옳은 설명만을 〈보기〉에서 있는 대로 고른 것은?

［ 보기 ］

ㄱ. ⊙: (가) 시기보다 (나) 시기에 노년층을 위한 사회적 비용이 크다.
ㄴ. ⓒ: '저출산·고령화'가 들어갈 수 있다.
ㄷ. ⓒ: '양성평등하게 일할 수 있는 사회' 정책이 포함될 수 있다.
ㄹ. ⓔ: '연령 통합적 사회 준비' 정책이 포함될 수 있다.

① ㄱ, ㄴ
② ㄱ, ㄷ
③ ㄴ, ㄹ
④ ㄱ, ㄷ, ㄹ
⑤ ㄴ, ㄷ, ㄹ

서답형 완성 문제

[1098~1099] 다음 세계의 인구 이동에 대한 수업 장면을 보고 물음에 답하시오.

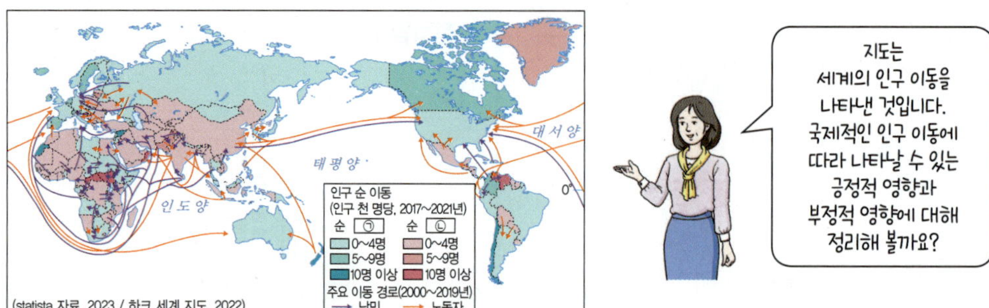

구분	인구 ⊙ 국가	인구 ⓒ 국가
긍정적 영향	노동력 확보로 경제 활성화	해외 이주 근로자들의 송금으로 외화 유입
부정적 영향	(가)	청장년층 인구 유출로 사회적 분위기 침체

1098 ⊙, ⓒ에 들어갈 내용을 각각 쓰시오. ▶ 25715-0623

⊙ – (   )   ⓒ – (   )

1099 (가)에 들어갈 수 있는 내용을 한 가지 서술하시오. ▶ 25715-0624

____

____

[1100~1101] 다음 자료를 보고 물음에 답하시오.

● 통계로 보는 우리나라 현재와 미래의 인구 문제 ●

(가)　　　　　(나)

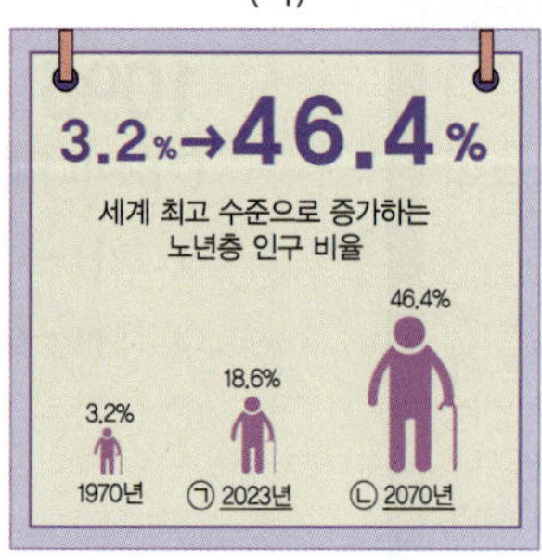

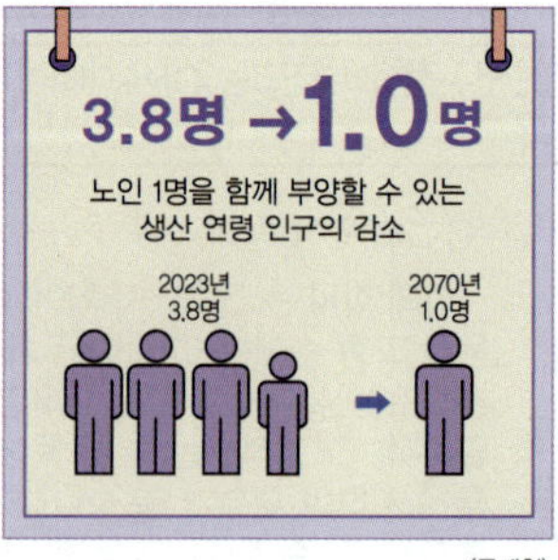

1100 전체 인구 중 노년층 인구 비율에 따라 우리나라는 ⊙, ⓒ 시기에 각각 어떤 사회에 해당하는지 쓰시오. ▶ 25715-0625

⊙ 시기 – (   )   ⓒ 시기 – (   )

1101 (가), (나)에서 파악할 수 있는 인구 문제의 해결 방안을 각각 한 가지씩 서술하시오. ▶ 25715-0626

____

____

1102
▶ 25715-0627

그래프는 각 지역(대륙)의 인구 비율 변화를 나타낸 것이다. (가)~(다) 지역(대륙)에 대한 설명으로 옳지 <u>않은</u> 것은?

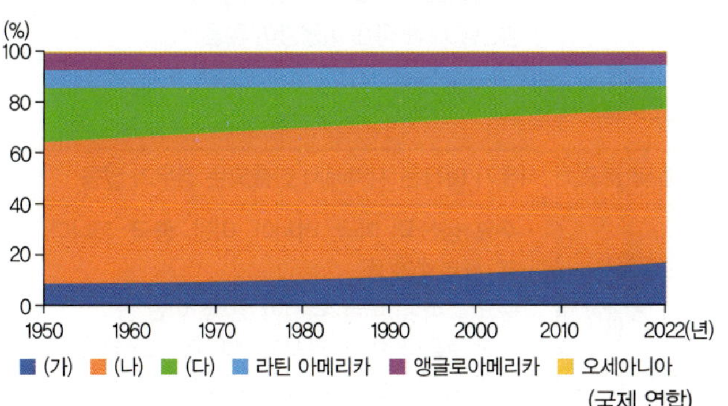

① (가)는 (나)보다 인구 밀도가 높다.
② (나)는 (가)보다 합계 출산율이 낮다.
③ (나)는 (다)보다 노년층 인구가 많다.
④ (다)는 (가)보다 인구 변천 모형의 3단계에 진입한 시기가 이르다.
⑤ (가)~(다) 중 중위 연령은 (다)가 가장 높다.

1103
▶ 25715-0628

그래프는 네 국가의 인구 특성을 나타낸 것이다. (가)~(라) 국가에 대한 설명으로 옳은 것은? (단, (가)~(라)는 각각 대한민국, 방글라데시, 중국, 차드 중 하나임.)

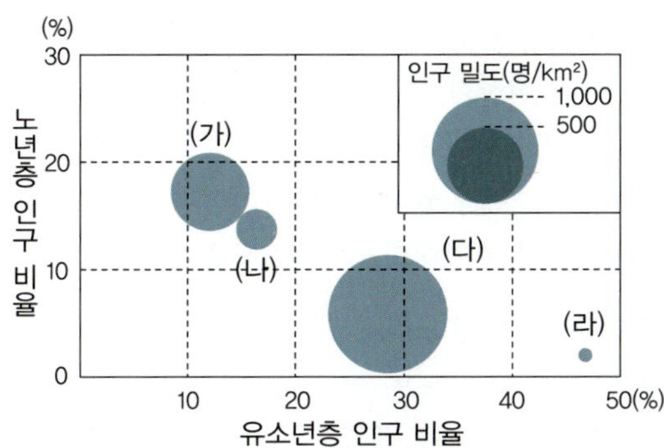

① (가)는 (나)보다 인구 유출 규모가 크다.
② (가)는 (다)보다 총부양비가 낮다.
③ (다)는 (나)보다 총인구가 많다.
④ (라)는 (가)보다 기대 수명이 길다.
⑤ (라)는 (나)보다 인구의 자연 증가율이 낮다.

1104
▶ 25715-0629

그래프는 지도에 표시된 세 국가의 인구 부양비를 나타낸 것이다. (가)~(다) 국가에 대한 설명으로 옳은 것은? (단, A, B는 각각 노년 부양비, 유소년 부양비 중 하나임.)

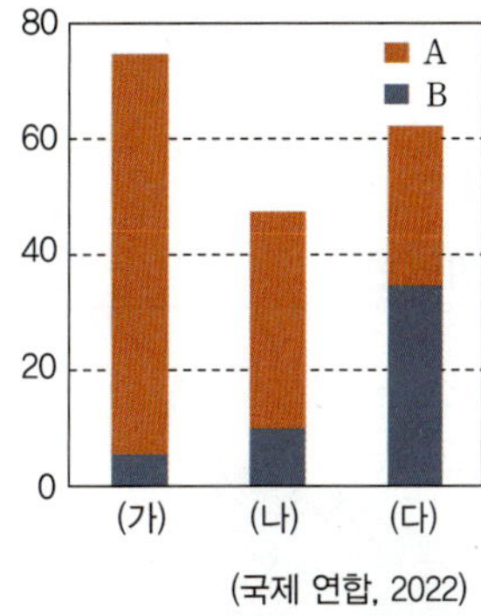

① (다)는 산아 제한 정책이 추진되고 있다.
② (가)는 (나)보다 노령화 지수가 높다.
③ (가)는 (가)~(다) 중 국가 내 3차 산업 종사자 비율이 가장 높다.
④ (나)는 (가)~(다) 중 국가 내 청장년층 인구 비율이 가장 높다.
⑤ (다)는 (가)~(다) 중 노년층 인구가 가장 많다.

1105
▶ 25715-0630

그래프의 (가)~(다) 지역(대륙)에 대한 설명으로 옳은 것만을 〈보기〉에서 있는 대로 고른 것은?

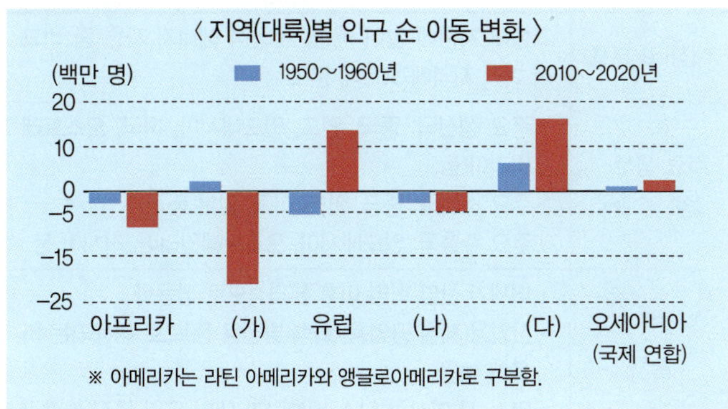

보기

ㄱ. (가)는 (나)보다 총인구가 많다.
ㄴ. (나)의 2010~2020년의 유출 인구는 (가)보다 (다)로 이동하는 비율이 높다.
ㄷ. (다)는 (가)보다 합계 출산율이 높다.
ㄹ. (나), (다)는 모두 아메리카 대륙에 속한다.

① ㄱ, ㄴ   ② ㄱ, ㄷ   ③ ㄴ, ㄹ
④ ㄱ, ㄴ, ㄹ   ⑤ ㄴ, ㄷ, ㄹ

02 에너지 자원과 지속가능한 발전 ~ 03 미래 사회와 세계시민으로서의 삶

1 에너지 자원과 지속가능한 발전

1. 자원의 의미와 특성

(1) **의미**: 인간이 자연에서 얻을 수 있는 것 중 인간에게 유용하고 기술·경제적으로 이용 가치가 있는 것

(2) **특성**: 유한성, 가변성, 편재성

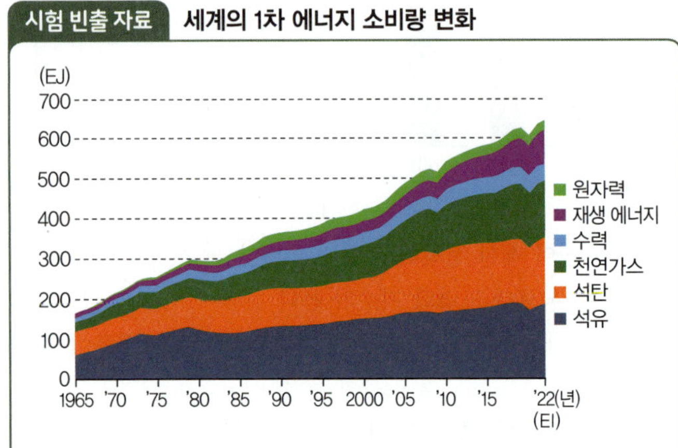

시험 빈출 자료 | 세계의 1차 에너지 소비량 변화

자료 분석 | 세계 1차 에너지 소비량은 지속적으로 증가하고 있다. 재생 에너지 개발이 지속적으로 이루어지고 있지만, 화석 에너지 의존도가 높은 수준이다. 2022년 기준 소비량은 석유 > 석탄 > 천연가스 > 재생 에너지 > 수력 > 원자력 순으로 많다.

2. 주요 에너지 자원의 특징

(1) 석탄

매장 및 분포	고생대 지층에 많이 매장 → 화석 에너지 자원 중 비교적 여러 지역에 고르게 분포
주요 생산·소비·수출국	• 주요 생산국: 중국, 인도, 인도네시아, 미국, 오스트레일리아 등 • 주요 소비국: 중국, 인도, 미국, 일본 등 • 주요 수출국: 인도네시아, 오스트레일리아, 러시아 등
특징	• 18세기 산업 혁명 이후 본격적으로 상용화 • 산업용(제철 공업용, 화력 발전용 등)으로 이용되는 비율이 높음 • 연소 시 이산화 탄소 배출량과 대기 오염 물질 배출량이 많음

(2) 석유

매장 및 분포	신생대 지층에 많이 매장 → 세계 매장량의 절반 정도가 페르시아만 주변에 분포하여 편재성이 큼
주요 생산·소비·수출국	• 주요 생산국: 미국, 사우디아라비아, 러시아 등 • 주요 소비국: 미국, 중국, 인도, 사우디아라비아 등 • 주요 수출국: 사우디아라비아, 미국, 러시아, 아랍 에미리트 등
특징	• 19세기 내연 기관의 발명과 자동차 보급 등으로 소비량 급증 • 수송용으로 이용되는 비율이 높음 • 생산량 대비 국제 이동량이 많음

(3) 천연가스

매장 및 분포	석유가 매장된 지역에서 산출되는 경우가 많음
주요 생산·소비·수출국	• 주요 생산국: 미국, 러시아, 이란, 중국, 캐나다, 카타르, 노르웨이 등 • 주요 소비국: 미국, 러시아, 중국, 이란 등 • 주요 수출국: 미국, 러시아, 카타르, 노르웨이 등
특징	• 냉동 액화 기술의 발달로 운반과 사용이 편리해지면서 소비량 급증 • 산업용 및 가정용으로 이용되는 비율이 높음 • 석탄, 석유에 비해 연소 시 이산화 탄소 배출량과 대기 오염 물질 배출량이 적음 • 국제 이동에 있어 액화 천연가스(LNG) 수송선이나 파이프라인이 이용되는 경우가 많음

(4) 재생 에너지

특징	대기 오염 물질 배출량이 적고 환경친화적임, 화석 에너지 자원에 비해 고갈 가능성이 낮음
주요 종류와 분포 지역	• 수력: 낙차가 크고 유량이 풍부한 지역 등 • 풍력: 바람이 강한 해안 지역이나 섬 지역 등 • 태양광·태양열: 일사량이 많은 지역 • 지열: 판의 경계부와 같이 지열이 풍부한 지역 등

(5) **화석 에너지 자원의 생산과 소비에 따른 문제**: 자원 고갈, 환경 문제, 자원 민족주의 심화 등

3. 기후변화 대응과 지속가능한 발전

(1) 기후변화의 원인과 피해

① **원인**: 자연적 원인보다 인위적 원인(화석 에너지 사용 증가에 따른 이산화 탄소, 메테인과 같은 온실가스 배출량 증가 등)의 영향이 큼

② **피해**: 폭우, 가뭄, 폭설 등의 기상 이변 빈번, 해수면 상승에 따른 해안 저지대의 침수 피해 증가 등

(2) 기후변화 해결을 위한 노력

① 국가 간 주요 환경 협약

교토 의정서 (1997년)	• 선진국의 온실가스 감축 목표치를 규정 • 온실가스 배출권 거래제 도입
파리 협정 (2015년)	• 선진국과 개발 도상국 모두 온실가스 감축 의무에 동참하도록 규정 • 산업화 이전 대비 지구 평균 기온 상승을 2℃보다 상당히 낮은 수준으로 유지하고 1.5℃ 이하로 제한하기 위해 노력하자는 목표를 설정함 → 탄소중립(넷제로) 달성을 위한 목표를 설정하는 국가가 늘어나고 있음

② 비정부 기구의 노력: 그린피스, 세계 자연 기금 등

(3) 지속가능한 발전: 미래 세대가 그들의 필요를 충족시킬 가능성을 손상시키지 않는 범위에서 현재 세대의 성장을 추구하는 발전

사회적 지속성	• 세대 간 형평성, 인권, 평등, 건강, 문화적 다양성 등을 강조 • 갈등 해소 등 고려
환경적 지속성	• 인간과 자연의 조화와 균형 유지 • 생물종 다양성, 재해 예방, 기후변화 대응 등 고려
경제적 지속성	• 환경적 가치를 고려한 경제 발전 필요 • 환경 사회 기업 지배 구조(ESG) 경영, RE100(기업이 사용하는 전력량의 100%를 2050년까지 재생 에너지로 충당하겠다는 목표의 국제 캠페인)

(4) 지속가능한 발전을 위한 노력

국제적·국가적 차원의 노력	국제 연합(UN)의 지속가능발전 목표(SDGs) 수립, 국제 환경 협약 체결, 공적 개발 원조(ODA) 등
개인적 차원의 노력	자원 절약, 물건 재활용, 윤리적 소비 실천, 건강한 시민 의식 함양 등

② 미래 사회와 세계시민으로서의 삶

1. 미래 사회 예측

(1) 미래학과 미래 연구: 미래학을 바탕으로 다가올 변화를 어느 정도 예측하는 것이 가능

(2) 미래 예측 방법

시나리오 기법	시나리오를 작성하여 미래에 대비하는 방법으로, 3~4개의 시나리오를 작성하여 다가올 미래를 가정하여 대비
전문가 합의법 (델파이 기법)	각 분야의 전문가에게 설문을 반복하여 특정한 주제에 관해 전문가 집단의 합의를 도출하는 방법

2. 미래 사회의 변화 양상

국가 간 갈등과 협력	• 자유 무역이 확대되어 국가 간의 무역 경쟁 심화 → 소수의 국가가 경제를 독점하면서 빈부 격차가 커짐 • 국가 간 영토 분쟁과 문화적 갈등 심화 • 갈등 해결을 위한 국가 간의 협력 강화
공간과 삶의 변화	• 모빌리티 발달로 시간과 공간의 제약이 줄어들면서 사람들의 활동 범위 확대 • 생명 공학과 유전 공학의 발달로 인간의 수명 연장, 식량 문제 해결 및 인간의 정체성과 도덕적 가치의 혼란
생태 환경의 변화	• 멸종 위기에 처한 생물종을 복원하고, 생태 환경 변화에 대한 자료를 수집·분석하여 생태계를 효과적으로 관리 • 기후변화로 생태 환경 악화

3. 세계시민으로서의 미래 삶의 방향: 올바른 인성과 가치관 정립, 개방적 태도와 관용적인 자세 함양, 적극적인 참여와 연대의 자세 등

개념 핵심 문제

정답과 해설 **96**쪽

✿ 빈칸에 들어갈 알맞은 말을 쓰시오.

1106 자원이 특정 지역에 편중되어 분포하는 특성을 자원의 (　　　)(이)라고 한다.

1107 2022년 기준 세계 1차 에너지 소비량은 석유 > (　　　) > (　　　) > 재생 에너지 > 수력 > 원자력 순으로 많다.

1108 (　　　) 발전은 큰 강이 흘러 유량이 풍부하거나 높은 산지가 있어 낙차 확보에 유리하고, 빙하 녹은 물이 흘러내리는 지역이 유리하다.

1109 (　　　)은/는 기업 활동에 필요한 전력의 100%를 재생 에너지를 통해 생산된 전력으로 사용하고자 하는 캠페인이다.

✿ 에너지 자원과 그 주요 용도를 옳게 연결하시오.

1110 석탄　·　　　　　·　㉠ 수송용

1111 석유　·　　　　　·　㉡ 산업용

1112 천연가스·　　　　　·　㉢ 산업용 및 가정용

✿ 다음 내용에 알맞은 말을 고르시오.

1113 전 세계 매장량의 절반 정도가 페르시아만 연안에 분포하며 신생대 지층에 많이 매장되어 있는 에너지 자원은 (석유, 석탄)이다.

1114 냉동 액화 기술의 발달로 운반과 사용이 편리해지면서 소비량이 급증한 에너지 자원은 (석탄, 천연가스)이다.

1115 각 분야의 전문가에게 설문을 반복하여 특정한 주제에 관하여 전문가 집단의 합의를 도출하는 미래 예측 방법을 (시나리오 기법, 델파이 기법)이라고 한다.

✿ 다음에서 설명하는 개념을 〈보기〉에서 고르시오.

> **보기**
> ㄱ. 온실가스 배출권 거래제　　ㄴ. 탄소중립(넷제로)
> ㄷ. 파리 협정

1116 이산화 탄소와 같은 온실가스의 배출량과 흡수량을 같게 하여 순 배출량을 제로(0)로 만드는 것　　　　(　　　)

1117 선진국과 개발 도상국 모두 온실가스 감축 의무에 동참하도록 규정한 기후변화 협약　　　　(　　　)

1118 온실가스 감축 의무가 있는 기업이나 국가가 일정량의 온실가스 배출 권리를 사고 팔 수 있도록 만든 제도　(　　　)

중요 1119
▶ 25715-0631

다음 글의 (가), (나)와 관계가 깊은 자원의 특성을 〈보기〉에서 고른 것은?

(가) 과거 메소포타미아에서 건물 하단에 칠하여 방수제로 쓰이기도 했던 석유는 19세기 내연 기관의 발명으로 수요가 급격하게 늘어났다.
(나) 석유는 세계 매장량의 절반 정도가 페르시아만 연안에 분포한다.

〈 보기 〉
ㄱ. 자원은 지역적으로 고르게 분포하지 않고 일부 지역에 편중되어 분포한다.
ㄴ. 우리가 사용하는 대부분의 자원은 매장량이 한정되어 있어 언젠가는 고갈된다.
ㄷ. 자원은 기술적 수준·경제적 조건·문화적 배경 등에 따라 의미와 가치가 달라진다.

	(가)	(나)			(가)	(나)
①	ㄱ	ㄴ		②	ㄱ	ㄷ
③	ㄴ	ㄱ		④	ㄴ	ㄷ
⑤	ㄷ	ㄱ				

1120
▶ 25715-0632

다음 자료의 (가) 화석 에너지 자원에 대한 설명으로 옳은 것은?

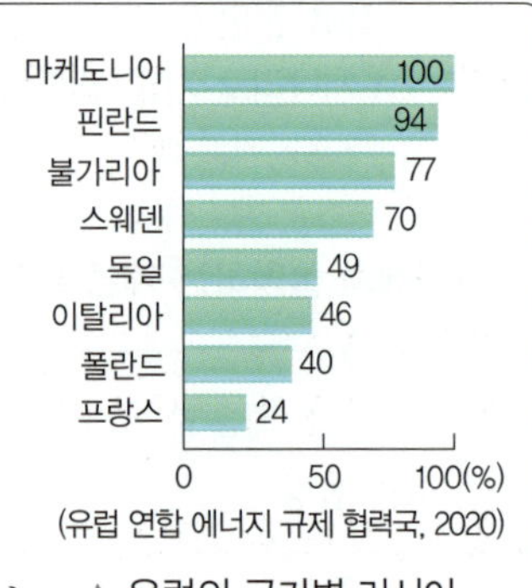

2022년 러시아가 우크라이나와 전쟁을 벌임에 따라 러시아산 (가) 에 의존하던 유럽 국가들은 큰 혼란에 빠졌다. 유럽 연합(EU)의 러시아 제재로 인해 러시아가 유럽으로 운송되는 파이프라인 가동을 중단하며 (가) 공급을 중단하거나 축소할 가능성이 커졌기 때문이다.

① 최대 생산 국가는 중국이다.
② 화석 에너지 자원 중 가장 먼저 상용화되었다.
③ 수송용보다 가정용으로 이용되는 비율이 높다.
④ 세계 1차 에너지 소비 구조에서 차지하는 비율이 가장 높다.
⑤ 화석 에너지 자원 중 연소 시 이산화 탄소 배출량이 가장 많다.

[1121~1122] 그래프는 세계 1차 에너지 소비량 변화를 나타낸 것이다. 물음에 답하시오.

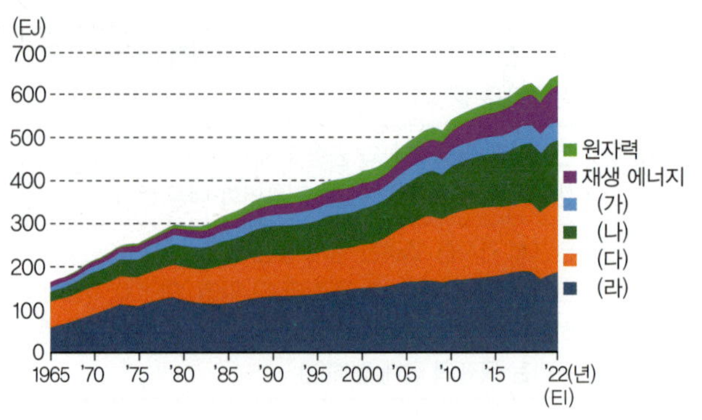

1121
▶ 25715-0633

(가)~(라)에 해당하는 에너지로 옳은 것은?

	(가)	(나)	(다)	(라)
①	수력	석탄	석유	천연가스
②	수력	천연가스	석유	석탄
③	수력	천연가스	석탄	석유
④	천연가스	수력	석유	석탄
⑤	천연가스	수력	석탄	석유

중요 1122
▶ 25715-0634

(가)~(라)에 대한 설명으로 옳은 것은?

① (가)는 냉동 액화 기술의 발달로 소비량이 급증하였다.
② (나)는 산업 혁명 초기의 주요 에너지 자원이었다.
③ (다)는 (나)보다 파이프라인을 이용한 수송 비율이 높다.
④ (다)는 (라)보다 제철 공업용으로 이용되는 비율이 높다.
⑤ (라)는 (가)보다 고갈 가능성이 낮다.

1123
▶ 25715-0635

그래프는 세 화석 에너지 자원의 용도별 소비량 비율을 나타낸 것이다. (가)~(다)에 해당하는 용도로 옳은 것은?

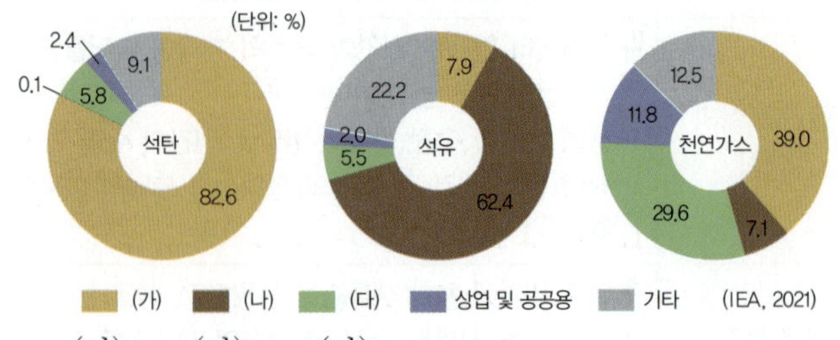

	(가)	(나)	(다)
①	가정용	산업용	수송용
②	가정용	수송용	산업용
③	산업용	가정용	수송용
④	산업용	수송용	가정용
⑤	수송용	산업용	가정용

[1124~1125] 지도는 두 화석 에너지 자원의 국제 이동을 나타낸 것이다. 물음에 답하시오.

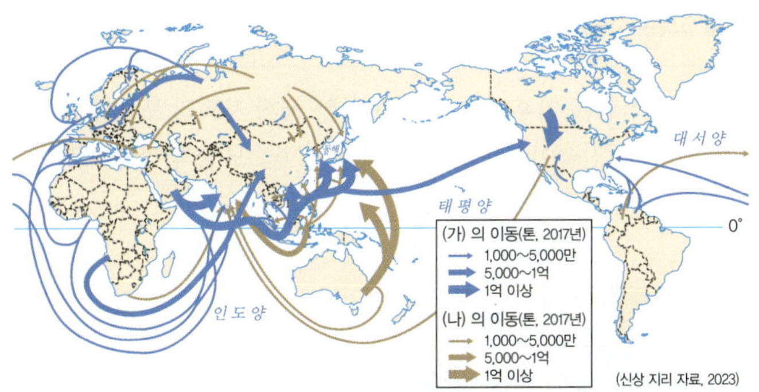

중요

1124
▶ 25715-0636

(나) 자원에 대한 (가) 자원의 상대적 특징으로 옳은 것은?

① 세계 총소비량이 적다.
② 생산량 대비 국제 이동량이 많다.
③ 산업용으로 이용되는 비율이 높다.
④ 산업에 본격적으로 이용된 시기가 이르다.
⑤ 고생대 지층에 매장되어 있는 비율이 높다.

1125
▶ 25715-0637

(가), (나) 자원의 국가별 생산량 비율 그래프를 A~C에서 고른 것은?

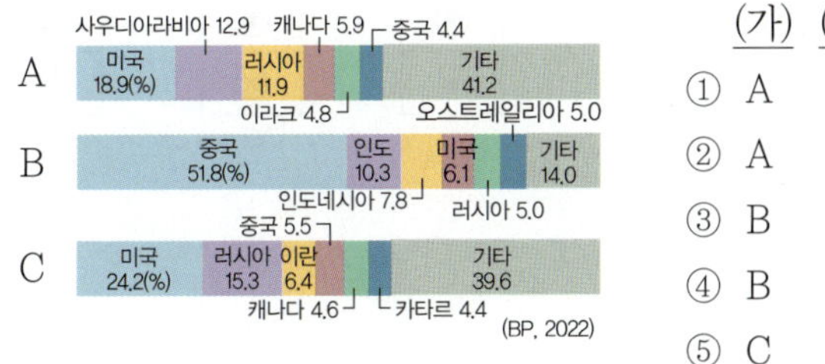

	(가)	(나)
①	A	B
②	A	C
③	B	A
④	B	C
⑤	C	A

1126
▶ 25715-0638

지도의 지표로 옳은 것은?

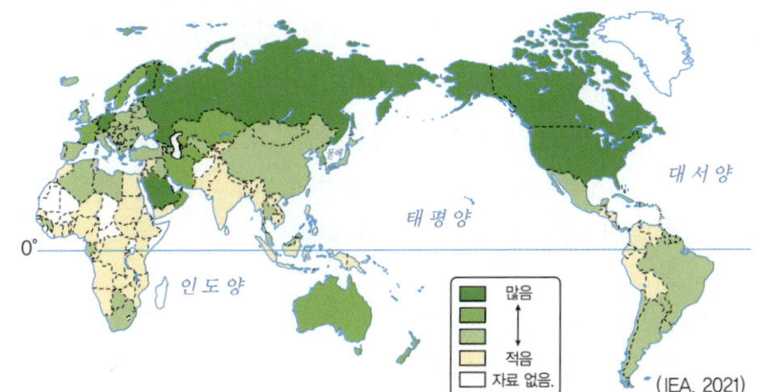

① 석탄 생산량
② 석유 수출량
③ 원자력 발전량
④ 1인당 에너지 소비량
⑤ 1인당 재생 에너지 소비량

1127
▶ 25715-0639

그래프는 세 재생 에너지의 국가별 발전량 비율을 나타낸 것이다. (가)~(다)에 해당하는 에너지를 그림의 A~C에서 고른 것은? (단, (가)~(다)는 각각 수력, 지열, 태양광 중 하나임.)

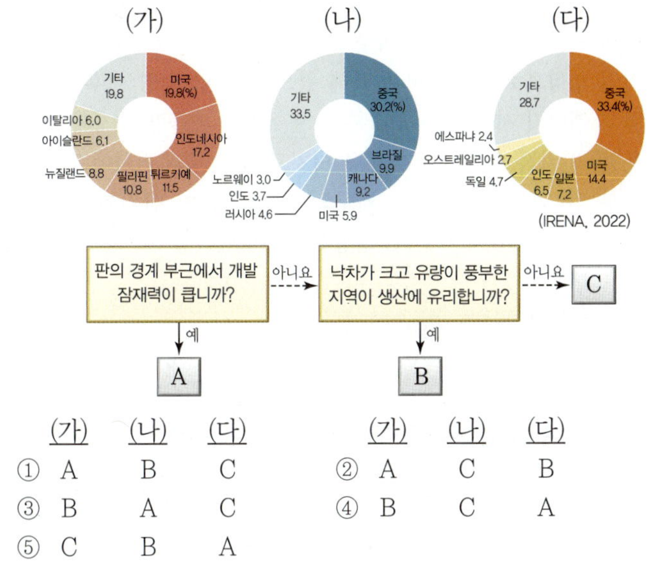

	(가)	(나)	(다)			(가)	(나)	(다)
①	A	B	C		②	A	C	B
③	B	A	C		④	B	C	A
⑤	C	B	A					

1128
▶ 25715-0640

다음 글의 ㉠~㉣에 대한 설명으로 옳지 않은 것은?

> 주요 에너지 자원의 분포와 소비 실태에 따라 다양한 문제가 나타난다. 첫째, ㉠ 화석 에너지 자원의 소비량이 늘어나면서 자원 고갈 및 부족 문제가 나타난다. 둘째, 에너지 자원의 안정적인 확보 등을 둘러싼 ㉡ 국가 간 갈등과 분쟁이 발생한다. 특히 자원 보유국의 ㉢ 자원 민족주의는 국가 간 분쟁에 큰 영향을 미친다. 셋째, 화석 에너지 자원 사용량 증가는 ㉣ 등의 유해 물질 배출량 증가로 인한 대기 오염 및 온실가스 배출량 증가로 인한 기후변화를 초래한다. 따라서 우리는 ㉤ 재생 에너지의 개발과 보급을 확대하고, 자원 절약형 산업 육성과 함께 에너지 자원을 효율적으로 이용할 수 있는 기술을 개발해야 한다.

① ㉡의 사례로 북극해에서의 분쟁을 들 수 있다.
② ㉢은 특정 자원을 보유한 국가들이 자원을 무기화하여 자국의 이익을 극대화하려는 움직임을 말한다.
③ ㉣에는 '황산화물, 질소 산화물'이 들어갈 수 있다.
④ ㉤으로 태양광, 풍력을 들 수 있다.
⑤ ㉤은 ㉠보다 세계 1차 에너지 소비 구조에서 높은 비율을 차지한다.

1129

▶ 25715-0641

다음 자료에 대한 설명으로 옳지 <u>않은</u> 것은?

> [　㉠　]은/는 수십 년 이상 장기간에 걸쳐 나타난 통계적으로 의미 있는 기후 평균 상태의 변화로, ㉡ 지구 온난화와 이에 따른 자연환경의 변화를 포함한다. 기후는 ㉢ 자연적 요인의 영향으로 지속해서 변화해 왔으나, 산업 혁명 이후에는 화석 에너지 사용 증가에 따른 ㉣ 온실가스 배출량 증가와 같은 ㉤ 인위적 요인이 큰 영향을 미치고 있다. 기후변화에 관한 정부 간 협의체(IPCC)는 지구의 평균 기온이 산업화 이전(1850~1900년) 대비 1.1℃ 상승했다고 밝혔다.

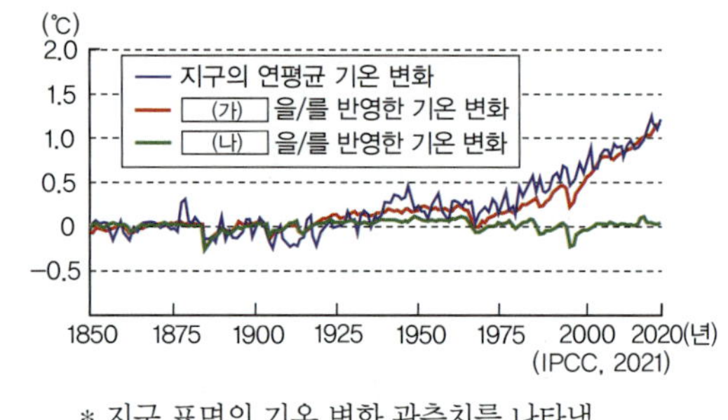

＊ 지구 표면의 기온 변화 관측치를 나타냄.

① ㉠에는 '기후변화'가 들어갈 수 있다.
② ㉡은 빙하의 융해와 해수면 상승에 영향을 미친다.
③ ㉣로 이산화 탄소, 메테인을 들 수 있다.
④ ㉤으로 도시화에 따른 토지 이용도 변화를 들 수 있다.
⑤ (가)에는 ㉢과 ㉤, (나)에는 ㉤이 들어간다.

중요

1130

▶ 25715-0642

다음 자료의 (가) 환경 문제가 심화될 경우 나타날 변화를 그림의 A~E에서 고른 것은?

> [　(가)　](으)로 인해 그린란드의 빙하 면적은 감소하고 있다. 그림의 모습이 나타난 어느 날, 그린란드에서는 22억 톤 이상의 얼음이 녹았는데, 이로 인해 그림 속 썰매견들이 물 위를 질주하는 것처럼 보인다.

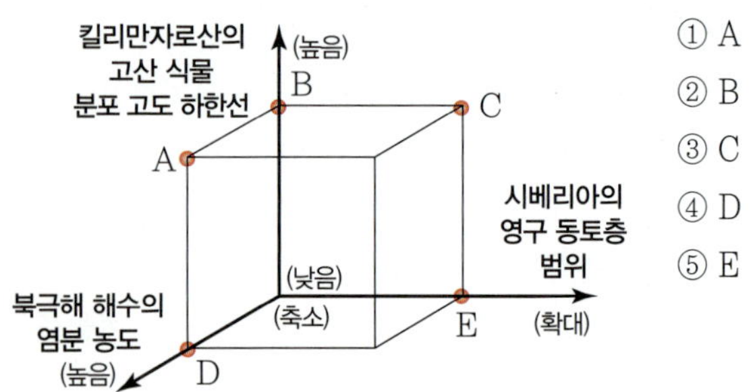

① A
② B
③ C
④ D
⑤ E

1131

▶ 25715-0643

다음은 통합사회 학습지의 일부이다. 정답 스티커를 옳게 붙인 답안을 고른 것은?

> (가), (나)는 기후변화 대응을 위한 국제 사회의 노력에 대한 것입니다. 진술이 맞으면 '◉', 틀리면 '⊗' 모양의 정답 스티커를 순서대로 붙이세요.

(가)	(나)

▲ 교토 의정서(1997)	▲ 파리 협정(2015)

진술	답안
(가)는 온실가스 배출권 거래제를 도입하였다.	
(나)는 산업화 이전 대비 지구 평균 기온 상승을 2℃보다 상당히 낮은 수준으로 유지하고 1.5℃ 이하로 제한하기 위해 노력하자는 목표를 설정하였다.	
(가)와 (나)는 모두 선진국과 개발 도상국에게 온실가스 감축 의무를 부여하였다.	

① 
답안
◉
◉
⊗

② | 답안 |
|---|
| ◉ |
| ⊗ |
| ◉ |

③ 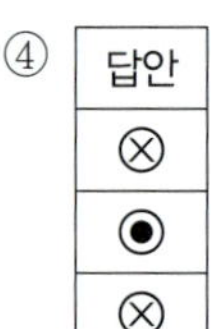
답안
⊗
◉
◉

④ | 답안 |
|---|
| ⊗ |
| ◉ |
| ⊗ |

⑤ 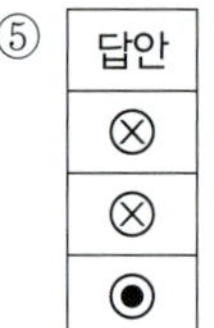
답안
⊗
⊗
◉

1132

▶ 25715-0644

다음 글의 (가), (나)에 들어갈 내용으로 옳은 것은?

> [　(가)　]은/는 2050년까지 기업 활동에 필요한 전력량의 100%를 태양광과 풍력 등 재생 에너지를 통해 생산된 전력으로 사용하겠다는 기업들의 자발적이고 세계적인 캠페인이다. 이를 통해 이산화 탄소와 같은 온실가스의 배출량과 흡수량을 같게 하여 순 배출량을 0으로 만드는 [　(나)　]을 실현하고 기후변화 대응에 노력하고자 한다.

	(가)	(나)
①	RE100	탄소중립
②	RE100	탄소 발자국
③	탄소중립	RE100
④	탄소중립	탄소 발자국
⑤	탄소 발자국	탄소중립

1133

▶ 25715-0645

다음은 통합사회 온라인 수업 장면의 일부이다. 답글의 내용이 적절한 학생만을 있는 대로 고른 것은?

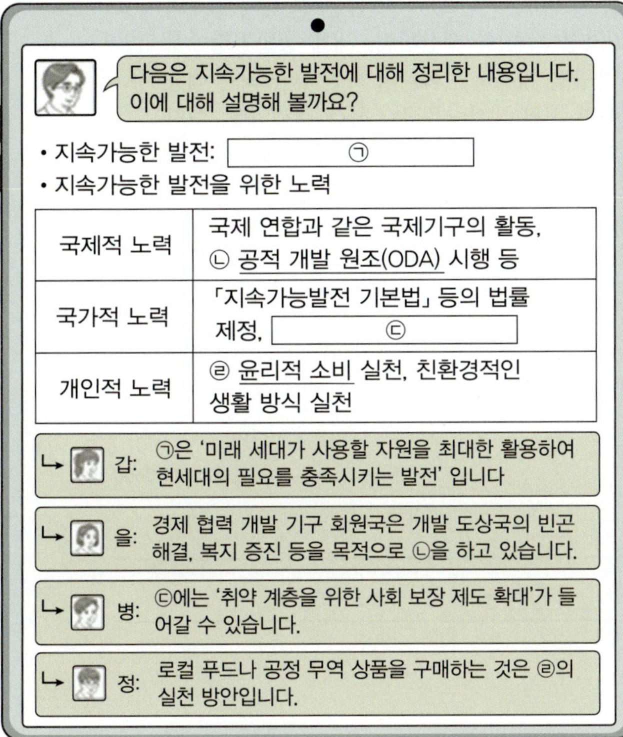

① 갑, 을 ② 갑, 병 ③ 을, 병
④ 을, 정 ⑤ 을, 병, 정

1134

▶ 25715-0646

다음 글의 (가)~(다)에 들어갈 내용으로 가장 적절한 것은?

증기 기관의 발명으로 1차 산업 혁명은 18세기 후반부터 약 100년 동안 진행되었고, 19세기와 20세기를 거치면서 (가) 을/를 중심으로 하는 2차 산업 혁명이 일어났다. 20세기 후반 (나) 을/를 기반으로 하는 3차 산업 혁명의 시기를 지나 인류는 (다) 등을 핵심 기술로 하는 4차 산업 혁명 시대를 맞이하였다.

	(가)	(나)	(다)
①	컴퓨터와 인터넷	내연 기관과 전기	인공 지능과 빅데이터
②	컴퓨터와 인터넷	인공 지능과 빅 데이터	내연 기관과 전기
③	내연 기관과 전기	컴퓨터와 인터넷	인공 지능과 빅 데이터
④	내연 기관과 전기	인공 지능과 빅 데이터	컴퓨터와 인터넷
⑤	인공 지능과 빅 데이터	내연 기관과 전기	컴퓨터와 인터넷

[1135~1136] 다음 글을 읽고 물음에 답하시오.

현재 우리는 빠르게 변화하는 사회 속에서 살아가고 있으며, ㉠ 미래 사회의 모습에 대한 예측을 필요로 하고 있다. 미래 사회는 우리 선택에 따라 다양한 모습으로 나타날 수 있다. 미래에 발생할 수 있는 위험을 막고 미래 사회에 유연하게 대응하기 위해 미래학자나 각 분야 전문가는 ㉡ 델파이 기법이나 ㉢ 시나리오 기법 등 다양한 방법을 활용하여 과학적이고 체계적으로 미래를 예측하고 있다.

1135

▶ 25715-0647

㉠의 낙관적 견해에 해당하는 것만을 〈보기〉에서 있는 대로 고른 것은?

〔 보기 〕
ㄱ. 국제기구의 활동과 국가 간 협력을 통해 영토 관련 분쟁을 해결해 갈 것이다.
ㄴ. 생명 공학의 발전으로 유전자 치료 등과 관련한 도덕적 가치의 혼란이 나타날 것이다.
ㄷ. 다양한 무역 협정의 체결로 재화와 자본이 국경을 넘나들며 세계 경제가 성장할 것이다.
ㄹ. 모빌리티의 발달로 공간적 제약을 극복해 나가면서 인류의 활동 범위가 더욱 넓어질 것이다.

① ㄱ, ㄴ ② ㄱ, ㄷ ③ ㄴ, ㄹ
④ ㄱ, ㄷ, ㄹ ⑤ ㄴ, ㄷ, ㄹ

1136

▶ 25715-0648

㉡, ㉢의 특징을 그림과 같이 표현할 때, A~C의 내용으로 옳은 것만을 〈보기〉에서 있는 대로 고른 것은?

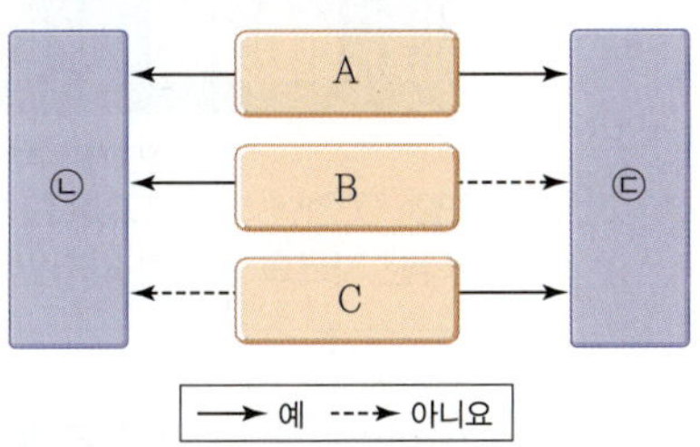

〔 보기 〕
ㄱ. A-미래를 적확하게 예측할 수 있는 기법인가요?
ㄴ. B-각 분야의 전문가에게 설문을 반복하여 전문가 집단의 합의를 도출하는 기법인가요?
ㄷ. C-3~4개 정도의 시나리오를 작성하여 미래를 예측하는 기법인가요?

① ㄱ ② ㄴ ③ ㄱ, ㄷ
④ ㄴ, ㄷ ⑤ ㄱ, ㄴ, ㄷ

[1137~1138] 다음 자료를 보고 물음에 답하시오.

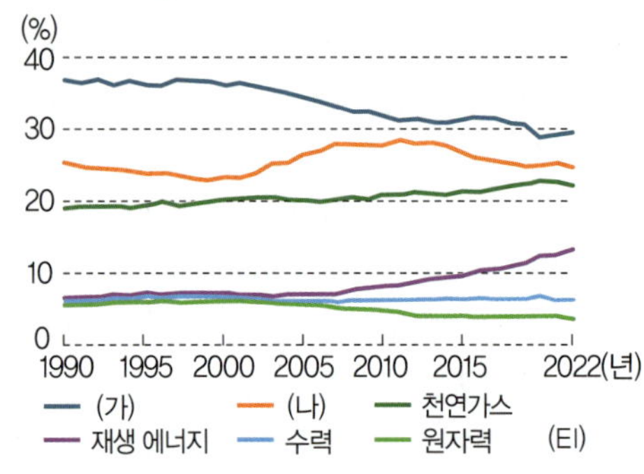

▲ 세계 1차 에너지 소비 구조 변화

세계 1차 에너지 소비 구조에서 ┌─(가)─┐ 다음으로 높은 비율을 차지하는 ┌─(나)─┐ 은/는 전 세계 전력의 약 36%(2021년 기준)를 생산하며, 세계 총발전량에서 가장 높은 비율을 차지하는 에너지 자원이다. 최근 해당 자원을 이용한 전력 생산량은 감소하는 추세인데, 이와 같은 배경으로는 탈 ┌─(나)─┐ 와/과 재생 에너지 개발 등을 통한 에너지 전환 전략, ㉠ 탄소중립(넷제로)과 기업의 ㉡ RE100 추구 등을 꼽을 수 있다.

1137 (가), (나)에 해당하는 화석 에너지 자원을 쓰시오. ▶ 25715-0649

(가) – (   )   (나) – (   )

1138 ㉠, ㉡의 의미를 각각 서술하시오. ▶ 25715-0650

____

____

[1139~1140] 다음 자료를 보고 물음에 답하시오.

〈 ┌─(가)─┐ (으)로 인한 북극곰과 회색곰과의 만남 〉

영국 레딩 대학교의 기후과학자 에드 호킨스가 개발한 바코드 형태의 디자인을 보면 ┌─(가)─┐ 이/가 명백히 진행되고 있음을 확인할 수 있고, 북극 지역은 다른 지역보다 ┌─(가)─┐ 의 영향이 빠르게 진행되고 있음을 파악할 수 있습니다.

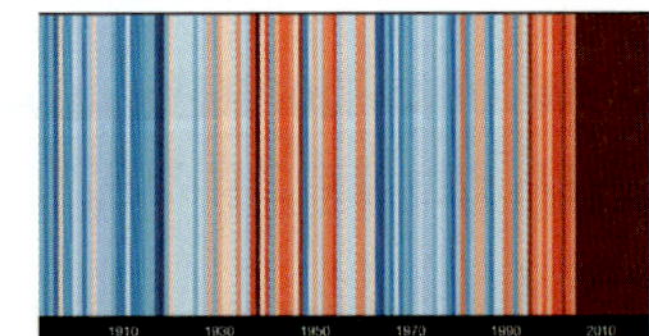
(showyourstripes.info)
▲ 1882~2021년 북극해의 온도 변화 경향을 나타낸 바코드 형태의 디자인

┌─(가)─┐ (으)로 인한 북극해 해빙의 면적 감소로 북극곰은 먹이를 찾아 남쪽의 육지로 내려가고, 고위도 지역에 서식하는 회색곰은 상대적으로 온도가 낮은 북쪽으로 올라가면서, 두 곰의 활동 지역이 서로 겹치게 되었습니다. 이 과정에서 탄생한 잡종을 두 곰의 영어 명칭을 합쳐 ‘피즐리곰(pizzly bear)’ 혹은 ‘그롤라곰(grolar bear)’이라고 부르기도 합니다.

1139 (가)에 해당하는 환경 문제를 쓰시오. ▶ 25715-0651

(   )

▶ 25715-0652

1140 (가)에 대응하기 위해 2015년에 체결된 국가 간 환경 협약의 명칭을 쓰고, 해당 협약의 목표를 전 지구적 기온 상승과 관련하여 서술하시오.

____

____

1등급 고난도 문제

1141
▶ 25715-0653

그래프에 대한 설명으로 옳은 것은? (단, (가)~(다)와 A~C는 각각 석유, 석탄, 천연가스 중 하나임.)

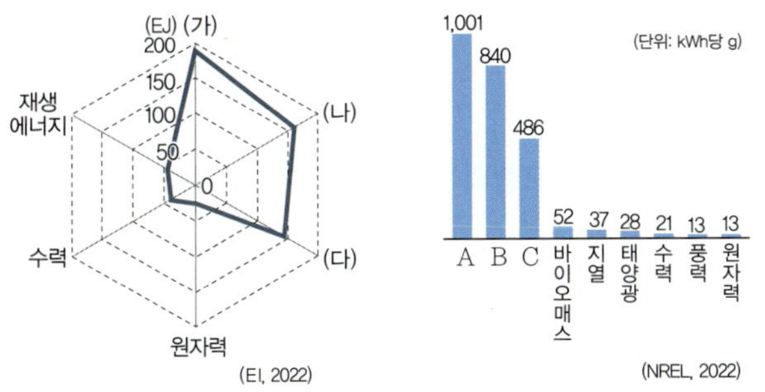

▲ 세계 1차 에너지 소비 구조   ▲ 전력량 1kWh당 이산화 탄소 배출량

① (가)는 화석 에너지 자원 중 가장 먼저 상용화되었다.
② (다)는 주로 화력 발전 연료나 제철 공업용으로 이용된다.
③ (나)는 (가)보다 자원의 편재성이 크다.
④ 전력량 1kWh당 이산화 탄소 배출량은 (나) > (가) > (다) 순으로 많다.
⑤ (가)는 A, (나)는 B, (다)는 C이다.

1142
▶ 25715-0654

그래프는 지도에 표시된 네 국가의 1차 에너지 소비 구조를 나타낸 것이다. A~D에 대한 설명으로 옳은 것은? (단, A~D는 각각 석유, 석탄, 수력, 천연가스 중 하나임.)

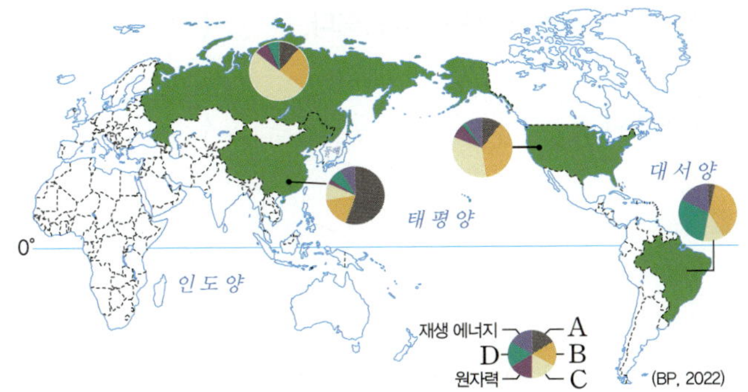

① A는 B보다 생산량 대비 수출량이 많다.
② A는 C보다 산업용으로 이용되는 비율이 높다.
③ B는 A보다 고생대 지층에 매장되어 있는 비율이 높다.
④ D는 B보다 발전 시 대기 오염 물질 배출량이 많다.
⑤ D는 C보다 세계 1차 에너지 소비량이 많다.

1143
▶ 25715-0655

그래프는 세 화석 에너지 자원에 대한 것이다. (가)~(다) 자원의 용도별 소비량 비율 그래프를 A~C에서 고른 것은?

〈 세 자원의 국가별 수출량 비율 〉

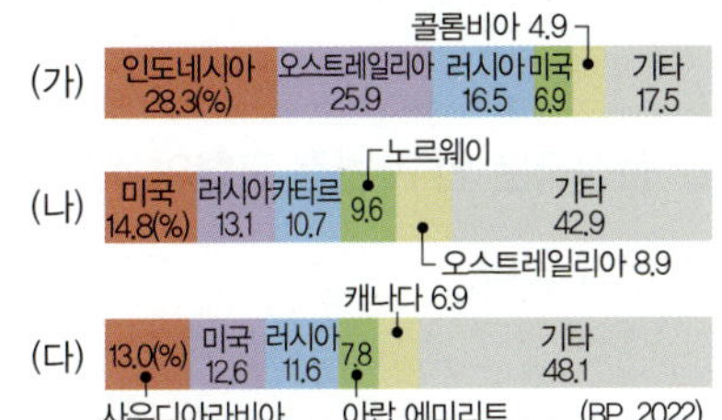

〈 세 자원의 용도별 소비량 비율 〉

	(가)	(나)	(다)
①	A	B	C
②	A	C	B
③	B	A	C
④	B	C	A
⑤	C	B	A

1144
▶ 25715-0656

다음은 생성형 인공 지능을 활용하여 검색한 내용의 일부이다. ㉠~㉤에 대한 설명으로 옳은 것만을 〈보기〉에서 있는 대로 고른 것은?

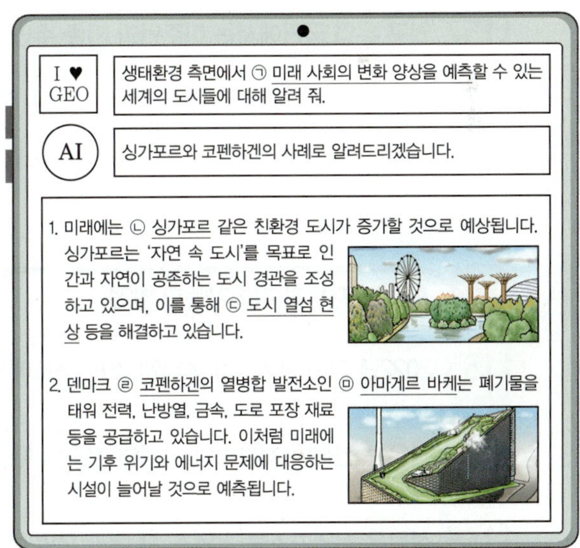

〈 보기 〉

ㄱ. ㉠에는 낙관적 견해와 비관적 견해가 공존한다.
ㄴ. 건물 외벽의 수직 정원은 여름철 ㉢을 완화하는 데 긍정적인 영향을 미친다.
ㄷ. ㉤은 도시 내 순환 경제에 기여한다.
ㄹ. ㉡은 ㉣보다 적도와의 최단 거리가 멀다.

① ㄱ, ㄴ   ② ㄱ, ㄷ   ③ ㄱ, ㄴ, ㄷ
④ ㄱ, ㄷ, ㄹ   ⑤ ㄴ, ㄷ, ㄹ

✪ 다음 중 옳은 내용에는 ○표, 옳지 않은 내용에는 ×표를 하시오.

01 세계의 인구 변화와 인구 문제

1145 2024년 기준 세계 최대 인구 규모를 가진 국가는 중국이다. ( )

1146 선진국은 인구 변천 모형의 4단계 또는 5단계, 개발 도상국은 인구 변천 모형의 2단계나 3단계에 속하는 경우가 많다. ( )

1147 선진국은 개발 도상국보다 유소년층 인구 비율이 낮고 노년층 인구 비율이 높다. ( )

1148 선진국은 개발 도상국보다 노년 부양비가 높고 노령화 지수가 낮다. ( )

1149 경제적 요인에 의한 인구 이동은 아프리카, 라틴 아메리카, 아시아 등지의 개발 도상국에서 유럽과 앵글로아메리카 등지의 선진국으로 이동하는 것을 들 수 있다. ( )

1150 키리바시로부터 발생하는 기후 난민의 국제 이동은 환경적 이동에 해당한다. ( )

1151 인구 문제 해결을 위해 선진국에서는 출산 억제 정책, 개발 도상국에서는 출산 장려 정책이 추진되고 있다. ( )

1152 인구 유입 국가에서는 이주민과 기존 주민 간의 문화적 차이에 따른 갈등이 발생할 수 있다. ( )

02 에너지 자원과 지속가능한 발전

1153 2022년 기준 세계 1차 에너지 소비 구조에서 차지하는 비율이 가장 높은 에너지는 석탄이다. ( )

1154 석유는 신생대 지층보다 고생대 지층에 매장되어 있는 비율이 높다. ( )

1155 석탄은 천연가스보다 연소 시 대기 오염 물질 배출량이 많다. ( )

1156 석유는 석탄보다 생산량 대비 국제 이동량이 많다. ( )

1157 화석 에너지 자원 중 산업용으로 이용되는 비율이 가장 높은 자원은 천연가스이다. ( )

1158 수력 발전은 유량이 풍부하거나 큰 낙차를 확보할 수 있는 지역이 유리하다. ( )

1159 지구 온난화 현상이 심화되면서 해수면이 상승하여 해안 저지대의 침수 피해가 우려되고 있다. (　　)

1160 파리 협정은 선진국과 개발 도상국 모두 온실가스 감축 의무에 동참하도록 규정하였다. (　　)

03 미래 사회와 세계시민으로서의 삶

1161 미래학을 바탕으로 다가올 변화를 어느 정도 예측하는 것이 가능하다. (　　)

1162 전문가 합의법(델파이 기법)은 시나리오를 작성하여 미래에 대비하는 방법이다. (　　)

1163 자유 무역의 확대로 국가 간의 무역 경쟁이 완화될 것이다. (　　)

1164 바람직한 미래 사회를 위해서는 인류 보편적 가치를 전 지구적 차원에서 실현하려는 자세를 갖추어야 한다.

(　　)

정답 확인　1145 ✕　1146 ◯　1147 ◯　1148 ✕　1149 ◯　1150 ◯　1151 ✕　1152 ◯　1153 ✕　1154 ✕　1155 ◯　1156 ◯　1157 ✕　1158 ◯　1159 ◯　1160 ◯　1161 ◯　1162 ✕　1163 ✕　1164 ◯

오답 체크

1145 2024년 기준 세계 최대 인구 규모를 가진 국가는 인도이다.

1148 선진국은 개발 도상국보다 노년 부양비, 노령화 지수가 모두 높다.

1151 인구 문제를 해결하기 위해 선진국에서는 출산 장려 정책, 개발 도상국에서는 출산 억제 정책이 추진되는 경우가 많다.

1153 2022년 기준 세계 1차 에너지 소비 구조에서 차지하는 비율은 석유 > 석탄 > 천연가스 > 재생 에너지 > 수력 > 원자력 순으로 높다.

1154 석유는 신생대 지층에 많이 매장되어 있으며, 세계 매장량의 절반 정도가 페르시아만 주변에 분포하여 편재성이 크다.

1157 화석 에너지 자원 중 산업용으로 이용되는 비율이 가장 높은 자원은 석탄이다.

1162 전문가 합의법(델파이 기법)은 각 분야의 전문가에게 설문을 반복하여 전문가 집단의 합의를 도출하는 기법이다.

1163 자유 무역의 확대로 국가 간의 무역 경쟁이 심화되면 소수의 국가가 경제를 독점하면서 빈부 격차가 커질 것이다.

대단원 종합 문제

1165
▶ 25715-0657

그래프는 대륙별 인구 변화를 나타낸 것이다. (가)~(다) 대륙에 대한 설명으로 옳은 것만을 〈보기〉에서 고른 것은?

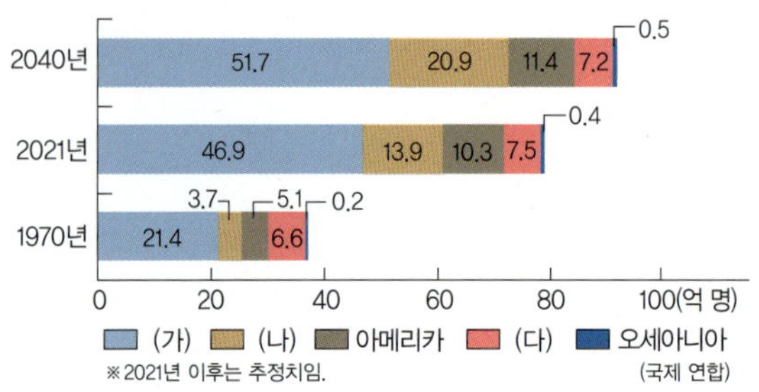

보기

ㄱ. 2021년 (가)에서 총인구가 가장 많은 나라는 나이지리아이다.

ㄴ. (나)는 (다)보다 인구의 자연 증가율이 높다.

ㄷ. (다)는 (가)보다 기대 수명이 높다.

ㄹ. (가)~(다) 중 산업화의 시작 시기는 (나)가 가장 이르다.

① ㄱ, ㄴ   ② ㄱ, ㄷ   ③ ㄴ, ㄷ

④ ㄴ, ㄹ   ⑤ ㄷ, ㄹ

1166
▶ 25715-0658

그래프는 지도에 표시된 세 국가의 노년층 인구 비율과 유소년층 인구 비율을 나타낸 것이다. (가)~(다) 국가에 대한 설명으로 옳은 것은?

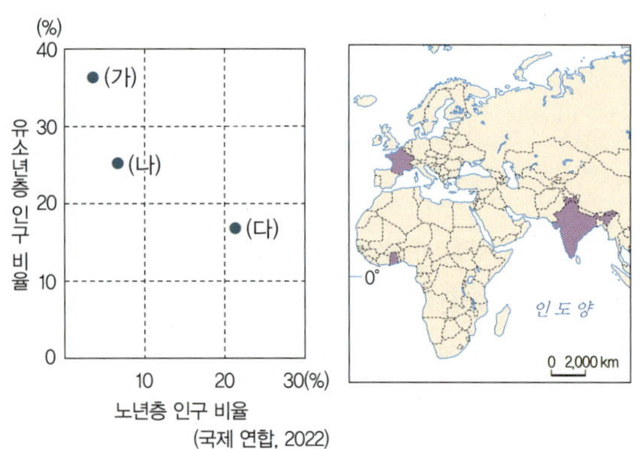

① (가)는 (나)보다 유소년층 인구가 많다.

② (가)는 (다)보다 1인당 국내 총생산이 많다.

③ (나)는 (다)보다 노령화 지수가 높다.

④ (나)는 인구 순 유출, (다)는 인구 순 유입 국가이다.

⑤ (가)~(다) 중 총부양비는 (나)가 가장 높다.

1167
▶ 25715-0659

그래프는 (가), (나) 국가의 인구 부양비 변화를 나타낸 것이다. 이에 대한 설명으로 옳은 것은? (단, (가), (나)는 각각 니제르, 독일 중 하나이고, A~C는 각각 노년 부양비, 유소년 부양비, 총부양비 중 하나임.)

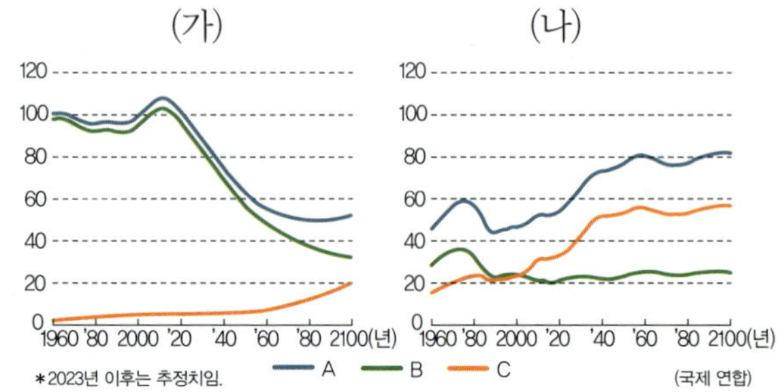

① (가)는 유럽에 위치한다.

② (나)의 2020년 인구 구조는 피라미드형이다.

③ (가)는 (나)보다 1인당 평균 임금이 많다.

④ (나)는 (가)보다 1960년 노령화 지수가 높다.

⑤ A는 총부양비, B는 노년 부양비, C는 유소년 부양비이다.

1168
▶ 25715-0660

표의 (가), (나) 국가군의 상대적 특징을 비교할 때, 그림의 A, B에 들어갈 항목으로 옳은 것은? (단, (가), (나) 국가군은 각각 해외 이주자의 모국 송금액 유입 상위 3개국, 해외 이주자의 모국 송금액 유출 상위 3개국 중 하나임.)

(가)		(나)	
국가	금액 (단위: 십억 달러)	국가	금액 (단위: 십억 달러)
인도	약 111.2	미국	약 81.6
멕시코	약 61.5	사우디아라비아	약 39.3
필리핀	약 38.0	스위스	약 33.6

(세계은행, 2022)

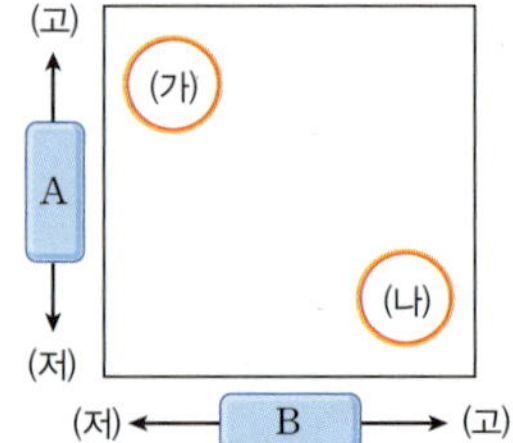

*(고)는 높음, 많음을, (저)는 낮음, 적음을 의미함.

	A	B
①	1인당 국내 총생산	외국인 노동자 비율
②	1인당 국내 총생산	1차 산업 종사자 비율
③	외국인 노동자 비율	1인당 국내 총생산
④	외국인 노동자 비율	1차 산업 종사자 비율
⑤	1차 산업 종사자 비율	외국인 노동자 비율

[1169~1170] 다음 자료를 보고 물음에 답하시오.

아프가니스탄과 시리아 등 정치적으로 불안정하고 분쟁이 잦은 서남아시아 등지에서는 ☐ (가) ☐ 의 이동이 두드러지게 나타나는데, 2022년 기준 시리아에서는 약 655만 명, 아프가니스탄에서는 약 566만 명의 ☐ (가) ☐ 이/가 발생하였다. 최근 우크라이나에서는 전쟁으로 인해 2022년 기준 약 568만 명의 ☐ (가) ☐ 이/가 발생하였다.

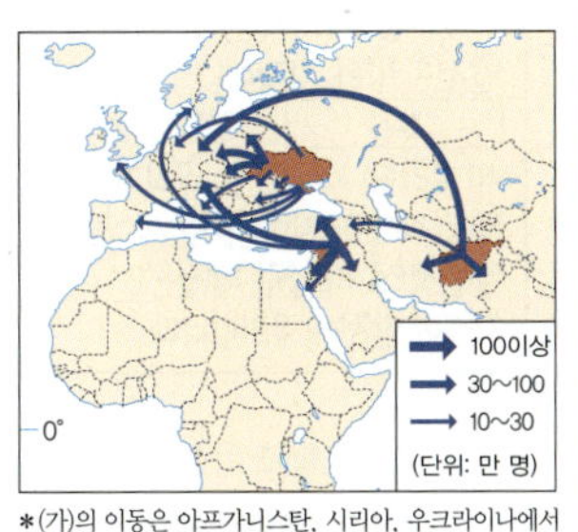

1169
▶ 25715-0661

(가)에 들어갈 용어를 쓰시오.

(   )

1170
▶ 25715-0662

(가)의 유입으로 인해 서유럽에서 나타날 것으로 예상되는 긍정적 영향과 부정적 영향을 각각 한 가지씩 서술하시오.

[1171~1172] 그래프는 세계와 우리나라 및 지역(대륙)별 합계 출산율 변화를 나타낸 것이다. 물음에 답하시오.

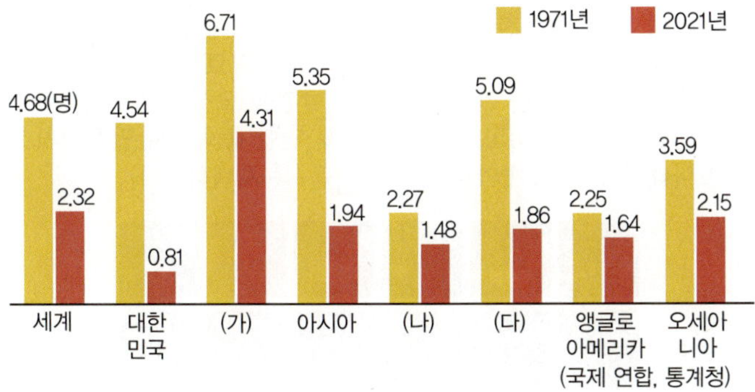

1171
▶ 25715-0663

(가)~(다)에 해당하는 지역(대륙)을 각각 쓰시오.

(가) – (   ), (나) – (   ), (다) – (   )

1172
▶ 25715-0664

우리나라 합계 출산율 변화의 특징과 원인을 서술하시오.

1173
▶ 25715-0665

그래프의 (가)~(다) 국가를 지도의 A~C에서 고른 것은?

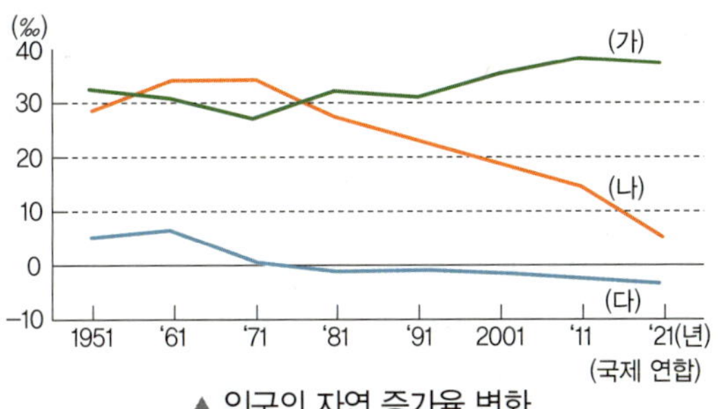

▲ 인구의 자연 증가율 변화

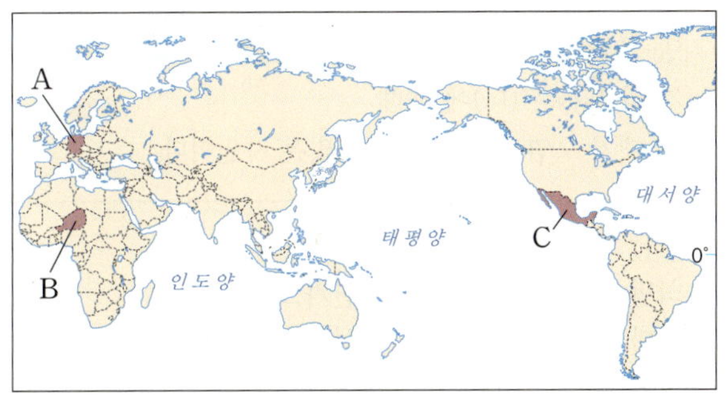

	(가)	(나)	(다)		(가)	(나)	(다)
①	A	B	C	②	A	C	B
③	B	A	C	④	B	C	A
⑤	C	A	B				

1174
▶ 25715-0666

다음 글의 ㉠~㉡에 대한 설명으로 옳지 <u>않은</u> 것은?

출생아는 줄고 사망자는 늘어나면서 우리나라는 3년 넘게 인구가 ☐ ㉠ ☐ 하였다. 2023년 기준 우리나라의 ㉡ 합계 출산율은 0.72명으로 경제 개발 협력 기구(OECD) 회원국 중 최하위이며, 2025년에는 전체 인구 중 65세 이상 인구가 20%를 돌파하며 ☐ ㉢ ☐ (으)로 접어든지 7년만에 ☐ ㉣ ☐ (으)로 진입할 것으로 예상된다. 고령화가 급격하게 진행되면 ☐ ㉤ ☐ 이/가 나타날 수 있는데, 이에 대응하는 ㉥ 저출산 대책 추진 등이 필요하다.

① ㉠에는 '자연 감소'가 들어갈 수 있다.
② ㉡은 한 해 동안 인구 1,000명당 태어나는 출생아 수를 말한다.
③ ㉢은 '고령 사회', ㉣은 '초고령 사회'이다.
④ ㉤에는 '국민 연금의 조기 고갈'이 들어갈 수 있다.
⑤ ㉥에는 '물가 상승률과 연동되는 아동 수당 지급'이 포함될 수 있다.

02 에너지 자원과 지속가능한 발전

1175
▶ 25715-0667

다음 자료의 (가)~(다)에 해당하는 화석 에너지 자원으로 옳은 것은?

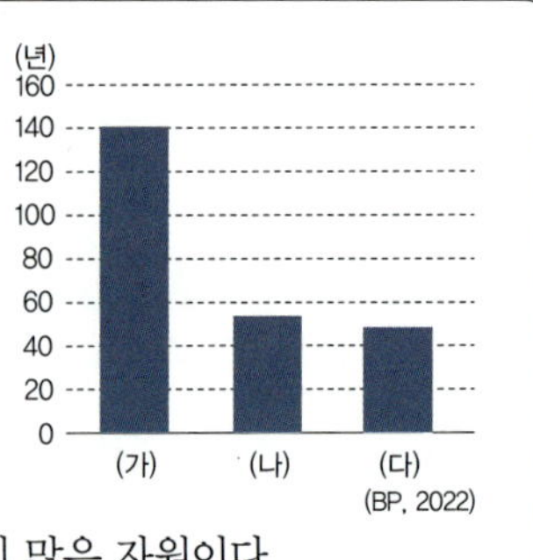

그래프는 (가)~(다) 자원의 가채 연수를 나타낸 것으로, 자원의 소비량이 증가하면 자원의 가채 연수는 짧아진다. 세 자원은 채굴과 소비 과정에서 각종 오염 물질을 배출하는데, (가)와 (나)는 (다)에 비해 연소 시 대기 오염 물질 배출량이 많은 자원이다.

	(가)	(나)	(다)
①	석탄	석유	천연가스
②	석탄	천연가스	석유
③	석유	석탄	천연가스
④	석유	천연가스	석탄
⑤	천연가스	석탄	석유

1176
▶ 25715-0668

그래프는 네 국가의 1차 에너지 소비 구조를 나타낸 것이다. 이에 대한 설명으로 옳은 것은? (단, (가)~(다)는 각각 러시아, 미국, 중국 중 하나이고, A~C는 각각 석유, 석탄, 천연가스 중 하나임.)

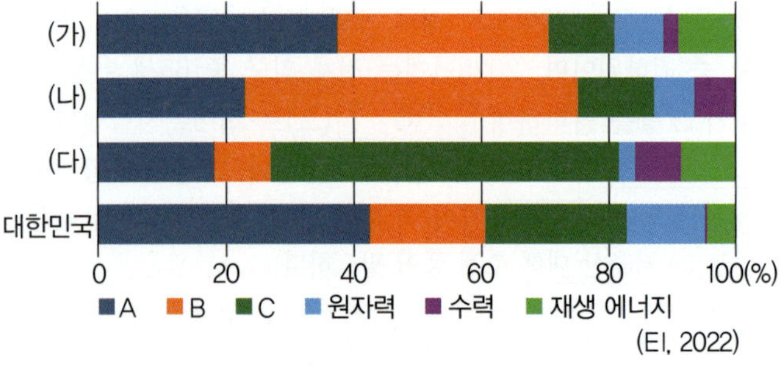

① (가)는 (다)보다 1인당 에너지 소비량이 많다.

② (다)는 (나)보다 국토 총면적이 넓다.

③ A는 B보다 가정용으로 이용되는 비율이 높다.

④ B는 C보다 연소 시 대기 오염 물질 배출량이 많다.

⑤ C는 A보다 생산량 대비 국제 이동량이 많다.

[1177~1178] 다음 장면을 보고 물음에 답하시오.

1177
▶ 25715-0669

(가), (나)에 들어갈 용어를 각각 쓰시오.

(가) – (　　　　　　　　　) (나) – (　　　　　　　　　)

1178
▶ 25715-0670

(다), (라)에 들어갈 수 있는 내용을 각각 서술하시오.

[1179~1180] 다음 자료를 보고 물음에 답하시오.

지구촌의 많은 사람들은 여전히 빈곤, 기아, 질병 등에 시달리고 있어 경제 발전을 멈출 수 없다. 화석 에너지 기반의 개발 방식으로는 지구 생태계가 버티기 힘들므로 우리는 인간과 비인간 모두를 위한 ㉠ 지속가능한 발전을 달성해야 한다. 이에 국제 사회는 2015년 제70차 국제 연합 총회에서 만장일치로 아래와 같은 17개의 [㉡]을/를 채택하였다.

1179
▶ 25715-0671

㉠의 의미를 서술하시오.

1180
▶ 25715-0672

㉡에 들어갈 용어를 쓰시오.

(　　　　　　　　　)

1181

▶ 25715-0673

다음은 기후변화 대응과 관련한 신문 기사의 일부이다. (가), (나)에 들어갈 내용으로 옳은 것은?

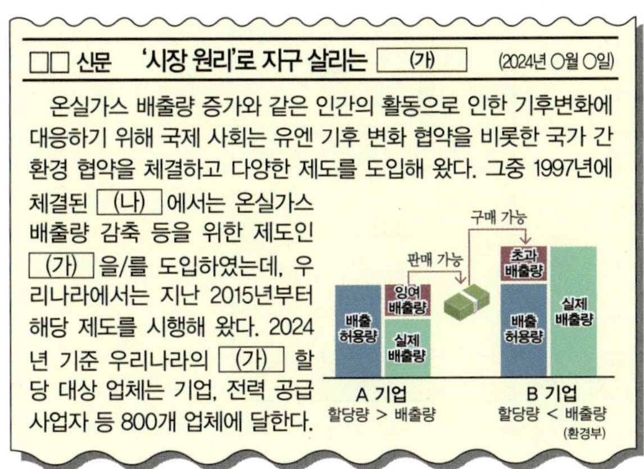

	(가)	(나)
①	온실가스 배출권 거래제	교토 의정서
②	온실가스 배출권 거래제	파리 협정
③	온실가스 배출권 거래제	람사르 협약
④	2050 탄소중립 추진 전략	교토 의정서
⑤	2050 탄소중립 추진 전략	파리 협정

---

03 미래 사회와 세계시민으로서의 삶

1182

▶ 25715-0674

다음 글의 ㉠~㉤에 대한 설명으로 옳지 <u>않은</u> 것은?

> 과학 기술의 발전으로 ㉠ 하이퍼루프, 도심 항공 교통과 같은 모빌리티가 등장하고 있다. 또한 정보 통신 기술의 발달로 사람, 공간, 사물, 데이터 등이 모두 연결되는 ㉡ 초연결 사회가 다가오고 있다. 미래 사회의 생태 환경에 있어 ㉢ 열대림 파괴 및 ㉣ 지구 온난화에 따른 ㉤ 기후변화 속도가 빨라질 것으로 예상된다. ㉥ 이산화 탄소 포집·활용·저장(CCUS)과 같은 기술의 발전은 온실가스를 감축할 수 있는 대안이 될 수 있을 것이다.

① ㉠으로 시간과 공간의 제약이 줄어들 것이다.

② ㉡으로 사생활 침해와 개인 정보 유출 등의 문제가 심화될 수 있다.

③ ㉢은 ㉣을 심화시키는 요인으로 작용한다.

④ ㉤ 대응을 위해 몬트리올 의정서가 채택되었다.

⑤ ㉥ 기술의 활용은 전 지구적인 해수면 상승 속도를 완화하는 데 기여할 수 있다.

1183

▶ 25715-0675

다음 글의 ㉠이 있는 지역이 포함된 지도는?

> 기후변화로 작물 분포가 변하고 식물종 멸종 위험이 커지면서 종자 보관소의 역할이 커지고 있다. 북극권에 위치한 노르웨이령 스발바르 제도에는 세계의 식물 종자들을 보관하는 ㉠ 스발바르 국제 종자 저장고가 있다. 비무장 지대인 스발바르 제도는 스발바르 조약에 의해 평화적 이용이 보장되는데, 스발바르 국제 종자 저장고는 지하 120m 정도 깊이의 영구 동토층에 있어 전기가 끊기더라도 씨앗이 최대 200년 동안 자연 냉동 상태를 유지할 수 있게 설계되었다.

▶ 스발바르 국제 종자 저장고 입구

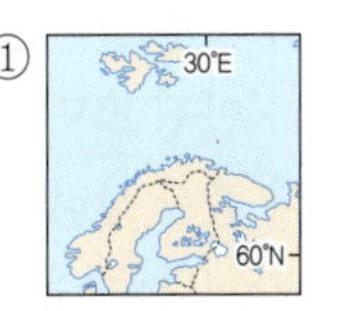

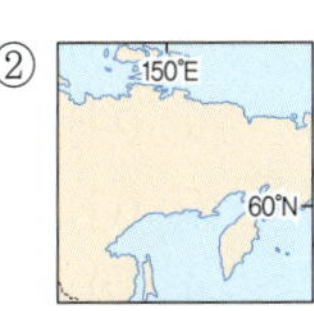

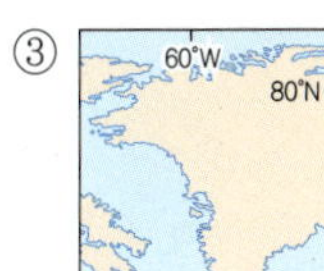

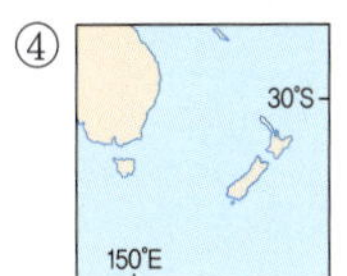

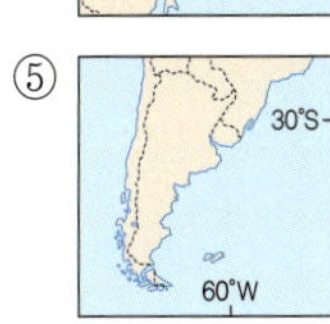

1184

▶ 25715-0676

다음 장면의 (가)에 들어갈 내용으로 적절한 것만을 <보기>에서 있는 대로 고른 것은?

〔 보기 〕

ㄱ. 디지털 탄소 발자국을 줄이기 위해 노력해야 해요

ㄴ. 국제 환경 협약을 체결하여 성실하게 이행해야 해요

ㄷ. 타인에 대한 배려보다 자신의 이익을 우선으로 추구해야 해요

① ㄱ　　　　② ㄴ　　　　③ ㄷ

④ ㄱ, ㄴ　　　⑤ ㄴ, ㄷ

1185

2023학년도 11월 고1 학력평가 ▶

그래프는 지도에 표시된 두 국가의 연령층별 인구 비율과 총인구를 나타낸 것이다. (가), (나) 국가에 대한 설명으로 옳은 것은?

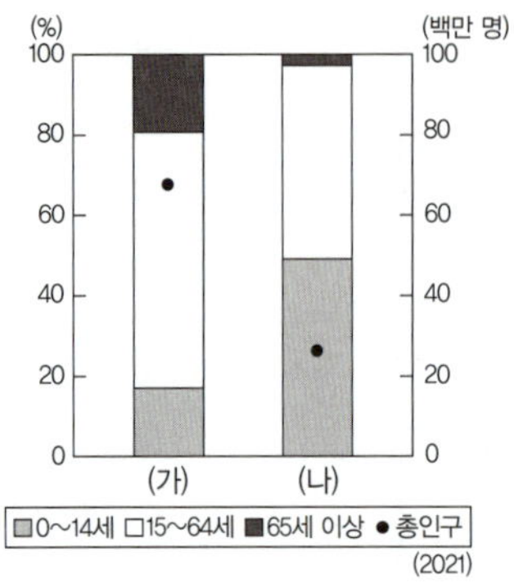

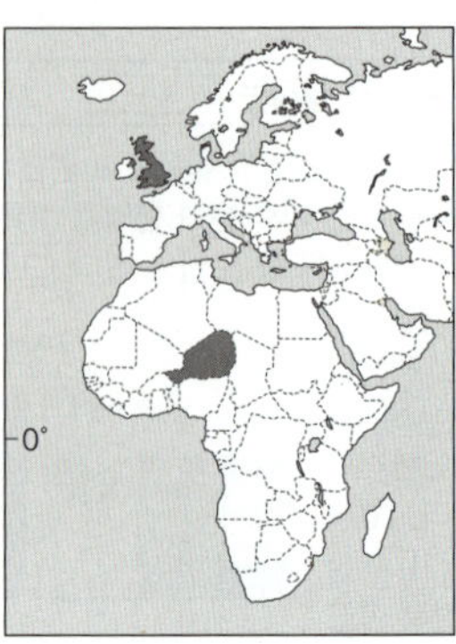

① (가)는 (나)보다 중위 연령이 낮다.
② (가)는 (나)보다 경제 발전 수준이 높다.
③ (나)는 (가)보다 인구 밀도가 높다.
④ (나)는 (가)보다 출산 장려 정책의 필요성이 크다.
⑤ (가)는 아프리카, (나)는 유럽에 위치한다.

1186

2023학년도 11월 고1 학력평가 ▶

다음 자료의 (가)에 해당하는 환경 문제가 심화될 경우 우리나라에 나타날 수 있는 변화에 대한 추론으로 가장 적절한 것은?

① 봄꽃의 개화 시기가 빨라질 것이다.
② 서리가 내리는 날이 증가할 것이다.
③ 냉대림의 분포 면적이 넓어질 것이다.
④ 여름이 짧아지고 겨울이 길어질 것이다.
⑤ 열대성 질병의 발병률이 감소할 것이다.

1187

2023학년도 9월 고1 학력평가

밑줄 친 ㉠~㉣에 대한 옳은 설명만을 〈보기〉에서 고른 것은?

> 기후 변화의 주요 원인 중 하나인 ㉠ 지구 온난화는 자연적 요인과 인위적 요인에 의해 발생한다. 주된 인위적 요인에는 ㉡ 화석 에너지의 사용량 증가에 따른 온실가스 배출량의 증가가 있다. 이에 따른 기후 변화 문제를 해결하기 위해서 국제 사회는 1997년 교토 의정서, 2015년 ㉢ 파리 기후 변화 협약 등을 체결하였다. 국제 사회의 노력에 발맞추기 위해서는 ㉣ 정부의 정책 마련과 함께 국민들의 지속적인 실천이 필요하다.

〈 보기 〉

ㄱ. ㉠의 영향으로 봄꽃의 개화 시기가 늦어질 것이다.
ㄴ. ㉡의 주요 원인은 산업화와 인구 증가이다.
ㄷ. ㉢은 선진국에만 온실가스 감축 의무를 부여하였다.
ㄹ. ㉣의 사례에는 탄소 배출권 거래제가 있다.

① ㄱ, ㄴ ② ㄱ, ㄷ ③ ㄴ, ㄷ ④ ㄴ, ㄹ ⑤ ㄷ, ㄹ

1188

2023학년도 9월 고1 학력평가

(가), (나)에서 공통으로 도출할 수 있는 기업의 역할로 가장 적절한 것은?

> (가) A 기업은 글로벌 탄소 감축 기여도를 높이기 위해 넷제로*와 RE100** 실현 의지를 담은 보고서를 발간했다. A 기업은 해당 보고서를 통해 2030년 넷제로와 RE100을 모든 계열사에서 동시에 달성하겠다는 의지를 밝히고, 온실가스 감축 목표 달성을 위한 중장기 전략도 공개했다.
> (나) B 기업은 해양 폐기물을 자사 제품의 부품 소재로 재활용하고 있다. 더 나아가 모든 신제품에 재활용 소재 적용, 제품 패키지에서 플라스틱 소재 제거, 매립 폐기물 제로화 등의 비전을 실천 중이다.
>> * 넷제로(net-zero): 6대 온실가스의 순 배출량을 0(zero)으로 만드는 것
>> ** RE100: 기업의 소비 전력 100%를 재생 에너지로 충당하겠다는 글로벌 캠페인

① 회계를 투명하게 운영해야 한다.
② 노동자의 근로 조건을 개선해야 한다.
③ 소비자의 경제적 이익을 보호해야 한다.
④ 공정한 경쟁을 통해 이윤을 추구해야 한다.
⑤ 친환경적인 생산을 통해 환경 보호에 기여해야 한다.

인용 자료 출처

8쪽	아동 노동 ⓒ Sipa USA / Alamy Stock Photo
79쪽	줄다리기 ⓒ 뉴스뱅크
102쪽	구로 공업 단지 항공사진 ⓒ 행정안전부 정보공개시스템(www.open.go.kr)
226쪽	교토 의정서 ⓒ 19971203_COP3 首相官邸ホームページ, CC 表示 4.0, wiki
226쪽	파리 협정 ⓒ Imago / Alamy Stock Photo
228쪽	『생태시민을 위한 동물지리와 환경 이야기』, 한준호 외 5명 저, 롤러코스터, 2024
235쪽	스발바르 국제 종자 저장고 ⓒ imageBROKER.com GmbH & Co. KG / Alamy Stock Photo

memo

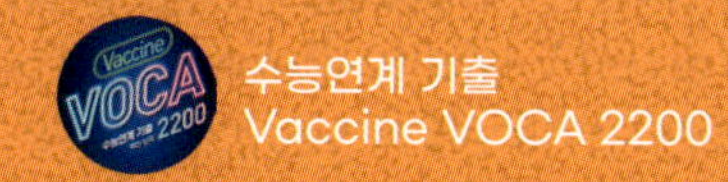

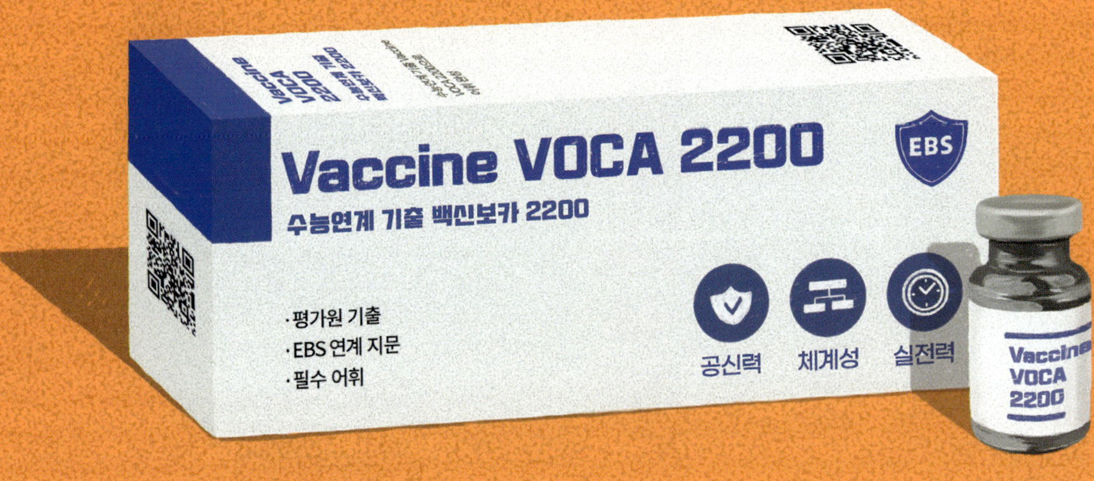

○ 수능 영단어장의 끝판왕!
10개년 수능 빈출 어휘 + 7개년 연계교재 핵심 어휘

○ 수능 적중 어휘 자동암기 3종 세트 제공
휴대용 포켓 단어장 / 표제어 & 예문 MP3 파일 / 수능형 어휘 문항 실전 테스트

완벽한 시험 대비를 위한
EBS 대표 실전 문제집

개념완성 문항편

통합사회

1188제

정답과 해설

지식은 루틴이 된다

하루 10분
나를 위한 콘텐츠

EBS play+

Knowledge Becomes Routine

EBS play+

EBS 구독이 후원입니다.
www.ebs.co.kr/package/support

개념완성
문항편
통합사회

1188제

정답과 해설

한눈에 보는 정답

통합사회 1

Ⅰ. 통합적 관점

01 인간, 사회, 환경을 바라보는 다양한 관점 ~
02 통합적 관점의 필요성과 적용

개념 핵심 문제 ·· 본문 9쪽
001 시간적　002 공간적　003 사회적　004 윤리적
005 통합적　006 윤리적　007 탐구 주제　008 공간적　009 ㄱ
010 ㄴ　011 ㄹ　012 ㄷ　013 ㉢　014 ㉠　015 ㉡

내신 적중 문제 ······························· 본문 10쪽~12쪽
016 ③　017 ⑤　018 ①　019 ④　020 ①　021 ③　022 ①
023 ⑤　024 ⑤　025 ⑤　026 ④

1등급 고난도 문제 ································· 본문 13쪽
031 ③　032 ①　033 ②　034 ③

대단원 종합 문제 ····························· 본문 15쪽~17쪽
045 ④　046 ③　047 ②　048 ③　049 윤리적 관점
050 해설 참조　051 통합적 관점　052 해설 참조　053 ①
054 (가) – 공간적 관점, (나) – 윤리적 관점　055 ④　056 ⑤
057 ①　058 ③　059 ④

도전! 기출 문제 ······························· 본문 18쪽~19쪽
060 ②　061 ④　062 ④　063 ④

Ⅱ. 인간, 사회, 환경과 행복

01 행복의 기준과 의미 ~
02 행복한 삶을 실현하기 위한 조건

개념 핵심 문제 ·· 본문 21쪽
064 행복　065 이성　066 선사　067 주관적　068 ㉡
069 ㉢　070 ㉠　071 자연환경　072 목적　073 최저 임금
074 민주주의　075 ㄹ　076 ㄷ　077 ㄴ　078 ㄱ

내신 적중 문제 ······························· 본문 22쪽~25쪽
079 ③　080 ④　081 ②　082 ④　083 ④　084 ①　085 ⑤
086 ④　087 ⑤　088 ②　089 ④　090 ①　091 ④　092 ③
093 ①　094 ④　095 ④　096 ④

1등급 고난도 문제 ································· 본문 27쪽
101 ③　102 ③　103 ①　104 ①

대단원 종합 문제 ····························· 본문 30쪽~33쪽
125 ④　126 ①　127 ④　128 행복　129 ③　130 ④
131 ③　132 해설 참조　133 ④　134 ①　135 ⑤　136 ①
137 해설 참조　138 ④　139 ④　140 일정한 생업　141 ①
142 ④　143 ⑤　144 ①

도전! 기출 문제 ······························· 본문 34쪽~35쪽
145 ⑤　146 ④　147 ④　148 ⑤

Ⅲ. 자연환경과 인간

01 자연환경과 인간 생활

개념 핵심 문제 ·· 본문 37쪽
149 위도　150 열대　151 자연재해　152 ○　153 ×　154 ○
155 연 증발량, 연 강수량　156 얕고, 큰　157 기후적, 지형적
158 ㄴ　159 ㄱ　160 ㄷ　161 ㉠　162 ㉢　163 ㉡　164 ㉣

내신 적중 문제 ······························· 본문 38쪽~41쪽
165 ③　166 ⑤　167 ③　168 ③　169 ③　170 ⑤　171 ④
172 ①　173 ④　174 ⑤　175 ④　176 ④　177 ⑤　178 ④
179 ⑤　180 ③　181 ③　182 ③

1등급 고난도 문제 ································· 본문 43쪽
187 ②　188 ④　189 ④　190 ④

02 인간과 자연의 관계 ~
03 환경 문제 해결을 위한 다양한 노력

개념 핵심 문제 ·· 본문 45쪽
191 인간 중심주의　192 생태 중심주의　193 인간　194 생태
195 인간　196 생태　197 인간　198 자정 능력　199 온실가스
200 ×　201 ○　202 정부　203 기업　204 몬트리올

내신 적중 문제 ······························· 본문 46쪽~49쪽
205 ①　206 ④　207 ③　208 ④　209 ①　210 ⑤　211 ④
212 ⑤　213 ②　214 ⑤　215 ①　216 ⑤　217 ②　218 ⑤
219 ②　220 ④　221 ②　222 ④　223 ④

1등급 고난도 문제 ································· 본문 51쪽
228 ③　229 ④　230 ②　231 ④

대단원 종합 문제 ····························· 본문 54쪽~57쪽
252 ②　253 ②　254 ②　255 해설 참조　256 해설 참조
257 ④　258 ⑤　259 ④　260 ④　261 ②　262 ②　263 ⑤
264 ④　265 ④　266 ④　267 해설 참조　268 ②　269 ④　270 ③

도전! 기출 문제 ······························· 본문 58쪽~59쪽
271 ②　272 ②　273 ①　274 ②

Ⅳ. 문화와 다양성

01 세계의 다양한 문화권 ~ 02 문화 변동과 전통문화

개념 핵심 문제 ·· 본문 61쪽
275 리오그란데강　276 돼지고기, 쇠고기　277 자극 전파　278 ×
279 ○　280 ×　281 게르만족, 라틴족　282 남부　283 순록
284 문화 정체성　285 직접　286 문화 융합　287 비판적
288 발견

내신 적중 문제 ······························· 본문 62쪽~65쪽
289 ②　290 ⑤　291 ②　292 ⑤　293 ④　294 ②　295 ①
296 ②　297 ②　298 ②　299 ②　300 ⑤　301 ③　302 ①
303 ②　304 ①　305 ④　306 ④　307 ④

1등급 고난도 문제 ································· 본문 67쪽
312 ②　313 ④　314 ④　315 ⑤

Ⅱ. 사회 정의와 불평등

01 정의의 의미와 실질적 기준

개념 핵심 문제 ·········· 본문 135쪽

646 정의　647 일반적　648 분배적　649 필요　650 동일하게
651 타고난 성향에 따라　652 동등하게　653 ㄷ　654 ㄴ
655 ㄱ　656 ㉠　657 ㉢　658 ㉡

내신 적중 문제 ·········· 본문 136쪽~139쪽

659 ③　660 ①　661 ③　662 ①　663 ②　664 ⑤　665 ⑤
666 ①　667 ③　668 ⑤　669 ③　670 ④　671 ⑤　672 ④
673 ①　674 ③　675 ②　676 ④

1등급 고난도 문제 ·········· 본문 141쪽

681 ①　682 ②　683 ④　684 ①

02 다양한 정의관의 특징과 적용 ~
03 다양한 불평등 현상과 정의로운 사회 실현

개념 핵심 문제 ·········· 본문 143쪽

685 권리　686 공동체주의적 정의관　687 공간 불평등
688 적극적 평등 실현　689 절대적　690 영향을 받으며
691 최소한의　692 ㄱ　693 ㄷ　694 ㄴ　695 ㉢　696 ㉡
697 ㉠

내신 적중 문제 ·········· 본문 144쪽~147쪽

698 ⑤　699 ⑤　700 ①　701 ⑤　702 ③　703 ②　704 ①
705 ②　706 ①　707 ①　708 ③　709 ①　710 ④　711 ④
712 ④　713 ④　714 ②　715 ①

1등급 고난도 문제 ·········· 본문 149쪽

720 ⑤　721 ①　722 ③　723 ④

대단원 종합 문제 ·········· 본문 152쪽~155쪽

744 ①　745 ④　746 사회적 가치(들)　747 해설 참조　748 ③
749 ①　750 해설 참조　751 해설 참조　752 ③　753 ②
754 공정　755 해설 참조　756 ③　757 ③　758 ①
759 사회 계층의 양극화　760 해설 참조　761 ①　762 ③　763 ②

도전! 기출 문제 ·········· 본문 156쪽~157쪽

764 ④　765 ②　766 ⑤　767 ⑤

Ⅲ. 시장경제와 지속가능발전

01 자본주의의 전개 과정과 경제 체제 ~
02 합리적 선택과 경제 주체의 역할

개념 핵심 문제 ·········· 본문 159쪽

768 사유　769 정부　770 희소성　771 시장 실패　772 상업
773 확대　774 암묵적　775 ㄴ　776 ㄹ　777 ㄱ　778 ㄷ
779 ㉢　780 ㉠　781 ㉡

내신 적중 문제 ·········· 본문 160쪽~163쪽

782 ④　783 ⑤　784 ①　785 ⑤　786 ②　787 ③　788 ④
789 ④　790 ①　791 ③　792 ④　793 ②　794 ④　795 ①
796 ⑤　797 ⑤　798 ③　799 ②

1등급 고난도 문제 ·········· 본문 165쪽

804 ③　805 ④　806 ③　807 ⑤

03 자산 관리와 금융 생활 설계

개념 핵심 문제 ·········· 본문 167쪽

808 저축성 예금　809 안전성　810 금융 생활 설계(재무 설계)
811 높지만, 낮은　812 주식, 채권　813 높을수록　814 낮을　815 ㄱ
816 ㄴ, ㄷ　817 ㄱ, ㄷ　818 ㄴ　819 ㉡　820 ㉢　821 ㉠

내신 적중 문제 ·········· 본문 168쪽~171쪽

822 ②　823 ④　824 ③　825 ⑤　826 ⑤　827 ④　828 ③
829 ③　830 ④　831 ④　832 ④　833 ①　834 ④　835 ⑤
836 ⑤　837 ③　838 ⑤　839 ③

1등급 고난도 문제 ·········· 본문 173쪽

844 ④　845 ④　846 ④　847 ③

04 국제 분업과 무역

개념 핵심 문제 ·········· 본문 175쪽

848 무역　849 특화　850 절대 우위　851 비교 우위　852 작은
853 있다　854 보호 무역　855 확대　856 ㄷ　857 ㄱ　858 ㄴ
859 ㅁ　860 ㄹ

내신 적중 문제 ·········· 본문 176쪽~178쪽

861 ⑤　862 ④　863 ②　864 ⑤　865 ①　866 ⑤　867 ④
868 ②　869 ①　870 ①　871 ③

1등급 고난도 문제 ·········· 본문 179쪽

876 ①　877 ②　878 ④　879 ②

대단원 종합 문제 ·········· 본문 182쪽~185쪽

902 ③　903 ①　904 ②　905 ②　906 ③　907 외부 효과
908 해설 참조　909 ⑤　910 ④　911 ③　912 ④
913 해설 참조　914 해설 참조　915 ⑤　916 ②　917 ①
918 지속가능발전　919 ⑤　920 ③　921 ②

도전! 기출 문제 ·········· 본문 186쪽~187쪽

922 ④　923 ③　924 ③　925 ⑤

I. 통합적 관점

01 인간, 사회, 환경을 바라보는 다양한 관점 ~
02 통합적 관점의 필요성과 적용

개념 핵심 문제
본문 9쪽

001 시간적	**002** 공간적	**003** 사회적
004 윤리적	**005** 통합적	**006** 윤리적
007 탐구 주제	**008** 공간적	
009 ㄱ **010** ㄴ **011** ㄹ **012** ㄷ **013** ⓒ		
014 ㉠ **015** ㉡		

내신 적중 문제
본문 10쪽~12쪽

016 ③	**017** ⑤	**018** ①	**019** ④	**020** ①
021 ③	**022** ①	**023** ⑤	**024** ⑤	**025** ⑤
026 ④				

016

③ 일상생활에서 법과 제도가 우리에게 미치는 영향은 무엇이며, 사회 구조와 문화가 인간 사회와 행동을 어떻게 변화시키는지 등에 관심을 갖는 관점은 사회적 관점이다.

오답 피하기 ① 시간적 관점은 현재 우리 삶의 모습에 영향을 미친 과거의 자취를 따라가서 그때의 상황과 역사적 사실을 찾고, 이를 현재와 관련지어 의미를 부여하는 것을 말한다.
② 공간적 관점은 인간 생활과 사회현상을 위치, 장소, 지역, 이동, 분포 유형, 지역 간 네트워크 등의 공간적 맥락에서 살펴보는 것을 말한다.
④ 윤리적 관점은 인간의 행위를 도덕적 기준에서 탐색하고 바람직한 삶의 모습을 살펴보는 것을 말한다.
⑤ 통합적 관점은 사회현상을 이해하거나 사회문제를 해결하기 위해 시간적·공간적·사회적·윤리적 관점을 종합적으로 적용하는 것을 말한다.

017

사막의 유목민과 툰드라 지대의 유목민의 설거지 방식이 다르다. 이는 자연환경이 서로 다르기 때문이다. 환경에 따라 사람들의 생활 방식이 어떤 영향을 받고 있는지를 살펴보는 것은 공간적 관점이다.
⑤ 공간적 관점에서는 주변 환경이 인간과 사회에 어떤 영향을 미치는지를 파악한다.

오답 피하기 ① 통합적 관점으로 사회현상을 살펴보는 것은 어느 하나의 관점이 아니라 시간적 관점, 공간적 관점, 사회적 관점, 윤리적 관점 등 여러 관점에서 종합적으로 살펴보는 것을 말한다.
② 도덕적 가치를 중심으로 인간을 이해해야 한다는 것은 윤리적 관점이다.
③ 과거의 사실을 바탕으로 미래를 예측할 수 있어야 한다는 것은 시간적 관점이다.
④ 인간은 사회 구조의 영향력을 벗어날 수 없으므로 사회 구조나 사회 제도

가 인간에게 미치는 영향을 파악해야 한다는 것은 사회적 관점이다.

018

오늘날 햄버거 전문점에서 일회용품을 줄이는 것은 환경 보호라는 가치를 중시하는 것이므로 윤리적 관점에서 사회현상을 바라보고 있다.
① 윤리적 관점은 도덕적 가치를 중심으로 사회현상을 성찰한다.

오답 피하기 ② 제시문에서 사회현상은 전문가에 의해 체계적으로 연구되어야 한다는 내용을 찾아보기 어렵다.
③ 제시문에서 공간적 상호 작용에 중점을 두고 있다는 점은 찾아보기 어렵다.
④ 제시문에서 사회 구조가 인간의 행동에 어떤 영향을 주는지는 나타나 있지 않다.
⑤ 제시문에서 복잡한 사회현상을 어느 한 가지 관점에서만 바라보아서는 안 되며 통합적 관점에서 바라보아야 함을 강조하는 것은 아니다.

019

제시문에서 밑줄 친 부분은 빈곤이 심각한 사람들 대부분이 어디에 분포하는지, 그리고 그 지역의 공간적 맥락은 무엇인지를 말하고 있으므로 빈곤 문제를 공간적 관점에서 바라보고 있다.
④ 빈곤 문제를 바라볼 때 지역별로 빈곤 인구 분포의 차이가 어떻게 나타나는지 살펴보는 관점은 공간적 관점이다.

오답 피하기 ① 과거의 역사적 사실에 근거하여 국가별 빈곤 실태를 살펴보는 것은 시간적 관점에 해당한다.
② 국제기구는 사회 제도에 해당한다. 사회 제도나 사회 구조가 인간에게 미치는 영향을 알아보는 것은 사회적 관점이다. 따라서 세계 기아 문제를 해결하기 위한 국제기구의 활동을 찾아보는 것은 사회적 관점에 해당한다.
③ 어떤 사회 구조나 제도가 빈곤 문제에 영향을 주는지 조사하는 것은 사회적 관점에 해당한다.
⑤ 인간의 존엄성과 같은 보편적인 가치를 생각해 보는 것은 윤리적 관점에 해당한다.

020

① (가)는 통합적 관점이다. 오늘날 사회현상은 너무나 복잡하고 서로 긴밀히 연결되어 있어서 어느 한 가지 관점에서만 사회현상을 본다면 다른 부분을 놓칠 수 있다. 따라서 통합적 관점에서 사회현상을 파악하는 것이 필요하다.

오답 피하기 ② 시간적 관점은 사회현상과 사회문제를 이해하기 위해 역사적 배경과 시대적 맥락에 초점을 둔다.
③ 공간적 관점은 사회현상과 사회문제를 이해하기 위해 장소와 지역 및 공간적 상호 작용에 중점을 둔다.
④ 사회적 관점은 사회현상과 사회문제에 미치는 사회 구조 및 제도의 영향력에 초점을 둔다.
⑤ 윤리적 관점은 인간이 바람직한 삶을 살기 위해 어떤 행위가 도덕적 행위인지를 탐색하고, 우리 사회가 어떤 도덕적 가치와 규범을 지향해야 하는지를 고려한다.

021

인터넷 인프라의 구축은 사회 구조, 우리 사회의 문화 산업 지원 정책은 사회 제도에 해당한다.
③ 사회 구조와 사회 제도가 K-컬처에 영향을 준 것이므로 사

회적 관점에서 K-컬처 현상을 바라보고 있다. 따라서 K-컬처 현상에 영향을 미치는 사회 제도 및 구조를 조사하는 것이 학습 주제임을 알 수 있다.

오답 피하기 ① K-컬처 현상을 역사적 맥락으로 살펴보는 것은 시간적 관점에서 바라보는 것이다.
② K-컬처 현상을 공간적 상호 작용의 측면에서 바라보는 것은 공간적 관점에 해당한다.
④ 세계인의 공감을 얻는다는 것은 가치와 관련되므로 윤리적 관점에 해당한다.
⑤ K-컬처 현상이 우리 한국인에게 바람직한 가치관을 제시해 주는지를 살펴보는 것은 윤리적 관점에 해당한다.

022

밑줄 친 '이것'은 시간적 관점이다.
① 시간적 관점은 과거의 사회현상을 분석하고, 인간 활동의 연속성과 변화를 파악하며, 과거의 경험을 바탕으로 현재와 미래를 이해하는 관점이다.

오답 피하기 ② 공간적 관점은 인간, 사회, 환경의 문제를 위치, 장소, 지리, 이동, 방향, 분포 등을 고려하여 공간적 맥락에서 이해하는 관점이다.
③ 사회적 관점은 어떠한 사회현상과 사회문제의 원인과 배경, 영향 등을 파악하기 위해 그와 관련된 사회 구조 및 제도의 내용과 특성을 살펴보는 관점이다.
④ 윤리적 관점은 인간이 바람직한 삶을 살기 위해 어떤 행위가 도덕적 행위인지를 탐색하고, 우리 사회가 어떤 도덕적 가치와 규범을 지향해야 하는지를 고려하는 관점이다.
⑤ 통합적 관점은 사회현상을 이해하거나 사회문제를 해결하기 위해 시간적·공간적·사회적·윤리적 관점을 종합적으로 적용하는 것을 말한다.

023

A는 시간적 관점, B는 공간적 관점, C는 사회적 관점, D는 윤리적 관점이다.
ㄷ. 윤리적 관점은 사회현상을 도덕적 가치와 규범 측면에서 평가하고 이해하는 방식이다. 따라서 사회가 바람직한 방향으로 나아갈 수 있도록 도덕적 판단을 해야 함을 강조한다.
ㄹ. 시간적 관점을 통해 사회현상을 본다는 것은 과거의 사회현상을 분석함으로써 비슷한 일에 대처하는 합리적인 방안을 마련할 수 있다는 점에서 유용하다.

오답 피하기 ㄱ. 설문 조사, 심층 면담, 현장 관찰 등의 방법으로 사회현상의 자료를 수집하고 분석하는 것은 사회적 관점에 해당한다.
ㄴ. 사회현상을 사회 구조와 사회 제도의 맥락 속에서 이해하고 분석하는 것은 사회적 관점이다.

024

⑤ 결혼하지 않고 혼자 살아가려는 비혼 문화가 증가한다는 사회현상에 대해 윤리적 관점에서는 도덕적 가치와 규범을 고려하여 이 현상을 분석해야 한다. 따라서 비혼 문화 형성에 영향을 미친 개인의 가치관이 무엇인지는 윤리적 관점에서 제기할 수 있는 질문이다.

오답 피하기 ① 비혼 문화가 언제부터 시작되었는지를 궁금해하는 것은 시간적 관점에서 제기할 수 있는 질문이다.

② 비혼 문화가 다른 나라에서도 찾아볼 수 있는 것인지는 공간적 관점에서 제기할 수 있는 질문이다.
③ 비혼 문화와 1인 가구 증가는 비혼 문화를 둘러싼 사회 구조를 파악하는 것이므로 사회적 관점에서 제기할 수 있는 질문이다.
④ 비혼 문화는 어떤 사회 제도의 영향을 받은 것인지를 묻는 것은 사회적 관점에서 제기할 수 있는 질문이다.

025

지역마다 출렁다리가 우후죽순 생겨나는 현상에 대해 시간적 관점, 공간적 관점, 사회적 관점, 윤리적 관점에서 탐구한다.
ㄷ. 지방 자치 단체의 정책은 사회 제도에 해당한다. 사회 제도가 개인이나 사회에 미치는 영향을 파악하는 것은 사회적 관점에 해당한다. 따라서 출렁다리 건설을 추진하는 지방 자치 단체의 정책 타당성을 조사하는 것은 사회적 관점에서 할 수 있는 탐구 활동이다.
ㄹ. 출렁다리 건설이 지역 사회의 발전에 바람직한지에 대한 인식은 사회현상에 대한 사람들의 가치관에 해당하므로 이러한 인식 조사는 윤리적 관점에서 할 수 있는 탐구 활동이다.

오답 피하기 ㄱ. 출렁다리 건설 지역 주민의 생활 모습을 조사하는 것은 공간적 관점에서 할 수 있는 탐구 활동이다.
ㄴ. 출렁다리 건설로 인한 과거의 성공 및 실패 사례를 조사하는 것은 과거의 사실을 바탕으로 현재의 문제를 파악하려는 것이므로 시간적 관점에서 할 수 있는 탐구 활동이다.

026

④ A 관점은 통합적 관점이다. 현대 사회로 접어들면서 인간, 사회, 환경은 과거에 비해 보다 다양하고 복잡한 관계 속에서 변화를 거듭하고 있으므로 어느 하나의 관점만으로는 현상을 정확히 파악하기 힘들다. 따라서 복잡한 사회문제에 대해 근본적인 해결책을 마련하기 위해서는 통합적 관점이 필요하다.

오답 피하기 ① 인간 생활과 사회현상에 영향을 미치는 자연환경과 인문환경의 영향을 파악할 수 있는 것은 공간적 관점이다.
② 과거의 사실, 사건, 제도나 가치 등을 통해 현재를 객관적이고 올바르게 바라볼 수 있도록 도와주는 것은 시간적 관점이다.
③ 특정한 사회현상이 나타나게 된 배경을 사회 구조나 제도, 정치, 경제 등의 측면에서 이해할 수 있도록 하는 것은 사회적 관점이다.
⑤ 우리가 추구해야 할 보편적 가치를 기준으로 다양하고 복잡한 사회문제의 바람직한 해결책을 찾는 데 도움을 주는 것은 윤리적 관점이다.

027 윤리적 관점　　　**028** 해설 참조
029 ㉠ – 공간적 관점, ㉡ – 사회적 관점
030 해설 참조

027
인공 지능이 학습한 사회 문화적 차별과 편견은 우리 사회가 지향해야 할 가치관으로서는 바람직하지 못하므로 윤리적 관점에서 인공 지능을 바라보고 있다.

028
문제 접근 인공 지능이 학습한 사회 문화적 차별과 편견은 보편적인 가치에 비추어 바람직하지 않은 것이다. 보편적인 가치는 도덕과 관련된 것이므로 사회현상을 바라보는 윤리적 관점에 해당한다.

예시 답안 윤리적 관점을 통해 자신의 선택과 행동을 보다 나은 방향으로 개선할 수 있으며, 정의와 공정성의 가치를 중시하는 태도를 함양하여 인권 침해, 환경 파괴 등의 문제를 해결하는 힘을 기를 수 있다.

평가 기준

상	윤리적 관점의 두 가지 장점을 정확하게 서술한 경우
중	윤리적 관점의 두 가지 장점을 서술했으나 다소 미흡한 경우
하	윤리적 관점의 장점을 한 가지만 서술한 경우

029
㉠은 지구촌 곳곳에서 자연재해가 빈번하게 발생한다고 하였으므로 지역, 위치, 장소 등에 초점을 맞추는 공간적 관점에 해당한다. ㉡은 파리 협정이라는 사회 제도를 통해 기후변화에 대응하고 있으므로 사회적 관점에 해당한다.

030
문제 접근 탐구 내용을 살펴보면 이산화 탄소 농도 증가, 자연재해 증가, 온실가스 감축 목표 달성 미흡, 기후 약자의 빈곤과 불평등 등이 해결해야 할 과제이다.

예시 답안 기후변화의 속도가 빨라지고 예측하기 힘든 자연재해가 늘어남에 따라 이산화 탄소를 줄이기 위한 각국의 노력이 더욱 강화되어야 한다. 또한 개발 도상국이 기후변화에 대처할 수 있도록 각종 기술을 지원하는 등 국제적 협력이 필요하다.

평가 기준

상	기후변화의 해결 방안 두 가지를 정확하게 서술한 경우
중	기후변화의 해결 방안 두 가지를 서술했으나 내용이 다소 미흡한 경우
하	기후변화의 해결 방안을 한 가지만 서술한경우

031 ③　　**032** ①　　**033** ②　　**034** ③

031
자료는 여러 사회의 다양한 인사법을 그 사회의 자연환경 및 인문환경과 관련지어 탐구하고 있으므로 공간적 관점에서 사회현상을 바라보고 있다.

③ 공간적 관점은 우리의 삶과 다양한 사회현상이 공간을 중심으로 얽혀 있음을 전제로 사회현상을 위치, 장소, 지역, 이동, 분포 유형, 지역 간 네트워크 등의 공간적 맥락에서 살펴본다.

오답 피하기 ① 사회 구조나 제도가 바람직한 가치를 지향하는지를 살펴보는 것은 윤리적 관점이다.
② 과거의 사실을 통해 현재를 객관적이고 올바르게 바라볼 수 있도록 도와주는 것은 시간적 관점이다.
④ 특정한 사회현상이 나타나게 된 배경을 사회 구조나 제도에서 이해하는 것은 사회적 관점이다.
⑤ 인간의 행위를 도덕적 기준에서 탐색하고 바람직한 삶의 모습을 살펴보는 것은 윤리적 관점이다.

032
① 자료에서는 어떤 사물을 위에서 본 모습과 옆에서 본 모습이 다르다. 사회현상도 어느 한 관점에서 보면 온전한 모습을 이해하기 어렵다. 따라서 여러 측면에서 살펴보아야 하는데 이를 통합적 관점이라고 한다.

오답 피하기 ② 과거라는 거울에 비추어 현재를 파악하는 것은 시간적 관점이다.
③ 개인의 이익과 사회의 이익 중 어느 것을 우선해야 하는지를 탐구하는 것은 윤리적 관점이다.
④ 보편적 가치를 기준으로 사회현상을 보는 것은 윤리적 관점이다.
⑤ 자료에서 사회현상의 분석을 그 분야의 전문가에게 맡겨야 한다는 근거는 찾아볼 수 없다.

033
갑: 많은 나라에서 혐오 표현을 불법 행위로 규정하여 법으로 규제하고 있는데, 그 기준은 각기 다르다.
병: 혐오 표현은 인간 존엄성을 침해한다고 주장하므로 보편적 가치를 기준으로 혐오 표현이 바람직하지 않음을 밝히고 있다.

오답 피하기 을: 혐오 표현을 법으로 규제하고 있는 것은 사회적 관점에 해당한다.
정: 혐오 표현이 과거에 어떤 역사적 사실로 나타났는지, 오늘날의 혐오 표현이 어떻게 증가해 왔는지에 대한 내용은 찾아볼 수 없다.

034
사회 구조와 사회 제도를 중심으로 사회현상을 탐구하고 대안을 살펴보는 A 관점은 사회적 관점이다.

③ 사회적 관점은 정치적·경제적·문화적 측면에서 개인이나 집단의 행위에 영향을 미치는 요인을 분석하고 예측하는 것이다. 따라서 정책 마련을 위한 의사 결정 과정에서 정부와 시민 사회의 역할은 무엇인가를 질문할 수 있다.

오답 피하기 ① 어떤 보편적 가치나 원칙을 중심으로 사회문제를 해결할 것인가는 윤리적 관점에서 제기할 수 있는 질문이다.
② 우리가 살아가는 공간의 변화는 인간의 삶에 어떤 영향을 끼치는가는 공간적 관점에서 제기할 수 있는 질문이다.
④ 현재의 사회현상이 도덕적 가치와 도덕규범을 기준으로 판단했을 때 바람직한가는 윤리적 관점에서 제기할 수 있는 질문이다.
⑤ 우리가 접하는 문제는 왜 발생했고, 이를 해결하는 데 참고할 만한 과거의 사례는 무엇이 있는가는 시간적 관점에서 제기할 수 있는 질문이다.

대단원 종합 문제

본문 15쪽~17쪽

045 ④　　**046** ③　　**047** ②　　**048** ③
049 윤리적 관점　　**050** 해설 참조
051 통합적 관점　　**052** 해설 참조　　**053** ①
054 (가) – 공간적 관점, (나) – 윤리적 관점　　**055** ④
056 ⑤　　**057** ①　　**058** ③　　**059** ④

045

저개발 국가에서 주로 생산되는 커피에는 부당한 임금 조건, 열악한 노동 환경, 아동 노동 등의 인권 문제가 나타나는데, 이러한 인권 문제를 해결하기 위해서는 어떤 가치관이 바람직한지를 탐구한다는 내용에서 밑줄 친 부분은 커피 생산을 윤리적 관점에서 바라보고 있다.
④ 윤리적 관점은 인간의 행위를 도덕적 기준에서 탐색하고 바람직한 삶의 모습을 살펴보는 것을 말한다.

오답 피하기 ① 공간별로 사회현상이 왜 다른지 살펴보는 것은 공간적 관점이다.
② 역사적 사실에 근거하여 사회현상을 살펴보는 것은 시간적 관점이다.
③ 사회현상과 관련된 법, 제도, 정책 등을 탐구하는 것은 사회적 관점이다.
⑤ 사회 구조 및 제도와의 관련성 속에서 사회현상을 이해하는 것은 사회적 관점이다.

046

결혼을 장려하기 위한 각종 정책적 지원은 사회 제도에 해당한다.
③ 사회 구조와 사회 제도를 중심으로 사회현상을 탐구하고 대안을 살펴보는 것은 사회적 관점이다.

오답 피하기 ① 시간적 관점은 역사적 배경과 시대적 맥락에 초점을 두고 사회현상을 살펴보는 것을 의미한다.
② 공간적 관점은 장소와 지역 및 공간적 상호 작용에 중점을 두고 사회현상을 살펴보는 것을 의미한다.
④ 윤리적 관점은 도덕적 가치와 도덕규범을 바탕으로 사회현상을 해석하고 문제점을 찾아 바람직한 삶의 모습을 살펴보는 것을 의미한다.

⑤ 통합적 관점은 인간과 세상을 역사적 배경과 시대적 맥락, 위치와 장소 및 네트워크 등의 공간적 맥락, 사회 구조와 제도의 영향력, 규범적 방향성과 도덕적 가치 등을 고려하여 종합적으로 살펴보는 것을 의미한다.

047

유럽과 미국에서 실시하는 서머 타임은 하나의 사회 제도이다. 서머 타임이라는 사회 제도가 사회나 개인의 삶에 어떤 영향을 주고 있는지를 나타내고 있으므로 제시문은 사회적 관점에서 서머 타임을 살펴보고 있다.
② 사회적 관점은 특정한 사회현상이 나타나게 된 배경을 사회 구조나 제도, 정치, 경제 등의 측면에서 이해하고 분석함으로써 개인의 사고방식과 행위의 의미를 알 수 있다.

오답 피하기 ① 역사적 사실을 찾고, 이를 현재와 관련지어 의미를 부여하는 것은 시간적 관점이다.
③ 미래 사회가 나아가야 할 바람직한 방향을 정립할 수 있게 해 주는 것은 윤리적 관점이다.
④ 과거의 사실을 바탕으로 현재의 사회현상을 이해하고 미래를 예측하는 것은 시간적 관점이다.
⑤ 인간의 행위를 도덕적 기준에서 탐색하고 바람직한 삶의 모습을 살펴보는 것은 윤리적 관점이다.

048

장소와 지역, 공간적 상호 작용에 중점을 두고 인간과 세상을 이해하는 A 관점은 공간적 관점이다.
③ 공간적 관점은 위치와 장소, 분포 양상과 형성 과정, 이동과 네트워크 등의 공간적 맥락에서 인간, 사회, 환경을 바라보는 관점이다. 따라서 지역별로 청년 실업 문제가 심각한 지역과 그 이유를 알아보는 것은 공간적 관점에서 탐구할 내용이다.

오답 피하기 ① 과거 10년간 우리나라의 청년 실업률을 조사하는 것은 시간적 관점에서 탐구할 내용이다.
② 정부의 정책은 사회 제도에 해당한다. 따라서 청년 실업 문제를 해결하기 위한 정부의 정책에 대해 검토하는 것은 사회적 관점에서 탐구할 내용이다.
④ 취업을 하려는 청년의 직업에 대한 가치관이 바람직한지를 알아보는 것은 윤리적 관점에서 탐구할 내용이다.
⑤ 학교 교육과정은 사회 제도이다. 따라서 학교 교육과정에서 청년의 취업을 어렵게 하는 요소가 있지 않은지 살펴보는 것은 사회적 관점에서 탐구할 내용이다.

049

제시문에서는 성장이라는 경제적 가치보다 환경, 평등, 정의라는 보편적 가치에 중점을 두어야 하고, 여성, 청소년, 빈곤층, 장애인과 같은 사회적 약자를 기후위기에서 보호해야 함을 강조하고 있다. 즉 우리가 추구해야 할 보편적 가치를 기준으로 기후위기를 극복해야 함을 강조하므로 윤리적 관점에서 기후위기를 보고 있다.

050

문제 접근 기후위기는 성장에 집중하다 보니 발생한 것이다. 따라서 이제는 성장이라는 굴레에서 벗어나서 환경, 평등, 정의를 경제적 가치와 동등한 위치에서 검토하고 반영해야 한다.

예시 답안 윤리적 관점에서 볼 때 인류가 성장이라는 가치를 지나치게 중시하면서 기후위기를 초래하였음을 알 수 있다. 이제는 인식을 바꾸어 환경, 평등, 정의 등의 가치를 중시하고 기후 정의를 실천할 필요가 있다.

평가 기준

상	기후위기의 원인과 해결 방안을 모두 정확하게 서술한 경우
중	기후위기의 원인과 해결 방안 중 어느 한 가지만 서술이 정확하고 나머지 한 가지의 서술이 미흡한 경우
하	기후위기의 원인과 해결 방안 모두 미흡하게 서술한 경우

051

(가)는 통합적 관점이다. 통합적 관점이란 사회현상을 이해하거나 사회문제를 해결하기 위해 시간적·공간적·사회적·윤리적 관점을 종합적으로 적용하는 것을 말한다.

052

문제 접근 인간과 세상을 바라볼 때 역사적 배경과 시대적 맥락, 위치와 장소 및 네트워크 등의 공간적 맥락, 사회 구조와 제도의 영향력, 규범적 방향성과 도덕적 가치 중에서 어느 하나가 빠질 경우 어떤 문제가 발생하는지를 생각해 본다.

예시 답안 다양한 관점을 바탕으로 인간, 사회, 환경을 통합적으로 살펴볼 때 복잡한 사회현상을 정확히 이해하고 사회문제에 관한 근본적인 해결책을 찾을 수 있기 때문이다.

평가 기준

상	통합적 관점의 필요성을 정확하게 서술한 경우
중	통합적 관점의 필요성을 일반적으로 서술한 경우
하	통합적 관점의 필요성을 미흡하게 서술한 경우

053

① 우리나라의 저출산 현상을 종합적으로 이해하기 위해서는 우리나라의 시대별 인구 구조 변화(시간적 관점)와 지역적 양상(공간적 관점), 저출산 현상에 영향을 준 사회 구조(사회적 관점), 오늘날 우리 사회 구성원들의 결혼과 출산에 대한 가치관(윤리적 관점) 등 통합적 관점에서 탐구해야 한다. 이것은 오늘날 사회가 너무 복잡하고 여러 요소들이 얽혀 있기 때문에 어느 한 가지 관점에만 의존할 경우 사회현상을 제대로 이해하기 어렵기 때문이다.

오답 피하기 ② 윤리적 관점을 가장 중시해야 한다는 내용은 제시되어 있지 않다.
③ 한 부분을 집중적으로 탐구할 경우 사회현상을 올바로 이해하기 어렵다.
④ 제시문에서 특정한 관점의 독자성을 중시해야 한다는 내용은 찾아볼 수 없다.
⑤ 제시문에서 사실과 가치를 엄격히 분리하여 탐구해야 한다는 내용은 찾아볼 수 없다.

054

다문화 사회를 탐구할 때 지역별 다문화 가구의 분포와 지역별 특징을 알아보는 것은 공간적 관점에서 탐구할 내용이다. 이주민이나 이주 배경 자녀에 대해 어떤 가치관을 갖는 것이 바람직한가는 도덕규범과 관련되므로 윤리적 관점에 해당한다.

055

④ 통합적 관점으로 탐구한다고 해서 시간적 관점, 공간적 관점, 사회적 관점, 윤리적 관점을 모두 활용해야 하는 것은 아니다. 사회현상에 따라 특정 관점이 적용되지 않을 수도 있다.

오답 피하기 ① 통합적 관점은 개별 학문의 경계를 넘어 시간적, 공간적, 사회적, 윤리적 관점 등 여러 측면에서 통합하여 인간, 사회, 환경을 이해하는 관점이다.
② 복잡한 사회현상을 한 관점에서만 바라보면 문제와 관련된 다양한 요인을 놓치기 쉽고, 그에 관한 해결책도 일방적일 수밖에 없다.
③ 통합적 관점은 현대 사회의 불확실하고 복잡한 사회현상을 정확히 이해하고, 문제에 관한 근본적인 해결책을 찾도록 도와준다.
⑤ 사회현상을 어느 하나의 관점이 아니라 통합적 관점으로 사고하려고 노력하다 보면 인간과 사회에 대한 통찰력을 기를 수 있다.

056

△△지역에 대규모 아파트를 건설하였지만 관련 법률을 제대로 확인하지 않아 철거 위기에 놓였다. 사회적 관점에서 관련 법률을 제대로 검토하지 않았기 때문에 문제가 생긴 것이다. 결국 어떤 사회현상을 제대로 이해하기 위해서는 다양한 관점에서 통합적으로 살펴보아야 함을 알 수 있다.

오답 피하기 ① 제시된 사례에서 사실 판단과 가치 판단을 구분하지 않아서 문제가 발생한 것은 아니다.
② 제시된 사례에서 사회현상에 내재한 도덕적 문제는 찾아볼 수 없다.
③ 제시된 사례에서 시대적 배경과 맥락을 살펴보지 않아서 문제가 발생했다고는 보기 어렵다.
④ 제시된 사례에서 인문환경과 자연환경이 지역 주민에 미치는 영향을 고려하지 않아서 문제가 발생했다는 내용은 찾아볼 수 없다.

057

제시문은 공유 경제를 이용할 때 시민들이 지녀야 할 바람직한 태도를 강조하고 있다. 이를 통해 윤리적 관점이 부각되어 있음을 알 수 있다.

① 윤리적 관점은 인간의 행위를 도덕적 기준에서 탐색하고 바람직한 삶의 모습을 살펴보는 것을 말한다. 즉 사회 속에서 바람직하고 행복한 삶의 도덕적 기준과 판단의 확립을 중시한다.

오답 피하기 ② 과거를 살펴봄으로써 현재 일어나고 있는 현상이나 문제를 올바르게 이해하는 것은 시간적 관점이다.
③ 사회의 법과 같은 사회 제도가 인간과 사회 및 환경에 미칠 수 있는 영향을 파악하는 것은 사회적 관점이다.
④ 복잡한 사회현상에서 나타난 문제점을 개선하기 위한 정책적 대안을 모색하고자 하는 것은 사회적 관점이다.

⑤ 다양한 지역 간의 공통점과 차이점을 이해하고, 사회현상에 대한 환경의 영향을 파악하는 것은 공간적 관점이다.

058

ㄴ. 장소, 지역 및 공간적 상호 작용은 공간적 관점에서 탐구할 내용이다. ○○시에서 반려동물과 동반 가능한 카페 및 음식점, 동물병원 등이 가장 많은 지역은 △△구였다는 것은 공간적 관점에서 탐구한 내용이다.

ㄷ. 사회 구조 및 제도의 영향력은 사회적 관점에서 탐구할 내용이다. 동물 등록제는 사회 제도이므로 사회적 관점에서 탐구한 내용이다.

오답 피하기 ㄱ. 역사적 배경과 시대적 맥락을 탐구하는 것은 시간적 관점이다. 반려동물 양육 가구 중 80%가 반려동물을 가족의 일원으로 인식하고 있다는 것은 바람직한 삶의 모습과 관련된 내용이므로 윤리적 관점에서 탐구한 내용이다.

ㄹ. 도덕적 가치와 규범은 윤리적 관점에서 탐구할 내용이다. 반려동물이라는 용어가 2007년부터 사용되었으며 2023년 기준 552만 가구가 반려동물을 양육하고 있다는 것은 시간적 관점에서 탐구한 내용이다.

059

④ ○○공항의 손님이 과거에 비해 크게 줄어든 것은 시간적 관점과 관련된다. 지역 축제가 지역의 특색을 제대로 살리지 못하고 지역 간 빈부 격차를 키운 것은 공간적 관점과 관련된다. 저출산 대책에서 정부의 정책 실패는 사회적 관점과 관련된다. 따라서 어느 하나의 관점이 아니라 통합적 관점에서 접근해야 현상을 제대로 이해하고 대책을 세울 수 있음을 말해준다.

오답 피하기 ① 어느 하나의 관점에서 탐구할 경우 다른 관점을 소홀히 하여 문제가 발생할 수 있다.

② 제시된 사례에서 도덕적 가치를 소홀히 하여 문제가 발생했다는 점을 추론하기는 어렵다.

③ 제시된 사례에서 복잡한 현상을 단순화하지 않아서 문제가 발생했다고 보기는 어렵다.

⑤ 공간적 관점을 소홀히 해서 문제가 발생한 것은 지역 축제이다. 다른 사례는 공간적 관점이 아닌 다른 관점을 소홀히 했기 때문이다.

통합사회 1

060 ② 061 ④ 062 ④ 063 ③

060 공정 여행을 바라보는 관점 이해

자료 분석 자료를 보면 공정 여행을 바라보는 4가지 관점이 제시되어 있다. A는 시간적 관점, B는 공간적 관점, C는 사회적 관점, D는 윤리적 관점이다.

② B는 지역별 공정 여행 코스를 계획하는 것이므로 공간적 관점에 해당한다. 공간적 관점에서는 위치와 장소 등의 공간적 맥락을 중시한다.

오답 피하기 ① 사회현상을 도덕적 가치에 따라 평가하는 것은 윤리적 관점이다.

③ 사회현상을 시간의 흐름 속에서 이해하는 것은 시간적 관점이다.

④ 사회 구조와 사회 제도의 영향력을 강조하는 것은 사회적 관점이다.

⑤ 하나의 관점만으로 사회현상을 탐구할 경우 복잡한 사회현상을 제대로 이해하기 어렵다. 여러 관점을 통합적으로 탐구하는 자세가 필요하다.

061 윤리적 관점과 사회적 관점 이해

자료 분석 자율 주행 자동차의 주행 시스템은 돌발 상황에서 차량 탑승자와 보행자 중 누구를 보호하도록 설계되는 것이 바람직한가라는 쟁점에 대해 윤리적 관점은 생명의 존엄성, 자유, 평등과 같은 가치의 측면에서 탐구한다. 사회적 관점은 사회 구조와 제도가 개인이나 사회에 미치는 영향을 탐구한다.

④ 자율 주행 자동차에 적합한 교통 제도를 수립하고 제도의 변화가 사회에 미칠 영향을 예측하는 것은 사회적 관점에서 탐구할 수 있는 내용이다.

오답 피하기 ① 지역별, 연도별 자율 주행 자동차의 구입 현황을 비교하는 것은 공간적 관점과 시간적 관점에서 탐구할 내용이다.

② 자율 주행 자동차가 주행하기 어려운 공간적 특징을 분석하는 것은 공간적 관점에서 탐구할 내용이다.

③ 자동차의 역사적 발전 과정을 분석하여 미래 자동차의 모습을 예측하는 것은 시간적 관점에서 탐구할 내용이다.

⑤ 기후와 지리적 환경이 자율 주행 자동차의 운행에 미치는 영향을 탐구하는 것은 공간적 관점에서 탐구할 내용이다.

062 축구와 관련된 탐구 관점 이해

자료 분석 자료를 보면 축구와 관련된 4가지 관점이 제시되어 있다. (가)는 사회적 관점, (나)는 시간적 관점, (다)는 윤리적 관점, (라)는 공간적 관점이다.

④ 공간적 관점은 사회현상을 위치와 장소, 분포 등 공간적 맥락에서 살펴보는 관점이다.

오답 피하기 ① 사회현상을 시간의 흐름 속에서 파악하는 것은 시간적 관점이다.

② 사회가 지향해야 할 가치와 규범을 살펴보는 것은 윤리적 관점이다.

③ 어떤 현상이 있기까지의 시대적 배경과 맥락을 살펴보는 것은 시간적 관점이다.

⑤ 통합적 관점은 사회현상을 시간적 관점, 공간적 관점, 사회적 관점, 윤리적 관점을 모두 종합하여 탐구하는 것이다.

063 폐마스크로 인한 동물 피해를 보는 관점 이해
[자료 분석] 자료는 폐마스크 끈에 부리가 묶인 지빠귀의 모습이다. 이 문제를 시간적 관점, 공간적 관점, 사회적 관점, 윤리적 관점을 종합하여 통합적 관점으로 탐구하고자 한다. 각 관점별 탐구 과제를 알아본다.
ㄴ. 폐마스크로 동물의 피해가 집중된 지역을 묻는 것은 공간적 관점에서 제기할 수 있는 질문이다.
ㄷ. 폐마스크의 무단 투기를 막을 제도를 묻는 것은 사회적 관점에서 제기할 수 있는 질문이다.
[오답 피하기] ㄱ. 폐마스크를 수거하는 바람직한 방법을 찾는 것은 우리 사회에 도움이 될 수 있는 방안을 모색하는 것이므로 윤리적 관점에서 제기할 수 있는 질문이다.
ㄹ. 폐마스크로 인한 동물의 피해가 언제부터 증가했는지를 묻는 것은 시간적 관점에서 제기할 수 있는 질문이다.

Ⅱ. 인간, 사회, 환경과 행복

01 행복의 기준과 의미 ~
02 행복한 삶을 실현하기 위한 조건

개념 핵심 문제
본문 21쪽

064 행복	**065** 이성	**066** 선사	**067** 주관적
068 ㉡	**069** ㉢	**070** ㉠	**071** 자연환경
072 목적	**073** 최저 임금		**074** 민주주의
075 ㄹ	**076** ㄷ	**077** ㄴ	**078** ㄱ

내신 적중 문제
본문 22쪽~25쪽

079 ③	**080** ④	**081** ②	**082** ④	**083** ④
084 ①	**085** ⑤	**086** ④	**087** ⑤	**088** ②
089 ④	**090** ①	**091** ④	**092** ③	**093** ①
094 ④	**095** ④	**096** ④		

079
③ ㉠은 행복이다. 행복은 삶에서 충분한 만족과 기쁨을 느끼는 상태로 삶의 궁극적인 목적이다.
[오답 피하기] ① 행복의 기준은 시대에 따라 다르게 나타날 수 있다.
② 행복은 자연환경과 인문환경의 영향을 받는다.
④ 행복을 위해서는 의식주와 같은 물질적 가치가 마련되어야 한다.
⑤ 행복은 다른 목적을 위한 수단이 아니라 삶의 궁극적인 목적이다.

080
그림은 선사 시대의 생활 모습이다.
④ 선사 시대에는 생존을 위한 의식주의 마련을 행복의 중요한 기준으로 보았다.
[오답 피하기] ① 서양 중세 시대에서 중요시한 행복의 기준이다.
② 현대 사회에서 중요시하는 행복의 기준이다.
③ 근대와 현대 사회에서 중요시한 행복의 기준이다.
⑤ 고대 그리스 시대에 중요시한 행복의 기준이다.

081
② ㉠에 들어갈 내용은 현대 사회이다. 현대 사회에서는 복합적인 요소가 행복의 기준으로 제시되고 있다.
[오답 피하기] ① 근대 사회에서는 자유와 평등을 보장받아야 행복을 실현할 수 있다고 보았다.
③ 헬레니즘 시대에서는 사회적 혼란에서 벗어나 마음이 평온해야 행복해질 수 있다고 보았다.
④ 서양 중세 시대에서는 신에 의한 구원을 행복으로 보았다.
⑤ 고대 그리스 시대에서는 덕을 지니는 것을 행복의 중요한 기준으로 보았다.

082
A 지역은 건조 지역이다.

④ 건조 지역에서는 강수량이 부족하여 안정적으로 식수를 공급받는 것이 행복의 기준으로 강조될 수 있다.

오답 피하기 ① 건조 지역에서는 일조량이 부족하지 않으므로 햇볕을 쬐는 것이 행복의 기준으로 강조되지 않는다.
② 고대 서양 사회에서 강조하는 행복의 기준이다.
③ 유교에서 강조하는 행복의 기준이다.
⑤ 건조 지역에서는 홍수의 피해가 발생하지 않으므로 행복의 기준으로 적절하지 않다.

083

갑은 자연재해가 자주 발생하거나 전쟁 같은 분쟁 지역에 살고 있는 것으로 볼 수 있다. 을은 식량이 부족하고 정치 참여의 자유가 침해되는 지역에 사는 것으로 볼 수 있다.

오답 피하기 ㄹ. 을은 정치 참여의 자유를 행복의 요소로 본다.

084

A 사상은 불교이다. 불교에서는 자비를 실천하며 깨달음을 얻어 윤회의 고통에서 벗어나는 것을 행복으로 본다.

오답 피하기 ㄷ. 인위적인 것이 없이 자연을 본받고 살아가는 것이 행복이라고 보는 것은 도가이다.
ㄹ. 하늘로부터 부여받은 도덕적 본성을 보존하는 것을 행복이라고 보는 것은 유교이다.

085

(가)는 에피쿠로스의 주장이다.
⑤ 에피쿠로스는 모든 고통이 제거되면 쾌락은 더 이상 증가하지 않는다고 보았다.

오답 피하기 ① 에피쿠로스는 모든 고통이 사라진 상태를 진정한 쾌락이자 행복으로 보았다.
② 에피쿠로스는 육체와 마음에 고통이 생길 수 있다고 보았다.
③ 에피쿠로스는 고통이 존재하면 쾌락을 얻지 못해 행복할 수 없다고 보았다.
④ 에피쿠로스는 쾌락을 모든 선택과 회피의 기준으로 보았다.

086

가상 편지에서 글쓴이는 전쟁으로 인한 차별을 받고 있다. 이러한 상황에서는 차별과 억압으로부터의 해방, 평화로운 일상과 자유의 보장이 행복의 기준이 될 수 있다.

오답 피하기 ㄹ. 글쓴이는 제한된 시간이지만 상점에서 물건을 살 수 있으므로 식량 자원 확보는 행복의 기준으로 적절하지 않다.

087

제시문은 『택리지』의 내용이다. 『택리지』에서 지리는 마을 주변의 자연환경, 생리는 생업을 영위하기 위한 여건, 인심은 마을의 풍속, 산수는 빼어난 경치를 의미한다.

오답 피하기 ㄴ. 생리는 생업을 영위하기 위한 여건으로 물질적 조건과 관련된다.

088

제시문은 공자의 주장이다.
② 공자는 하늘로부터 받은 도덕적 품성을 함양하고 도덕적 가치를 추구하는 것이 행복에 이르는 방법이라고 보았다.

오답 피하기 ① 공자는 공동체의 선을 중시하는 대동 사회를 지향하였다.
③ 공자는 도덕적인 삶을 살아가는 것이 행복한 삶이라고 보았다.
④ 공자는 소박한 삶을 살아가는 것이 행복을 위해 필요하다고 보았다.
⑤ 공자는 인간다움[仁]을 실천하여 살아가는 것을 중시하였다.

089

제시문은 아리스토텔레스의 주장이다. 아리스토텔레스는 행복이 최고선이자 인간이 추구하는 삶의 목적이라고 보았다. 또한 아리스토텔레스는 인간의 고유한 기능인 이성을 탁월하게 발휘하여 행복에 이를 수 있다고 보았다.

오답 피하기 ㄷ. 아리스토텔레스는 행복이 쾌락을 위한 도구가 아니라 삶의 궁극적 목적이라고 보았다.

090

① (가)는 도가, (나)는 불교이다. 도가는 무위자연(無爲自然)을 추구하며 자연과 조화를 이루는 삶을 강조하였다. 불교는 자비를 실천하는 방법으로 보시를 강조하였다.

091

(가)는 에픽테토스의 주장이다.
④ 에픽테토스는 의지로 바꿀 수 없는 것에 마음이 좌우되면 안 되고, 의지대로 바꿀 수 있는 일에 전념해야 행복할 수 있다고 보았다.

오답 피하기 ① 에픽테토스는 행복은 자연의 질서에 따라 살아가는 데 있다고 보았다.
② 에픽테토스는 사회적 지위와 물질적 풍요는 자신의 의지대로 조절할 수 없는 것이므로 행복과 무관한 것으로 보았다.
③ 에픽테토스는 자신의 운명을 개척하는 것이 아니라 운명으로 받아들여야 한다고 보았다.
⑤ 에픽테토스는 행위의 결과를 고려할 필요 없이 자연의 질서에 따르는 삶이 행복한 삶이라고 보았다.

092

③ '나'는 자신의 삶에 대한 성찰로 내면을 성장하고 사회적 관계를 맺는 것에서 행복을 실현할 수 있다고 본다. 그런데 '어떤 사람'은 물질적 풍요가 행복을 실현할 수 있는 조건이라고 본다.

오답 피하기 ① '나'는 행복이 과학의 발달이 아니라 내면적 성장과 사회적 관계 속에서 실현될 수 있다고 본다.
② '나'는 타인과의 관계 속에서 행복을 찾고 있으므로 우정을 통해 행복을 느낄 수 있다고 볼 것이다.
④ '나'는 풍요로운 의식주보다 내면적 성장과 사회적 관계 속에서 행복한 삶이 보장된다고 본다.
⑤ '어떤 사람'은 풍요로운 물질적 환경이 행복의 기준이라고 본다.

093

① 소득, 주거, 고용, 수명 등은 행복의 객관적 요소이고, 삶의 만족감, 자아실현, 가족과의 사랑 등이 행복의 주관적 요소이다.

094

행복의 기본 조건으로는 질 높은 정주 환경, 기본적인 의식주를 충족할 수 있는 경제적 안정, 개인의 자유와 권리를 실현할 수 있는 민주주의 발전, 자신의 삶을 성찰하고 타인과의 조화를 추구하는 도덕적 실천이 있다.

오답 피하기 ㄱ. 교통 및 통신 등의 시설은 인문환경에 해당한다.
ㄷ. 최저 임금 제도와 같은 정책은 경제적 안정을 위해 필요하다.

095

제시문은 맹자의 주장이다. 맹자는 백성에게 일정한 생업이 있어야 도덕적 마음을 잃지 않는다고 보았다. 이를 통해 행복을 위해서는 경제적 안정이 필요하다는 점을 알 수 있다.

오답 피하기 ㄷ. 맹자는 일정한 생업을 가져야 도덕적 마음을 지닐 수 있다고 보았다.

096

(가)는 복수 정당 제도이고, (나)는 권력 분립 제도이다. 복수 정당 제도와 권력 분립 제도는 민주주의 발전을 위해 필요한 제도이다.

오답 피하기 ① 자신의 삶을 성찰하고 되돌아보는 것이 반성하는 삶이다.
② 바람직한 삶에 대해 성찰하고 도덕적으로 실천하는 것이 도덕적 실천이다.
③ 재화나 서비스를 안정적이고 일정하게 누릴 수 있는 상태가 경제적 안정이다.
⑤ 쾌적한 자연환경과 편리한 인문환경이 질 높은 정주 환경이다.

서답형 완성 문제
본문 26쪽

097 쾌락   **098** 해설 참조
099 최저 임금 제도, 사회 보험 제도 등
100 해설 참조

097

제시문은 에피쿠로스의 주장이다. 에피쿠로스는 쾌락을 추구함으로써 행복을 실현할 수 있다고 보았고, 쾌락은 행복한 삶의 시작이자 끝이라고 보았다.

098

문제 접근 에피쿠로스는 고통을 제거하기 위해 욕구를 절제하는 것이 진정한 쾌락을 얻는 방법이라고 보았다.

예시 답안 에피쿠로스에 따르면 진정한 쾌락은 몸에 고통이 없고 마음에 불안이 없는 상태이다.

평가 기준

상	진정한 쾌락의 요건을 모두 기술한 경우
중	진정한 쾌락의 요건을 한 가지만 기술한 경우
하	진정한 쾌락의 요건을 미흡하게 기술한 경우

099

문제 접근 소득의 보장과 관련된 제도는 다양한 경제 및 사회 체제를 통해 이루어진다. 최저 임금 제도는 근로자의 소득을 증가시키고, 경제적 불평등을 완화하는 데 기여한다. 사회 보험 제도는 소득의 부족 문제를 해결하고, 삶의 질 향상에 기여한다.

100

문제 접근 독재 정치 체제에서 사는 시민들은 개인의 권리와 자유가 보장되는 정치 체제가 행복을 위해 필요하다고 볼 것이다.

예시 답안 행복한 삶을 위해서는 독재 정치가 끝나고 민주주의가 실현 또는 발전되어야 한다.

평가 기준

상	행복한 삶을 위한 조건으로 민주주의가 필요하다는 것을 명료하게 기술한 경우
중	행복한 삶을 위한 조건으로 민주주의가 필요하다는 것을 미흡하게 기술한 경우
하	민주주의만 작성한 경우

1등급 고난도 문제
본문 27쪽

101 ③   **102** ③   **103** ①   **104** ①

101

제시된 사례는 질 높은 정주 환경이 단순히 경제적 발전이 이루어진 곳이 아니라, 사람들이 쾌적한 삶을 살 수 있는 환경임을 보여 준다. 이를 통해 행복을 실현하기 위해서는 인문환경과 자연환경이 조화를 이루어야 하며, 물질문명의 발전만으로 행복을 실현할 수 없다는 것을 알 수 있다.

오답 피하기 ㄱ. 자동차 없는 날의 자발적 운영, 자전거 도로, 보행 광장 등을 통해 빠른 교통수단은 행복한 삶을 위한 필수 조건이 아님을 알 수 있다.
ㄹ. 물질문명은 행복한 삶을 위해 필요한 요소이다.

102

③ 신문 칼럼에서는 진정한 행복은 일시적인 즐거움에서 실현되는 것이 아니라 타인과의 교류를 통해 실현될 수 있다고 본다.

오답 피하기 ① 신문 칼럼에서는 디지털 기기를 이용한 일시적 즐거움은 진정한 행복이 아니라고 본다.
② 신문 칼럼에서는 경쟁으로 불안을 느끼는 인간은 디지털 기기를 통해 즐거움을 추구한다고 본다.
④ 신문 칼럼에서는 경쟁을 진정한 행복을 방해하는 요소로 본다.

⑤ 신문 칼럼에서는 일시적 즐거움이 아니라 공동체를 통한 지속적인 기쁨을 느끼는 것이 진정한 행복이라고 본다.

103

① 제시문은 행복은 의견 존중, 공정한 대우, 신뢰와 소통이 있어야 실현될 수 있다고 본다. 이러한 조건이 실현될 수 있는 것은 민주주의가 발전된 환경에서 가능하다.

오답 피하기 ② 제시문에 따르면 민주주의는 시민들의 자유와 권리를 보장하는 체제이다.
③ 제시문에 따르면 민주주의를 통해 타인과의 신뢰를 구축할 수 있다.
④ 제시문에서는 민주주의를 통해 행복을 얻을 수 있다고 본다.
⑤ 제시문에서는 민주주의를 통해 사회적 의사 결정에 참여할 수 있다고 본다.

104

제시문은 소크라테스의 주장이다.
① 소크라테스는 삶을 숙고하고 성찰함으로써 행복을 실현할 수 있다고 보았다.

오답 피하기 ② 소크라테스는 물질적 풍요보다 성찰하는 삶을 중시하였다.
③ 소크라테스는 자신에 대한 성찰뿐만 아니라 삶을 유지하기 위한 행위도 필요하다고 보았다.
④ 소크라테스는 미덕에 관한 대화를 하며 삶을 성찰하는 것을 통해 행복을 실현할 수 있다고 보았다.
⑤ 소크라테스는 부의 추구보다 자신을 성찰하는 행위를 중시하였다.

대단원 종합 문제
본문 30쪽~33쪽

125 ④	126 ①	127 ④	128 행복
129 ③	130 ④	131 ③	132 해설 참조
133 ①	134 ①	135 ⑤	136 ①
137 해설 참조	138 ④	139 ①	
140 일정한 생업	141 ①	142 ③	143 ⑤
144 ①			

125

제시문은 행복의 기준은 시대와 지역에 따라 다르게 존재한다는 맥락의 내용이다. 따라서 ㉠에는 행복의 기준은 다양하다는 의미의 내용이 들어가는 것이 적절하다.

오답 피하기 ① 행복의 기준이 다르게 존재하는 이유를 설명하고 있으므로 ㉠에 들어갈 적절한 내용이다.
② 행복의 기준이 다양하다는 내용으로 ㉠에 들어갈 적절한 내용이다.
③ 행복은 개인의 삶의 맥락에 따라 다르게 경험된다는 것은 행복의 기준이 다양함을 설명하는 내용으로 ㉠에 들어갈 적절한 내용이다.
⑤ 행복은 다양한 경험에 따라 다양하게 정의된다는 내용으로 ㉠에 들어갈 적절한 내용이다.

126

현재의 수도사는 과거에는 전쟁을 경험한 기사였으므로 전쟁으로부터의 안정과 평화, 신에 의한 구원이 행복의 기준이 될 수 있다.

오답 피하기 ㄷ. 수도사는 금욕적인 생활을 하는 사람으로 물질적 풍요움을 행복의 기준으로 강조하지 않는다.
ㄹ. 수도사는 과거에 화려한 기사였지만 전쟁을 통해 사회적 명예와 지위는 중요하게 생각하지 않게 되었다.

127

④ 제시문은 소박한 일상생활에서 가족과 사랑을 나누며 행복을 느끼는 것을 소개하고 있다.

오답 피하기 ① 제시문에 따르면 가족 간의 사랑이 행복의 기준이다.
② 제시문에 따르면 가족 간의 유대감은 행복을 위해 필요하다.
③ 제시문에 따르면 가족 구성원과 함께 소박한 삶을 나누는 것이 행복을 위해 필요하다.
⑤ 제시문에 따르면 인문환경이 발달하지 않는 곳에서도 행복을 실현할 수 있다.

128

가상 대화의 갑은 아리스토텔레스이다. 아리스토텔레스는 행복을 최고선이자 인간 삶의 궁극적인 목적이라고 보았다. 따라서 ㉠은 행복이다.

129

③ 아리스토텔레스는 인간의 고유한 기능인 이성을 탁월하게 발휘하는 것을 행복이라고 보았다.

오답 피하기 ① 아리스토텔레스는 행복을 궁극적인 목적이라고 보았다.
② 아리스토텔레스는 도덕적 행위의 지속적인 실천을 통해 행복에 이를 수 있다고 보았다.
④ 아리스토텔레스는 이성을 탁월하게 발휘할 때 행복을 얻을 수 있다고 보았다.
⑤ 아리스토텔레스는 덕을 지닌 사람이 행복한 삶을 살 수 있다고 보았다.

130

④ 제시문에서는 바쁜 도시 생활보다 삶에 여유가 있는 한적한 시골에서 행복을 찾는 경우가 더 많다고 본다.

오답 피하기 ① 제시문에 따르면 풍부한 일자리가 없는 시골에서 행복을 찾는 경우가 많다.
② 제시문에 따르면 자연의 여유 속에서 행복을 찾는 경우가 많다.
③ 제시문에 따르면 도시 생활 속에서 행복을 느낄 수 없는 것이 아니라 행복을 느끼기 어려워한다.
⑤ 제시문에 따르면 과학기술이 발달하지 못한 한적한 시골에서도 행복을 실현할 수 있다.

131

갑은 에피쿠로스이다. 에피쿠로스는 쾌락을 최고선이자 육체에 고통이 없고 마음에 불안이 없는 상태라고 보았다. 에피쿠로스는 이러한 쾌락을 누리는 삶이 곧 행복한 삶이라고 보았다.

오답 피하기 ㄱ. 에피쿠로스는 생존에 필요한 필수적인 물질은 쾌락을 위해 필요하다고 보았다.

ㄴ. 에피쿠로스는 쾌락을 인생의 목적으로 보았다.

132

문제 접근 에피쿠로스는 고통과 불안이 제거된 상태를 진정한 쾌락이라고 보았다.

예시 답안 쾌락은 고통의 부재이므로 모든 고통이 제거되면 쾌락은 가장 큰 상태가 됩니다.

평가 기준

상	에피쿠로스의 입장에서 쾌락을 가장 크게 하는 방법을 논리적으로 명확하게 기술한 경우
중	에피쿠로스의 입장에서 쾌락을 가장 크게 하는 방법에 대한 논리적 설명이 보통인 경우
하	에피쿠로스의 입장에서 쾌락을 가장 크게 하는 방법에 대한 논리적 설명이 미흡한 경우

133

제시문은 정약용의 주장이다.

① 정약용은 행복을 명성에 따른 만족이나 물질적인 만족을 의미하는 열복, 소박한 삶을 통한 정신적인 만족을 의미하는 청복으로 보았다.

134

국민 행복 지수는 경제적, 사회적, 심리적, 환경적 요인을 종합하여 측정한다.

① 개인의 학업 성취도는 행복 수준을 측정하는 지표에 포함되지 않는다.

오답 피하기 ② 소득 수준, 고용률은 경제적 안정을 측정하는 요소이다.

③ 가족, 친구와의 관계, 스트레스 등은 정서적 요인을 측정하는 요소이다.

④ 정부의 신뢰도, 민주적 참여는 정치적 요인을 측정하는 요소이다.

⑤ 자연환경의 접근성은 자연환경의 영향을 측정하는 요소이다.

135

신문 칼럼의 ㉠에는 행복한 삶을 위해 필요한 질 높은 정주 환경을 조성하는 방안이 들어가야 적절하다.

⑤ 민주주의 발전은 행복한 삶을 실현하기 위한 조건이다.

오답 피하기 ① 자연 보호는 질 높은 정주 환경을 조성하는 방안이 될 수 있다.

② 인문환경을 개선하는 것은 질 높은 정주 환경을 조성하는 방안이 될 수 있다.

③ 문화 시설의 확충은 질 높은 정주 환경을 조성하는 방안이 될 수 있다.

④ 쾌적한 환경을 만드는 것은 질 높은 정주 환경을 조성하는 방안이 될 수 있다.

136

『택리지』에서는 인간이 살기 좋은 지리적 요건으로 풍수적으로 길지에 해당하는 지리, 생업에 적합한 환경을 의미하는 생리, 지역 사람들의 좋은 풍습을 의미하는 인심, 자연 경관이 좋은 장소를 의미하는 산수를 강조하고 있다. 따라서 ㉠은 지리, ㉡은 생리, ㉢은 인심, ㉣은 산수가 적절하다.

137

문제 접근 『택리지』에서 강조하는 인간이 살기 좋은 지리적 요건인 지리, 생리, 인심, 산수를 자연환경과 인문환경으로 구분한다.

예시 답안 자연환경에 해당하는 것은 지리, 생리, 산수이다.

평가 기준

상	지리, 생리, 산수를 모두 기술한 경우
중	지리, 생리, 산수 중 두 가지만 기술한 경우
하	지리, 생리, 산수 중 한 가지만 기술한 경우

138

그래프는 소득과 정서적 행복감 및 삶의 만족도 간 상관관계를 보여주고 있다. 그래프에 따르면 소득이 증가하면 어느 정도까지 삶의 만족감과 정서적 행복감이 증가하지만, 일정 소득 이상 증가하면 오히려 삶의 만족감과 정서적 행복감이 감소하게 된다.

오답 피하기 ㄴ. 소득의 증가가 일정 범위를 초과하면 오히려 정서적 행복감과 삶의 만족도가 감소한다.

139

① 제시문에 따르면 경제적 안정이 마련되지 않으면 개인은 불행에 빠지며 이는 사회 전체에 부정적 영향을 미칠 수 있다. 따라서 경제적 안정을 위한 방안이 마련되어야 한다.

오답 피하기 ② 제시문에서는 경제적 안정을 위해 직업 교육 및 고용 지원 제도가 마련되어야 한다고 본다.

③ 제시문에서는 경제적 어려움은 사회적 고립과 우울증을 유발한다고 본다.

④ 제시문에서는 실업은 소비 감소로 이어져 경기 침체를 일으키는 요인이 될 수 있다고 본다.

⑤ 제시문에서는 경제적 불안정은 소비 감소와 사회적 활동 축소로 이어져 사회 전체에 부정적 영향을 줄 수 있다고 본다.

140

제시문은 맹자의 주장이다. ㉠은 일정한 생업이다. 맹자는 백성에게는 일정한 생업을 의미하는 항산이 곧 도덕적 인격과 인간의 정서적 안정의 조건이라고 보았다.

141

① 국민의 경제적 안정을 위해 국가 차원에서 사회 보험, 고용 지원 제도, 최저 임금 제도 등을 시행할 필요가 있다.

③ 쾌적한 자연환경 조성은 질 높은 정주 환경을 위해 필요하다.
④ 지역의 고유문화 보존은 질 높은 정주 환경을 위한 요소가 될 수 있다.
⑤ 자유로운 정치 참여의 보장은 민주주의 발전을 위해 필요하다.

142

강연자는 민주주의 정부가 다양한 의견을 반영하여 정책을 결정한다고 본다.

③ 민주주의 정부는 기근을 방지하기 위한 다양한 의견을 반영하여 정책을 결정하므로 민주주의 정부 아래에서는 극심한 기근이 발생하지 않는다고 본다.

오답 피하기 ① 강연자는 홍수의 피해를 기근의 근본적인 문제라고 간주하지 않는다.

② 강연자는 흉작을 방지하는 것이 기근의 근본적인 문제라고 간주하지 않는다.

④ 강연자는 민주주의 정부의 신속한 대응이 기근을 예방할 수 있는 방안이라고 본다.

⑤ 강연자는 자유로운 언론이 있는 민주주의 정부에서는 극심한 기근이 발생하지 않는다고 본다.

143

제시문은 독재 정치 아래에서는 개인의 자유가 침해되고 부정부패가 만연하게 되어 국민이 경제적 어려움에 놓여 행복을 실현하기 어렵다고 본다.

오답 피하기 첫 번째 입장: 독재 정치는 권력이 소수에게 집중되어 있는 것이고 민주주의에서는 권력이 분립되어 있다.

144

① 가상 편지에서는 행복을 흔히 부와 명예를 얻는 것으로 생각하지만 진정한 행복은 도덕적 실천을 통해 실현할 수 있다고 본다.

오답 피하기 ② 가상 편지에서는 흔히 물질적인 풍요를 행복으로 생각하지만 그것이 진정한 행복은 될 수 없다고 본다.

③ 가상 편지에서는 개인의 도덕적 실천과 행동으로 행복을 얻을 수 있다고 본다. 민주주의 발전은 사회적 차원에서 행복의 중요한 요소일 수 있지만, 가상 편지에서 행복과 관련하여 다룬 주제는 아니다.

④ 가상 편지에서는 편리한 인문환경보다 도덕적 실천이 행복을 위해 필요하다고 본다.

⑤ 가상 편지에서는 부와 명예의 획득으로는 진정한 행복을 얻을 수 없다고 본다.

도전! 기출 문제
본문 34쪽~35쪽

145 ⑤　　**146** ③　　**147** ④　　**148** ⑤

145 기부와 행복의 상관관계에 대한 이해

자료 분석 제시문은 기부를 한 사람들이 기부하지 않은 사람들에 비해 더 행복하다는 연구 결과를 설명하고 있다.

오답 피하기 ① 제시문에서는 기부와 행복 간에는 상관관계가 있다는 연구를 설명하고 있다.

② 제시문에 따르면 기부는 기부를 받는 사람과 기부를 한 사람의 행복 수준을 증가시킨다.

③ 제시문에 따르면 기부를 통해서도 행복을 얻을 수 있다.

④ 제시문에 따르면 타인에 대한 배려를 바탕으로 한 기부를 통해 자신의 행복을 증가시킬 수 있다.

146 행복에 대한 에피쿠로스의 입장 이해

자료 분석 제시문은 에피쿠로스의 주장이다. 에피쿠로스는 모든 고통이 부재한 상태를 진정한 쾌락이라고 보았고, 이성을 통해 추구해야 할 욕구와 피해야 할 욕구를 구분해야 한다고 보았다.

오답 피하기 ① 에피쿠로스는 육체적 쾌락보다 정신적 쾌락을 추구해야 한다고 주장하였다.

② 에피쿠로스는 신의 뜻이 아니라 소박한 삶을 살아야 한다고 주장하였다.

④ 에피쿠로스는 이성의 기능을 발휘하여 추구해야 할 욕구와 추구할 필요가 없는 욕구를 구별해야 한다고 보았다.

⑤ 에피쿠로스는 생존을 위한 최소한의 욕구는 충족해야 한다고 보았다.

147 행복의 객관적 요인과 주관적 요인에 대한 이해

자료 분석 제시문은 행복의 다양한 기준을 설명하고 있다. 행복의 기준에는 주거, 소득, 고용 등의 객관적 기준과 상대적 박탈감, 스트레스 등의 주관적 기준이 있다.

오답 피하기 ① 제시문에 따르면 행복의 기준은 물질적 풍요로움뿐만 아니라 다양한 요소가 존재한다.

② 제시문에 따르면 소득 증가를 위해 많은 일을 하다 스트레스를 받으면 현재의 행복이 희생되므로 행복한 삶이 아니다.

③ 제시문에 따르면 행복은 삶에 대해 느끼는 주관적 만족감에 영향을 받는다.

⑤ 제시문에 따르면 외부 환경이 개선되어도 내면적 성장을 할 수 없다면 진정한 행복이 아니다.

148 맹자의 항산과 항심

자료 분석 제시문은 맹자의 주장이다. 맹자는 백성이 도덕적인 삶을 살기 위해서는 일정한 생업이 필요하다고 보았고, 도덕적인 삶을 사는 것이 행복한 삶이라고 보았다.

오답 피하기 ① 맹자는 도덕적인 마음을 갖고 도덕적으로 사는 것을 행복한 삶이라고 보았다.

② 맹자는 백성의 행복한 삶을 위해 일정한 생업이 필요하다고 보았다.

③ 맹자는 경제적 안정이 도덕적인 마음을 위한 우선 조건이라고 보았다.

④ 맹자는 백성의 행복한 삶을 위해 국가는 백성들에게 일정한 생업을 보장해야 한다고 보았다.

01 자연환경과 인간 생활

개념 핵심 문제
본문 37쪽

149 위도	**150** 열대	**151** 자연재해	**152** ○
153 ×	**154** ○	**155** 연 증발량, 연 강수량	
156 얕고, 큰	**157** 기후적, 지형적	**158** ㄴ	**159** ㄱ
160 ㄷ	**161** ㉠	**162** ㉢	**163** ㉡	**164** ㉣

내신 적중 문제
본문 38쪽~41쪽

165 ③	**166** ⑤	**167** ③	**168** ③	**169** ③
170 ②	**171** ④	**172** ①	**173** ④	**174** ⑤
175 ②	**176** ④	**177** ⑤	**178** ④	**179** ⑤
180 ③	**181** ③	**182** ②		

165
세계의 기후는 대체로 1차로 기온, 2차로 강수량을 기준으로 구분한다. 열대 기후 지역은 기온과 습도가 높아, 해발 고도가 높으며 기온이 상대적으로 온화한 고산 지대가 인간의 거주에 유리하다.

오답 피하기 ㄱ. 위도와 해발 고도가 높을수록 기온은 낮아진다.
ㄹ. 세계의 기후는 저위도에서 고위도로 가면서 열대 기후, 온대 기후, 냉대 기후, 한대 기후 순으로 나타난다.

166
(가)는 건조 초원 지대의 가옥, (나)는 열대 기후 지역으로, 거의 매일 비가 내리는 싱가포르의 처마가 설치된 건물이다.
ㄷ. 열대 기후 지역은 유라시아 대륙의 내륙에 위치한 몽골 초원 지대보다 연평균 기온이 높다.
ㄹ. 기온의 연교차는 고위도에 위치한 (가) 지역이 적도와 가까운 (나) 지역보다 크다.

오답 피하기 ㄱ. 연 강수량은 열대 기후 지역(나)이 건조 기후 지역(가)보다 많다.
ㄴ. 적도와의 최단 거리는 열대 기후 지역(나)이 건조 기후 지역(가)보다 가깝다.

167
(가)는 열대 기후 지역, (나)는 건조 기후 지역, (다)는 온대 기후 지역이다. ③ 온대 기후 지역은 대륙의 동안이 서안보다 겨울이 추워 기온의 연교차가 크다.

오답 피하기 ① 대추야자를 주식으로 먹는 지역은 건조한 사막 기후 지역이다.
② 건조 기후 지역은 사막과 짧은 풀의 초원으로 이루어져 있다. 다양한 야생 동물을 볼 수 있는 사파리 관광은 열대 사바나 기후 지역에서 발달하였다.
④ 기온의 일교차는 건조 기후 지역(나)이 열대 기후 지역(가)보다 크다.
⑤ 온대 기후 지역(다)이 건조 기후 지역(나)보다 인간의 거주에 유리하기 때문에 인구 밀도도 높다.

(라)는 냉대 기후 지역, (마)는 한대 기후 지역이다.
ㄱ. 한대 기후가 나타나는 북극해 연안에서 순록을 유목하는 모습이다.
ㄴ. 냉대 기후 지역의 통나무집이다. 냉대 기후 지역에서는 타이가라고 불리는 냉대 침엽수림이 울창하기 때문에 통나무를 건축 재료로 많이 이용한다.

오답 피하기 ㄷ. 벼농사를 하는 모습으로, 벼농사는 온대 대륙 동안 지역이나 열대 몬순 기후 지역에서 주로 이루어진다.

169
(가)는 건조 기후, (나)는 열대 기후, (다)는 한대 기후의 기온과 강수량을 나타낸 것이다.
③ 비가 많이 내리는 열대 기후 지역의 전통 가옥은 지붕의 경사가 급하며, 건조 기후 지역의 전통 가옥은 지붕이 평평하다.

오답 피하기 ① 건조 기후 지역은 연 증발량이 연 강수량보다 많다.
② 냉대 침엽수림(타이가)이 넓게 펼쳐져 있는 지역은 냉대 기후 지역이다.
④ 열대 기후에 해당하는 (나)는 한대 기후에 해당하는 (다)보다 저위도에 위치한다.
⑤ 기온의 연교차는 대체로 저위도에서 고위도로 갈수록 커지기 때문에 고위도에 해당하는 (다)가 저위도에 해당하는 (나)보다 기온의 연교차가 크다.

170
(가)는 사바나 기후 지역의 사파리 관광, (나)는 지중해성 기후 지역의 수목 농업 경관이다. 사바나 기후와 지중해성 기후의 공통점은 건기와 우기가 뚜렷한 점이며, 차이점은 사바나 기후는 여름이 우기인 반면 지중해성 기후는 겨울이 우기이다.

오답 피하기 ①, ③, ④, ⑤ 모두 (가)에 해당하는 내용이다.

171
(가)는 기온과 습도가 높은 열대 기후 지역, (나)는 기온이 낮아 추운 날씨에 적응한 옷과 음식 문화가 발달한 한대 기후 지역의 특징이다.

172
㉠은 해발 고도가 높고 경사가 급한 산지, ㉡은 큰 강 주변의 경사가 완만한 평야, ㉢은 육지와 바다가 만나는 해안이다.

173
ㄴ. 평야(㉡)는 경사가 완만하고 주변 하천의 용수를 활용할 수 있기 때문에 벼농사 등의 농경에 유리하다.
ㄹ. 강은 산지에서 시작하여 평야를 지나 바다로 흘러든다.

오답 피하기 ㄱ. 평야(㉡)가 산지(㉠)보다 인간의 거주에 유리하다.
ㄷ. 큰 도시는 산지(㉠)보다는 평야(㉡)나 해안(㉢)에 발달한다.

174

㉣은 갯벌이다. 갯벌은 수심이 얕고, 조차가 큰 수역에 잘 형성되며 육지에서 배출되는 오염 물질을 정화하는 작용을 한다.

오답 피하기 ① 갯벌은 조류의 퇴적 작용으로 형성된다.
② 갯벌은 대부분 점토로 이루어져 있다.
③ 바람을 막기 위한 숲이 조성되어 있는 지형은 해안 사구이다.
④ 갯벌은 해안 퇴적 지형으로 해안의 만입부에 잘 형성된다.

175

(가)는 안데스 산지, (나)는 알프스 산지의 경관이다.
ㄱ. 적도와 가까운 안데스 산지는 일 년 내내 우리나라의 봄과 같은 날씨가 지속되는 고산 기후가 나타난다.
ㄷ. 사람이 많이 사는 고산 도시는 적도와 가깝기 때문에 중위도에 위치한 알프스 산지보다 위도가 낮다.

오답 피하기 ㄴ. 알프스 산지에서는 주로 여름철에 산에서 목축을 한다.
ㄹ. 겨울에 인간이 거주하기에는 온화한 기후가 나타나는 열대 고산 기후 지역(가)이 겨울이 매우 추운 온대 기후의 산지 지역(나)보다 유리하다.

176

A는 알프스산맥, B는 히말라야산맥, C는 창장강, D는 아마존강, E는 안데스산맥이다.
④ 아마존강(D)의 하류 지역은 열대 우림이 우거져 있어 인간이 거주하기에는 불리하다.

오답 피하기 ① 알프스산맥(A)에서는 호른, 빙하호 등 빙하 지형이 관광 자원으로 활용된다.
② 히말라야산맥(B)은 세계에서 가장 높은 산맥으로, 인도와 중국의 생활문화권의 경계가 된다.
③ 창장강(C)의 하류에서는 여름철 계절풍의 영향으로 벼농사가 활발하게 이루어진다.
⑤ 안데스산맥(E)에는 고산 지대를 중심으로 잉카 문명 등 고대 문명이 발달하였다.

177

할롱 베이는 베트남 북동부에 위치한 탑 카르스트 지형으로 다양한 석회암 지형이 관광 자원으로 이용되고 있다. A는 프랑스, B는 알제리, C는 사우디아라비아, D는 인도, E는 베트남이다.

178

(가)는 아이슬란드의 온천, (나)는 노르웨이의 피오르 경관이다.
④ 피오르는 바닷물이 육지 쪽으로 깊이 들어와 채워진 만이기 때문에 피오르의 물은 생활용수로 활용할 수 없다.

오답 피하기 ① 아이슬란드는 화산 활동이 활발하고 빙하에 의한 지형이 잘 발달해 있다.
② 일본은 지각판의 경계와 가까워 화산과 온천이 많다.
③ 피오르는 빙하의 침식으로 형성된 U자 모양의 골짜기가 바닷물에 잠겨 형성된 지형이다.
⑤ 온천과 피오르는 모두 관광 자원으로 활용된다.

179

제시된 자료는 태풍이 나타났을 때의 위성 영상이다. 태풍은 열대 저기압으로, 주로 적도 부근에서 발생하여 강풍과 폭우를 동반하고 중위도로 이동하면서 큰 피해를 입힌다. ⑤ 유라시아 대륙의 서안에는 열대 저기압이 거의 통과하지 않는다.

180

(가)는 지진, (나)는 호우, (다)는 산사태 발생 시 발송되는 안내 문자이다.
③ 기후적 요인에 따른 자연재해인 호우(나)가 지형적 요인에 따른 자연재해인 지진(가)보다 예측이 유리하다.

오답 피하기 ① 집중 호우는 주거지와 농경지 등에 침수 피해를 입힌다.
② 도로 건설, 벌목 등 무분별한 산지 개발은 산사태(다)를 유발하는 원인이 된다.
④ 지진(가)과 호우(나)는 모두 지면을 불안정하게 하기 때문에 산사태(다)의 원인이 될 수 있다.

181

(가)는 화산 활동에 의한 자연재해, (나)는 땅꺼짐(싱크홀) 현상이다.
ㄴ. 땅꺼짐(싱크홀) 현상은 빠른 도시화로 인해 지하수의 과도한 이용, 지하 공간 시설물 설치 등으로 인한 지반 약화가 주요 원인이다.
ㄷ. 화산 활동은 화산재와 화산 가스가 분출되어 항공기 운항에 큰 장애를 일으킨다.

오답 피하기 ㄱ. 화산 활동은 지형적 요인에 따른 자연재해이다.
ㄹ. 피해 범위는 화산 활동에 의한 자연재해(가)가 땅꺼짐(나)보다 넓다.

182

안전하고 쾌적하게 살아갈 시민의 권리는 헌법 제34조와 제35조에 보장되어 있으며, 국가는 첨단 과학기술을 활용하여 각종 재난 정보를 관리하고 있다.

오답 피하기 ㄴ. 재난 발생 시 국가는 복구와 보상 모두에 적극적으로 임해야 한다.
ㄹ. 시민은 재난 발생 시 국가나 행정 기관이 대응 방안을 발표하기 전이라도 안전 수칙을 지키며 안전한 곳으로 대피해야 한다.

서답형 **완성 문제** 본문 42쪽

183 (가) – A, (나) – B **184** 해설 참조
185 (가) – 열대 기후 (나) – 한대 기후
186 해설 참조

183

(가)는 적도 부근에 위치하지만 해발 고도가 낮은 지역, (나)는

적도 부근에 위치하지만 해발 고도가 높은 지역이다. 따라서 (나)가 (가)보다 연평균 기온이 낮다.

184

문제 접근 (가)는 열대 우림 기후, (나)는 열대 고산 기후에 해당한다.

예시 답안 (가)는 적도 부근의 저지대에 위치하기 때문에 열대 우림 기후가 나타나 기온이 높고 비가 많이 내린다. (나)는 위도상으로 열대 기후 지역에 해당하지만 해발 고도가 높아 일 년 내내 기온이 온화한 고산 기후가 나타난다.

평가 기준

상	해발 고도를 언급하여 기온과 강수량의 차이를 서술한 경우
중	해발 고도를 언급하여 기온의 차이만 서술한 경우
하	해발 고도를 언급하지 않고 기온 또는 강수량의 차이를 서술한 경우

185

(가)에는 숲이 무성하며, (나)는 주변에 식생이 거의 분포하지 않으며 가옥이 지면에서 떨어져 지어져 있다. 따라서 (가)는 열대 기후, (나)는 한대 기후에 해당한다.

186

문제 접근 열대 기후와 한대 기후 지역의 기후에 따른 지면 특성을 이해해야 한다.

예시 답안 열대 기후 지역인 (가)의 가옥은 덥고 습한 기후로 인해 지면으로부터 뜨거운 열기를 차단하고 각종 해충 등으로부터 보호하기 위해 바닥을 지면과 띄워서 짓는다. 한대 기후 지역인 (나)의 가옥은 집안의 열기가 지면으로 전달되지 못하게 하기 위해 바닥과 지면을 띄워서 집을 짓는다. 지면에 열기가 전달되면 땅이 녹아 집이 기울어질 수 있기 때문이다.

평가 기준

상	(가), (나)의 이유를 모두 정확하게 기술한 경우
중	(가), (나)의 이유 중 하나만 정확하게 기술한 경우
하	예시 답안의 이유를 포함하지 않고 단순히 현상만 기술한 경우

1등급 고난도 문제

본문 43쪽

187 ②   **188** ④   **189** ④   **190** ④

187

(가)는 푸른 바다와 하얀색 건물로 대표되는 지중해 연안의 가옥, (나)는 냉대 기후 지역의 통나무집이다. 지중해 연안 지역은 여름이 덥고 건조하기 때문에 연 강수량에서 여름 강수량이 차지하는 비율이 매우 낮다. 겨울의 길이는 고위도에 위치한 냉대 기후 지역인 (나)가 지중해성 기후 지역(가)보다 길다. 기온의 연교차는 겨울이 매우 추운 냉대 기후 지역(나)이 겨울이 온화한 지중해성 기후 지역(가)보다 크다. 따라서 냉대 기후 지역

(나)의 상대적 특징은 그림의 B가 적절하다.

188

지도에 표시된 세 지역은 영국의 런던, 싱가포르, 오스트레일리아의 다윈이다. 런던은 서안 해양성 기후, 싱가포르는 열대 우림 기후, 다윈은 사바나 기후가 나타난다. (가)는 일 년 내내 비가 자주 내리고 연 강수량이 많은 열대 우림 기후의 싱가포르, (나)는 4~9월에 비가 거의 오지 않아 건기와 우기가 뚜렷한 사바나 기후의 다윈, (다)는 서안 해양성 기후의 런던이다.
④ 온대 기후 지역에 해당하는 런던은 열대 기후 지역에 해당하는 싱가포르와 다윈에 비해 사계절이 뚜렷하다.

오답 피하기 ① (가)와 (나)는 열대 기후 지역, (다)는 온대 기후 지역에 해당한다.
② 다윈(나)은 사바나 기후 지역으로 4~9월이 건기이기 때문에 남반구에 위치한다.
③ (나)는 7월에 강수량이 거의 없다.
⑤ (가)~(다) 중 연평균 기온은 온대 기후 지역인 (다)가 가장 낮다.

189

(가)는 파묵칼레라는 석회암 지형으로 유명한 튀르키예, (나)는 블루라군이라는 해수 온천이 유명한 아이슬란드이다. 블루라군은 아이슬란드의 지열 발전을 통해 끌어올린 온천수와 바닷물이 만나 이루어진 아름다운 온천이다. 지도의 A는 아이슬란드, B는 노르웨이, C는 이탈리아, D는 튀르키예이다.

190

태풍은 우리나라에 접근할 때 남서쪽에서 북동쪽으로 지나가기 때문에 그 길목에 있는 제주도, 전남, 경남 등에 피해가 크다. 대설은 겨울철 동해에서 불어오는 습한 바람에 의해 빈번하게 발생하며 영동 지방에 많은 피해를 주기 때문에 강원도가 피해 규모가 크다. 지진은 신생대 지층이 있는 우리나라의 동남쪽 경북, 부산, 울산 등에 자주 발생한다. 호우는 여름철 남서 기류가 지나가는 바람받이 사면인 태백산맥 서쪽의 경기도가 피해 규모가 크다. 따라서 (가)는 태풍, (나)는 대설, (다)는 지진, (라)는 호우이다.
④ 태풍(가)은 진행 방향과 속도 등을 실시간으로 관찰할 수 있기 때문에 지진(다)보다 관측 및 대응에 유리하다.

오답 피하기 ① 태풍(가)은 기후적 요인에 의해 발생하는 자연재해이다.
② 강풍과 폭우를 동반하는 자연재해는 태풍(가)이다.
③ 호우(라)는 주로 여름철에 발생한다.
⑤ 태풍(가)은 여름, 가을에, 대설(나)은 겨울에 발생하는 비율이 높다.

02 인간과 자연의 관계 ~
03 환경 문제 해결을 위한 다양한 노력

개념 핵심 문제
본문 45쪽

191 인간 중심주의　192 생태 중심주의
193 인간　194 생태　195 인간　196 생태
197 인간　198 자정 능력　199 온실가스
200 ×　201 ○　202 정부　203 기업
204 몬트리올

내신 적중 문제
본문 46쪽~49쪽

205 ①　206 ④　207 ③　208 ④　209 ①
210 ⑤　211 ④　212 ⑤　213 ②　214 ⑤
215 ①　216 ⑤　217 ②　218 ⑤　219 ②
220 ④　221 ③　222 ④　223 ④

205

제시문을 주장한 사상가는 인간 중심주의자인 아리스토텔레스이다. ① 아리스토텔레스는 오직 인간만이 이성적 활동을 할 수 있는 직접적인 도덕적 고려의 대상이라고 보았다.

오답 피하기 ② 아리스토텔레스는 산다는 것이 인간뿐 아니라 동물, 식물에도 있는 공통적인 특성이라고 보았다.
③ 아리스토텔레스는 인간의 이익이나 필요에 따라 동물을 이용할 수 있다고 보았다.
④ 아리스토텔레스는 인간 중심주의 사상가로 오직 인간만이 도덕적 지위를 가진다고 보았다.
⑤ 생태 중심주의 입장이다.

206

제시문을 주장한 사상가는 생태 중심주의자인 레오폴드이다.
ㄴ, ㄹ. 레오폴드는 대지를 인간을 비롯한 자연의 모든 존재가 상호 의존하는 생명 공동체로 보았다. 또한 자연은 인간과 마찬가지로 평등한 권리를 가진 존재이며, 자연을 오직 수단으로만 바라보아서는 안 된다고 주장하였다.

오답 피하기 ㄱ. 레오폴드는 대지 공동체 그 자체는 본래적 가치를 가진다고 보았다.
ㄷ. 레오폴드는 인간을 대지 공동체의 평범한 구성원으로 보는 한편, 인간만이 생명 공동체의 동료 구성원과 공동체 자체를 존중할 수 있다고 보았다.

207

제시된 시조는 송시열의 「청산도 절로절로」이다. 이 시조는 자연의 질서에 순응하고 자연의 순리를 따르는 모습을 통해 인간과 자연의 상호 의존성의 중요성을 드러내고 있다.

오답 피하기 ①, ②, ④, ⑤ 인간과 자연의 상호 의존성을 중시하는 입장에서는 인간과 자연을 이분법적 관점으로 분리하지 않는다. 또한 자연을 인간의 행복, 이익을 위한 도구로 바라보지 않고, 인간과 자연을 평등하게 바라본다.

208

A는 인간 중심주의, B는 생태 중심주의이다. 인간 중심주의에서는 인간만이 본래적 가치를 가지며, 자연은 인간의 이익이나 필요에 의해 이용할 수 있는 수단적 가치를 갖는다고 본다. 생태 중심주의에서는 인간을 포함한 자연 전체가 본래적 가치를 갖는다고 본다.

오답 피하기 ① 인간 중심주의, 생태 중심주의 모두 '아니요'로 대답할 질문이다.
② 인간 중심주의에서 '예', 생태 중심주의에서 '아니요'로 대답할 질문이다.
③ 인간 중심주의, 생태 중심주의 모두 '예'로 대답할 질문이다.
⑤ 인간 중심주의에서는 '아니요', 생태 중심주의에서는 '예'로 대답할 질문이다.

209

생태 중심주의(B)는 인간 중심주의(A)에 비해 인간과 자연을 전일론적으로 바라보며, 인간의 이익과 무관하게 그 자체로 본래적 가치를 가진다고 본다. 따라서 A에 비해 B의 상대적 특징은 X는 낮음, Y는 높음, Z는 높음에 해당한다. 따라서 ㉠이 적절하다.

210

갑은 인간 중심주의 사상가 베이컨, 을은 생태 중심주의 사상가 네스이다. 베이컨은 인간의 이익과 필요를 위해 자연을 정복해야 한다고 보았다. 반면 네스는 환경 문제를 해결하기 위해 세계관과 생활양식 자체를 근본적으로 변화시켜야 한다고 보았다. ⑤ 베이컨은 자연을 인간의 이익과 욕구 충족을 위한 수단으로 보았다.

211

그림의 강연자는 칸트이다.
ㄴ, ㄹ. 칸트는 인간 이외의 동물, 식물, 자연을 폭력적으로 다루는 것은 인간의 자기 자신에 대한 의무에 위배되는 것으로 보았으며, 그 자체로서 가치를 지닌 존재, 즉 인간을 도덕적 고려 대상으로 보았다.

오답 피하기 ㄱ. 칸트는 오직 인간만이 이성을 가진 존재이기 때문에, 인간을 단지 수단이 아니라 항상 동시에 목적으로 대우해야 한다고 보았다.
ㄷ. 칸트는 이성적 존재 이외의 다른 존재들은 수단적 가치를 가진다고 보았다.

212

(가)는 유교 사상이고, (나)는 불교 사상이다. 유교에서는 만물이 본래의 가치를 지니며, 천인합일(天人合一)을 통한 인간과 자연의 조화를 강조한다. 불교는 연기설(緣起說)에 따라 모든 존재가 서로 영향을 주고받는 상호 의존성을 강조한다.

오답 피하기 ①, ③ (가), (나) 모두 긍정의 대답을 할 질문이다.
② (가)는 자연의 순리에 따르는 삶을 살아야 한다고 본다.
④ (가)는 인간이 하늘로부터 도덕성을 부여받은 존재라고 본다.

213

제시문에서는 환경 파괴를 극복하기 위해 인간과 자연의 공존을 중시하는 자연관이 나타나 있다.

오답 피하기 ① 인간 중심주의 관점이다.

③, ④ 제시문에서는 자연을 보존하면서도 인간과 공존할 방법으로 생태 관광을 제시하고 있다.

⑤ 제시문에서는 자연과 인간의 공존을 모색할 방법을 보여주고 있다.

214

환경 문제는 범지구적으로 영향을 미치기 때문에 원인을 추적하기가 어렵고 책임 소재를 명확하게 구분하기가 어렵다. 따라서 환경 문제가 발생하면 모든 인류가 책임감을 가지고 공동으로 대응해야 한다.

215

위성 영상을 통해 지구 대기의 오존 농도가 낮아져 지구 대기에 구멍이 확대되었음을 알 수 있다. 지구의 오존홀이 커지면 태양으로부터 직접 오는 자외선 투과량이 많아져 백내장 등 안구 질환자가 증가한다.

오답 피하기 ㄷ. 토양 침식으로 사막화 현상을 심화시키는 요인은 경작지 및 농장 확대 등 인간의 지나친 토지 이용 등이다.

ㄹ. 산성비는 산업이 발달한 지역에서 배출되는 각종 대기 오염 물질이 빗물에 섞여 내리는 현상으로 호수 및 해양의 산성화, 산림 피해 등을 유발한다.

216

오존층을 파괴하는 주요 원인은 염화 플루오린화 탄소(CFCs)를 비롯한 오존층 파괴 물질의 사용량 증가이다. 이를 위해 국제 사회는 염화 플루오린화 탄소(CFCs)와 같은 오존층 파괴 물질의 사용을 금지하는 몬트리올 의정서를 채택하였다.

217

(가)는 사막화, (나)는 열대림 파괴, (다)는 해양 오염이다.

② 열대림이 파괴되면 산림을 터전 삼아 서식하고 있는 다양한 동물이 삶터를 잃게 되고 다양한 나무도 사라지기 때문에 생물 다양성이 감소한다.

오답 피하기 ① 사막화(가)는 주로 사막의 주변 지역에서 발생한다.

③ 해양 오염(다)은 세계 여러 나라에서 배출한 쓰레기, 대규모 원유 유출 사고 등이 주요 원인이다.

④ 열대림 지역이 사막화 지역보다 산림이 울창하다.

⑤ 관개 농업은 강이나 호수, 지하수 등을 통해 물을 끌어와 농사를 짓는 것을 의미한다. 따라서 물이 부족한 사막화 지역이 비가 많이 내리는 열대림 지역보다 관개 농업이 활발하다.

218

(가)에 들어갈 말은 지구 온난화이다. 지구 온난화로 인해 지구 대기의 온도가 상승하면서 지구상의 빙하가 감소하고, 해수면이 상승하여 해안 저지대의 침수 피해 빈도가 높아진다. 또한 우리나라에서는 겨울이 짧아지고 여름이 길어지며, 자연재해의 강도와 발생 빈도가 높아진다.

⑤ 지구 온난화로 인해 북반구에서 냉대 침엽수림의 분포 범위는 북쪽으로 이동한다.

219

넓은 면적의 열대 우림이 사라지게 되면, 대기 중의 탄소를 흡수할 수 있는 숲이 사라지고 산불, 새로 건설된 도로 등을 통해 배출되는 배기가스 등으로 인해 대기 중 탄소 배출량은 증가한다. 또한 열대 우림에 서식하는 오랑우탄, 코뿔소 등의 야생 동물의 서식지가 감소한다.

오답 피하기 ㄴ. 오존층 파괴의 주요 원인은 염화 플루오린화 탄소(CFCs)를 비롯한 오존층 파괴 물질의 사용량 증가이다.

ㄹ. 사막화가 빠르게 진행되고 있는 지역은 주로 사막의 주변 지역이다.

220

팜나무는 기온이 높고 비가 많이 내리는 열대 기후 지역에서 재배된다. 따라서 ⓒ에 들어갈 국가는 모두 열대 기후 지역에 위치한 국가이다. 말레이시아와 인도네시아는 적도 부근의 열대 기후 지역에 위치해 있다.

221

환경 문제 해결을 위해 기업은 사회적 책임감을 가지고 친환경 제품을 생산하거나 제품 생산 과정에서 재생 에너지를 이용하여 탄소 배출량을 줄일 수 있는 노력을 해야 한다. 대표적인 사례가 전력의 100%를 재생 에너지로 사용하는 RE100이다.

오답 피하기 ㄱ. 시민 단체의 활동인 세계 자연 기금(WWF)에서 추진하는 행사이다.

ㄹ. 환경 영향 평가 제도는 국가에서 시행하는 노력에 해당한다.

222

(가)는 현재, (나)는 탄소중립 달성 시기에 해당한다.

ㄴ. 탄소중립을 달성하기 위한 시민 단체의 노력 사례로 그린피스, 세계 자연 기금, 지구의 벗 등이 있다.

ㄹ. (나)는 (가)보다 대기 중으로 탄소 배출량은 적고 흡수량은 많아 실질적인 탄소 배출량이 0이 되는 탄소중립 상태이다.

오답 피하기 ㄷ. 지구의 지속가능한 발전을 위해서는 지구 온난화의 원인이 되는 탄소 배출량을 줄여야 한다. 따라서 탄소 순 배출량이 없는 (나)가 (가)보다 지구의 지속가능한 발전에 유리하다.

223

④ 생태 전환적 사고는 인간 중심적 사고에서 벗어나, 인간과 자연의 공존과 지속가능성을 위해 인간의 생각과 행동 양식의 전반적인 변화를 추구하는 사고방식이다.

224 (가) – 인간 중심주의, (나) – 생태 중심주의
225 해설 참조   **226** (가) – 산성비
227 해설 참조

224

(가)는 인간 중심주의이고, (나)는 생태 중심주의이다.

225

문제 접근 (가)는 인간 중심주의이고, (나)는 생태 중심주의이다.

예시 답안 인간 중심주의를 강조하게 되면 자원 고갈, 환경 오염, 생태계 파괴 등과 같은 환경 위기가 나타날 수 있다.

평가 기준

상	인간 중심주의에 의한 환경 위기를 정확하게 서술한 경우
중	환경 위기에 관해 서술했으나 원인에 관한 내용이 다소 미흡한 경우
하	환경 위기라고만 쓴 경우

226

산성비 피해는 산업과 도시가 발달하여 대기 중으로 자동차 배기가스, 공장 매연 등이 배출되어 빗물과 섞여 내리면서 발생한다.

227

문제 접근 원인 물질 배출 지역보다 피해가 심한 지역이 동쪽으로 치우쳐 있는 이유를 생각한다.

예시 답안 산성비 원인 물질의 배출 지역은 미국의 주요 공업과 도시 발달 지역을 포함하고 있지만 산성비 피해가 심한 지역은 캐나다 북동부의 도시나 공업 발달이 미약한 지역이 포함되어 있다. 따라서 두 지역이 일치하지 않는 이유는 산성비 원인 물질이 편서풍을 타고 동쪽으로 이동하여 영향을 주었기 때문이다.

평가 기준

상	미국의 주요 공업 및 도시 발달 지역과 편서풍을 언급하여 이유를 정확하게 기술한 경우
중	미국의 주요 공업 지역과 바람을 언급하여 이유를 기술한 경우
하	바람만 언급하여 이유를 기술한 경우

228 ③   **229** ④   **230** ②   **231** ④

228

갑은 레오폴드, 을은 칸트이다.
ㄴ. 레오폴드는 자연 전체가 인간의 이해와 무관하게 본래적 가

치를 가진다고 보았으며, 생명 공동체를 오직 경제적 관점으로만 바라보는 것을 비판했다. 칸트는 인간 이외의 존재가 수단적 가치를 가지고 있다고 보았다.
ㄷ. 레오폴드와 칸트는 모두 인간을 본래적 가치를 가진 도덕적 지위를 가진 존재로 보았다.

오답 피하기 ㄱ. 레오폴드는 생명 공동체를 경제적 관점으로만 바라보는 것을 반대하며, 자연물을 인간의 이익을 위해 관리될 수 있는 자원으로 사용할 수도 있다고 보았다.
ㄹ. 칸트는 인간에게 자연에 대한 의무, 즉 자연에 대한 직접적 의무는 없다고 보고, 자연에 대한 의무는 간접적 의무로서 오직 인간의 자기 자신에 대한 의무일 뿐이라고 보았다.

229

갑은 도가 사상, 을은 레오폴드이다.
ㄴ. 도가에서는 인간이 자연을 조작하는 것을 반대하고 자연의 순리에 따라 살아야 한다[無爲自然]고 보았다.
ㄹ. 레오폴드는 생명 공동체가 그 자체로서 인간의 목적과 무관하게 본래적 가치를 지닌다고 보았다.

오답 피하기 ㄱ. 도가, 레오폴드 모두 긍정의 대답을 할 질문이다.
ㄷ. 도가에서는 자연이 무질서한 체계가 아니라 무목적의 질서 체계를 지니고 있다고 보았다.

230

지도에 표시된 A는 영국의 런던, B는 프랑스의 파리, C는 스위스의 바젤, D는 이란의 람사르, E는 캐나다의 몬트리올이다.
② 파리 협정(2015)은 기후 변화에 대응하기 위한 전 지구적 차원의 국제 협약으로 선진국과 개발 도상국을 포함한 195개국이 체결하였다.

오답 피하기 ① 런던 협약(A)은 폐기물 투기에 의한 해양 오염을 방지하기 위한 국제 협약이다.
③ 바젤 협약(C)은 지구 환경을 보호하기 위하여 유해 폐기물의 불법적인 이동을 줄이는 등 국가 간 유해 폐기물 이동 및 처리에 관한 국제 협약이다.
④ 람사르 협약(D)은 물새 서식지이자 생태계 자원의 보고인 습지가 농경지 확대, 갯벌 매립 등으로 감소하면서 국제적으로 습지를 보호하기 위해 체결한 협약이다.
⑤ 몬트리올 의정서(E)는 오존층 파괴로 인한 영향으로부터 인류의 건강과 환경을 보호하기 위해 체결한 협약이다. 협약이 발효된 이후 남극 대륙 상공에 위치한 오존 구멍이 줄어드는 성과를 이루었다.

231

(가)는 사막화가 빠르게 진행되고 있는 지역으로 과거에 어업 활동이 활발했던 호수가 현재는 수량이 감소하여 어업 기능을 잃고 폐어선만 남아 있는 중앙아시아의 아랄해 주변 지역(B)이다.
(나)는 불법적인 벌목, 농장 확대, 도로 건설 등으로 산림이 파괴되고 있는 열대 기후 지역(C)이다.

오답 피하기 지도의 A 지역은 냉대 침엽수림이 넓게 분포하는 냉대 기후 지역이며, D 지역은 해수면 상승으로 인해 해안 침수 피해가 발생하고 있는 남태평양의 산호초 섬이다.

대단원 종합 문제

본문 54쪽~57쪽

252 ②	**253** ④	**254** ②	**255** 해설 참조
256 해설 참조	**257** ④	**258** ⑤	**259** ④
260 ④	**261** ④	**262** ②	**263** ⑤	**264** ②
265 ④	**266** ④	**267** 해설 참조	**268** ②
269 ④	**270** ③		

252

(가)는 열대 기후 지역, (나)는 온대 기후 지역, (다)는 건조 기후 지역이다.

② (나)는 여름철에 벼농사가 활발하게 이루어지는 온대 기후 지역으로 주로 대륙의 동안에 위치한다.

오답 피하기 ① 열대 기후는 일 년 내내 기온이 높고, 강수량의 특성에 따라 열대 우림 기후, 사바나 기후 등으로 구분한다.

③ 건조 기후 지역은 연 증발량이 연 강수량보다 많아 사막이나 짧은 풀의 초원이 발달한다.

④ 적도에서 고위도로 가면서 열대, 건조, 온대 기후 순으로 나타난다.

⑤ 사막이 주로 분포하는 건조 기후 지역은 기온의 일교차가 매우 크다.

253

(가)는 냉대 기후 지역의 전통 가옥인 통나무집, (나)는 비가 자주 내리는 열대 기후 지역의 고상식 가옥이다.

ㄴ. 열대 기후 지역은 기온과 습도가 높기 때문에 주민은 얇고 가벼우며 바람이 잘 통하는 옷을 입는다.

ㄹ. 기온의 연교차는 겨울이 춥고 긴 냉대 기후 지역(가)이 열대 기후 지역(나)보다 크다.

오답 피하기 ㄱ. 커피의 플랜테이션은 사바나 기후 지역에서 활발히 이루어진다.

ㄷ. (나)의 가옥은 일 년 내내 비가 많이 오기 때문에 지붕의 경사가 급하다. 연 강수량은 (나)가 (가)보다 많다.

254

(가)는 건조 기후 지역, (나)는 열대 기후 지역, (다)는 한대 기후 지역 주민의 전통 의복이다.

② 열대 기후 지역에서는 덥고 습하기 때문에 음식이 잘 부패하므로 이를 방지하기 위해 기름에 튀기거나 향신료를 많이 사용하는 요리가 발달한다.

오답 피하기 ① 기온이 낮아 주로 열량이 높은 음식을 섭취하는 지역은 냉대 및 한대 기후 지역이다.

③ 한대 기후 지역(다)은 춥기 때문에 염소나 양을 유목할 수 없다.

④ (가)에서는 밀이나 대추야자 등을, (나)에서는 카사바, 옥수수, 감자 등을 주식으로 이용한다.

⑤ 고상식 가옥은 열대 기후 지역과 한대 기후 지역에서 발달한다.

255

문제 접근 안데스산맥은 적도를 지나 남아메리카의 태평양 연안을 따라 남북으로 길게 뻗어 있으며, 기온은 해발 고도가 높아짐에 따라 하강한다.

예시 답안 사진은 안데스 산지에 살고 있는 주민의 모습이다. 적도 주변의 저지대는 기온이 높고 습하기 때문에 인간의 거주에 불리하다. 그러나 적도 주변의 산지는 해발 고도가 높아지면서 기온이 하강하고 습도도 낮아지기 때문에 안데스산맥의 높은 산지는 날씨가 온화하고 쾌적하여 인간의 거주에 유리하다. 이러한 지역을 열대 고산 지대라고 한다.

평가 기준

상	해발 고도가 높아짐에 따라 기온이 하강하는 사실을 적도 주변의 안데스산맥에 적용시켜 정확하게 서술한 경우
중	안데스산맥의 고산 기후에 대한 내용만 서술한 경우
하	산지 지역에 대한 내용만 서술한 경우

256

문제 접근 세계의 특수한 지형은 훌륭한 관광 자원이며, 특히 석회암으로 이루어진 튀르키예의 파묵칼레, 베트남의 할롱 베이, 중국의 구이린 등 다양한 지형은 많은 관광객이 찾는 관광 명소이다.

예시 답안 (가)는 석회암 단구, (나)는 탑 카르스트이며, 모두 석회암이 물과 만나 다양한 모양으로 형성된 아름다운 지형 경관이다.

평가 기준

상	석회암을 언급하여 두 지역의 공통점을 서술한 경우
하	석회암을 언급하지 않고 단순히 지형만 서술한 경우

257

파묵칼레(가)는 튀르키예, 할롱 베이(나)는 베트남의 관광 명소이다. 지도에 표시된 A는 프랑스, B는 튀르키예, C는 몽골, D는 베트남이다.

258

ㄴ. 도시가 발달하면 지하 공간을 개발하고, 인구 증가로 인해 지하수를 과도하게 사용하기 때문에 도시의 지하는 균형을 잃을 수가 있다. 이로 인해 땅꺼짐(싱크홀) 등의 재해가 발생하기도 한다.

ㄷ. 자연재해로부터 안전하게 살아갈 권리는 헌법 제34조, 제35조에 보장되어 있다.

ㄹ. 우리나라의 자연재해 중 피해 규모가 큰 것은 태풍, 호우 등으로 주로 여름철에 발생한다.

오답 피하기 ㄱ. 우리나라는 태풍, 호우, 대설 등 기후와 관련된 자연재해뿐만 아니라 지진, 산사태 등 지형과 관련된 자연재해도 발생한다.

259

(가)는 집중 호우로 인한 침수 피해, (나)는 지진, (다)는 가뭄 피해를 나타낸 것이다.

④ 가뭄(다)은 진행 속도는 느리지만 피해 면적이 매우 넓게 나타나는 자연재해이다.

오답 피하기 ① 농경지나 가옥의 침수 피해는 여름철 집중 호우가 내릴 때 자주 발생한다.
② 지진과 화산 활동은 지각판의 경계와 가까운 지역에서 주로 발생한다.
③ 집중 호우에 의한 침수 피해는 비가 많이 내리는 여름철에 반복적으로 발생하는 경향이 강하다.

260

A는 지진 발생 시 행동 요령이며, B는 가뭄이 발생했을 때의 행동 요령이다.

261

(가)는 남쪽에 위치한 제주, 전남 등에서 피해액 비율이 큰 태풍이다.
(나)는 경기, 강원 등에서 피해액 비율이 높은데, 경기와 강원은 여름철 남서 기류가 유입될 때 태백산맥의 바람받이에 해당하는 지역이 많다. 따라서 (나)는 호우이다.
(다)는 세 자연재해 중 피해액이 가장 적으며, 상대적으로 산지가 많은 강원의 피해액 비율이 높다. 따라서 (다)는 대설이다.

262

갑은 칸트, 을은 레오폴드이다. 칸트는 이성이 없는 동물, 식물, 자연을 함부로 대하는 것은 인간의 자기 자신에 대한 의무, 즉 인간 이외의 존재에 관한 의무에 위배되는 것으로 보았다.

오답 피하기 ①, ⑤ 레오폴드의 관점이다.
③ 레오폴드는 인간과 자연을 전일론적 관점에서 보았다.
④ 레오폴드는 인간과 자연이 동등한 지위를 갖는다고 보았다.

263

ㄷ, ㄹ. 칼럼은 자연의 모든 존재가 연기(緣起)의 관점에서 보았을 때 상호 의존적으로 연결되어 있다고 본다. 따라서 연기에 대한 자각을 바탕으로 다른 존재에게 자비를 베풀 것을 주장한다.

오답 피하기 ㄱ. 칼럼은 인간이 연기의 관점에서 자연의 모든 존재를 바라볼 것을 주장한다.
ㄴ. 칼럼은 인간과 자연이 서로 원인과 조건으로 연결된 평등한 존재라고 주장한다.

264

제시문을 주장한 사상가는 네스이다. 네스는 인간 중심적인 환경 운동을 비판하고 세계관과 생활양식 자체를 생태 중심적으로 바꾸어야 한다고 보았다. 따라서 생태계의 중요한 가치를 실현하기 위해 어떠한 개입도 허용하지 않기 때문에 환경 보전을 위한 구체적인 방안을 제시하지 못해 비현실적이라는 비판을 받기도 한다.

오답 피하기 ①, ③, ④, ⑤ 네스의 생태 중심주의적 관점이다.

265

제시문은 데카르트의 관점이다. 첫 번째 입장과 관련하여 데카르트는 동물이 정교한 시계 같은 기계와 다름없다고 보았다. 두 번째 입장과 관련하여 데카르트는 이성적 능력이 결여된 동물의 행동은 모두 물질의 운동 법칙으로 설명할 수 있으며, 세 번째 입장과 관련하여 영혼을 지닌 인간은 그렇지 않은 동물보다 우월하다고 보았다.

오답 피하기 네 번째 입장과 관련하여 데카르트는 기계와 동물을 관리하는 방식은 동일하다고 보았다.

266

지도의 A는 유럽의 알프스 산지, B는 북부 아프리카의 사헬 지대, C는 중국의 동부, D는 북극해 연안, E는 아마존 열대 우림 지역이다.
④ 산호초는 적도를 중심으로 위도 약 20도 이내의 따뜻하고 수심이 얕은 바다에 형성되어 있다.

오답 피하기 ① 알프스 산지에서는 지구 온난화로 인해 산악 빙하가 사라지고 있다.
② 사헬 지대는 인구 증가로 인한 경작지 확대, 장기적인 가뭄 등으로 사막화가 빠르게 진행되고 있다.
③ 중국의 동부 지역은 산업과 도시가 발달하여 대기 오염 물질이 빗물에 섞여 내리는 산성비 피해가 나타난다.
⑤ 아마존 열대 우림 지역은 지구의 허파로 불리지만 최근 각종 개발로 인해 열대림이 빠르게 감소하고 있다.

267

문제 접근 바다 쓰레기는 인간의 활동으로 인해 발생한 쓰레기가 세계의 각 나라에서 하천을 통해 바다로 배출된 결과로 나타난 것이다.

예시 답안 바다 쓰레기의 대부분은 산업의 발달로 생산된 플라스틱이며, 이는 세계 여러 나라에서 바다로 배출된 후 해류를 따라 흐르다가 태평양, 대서양, 인도양 등에 모여 거대한 쓰레기 섬이 형성된다.

평가 기준

상	플라스틱, 해류를 포함하여 쓰레기 섬이 형성되는 과정과 원인을 정확하게 서술한 경우
중	쓰레기 섬이 형성되는 과정을 서술한 경우
하	단순히 쓰레기 섬이 형성되었음을 서술한 경우

268

바다 쓰레기와 같이 폐기물 투기에 의한 해양 오염 방지를 위해 국제 사회는 런던 협약을 체결하였다.

오답 피하기 ① 바젤 협약은 유해 폐기물의 국가 간 이동 및 처리를 통제하기 위해 체결되었다.
③ 파리 협정은 기후변화에 대응하기 위해 전 세계 195개국의 참여국 모두가 온실가스를 감축하기 위해 체결되었다.
④ 람사르 협약은 물새 서식지로서 국제적으로 중요한 습지 보호를 위해 체결되었다.

⑤ 몬트리올 의정서는 오존층 파괴 물질의 생산 및 사용을 단계적으로 감축하기 위해 체결되었다.

269

(가)의 그린피스, 세계 자연 기금, 지구의 벗 등은 비정부 기구로 시민 사회의 활동이다. (나)의 RE100, ESG 경영 등은 기업의 역할이며, (다)의 각종 법률과 제도 마련의 경우에는 정부의 역할이다.

270

사진은 태평양의 섬나라 키리바시에서 발생하고 있는 모습이다. 키리바시는 국토의 대부분이 산호초로 둘러싸인 섬으로 해발 고도가 매우 낮다. 따라서 지구 온난화로 인해 해수면이 상승하면서 해안 침수 피해가 자주 발생하는 등 수몰 위기에 놓여 있다. 개인은 생태 시민으로서 로컬 푸드 운동 등 친환경 녹색 소비 활동을 통해 지구 온난화 방지를 위해 노력해야 한다.

오답 피하기 ㄷ. 지구 온난화에 대응하기 위한 국제 사회의 노력으로 유엔 기후 변화 협약, 파리 협정 등이 있다.

도전! 기출 문제

본문 58쪽~59쪽

271 ③　　**272** ②　　**273** ①　　**274** ②

271 세계의 다양한 기후와 인간 생활 이해

자료 분석 (가)는 건조 기후 지역인 몽골 초원 지대의 전통 가옥인 게르, (나)는 열대 기후 지역인 타이의 고상식 가옥이다.

오답 피하기 (가)는 고위도의 대륙 내부에 위치하며, (나)는 저위도에 위치한다. 대체로 기온의 연교차는 위도가 높아질수록 커진다. 따라서 저위도의 열대 기후 지역인 (나)는 상대적으로 고위도에 위치한 건조 기후 지역인 (가)에 비해 기온의 연교차는 작고, 위도는 낮고, 연 강수량은 많다. 이를 만족하는 상대적 특징을 나타낸 것은 그래프의 C이다.

272 주요 자연재해별 특징 이해

자료 분석 (가)는 황사, (나)는 대설, (다)는 태풍이다.

ㄱ. 황사는 중국 내몽골의 건조 기후 지역에서 발생한 황토 먼지가 편서풍을 타고 우리나라에 영향을 주는 현상으로 중국의 대기 오염 물질과 섞여 우리나라에 미세 먼지 농도를 증가시킨다.
ㄷ. 태풍은 열대 저기압으로 주로 적도 부근의 바다에서 발생하여 많은 습기를 함유하고 있으며, 중심에는 강한 저기압이 형성되어 바람이 강하게 불어 들어간다. 따라서 태풍은 황사에 비해 강풍과 함께 폭우를 동반하는 경우가 많다.

오답 피하기 ㄴ. 건물의 내진 설계는 지진에 대비한 대응책이다.
ㄹ. 대설(나)은 우리나라의 동해안이나 서해안에서 주로 발생하며, 태풍(다)은 적도 부근의 저위도에서 주로 발생한다.

273 인간과 자연의 바람직한 관계 이해

자료 분석 (가)는 인간 중심주의 사상가 베이컨, (나)는 생태 중심주의 사상가 레오폴드의 자연관이다.

① 베이컨은 자연을 인간의 이익과 행복을 실현하기 위한 수단으로 보는 도구적 자연관의 관점을 주장하였다.

오답 피하기 ② 베이컨은 오직 인간만이 본래적 가치, 즉 그 자체로서 의미를 가지고 목적으로 추구되는 가치를 지닌다고 보았다.
③ 레오폴드는 인간을 대지, 즉 생명 공동체의 우월한 존재가 아니라 평범한 구성원으로서 자연의 일부라고 보았다.
④ 레오폴드는 개별 생명체의 가치보다 생태계 전체의 선을 우선시하였다.
⑤ 레오폴드의 입장에만 해당한다.

274 환경 문제 해결을 위한 국제 협약 이해

자료 분석 (가)에는 람사르 협약, (나)에는 몬트리올 의정서, (다)에는 생물 다양성 협약, (라)에는 파리 협정의 주요 협약 내용이 들어가야 한다.

ㄱ. 람사르 협약은 물새 서식지로서 국제적으로 중요한 습지를 보호하기 위한 국제 협약으로 우리나라에도 우포늪, 순천만 갯벌 등이 람사르 협약에 가입되어 보호받고 있다.
ㄷ. 생물 다양성 협약은 멸종 위기에 처한 야생 동식물의 거래를 규제하고 생물종의 보호를 위한 국제 협약이다.

오답 피하기 ㄴ. 선진국과 개발 도상국이 힘을 모아 온실가스 배출량을 단계적으로 감축하는 협약은 파리 협정이다.
ㄹ. 오존층 파괴 물질의 생산 및 사용을 단계적으로 감축하는 협약은 몬트리올 의정서이다.

01 세계의 다양한 문화권 ~
02 문화 변동과 전통문화

개념 핵심 문제
본문 61쪽

275 리오그란데강   276 돼지고기, 쇠고기
277 자극 전파   278 ×   279 ○   280 ×
281 게르만족, 라틴족   282 남부   283 순록
284 문화 정체성   285 직접   286 문화 융합
287 비판적   288 발견

내신 적중 문제
본문 62쪽~65쪽

289 ②	290 ⑤	291 ②	292 ⑤	293 ④
294 ②	295 ①	296 ③	297 ②	298 ②
299 ②	300 ⑤	301 ③	302 ①	303 ②
304 ①	305 ④	306 ④	307 ④	

289
문화권은 고정되어 있는 것이 아니라 인구 이동과 문화 전파 등을 통해 변화하기도 한다. 따라서 문화권의 경계에는 두 문화권의 특성이 함께 섞여서 나타나는 점이 지대가 나타난다.

290
(가)는 대부분의 주민이 힌두교를 믿는 인도의 거리 풍경, (나)는 이란의 전통 가옥 구조 중 하나인 바드기르이다.
ㄷ. (나) 지역은 건조 기후 지역으로 바드기르는 건조한 지역에서 상층의 시원한 공기를 실내로 끌어들여 실내 공간을 시원하게 하는 천연 에어컨 역할을 하는 시설이다. 따라서 (나) 지역은 연 강수량이 매우 적은 사막임을 알 수 있다.
ㄹ. (가)는 종교, (나)는 기후와 관련된 문화 경관이다.
오답 피하기 ㄱ. 힌두교는 소를 숭배하기 때문에 소를 신성시한다. (가)의 예배하는 주민은 힌두교 신자이다.
ㄴ. (나)의 기능은 시원한 바람을 실내로 끌어들이기 위한 것이다.

291
건조 문화 지역에서는 주로 유목 생활을 하기 때문에 가축으로부터 얻을 수 있는 음식 문화가 발달한다. 따라서 가축의 젖을 가공한 각종 유제품이 주민들의 주식이다.
오답 피하기 ① 냉대 기후 지역의 전통 음식 문화에 대한 설명이다.
③, ④ 열대 기후 지역의 전통 음식 문화에 대한 설명이다.
⑤ 온대 기후 지역의 전통 음식 문화에 대한 설명이다.

292
A는 유럽, 아메리카, 오세아니아 등의 주민들이 주로 믿는 크리스트교, B는 서남아시아, 중앙아시아, 북부 아프리카 등의 주민들이 주로 믿는 이슬람교, C는 동부 아시아, 동남아시아 등의 주민들이 주로 믿는 불교이다.

293
(가)는 튀르키예의 술탄 아흐메드 모스크로, 이슬람교 사원이다. (나)는 미얀마의 쉐지곤 파고다로, 불교 사원이다.
오답 피하기 크리스트교의 예배 시설은 교회나 성당으로 지붕 위 십자가가 상징이다.

294
A는 유럽 문화권, B는 건조 문화권이다.
ㄱ. 유럽 문화권은 크리스트교가 주민들의 생활과 의식에 크게 영향을 주었다.
ㄷ. 지중해는 유럽 문화권과 건조 문화권의 경계로, 지중해 연안은 여름이 건조한 지중해성 기후가 나타난다.
오답 피하기 ㄴ. 건조 문화권(B)의 주민은 강한 햇빛과 모래 폭풍 등으로 인해 온몸을 감싸는 형태의 옷을 입는다.
ㄹ. 유럽 문화권(A)은 산업 혁명이 시작된 지역이며, 도시와 산업이 발달하였다.

295
(가)는 우리나라, 중국, 일본 등이 있는 동부 아시아 문화권, (나)는 인도를 중심으로 한 남부 아시아 문화권, (다)는 인도차이나반도, 인도네시아, 필리핀 등이 있는 동남아시아 문화권이다. 지도의 ㉠은 동부 아시아 문화권, ㉡는 남부 아시아 문화권, ㉢은 동남아시아 문화권이다.

296
아프리카 대륙은 사하라 사막을 기준으로 북부 아프리카와 중·남부 아프리카로 구분하는데, 북부 아프리카는 서남아시아, 중앙아시아 등과 함께 건조 문화권에 해당한다. 중·남부 아프리카는 토속 종교의 영향이 남아 있으며 부족 단위의 공동체 생활을 하는 아프리카 문화권에 해당한다.

297
사진의 (가)는 아프리카 마사이족의 전통춤이며, (나)는 아르헨티나의 탱고이다. 따라서 (가)는 아프리카 문화권, (나)는 라틴 아메리카 문화권이다.
② 라틴 아메리카의 주민은 대부분 크리스트교의 종파인 가톨릭교를 믿는다.
오답 피하기 ① 아프리카 문화권은 대부분 사헬 지대 남쪽에 해당하는 지역이다.
③ 라틴 아메리카의 삼바, 탱고 등의 음악 장르는 아프리카 문화의 영향을 받아 형성되었다.
④ (가)에서는 옥수수나 카사바가 주식으로 이용되며, (나)에서는 밀이나 옥수수가 주식으로 이용된다.
⑤ 아마존 분지는 라틴 아메리카 문화권에 있으며, 콩고 분지는 아프리카 문화권에 있다.

(가) 지역은 북극해 연안의 한대 기후 지역이다. 이 지역은 여름에 짧은 기간 기온이 영상으로 올라가는 툰드라 기후가 나타나며, 이로 인해 가옥의 바닥을 지면과 띄워서 짓는다. 이 지역 주민들은 수렵, 어로, 순록 유목 등을 통해 생활한다.

② 연 증발량이 연 강수량보다 많은 지역은 건조 문화권이다.

299

(가)는 직접 전파, (나)는 간접 전파, (다)는 자극 전파이다.

② 간접 전파는 서적, 인터넷, TV 등 매개체를 통한 간접적인 접촉에 의해 문화 요소가 전파되는 현상이다.

오답 피하기 ① 기존에 존재하지 않았던 새로운 문화 요소를 만들어 내는 것은 발명이다.

③ 기존에 존재하고 있었지만 알려지지 않았던 것을 찾아내는 것은 발견이다.

④ 직접 전파와 간접 전파는 모두 문화 변동의 외재적 요인이다.

⑤ 자극 전파는 전파된 외래문화에서 아이디어를 얻어 발명이 일어난 것으로 문화 변동의 외재적 요인이다.

300

우리나라의 불교 사찰에 있는 산신각은 우리 민족의 토착신인 산신(山神)을 모신 신당으로, 우리나라의 토속 신앙과 불교가 결합하여 나타났다. 불교는 외래문화이고, 산신은 토속 신앙이다. 외래문화인 불교와 토속 신앙인 산신이 결합하여 산신각이라는 제3의 문화가 나타난 것이므로 문화 융합에 해당한다.

오답 피하기 ① 문화 변동의 내재적 요인은 발명과 발견이다. 산신각은 외래문화인 불교와 토속 신앙인 산신이 결합하여 나타난 문화 융합의 사례로, 외재적 요인에 의한 문화 변동 사례이다.

② 산신각은 문화 변동의 결과 기존 사회의 고유한 문화인 토속 신앙이 남아 있다.

③ 한 사회의 문화와 전파된 다른 사회의 문화가 나란히 존재하는 현상은 문화 병존이다. 산신각은 문화 병존이 아니라 새로운 제3의 문화가 나타난 문화 융합의 사례이다.

④ 한 사회의 문화가 다른 사회의 문화 체계에 흡수되어 정체성을 상실하는 현상은 문화 동화이다. 산신각은 산신이라는 토속 신앙이 남아 있으므로 정체성을 상실한 것이 아니다.

301

③ 갑국에서는 자신들의 음식 문화인 ○○에 A국의 음식 문화인 ●●을 결합한 새로운 ◎◎ 음식 문화가 나타났으므로 문화 융합 현상이 발생하였다.

오답 피하기 ① 갑국에서는 A국 유학생들과의 접촉으로 음식 문화에서 문화 융합이 나타났으므로 외재적 요인에 의한 문화 변동이 나타났다.

② 을국 사람들은 A국의 혼인 문화인 ■■을 접하게 되면서 자신들의 고유한 혼인 문화인 □□가 소멸되었다. 따라서 을국에서는 A국의 혼인 문화가 변형되지 않고 그대로 정착되었다.

④ 을국에서는 A국의 혼인 문화인 ■■을 접하게 되면서 자신들의 고유한 혼인 문화인 □□가 소멸되었으므로 문화 동화 현상이 나타났다.

⑤ 갑국의 음식 문화는 A국 유학생들에 의해서, 을국의 혼인 문화는 드라마를 통해서 전파되었다. 따라서 갑국의 음식 문화는 직접 전파, 을국의 혼인 문화는 간접 전파에 의해 변동하였다.

302

A는 세대 간 전승되면서 가치를 인정받고 있는 고유한 전통문화이다.

ㄱ. 전통문화에는 오랜 역사를 거쳐 전해지는 조상들의 소중한 정신과 가치가 담겨 있다. 이러한 전통문화는 문화의 정체성을 유지하는 데 도움을 준다.

ㄴ. 전통문화는 같은 문화를 공유하는 사람들 간에 동질감을 느끼게 하고 자긍심을 고취시킨다.

오답 피하기 ㄷ. 전통문화 자체가 구성원에게 미래 지향적 사고방식을 갖도록 하는 것은 아니다. 구성원 스스로 전통문화를 창조적으로 계승·발전시켜야 한다는 의식이 강하다면 미래 지향적 사고방식을 가질 수도 있다.

ㄹ. 문화 교류를 통해 세계의 다양한 전통문화가 전해지면서 문화가 다양해진다.

303

② 오늘날 갑국 사람들은 집이나 학교, 회사 등에서 전통 한복을 일상복으로 착용하지 않게 되었으므로 자문화의 정체성을 상실한 문화 동화가 나타났다.

오답 피하기 ① 다른 문화에서 자극을 받아 발명이 이루어진 것은 자극 전파이다. 일상복으로 전통 한복을 입지 않게 된 것은 문화 동화이다.

③ 강제적 문화 접변에 의해 사람들이 전통 한복을 입지 않고 양복을 입게 된 것은 아니다.

④ 전통 한복을 입지 않고 양복을 입게 되었으므로 문화 동화가 나타난 것이다.

⑤ 외국에서 들어온 양복이 변형되어 새로운 문화 요소가 만들어졌다는 내용은 찾아볼 수 없다.

304

서낭신에게 농사의 풍요를 기원하거나 지신밟기, 줄다리기 등의 민속놀이, 햇곡식으로 고사를 지낸 것 등은 우리 사회가 농경 중심의 문화였음을 말해 주고 있다.

오답 피하기 ② 제시된 사례에서 정치와 종교가 결합된 문화라는 근거는 찾아보기 어렵다.

③ 제시된 사례는 다양한 개성을 표출한다기보다는 농경 중심의 사회에서 농사의 풍요를 기원하는 의미가 강하다.

④ 제시된 사례가 민족의 우수성을 강조하는 문화라는 근거는 찾아보기 어렵다.

⑤ 제시된 사례에서 외래문화의 요소는 찾아보기 어렵다.

305

나전 칠기의 문양을 휴대 전화 케이스에 활용한 것이나 고려청자 문양을 이어폰 케이스에 활용한 것은 전통문화를 현대적 감각에 맞게 창조적으로 계승·발전시킨 사례이다.

오답 피하기 ① 제시된 사례는 전통을 현대적 감각에 맞게 창조적으로 발전시킨 것이다.

② 제시된 사례는 전통의 내용과 형식을 그대로 계승한 것이 아니라 현대적 감각에 맞게 창조적으로 발전시킨 것이다.

③ 제시된 사례에서 전통을 현대와 대립되는 것으로 이해해야 한다는 근거
는 찾아볼 수 없다.
⑤ 제시된 사례에서 전통과 다른 이질적인 문화의 수용을 거부해야 한다는
근거는 찾아볼 수 없다.

306

전통 가마솥의 원리를 이용하여 전기밥솥을 만들었고, 전통 기
와 문양이나 오방색을 반영한 포장지를 개발한 것은 전통문화
를 현대적 감각으로 계승하여 발전시킨 사례이다.

오답 피하기 ① 제시된 사례는 문화의 세계화가 전통문화를 질적으로 발전
시킨 경우이다.
② 제시된 사례에서는 문화 교류와 다양성의 관계를 파악할 수 없다.
③ 제시된 사례는 전통문화가 보편화된 세계 문화와 일치한 경우로 보기 어렵다.
⑤ 제시된 사례를 통해 파악할 수 없는 내용이다.

307

제시된 사례는 우리의 전통문화인 김치를 외국인들도 맛있게
먹을 수 있도록 외국인들에게 익숙한 분말 조미료 형태로 만들
어 세계적으로 보편화될 수 있도록 재창조한 경우이다.

오답 피하기 ① 제시된 사례는 전통문화의 발전을 위해 외래문화 요소를
적절히 가미한 것이다.
② 제시된 사례에서 문화적 자부심을 바탕으로 다른 문화를 흡수해야 한다
는 근거는 찾아볼 수 없다.
③ 제시된 사례는 다양한 문화를 통합하여 단일한 세계 문화를 형성해야 한
다는 것이 아니라 우리의 전통문화를 세계인의 감각에 맞게 재창조한 경우
이다.
⑤ 제시된 사례는 고유의 전통문화를 있는 그대로 재현하는 것이 아니라 세
계인의 감각에 맞게 재창조한 경우이다.

서답형 완성 문제 본문 66쪽

308 (가) – 힌두교, (나) – 이슬람교
309 해설 참조
310 (가) – 문화 병존, (나) – 문화 융합
311 해설 참조

308

바라나시는 갠지스강 유역에 위치하고 있으며, 힌두교 신자들
이 갠지스강에서 목욕을 하기 위해 잠시 머무르는 도시이며, 메
카는 이슬람교의 창시자 무함마드가 탄생한 도시이다.

309

문제 접근 종교는 신을 믿는 행위이고 절대자에 해당하는 신의
가르침이 담긴 성서를 신자들은 행동의 지표로 삼는다. 따라서
생활의 가장 기본적이고 필수적인 음식 문화도 성서의 가르침
대로 형성된다.

예시 답안 힌두교(가)는 소를 신성시하기 때문에 쇠고기 섭취를 금기시하
고, 이슬람교(나)는 이슬람교 성서인 쿠란에 돼지를 부정한 동물로 규정하
고 있기 때문에 돼지고기 섭취를 금기시한다.

평가 기준

상	(가), (나) 모두 금기시하는 음식과 이유를 명확하게 서술한 경우
중	(가), (나) 중 하나만 금기시하는 음식과 이유를 서술한 경우
하	(가), (나)의 금기시하는 음식만 서술한 경우

310

(가)에서 우리나라 식당가에서는 한식 외에도 일식, 중식 등 다
양한 음식을 선택하여 먹을 수 있다고 했다. 즉 고유한 음식 문
화인 한식과 함께 외래 음식 문화인 일식, 중식 등이 함께 존재
하므로 문화 병존에 해당한다. (나)에서 햄버거는 외래문화이지
만 우리나라의 고유한 음식인 불고기와 결합하여 불고기 버거라
는 새로운 음식 문화가 나타난 것이므로 문화 융합에 해당한다.

311

문제 접근 문화 병존과 문화 융합의 공통점은 자문화의 정체성
유지에서 찾는다. 차이점은 외래문화가 그대로 정착되느냐 아
니면 변형되어 정착되느냐로 구분한다.

예시 답안 문화 병존과 문화 융합은 모두 자문화의 정체성을 유지한다는
공통점을 갖고 있다. 한편 문화 병존은 외래문화가 변형되지 않고 그대로 정
착하지만, 문화 융합은 기존 문화와 결합하여 제3의 새로운 문화가 만들어
지는 것이므로 외래문화가 변형되어 정착된다는 차이점이 있다.

평가 기준

상	문화 병존과 문화 융합의 공통점과 차이점을 모두 정확하게 서술한 경우
중	문화 병존과 문화 융합의 공통점과 차이점을 서술했으나 미흡한 경우
하	문화 병존과 문화 융합의 공통점과 차이점 중 한 가지만 서술한 경우

1등급 고난도 문제 본문 67쪽

312 ② **313** ③ **314** ④ **315** ⑤

312

(가)는 앵글로아메리카 문화권, (나)는 라틴 아메리카 문화권,
(다)는 오세아니아 문화권이다.
② 라틴 아메리카 문화권(나)은 적도가 지나가는 아마존강 유역
을 중심으로 열대 기후가 넓게 나타난다. 따라서 온대 및 냉대
기후가 넓게 나타나는 앵글로아메리카 문화권(가)보다 열대 기
후 지역이 차지하는 비율이 높다.

오답 피하기 ① 앵글로아메리카 문화권(가)은 북서 유럽, 라틴 아메리카 문

화권(나)은 남부 유럽, 오세아니아 문화권(다)는 영국의 영향을 많이 받았다.
③ 앵글로아메리카 문화권(가) 내 국가는 미국과 캐나다 2개가 대표적이다.
④ (가)~(다) 모두 유럽의 영향이 강해 주민의 대부분이 크리스트교를 믿는
다. 앵글로아메리카 문화권(가)과 오세아니아 문화권(다)은 북서 유럽, 특히
영국의 영향으로 주민의 대부분이 개신교를 믿는다.

313

(가)는 불교, (나)는 힌두교, (다)는 이슬람교, (라)는 크리스트교이
며, A는 크리스트교, B는 이슬람교, C는 힌두교, D는 불교이다.
③ 동남아시아 문화권에는 인도차이나 반도를 중심으로는 불교
가, 인도네시아, 말레이시아 등을 중심으로는 이슬람교가, 필리
핀에는 크리스트교가 주로 분포한다. 따라서 동남아시아 문화
권에서는 크리스트교(라)가 힌두교(C)보다 신자 수가 많다.

오답 피하기 ① 불교(가)의 발상지는 남부 아시아이며, 이슬람교(B)의 발상
지는 서남아시아이다.
② 세계 신자 수는 이슬람교(다)가 힌두교(나)보다 많다.
④ 건조 문화권의 주민은 대부분 이슬람교(B)를 신봉한다.
⑤ 신자들이 소를 숭배하며, 쇠고기를 금기시하는 종교는 힌두교(C)이다.

314

ㄴ. 문화 동화는 문화 융합, 문화 병존과 달리 외래문화를 수용
하면서 자문화의 정체성을 상실하므로 주어진 질문은 (나)에 들
어갈 수 있다.
ㄹ. 새로운 문화 요소를 창출하는 것은 문화 융합이다. 우리의
온돌과 서양의 침대가 결합한 돌침대는 고유문화와 외래문화가
결합하여 제3의 문화를 창출한 문화 융합의 사례이다.

오답 피하기 ㄱ. (가)에는 문화 동화, 문화 병존, 문화 융합에 공통적인 특징
을 묻는 질문이 들어가야 한다. 문화 동화, 문화 병존, 문화 융합은 자발적인
문화 접변의 결과일 수도 있고, 강제적인 문화 접변의 결과일 수도 있으므로
주어진 질문은 (가)에 들어갈 수 없다.
ㄷ. 외래문화가 변형되어 정착하는 것은 문화 융합이므로 주어진 질문은 (다)
에 들어갈 수 없다.

315

난타는 우리의 전통문화인 사물놀이 리듬에 외래문화인 피아노
반주의 재즈가 더해져 세계인의 호평을 받았다. 즉 전통문화 요
소와 외래문화 요소를 결합하는 시도가 나타났으며, 현대적인
감각과 함께 인류의 보편적인 심성을 잘 표현한 것으로 전통문
화를 창조적으로 발전시킨 사례이다.

오답 피하기 ① 난타에서 새로운 문화 창조를 위해 전통문화와 단절하였다
는 근거는 찾아볼 수 없다.
② 난타는 전통문화를 원형대로 보존하려는 것이 아니라 외래문화 요소를
결합하여 창조적으로 발전시킨 것이다.
③ 난타는 전통문화 요소를 외래문화 요소로 전면 대체한 것이 아니라 우리
의 전통문화를 살리면서 외래문화 요소를 적절히 가미하였다.
④ 난타는 외래문화 요소를 배제한 것이 아니라 적절히 가미하였다.

03 문화 상대주의와 보편 윤리~
04 다문화 사회와 문화적 다양성 존중

329

④ (가)는 여름철 기후가 시원한 산지 지역으로 유제품의 생산
이 용이한 지역이다. (나)는 주변이 바다이고 강수량이 풍부한
지역이다.

330

(가) 지역에서는 장례식장에서 박수를 치는 문화를 갖고 있고,
(나) 지역에서는 장례식장에서 애도하는 문화를 갖고 있다.
⑤ 장례식장 문화의 차이는 죽음에 대한 가치관의 차이에서 비
롯된다.

331

⑤ 제시문에 따르면 불교 문화권의 일반적인 장례 문화는 화장이
지만, 목재의 부족과 같은 자연환경과 죽음에 대한 종교관과 같은
인문환경의 차이로 인해 ○○ 사람들은 천장을 선호하게 되었다.

오답 피하기 ① 제시문에 따르면 종교의 영향을 받아 장례 문화가 형성되
었다.
② 제시문에 따르면 문화는 의식주에 국한되어 발생하는 것이 아니라 종교
의 영향으로 형성될 수 있다.
③ 제시문에 따르면 문화는 사회 구성원이 지닌 가치관을 바탕으로 형성된다.
④ 제시문에 따르면 문화는 같은 종교를 가진 사람들 사이에서도 다르게 나
타날 수 있다.

332

갑은 문화적 차이에 대한 긍정적 측면을 주장하고 있고, 을은
문화적 차이에 대한 부정적 측면을 주장하고 있다.
② 갑은 문화적 차이가 문제 해결력과 새로운 아이디어를 제공
한다고 본다.

오답 피하기 ① 갑은 문화적 차이에 의한 경험으로 편견이 줄어들어 개인 간의 갈등이 감소할 것이라고 볼 것이다.
③ 을은 문화적 차이가 차별과 편견을 발생시켜 사회적 협력을 저해할 수 있다고 볼 것이다.
④ 을은 문화적 차이가 사회 갈등을 심화시키는 원인이라고 본다.
⑤ 을은 다양한 문화적 경험은 차별과 편견을 일으킬 수 있다고 본다.

333

② 유럽 가톨릭 신부들은 타 문화를 존중하지 않고 자문화를 우월하게 보는 자문화 중심주의 태도를 지니고 있었다.

오답 피하기 ① 문화 상대주의는 타 문화를 환경과 역사적 배경을 고려하여 이해하는 것이다.
③ 문화 사대주의는 자문화보다 타 문화를 우월하게 여기는 태도이다.
④ 유럽 가톨릭 신부들은 타 문화를 관용적 태도에서 이해하지 않았다.
⑤ 극단적 문화 상대주의는 보편적 가치를 침해하는 문화까지 인정하는 문제를 일으킬 수 있다.

334

(가)는 문화 사대주의, (나)는 자문화 중심주의, (다)는 문화 상대주의이다.
② 문화 사대주의는 다른 문화를 기준으로 자문화를 열등하다고 평가할 수 있다.

오답 피하기 ① 자문화 중심주의에 대한 설명이다.
③ 문화 사대주의에 대한 설명이다.
④ 문화 사대주의의 문제점이다.
⑤ 자문화 중심주의에 대한 설명이다.

335

문화 상대주의는 각 사회의 문화를 환경과 역사 등의 맥락을 고려하여 이해하는 태도로 다양한 문화가 공존하는 것을 지향할 수 있는 태도이다.

오답 피하기 ㄱ. 문화 상대주의는 문화를 평가하는 절대적인 기준이 존재하지 않는다고 본다.

336

④ 문화 상대주의가 필요한 이유는 다른 문화를 차별하지 않고 다른 문화와 조화롭게 공존하기 위해 환경에 따른 문화적 차이를 이해할 필요가 있기 때문이다.

오답 피하기 을의 대답은 자문화 중심주의에 대한 설명이다.

337

② 문화 상대주의가 모든 문화를 이해하는 극단적 문화 상대주의로 나아가게 되면 보편적 가치를 침해하는 문화까지 옹호할 수 있게 된다.

오답 피하기 ① 자문화 중심주의에 따른 문제이다.
③ 자문화 중심주의 또는 문화 사대주의 태도를 갖게 되면 발생하는 문제이다.
④ 문화 사대주의를 갖게 되면 발생하는 문제이다.

⑤ 자문화 중심주의를 갖게 되면 발생하는 문제이다.

338

A는 보편 윤리이다.
④ 보편 윤리는 시대와 장소를 초월하여 타당하다고 인정되는 윤리 규범이다. 보편 윤리는 자문화와 타 문화를 성찰할 수 있는 계기를 마련해 준다.

오답 피하기 ① 보편 윤리는 가치를 개입하고 문화를 평가한다.
② 보편 윤리의 입장에서 도덕적으로 정당화되지 않는 문화를 비판할 수 있다.
③ 보편 윤리는 극단적 문화 상대주의로 흐르는 것을 방지할 수 있다.
⑤ 보편 윤리는 객관적 기준에서 문화를 평가한다.

339

(가)는 다문화 사회이다.
② 다문화 사회에서는 이주민이 유입되어 노동력이 풍부해질 수 있다.

오답 피하기 ① 다문화 사회로 인해 다문화 가정이 등장하였다.
③ 다문화 사회에서는 다양한 문화가 존재할 수 있어 문화 선택의 폭이 넓어진다.
④ 다문화 사회는 교통과 통신의 발달로 이주의 편리성이 증가하여 등장하게 되었다.
⑤ 다문화 사회는 이주민의 유입으로 등장하게 되었다.

340

⑤ 다문화 사회에서는 이주민 유입으로 노동력이 늘어날 수 있고, 기존 문화와 다양한 문화가 만나 새로운 문화가 창조되어 문화 경쟁력이 향상될 수 있다. 이주민을 우대하는 역차별을 초래할 수 있다는 것은 다문화 사회의 긍정적 측면으로 보기 어렵다.

오답 피하기 ① 다문화 사회는 다양한 문화를 경험하면서 타 문화를 이해하는 계기가 될 수 있다.
② 다문화 사회는 새로운 문화를 창조하는 계기가 될 수 있다.
③ 다문화 사회에서 새로운 문화의 창조는 문화적 측면에서 국가 경쟁력을 향상시킬 수 있다.
④ 다문화 사회는 이주민의 유입으로 노동력 부족 문제 해소에 기여할 수 있다.

341

제시문은 제노포비아가 사회 분열과 경제 성장에 악영향을 초래한다고 본다. 이러한 문제를 해결하기 위해서는 문화 상대주의 태도에 따라 타 문화에 대한 편견을 줄이고 다양한 문화 이해와 교류가 필요하다.

오답 피하기 ㄴ. 제노포비아는 자문화 중심주의에서 비롯된 문제로 볼 수 있다.

342

① 제시문은 문화 간의 차이에 따른 갈등에 관한 사례를 소개하고 있다. 이러한 문제를 해결하기 위해서는 서로 다른 문화에 대한 이해가 필요하다.

오답 피하기 ② 제시문은 삶의 방식의 차이에 따른 갈등 사례이다.
③ 제시문은 기후에 따른 삶의 방식의 차이에서 발생하는 갈등의 사례이다.

④ 제시문은 자연환경의 영향으로 인해 발생하는 문화적 차이에 따른 갈등 사례이다.
⑤ 제시문은 기후의 영향으로 인해 나타나는 삶의 방식의 차이에 따른 갈등 사례이다.

343

제시문은 동화주의에 대한 설명이다. 동화주의는 이주민 문화를 주류 문화에 동화하려는 정책으로 이주민 문화의 정체성을 존중하지 않아 갈등을 일으킬 수 있다.

오답 피하기 ㄹ. 동화주의는 주류 문화를 비주류 문화보다 우월하다고 본다.

344

(가)는 샐러드 볼 이론이다.
③ 샐러드 볼 이론은 다양한 문화의 대등한 공존을 추구하며 문화 간의 조화를 추구한다. 문화 간의 조화를 추구하기 위해서는 다른 문화가 형성된 맥락에 대한 이해가 필요하다.

오답 피하기 ① 샐러드 볼 이론에서는 문화 간의 정체성을 대등하게 존중해야 한다고 본다.
② 샐러드 볼 이론에서는 자문화와 타 문화를 동등하게 존중해야 한다고 본다.
④ 샐러드 볼 이론에서는 문화 간에 우열이 있다고 주장하지 않는다.
⑤ 샐러드 볼 이론에서는 문화 간의 공존을 추구한다.

345

다문화 사회에서의 갈등을 해결하기 위해서는 관용의 자세와 문화 상대주의적 태도를 지녀야 한다. 이를 위해 개인적 차원의 노력과 다문화 교육과 같은 사회적 차원의 노력을 병행할 필요가 있다.

오답 피하기 ㄹ. 이주민 문화에 대한 편애는 역차별을 초래하여 오히려 사회 갈등을 일으킬 수 있다.

346

「문화적 표현의 다양성 보호와 증진에 관한 협약」은 다양한 문화를 존중하기 위한 방안으로 문화적 약자에 대한 지원, 전통문화의 보존, 문화 간의 교류를 위한 국가와 국제단체의 역할을 강조한다.

오답 피하기 ㄹ. 「문화적 표현의 다양성 보호와 증진에 관한 협약」에서는 전통문화를 보존하기 위한 문화 정책을 수립할 수 있다고 본다.

---

347 자문화 중심주의 **348** 해설 참조
349 샐러드 볼 이론 **350** 동화주의, 해설 참조

347

대명혼일도는 자문화 중심주의의 태도를 보여 주는 중화사상을 반영한 지도이다.

348

문제 접근 자문화 중심주의는 타 문화를 배척하는 입장으로 갈등을 유발할 수 있고, 자신의 문화를 다른 사회에 강요하게 될 우려가 있다.

예시 답안 자문화를 기준으로 다른 문화를 평가하는 태도를 지니면 문화에 대한 깊이 있는 이해가 어려워지고, 문화 간의 갈등이 발생할 수 있다.

평가 기준

상	자문화 중심주의에 대한 문제점을 논리적으로 명료하게 기술한 경우
중	자문화 중심주의의 문제점에 대한 설명이 보통인 경우
하	자문화 중심주의의 문제점에 대한 설명이 미흡한 경우

349

제시문은 이민자 비율이 높은 다문화 도시에서 다양한 민족에 동등한 서비스 제공과 축제 지원을 통해 문화 이해를 촉진하는 사례이다. 따라서 (가)는 샐러드 볼 이론이 적절하다.

350

문제 접근 다문화 정책에는 대표적으로 동화주의, 샐러드 볼 이론이 있다. 샐러드 볼 이론과 달리 동화주의는 이주민 문화를 주류 문화에 융합하려고 한다.

예시 답안 샐러드 볼 이론과 달리 동화주의는 문화의 다양성을 존중하지 않으므로 문화 간의 갈등을 초래할 수 있다.

평가 기준

상	동화주의와 동화주의의 문제점을 명료하게 기술한 경우
중	동화주의만 기술하고 동화주의의 문제점을 기술하지 못한 경우
하	동화주의와 동화주의의 문제점을 모두 기술하지 못한 경우

---

351 ⑤ **352** ③ **353** ③ **354** ⑤

351

갑은 자문화 중심주의, 을은 문화 상대주의이다. 자문화 중심주

의는 자문화를 기준으로 문화 간의 우열을 나눈다. 문화 상대주의는 다른 문화의 가치를 존중한다.

오답 피하기 ㄱ. 자문화 중심주의 입장에서는 다른 문화를 존중하거나 수용하지 않는다.

352

③ 보편 윤리는 개인이나 집단이 행동할 때 참고할 수 있는 도덕적 기준을 제공하여 올바른 선택을 할 수 있도록 돕는다.

오답 피하기 ① 보편 윤리에서는 보편적 가치를 침해하는 문화는 비도덕이라고 본다.
② 보편 윤리에서는 보편적인 기준으로 다른 문화를 평가한다.
④ 자문화의 우월성을 강조하는 것은 자문화 중심주의에 대한 설명이다.
⑤ 보편 윤리는 보편적 가치를 침해하는 문화를 평가하기 위해 필요하다.

353

③ 보편 윤리는 보편적 가치를 침해하는 문화에 대해 비판하며 모든 사람이 존중받고 평등하게 대우받는 계기를 마련할 수 있다.

오답 피하기 ① 보편 윤리의 입장에서는 모든 문화에 대해 관용하지 않는다.
② 보편 윤리의 입장에서는 보편적 가치를 침해하는 문화까지 존중하지 않는다.
④ 보편 윤리의 입장에서는 소수가 지닌 문화라도 보편적 가치를 침해하는 문화는 존중하지 않는다.
⑤ 타 문화를 자문화보다 중요시하는 것은 문화 사대주의의 입장이다.

354

갑은 샐러드 볼 이론, 을은 동화주의이다.
⑤ 샐러드 볼 이론에서는 다양한 문화 간의 차이를 존중하고 서로 조화를 추구할 것을 강조한다.

오답 피하기 ① 샐러드 볼 이론에서는 각 문화의 정체성을 존중하므로 적절한 비판이 아니다.
② 샐러드 볼 이론에서는 각각의 문화를 존중하므로 적절한 비판이 아니다.
③ 동화주의는 비주류 문화가 존재하는 것을 인정하지 않으므로 동화주의에 대해 제기할 비판으로 적절하지 않다.
④ 샐러드 볼 이론에서는 통일된 정체성을 강조하지 않는다.

대단원 종합 문제
본문 78쪽~81쪽

375 ③	376 해설 참조	377 ①	378 ④
379 ④	380 ③	381 ①	382 ②	383 ⑤
384 ②	385 ⑤	386 ④	387 ⑤
388 해설 참조	389 ②	390 해설 참조	
391 해설 참조	392 ②	393 ⑤	394 ②

375

A는 돌, B는 흙, C는 나무, D는 가죽·천이다.
③ 가옥의 재료가 주로 나무인 문화권에서 유라시아 대륙과 북

아메리카 대륙 지역은 타이가라 불리는 울창한 침엽수림이 분포한다.

오답 피하기 ① 지중해 연안 지역의 가옥은 여름의 강한 햇빛 등으로 인해 가옥의 벽을 대체로 흰색 계열로 칠한다.
② 북부 아프리카의 건조 지역에서는 흙벽돌로 집을 짓는데, 사막의 강한 모래바람과 큰 기온의 일교차 등으로 인해 가옥은 벽을 두껍게, 창은 작게 짓는다.
④ D는 주로 건조 문화권과 한대 문화권으로 연 강수량이 매우 적다.

376

문제 접근 유목을 통해 기르는 가축의 가죽으로 집을 짓는다는 의미는 오랜 기간 머무를 의도가 없음을 의미한다.

예시 답안 (가)는 북극해 연안 한대 기후 지역의 가옥, (나)는 중앙아시아 유목민들의 가옥이다. 따라서 (가), (나)는 모두 D 문화권에 해당한다. (가), (나)는 모두 유목하는 가축의 가죽으로 집을 지으며, 유목은 신선한 풀을 찾아 주기적으로 이동 생활을 하기 때문에 가옥도 조립과 분해가 용이하게 짓는다.

평가 기준

상	해당 문화권을 고르고 가옥의 특성, 이유를 명확하게 서술한 경우
중	해당 문화권을 고르지 못하고 가옥의 특성, 이유만 서술한 경우
하	해당 문화권만 골랐거나 가옥의 특성 또는 이유 중 하나만 서술한 경우

377

A는 쌀, B는 밀, C는 감자류, D는 옥수수·수수이다.
ㄱ. 쌀은 계절풍의 영향을 받아 기온이 높고 비가 많이 내리는 동남아시아, 남부 아시아, 동부 아시아 지역 등에서 주로 재배된다.
ㄴ. 감자류는 카사바, 감자 등 뿌리가 주로 주식으로 이용되며, 아프리카에서는 이동식 화전 농업으로 재배된다.

오답 피하기 ㄷ. 국수의 재료로 주로 이용되는 작물은 밀(B), 쌀(A) 등이다.
ㄹ. 유럽에서는 쌀(A)보다 밀(B)을 주식으로 이용하는 비율이 높다.

378

(가)는 밀가루를 이용하는 요리하는 파스타, (나)는 쌀을 이용하는 밥, (다)는 옥수수 가루를 이용하여 만든 멕시코의 전통 음식 토르티야이다.

379

(가)는 불교 승려의 탁발 모습, (나)는 이슬람교 신자의 예배 모습, (다)는 힌두교 신자들의 갠지스강에서의 종교 의식 모습이다.
④ 불교(가), 힌두교(다)는 모두 남부 아시아(인도)에서 기원하였다.

오답 피하기 ① (가)~(다) 중 세계 신자 수는 이슬람교(나)가 가장 많다.
② 이슬람교(나)는 알라신을 믿는 유일신교이다.
③ 신자들이 하루에 다섯 번 메카를 향해 예배하는 종교는 이슬람교(나)이다.
⑤ 이슬람교(나)는 건조 문화권, 힌두교(다)는 남부 아시아 문화권에 속한다.

380

(가)는 문화 병존, (나)는 문화 동화이다.

③ 문화 병존은 자문화의 정체성을 유지하지만, 문화 동화는 자문화의 정체성을 상실하고 외래문화가 자리 잡은 것이다.

오답 피하기 ① 문화 병존은 직접 전파뿐만 아니라 간접 전파에 의해서도 나타날 수 있다.
② 문화 동화는 강제적 문화 접변뿐만 아니라 자발적 문화 접변의 결과로도 나타난다.
④ 문화 병존과 문화 동화는 모두 새로운 문화 요소가 창조된 것이 아니라 외래문화 요소가 변형되지 않고 그대로 정착한 것이다.
⑤ 제시된 사례에서 (가)는 선교사에 의해 신흥 종교가 들어왔으므로 직접 전파에 의한 문화 변동이다. (나)는 드라마를 통해 아파트 문화가 전파된 것이므로 간접 전파에 의한 문화 변동이다.

381

① 라오스의 빠뚜싸이라는 건축물은 라오스의 전통 양식에 외래문화인 프랑스 개선문의 건축 양식을 결합한 제3의 건축 문화이므로 문화 융합에 해당한다.

오답 피하기 ② 문화 동화는 외래문화가 기존의 문화를 대체한 것이다.
③ 자극 전파는 전파된 외래문화에서 아이디어를 얻어 발명이 일어난 것이다.
④ 문화 병존은 기존의 문화와 외래문화가 함께 존재하는 것이다.
⑤ 간접 전파는 다른 사회의 문화가 인쇄물이나 인터넷 등 매개체를 통해 간접적으로 이루어지는 전파를 말한다.

382

② 줄다리기와 품앗이로 하는 모내기는 여러 사람이 참여하여 힘을 합쳐야 하는 전통문화로 이를 통해 사회 구성원 간의 유대를 강화하고 사회를 통합하는 데 기여한다.

오답 피하기 ① 줄다리기와 모내기가 여러 세대가 함께 어울리는 전통문화는 아니므로 세대 간 의사소통을 촉진한다고 보기는 어렵다.
③ 줄다리기와 모내기를 문화 산업으로 보기는 어렵다.
④ 줄다리기와 모내기가 구성원의 사고방식을 획일화시킨다는 근거는 찾아볼 수 없다.
⑤ 줄다리기와 모내기가 대외적으로 국가의 이미지를 높인다는 근거는 찾아볼 수 없다.

383

A는 발명, B는 발견, C는 자극 전파, D는 간접 전파, E는 직접 전파이다.
⑤ 문익점이 중국으로부터 목화씨를 가져와 의복 문화가 변동한 것은 직접 전파의 사례이다.

오답 피하기 ① 녹두에 비만 예방 유산균이 들어 있다는 사실이 국내 연구진에 의해 밝혀진 것은 존재했지만 알려지지 않았던 것을 최초로 찾아낸 것이므로 발견의 사례이다.
② 새로운 전염병의 유전자를 소멸시킬 수 있는 백신을 국내 연구진이 최초로 개발한 것은 발명의 사례이다.
③ 국내 어느 기업의 연구원이 미끄러지지 않는 찻잔을 개발한 것은 외래문화에서 아이디어를 얻어 발명한 것은 아니므로 자극 전파로 볼 수 없다.
④ 베트남 여성들이 우리나라 남성들과 결혼하면서 우리나라에 베트남의 문화가 전파되고 있는 것은 직접 전파의 사례이다.

384

② 한국 관광 홍보 영상은 우리의 전통문화인 국악에 오늘날 유행하는 매력적인 춤을 결합하여 관광지를 홍보하는 것이다. 즉 전통문화를 현대적 감각에 맞게 재구성한 것이다.

오답 피하기 ① 전통문화를 원형대로 보존하려는 것이 아니라 현대적 감각에 맞게 재창조한 것이다.
③ 제시된 사례는 전통문화 요소를 외래문화 요소로 전면 대체하였다고 보기는 어렵다.
④ 제시된 사례에서 외래문화 요소를 배제하였다는 내용은 찾아볼 수 없다.
⑤ 국내 관광 홍보를 목적으로 하고 있으므로 전통문화가 경제적 이익의 수단이 될 수 없음을 강조하였다고 보기는 어렵다.

385

문화적 차이는 자연환경과 인문환경 등의 차이로 인해 발생한다.

오답 피하기 갑. 보편 윤리는 문화적 차이가 아니라 비슷한 문화가 발생하는 원인이 될 수 있다.

386

자문화 중심주의와 문화 사대주의는 모두 문화를 평가의 대상으로 보고, 문화 간에는 우열이 존재한다고 본다.

오답 피하기 ㄷ. 자문화 중심주의와 문화 사대주의는 모두 문화를 일정한 기준을 통해 평가한다.

387

문화 상대주의는 문화가 형성된 배경을 고려하고, 문화 간의 갈등을 방지하는 계기를 마련할 수 있다.

오답 피하기 ㄱ. 자문화를 기준으로 다른 문화를 평가하는 것은 자문화 중심주의이다.

388

문제 접근 갑은 명예 살인을 옹호하는 극단적 문화 상대주의 입장이고, 을은 보편 윤리의 입장에서 명예 살인은 허용될 수 없다는 입장이다.

예시 답안 문화 상대주의 입장에 따라 명예 살인은 허용될 수 있는가?
평가 기준

상	갑과 을의 입장에 따른 토론 주제로 적합한 경우
중	갑과 을의 입장에 따른 토론 주제로 적합성이 부족한 경우
하	갑과 을의 입장에 따른 토론 주제로 적합하지 않은 경우

389

을은 보편 윤리의 입장에서 명예 살인과 같은 행위는 보편적 가치를 침해하므로 허용되어서는 안 된다고 본다.

오답 피하기 ㄱ. 갑은 생명보다 명예를 중요시하고 있다.
ㄷ. 갑과 을은 가치 판단에 따라 명예 살인에 대한 허용 여부를 주장하고 있다.

390

[문제 접근] 제시문은 다문화 사회가 등장하게 된 배경에 대해 설명하고 있다. 이렇게 등장한 다문화 사회는 긍정적 영향과 부정적 영향을 모두 줄 수 있다.

[예시 답안] 다문화 사회에서는 이주민의 유입으로 풍부한 노동력을 마련할 수 있다.

[평가 기준]

상	다문화 사회의 긍정적 영향에 대한 설명을 논리적으로 기술한 경우
중	다문화 사회의 긍정적 영향에 대한 설명의 논리성이 보통인 경우
하	다문화 사회의 긍정적 영향에 대한 설명이 미흡한 경우

391

[문제 접근] 다문화 사회는 다양한 문화 간의 교류와 이해를 증진시키는 긍정적인 측면이 있지만, 문화 간의 갈등이나 정체성 혼란 등의 부정적인 영향도 존재한다.

[예시 답안] 다문화 사회는 문화적 차이로 인해 갈등이 발생하여 사회 혼란을 초래할 수 있다.

[평가 기준]

상	다문화 사회의 부정적 영향에 대한 설명을 논리적으로 기술한 경우
중	다문화 사회의 부정적 영향에 대한 설명의 논리성이 보통인 경우
하	다문화 사회의 부정적 영향에 대한 설명이 미흡한 경우

392

다문화를 존중하는 교육 환경에 관한 편지로 다문화를 지원하는 교육이 필요함을 알 수 있다.

[오답 피하기] ① 편지에서는 이주민 문화에 대한 이해를 바탕으로 한 교육에 대해 설명하고 있다.
③ 편지에서는 다문화를 존중하는 교육 환경을 설명하고 있다.
④ 편지에서는 한국어로 수업을 한 경험을 긍정적인 경험으로 본다.
⑤ 편지에서는 이주민 언어를 존중하는 수업을 설명하고 있다.

393

고용 허가제는 사업자에게 외국인을 고용할 수 있는 권리를 부여하지만 남용될 소지를 지니고 있다.

[오답 피하기] ㄱ. 고용 허가제는 사업자에게 고용의 권리를 배타적으로 부여한다.

394

(가)는 샐러드 볼 이론, (나)는 동화주의이다. (나)는 (가)에 비해 '주류 문화와 비주류 문화의 구별을 강조하는 정도(X)', '문화 간의 우열을 전제로 문화의 통합을 강조하는 정도(Y)', '자문화의 정체성을 이주민 문화의 고유성보다 강조하는 정도(Z)'가 모두 높다. 따라서 제시된 좌표에서 이를 나타내는 지점은 ⓒ이다.

[도전! 기출 문제] 본문 82쪽~83쪽

395 ⑤　　**396** ⑤　　**397** ⑤　　**398** ⑤

395 라틴 아메리카 문화권의 특징 이해

[자료 분석] 워드 클라우드는 중요한 단어가 크게 부각된다. 가톨릭교, 에스파냐어, 포르투갈어, 혼혈 등이 상대적으로 크게 부각되어 있다. 그리고 부수적으로 제시된 용어가 리오그란데강 이남, 잉카 문명, 남부 유럽의 영향, 마추픽추 등이다. 이러한 특성에 모두 부합되는 문화권은 라틴 아메리카 문화권이다. 지도에 표시된 A는 아프리카 문화권, B는 건조 문화권, C는 동아시아 문화권, D는 오세아니아 문화권, E는 라틴 아메리카 문화권이다.

396 문화 병존과 문화 융합 이해

[자료 분석] (가)에서는 문화 병존, (나)에서는 문화 융합이 나타난다.
⑤ 수리남에는 카세코라는 새로운 대중음악 양식이 만들어졌는데, 이것은 수리남 전통 악기를 활용한 리듬에 서양 악기를 활용한 멜로디와 아프리카 특유의 가창 방식이 한데 어우러진 음악이다. 즉 기존의 고유문화에 외래문화가 결합하여 새로운 제3의 문화가 창조된 문화 융합의 사례이다.

[오답 피하기] ① 싱가포르에는 여러 종교가 공존하고 있으므로 문화 병존이 나타난다.
② 싱가포르에 여러 종교가 존재하는 것은 외부에서 전파된 문화 변동의 사례이다.
③ 수리남에서는 자신의 고유한 음악 리듬이 남아 있으므로 문화 동화가 나타난 것이 아니다.
④ 싱가포르와 수리남에서는 모두 인적 교류에 의한 직접 전파가 나타났다.

397 문화 상대주의에 대한 이해

[자료 분석] ⑤ 제시문에서는 타 문화를 이해할 때 그 사회의 환경이나 생활양식 등과 관련하여 이해할 것을 주장함으로써 문화 상대주의 태도가 필요함을 말하고 있다.

[오답 피하기] ① 문화 상대주의는 문화 간의 우열을 인정하지 않는다.
② 자문화를 기준으로 타 문화를 평가하는 것은 자문화 중심주의 태도이다.
③ 자문화보다 타 문화를 우월하게 보는 것은 문화 사대주의이다.
④ 문화 사대주의 태도를 지니면 자문화의 정체성을 상실할 우려가 있다.

398 다양한 문화를 이해하는 태도 비교

[자료 분석] 갑은 자문화 중심주의, 을은 문화 사대주의, 병은 문화 상대주의이다.
⑤ 자문화 중심주의는 문화 간의 갈등을 초래할 수 있다.

[오답 피하기] ① 자문화 중심주의는 자문화의 고유한 가치만을 인정한다.
② 문화 사대주의는 타 문화만을 추종하고 자신의 문화 정체성을 포기하여 문화의 다양성을 감소시킬 수 있다.
③ 문화 상대주의는 문화 간의 우열을 평가하지 않는다.
④ 자문화 중심주의와 문화 사대주의는 문화 간의 우열을 평가한다.

01 산업화와 도시화에 따른 변화

개념 핵심 문제

본문 85쪽

399 산업화	400 도시화	401 대도시권	
402 교외화	403 ×	404 ○	405 ○
406 ×	407 높다	408 빠르게, 빠르게	
409 증가	410 이질성, 개인		411 ㉣
412 ㉢	413 ㉡	414 ㉠	

내신 적중 문제

본문 86쪽~89쪽

415 ④	416 ④	417 ⑤	418 ②	419 ②
420 ⑤	421 ③	422 ④	423 ②	424 ⑤
425 ②	426 ②	427 ①	428 ①	429 ③
430 ③	431 ⑤	432 ④		

415

전체 인구에서 도시에 거주하는 인구의 비율을 도시화율이라고 한다. 그래프를 보면 우리나라의 도시화율은 지속적으로 증가하였으며 최근 증가세가 둔화되었다.

ㄴ. 도시화율이 지속적으로 증가하고 있으므로 촌락 인구의 비율은 지속적으로 감소하였다.

ㄹ. 1970~1980년의 도시화율은 50.2%에서 69.4%로 변화하였다. 이는 가장 큰 변화(19.2%p)에 해당한다.

오답 피하기 ㄱ. 도시 인구의 증가율은 점점 낮아지는 경향을 보인다.

ㄷ. 도시 인구가 촌락 인구보다 많은 경우 도시화율은 50%를 초과하게 된다. 1960년의 경우 도시화율이 37.0%이므로 촌락 인구가 도시 인구보다 많았다.

416

㉠에 들어갈 말은 산업화, ㉡에 들어갈 말은 도시화이다. 산업화는 경제 발전 수준을 향상시키며 도시화를 촉진한다. 산업화 정도는 산업 구조의 변화를 통해 파악할 수 있으며, 도시화의 정도는 전체 인구에서 도시 거주 인구의 비율로 파악할 수 있다.

④ 산업화는 2차, 3차 산업의 비율이 높아지는 현상으로 도시화를 이끄는 원동력이다. 따라서 도시화가 진행되면 1차 산업의 비율은 감소한다.

417

산업화, 도시화는 생활 공간의 변화를 가져온다. 도시의 인구 집중으로 주거 · 공업이 도시 주변 지역으로 분산되는 교외화가 나타나며, 이로 인해 대도시 외곽은 도시적 경관이 확대되고 도시의 기능이 주변 지역으로 확대되어 대도시권을 형성한다.

오답 피하기 을: 주거, 공업 기능이 교외 지역으로 분산되면서 도심에는 상업 · 업무 기능이 집중하게 된다. 제한된 도시 내 공간을 효율적으로 이용하기 위해 고층 건물을 건설하므로 토지 이용의 집약도는 증가한다.

418

도시 내부는 접근성과 지대의 차이로 중심 업무 지구, 주거 지역, 공업 지역 등으로 분화된다. 도심(㉡)은 교통이 편리한 곳으로 지대와 접근성이 가장 높으며 상업 · 업무용 고층 건물이 많이 분포한다. 부도심(㉢)은 도심의 기능을 분담하는 지역으로 도심과 유사한 경관을 보인다. 주거 지역(㉠)은 외곽에 분포하여 접근성이 낮으며 아파트, 학교 등이 도심에 비해 많다.

오답 피하기 ㄱ. 도시 내 접근성은 ㉡이 가장 높다.

ㄴ. 부도심(㉢)은 도심(㉡)의 기능을 분담하는 역할을 한다.

419

도시성은 도시에 거주하는 사람들의 독특한 생활 양식을 말한다. 도시적 생활 양식의 특성으로는 합리성, 효율성, 익명성 등이 있다. 도시는 다양한 사람들이 모여 사는 이질성이 높은 공간으로 공동체의 가치보다는 개인주의적인 가치가 더 중요시되는 경향이 있다.

420

개발 도상국은 선진국에 비해 도시화가 늦게 시작되었으나 빠른 속도로 진행되었다.

⑤ 대도시권은 중심 대도시 기능의 영향이 미치는 공간 범위를 의미하며 하나의 생활권을 이루는 지역에 해당한다.

오답 피하기 ① 개발 도상국에 해당하는 멕시코의 도시화가 선진국에 해당하는 영국의 도시화보다 빠른 속도로 진행되었다.

② 산업 혁명 시기 런던의 급격한 인구 증가는 농촌 인구의 유입이 주된 원인이다.

③ 교외화는 주거 기능의 외곽 지역으로의 이전을 의미하며 상업 · 업무 지구는 도심에 발달하는 경향을 보인다.

④ 런던은 멕시코시티보다 산업화의 역사가 긴 도시이다.

421

제시된 탐구 계획은 시민에게 가족 구조, 직업, 가치관을 조사하고 있다. 핵가족화, 1인 가구의 증가, 직업의 다양화, 전문화, 개인주의적 태도 및 가치관 등 도시화에 따른 사회 · 문화적 변화를 알아보기 위한 것으로 판단할 수 있다.

오답 피하기 ① 설문 내용에 '직업' 항목이 있지만 모든 설문 내용을 포괄하기 어렵다.

② 설문에 거주 공간에 대한 직접적인 내용은 포함되어 있지 않다.

④ 설문에 생태 환경에 대한 직접적인 내용은 포함되어 있지 않다.

⑤ 설문에 생활 수준의 변화에 대한 직접적인 내용은 포함되어 있지 않다.

422

도시화로 도시적 생활 양식이 확산되면서 도시에 거주하는 사람들은 촌락과는 다른 특징적인 생활 양식이 나타나게 되었다. 산업화 이후 2, 3차 산업이 발달하며 다양한 직업이 발달하였고 최근 과학 기술의 발달로 직업이 더욱 전문화되었다. 핵가족화, 1인 가족의 증가가 나타나고 있으며, 표면적이고 형식적인 2차적 인간관계를 맺는 경향도 커졌다.

오답 피하기 ㄱ. 생산 공정의 자동화로 단순 반복 작업을 하는 일자리는 감소하였지만 다양하고 전문화된 직업들이 크게 증가하고 있다.

ㄷ. 서로 다른 직업에 종사하고 특성이 다른 사람들이 모여 사는 도시에서는 과거에 중시했던 공동체보다 개인을 중시하는 개인주의 가치관이 뚜렷해진다.

423

도시화 이후 아스팔트, 콘크리트 등으로 덮인 불투수 면적이 늘어나면서 강우 시 토양으로 물이 흡수되지 않고 바로 하천으로 흘러들어가는 빗물이 많아졌다. 그 결과 도시화 이전(나)에 비해 도시화 이후(가) 하천의 유출량이 빠르게 증가하게 되어 도시의 홍수 위험이 높아진다.

② 도시화 이전은 도시화 이후에 비해 생물 다양성이 크다.

오답 피하기 ① 도시화 이후는 도시화 이전에 비해 시가지 면적의 비율이 높다.

③, ⑤ 도시화로 불투수 면적이 늘어나면서 빗물이 토양에 흡수되는 양이 적어지고, 하천으로 유입되는 양이 많아지면 하천의 홍수 발생 위험성이 커진다.

④ 도시화 이후 인공 열 발생, 콘크리트 건물의 열 흡수 등으로 열섬 현상이 심화한다.

424

도시화 이후 도시에서 나타나는 독특한 생활 양식을 도시성이라고 한다. 도시에 거주하는 사람들은 개인주의적이며 효율성과 합리성을 추구하는 경향이 강하다. 또한 다양한 사람들이 모여 사는 곳으로 구성원 간의 이질성이 크고 촌락에 비해 유대감이 약하다. 도시가 발달할수록 상업·업무 기능과 공업 기능, 주거 기능이 서로 분리되는 내부 구조의 분화가 나타나므로 직장과 주거지가 분리된다.

⑤ 도시는 다양한 분야의 직업에 종사하는 사람들로 구성되어 있으며 직업 간 소득의 격차도 촌락에 비해 큰 편이다.

425

그래프에서 1인 가구 비율은 1975년 4.2%에서 2022년 34.5%로 증가하였고 가구당 구성원 수는 1975년 5명에서 2022년 2.2명으로 감소하였다. 이는 핵가족화, 자녀에 대한 가치관 변화 및 출산율 감소 등의 영향 때문이다.

② 1인 가구 비율 증가, 가구당 구성원 수 감소로 가구 구성원의 식사를 위한 대량 조리가 불필요해졌으므로 반조리 가공식품 소비가 증가하게 된다.

오답 피하기 ① 출산율 감소는 고령 인구 비율 증가로 이어진다.

③ 1인 가구 증가, 출산율 감소 등은 여성의 사회 활동 참여율 증가와 관련된다.

④ 가구당 구성원 수, 1인 가구 비율 변화는 계층 간 소득 불평등을 파악하는 자료로 적절하지 않다.

⑤ 1인 가구 비율이 증가하였고 가구당 구성원 수가 줄어들었으므로 중·대

형 평형의 아파트 수요보다는 소형 평형의 아파트 수요가 증가했을 것이다.

426

제시된 글은 도시의 불투수 면적 증가로 발생하는 홍수 문제에 대한 것이다. 특히 밑줄 친 ㉠과 관련하여 물이 땅으로 흡수될 수 있도록 도시 시설물을 개선할 필요가 있다.

② 투수성 블록은 물이 투과되는 성질을 가지고 있으므로 상당량의 빗물이 땅으로 흡수될 것이다.

오답 피하기 ① 도시 홍수 문제 피해를 줄이는 대책이 될 수는 있지만 빗물이 땅으로 흡수되지 못하는 문제의 해결에는 도움이 되지 않는다.

③ 하천 범람 피해를 줄이는 역할을 할 수 있으나 빗물이 땅으로 흡수되지 못하는 문제와는 관계가 없다.

④ 하천 복개 공사는 하천의 위를 덮어 보이지 않도록 하는 것으로 빗물이 땅으로 흡수되지 못하는 문제와는 관계가 없다.

⑤ 빗물 저류 배수 시설은 하천으로 흘러 들어가는 빗물을 저장했다가 비가 오지 않을 때 흘려보내는 시설로, 홍수 예방 효과가 있으나 빗물이 땅으로 흡수되지 못하는 문제와는 관계가 없다.

427

제시된 그림은 도시화 전후 빗물의 토양 흡수량과 지표 유출량 및 증발량 등을 비교한 것이다. 도시화로 시가지 면적이 증가하면 토양으로 흡수되는 빗물의 비율이 대폭 감소하고 지표로 유출되는 비율이 늘어난다. 그리고 도시화 이후는 도시화 이전에 비해 증발량도 많지 않다.

① 도시화 이후의 시기는 인구의 증가에 따라 시가지 면적이 늘어나고 효율적으로 토지를 이용하기 위해 고층 건물이 들어서는 등 토지 이용의 집약도가 증가한다.

오답 피하기 ② 도시화로 도로, 건물 등 인공 구조물이 들어서면서 도시의 불투수 면적이 증가하였다.

③ 도시의 불투수 면적이 증가하면 빗물의 지표 유출량이 증가하여 도시의 홍수 발생 빈도와 위험도가 높아지게 된다.

④ 시가지가 확대되면서 생태 환경이 악화하였고 동식물의 서식처도 줄어들었다. 따라서 생물 종 다양성은 감소한다.

⑤ 도시화 이후 교통량 증가, 난방열 등에 의한 인공 열 발생, 콘크리트 건물의 열 흡수 등으로 도시의 열섬 현상이 더욱 뚜렷해졌다.

428

자료는 도시에서 나타나는 열섬 현상에 대한 것이다. 도시는 많은 인구가 집중하여 거주하는 곳으로 자동차 운행, 난방 등에 의한 인공 열이 발생하고 콘크리트 건물이 많은 열을 흡수한다.

오답 피하기 병: 도시의 고층 빌딩은 지표에서 빠져나가는 복사 에너지를 다시 흡수하는 역할을 한다. 따라서 고밀도의 도시 환경은 열섬 현상을 강화한다.

정: 공원 녹지, 도시 내 호수 등은 수분의 증발에 따른 도시 기온 저감 효과가 있다. 이러한 측면에서 빗물이 빨리 빠져나가게 하는 구조물은 오히려 열섬 현상을 심화하는 효과를 가져올 것이다.

429

제시된 글은 산업화, 도시화에 따라 발생할 수 있는 문제에 대한 것이다. 도시화로 인하여 제한된 공간에 많은 인구가 집중하면서 도시는 주택 부족, 교통 혼잡, 환경 악화의 문제가 나타났으며 실업에 따른 사회 양극화와 범죄 등의 각종 사회 문제도 심각하다. ③ 지진이 개발에 따라 발생하는 재해라고 보기는 어렵다.

430

(가)는 도시 내 고령층 1인 가구의 문제에 대한 대책을 다루고 있다. 이는 사회적 약자인 노인의 삶의 문제에 지방 자치 단체가 적극적으로 도움을 주는 사회 복지의 사례에 해당하므로 ⓒ과 관련된다.
(나)는 열섬 현상 완화 및 도시 대기질 개선을 위한 대책을 다루고 있다. 이는 지방 자치 단체가 중심이 되어 녹지 공간을 조성하는 사업에 해당하므로 ⓛ에 해당한다.

431

그림은 과거와 산업화, 도시화 이후의 생활양식 변화에 대한 것이다. 대가족이 모여 명절을 보내는 과거의 모습, 고향에 찾아와 명절을 보내는 최근의 모습, 이사 온 이웃과 친근하게 교류하는 과거의 모습, 이웃에 관심을 가지지 않는 최근의 모습이 서로 대조를 이룬다.
ㄴ. 도시는 2, 3차 산업이 발달하면서 다양한 직업에 종사하는 사람들이 많아졌다.
ㄷ. 촌락에서 농업에 종사하는 사람이 줄어들고 도시에서 2, 3차 산업에 종사하는 사람이 늘어났다. 가족의 형태는 대가족에서 핵가족으로 변화하였다.
ㄹ. 도시민은 합리성과 효율성을 추구하고 공동체의 가치보다 개인의 가치를 우선시하는 개인주의적 성향이 강하다. 익명성에 기반한 자유로움을 지향하는 경향이 많아 이웃 간의 유대 관계도 감소하였다.

 ㄱ. 도시화 이후 주거 기능의 교외화가 진행되어 출퇴근 거리와 시간이 증가했다.

432

그림은 도시화로 인한 문제를 나타낸 것이다. (가)는 주택 부족 문제, (나)는 교통 체증 문제, (다)는 환경 문제에 해당한다.
④ 생활 쓰레기를 매립하는 경우 주변 환경을 훼손하고, 수질 오염, 악취 발생 등의 문제가 발생할 수 있다.

 ① 인구와 산업의 지역 분산 정책은 국토의 균형 개발을 촉진하며 서울의 인구 감소는 주택 가격 안정에 도움이 될 수 있다.
② 주택 단지 건설은 대도시 지역의 주택 부족 문제 해결을 위한 것이다.
③ 지하철 등의 대중교통 수단을 확충하고 새로운 교통로를 건설하면 출퇴근 혼잡 시간의 교통 문제 해결에 도움이 된다.
⑤ 대중교통 수단, 전기를 동력으로 하는 교통수단 등을 적극적으로 이용할 수 있도록 하는 정책은 미세 먼지 및 오염 물질 저감에 도움을 줄 수 있다.

---

433 해설 참조　　　　**434** 해설 참조
435 (가) – 산업화, (나) – 도시화, (다) – 인간 소외
436 해설 참조

433

문제 접근 (가) 자료는 우리나라 국토 용도별 이용 면적 변화를 나타낸 것으로 임야와 논밭의 이용 면적은 감소하였고 대지와 도로의 이용 면적은 증가하였다. 이와 같은 변화는 도시화에 따른 시가지 면적의 증가에 따른 것으로 파악할 수 있다.

예시 답안 촌락의 주요 토지 유형인 임야, 논밭의 면적이 감소하고, 대지, 도로와 같은 도시적 토지 이용 면적이 증가하고 있다. 이는 산업화·도시화로 도시가 발달하면서 시가지 면적이 확대되었기 때문이다.

평가 기준

상	모든 용도별 토지 이용 면적의 변화를 도시와 촌락으로 구분하여 설명하고, 변화의 주된 원인을 적절히 서술한 경우
중	일부 용도별 토지 이용 면적의 변화를 도시와 촌락으로 구분하여 설명하고, 변화의 주된 원인을 적절히 서술한 경우
하	변화의 원인만을 단편적으로 서술한 경우

434

문제 접근 (나)는 주요 도시의 홍수 발생 현황을 나타낸 것이다. 도시 홍수의 가장 큰 원인은 집중 호우이지만 (가)와 관련한 도시 내 불투수층 면적 증가로 도시 홍수 피해가 더욱 커지고 있다.

예시 답안 대지, 도로 등 아스팔트, 콘크리트로 만들어지는 시가지는 빗물을 땅으로 통과시키지 못하기 때문에 비가 내리면 많은 물이 그대로 강으로 흘러들어 간다. 이러한 이유로 도시는 촌락에 비해 홍수의 위험이 높다. 따라서 빗물을 흡수할 수 있는 녹지 공간을 조성하거나 빗물을 통과시키는 투수성 포장재를 활용하는 것이 도움이 될 수 있다.

평가 기준

상	시가지 확대에 따른 불투수층의 증가가 지표 유출량 증가와 도시 홍수를 일으킴을 설명하고, 적절한 대책을 제시한 경우
중	시가지 확대에 따른 도시 홍수 증가를 설명하였으나, 적절한 대책을 제시하지 못한 경우
하	도시 홍수 증가에 대한 원인에 대한 설명이 미흡하며, 적절한 대책을 제시하지 못한 경우

435

생산 활동의 기계화와 분업화로 2, 3차 산업의 비율이 높아지는 현상을 산업화라고 한다. 산업화로 도시에 공장과 시설이 집중되면서 인구가 도시로 이동하게 되었고 중심지로서 도시의 발전이 촉진되었다.
한편 산업화가 진전되면서 인간의 노동이 기계로 대체되고 경쟁이 심화되면서 인간성이 상실되고 피상적인 인간관계와 물질

만능주의가 확대되는 등 인간 소외 현상이 나타났다.

436

문제 접근 도시화(나)는 도시적인 토지 이용으로의 변화, 인구 증가에 따른 토지의 집약적 이용, 도시 내부의 기능별 분화 등 거주 공간의 변화를 가져왔다.

예시 답안 도시화로 인구가 집중하면서 제한된 토지를 집약적이고 효율적으로 이용하게 되었다. 도시 내부는 상업 지역, 주거 지역, 공업 지역 등으로 분화되었고, 도시의 기능과 영향력이 커져 대도시권을 형성하였다.

평가 기준

상	토지의 집약적 이용, 도시의 지역 분화, 도시적 토지 이용 면적 증가, 대도시권의 형성 중 두 가지 이상의 항목을 서술한 경우
중	토지의 집약적 이용, 도시의 지역 분화, 도시적 토지 이용 면적 증가, 대도시권의 형성 중 하나의 항목만을 서술한 경우
하	거주 공간의 변화에 대한 서술이 옳지 않은 경우

1등급 고난도 문제

본문 91쪽

437 ④　　**438** ⑤　　**439** ⑤　　**440** ④

437

강수 시작 후 하천 수위가 천천히 높아졌다가 천천히 낮아지는 B는 도시화 이전의 상황에 해당한다. 이에 비교하여 강수 시작 후 하천 수위가 빠르게 높아지며 하천 최고 수위가 이전보다 높은 A는 도시화 이후의 상황에 해당한다. 이와 같은 변화는 도시화에 따른 불투수 면적의 증가에 따라 토양으로 흡수되는 빗물의 양이 감소하고 하천으로 유출되는 빗물의 양이 증가했기 때문이다.
ㄴ. 녹지가 감소하고 시가지의 면적이 증가하는 경우 불투수 면적이 증가하게 되므로 하천으로 유출되는 빗물의 양이 증가한다.
ㄹ. 택지 개발은 불투수 면적을 증가시키므로 하천으로 유출되는 빗물의 양이 증가한다.

오답 피하기 ㄱ. 개발 제한 구역은 도시의 무질서한 확산 방지, 도시 주변 자연환경 보전, 도시민을 위한 녹지 확보를 목적으로 하는 정책이다.
ㄷ. 인공 열 방출은 열섬 현상의 원인이 되며 강수 이후 하천 수위의 변화와는 관련이 없다.

438

지도의 (가)는 중심 업무 기능으로 특화된 도심에 해당하며, (나)는 주거 기능으로 특화된 주변 지역에 해당한다.
(가)의 경우 주간 인구 지수가 200 이상이다. 따라서 해당 지역에 거주하는 사람보다는 주변 지역에서 통근·통학으로 유입하는 인구가 많은 지역이다. 이 지역은 접근성이 높으며, 상업·업무 기능으로 특화되어 토지 이용 집약도가 높다.

(나)의 경우 주간 인구 지수가 100 미만인 곳으로 주거 기능으로 특화된 지역이다. 따라서 해당 지역에 거주하면서 다른 지역으로 통근·통학을 하는 인구가 많은 지역이다. 초등학생의 경우 대체로 지역 내에서 통학이 이루어지므로 (가)에 비해 초등학교 평균 학생 수가 많다.

439

제시된 글은 산업화, 도시화에 따라 세탁 문화가 바뀌는 과정을 소개하고 있다.
⑤ ㅁ 셀프 빨래방은 익명의 사람들이 모이는 공간이므로 타인과 어울리고 소통하는 공간의 성격과는 거리가 멀다.

오답 피하기 ① ㄱ 산업화로 여성의 사회 진출이 활발해지면서 가사 노동을 전담하는 전업 주부의 비율이 감소하였다.
② ㄴ 대량 생산을 통해 판매 가격이 낮아지면서 점차 가전제품이 일반 가정에 보급될 수 있었다.
③ ㄷ 세탁물 수거, 세탁, 배송 등 세탁 관련 직업은 산업화 이후 새롭게 생겨난 서비스업에 해당한다.
④ ㄹ 도시에 거주하는 1인 가구의 경우 세탁물의 양이 많지 않아 세탁 서비스를 이용하는 경향을 보인다.

440

그래프는 우리나라 산업 구조의 변화와 도시화율 변화를 나타낸다. 이를 통해 1차 산업의 비율은 감소하고 2, 3차 산업의 비율은 높아지는 것을 알 수 있다. 또한 도시화율이 지속해서 높아지는 것을 알 수 있다.
④ 도시의 지역 분화가 이루어지면서 주거 및 공업 기능이 외곽 지역으로 분산되었고 도시 주변 지역에서 도시 중심으로 통근·통학하는 사람이 늘어났다. 도시와 주변 지역이 기능적으로 연결되면서 대도시권이 형성되었다.

오답 피하기 ① 도시화로 촌락의 인구가 도시로 이동하면서 도시와 촌락의 격차는 이전에 비해 더 커졌다.
② 도시에는 다양한 사람들이 집중하면서 이질성이 늘어났고 개인 간 경쟁이 심화되었다.
③ 도시에 많은 인구가 집중하면서 도시의 지역 분화가 이루어졌다. 이 과정에서 업무 및 상업 기능은 도시의 중심으로 집중하였고 주거 및 공업 기능은 도시 외곽 지역으로 분산되었다.
⑤ 도시화가 진행되면서 대가족 비율은 줄어들고 핵가족 비율이 늘어나는 경향이 나타났다. 또한 제시한 자료만으로는 인구 고령화가 진행되었음을 추론하기 어렵다.

02 교통·통신 및 과학기술의 발달에 따른 변화 ~
03 우리 지역의 공간 변화

개념 핵심 문제
본문 93쪽

441 빨대 효과	**442** 생태 통로	**443** 전자 민주주의
444 정보 격차	**445** 분업	**446** × **447** ○
448 ○	**449** ×	**450** 감소, 증가
451 높은	**452** 교통	**453** 통신

내신 적중 문제
본문 94쪽~97쪽

454 ③	**455** ⑤	**456** ②	**457** ⑤	**458** ②
459 ②	**460** ③	**461** ③	**462** ②	**463** ①
464 ②	**465** ④	**466** ③	**467** ④	**468** ③
469 ⑤	**470** ③			

454

그림은 교통 발달에 따른 시공간 거리가 단축되어 생활 공간의 범위가 확대됨을 나타낸 것이다.

ㄴ. 개인의 생활 공간의 범위가 확대되었고, 지역 간 이동에 드는 시간과 비용이 감소하면서 기업의 경제 활동 범위도 전 세계로 확대되었다.

ㄷ. 항공기를 이용한 이동이 활발해지면서 코로나바이러스-19와 같은 전염병의 확산이 급속히 이루어졌다.

오답 피하기 ㄱ. 교통 발달은 경제 활동의 세계화를 촉진시켰다. 이 과정에서 지역 간 경제 수준의 격차는 더욱 커졌다.
ㄹ. 화상 회의, 원격 근무 등은 통신의 발달과 관련된 내용이다.

455

제시된 글은 서울 대도시권의 확대와 관련한 것이다. 대도시권은 중심이 되는 대도시의 기능적인 영향을 받는 공간적 범위를 의미한다. 대도시권은 교통수단이 발달하고 교통망이 확충되면서 범위가 더욱 확대되는 추세를 보인다.

⑤ 교통 발달에 따라 이동에 필요한 시간과 비용이 감소하면 중심 도시의 통근 가능 범위가 이전보다 확대된다.

오답 피하기 ① 4차 산업 혁명은 수도권과 대도시의 집중 성장을 가져올 것으로 예측되지만, 해당 내용은 2002~2010년의 일로서 4차 산업 혁명과는 관련이 없다.
② 대도시권은 통근·통학과 같은 일상생활에서의 상호 작용과 관련되므로 항공기의 화물 수송과는 관련이 없다.
③ 뉴 미디어를 통한 문화의 경험은 공간적 제약을 받지 않는 정보의 상호 작용에 해당한다.
④ 새로운 교통로가 신설되거나 연장되는 등의 설명에 해당하지 않으며 동식물의 서식지 분리는 대도시권 확대와는 관련이 없다.

456

해외 온라인 직접 구매는 국내의 소비자가 외국의 온라인 쇼핑몰에서 물품을 직접 구매하고 해외 배송을 통해 물품을 전달받는 쇼핑 활동이다. 전 세계적인 인터넷 통신망 및 운송 수단의 발달로 이와 같은 쇼핑 활동은 증가 추세를 보이고 있다.

② 지하철 교통은 여객을 대상으로 하는 국내 교통수단으로 온라인 해외 직접 구매와는 관련이 없다.

오답 피하기 ① 온라인 직접 구매에 대한 플랫폼 기업, 국제 택배 전문 기업 등이 함께 성장하는 등 기업의 경제 활동 범위가 확대하고 있다.
③ 스마트폰을 통해 편리하게 언제 어디서나 해외 직접 구매를 할 수 있게 된 것도 해외 온라인 직접 구매 증가의 한 원인이다.
④ 교통 발달에 따라 화물의 운송 시간이 줄어들었고 운송비가 감소하여 해외 직접 구매가 더욱 늘어났다.
⑤ 신용 카드를 통한 물품의 대금 결제, 통관 절차의 간소화 등으로 해외 온라인 직접 구매가 간편해졌다.

457

제시된 글은 교통·통신의 발달에 따른 생활 공간의 변화를 나타낸 것으로 도시의 내부 구조 분화와 대도시권의 형성 과정을 설명하고 있다.

ㄴ. 접근성 향상으로 교통 여건이 좋아지는 경우 유동 인구의 증가로 경제 활동이 활성화된다.

ㄷ. 교외화는 중심 도시의 여러 기능이 주변 지역으로 이전하는 현상을 의미한다.

ㄹ. 대도시권은 대도시와 그 영향권 안에 있는 인접 지역을 포함하는 공간적 범위로 출퇴근을 포함한 다양한 기능적인 관계로 연결된 지역을 의미한다.

오답 피하기 ㄱ. 교통·통신의 발달은 단위 거리당 이동 시간 및 비용을 감소시킨다.

458

제시된 글은 빨대 효과에 대한 것이다. 빨대 효과란 고속 철도와 같은 고속 교통수단이 두 도시 간에 연결되어 교통이 편리해지며 교류가 증가하는 과정에서 중소 도시의 도시 기능이 대도시로 흡수되는 현상을 의미한다.

ㄱ. 교통의 발달은 두 지역 간의 교류 증가를 가져온다.

ㄷ. 중소 도시의 관광객 증가에 따른 긍정적 효과보다 중소 도시 주민이 대도시에서 소비 활동을 하게 되어 나타나는 부정적 효과가 크다면 지역 경제가 위축될 수 있다.

오답 피하기 ㄴ. 대도시와의 교통 발달로 중소 도시 주민이 쇼핑, 병원 방문 등을 위해 대도시를 방문하는 사례가 늘어나지만, 이는 백화점, 대학 병원 등 도시의 고차 서비스를 이용하기 위한 것이므로 일상생활권 확대와는 거리가 멀다.
ㄹ. 경쟁력 있는 지역을 중심으로 성장을 도모하는 경우 빨대 효과가 더욱 강화될 수 있다.

459

그래프는 취약 계층의 정보화 수준을 나타낸 것으로 디지털 정보화 역량 수준에 대한 정보 격차가 존재함을 보여주고 있다. 정보 격차는 사회적, 경제적, 지역적, 신체적 여건 등에 의해 정보 서비스에 접근하거나 이용할 수 있는 기회에 차이를 보이는 것을 의미하며, 정보 취약 계층의 사회적 소통을 단절하고, 경제적 기회를 제약하여 불평등과 사회 양극화를 심화시킬 수 있다. ② 저소득층, 장애인, 농어민, 고령층 등은 사회적 약자에 해당한다. 정보 활용 교육은 디지털 정보화 역량 수준을 높이는 데 기여할 수 있다.

오답 피하기 ① 플랫폼 경제는 디지털 정보 기술에 기반한 경제, 사회 활동이므로 현재 나타난 정보 격차 문제를 해결하지 않는다면 오히려 계층, 지역 간 불평등을 심화할 수 있다.

③ 사이버 범죄에 대한 제도를 강화한다고 해서 정보 취약 계층의 디지털 정보화 역량 수준이 높아지는 것은 아니다.

④ 교통 정보 안내는 정보 취약 계층만을 위한 서비스라고 할 수 없으며, 이를 통해 취약 계층의 디지털 정보화 역량 수준을 높이는 데 기여한다고 볼 수 없다.

⑤ 키오스크를 통한 민원 처리가 많아지면 정보화 역량 수준이 높지 않은 취약 계층에게는 어려움이 가중될 수 있다.

460

㉠ 정보화는 컴퓨터와 정보 통신 기술이 발달함에 따라 정보, 지식, 커뮤니케이션 등과 관련된 활동이 활발해지고, 사회 전반에 다양한 변화가 일어나는 것을 의미한다.

㉡ 4차 산업 혁명은 인공 지능, 빅 데이터, 사물 인터넷, 클라우드 컴퓨팅, 자율 주행 자동차 등의 첨단 정보 통신 기술이 경제와 사회 전반에 융합되어 혁신적인 변화를 가져오는 것을 의미한다.

오답 피하기 세계화는 지구 전체 규모에서 시장이 통합되고 각 나라 사람들의 생활이 서로 긴밀해지는 것을 의미한다. 모바일 혁명은 PC가 주도한 IT 산업이 휴대폰, 디지털 카메라, MP3, 게임기 등의 모바일 기기들로 파고들면서 산업, 문화 등 사회 전반으로 파급되는 현상을 의미한다. 3차 산업 혁명은 20세기 중후반 컴퓨터, 인공위성, 인터넷 등 정보 통신 기술을 바탕으로 한 정보화 혁명을 의미한다.

461

(가), (나)는 과학기술의 발달이 가져오는 문제에 관한 것이다. (가)는 로봇, 기계가 인간의 노동을 대체함으로써 일자리에서 인간이 소외되는 현상을, (나)는 과학기술 발달이 정보 격차 문제를 심화시키고 있음을 보여주고 있다.

③ 정보 취약 계층의 경우 정보 기기 접근 및 역량의 수준이 낮으므로 디지털 중독의 문제가 상대적으로 낮은 편이다.

오답 피하기 ① 기계화로 대체되기 어려운 직업군과 자동화 기계가 대체하는 직업군 사이의 격차가 커질 것이다.

② 인공 지능 기반 로봇 산업 등 디지털 전환이 진행되면서 지식, 정보의 협업 및 플랫폼 기술에 대한 요구가 증가할 것이다.

④ 농어민, 저소득층, 고령층은 지역, 계층, 세대 간 정보 격차의 사례에 해당한다.

⑤ 정보 격차는 다양한 경제적 활동의 기회의 제약 요소로 작용할 수 있다. 따라서 계층 간 소득 불평등의 원인이 될 수 있다.

462

자료는 교통·통신 및 과학기술이 생태 환경에 끼치는 긍정적, 부정적 영향을 정리한 것이다. 제시된 자료와 같이 대체로 교통·통신 및 과학기술의 발달은 생태 환경에 부정적인 영향을 주지만 생태 환경의 분석, 유지·관리, 보호를 위해 정보·통신, 과학기술을 적극적으로 활용할 수도 있다.

② 환경 오염 배출에 대한 규제 강화는 법적 제도적 조치에 해당하여 과학 기술의 활용과 관련이 없다.

오답 피하기 ①, ③, ④, ⑤ 드론을 투입한 산불 진화, 실시간 로드킬 감지 및 위험 안내, 빅 데이터 분석을 통한 생태 통로 설치, 위성 위치 확인 시스템을 활용한 멸종 위기 동물 분석 및 보호 등은 과학기술을 활용하여 생태 환경을 보호하기 위한 사례에 해당한다.

463

제시된 글은 정보화에 따른 문제점에 관한 것으로 (가)는 사생활 침해와 사이버 범죄의 문제, (나)는 정보 격차의 문제를 다루고 있다.

① 사생활 침해, 사이버 범죄는 가상 공간에서의 정보 익명성이 가져오는 문제점이다. 가상 공간에서는 자신의 신분을 숨기고 불법 촬영물을 유포하기도 하며 인터넷 채팅을 통해 타인을 가장할 수도 있기 때문이다.

오답 피하기

② (가)는 사생활 침해, 사이버 범죄의 심각성에 관한 글이다.

③ (나)는 고령층이 정보 역량 수준이 낮아 감염병 안내 정보를 전달받지 못했고 이로 인하여 관련 행정 서비스를 제대로 받지 못했다는 것을 보여 준다.

④ (나)는 고령층 정보 격차에 대한 것으로 이의 해결을 위해서는 고령층에 관한 디지털 역량 강화 교육이 필요하다.

⑤ (나)는 정보 격차에 따른 부작용에 대한 내용이지만, (가)는 정보화에 따른 새로운 유형의 범죄 발생 증가에 관한 내용이다.

464

지도는 1996년, 2019년 각 시기의 통근 네트워크를 나타낸 것이다. 이전 시기에 비해 서울로의 통근 범위가 확대되었고 통근자 수도 늘어난 것을 확인할 수 있다. 이는 주거 기능의 교외화, 교통 발달 등에 따른 대도시권의 확대를 반영하는 것이다.

② 교통의 발달로 지역 간 접근성이 향상되면 이동에 필요한 시간이 줄어들고 서울로 통근 가능한 범위는 확대된다.

오답 피하기 ① 수도권의 주된 통근 수단은 기차(지하철), 도로(자동차) 등이며 항공 교통과는 관련이 없다.

③ 사물 인터넷은 무선 통신을 통해 각종 사물을 연결하는 기술로, 도로 관리 및 교통 시스템에 혁신적 변화를 가져올 수 있다. 그러나 해당 시기 통근 네트워크의 변화가 주로 사물 인터넷 기술의 발달에 의한 것이라고 보기는 어렵다.

④ 비대면 원격 근무가 활성화된다면 중심 도시로의 통근의 필요성이 줄어들 것이다. 따라서 대도시권의 확대와는 관련이 없다.

⑤ 인터넷, 스마트폰의 활용은 실시간 대중교통 운행 정보를 제공해 줌으로써 통근 시 이동의 편리함을 줄 수 있지만 해당 시기의 대도시권 확대의 주된 원인이라고 볼 수 없다.

465

그래프는 정보 취약 계층의 정보 격차를 접근, 역량, 활용 부문으로 구분하여 나타낸 것이다. 일반 국민의 정보화 수준을 100으로 했을 때 해당 계층의 정보화 수준을 나타낸 것이므로 해당하는 값이 작을수록 정보 격차가 크다고 할 수 있다.

ㄴ. 저소득층의 경우 접근 99.5, 역량 92.9, 활용 96.4인데 비해, 고령층의 경우 접근 95.1, 역량 54.5, 활용 72.6이다. 따라서 연령에 따른 정보 격차가 더 크다고 볼 수 있다.

ㄹ. 활용 부문은 72.6(고령층)~96.4(저소득층)의 범위를 보이며, 역량 부문은 54.5(고령층)~92.9(저소득층)의 범위를 보인다. 따라서 계층별로 역량 부문의 정보 격차가 더 크다고 할 수 있다.

 ㄱ. 접근 부문의 경우 모든 계층의 정보화 수준이 95 이상이다. 반면 역량 부문의 경우 54.5(고령층)~92.9(저소득층), 활용 부문의 경우 72.6(고령층)~96.4(저소득층)이다.

ㄷ. 고령층의 경우 정보 기기 보유와 관련한 접근 부문은 95.1로 다른 취약 계층과 큰 차이가 없으나 역량 부문은 54.5로 다른 취약 계층과 큰 차이를 보인다. 따라서 가장 시급한 정책은 고령층의 정보 통신 활용 교육이다.

466

제시된 자료는 교통 발달에 따른 생태 환경의 변화에 관한 것이다. 선박 평형수는 선박의 균형을 잡기 위해 선박의 탱크에 채우거나 바다로 배출하는 물이다. 이로 인한 해양 생물의 이동은 해양 생태계에 나쁜 영향을 줄 수 있다.

ㄷ. 생태계 교란 생물은 외국에서 유입되거나 자생하는 생물 중에서 국내 생태계의 균형을 교란하거나 교란할 우려가 있는 생물을 의미한다.

ㄹ. 선박 평형수에 포함된 유해 수상 생물과 병원균을 제거하거나 유입 및 배출을 방지하는 장치나 설비를 갖추고 해당 규정에 따라 관리되고 있는지 파악하는 것은 해당 문제의 대책으로 적절하다.

 ㄱ. 생태 통로는 도로, 철도 개설 등으로 야생 동물의 서식지가 단절되었을 때 서식 공간 사이의 연결이 가능하도록 인공적으로 조성한 것으로 육상 생물을 위한 구조물이다.

ㄴ. 대기 오염 물질은 직접적으로 해양 생태계를 파괴하는 원인 물질에 해당하지 않으며 해양 생물의 국제 이동과도 관련이 없다.

467

지리 조사는 지역 정보를 수집, 분석, 종합하여 지역의 특성과 변화를 파악할 수 있는 활동이다. 표는 모둠별로 조사 내용과 조사 항목, 조사 방법 등의 선정에 대한 내용이므로 지역 조사 계획 수립 단계에 해당한다.

④ 생활 폐기물 발생 현황의 정보는 폐기물 처리장과 같은 곳에 방문(야외 조사)하여 관찰하고 담당자와 면담을 통해서 파악할 수 있다.

 ① 설문 조사는 야외(해당 지역)에서 이루어지는 활동이다.

② 산업 구조의 변화는 1, 2, 3차 산업 종사자 수의 비율 혹은 산업별 매출액 등과 같은 통계 자료의 변화를 통해 파악할 수 있다. 도시의 연혁과 유래는 산업 구조의 변화와는 관련이 없는 자료이다.

③ 인구의 변화에 대한 조사 항목으로 도시 인구의 증감은 적절하나 이를 야외 조사(관찰)로 확인할 수는 없다.

⑤ 주민 가치관 변화는 야외에서의 설문 조사 또는 온라인 설문 조사 등으로 가능하다. 그러나 항공 사진으로 주민 가치관 변화를 파악할 수는 없다.

468

지리 조사의 일반적인 순서는 지역 조사 계획 수립, 지리 정보의 수집, 지리 정보의 정리 및 분석, 보고서 작성의 순으로 이루어진다.

ㄱ. 문제 해결 방안은 분석한 자료 등을 종합적으로 검토하여 지역 조사의 결론에서 서술할 수 있는 내용이다.

ㄴ. 조사 항목과 조사 방법 선정은 조사 계획 수립에 해당한다. 조사 계획 수립 과정에는 조사 지역 선정, 조사 주제 선정도 포함된다.

ㄷ. 표, 그래프 등으로 정리하고 시각화하는 활동은 지리 정보의 정리 및 분석에 해당하는 내용이다.

ㄹ. 문헌, 자료를 검색하는 것은 정보 수집 단계 중 실내 조사 활동에 해당한다.

469

자료는 용인의 도시화 과정에서 나타난 지역 변화이다. 행정 구역의 개편으로 면적은 감소하였으나 인구는 증가하였고 가구 수도 증가하였다. 한편 산업 구조에서는 1차 산업의 비율이 크게 감소했으며, 2·3차 산업의 비율이 증가하였다.

① 2차 산업의 비율이 증가하였으므로 지역 내 산업 시설이 들어섬에 따라 대기질이 악화되었을 것이다.

② 면적은 감소하였으나 인구는 10배 이상 증가하였으므로 교통 문제가 심화되었을 것이다.

③ 가구당 인구는 1968년 5.95명이었으나 2020년은 2.81명으로 크게 감소하였다. 따라서 핵가족화의 진전에 따른 노인 문제가 큰 사회 문제로 대두되었다.

④ 도시화가 진행되면서 많은 인구가 유입되었고 촌락의 공동체적인 성격이 줄어들어 주민 간 교류가 줄어들었을 것이다.

 ⑤ 지역 내 농업 종사자 비율이 감소하면서 기존 학교의 규모에 비해 학생의 수가 줄어들었다. 따라서 지역 내 농촌 학교는 과소 학급이 나타날 것이다.

470

제시된 장면은 지역 조사 과정 중 야외 조사(면담) 과정에 해당한다. 야외 조사는 실내 조사만으로 불충분하거나 직접 정보를 수집할 필요가 있을 때 수행한다.

ㄴ. 항공 사진을 통해 토지 이용을 확인할 수 있으므로 같은 위치를 촬영한 여러 시기의 항공 사진을 비교하면 토지 이용의 변화를 파악할 수 있다.

ㄹ. 제시된 자료의 조사 과정은 야외 조사로 지역 정보 수집 단계에 해당한다.

오답 피하기 ㄱ. ㉠은 조사 지역에 해당한다. '㉡ 토지 이용의 변화'가 조사 항목에 해당한다.

ㄷ. 농공 단지는 농어촌 지역의 소득 증진을 위해 해당 지역에 설립된 산업 단지를 말한다. 따라서 농업 종사자 비율의 증가와는 관련이 없다.

서답형 완성 문제

본문 98쪽

471 빨대 효과 **472** 해설 참조
473 빅 데이터 **474** 정보 격차
475 해설 참조

471

빨대 효과는 고속 국도, 고속 철도 등의 교통망이 새롭게 구축되면서 인접 지역의 인구, 경제, 소비 등이 대도시로 빨려 들어가듯 집중되는 현상이다.

472

문제 접근 (가)에서는 소도시와 대도시의 원 크기 변화를 통해 소도시의 경제는 쇠퇴했지만, 대도시의 경제는 성장하였음을 파악할 수 있다.

예시 답안 빠른 이동이 가능한 새로운 교통로(교통수단)가 신설되면 규모가 작은 중소 도시와 규모가 큰 대도시 간 접근성이 좋아진다. 중소 도시 주민들은 고가 소비재 등을 대도시에서 구입하려는 경향이 커지고, 소비 인구의 지속적인 역외 유출 지역은 지역 경제의 위축을 가져오는 원인이 된다.

평가 기준

상	교통 발달에 따른 접근성의 변화와 중소 도시 주민의 소비 행태 변화를 구체적으로 제시하면서 빨대 효과를 설명한 경우
중	교통 발달에 따라 중소 도시 소비의 역외 유출이 나타남을 단편적으로 제시한 경우
하	교통 발달에 따른 변화임을 설명한 경우

473

제시된 글은 인터넷 기술의 발달에 따른 3차 산업 혁명 시기보다 최근의 4차 산업 혁명 시기에 고령자의 정보 격차에 따른 문제가 더욱 두드러질 것이라는 점을 키오스크 활용과 빅 데이터를 통한 기업의 영업 전략을 사례로 설명하고 있다.

474

디지털 경제가 일반화하면서 디지털 기술과 정보에 대한 접근성과 활용 능력의 차이는 기회의 불평등으로 이어지고 있으며, 새로운 계층 간 격차를 만들어 내고 있다.

475

문제 접근 정보 활용 역량 수준이 낮은 노인은 키오스크 활용에

어려움이 많아 키오스크 주문 시스템이 있는 상점 이용을 꺼릴 것이다. 따라서 노인들이 손쉽게 키오스크 주문 시스템을 활용할 수 있도록 하는 것이 중요하다. 사용자 친화적인 인터페이스(큰 글씨, 명확한 아이콘 등), 음성 명령 기능 도입, 노인 전용 모드 추가 등이 필요하다.

예시 답안 노인의 정보 활용 역량 함양을 위한 교육을 실시하거나, 노인이 손쉽게 활용하도록 배리어 프리(Barrier Free) 기술이 적용된 정보 기기를 보급한다.

평가 기준

상	고령자의 정보 격차를 줄이기 위한 대책 중 노인의 정보 활용 역량을 높일 수 있는 대책 혹은 노인이 쉽게 정보를 활용할 수 있도록 하는 적절한 방안을 제시한 경우
중	고령자에 대한 정보 격차를 줄이기 위한 대책을 제안하였으나, 노인의 정보 활용 역량을 강화하거나 노인이 쉽게 정보를 활용할 수 있도록 하는 방안으로 적절하지 않은 경우
하	고령자가 아닌 다른 정보 취약 계층과 관련한 대책을 제시한 경우

1등급 고난도 문제

본문 99쪽

476 ⑤ **477** ② **478** ① **479** ③

476

지도는 철도 노선의 확대로 서울로의 통근·통학 범위가 확대되었으며 같은 지역의 경우 과거에 비해 통근·통학자 비율이 증가하였음을 나타내고 있다.

ㄷ. 서울과 춘천 간 철도 노선이 개통되어 이동 시간이 단축되면서 서울의 병원, 학원을 이용하는 춘천 인구가 늘어났다.

ㄹ. 교통의 발달로 지역 간 접근성이 향상되고 통근·통학 범위가 넓어져 대도시권의 범위가 확대된다

오답 피하기 ㄱ. 서울의 인구 집중에 따른 문제를 해결하기 위해 서울 주변에는 신도시가 개발되었고 서울의 인구는 외곽으로 분산되었다.

ㄴ. 수도권의 인구가 증가하여 수도권 중심의 불균형 발전이 이루어졌다.

477

그래프는 온라인, 모바일 쇼핑 거래액의 변화를 나타낸 것으로 해마다 증가 추세를 보이고 있다. 이와 같은 변화는 정보·통신 기술의 발달 및 교통의 발달에 의한 것이다.

② 빨대 효과는 새로운 고속 교통수단이 두 도시를 연결하는 경우 발생할 수 있는 현상에 대한 것으로 해당 자료와는 관련이 없다.

오답 피하기 ① 쇼핑을 통해 구매한 제품은 물류 창고에서 택배를 통해 가정으로 배송된다.

③ 온라인·모바일 쇼핑은 시간과 공간의 제약 없이 쇼핑이 가능하다.

④ 온라인·모바일 쇼핑은 오프라인 매장 방문 없이 물품을 구매할 수 있으며 온라인을 통해 판매자와 의사소통이 이루어진다.

⑤ 온라인 거래 플랫폼을 활용하여 별도의 매장 없이 물건을 판매하는 무점포 상점이 늘어나고 있다.

478

제시된 글은 정보 기술을 활용한 도시 문제 해결 방안에 관한 것이다.

ㄱ. 빅 데이터, 인공 지능, 로봇 기술 등은 4차 산업 혁명의 핵심 기술이다.

ㄴ. 버스 카드 거래가 이루어진 위치를 위성 위치 정보 시스템으로 확인하고 주변 정류장의 위치 정보와 매칭하면 어떤 정류장의 교통(환승) 수요가 많은지 확인할 수 있다.

오답 피하기 ㄷ. 해당 글은 환승 수요가 있는 곳에 버스 노선을 추가로 배정하여 교통의 효율을 높이기 위한 것으로 교통로 신설과는 무관하다.

ㄹ. 최적 입지 선정은 지리 정보 시스템을 활용한 것으로 정보 기술의 발달과 관련된다.

479

제시된 자료는 지역 조사의 일반적 절차를 나타낸 것이다. 먼저 조사 주제와 지역을 선정한 후 조사 항목과 조사 방법을 결정한다. 다음으로는 실내 조사, 야외 조사를 통해 지역의 정보를 수집한다. 다음 단계인 (가)는 수집된 정보를 정리하고 분석하는 단계로 표, 그래프, 지도 등으로 정보를 시각화한다. 마지막 보고서 작성 단계에서는 대안을 탐색하고 의사 결정을 하는 등의 최종 결론을 제시한다.

③ 자료를 정리하고 시각화하며 분석하는 단계에 해당한다.

오답 피하기 ① 야외 조사에 해당하는 설명이다.

② 실내 조사에 해당하는 설명이다.

④ 조사 항목, 조사 방법 선정에 대한 설명으로 조사 계획의 수립 단계에서 이루어지는 활동이다.

⑤ 보고서 작성 단계에 해당하는 설명이다.

대단원 종합 문제

본문 102쪽~105쪽

500 ⑤	501 ③	502 ①	503 ②	504 ②
505 ④	506 ⑤	507 열섬	508 해설 참조	
509 ④	510 ③	511 ⑤	512 ②	513 ④
514 ③	515 교통의 발달		516 빨대 효과	
517 ②	518 ①	519 ③		

500

도시화에 따른 인구와 기능의 도시 집중은 교통, 주택, 실업, 환경, 소득 격차 등의 도시 문제를 가져온다.

ㄷ. 도시의 인구 증가는 교통량 증가, 차량 통행에 따른 소음, 도심의 주차난 등의 문제를 가져온다.

ㄹ. 도시에서 공급되는 주택의 규모에 비해 많은 인구가 집중되면 주택의 가격은 상승한다. 소득 수준이 높은 계층은 환경이 쾌적하거나 교통이 편리하며 교육 환경이 우수한 곳에 거주하지만, 소득 수준이 낮은 계층은 상대적으로 열악한 곳에 거주하

는 경우가 많다.

오답 피하기 ㄱ. 사이버 범죄는 정보 통신 기술의 발달에 따른 문제점에 해당한다.

ㄴ. 도시화에 따라 촌락의 인구가 도시로 빠져나가면서 촌락은 노동력이 부족해져 휴경지가 증가한다.

501

도시화 이후 강수 시작 후 하천이 가장 높은 수위에 이르는 시간이 빨라졌다. 그리고 하천의 최고 수위도 이전에 비해 높아졌다. 따라서 도시화로 인한 공간 변화는 도시의 홍수 위험을 증가시키는 원인이 된다.

③ 도시화로 아스팔트, 콘크리트 등의 불투수 면적이 증가하면서 강수 시 지표로 유출되는 빗물의 양이 증가하였다. 이와 같은 변화는 하천의 급격한 수위 변화의 원인이 되었다.

오답 피하기 ① 옥상을 정원으로 가꾸는 옥상 녹화 사업은 강수 시 빗물을 일부 가두는 효과를 기대할 수 있으므로 도시의 급격한 하천 수위 변화를 완화하기 위한 대책이라고 할 수 있다.

② 개발 제한 구역은 시가지의 무질서한 확장을 억제하고 자연을 보존하기 위한 구역이다. 도시화를 제한하기 위한 정책에 해당하므로 그래프와 같은 수위 변화의 원인에 해당하지 않는다.

④ 열섬 현상은 도시화로 인해 도시의 기온이 주변에 비해 높은 현상을 의미한다. 열섬 현상은 하천 수위의 급격한 변화의 원인이라고 할 수 없다.

⑤ 대기 오염 물질 발생량 증가는 강수 시 산성비 발생의 원인이 된다.

502

교통 · 통신의 발달은 지역 격차, 전염병의 빠른 전파와 확산 범위의 확대, 생태 환경의 변화 등의 문제를 가져왔다.

지역 격차 문제 해결을 위해서는 낙후 지역의 교통망을 확충하고, 인구의 지방 정착을 유도하며, 공공 기관의 지역 이전을 통해 국토의 균형 발전을 이루는 정책이 필요하다. 도시 거주 환경 개선, 개발 제한 구역의 축소는 도시의 거주 매력을 높여 도시의 인구 집중을 가져오는 원인이 될 수 있다.

생태 환경 변화 문제 해결을 위해서는 생태 통로를 건설하여 교통로 건설에 의해 단절된 서식처를 연결하고 오염 물질 배출을 제한하여 동식물의 서식 환경이 개선될 수 있도록 하는 것이 필요하다. 외래 생물 종 도입은 토착 생물의 생태계를 교란할 수 있으므로 지양해야 한다.

503

과거 봉제, 전자 조립 등 노동 집약형 산업으로 특화되었던 구로 공업 단지가 지식, 정보 중심의 디지털 지식 산업 센터로 변화하였음을 파악할 수 있다.

ㄱ. 제조 공장 중심의 구로 공업 단지는 유해 물질을 배출하는 업체들이 많았으나, 서울 디지털 산업 단지로 변화한 후 오염 물질을 배출하지 않는 업체가 많아졌다.

ㄷ. 디지털 산업 단지는 유해 물질을 배출하지 않는 도시형 및

첨단 업종이 입주하고 있으며 주로 지식 산업, 정보 통신업 등이 주로 입주하고 있다.

오답 피하기 ㄴ. 도시화가 진행되면서 서울의 2차 산업 종사자 비율은 점차 감소하고 3차 산업 종사자 비율이 증가하고 있다.
ㄹ. 해당 지역은 도시화가 진행되어 시가지 면적과 녹지 면적이 늘어났다고 볼 수 없다.

504

지도의 (가)구는 도심에 해당하는 중구, (나)구는 주거 기능이 발달한 주변 지역에 해당하는 노원구이다.

오답 피하기 ①, ③, ④, ⑤ 도심(가)은 주변 지역에 비해 평균 지가가 높고, 대기업 본사 수가 많다. 따라서 지역 내 총생산이 많으며 대중교통 접근성도 높다. 주변 지역(나)은 학생 수가 많으므로 초등학교의 수가 도심(가)보다 많다.

505

(가)는 겨울철 서울의 기온 분포를 나타낸 것이다. 도심의 경우 −4℃로 서북부 외곽 지역 −15℃에 비해 매우 높은 편이다. (나)는 서울의 열대야 출현일을 나타낸 것이다. 도심의 경우 열대야 출현일이 10일 이상으로 많지만 서북부의 외곽 지역은 열대야 현상이 발생하지 않고 있다. 두 지도를 통해 도심의 경우 주변 지역에 비해 기온이 높은 열섬 현상이 나타남을 알 수 있다. 열섬 현상은 난방, 자동차 및 산업 활동에 의해 방출되는 인공 열 증가, 시가지 확대에 따른 콘크리트, 아스팔트 면적 증가가 원인이다. 한편 녹지 및 수면은 증발을 통해 기온을 낮추는 역할을 할 수 있으므로 녹지 및 수면의 감소도 열섬 현상의 한 원인이 될 수 있다.
④ 건물이 빽빽하게 들어선 도심은 공기의 흐름이 방해를 받아 열이 축적될 수 있다. 공기 순환을 위한 바람길의 설계는 열섬 현상을 완화할 수 있는 방법에 해당한다.

506

도심 내 녹지 공간을 마련하는 사업은 도시화에 따른 여러 문제점을 보완하기 위한 대책이다.
⑤ 도시의 옥상 정원은 도시민의 생활 환경을 개선하는 효과가 있으나 지역 격차 완화의 대책이라고 볼 수는 없다.

오답 피하기 ① 도심 내 녹지 공간을 조성하면 토양 내 수분이 증발하면서 기온을 낮추는 효과를 기대할 수 있다.
② 건물의 옥상에 정원을 조성하면 건물의 단열 효과가 커져 냉·난방 에너지를 절감할 수 있다.
③ 도심 내 옥상 정원을 조성하면 자생지를 잃어가는 동식물의 서식처가 될 수 있다.
④ 옥상 정원의 토양은 강우 시 빗물을 저장하여 도시 홍수를 예방하는 효과를 기대할 수 있다.

507

도심 지역의 기온은 주변 교외나 농촌에 비해 높은 편이다. 이는 주로 인간의 활동, 콘크리트, 아스팔트 등의 인공 구조물, 산림, 호수 등의 자연환경 감소로 인해 발생한다.

508

문제 접근 범람은 하천 수위가 높아지면서 하천을 벗어나 넘쳐 흐르는 것을 말한다. 콘크리트나 아스팔트로 포장된 시가지 면적이 넓어지면 토양으로 흡수되는 빗물이 양은 감소하고 지표를 따라 하천으로 유출되는 빗물의 양이 증가하게 된다. 따라서 하천 수위가 빠르게 높아지게 된다.

예시 답안 토양에서 흡수하는 빗물의 양이 줄고 하천으로 빠져나가는 빗물의 양이 늘어났다.

평가 기준

상	불투수 면적의 증가와 관련하여 토양 흡수량 감소, 지표 유출량 증가를 정확하게 서술한 경우
중	지표 유출량 증가만을 서술한 경우
하	⊙과 관련 없는 내용을 서술한 경우(예 강수량이 많아졌다.)

509

제시된 글은 서울~춘천 간 새로운 교통수단의 개통으로 춘천의 경제 활성화를 기대했으나 기대한 효과를 거두지 못하고 있음을 설명하고 있다.
ㄴ. 새로운 교통수단 개통으로 춘천을 방문하는 관광객과 서울~춘천 간 통학생이 증가하였다.
ㄹ. 글에서 춘천에 거주하던 자취생이 서울에서 통학하게 되었음을 확인할 수 있다. 그 결과 해당 지역의 경제가 침체하게 되었을 것이다.

오답 피하기 ㄱ. 글에서는 교통로 건설에 따른 생태계 단절에 대한 내용은 언급되고 있지 않다.
ㄷ. 두 도시 간 고속 교통수단이 신설되는 경우 대도시가 중소 도시의 기능을 흡수하기도 하므로 지역의 격차는 더 커진다.

510

자료는 시대에 따라 더욱 빠른 교통수단이 등장하였음을 보여 주고 있다. 교통의 발달은 이동에 따른 시간을 단축하여 공간적 제약을 극복하는 데 도움을 주었다.
③ 무점포 상점은 정보 통신 기술의 발달에 따른 변화에 해당한다.

오답 피하기 ① 운송 시간, 운송비가 절감되면서 선박, 비행기 등을 활용한 국제 무역이 활발하게 이루어지고 있다.
② 빠른 이동이 가능해지면서 일상생활 공간의 범위는 크게 확대되었다.
④ 비행기를 이용한 여객 이동이 활발해짐에 따라 특정 지역에서 발생한 전염병이 세계 여러 지역으로 급속히 전파되고 있다.
⑤ 국제 무역의 증가에 따른 해외 유입 생물로 인해 토종 생태계의 교란 문제가 발생하고 있다.

511

디지털 소외 계층은 빠르게 발전하는 디지털 기술에 적응하지 못하고 스마트폰, 키오스크, 온라인 예매 등 디지털 기기, 서비스를 이용하지 못해 소외되는 계층을 의미한다. 정부는 장애인, 고령층, 저소득층, 농어민 등을 4대 정보 취약 계층으로 설정하고 이들의 정보 격차를 매년 발표하고 있다.
⑤ 아동·청소년은 디지털 소외 계층에 포함되지 않으며, 오히려 디지털 중독 문제에 대한 대책을 세워야 할 집단에 속한다.

512

그래프를 보면 사이버 범죄 발생은 증가하는 추세이며 가장 많은 유형을 차지하는 범죄는 사이버 사기이다. 정보 통신 기술의 발달에 따른 문제를 해결하기 위한 적절한 대책 마련이 시급하다.
ㄱ. 가상 공간에서 익명성을 이용하여 타인을 기만하거나 명예 훼손을 하는 것이 옳지 않음을 일깨워 주는 교육이 필요하다.
ㄷ. 개인 정보 보호 및 사생활 보호에 관한 법률을 정비하고 이에 대한 처벌을 강화하는 것은 사이버 범죄 예방의 효과를 기대할 수 있다.

오답 피하기 ㄴ. 사이버 범죄는 정보 기기를 활용하여 이루어지므로 정보 기기를 제공하는 것은 문제를 해결하는 방법으로 볼 수 없다.
ㄹ. 비대면 접촉의 증가는 사이버 범죄의 가능성을 높이는 요인이 된다.

513

제시된 글은 과학기술 및 정보 통신 기술의 발달에 따른 산업의 변화와 문제점을 설명한 것이다.
ㄱ. 제4차 산업 혁명의 핵심 기술은 빅 데이터, 자율 주행, 인공 지능, 로봇 공학 등이다.
ㄴ. 인공 지능을 활용한 지능형 로봇의 도입은 기존의 노동력을 대체하여 인간의 일자리를 줄일 것이다.
ㄷ. 4차 산업 혁명은 단순 노무직의 일자리를 로봇이나 기계가 대체하면서 해당 일자리의 고용과 임금이 줄어들 것이다. 반면 고학력 정보 관련 일자리의 고용과 임금이 증가하여 노동 시장은 더욱 양극화된다.

오답 피하기 ㄹ. 자동화 설비를 도입한다면 노동 시장의 양극화는 더욱 심화될 것이다.

514

그래프는 온라인 해외 직접 구매가 점점 증가하고 있음을 보여 주고 있다. 이와 같은 변화는 구매 활동에 있어서는 정보 통신의 발달과 관련되며, 물품의 배송과 관련해서는 교통의 발달과 관련된다.
을: 해외 직접 구매 플랫폼에서는 구매자가 편리하게 제품을 구입할 수 있도록 다양한 방식의 결제를 지원하고 있다.
병: 온라인 매장에서 물품을 구입하기 때문에 해외 온라인 직접 구매는 시간과 장소의 제약을 받지 않는다.

오답 피하기 갑: 제품을 실시간으로 전달받을 수 있는 것은 디지털 정보의 형태로 제공되는 일부 물품에 해당하며, 대부분의 물품은 운송 과정을 거쳐 전달된다.
정: 교통이 발달하면 어떤 장소에 도달하는 데 걸리는 시간은 줄어들지만 물리적 거리가 가까워지는 것은 아니다.

515

(가) 그림은 교통이 발달하면서 대도시로 쇼핑을 하는 사람이 많아져 어려움을 겪고 있는 중소 도시 상점의 모습이다. (나)는 유입된 외래종을 포획하는 모습이다. 외래종의 유입은 무역(수입)에 의한 것으로 교통의 발달과 관련된다.

516

교통의 발달은 중소 도시 인구와 경제력의 대도시 유출 원인이 될 수 있다. 이처럼 고속 교통수단이 두 도시를 연결하는 경우, 교통이 편리해지면서 중소 도시의 쇼핑, 의료 등과 같은 도시 기능이 대도시로 흡수되는 현상을 빨대 효과라고 한다.

517

그림은 지역 조사의 일반적인 절차를 나타낸 것이다. (가)에 해당하는 활동은 야외 조사이며, (나)에 해당하는 활동은 수집 자료의 분서 및 정리이다. (디)에 해딩하는 활동은 내안의 탐색, 의사 결정 등이다.
ㄱ. 현지 주민을 만나 인터뷰를 하는 것은 야외 조사에 해당한다.
ㄴ. 지역의 문제점, 해결 방안 탐색은 최종 결론에 해당하는 내용으로 조사 보고서 작성 절차에 포함될 수 있다.
ㄷ. 정보를 그래프로 시각화하는 것은 수집 자료를 정리하고 분석하는 활동에 해당한다.

오답 피하기 ㄹ. 조사 주제와 조사 항목을 결정하는 것은 지역 조사 계획 수립 단계에 해당한다.

518

표는 지역 조사 계획 수립 단계에서 지역 조사 주제와 조사 항목을 결정한 내용을 정리한 것이다.
① 지역의 경관 변화를 파악하기 위해서는 같은 위치, 서로 다른 시기의 항공 사진을 분석해야 한다.

오답 피하기 ② 산업별 취업자 비율은 파이 차트(원 그래프)로 표현하기에 적합한 자료이다.
③ 연령층별 인구 구조 변화는 인구 피라미드로 표현하기에 적합한 자료이다.
④ 지역의 생태 환경 문제는 이미 발간된 보고서, 통계 자료 등을 검색하여 원인을 파악할 수 있다.
⑤ 설문 조사는 야외 조사에 해당하며 지역 정보의 수집 단계에서 이루어지는 활동이다.

519

그래프는 울산광역시의 토지 이용의 변화에 관한 것이다. 논과 밭의 비율이 감소하고, 대지의 비율이 증가하였다. 이를 통해 이 지역은 도시화가 진행되었음을 추론할 수 있다. 한편 임야 비율은 소폭 증가하였다. 그런데 이 지역의 면적은 과거에 비해 증가하였다. 이는 이 지역의 행정 구역의 범위가 외곽의 임야 지역을 포함하여 확대되었음을 의미한다.
을: 대지는 건축물을 건축할 수 있는 땅이므로 이 지역의 면적이 증가하였고 또한 대지 면적 비율이 증가하였으므로 인구가

증가하였음을 추론할 수 있다.

병: 논, 밭의 비율이 크게 줄었으므로 1차 산업의 종사자 비율은 감소했을 것이다.

오답 피하기 갑: ○○ 모둠이 야외 조사를 통해 1962년과 2021년의 용도별 토지 이용 면적 비율을 조사하는 것은 현실적으로 불가능하다.

정: 시가지는 건축물을 건축할 수 있는 땅에 해당한다. 따라서 임야의 비율 증가 원인이 시가지에 나무를 심었다는 설명은 비현실적이다.

도전! 기출 문제

본문 106쪽~107쪽

520 ③　　**521** ③　　**522** ④　　**523** ①

520 산업화와 도시화로 인한 사회 변화 추론

자료 분석 자료는 산업화·도시화에 따른 생활공간과 생활양식의 변화를 나타낸 것이다.

ⓒ 2, 3차 산업이 증가하면서 새로운 직업이 생겨났으며 직업이 전문화되었다.

ⓒ 도시에 많은 인구가 집중하면서 도시의 내부 구조는 상업, 업무, 공업, 주거 기능 등으로 분화된다.

오답 피하기 ㉠ 산업화·도시화로 인해 공동체 의식이 약화되고, 개인의 가치와 성취를 중시하는 개인주의적 가치관이 확산되었다.

㉣ 산업화·도시화의 영향으로 고층 건물, 아파트와 같은 공동 주택이 증가하여 토지 이용의 집약도가 높아졌다.

521 도시화에 따른 변화 파악

자료 분석 (가)는 1970년, (나)는 2020년에 해당한다. (나)는 (가)보다 도시 수와 도시 인구가 많다. 따라서 (나)는 (가)보다 도시화율이 높다.

도시화율이 높은 (나)는 (가)보다 3차 산업 종사자 비율이 높으며, 도시 내 토지 이용의 집약도가 높다.

522 교통의 발달과 정보화에 따른 변화 이해

자료 분석 교통의 발달은 지역 간 접근성의 향상으로 경제 활성화에 기여하지만 생태 환경의 악화를 가져온다. 한편 전자 상거래가 활성화되면 소비 활동의 공간적 제약이 약화되어 소비자들은 다양한 지역에서 생산된 상품을 구매하고 이용할 수 있게 된다.

ㄱ. 교통의 발달로 일상생활 범위가 확대되었다.

ㄴ. 교통로의 신설은 야생 동물의 서식처를 단절하는 결과를 가져온다.

ㄹ. 정보화에 따라 지역 간, 계층 간 정보 격차가 발생하고 있으며 이에 대한 대책이 필요하다.

오답 피하기 ㄷ. 전자 상거래로 시간, 공간의 제약 없이 소비 활동이 이루어질 수 있다.

523 지역 조사 방법 이해

자료 분석 지역 조사 활동 순서는 일반적으로 조사 목적 및 주제 선정 → 지역 정보 수집(실내 조사, 야외 조사) → 지역 정보 분석 및 정리 → 보고서 작성 등의 단계로 이루어진다. 실내 조사 단계의 (가) 활동에서는 인터넷을 활용하여 조사 지역의 위치, 교통망, 상점 수 등에 대한 정보를 수집할 수 있다. 야외 조사 단계의 (나) 활동에서는 조사 지역에서 이용자를 대상으로 인터뷰, 설문 조사 등이 이루어진다. 지역 정보 분석 및 정리 단계의 (다) 활동에서는 실내 조사와 야외 조사를 통해 수집한 자료를 분석하여 그림, 도표, 그래프 등의 통계 지도로 표현하고 정리한다.

ㄱ. 실내 조사에 해당하는 설명이다.

ㄴ. 야외 조사에 해당하는 설명이다.

ㄷ. 지역 정보 분석 및 정리에 해당하는 설명이다.

Ⅰ. 인권 보장과 헌법

01 인권의 의미와 현대 사회의 인권

개념 핵심 문제

본문 111쪽

524 인권	**525** 보편성	**526** 시민 혁명	**527** 프랑스
528 환경권	**529** 주거권	**530** 자유권	**531** 연대권
532 ㄷ	**533** ㄷ	**534** ㄴ	**535** ㄱ
536 ㉢	**537** ㉡	**538** ㉠	

내신 적중 문제

본문 112쪽~115쪽

539 ③	**540** ③	**541** ③	**542** ②	**543** ④
544 ⑤	**545** ③	**546** ③	**547** ⑤	**548** ①
549 ④	**550** ⑤	**551** ②	**552** ⑤	**553** ②
554 ⑤	**555** ⑤			

539

'이것'은 인권이다.

③ 인권은 헌법으로 명시되기 이전에 인간이라는 이유만으로 보장되는 권리이다.

540

ㄱ. 제1조에 천부 인권 사상이 담겨져 있다.

ㄴ. 제6조를 보면, 모든 시민은 법 제정에 참여할 수 있음을 천명하고 있다. 이는 정치 과정에의 시민 참여를 인정하는 것이다.

오답 피하기 ㄷ. 주권이 대표될 수 없다는 것은 직접 민주 정치를 말하는데, 제6조에서 '대표의 원리'를 인정하고 있다.

541

제시된 문서는 영국의 권리 장전이다. 권리 장전은 영국의 명예혁명 당시 선언된 것이다.

③ 권리 장전은 국왕의 자의적 권력 행사를 막고 귀족 중심의 의회로부터 견제를 받게 한 것이다. 이는 독점적이었던 국왕의 권력이 최초로 견제받은 역사적 사건으로서, 향후 시민의 인권 보장을 위한 토대가 되었다.

오답 피하기 ① 권리 장전은 국왕의 권력을 제한한 최초의 문서로 평가받고 있다.

② 권리 장전은 의회의 권한을 강화했다는 점에서 직접 민주주의를 지향하였다고 볼 수 없다.

④ 권리 장전은 귀족들이 국왕의 권한을 약화시킨 문서이다.

⑤ 권리 장전이 선언된 이후에도 흑인이나 여성들은 시민으로 대우받지 못했다. 그러므로 선거권도 부여되지 않았다.

542

(가)는 1세대 인권, (나)는 2세대 인권, (다)는 3세대 인권이다.

② 2세대 인권의 주요 내용은 사회권이다. 국가의 간섭 배제는 1세대 인권인 자유권의 특징이다.

오답 피하기 ① 1세대 인권에는 개인의 자유와 인권을 보호하기 위해 국가의 불간섭을 요구하는 권리, 즉 자유권이 포함된다.

③ 2세대 인권은 인간다운 삶을 보장받기 위해 국가가 적극적으로 개입할 것을 요구하는 권리이다.

④ 모든 기본권의 바탕에는 인간의 존엄성이 있다.

⑤ 1세대 인권, 2세대 인권, 3세대 인권을 통해 인권 개념이 역사적으로 변천해 왔음을 알 수 있다.

543

제시된 내용들은 차티스트 운동에서 노동자들이 요구한 인민 헌장의 주요 내용이다.

④ 차티스트 운동은 노동자들이 자신들의 참정권을 보장해 달라고 요구한 운동이었다.

오답 피하기 ① 차티스트 운동은 선거권 연령을 낮추는 것이 목적이 아닌 노동자들의 선거권 보장을 목적으로 한 운동이었다.

② '국가 권력으로부터의 자유'는 참정권이 아닌 자유권을 의미한다.

③ 차티스트 운동이 발생하던 당시 사회는 재산의 소유 정도에 따라 참정권이 제한되었으며, 의원의 대부분이 일정 규모 이상의 재산을 소유하였다.

⑤ 일정 연령이 되면 모든 사람들이 선거권을 가지도록 해 달라는 내용은 차티스트 운동에서 요구한 내용과 거리가 멀다.

544

1세대 인권은 개인의 자유와 인권을 보호하기 위해 국가의 불간섭을 요구하는 권리이다. 2세대 인권은 사회적 약자의 인간다운 삶을 보장하기 위한 국가의 적극적인 개입을 요구하는 권리이다. 3세대 인권은 차별받는 개인과 집단의 인권 보호에 주목하여 국경을 초월한 연대와 박애를 강조하는 전 지구적 차원의 권리이다.

⑤ 선거를 통해 정치 과정에 참여할 권리는 1세대 인권인 참정권에 해당한다.

오답 피하기 ① 자결권은 다른 나라의 간섭 없이 자기 민족이나 집단의 일을 자유롭게 결정하고 고유한 삶의 방식을 누릴 권리를 말한다. 이는 연대권에 해당한다.

②, ③, ④ 발전의 권리, 평화의 권리, 재난으로부터 구제받을 권리는 모두 3세대 인권에 해당한다. 이 외에도 지속가능한 환경에 대한 권리도 이에 해당한다.

545

1919년 독일의 바이마르 헌법에 모든 국민이 최소한의 인간다운 생활을 보장받아야 한다는 권리, 사회권이 최초로 명시되었다.

546

③ 프랑스 혁명 후 발표된 「인간과 시민의 권리 선언」은 국가 권력의 간섭에서 벗어나 자유롭게 생활할 수 있는 자유권을 비롯하여, 평등권, 재산권 보장에 대해 명시하고 있다.

 ① 사회권을 최초로 규정한 것은 독일 바이마르 헌법이다.
② 인권 보장의 국제적 기준을 제시한 것은 세계 인권 선언이다.
④ 독일 바이마르 헌법이 등장하기 전 미국 독립 선언, 프랑스의 「인간과 시민의 권리 선언」 등에도 주권이 국민에게 있음이 명시되어 있다.
⑤ 세계 인권 선언은 인간이라면 누구나 평등함을 강조하고 있다.

547

제시된 사례에서 영국 하원 의원이었던 밀은 남성임에도 여성의 참정권을 위해, 백인 목사 리브는 흑인들의 인권 향상을 위해, 소파 방정환은 아동 인권을 위해 노력했다. 이를 통해 (가)에는 '약자의 인권을 위해 싸운 사람들'이 적절함을 알 수 있다.

 ① 두 번째 사례에만 해당하는 내용이다.
② 세 번째 사례에만 해당하는 내용이다.
③ 첫 번째 사례에만 해당하는 내용이다.
④ 제시된 세 사례의 공통점이라고 보기 어렵다.

548

국제 연합은 세계 인권 선언을 채택하여 인권 보장의 국제 기준을 마련하였다. 이를 통해 인권은 인류 보편적 가치이므로 장애인, 아동, 난민 등 사회적 약자의 권리를 보장해야 한다는 인식이 확대되었다. 연대권은 자신이 소속되어 있는 공동체에서 더 나아가 국제적인 연대와 협력을 중시하는 권리이며, 국적이나 인종과 상관없이 누구나 평등할 권리, 평화의 권리, 재난으로부터 구제될 권리, 민족이나 집단의 자결권 등을 내용으로 한다. 따라서 (가)는 세계 인권 선언, (나)는 연대권이다.

549

ㄱ, ㄴ, ㄷ. 세계 인권 선언 제1조에서 인권은 보편적이며 천부적인 권리로서 누구나 차별 없이 누릴 수 있다는 점을 내포하고 있다. 그리고 제27조에서 모든 사람에게 문화권이 있음을 명시하고 있다.

 ㄹ. 인권은 타인에게 양도할 수 없는 권리이다.

550

제시문은 근대 이전부터 많은 사람들이 부당한 권력이나 제도에 맞서 오랜 시간에 걸쳐 싸운 결과 인권의 내용과 범위가 확장되었음을 설명하고 있다. 이를 통해 인권은 오랜 기간 시민들이 부당한 권력이나 제도에 맞서 싸워 이루어 낸 역사적 산물임을 알 수 있다.

 ①, ②, ③, ④ 제시문과는 거리가 먼 내용이다.

551

(가)는 미국의 독립 혁명, (나)는 영국의 명예혁명, (다)는 프랑스 혁명에 대한 내용이다.
ㄱ. 미국의 독립 혁명 당시 발표된 독립 선언문에는 저항권과 자유권 등의 내용이 규정되었다.

ㄹ. 시민 혁명은 영국-미국-프랑스 순으로 전개되었다.

 ㄴ. 영국의 명예혁명의 결과 왕의 권한이 제한되고 의회의 권한이 강화되었다.
ㄷ. 프랑스 혁명 이후에도 재산, 직업, 성별에 따른 참정권이 제한되어 참정권 확대 운동이 전개되었다.

552

제시문의 (가)는 '주거권'이다.
⑤ 주거권은 인간다운 주거 생활을 할 권리를 의미하며, 우리나라의 경우 주거 기본법의 규정에 따르면 국가 및 지방 자치 단체는 주거 환경을 정비하고 노후 주택을 개량하여 주민의 삶이 개선될 수 있도록 지원해야 한다. 이것은 국가의 적극적인 역할을 강조하는 것이다.

 ① 국가로부터의 자유를 강조하는 것은 자유권이다.
② 국가 운영에의 참여를 강조하는 것은 참정권이다.
③ 시민 혁명 당시부터 강조되어 온 것은 자유권, 평등권, 참정권이다.
④ 주거권이 정보화의 결과 강조되기 시작하였다고 보기 어렵다.

553

제시된 기사와 관련이 깊은 현대 사회의 인권은 안전권이다. 안전권이란 인간의 생명과 안녕을 위협하는 폭력, 각종 재난과 사고 등의 위험으로부터 안전할 권리를 말한다.
② 안전권은 우리나라 헌법 제34조 제6항에 '국가는 재해를 예방하고 그 위험으로부터 국민을 보호하기 위하여 노력하여야 한다.'라고 규정되어 있다.

 ① 인간의 존엄과 가치 및 행복 추구권에 대한 조항이다.
③ 주거권에 관한 조항이다.
④ 환경권에 관한 조항이다.
⑤ 범죄 피해자 구조 청구권에 관한 조항으로, 안전권과 거리가 멀다.

554

환경권은 건강하고 쾌적한 환경에서 살 권리이며, 안전권은 생명과 안전을 위협하는 각종 위험으로부터 안전할 권리이고, 문화권은 누구나 문화생활에 참여하고 문화를 향유할 수 있는 권리이다. 따라서 A는 환경권, B는 안전권, C는 문화권이다.
ㄱ. 도심 속 공원은 각종 유해 물질로 오염된 공기를 정화하여 시민의 환경권을 보장한다.
ㄴ. 안전 신문고 제도를 통해 국민이 일상생활에서 안전을 위협하는 요소를 발견하고 이를 신고하면 정부가 해결할 수 있도록 하고 있는 것은 국민의 안전권 보장을 위한 노력에 해당한다.
ㄷ. 문화가 있는 날로 정한 매달 마지막 수요일에 각종 문화 시설을 할인된 가격 또는 무료로 이용할 수 있는 것은 국민의 문화권 보장을 위한 노력에 해당한다.

555

(가)는 잊힐 권리이다. 잊힐 권리는 정보 주체가 온라인상 자신

과 관련된 모든 정보에 대한 삭제 및 확산 방지를 요구할 수 있는 자기 결정권 및 통제권을 말한다.

오답 피하기 ① 환경권은 건강하고 쾌적한 환경에서 살 권리를 말한다.
② 주거권은 쾌적하고 안정적인 주거 환경에서 인간다운 생활을 할 권리를 말한다.
③ 문화권은 누구나 문화생활에 참여하고 문화를 향유할 수 있는 권리를 말한다.
④ 안전권은 생명과 안전을 위협하는 각종 위험으로부터 안전할 권리를 말한다.

서답형 완성 문제

본문 116쪽

556 (가) – 존엄, (나) – 인권   **557** 해설 참조
558 (가) – 주거권, (나) – 안전권   **559** 해설 참조

556

인권은 인간으로서 존엄과 가치를 인정받으며 살아가기 위해 마땅히 누려야 할 기본적인 권리를 말한다. 따라서 (가)는 존엄, (나)는 인권이다.

557

문제 접근 인권의 특징에는 보편성, 천부성, 불가침성, 항구성이 있다.

예시 답안 인권은 성별·연령·종교·국적·사회적 신분·인종 등과 관계없이 인간이라면 누구나 가지는 권리이다. 이를 인권의 보편성이라고 한다. 또한 인권은 어떤 조건이 충족된다고 해서 부여된다거나 누군가로부터 보장받는 것이 아니라 인간이라면 태어나면서부터 당연히 가지는 권리이다. 이를 인권의 천부성이라고 한다. 그리고 인권은 남에게 양도하거나 남이 함부로 침해할 수 없다. 이를 인권의 불가침성이라고 한다. 더불어 인권은 어떠한 이유로든 박탈될 수 없으며 영구히 보장된다. 이를 인권의 항구성이라고 한다.

평가 기준

상	인권의 네 가지 특징이 갖는 의미를 모두 정확히 서술한 경우
중	인권의 네 가지 특징 중 세 가지의 의미만 정확히 서술한 경우
하	인권의 네 가지 특징 중 두 가지 이하의 의미만 정확히 서술한 경우

558

주거권이란 쾌적하고 안정적인 주거 환경에서 인간다운 생활을 할 권리를 의미하며, 우리나라 헌법 제35조 제3항에 '국가는 주택 개발 정책 등을 통하여 모든 국민이 쾌적한 주거 생활을 할 수 있도록 노력하여야 한다.'와 같이 규정되어 있다. 한편, 안전권이란 인간의 생명과 안녕을 위협하는 폭력, 각종 재난과 사고 등의 위험으로부터 안전할 권리를 말하며, 우리나라 헌법 제34조 제6항에 '국가는 재해를 예방하고 그 위험으로부터 국민을 보호하기 위하여 노력하여야 한다.'와 같이 규정되어 있다. 따라서 (가)는 주거권, (나)는 안전권이다.

559

문제 접근 현대 사회에서는 다양하고 복잡한 사회문제가 발생하고, 생활 수준이 향상되면서 사회적·문화적 활동에 관한 관심이 높아지는 등 다양한 변화가 나타나고 있다. 이에 따라 기본적 자유와 평등, 생계 보장의 수준을 넘어서 주거권, 안전권, 환경권, 문화권과 같은 새로운 형태의 인권이 주목받고 있다.

예시 답안 현대 사회에서 주목받는 새로운 인권에는 환경권과 문화권 등이 있다. 환경권이란 건강하고 쾌적한 환경에서 살 권리를 말하며, 문화권이란 누구나 문화생활에 참여하고 자신의 문화적 정체성을 유지할 권리를 말한다.

평가 기준

상	현대 사회에서 주목받는 새로운 인권 두 가지를 제시하고, 그 의미를 모두 정확히 서술한 경우
중	현대 사회에서 주목받는 새로운 인권 두 가지를 제시하고, 그중 한 가지의 의미만을 정확히 서술한 경우
하	현대 사회에서 주목받는 새로운 인권 두 가지의 명칭만 제시한 경우

1등급 고난도 문제

본문 117쪽

560 ④   **561** ④   **562** ③   **563** ④

560

1세대 인권은 자유권 중심의 인권, 2세대 인권은 사회권 중심의 인권, 3세대 인권은 연대권 또는 집단권을 강조한다.
④ '자결권 및 평화에 관한 권리'는 연대권, 즉 3세대 인권에 해당한다.

오답 피하기 ① 인간다운 삶의 보장을 국가에 적극적으로 요구할 수 있는 권리는 사회권이며, 이는 2세대 인권에 해당한다.
② 국가로부터의 자유(자유권)로서 권리 장전과 관련이 깊은 것은 1세대 인권이다.
③ '국가 권력의 자의적인 체포 및 구금으로부터의 자유'는 자유권, 즉 1세대 인권에 해당한다.
⑤ 1세대 인권은 시민 혁명을 통해 획득한 권리이다.

561

인권은 인간이라면 누구나 누릴 수 있으므로, A에서 출발한 말은 실선 화살표를 따라 C로 이동한다. 인권은 일정 기간에 한시적으로 보장되는 것이 아니므로 점선 화살표를 따라 C에서 D로 이동한다. 인권은 태어나면서부터 당연하게 갖는 권리이므로 실선 화살표를 따라 D에서 A로 이동한다. 인권은 필요한 경우 타인에게 양도할 수 있는 것이 아니므로 점선 화살표를 따라 A에서 B로 이동한다. 인권은 국가나 다른 사람이 침해해서는 안

되므로 실선 화살표를 따라 B에서 D로 도착한다. 따라서 말의
최종 위치는 D이다.

562

ㄱ. 바이마르 헌법은 사회권이 명시된 최초의 헌법이다.

ㄴ. 제111조를 통해 바이마르 헌법에 국가 권력의 간섭에서 벗
어나 자유롭게 생활할 수 있는 자유권이 반영되어 있음을 알 수
있다.

오답 피하기 ㄷ. 바이마르 헌법은 제109조를 통해서, 인종 차별 철폐 협약
은 제1조 1을 통해서 합리적인 이유 없이 차별받지 않을 권리인 평등권이 반
영되어 있음을 알 수 있다.

563

정. 우리나라는 주거권을 보장하기 위해 「주거 기본법」을 제정
하고 있으며, 별도의 최저 주거 기준을 설정하고 있다.

오답 피하기 갑. 문화권은 공동체의 문화생활에 자유롭게 참여할 권리이
다. 문화권 보장을 위한 제도로는 경제적·사회적·지리적 어려움으로 문화
생활을 누리기 힘든 사람들에게 문화 체험, 스포츠 관람 등을 지원하는 문화
복지 제도를 들 수 있다.

을, 병. 환경 보전의 필요성이 커지면서 우리나라는 헌법 제35조 제1항을 통
해 환경권을 국민의 권리로 규정하고 있는 동시에 국민의 환경 보전 의무를
명시하고 있다.

무. 우리나라는 안전권을 보장하기 위해 헌법 제34조 제6항에 국가의 재해
예방 의무를 명시하고 있다.

개념 핵심 문제
본문 119쪽

564 헌법	**565** 시민 불복종	**566** 사회적 소수자
567 비정부 기구		**568** 사법부, 행정부
569 헌법재판소	**570** 7시간, 35시간	
571 동의를 얻어	**572** ㄴ **573** ㄷ	**574** ㄱ
575 ㄹ	**576** ⓒ **577** ⓛ **578** ⓙ	

내신 적중 문제
본문 120쪽~123쪽

579 ④	**580** ⑤	**581** ①	**582** ⑤	**583** ①
584 ①	**585** ④	**586** ④	**587** ⑤	**588** ②
589 ⑤	**590** ②	**591** ⑤	**592** ③	**593** ③
594 ②	**595** ⑤			

579

국가 기관의 주요 공무원을 선출하는 권리, 국가 및 공공 단체
의 구성원으로서 직무를 담당할 수 있는 권리, 국가 중요 정책
이나 헌법 개정안을 투표로 결정할 수 있는 권리는 모두 참정권
에 해당하므로, (가)는 참정권이다.

④ 참정권은 국가의 정치 과정에 적극적으로 참여할 수 있는 권
리이다.

오답 피하기 ① 평등권은 다른 기본권 보장의 전제 조건이 된다.

② 자유권은 헌법에 열거하지 않더라도 보장받을 수 있는 권리이다.

③ 인간의 존엄과 가치는 인간의 존엄성을 보장하기 위한 본질적인 권리이다.

⑤ 사회권은 국가에 대해 인간다운 생활의 보장을 요구할 수 있는 권리이다.

580

제시된 헌법 조항에서 나타난 권리는 재판 청구권과 범죄 피해
자 구조 청구권이다. 재판 청구권과 범죄 피해자 구조 청구권은
청구권에 포함되는 권리이다.

⑤ 청구권은 다른 기본권이 침해되었을 때 구제를 요구할 수 있
는 권리이다.

오답 피하기 ① 청구권은 적극적 성격의 기본권이다.

② 청구권은 수단적 권리의 성격을 가진다.

③ 선거권 확대 운동은 참정권을 얻기 위한 것이었다.

④ 최소한의 인간다운 생활을 보장하기 위한 기본권은 사회권이다.

581

A는 자유권이다. 자유권은 국가 권력의 간섭을 받지 않고 자유
롭게 생활할 수 있는 권리로 신체의 자유, 종교의 자유, 언론·
출판·집회·결사의 자유, 직업 선택의 자유 등이 이에 해당한다.

 ② 평등권은 모든 국민이 성별, 종교, 사회적 신분 등에 의해 차별받지 않고 동등하게 대우받을 권리로 불합리한 기준에 의한 차별 금지, 법 앞의 평등 등이 이에 해당한다.
③ 참정권은 국가의 의사 결정에 참여할 수 있는 권리로 선거권, 공무 담임권, 국민 투표권 등이 이에 해당한다.
④ 사회권은 국민이 국가에 인간다운 생활의 보장을 요구할 수 있는 권리로 교육받을 권리, 근로의 권리, 쾌적한 환경에서 살 권리 등이 이에 해당한다.
⑤ 청구권은 다른 기본권이 침해되었을 때 이의 구제를 요구할 수 있는 권리로 청원권, 재판 청구권, 국가 배상 청구권 등이 이에 해당한다.

582

제시문의 '이것'은 법치주의이다. 법치주의는 법률에 근거한 국가 권력의 행사만을 허용함으로써 국가 권력의 자의적인 행사를 예방하여 국민의 기본권을 보호하는 데 그 목적이 있다.

 ①, ②, ③, ④ 인권 보장을 위한 법치주의의 목적과는 거리가 먼 내용이다.

583

입법부는 법률을 제정하고, 행정부는 정책을 집행하며, 사법부는 법률을 적용하는 기관이다. 따라서 A는 입법부, B는 행정부, C는 사법부이다.
① 국정 감사권은 입법부가 행정부에 대해, 대법관 임명권은 행정부가 사법부에 대해, 위헌 법률 심판 제청권은 사법부가 입법부에 대해 행사하는 권력 견제 장치이다.

 ② 대법원장 임명 동의권은 입법부가 사법부에 대해, 명령·규칙 심사권은 사법부가 행정부에 대해 행사하는 권력 견제 장치이다.
③ 탄핵 소추권은 입법부가 행정부나 사법부에 대해 행사하는 권력 견제 장치이다.

584

헌법 제37조 제1항은 헌법에 명시적으로 규정되지 않은 인권도 보호하려는 취지를 천명하고 있으며, 헌법 제37조 제2항은 기본권 제한을 위한 구체적인 조건과 그 한계를 명시하고 있다.
ㄱ. 국가 안전 보장·질서 유지 또는 공공복리를 위하여 필요한 경우에만 기본권을 제한할 수 있다.
ㄴ. 헌법 제37조 제1항의 내용에서 국민의 자유와 권리를 보호하려는 헌법의 취지가 드러나 있다.

 ㄷ. 헌법은 궁극적으로 국민의 자유와 권리를 보장하기 위한 것이다.
ㄹ. 헌법 제37조 제1항의 내용을 통해 명시적으로 규정되지 않은 인권도 보호함을 파악할 수 있다.

585

제시된 사례에서 갑국과 을국 모두 여러 정당이 존재하지만, 실질적인 복수 정당제가 운영되는 국가는 을국이다.
ㄱ. 갑국은 건국 이래 A 정당이 계속 정권을 잡고 있으므로, 을국에 비해 독재의 가능성이 높다.

ㄴ. 실질적인 복수 정당제가 운영되고 있는 을국은 갑국에 비해 국민의 다양한 정치적 견해가 정치에 잘 반영될 가능성이 높다. 따라서 을국은 갑국에 비해 인권 보장 측면에서 유리하다.
ㄷ. 을국은 갑국에 비해 다양한 정치적 의견의 공존 가능성이 높다.

 ㄹ. 을국에서는 갑국과 달리 민주적 정권 교체 가능성이 높을 것이다.

586

인권 보장을 위한 제도적 장치에는 국민 주권주의, 법치주의, 복수 정당제, 권력 분립 제도, 기본권 구제를 위한 기타 제도들(헌법 소원 심판 제도 및 위헌 법률 심판 제도 등)이 있다.
(가) 위헌 법률 심판이나 헌법 소원 심판은 대법원이 아니라 헌법재판소에서 한다.
(나) 다른 법이나 국가 권력보다 우위에 있는 것은 헌법이다.
(다) 헌법재판소는 법률이나 공권력의 행사 등이 헌법에 위배되는지의 여부를 판단하여 법치주의를 실현하고 인권을 보장하는 역할을 한다.

587

헌법 소원 심판은 공권력에 의해 기본권이 침해된 경우 헌법재판소에 심판을 청구하여 권리를 구제받을 수 있도록 한 제도이다. 제시된 사례에서 △△씨는 육군 훈련소 내 종교 시설에서 개최되는 종교 행사 중 하나를 선택하여 참석하도록 하는 조치가 종교의 자유를 침해한다고 판단하여 헌법재판소에 헌법 소원 심판을 청구하였다.

 ① 행정 심판은 행정청의 부당한 처분으로 권리 및 이익을 침해받은 국민이 법적으로 이를 구제받을 수 있도록 한 제도이다. 행정 심판은 헌법재판소에서 담당하지 않는다.
② 입법 청원은 국민이 국회에 특정 법률을 제정하거나 개정 혹은 폐지할 것을 요청하는 행위이다.
③ 국민 참여 재판은 국민이 배심원으로서 형사 재판에 참여하는 제도이다.
④ 위헌 법률 심판은 법원에서 구체적인 사건을 재판하면서 그 재판에 적용되는 법률이 헌법에 위반되는지 여부가 문제가 될 때 법원의 제청에 의해 위헌 여부를 판단하는 제도이다.

588

ㄱ. 환경 개선을 촉구하는 서명 운동을 보고 서명에 참여하는 것은 개별적이며 일회성인 시민 참여 방법이다.
ㄹ. 환경 보호 단체를 결성하여 지속적으로 정부에 대책을 요구하는 것은 집단적이며 지속적인 시민 참여 방법이다.

 ㄴ. 선거에서 환경 정책을 공약으로 내세운 후보에 투표하는 것은 개별적이며 일회성인 시민 참여 방법이다.
ㄷ. 환경 관련 부처 홈페이지(누리집)에 환경 개선 정책을 제안하는 것은 개별적이며 일회성인 시민 참여 방법이다.

589

시민 불복종이란 정의롭지 못한 법이나 정책을 변혁시켜 공공의 이익을 지키려는 목적에서 양심적으로 행하는 비폭력적 위법 행위를 말한다.

ㄱ, ㄷ, ㄹ. 시민 불복종이 정당화되기 위해서는 행위의 목적이 정당해야 하며 합법적인 수단으로 해결되지 않을 때 사용하는 최후의 수단이어야 한다. 또한 공개적이며 비폭력적이어야 하고, 처벌을 감수해야 한다.

오답 피하기 ㄴ. 현행 법규를 위반하지 않는 범위 내에서 행해져야 시민 불복종이 정당화되는 것은 아니다.

590

제시된 두 사례를 종합할 때 사회적 소수자는 단순히 그 수가 적은 사람들을 의미하는 것이 아님을 알 수 있다.

오답 피하기 ① 사회적 소수자를 규정하는 기준은 신체적·문화적 특징이지만 제시문에서 강조하고 있는 내용과는 거리가 멀다.
③ 사회적 소수자는 교육, 고용의 기회를 제대로 보장받지 못하고 있지만 제시문에서 강조하고 있는 내용과는 거리가 멀다.
④ 사회적 소수자는 주류 집단에 비해 사회적 자원의 획득에서 불리하지만 제시문에서 강조하고 있는 내용과는 거리가 멀다.
⑤ 사회적 소수자는 스스로가 차별받는 집단의 구성원임을 인식하는 집단이다.

591

제시문 중 '사회적 소수자를 그들이 사는 세상 바깥에 존재하는 비정상적인 사람들로 보는 것이다. 대부분의 사회적 소수자 문제는 이러한 배타적 태도에서 비롯됨을 분명히 인식하고'라는 부분을 통해 사회적 소수자 문제를 해결하기 위해서는 그들에 대한 편견을 버리고 공존하려는 자세를 가져야 함을 알 수 있다.

오답 피하기 ① 제시문에는 사회적 소수자 문제를 해결하기 위한 의식 개혁의 필요성이 강조되어 있다.
② 제시문에서는 사회적 소수자에게 사회의 지배적 가치를 주입시켜야 한다고 주장하고 있지 않다.
③ 제시문에서는 사회적 소수자 스스로가 차별을 해소하기 위해 노력해야 한다고 주장하고 있지 않다.
④ 제시문에서는 사회적 소수자와 그렇지 않은 사람을 엄격하게 구분해야 한다고 주장하고 있지 않다.

592

근로 기준법에 따라 미성년자인 근로자도 성인 근로자처럼 임금 및 근로 시간, 휴게 시간 등에서 법적 보호를 받는다. 18세 미만 근로자의 근로 계약은 부모 등 법정 대리인의 동의를 얻어 본인이 직접 체결해야 하며, 근로 계약서에는 근로 시간, 임금 등을 명시해야 한다. 또한 임금 지급 시 사업자는 임금을 현금(통화)으로 근로자에게 직접 지급해야 한다.

③ 을은 18세 미만의 근로자이므로 근로 계약 체결 시 법정 대리인의 동의가 필요하다.

오답 피하기 ① 근로자는 근로 시간이 4시간 이상인 경우에는 30분 이상, 8시간인 경우에는 1시간 이상의 휴게 시간을 근로 시간 도중에 요구할 수 있다. 따라서 을의 휴게 시간은 근로 기준법에 위배되지 않는다.
② 근로 시간은 근로 계약서에 명시해야 한다.
④ 갑은 을에게 임금 전액을 현금이 아닌 상품권으로 지급할 수 없다.
⑤ 을은 법정 최저 임금을 요구할 수 있다.

593

제시문의 ○○은 아동 노동에 시달리고 있다. 저개발국의 경우 아동 노동과 같은 인권 문제가 여전히 심각한 상황이다.

ㄷ, ㄹ. 아동 노동으로 인한 인권 문제를 해결하기 위해서는 사회 구성원을 보호하기 위한 각종 복지 정책 마련이 필수적이다. 또한 아동 인권에 대한 국제적인 관심을 토대로 국가 간의 공조나 연대가 이루어져야 한다.

오답 피하기 ㄱ, ㄴ. 국가의 정치적 의사 결정에 참여할 권리를 제한하거나 국가의 개입이 축소될 경우 아동 노동과 같은 인권 문제가 더욱 심화될 수 있다.

594

세계 기아 지수는 세계의 기아 정도와 변화를 추적하기 위해 측정하는 지표이다. 기아는 일반적으로 섭취하는 음식으로는 충분한 에너지를 얻을 수 없어 정상적이고 활동적이며 건강한 삶을 영위할 수 없는 상태를 의미한다.

ㄱ, ㄷ. 기아와 같은 국제 인권 문제 해결을 위해서는 세계시민 의식과 공동체 의식을 함양하고, 국제 연합이나 비정부 기구를 통해 영양 부족 문제를 겪고 있는 국가에 경제적 지원을 할 필요가 있다.

오답 피하기 ㄴ. 세계의 인권 문제를 해결하기 위해서는 국제 사회의 관심과 노력이 필요하다.
ㄹ. 가난한 국가에 대한 원조의 의무를 이행하지 않을 경우 강대국과 국제기구가 연합하여 처벌하는 것은 국제 사회에 더 큰 갈등을 유발할 수 있다.

595

제시문의 (가)는 세계 언론 자유 지수이다. 세계 언론 자유 지수는 국제 언론 감시 단체인 국경 없는 기자회(RSF)가 2002년부터 매년 발표하고 있다.

오답 피하기 ① 성 불평등 지수는 국제 연합 개발 계획(UNDP)에서 매년 전 세계 약 180여 개국을 대상으로 성 평등 여건을 조사하여 발표하는 지표이다.
② 세계 자유 지수는 비정부 기구인 프리덤 하우스가 전 세계 모든 국가와 중요 관련 및 분쟁 지역에서 시민의 자유와 정치적 권리의 정도를 측정해서 나타내는 지표이다.
③ 세계 평화 지수는 군사 예산, 무기 수출, 폭력 범죄의 정도, 전쟁 사상자 수 등 23개 지표를 종합하여 평화를 수치화하여 나타내는 지표이다.
④ 인간 개발 지수는 국제 연합 개발 계획(UNDP)에서 국가별로 기대 수명, 교육 기간, 1인당 국민 총소득 등을 조사하여 한 국가의 인간 개발 수준을 나타내는 지표이다.

596

헌법은 국가의 통치 조직과 통치 작용의 원리 및 국민의 기본권을 규정하는 법체계에서 가장 상위에 있는 법이다. 또한 기본권은 헌법을 통해 보장되는 국민의 기본적인 권리를 말한다. 따라서 (가)는 헌법, (나)는 기본권이다.

597

[문제 접근] 우리나라 헌법은 자유 민주적 기본 질서를 실현하고 국민의 인권을 보장하기 위해 여러 가지 제도적 장치를 마련해 두고 있다.

[예시 답안] 우리나라 헌법에 마련된 국민의 인권을 보장하기 위한 여러 가지 제도적 장치에는 권력 분립 제도, 복수 정당제, 민주적 선거 제도, 기본권 구제 제도 등이 있다.

[평가 기준]

상	우리나라 헌법에 마련된 국민의 인권을 보장하기 위한 여러 가지 제도적 장치 중 세 가지를 정확히 서술한 경우
중	우리나라 헌법에 마련된 국민의 인권을 보장하기 위한 여러 가지 제도적 장치 중 두 가지만 정확히 서술한 경우
하	우리나라 헌법에 마련된 국민의 인권을 보장하기 위한 여러 가지 제도적 장치 중 한 가지만 정확히 서술한 경우

598

부정의한 법이나 정책을 바로잡기 위해 의도적으로 법을 위반하는 행위를 시민 불복종이라고 한다. 따라서 (가)는 시민 불복종이다.

599

[문제 접근] 시민 불복종은 법을 위반하는 행위인 만큼 사회적 혼란을 가져올 수 있으므로 정당화되기 위한 조건을 충족시킨 상태에서 신중하게 해야 한다.

[예시 답안] 시민 불복종이 정당화되기 위한 조건 네 가지는 다음과 같다.
1. 사사로운 이익이 아닌 공공의 이익을 추구하는 것이어야 한다.
2. 합법적 수단으로 해결되지 않았을 때 사용하는 최후의 방법이어야 한다.
3. 공개적이며 비폭력적인 방법으로 이루어져야 한다.
4. 위법 행위에 대한 처벌을 기꺼이 감수해야 한다.

[평가 기준]

상	시민 불복종이 정당화되기 위한 조건 네 가지를 모두 정확히 서술한 경우
중	시민 불복종이 정당화되기 위한 조건 중 세 가지만 정확히 서술한 경우
하	시민 불복종이 정당화되기 위한 조건 중 두 가지 이하만 정확히 서술한 경우

600

제시된 사례에서 갑, 을이 공통적으로 침해받은 기본권은 사회권이다.
⑤ 국민이 국가에 인간다운 생활의 보장을 요구할 수 있는 권리는 사회권이다.

[오답 피하기] ① 사회권은 '국가에 의한 자유'에 해당한다.
② 청구권과 사회권은 모두 적극적 성격을 가진 권리이다.
③ '기본권 보장을 위한 기본권'으로서의 성격을 가진 기본권은 청구권이다.
④ 국민이 국가의 정치 과정에 적극적으로 참여할 수 있는 권리는 참정권이다.

601

표에서 ㉠은 개인이 지속적으로 참여한 것이고, ㉡은 집단이 지속적으로 참여한 것, ㉢은 개인이 일회적으로 참여한 것, ㉣은 집단이 일회적으로 참여한 것을 각각 나타낸다.
③ 을이 공공 기관의 홈페이지(누리집)에 개인적으로 일회성의 민원을 제기한 것은 개인적이며 일회적으로 시민 참여 행위를 한 것이므로 ㉢에 해당한다.

[오답 피하기] ① 개인인 갑이 일회적으로 시민 참여 행위를 한 것이다.
② 집단적이면서도 일회적으로 시민 참여가 이루어진 것으로 ㉣에 해당한다.
④ 정당이라는 집단이 지속적으로 시민 참여 행위를 한 것으로 ㉡에 해당한다.
⑤ 정부의 정책 결정에 미치는 영향은 일반적으로 개인이 일회적으로 참여하는 것보다 집단이 지속적으로 참여하는 것이 더 크다.

602

을국 출신 이주 노동자는 갑국에서 사회적 소수자이다. 사회적 소수자는 한 사회에서 신체적 또는 문화적 특징 때문에 다른 구성원에게 차별을 받으며, 스스로 차별받는 집단에 속해 있다는 의식을 가진 사람을 말한다.
ㄷ. 을국 출신 이주 노동자들은 자신들의 처지를 개선하기 위해 단체를 결성하여 차별 철폐 운동을 하고 있는데, 이를 통해 그들은 자신들이 주류 집단으로부터 차별받고 있다는 인식을 가지고 있는 집단임을 알 수 있다.
ㄹ. 을국 출신 이주 노동자들은 갑국의 다른 국민에 비해 교육 수준이나 임금 수준 등에서 현저하게 낮은 상태에 있다. 이를 통해 그들은 사회적 희소가치의 배분에 있어서 주류 집단에 비해 열악한 대우를 받는 사람들임을 알 수 있다.

[오답 피하기] ㄱ. 을국 출신 이주 노동자가 갑국의 주류 집단에 비해 수적으로 소수인지는 알 수 없다.
ㄴ. 갑국과 을국은 같은 민족이 만든 국가이다. 따라서 을국 출신 이주 노동자가 갑국에서 민족이 다르다는 이유로 주류 집단으로부터 배척당하고 있다고 보기는 어렵다.

603

③ 연장 근로가 없다면 연소 근로자인 을은 휴게 시간을 제외하고 1일에 7시간을 초과하여 근로할 수 없으나, 연소 근로자가 아닌 갑은 휴게 시간을 제외하고 1일에 8시간을 초과하여 근로할 수 없다. 따라서 을과 달리 갑은 휴게 시간을 제외하고 1일에 8시간을 근로할 수 있다.

오답 피하기 ① 갑과 을은 모두 단독으로 근로 계약을 체결해야 한다. 부모가 대리하여 근로 계약을 체결할 수 없다.
② 갑과 달리 을은 연소 근로자이므로 법정 대리인인 부모의 동의를 얻어야 근로 계약을 체결할 수 있다. 연소 근로자인 을과 근로 계약을 체결하는 사용자는 사업장에 부모의 동의서를 비치하고 있어야 한다.
④ 갑은 1주에 12시간 이내에서 연장 근로를 할 수 있는 것이 원칙이나, 을은 1일 1시간 이내, 1주 5시간 이내에서 연장 근로를 할 수 있다.
⑤ 갑과 을 모두 부모의 동의 없이 단독으로 사용자에게 임금을 청구할 수 있다.

대단원 종합 문제　　　본문 128쪽~131쪽

624 ①	625 ⑤	626 ③	627 ①	628 ①
629 ⑤	630 ⑤	631 명령 · 규칙 심사권		
632 ②	633 사회권		634 해설 참조	
635 ④	636 ③	637 ②	638 ⑤	639 ②
640 ③	641 ②			

624

인권은 인종 · 성별 · 종교 · 사회적 신분 등과 관계없이 '인류 구성원 모두'가 가지는 권리라는 점에서 보편성을 가진다. 또한 '원래부터', 즉 태어나면서부터 가지게 되는 당연한 권리라는 점에서 천부성을 가지며, '누구도 침해할 수 없는 권리'라는 점에서 불가침성을 가진다.

625

제시된 제163조 제2항에서는 국민의 노동할 기회 제공, 생계비 지원 등 국가가 국민의 인간다운 생활 보장을 위해 사회권을 보장해야 함을 규정하였다. 이처럼 제1차 세계 대전 이후 등장한 독일 바이마르 헌법은 최초로 사회권을 규정하여 복지 국가 헌법에 영향을 끼쳤다.

오답 피하기 ① 국민 주권의 원리와 저항권을 규정한 것은 미국 독립 선언문이다.
② 권력 분립, 소유권 불가침의 원칙을 강조한 것은 인간과 시민의 권리 선언이다.
③ 의회 중심의 입헌 군주제가 시작되는 데 큰 기여를 한 것은 영국의 명예혁명이다.
④ 제2차 세계 대전 이후 인권의 국제적 기준을 제시한 것은 세계 인권 선언이다.

626

1세대 인권은 자유권 중심의 인권, 2세대 인권은 사회권 중심의 인권, 3세대 인권은 연대권 또는 집단권을 강조한다.

ㄴ. 2세대 인권에 해당하는 사회권은 자본주의의 문제점을 해결하는 과정에서 등장하였다.
ㄷ. 3세대 인권은 차별받는 집단의 인권 보호를 위해 연대와 단결을 강조하는 권리이다.

오답 피하기 ㄱ. 국가의 적극적인 개입을 요구하는 권리는 사회권이다.
ㄹ. 시민 혁명을 계기로 보장받기 시작한 것은 자유권이다.

627

제시된 자료는 재난 문자 서비스에 대해 설명하고 있다. 우리나라는 「재난 및 안전 관리 기본법」 등을 통해 국가의 재난 안전 관리에 관한 구체적인 방안을 제시하고 안전한 사회를 만들기 위해 노력하고 있다. 재난 문자 서비스는 국민의 안전권을 보장하기 위한 노력에 해당한다.

628

제시된 자료의 (가)는 문화권이다.

ㄱ, ㄴ. 문화권은 사회의 다양성 확대에 기여하며, 문화적 정체성 확립에 도움을 준다.

오답 피하기 ㄷ. 쾌적한 주거 환경 조성을 강조하는 권리는 주거권이다.
ㄹ. 전염병으로부터 국민의 안전을 보장해 주는 권리는 안전권에 해당한다.

629

헌법 제37조 제2항은 기본권 제한의 요건과 제한의 한계를 규정하고 있다.
⑤ 헌법 제37조 제2항은 법률에 의해 기본권을 제한하더라도 기본권의 본질적인 내용은 침해할 수 없다는 기본권 제한의 한계를 밝히고 있다.

오답 피하기 ① 기본권은 국가에 의해 부여되는 권리가 아니므로 틀린 진술이다.
② 국민의 기본권 보장과 국가의 이익은 양립할 수 없는 것이 아니다.
③ 기본권은 헌법에 구체적으로 열거된 것만 보장되는 것이 아니다.
④ 국가 권력에 의해 국민의 기본권을 효율적으로 제한하는 방법을 제시하는 것은 헌법 제37조 제2항의 내용과 부합하지 않는다.

630

권력 분립 제도는 입법권은 국회, 행정권은 정부, 사법권은 법원에서 담당하게 하여 상호 독립성을 유지하면서 견제와 균형을 이루도록 하는 제도이다.

ㄷ. 우리나라의 경우 입법권(국회)에 대한 행정권(정부)의 견제 장치로는 법률안 거부권을 들 수 있다.
ㄹ. 권력 분립을 통해 국가 권력의 남용을 막고 국민의 인권을 보장할 수 있다. 따라서 (가)에는 해당 내용이 들어갈 수 있다.

오답 피하기 ㄱ. 어떤 문제에 대하여 법을 적용하여 그 적법성과 위법성을 판단하는 권한은 사법권을 말한다.
ㄴ. 우리나라의 경우 사법권은 법원이 담당한다.

631

우리나라의 경우 행정권에 대한 사법권의 견제 장치로는 명령 · 규칙 심사권이 있다.

632

'이 원리'는 국민 주권의 원리이다.

ㄱ, ㄷ. 국민 주권의 원리는 국가 의사를 결정할 수 있는 최고의 권력인 주권이 국민에게 있다는 원리로 국회 의원과 대통령 등을 선출하는 선거 제도, 국민 투표 제도 등을 통해 구체적으로 실현된다.

오답 피하기 ㄴ, ㄹ. 사회 보장 제도와 기본권 구제 제도는 국민 주권의 원리가 구체적으로 실현되는 제도로 보기 어렵다.

633

첫 번째 사례는 최저 임금제 위반을 다루고 있고, 두 번째 사례는 환경권 침해를 다루고 있다. 따라서 두 사례에서 갑과 을이 공통적으로 침해받고 있는 기본권은 사회권이다.

634

문제 접근 사회권의 내용으로는 근로의 권리, 사회 보장을 받을 권리, 쾌적한 환경에서 생활할 권리 등이 있다.

예시 답안 사회권은 국민이 국가에 인간다운 생활의 보장을 요구할 수 있는 권리로서, 국가의 적극적 노력이 있어야 보장된다.

평가 기준

상	사회권의 의미와 그 성격을 모두 정확히 서술한 경우
중	사회권의 의미와 그 성격을 대체로 정확히 서술한 경우
하	사회권의 의미와 그 성격 중 한 가지만 정확히 서술한 경우

635

시민은 자신이 속한 집단의 공통 목표와 가치를 실현하기 위해 여러 방법으로 시민 참여를 할 수 있다.

④ 해당 집단의 특수 이익을 추구하기 위해 모인 사람들이 자발적으로 조직한 단체는 이익 집단이다. 이익 집단에 가입하여 집단의 이익을 위해 정부에 영향력을 행사하는 것도 시민 참여의 방법 중 하나이다.

오답 피하기 ① 입법 청원은 국민이 의회에 특정 법률의 제정, 개정 또는 폐지를 문서로 요청하는 행위를 말한다. 입법 청원을 통해 의회에 특정 법률의 제정 또는 개정 등을 문서로 요청할 수 있다.

② 선거는 민주주의 사회의 가장 기본적인 시민 참여 방법으로 대표에 정당성을 부여할 수 있다.

③ 정당은 정치적 견해를 같이 하는 사람들이 모인 집단으로, 정당에 가입하여 정책 제안을 위한 여론 형성 활동 등을 할 수 있다.

⑤ 공청회는 국가의 중요한 정책의 결정 및 법령을 제정 또는 개정하기 전 이해관계자나 해당 분야의 전문가들로부터 의견을 듣는 제도이다. 공청회에 참여하여 공공 문제 해결에 관한 의견을 제시할 수 있다.

636

시민 불복종이란 잘못된 법이나 정책을 바로잡기 위해 법을 위반하는 행위로, 양심적이고 비폭력적이며 공공성을 가진 행위이다. 시민 불복종이 정당화되기 위해서는 다음의 조건을 갖추어야 한다. 첫째, 행위의 목적이 정당해야 한다. 둘째, 위법 행위에 대한 처벌을 감수해야 한다. 셋째, 공개적이며 비폭력적이어야 한다. 넷째, 합법적인 수단으로 해결되지 않을 때 사용하는 최후의 수단이어야 한다. 따라서 학생이 받을 점수는 3점이다.

637

제시된 자료는 「장애인 차별 금지 및 권리 구제 등에 관한 법률」의 일부이다. ㉠은 장애인의 불리함을 개선시키려는 조치이고, ㉡은 사회적 소수자에 해당하며, ㉢은 사회적 소수자인 장애인에 대한 부당한 대우이다.

ㄴ. 장애인에 대한 배려심이 부족하면 사회적 소수자에 대한 차별이나 억압이 가해질 수 있다. 장애인의 특성을 고려하지 않은 채 학습 참여의 불이익을 발생시키는 것은 장애인에 대한 배려심 부족에서 비롯된다고 볼 수 있다.

오답 피하기 ㄱ. 장애인은 신체 조건과 같은 생물학적인 특성에 의해 사회적 소수자로 규정되는 경우가 많으므로, 생물학적 특성이 아닌 문화적 특성에 의해 사회적 소수자로 규정된다고 보기 어렵다.

ㄷ. 장애인의 학습 참여를 돕기 위해 편의를 제공하는 것은 한정된 사회적 자원의 활용에 있어 장애인에게 돌아갈 몫을 늘리는 것이므로 장애인에 대한 역차별로 볼 수 없다. 다만, 장애인에 대한 편의 제공이 지나치면 비장애인에 대한 역차별 논란이 일어날 수 있다.

638

⑤ 15세 이상 18세 미만인 사람의 근로 시간은 1일에 7시간, 1주에 35시간을 초과하지 못한다. 다만, 당사자 사이의 합의에 따라 1일에 1시간, 1주에 5시간을 한도로 근로 시간을 연장할 수 있다. 따라서 연소자도 당사자 간의 합의가 있으면 1일 1시간, 1주에 40시간까지는 일할 수 있다. 사장님이 주 5일 동안 근무일에 오후 10시까지 하루 8시간씩 근로하기를 원해 본인이 부모님의 동의를 얻어 합의하였다면, 1일 1시간, 1주에 40시간을 초과하지 않으므로 근로 기준법에 위반되지 않는다.

오답 피하기 ① 미성년자의 보호자는 미성년자의 근로 계약을 대리할 수 없다. 따라서 본인을 대리하여 부모님이 근로 계약을 체결하도록 한 것은 근로 기준법에 위반된다.

② 임금은 통화(通貨)로 직접 근로자에게 지급하여야 한다. 따라서 사장님이 미성년자라는 이유로 매달 임금 전액을 부모님에게 지급한 것은 근로 기준법에 위반된다.

③ 임금은 매월 1회 이상 일정한 날짜에 근로자 본인에게 지급해야 한다. 따라서 근로 계약서상 임금을 사장님이 자금 사정이 괜찮은 날에 지급한다고 하는 것은 근로 기준법에 위반된다.

④ 사용자가 18세 미만인 사람과 근로 계약을 체결하는 경우에는 임금, 소정 근로 시간, 휴일, 연차 유급 휴가 등의 여러 근로 조건을 서면으로 명시하여야 한다. 따라서 근로 계약을 체결한 후 사장님으로부터 받은 계약서에 근로 시간과 임금만 기재되어 있었다면 근로 기준법에 위반된다.

639

② 세계 인권 문제는 국경을 넘어 발생하므로 '국경 없는 기자회'와 '국경 없는 의사회'와 같은 국제기구가 국제적 연대를 이끌어 내어 문제를 해결할 필요가 있다.

오답 피하기 ①, ④ 세계 인권 문제는 국가와 국제기구의 연대와 협력이 필수적이기 때문에 개인적 차원 또는 개별 국가 자체적인 노력만으로는 한계가 있다.

③ 제시된 국제기구와 거리가 먼 내용이다.

⑤ 국제기구는 특정 국가의 이익이 아닌 전 세계의 인권 보호와 증진을 위해 활동하므로 특정 국가의 이해관계를 반영하여 인권 문제를 해결한다는 내용은 옳지 않다.

640

국제 사회의 인권 문제는 그 배경에 따라 다양한 양상으로 나타난다.

③ 국민의 기본권 침해가 심각한 나라들은 대체로 국가 권력이 국민의 일상생활을 통제하면서 국민의 자유를 억압하고 있다.

오답 피하기 ① 난민 및 기아 문제는 종교적 이유보다 굶주림과 이에 따른 영양실조 문제가 심각한 곳, 또 잦은 내전으로 삶의 기반이 흔들리는 곳에서 나타난다.

② 성차별 문제는 개인적인 문제보다 사회 구조나 편견에 의해서 나타나는 경우가 대부분이다.

④ 아동 인권이 심각하게 위협받는 국가들은 대체로 척박한 자연환경과 빈곤, 내전 등으로 아동이 생존을 위해 과중한 노동을 하는 저개발국이다.

⑤ 난민 및 기아 문제, 성차별, 국민의 기본권 침해, 아동 학대 문제 모두 국제적인 연대로 해결책을 모색할 필요가 있다.

641

ㄴ. 갑국의 각 지역 성비를 모르는 상황에서 A 지역의 경우 남성과 여성 모두 '반대'로 응답한 비율이 22%이다. 이는 A 지역의 성비에 상관없이 전체 A 지역 주민 중 22%인 220명이 ㉠에 대해 '반대'로 응답하였다는 것을 의미한다. 한편 B 지역의 경우 '반대'에 응답한 사람의 비율은 남성이 600명, 여성이 400명이라고 가정할 경우 14.6%(146명=남성 90명+여성 56명)이며, 남성이 400명, 여성이 600명이라고 가정할 경우 14.4%(144명=남성 60명+여성 84명)이다. 따라서 14%(140명)보다 크고 15%(150명)보다 작다. 그러므로 ㉠에 대해 '반대'로 응답한 사람은 A 지역이 B 지역보다 많다.

오답 피하기 ㄱ. A 지역에서는 48% 초과 49% 미만의 응답자가 ㉠에 대해 '찬성'으로 응답하였다.

ㄷ. A 지역보다 B 지역 응답자가 해당 설문 항목에 긍정적으로 응답하였다.

도전! 기출 문제   본문 132쪽~133쪽

| 642 ② | 643 ⑤ | 644 ④ | 645 ① |

642 인권 확장의 전개 과정 이해

자료 분석 자료는 영국의 차티스트 운동에서 주장한 '인민 헌장(1838)'에 대한 내용이다.

② 인민 헌장은 21세 이상 모든 남자들의 보통 선거권을 주장했

다는 점에서 기존에 자본가에게만 주어졌던 참정권이 확장되는 계기가 되었다.

오답 피하기 ① 명예혁명은 1688년에 일어났다.

③ 미국 독립 선언은 1776년에 발표되었다.

④ 인권 보장의 국제적 기준인 세계 인권 선언은 1948년 국제 연합 총회에서 채택되었다.

⑤ 인민 헌장에는 여성, 유색 인종 등의 권리 보장에 대한 내용이 포함되어 있지 않다.

643 새롭게 등장한 인권 파악

자료 분석 자료는 현대 사회에 새롭게 등장하고 있는 인권의 종류와 특징을 나타낸다. 자료 1과 자료 3은 주거권(㉡)에 대한 내용이며, 자료 4는 문화권(㉢)에 대한 내용이다. 자료 1~자료 4 중에서 1개만 다른 권리를 다루고 있으므로, 자료 2의 (가)에는 주거권에 대한 내용이 들어가야 한다.

⑤ 취약 계층에게 임대 주택을 우선 공급하는 정책은 주거권에 대한 내용이므로 (가)에는 해당 내용이 들어갈 수 있다.

오답 피하기 ① ㉠에 해당하는 자료는 자료 4이다.

② 각종 위험으로부터 안전을 보호받을 권리는 안전권이다.

③ 주거권, 문화권 모두 인권의 범위가 넓어지면서 등장한 권리이다.

④ 대기의 질이 나빠지면서 등장한 권리는 환경권이다.

644 기본권의 유형별 특징 이해

자료 분석 자유권은 국가 권력의 간섭을 받지 않고 자유롭게 생활할 수 있는 권리이며, 사회권은 국가에 대하여 인간다운 생활의 보장을 요구할 수 있는 권리이다. 또한 평등권은 사회생활에서 인종, 성별, 종교, 신분, 장애 등 불합리한 기준에 의해 차별받지 않고 동등하게 대우받을 권리이다. 따라서 제시된 자료에서 A는 자유권, B는 사회권, C는 평등권이다.

④ 사회권은 소극적·방어적 권리인 자유권과 달리 국가의 존재를 전제로 한 적극적 권리이다.

오답 피하기 ① 교육을 받을 권리는 사회권에 해당한다.

② 자유권은 국가 권력으로부터 간섭받지 않을 방어적 권리이다.

③ 사회권은 가장 최근에 등장한 현대적 권리이다.

⑤ 다른 기본권 보장을 위한 수단적 성격의 권리는 청구권이다.

645 사회적 소수자의 특징 이해

자료 분석 사회적 소수자는 한 사회에서 신체적 또는 문화적 특징으로 인해 차별을 받으며, 스스로 차별받는 집단에 속해 있다는 의식을 가진 사람들이다.

① 사회적 소수자는 수적으로 반드시 소수를 의미하는 것이 아니라 권력의 열세를 의미한다.

오답 피하기 ② 사회적 소수자에 대한 차별은 개인적 능력 차이에 기인하는 경우도 있지만 제시문과는 거리가 먼 내용이다.

③ 사회적 소수자를 규정하는 기준은 시대와 상황에 따라 변화한다.

④ 사회적 소수자는 해당 사회에서 지배적인 영향을 끼치는 집단과 동일한 신체적 특징을 가지고 있다고 보기 어렵다.

⑤ 사회적 소수자는 해당 사회에서 지배적인 영향을 끼치는 집단보다 경제적 자원 획득에 불리한 위치에 있다.

01 정의의 의미와 실질적 기준

개념 핵심 문제
본문 135쪽

646 정의　**647** 일반적　**648** 분배적　**649** 필요
650 동일하게　　**651** 타고난 성향에 따라
652 동등하게　　**653** ㄷ　　**654** ㄴ
655 ㄱ　**656** ㉠　**657** ㉢　**658** ㉡

내신 적중 문제
본문 136쪽~139쪽

659 ③　**660** ①　**661** ③　**662** ①　**663** ②
664 ⑤　**665** ⑤　**666** ①　**667** ③　**668** ⑤
669 ③　**670** ④　**671** ⑤　**672** ④　**673** ①
674 ③　**675** ②　**676** ④

659
③ 강연자는 사회는 개인 간의 이해관계가 상충한다고 보고, 사회적 이익과 부담의 합당한 분배의 몫에 대한 정의의 기준이 필요하다고 주장한다. 따라서 사회는 개인 간의 이해 갈등에 개입하지 말아야 하는 것이 아니라, 개개인에게 합당한 몫이 분배되도록 조정해야 한다.

오답 피하기 ① 강연자에 따르면 정의란 각자에게 각자의 합당한 몫을 주는 것이다.
② 강연자에 따르면 각자의 합당한 몫에 대한 기준, 즉 정의의 기준은 시대나 사회에 따라 달라질 수 있다.
④ 강연자에 따르면 정의로운 사회는 기본적 권리와 의무, 사회적 이익과 부담을 적절하게 분배하는 사회이다.
⑤ 강연자는 사회는 이해관계의 상충이라는 특성을 갖기 때문에 각자의 합당한 몫에 대한 기준이 요구된다고 본다.

660
제시문은 맹자의 주장이다.
① 맹자에게 의로움은 천리(天理)에 부합하는 올바름이다. 맹자는 임금이 이익에 집착하면 백성들도 이익에 집착하게 된다고 보고, 임금이 먼저 이익에 집착하지 않고 의로움을 따라야 한다고 주장하였다.

오답 피하기 ② 맹자는 자신의 잘못된 행위를 부끄러워하고 타인의 악행을 미워하는 의로움을 강조하였다.
③ 맹자는 이익보다 의로움을 먼저 고려해야 한다고 보았다.
④ 맹자는 서로 이익을 다투면 나라가 위태로워진다고 보고, 이익이 아니라 올곧음 혹은 의로움을 강조하였다.
⑤ 맹자는 통치자가 이익을 추구하면 백성들도 이익을 추구하게 된다고 보고, 통치자는 백성에게 모범이 되어야 한다고 주장하였다.

661
제시문은 아리스토텔레스의 주장이다. 아리스토텔레스에 따르면 분배적 정의는 명예, 공직, 재화 등의 사회적 가치의 분배에

서 성립하는 것이다. 또한 아리스토텔레스는 이러한 사회적 가치들은 한 사람이 다른 사람과 동등하지 않은 몫을 가질 수도 있고 동등한 몫을 가질 수도 있기 때문에 각자의 가치에 따라 분배해야 한다고 보았다.

오답 피하기 ㄱ. 아리스토텔레스에 따르면 부분적 정의에 해당하는 분배적 정의와 교정적 정의는 공정함의 실현과 관련된 정의이다.
ㄹ. 아리스토텔레스는 당사자들이 동등함에도 동등하지 않은 몫을 분배받거나 당사자들이 동등하지 않음에도 동등한 몫을 분배받으면 싸움과 불평이 생긴다고 보았다. 즉 같은 것은 같게, 다른 것은 다르게 분배해야 한다. 따라서 모든 구성원에게 재화를 균등하게 분배해야 한다고 보지 않았다.

662
아리스토텔레스에 따르면 교정적 정의는 상호 교섭 관계, 즉 상호 이익을 주고받는 관계에서 요청될 수 있는 정의이다. 아리스토텔레스는 타인에게 해를 끼쳤으면 그만큼 보상해 주고, 이익을 주었으면 그만큼 돌려받게 해야 한다고 보았다.

오답 피하기 ㄷ. 아리스토텔레스에 따르면 교정적 정의는 상호 교섭에서 부정의가 발생했을 때 이를 바로잡고자 하는 정의이다.
ㄹ. 아리스토텔레스는 상호 교섭에서 정의로운 것은 어떤 종류의 동등함이라고 보았다. 여기에서 말하는 동등함은 타인에게 해를 끼친 만큼 혹은 타인에게 이익을 준 만큼 보상해 주거나 돌려받는 것이다. 아리스토텔레스는 해악을 끼친 것 이상이 아니라 해악을 끼친 것만큼 보상해야 한다고 보았다.

663
② 우리 사회에 정의가 요청되는 까닭은 정의로운 사회에서 개인선을 실현할 수 있을 뿐만 아니라 공동선도 실현할 수 있기 때문이다.

오답 피하기 ①, ④ 정의가 실현되면 구성원 간 이해 갈등이 공정하게 조정되고 해결되어 사회 통합과 사회 질서를 유지할 수 있게 된다.
③, ⑤ 정의로운 사회에서 모든 구성원은 자유와 기본적 권리를 보장받을 수 있게 되고, 인간다운 삶을 누릴 수 있게 된다.

664
⑤ 사회적 이익과 사회적 부담을 어떤 기준으로 분배하는 것이 공정한지에 관한 기준은 개인마다 혹은 사회마다 서로 다를 수 있다.

오답 피하기 ① 사회적 이익에는 기본 권리, 명예, 부와 소득 등이 포함된다.
② 사회적 이익은 한정적이기 때문에 모든 사람의 욕구를 충족할 만큼 충분하지 않다.
③ 사회적 이익의 분배를 둘러싼 사회 갈등만이 아니라 사회적 부담의 분배를 둘러싼 사회 갈등도 발생한다.
④ 사회적 부담에는 국방의 의무와 같은 사회적 책임, 세금 등이 포함된다.

665
제시문은 베카리아의 주장이다.
⑤ 베카리아는 공리주의적 입장에서 형벌의 목적은 범죄를 예방하여 공동체 전체의 이익을 증진하는 것이라고 보았다. 베카리아에게 있어서 정당한 형벌은 공동체 전체의 이익을 증진하는 형벌이다.

오답 피하기 ① 베카리아에 따르면 국가는 시민들이 형벌이 두려워서 범죄 행위를 하지 못하도록 해야 한다.

② 베카리아는 범죄자가 처벌받는 모습을 본보기로 보여줌으로써 일반인들이 유사한 범죄 행위를 할 가능성을 억제시켜야 한다고 보았다.

③ 베카리아는 형벌의 본질을 범죄 행위에 대한 응당한 보복이 아니라 범죄 예방이라고 보았다.

④ 베카리아는 형벌의 양은 범죄자가 누구냐에 따라 달라지는 것이 아니라 범죄로 인한 사회적 해악의 경중에 따라 달라져야 한다고 보았다.

666

제시문은 칸트의 주장이다.

① 칸트는 형벌의 목적을 범죄 행위에 대한 응당한 보복이라고 보았다. 따라서 형벌은 사회적 이익 증진과 같은 다른 목적을 위해 가해서는 안 되고, 오직 범죄자가 범죄 행위를 저질렀기 때문에 가해야 한다고 보았다.

오답 피하기 ② 칸트는 형벌을 응보 이외의 다른 목적, 예를 들어 일반인들의 고통 감소를 위해 가해서는 안 된다고 보았다.

③ 칸트는 형벌을 사회 전체의 행복 증진을 위해 가해서는 안 된다고 보았다.

④ 칸트는 일반인들의 모방 범죄를 예방하기 위해 형벌을 가해서는 안 된다고 보았다.

⑤ 칸트는 범죄자가 형벌 받기를 스스로 욕구했기 때문이 아니라 형벌 받을 행위를 스스로 욕구하여 범죄 행위를 저질렀기 때문에 형벌을 받아야 한다고 보았다.

667

제시문은 범죄 예방 효과를 높이기 위해서는, 즉 새로운 범죄가 발생하지 않도록 하기 위해서는 재산 비례 벌금제가 도입되어야 한다고 주장한다. 또한 재산 비례 벌금제를 통해 교정적 정의가 실현되어야 한다고, 즉 부정의 또는 불법적 행위가 교정되어야 한다고 주장한다.

오답 피하기 ㄱ. 제시문은 동일한 범죄에 동일한 벌금을 부과하는 것은 재산이 많은 사람들에게 범죄 예방 효과가 떨어진다고 보고, 재산 비례 벌금제를 도입해야 한다고 주장한다.

ㄹ. 제시문은 벌금 제도가 범죄 예방 효과가 없는 제도라고 주장하고 있지 않다.

668

갑은 필요에 따른 분배, 을은 업적에 따른 분배, 병은 능력에 따른 분배를 주장하고 있다.

⑤ 부와 소득을 항상 균등하게 분배해야 한다는 것은 절대적 평등을 분배의 실질적 기준으로 삼는 입장에 해당한다.

오답 피하기 ① 갑은 빈곤층 혹은 사회적 약자의 처지가 개선되도록 분배해야 한다고 본다.

② 갑은 개인의 기본적 욕구를 충족할 수 있도록 분배하는 것이 정의롭다고 본다.

③ 을은 각자의 업적에 따라 분배해야 한다고 본다.

④ 병은 능력이 뛰어난 사람에게 더 많이 보상해야 한다고 본다.

669

제시문에서 말하고 있는 분배의 실질적인 기준은 업적이다.

③ 업적에 따른 분배는 각자의 업적이나 성과의 차이에 따라 각자의 몫을 다르게 분배한다.

오답 피하기 ① 능력이 뛰어나도 노력하지 않거나 능력을 발휘할 여건이 마련되지 않으면 업적을 쌓기 어려울 수 있다. 능력이 뛰어나다고 해서 반드시 업적을 많이 쌓는 것은 아니다.

② 업적에 따른 분배는 업적이 다를 경우 다르게 분배해야 한다고 보기 때문에 경제적 평등을 지향하지 않는다.

④ 구성원 모두에게 최소한의 인간다운 삶을 보장하는 것은 필요에 따른 분배이다.

⑤ 각 개인의 타고난 재능의 차이가 각 개인의 업적의 차이로 이어질 수 있기 때문에 타고난 재능의 차이는 업적에 따른 분배 결과에 영향을 줄 수 있다.

670

업적에 따른 분배의 장점에는 각자의 성과를 측정하기가 비교적 쉬울 수 있다는 점이 있다. 단점에는 서로 다른 성과를 비교할 객관적 기준 마련이 어려울 수 있다는 점이 있다.

오답 피하기 ㄱ. 사회적 약자들의 삶을 개선할 수 있다는 장점은 필요에 따른 분배의 장점이다.

ㄷ. 업적에 따른 분배의 단점에는 구성원 간 경쟁이 지나쳐 구성원 간 협력이 약화될 수 있다는 점이 있다.

671

제시문에서 말하고 있는 분배의 실질적인 기준은 필요이다. 가정 형편이 어려운 학생에게 장학금을 주거나 생계유지가 곤란한 사람에게 다양한 사회 복지를 제공하는 것이 필요에 따른 분배에 해당한다. 소득 연계형 국가 장학금, 기초 생활 수급자 지원금은 필요에 따른 분배의 예시에 해당한다.

오답 피하기 ㄱ. 올림픽 메달에 따른 연금은 업적에 따른 분배의 예시에 해당한다.

ㄴ. 신입생 성적 우수 장학금은 필요에 따른 분배의 예시에 해당하지 않는다.

672

필요에 따른 분배의 장점에는 불리한 여건에 처해 있는 구성원들의 존엄성, 즉 사회적 약자들의 존엄성을 보장할 수 있다는 점이 있다. 단점에는 재화의 유한성으로 인해 모든 사람의 욕구와 필요를 충족하는 것이 현실적으로 어렵다는 점이 있다.

오답 피하기 ㄱ. 필요에 따른 분배는 개인의 성취동기와 생산 의욕, 즉 스스로 일하고자 하는 동기를 약화할 수 있다.

ㄷ. 필요에 따른 분배는 구성원 간 부와 소득의 불평등을 완화시킬 수 있다.

673

제시문의 갑은 패스트 패스권 제도는 돈으로 시간을 사게 하는 것으로 줄 서기에 시장의 원리가 작동한 것이라고 보고 이를 부당하다고 본다. 을은 돈으로 서비스를 사는 것은 개인의 선택에 맡겨야 한다고 보고 이를 정당하다고 본다.

오답 피하기 ㄷ. 을은 돈을 더 내고 패스트 패스권을 사는 것은 정당하다고 보고, 선착순이 어떠한 상황에서도 지켜져야 한다고 보지 않는다.

ㄹ. 을은 돈으로 서비스를 사는 것이 정당하다고 본다.

674

제시문은 성과급 지급에 있어서 평가의 객관성과 공정성을 확보하기 위한 노력이 필요함을, 즉 성과급은 합당한 기준에 따라 지급되어야 함을 강조하고 있다.

오답 피하기 ① 제시문은 성과급을 각자의 업적이나 성과에 따라 분배하는 것을 긍정하고 있다. ② 제시문에 따르면 성과급 지급을 통한 차등 보상은 기업의 생산성 향상을 가져온다. ④ 제시문은 조직 문화 혁신을 위해 성과급 지급을 통한 차등 보상이 이루어져야 한다고 본다. ⑤ 성과급 지급은 업적에 따른 분배이다. 사회적 약자를 우선적으로 배려하여 분배하는 것은 필요에 따른 분배이다.

675

제시문에서 말하고 있는 분배의 실질적인 기준은 능력이다. 뛰어난 운동 실력에 따라 국가 대표 선수를 선발하고, 연주 실력이 뛰어난 사람을 오케스트라 단원으로 선발하는 것은 능력에 따른 분배에 해당한다.

676

능력에 따른 분배의 장점에는 개개인이 직무 수행에 필요한 능력 혹은 실력을 갖춤으로써 사회 발전에 기여할 수 있다는 점이 있다. 단점에는 각자의 실력 혹은 능력을 평가할 때 객관적이고 정확한 기준을 마련하기 어려울 수 있다는 점이 있다.

오답 피하기 ㄱ. 능력을 획득하는 데 각자의 타고난 재능과 같은 선천적 우연성이나 가정 환경과 같은 사회적 우연성이 영향을 끼칠 수 있다. ㄷ. 능력에 따른 분배는 개인이 자신의 잠재력을 발휘하도록 하는 동기를 제공할 수 있다는 장점이 있다.

서답형 완성 문제
본문 140쪽

677 갑 – 칸트, 을 – 베카리아
678 해설 참조
679 ㉠ – 분배적 정의, ㉡ – 교정적 정의
680 해설 참조

677

갑은 칸트, 을은 베카리아이다. 칸트는 엄격한 보복법에 따라 범죄 행위에 상응하는 동등한 형벌을 부과해야 한다고 보고, 사형 제도를 찬성하였다. 베카리아는 형벌을 통해 범죄를 예방해야 한다고 보고, 사형이 아니라 종신 노역형이 바람직하다고 주장하였다.

678

문제 접근 칸트는 형벌의 목적을 응보라고 보고, 베카리아는 형

벌의 목적을 범죄 예방을 통한 사회적 이익의 증진이라고 보았다.

예시 답안 형벌의 목적은 사회적 이익 증진이 아니라, 오직 범죄 행위에 대한 응당한 보복을 가하는 것임을 간과하고 있다.

평가 기준

상	칸트와 베카리아의 형벌의 목적을 모두 활용하여 적절하게 비판한 경우
중	칸트와 베카리아의 형벌의 목적 중 하나만 활용하여 적절하게 비판한 경우
하	적절한 비판을 하지 못한 경우

679

제시문은 아리스토텔레스의 주장이다. 아리스토텔레스는 정의를 일반적 정의와 부분적 정의로 구분하고, 부분적 정의를 분배적 정의와 교정적 정의 등으로 구분하였다.

680

문제 접근 아리스토텔레스는 분배적 정의를 명예, 재화 등의 사회적 가치를 각자의 가치에 따라 분배하는 것이라고 보았다.

예시 답안 아리스토텔레스는 명예, 재화 등의 사회적 가치를 각자의 가치에 따라 분배해야 한다고 보았다. 각자의 가치에 따라 분배하지 않을 경우, 즉 동등한 사람들에게 동등한 몫을 분배하지 않거나 동등하지 않은 사람들에게 동등한 몫을 분배할 경우 구성원 간 싸움과 불평이 생겨난다고 보았기 때문이다.

평가 기준

상	어떻게 분배해야 하는지와 그 이유를 모두 적절하게 서술한 경우
중	한 가지만 적절하게 서술한 경우
하	두 가지 모두 적절하게 서술하지 못한 경우

1등급 고난도 문제
본문 141쪽

681 ① **682** ② **683** ④ **684** ①

681

제시문은 아리스토텔레스의 주장이다. 아리스토텔레스는 명예와 부 등의 사회적 가치는 각자의 가치에 따라 평등하게 혹은 불평등하게 분배해야 한다고 보았다. 즉 가치가 동등한 사람들에게는 동등하게 분배해야 하고, 가치가 동등하지 않은 사람들에게는 동등하지 않게 분배해야 한다는 것이다.

오답 피하기 ㄴ. 아리스토텔레스에 따르면 교정적 정의에서 손해를 입히고 손해를 입은 경우, 그 손해의 차이에만 주목해야 한다. 아리스토텔레스는 손해를 입힌 사람이 누구인지 혹은 손해를 입은 사람이 누구인지를 고려함 없이 오직 손해의 차이에만 주목하여 손해를 입힌 만큼 보상해야 하고 손해를 입은 만큼 보상받아야 한다고 보았다. ㄷ. 교정적 정의는 부정의가 발생되었을 때 요청되는 정의이다.

682

신문 칼럼은 타고난 재능이나 가정 환경을 비롯해 노력을 기울이는 능력까지도 응분의 것이 아니라 우연적인 것이라고 보고, 능력에 따른 분배는 우연적 요소가 개입되는 분배 방식으로서 한계가 있다고 주장한다.

② 신문 칼럼은 능력에 따른 분배는 공정하지 않을 수 있다는 견해를 지지할 것이다.

오답 피하기 ① 신문 칼럼에서는 각자의 노력을 기울이는 능력조차도 자연적 행운이 가져다준 결과라고 보고 있다. 따라서 각자의 노력 정도에 따라 분배해야 한다는 견해를 지지하지 않을 것이다.

③ 신문 칼럼에 따르면 천부적 재능은 당연히 받을 만한 것으로, 즉 응분의 몫으로 여겨서는 안 된다.

④ 신문 칼럼에 따르면 타고난 재능과 노력을 기울이는 능력은 자연적 행운이 가져다준 결과, 즉 우연적 요소에 따른 결과이다.

⑤ 신문 칼럼에 따르면 각자의 능력에 타고난 재능이나 가정 환경과 같은 우연적 요소가 개입된다.

683

제시문의 '나'는 칸트, '어떤 사상가'는 베카리아이다.

④ 칸트는 형벌은 오직 응당한 보복을 위해서만 가해져야 한다고 보고, 시민 사회의 선(善)이나 범죄자 자신의 선을 위해 가해져서는 안 된다고 주장하였다.

오답 피하기 ① 베카리아는 형벌의 목적이 범죄를 예방하는 데 있음을 강조하였다.

② 범죄에 대한 형벌은 응보의 원리에 따라야 함을 강조하는 것은 베카리아가 아니라 칸트이다.

③ 칸트와 베카리아는 형벌은 정의로운 사회를 실현하는 데 기여해야 한다고 보았다.

⑤ 베카리아는 형벌은 범죄를 예방하기에 충분한 정도의 강도만을 가져야 한다고 보고, 그 이상의 강도를 가질 필요가 없다고 주장하였다.

684

제시문은 왈처의 주장이다.

① 왈처는 각각의 사회적 가치는 특수한 사회적 의미를 담고 있다고 보고, 각각의 사회적 가치의 의미에 알맞은 분배 기준에 따라, 즉 다양한 분배 기준에 따라 분배해야 한다고 주장하였다.

오답 피하기 ② 왈처에 따르면 다양한 사회적 가치는 그 사회만의 특수한 사회적 의미를 담고 있다. 따라서 동일한 사회적 가치라고 해도 다른 사회에서는 다른 의미를 지닐 수 있다.

③ 왈처는 분배 대상이 되는 사회적 가치의 특수성에 알맞은 분배 기준이 요구된다고 보았다.

④ 왈처는 모든 사회적 가치가 구성원들에게 평등하게 분배되어야 한다고 보지 않았다. 예를 들어 고등 교육은 평등하게 분배되어야 한다고 보지 않고 시장과 공적에 의해 분배되어야 한다고 보았다.

⑤ 왈처는 각각의 사회는 다양한 분배 기준에 따라 사회적 가치들을 분배해야 한다고 보았다.

02 다양한 정의관의 특징과 적용 ~
03 다양한 불평등 현상과 정의로운 사회 실현

개념 핵심 문제
본문 143쪽

685 권리	**686** 공동체주의적 정의관	**687** 공간 불평등
688 적극적 평등 실현	**689** 절대적	**690** 영향을 받으며
691 최소한의	**692** ㄱ	**693** ㄷ	**694** ㄴ
695 ㉢	**696** ㉡	**697** ㉠	

내신 적중 문제
본문 144쪽~147쪽

698 ⑤	**699** ⑤	**700** ①	**701** ⑤	**702** ③
703 ②	**704** ①	**705** ②	**706** ①	**707** ①
708 ③	**709** ①	**710** ④	**711** ④	**712** ④
713 ④	**714** ②	**715** ①		

698

제시문은 공동체주의적 정의관의 주장이다. 공동체주의적 정의관은 개인은 공동체의 가치와 목적의 영향을 받으며 살아가는 존재이자 공동체와 본질적으로 연결되어 있는 존재라고 보고, 개인은 공동체 안에서 좋은 삶을 성취할 수 있다고 주장한다. 또한 공동체주의적 정의관은 자유주의적 정의관과 달리 공동체가 개인에게 좋은 삶의 방식을 제시해야 한다고 본다.

오답 피하기 ㄱ. 공동체주의적 정의관은 개인의 자율성을 비롯한 개인선보다 공동선을 우선한다.

699

강연자는 자유주의적 정의관의 입장이 지닌다.

⑤ 자유주의적 정의관에서는 자아 정체성이 사회가 부여한 역할이 아니라 개인의 자유로운 선택에 의해 형성된다고 본다.

오답 피하기 ① 자유주의적 정의관은 다른 사람의 자유와 권리를 침해하지 않는다면 기본권을 최대한으로 보장해야 한다고 본다.

② 자유주의적 정의관은 개인의 자유와 권리가 보장되는 사회는 정의롭다고 본다.

③ 자유주의적 정의관에 따르면 개인은 독립적이고 자율적인 존재이기 때문에 개인의 삶의 목적은 스스로 선택할 수 있어야 한다.

④ 자유주의적 정의관에서는 공동체의 이익, 즉 공동선보다 개인의 행복과 가치, 즉 개인선을 중시한다.

700

제시문은 노직의 주장이다. 노직은 정당화할 수 있는 가장 포괄적인 국가는 개인의 자유와 권리를 보장하는 역할만을 수행하는 최소 국가라고 보았다.

701

노직은 정당한 취득과 이전의 과정을 거쳐 얻은 소유물은 정당하며, 그 소유물을 가진 자에게 배타적 소유 권리가 부여된다고 보았다. 또한 자유주의적 정의관을 지니고 있는 노직은 개인의 삶의 목적은 각 개인이 자유롭게 선택할 수 있어야 한다고 보았다.

오답 피하기 ㄱ. 노직은 국가는 개인의 소유 권리를 최대한 보장해야 한다고 보았다.

ㄴ. 노직은 개인의 소유 권리는 배타적이고 절대적이라 보고, 개인에게는 자신의 정당한 소유물을 자유롭게 처분할 수 있는 권리가 있다고 주장하였다.

702

제시문은 롤스의 주장이다.

③ 롤스에 따르면 사회는 제1원칙과 제2원칙에 의해 규제되어야 한다고 보았다.

오답 피하기 ① 롤스는 정의의 원칙들에 의해 사회적 이익과 사회적 부담의 분배가 이루어질 때 현실 사회에서 공정한 분배가 실현된다고 보았다.

② 롤스는 경제적 불평등인 부와 소득의 불평등은 공정한 기회균등의 원칙과 차등의 원칙을 충족할 경우 허용될 수 있다고 보았다.

④ 롤스는 기본적 자유를 최대한 보장해야 한다고 보면서도 기본적 자유가 제한되는 경우가 있다고 주장하였다.

⑤ 롤스는 공정한 기회균등의 원칙에 따라 공직을 차지할 기회가 모든 사회의 구성원에게 열려 있어야 한다고 보았다.

703

공동체주의적 정의관의 입장에서 자유주의적 정의관은 공동체의 가치를 약화할 수 있음을 간과하고 있다고 비판할 수 있다. 또한 공동체주의적 정의관은 국가가 개인의 자유와 권리를 보장하는 수단이라고 보는 자유주의적 정의관과 달리 국가가 개인의 자유와 권리를 보장하는 수단만은 아니라고 본다.

오답 피하기 ㄴ. 자유주의적 정의관은 인간이 공동체와 분리된 독립적이고 자율적인 존재라고 본다.

ㄹ. 자유주의적 정의관은 공동선보다 개인의 자율성과 독립성이 최우선으로 보장되어야 한다고 본다.

704

제시문은 샌델의 주장이다. 샌델은 개인의 자아는 공동체와 무관한 무연고적 자아가 아니라 특정한 공동체의 문화와 역사 등의 영향을 받으며 자신의 정체성을 형성하는 연고적 자아라고 보았다.

705

샌델은 개인은 공동체 안에서 공동체의 영향을 받으며 자신의 정체성을 형성한다고 보았다. 샌델은 개인은 공동체가 추구하는 가치를 요구받으며 살아가는 존재라고 보고 책임 의식을 가지고 공동선 증진에 기여해야 한다고 주장하였다.

오답 피하기 ㄴ. 샌델은 공동의 이익, 즉 공동선의 가치를 중시하였다.

ㄹ. 국가는 개인의 선(善)을 보호하고 증진하는 수단일 뿐이라고 보는 것은 샌델이 아니라 자유주의적 정의관이다.

706

제시문은 매킨타이어의 주장이다.

① 매킨타이어는 개인은 공동체와 분리된 독립된 존재가 아니라고 보고, 개인의 좋은 삶은 공동체 안에서 가능하다고 주장하였다.

오답 피하기 ② 매킨타이어는 개인의 정체성은 공동체 속에 그 근거를 둔다고 보았다.

③ 매킨타이어는 개인은 자녀, 친척, 시민, 조합원 등 다양한 공동체의 구성원으로서 존재한다고 보았다.

④ 매킨타이어는 개인은 다양한 공동체의 구성원으로서 사회적 책임과 의무를 부여받는다고 보았다.

⑤ 매킨타이어는 개인은 특정한 공동체의 특정한 전통을 물려받은 존재라고 보았다.

707

자유주의적 정의관의 입장에서 볼 때 공동체주의적 정의관은 공동선을 중시하기에 공동체를 위한 개인의 희생을 정당화할 수 있다. 또한 공동체의 관행과 제도를 중시하기에 이를 비판하기 어려울 수 있다.

오답 피하기 을. 자유주의적 정의관의 입장에서 볼 때 공동체주의적 정의관은 개인의 자유와 권리를 과도하게 제한할 수 있다.

정. 공동체주의적 정의관의 입장에서 볼 때 자유주의적 정의관은 개인의 자유와 권리를 중시하기에 사회적 책임과 의무의 중요성을 충분히 인식하지 못할 수 있다.

708

③ 제시문은 개인들이 가진 사적 이익과 열정, 즉 사익 추구는 자연스럽게 사회에 이익이 되는 방향으로 나아간다고 본다. 즉 사익 추구는 자연스럽게 공익으로 이어진다고 본다.

오답 피하기 ① 신문 칼럼에 따르면 개인들은 사적 이익을 추구하는 경향을 가지고 있다.

② 신문 칼럼에 따르면 정부의 각종 규제들은 자연스럽게 공익으로 이어지는 개인의 사익 추구를 교란시킨다.

④ 신문 칼럼에 따르면 공익은 사익을 자유롭게 추구하게 할 때 자연스럽게 증진된다.

⑤ 신문 칼럼에 따르면 공익 증진을 위해서는 개인의 자비심에 호소할 필요가 없다.

709

제시문은 국민 기초 생활 보장 제도에 대한 설명이다.

① 국민 기초 생활 보장 제도는 사회 복지 대상자들을 특정한 조건이나 제한을 두어 선별적으로 결정하는 선별주의에 바탕을 두고 있다.

오답 피하기 ② 정부, 기업, 개인이 분담하여 재원을 마련하는 것은 사회 보험이다.

③ 국민 기초 생활 보장 제도는 빈곤에 대한 책임을 개인에게 한정하지 않고 국가가 함께 나누고자 하는 제도이다.

④ 국민 기초 생활 보장 제도는 사회적 권리로서 모든 사람에게 제공되는 것이 아니라, 특정한 조건이나 제한을 두어 선별된 구성원에게 제공된다.

⑤ 국민 기초 생활 보장 제도는 대상자의 경제활동을 제한하고 규제하는 제

도가 아니라, 국가가 대상자에게 기본적인 생활을 보장하고 자립적인 생활을 조성하기 위한 제도이다.

710
제시문을 통해 알 수 있는 사회 불평등 현상은 공간 불평등이다. ④ 공간 불평등은 지역 간 사회적 자원의 불균등한 분포를 포함한 경제적·사회적·문화적 격차가 발생하는 현상이다.

오답 피하기 ① 공간 불평등은 지역별 생산 요소가 다름으로 인해 발생할 수 있다.
② 성장 위주의 지역 개발 정책은 공간 불평등이 발생한 원인이지 공간 불평등의 해결 방안이 아니다.
③ 공간 불평등은 국토의 효율적 이용과 사회 통합을 저해할 수 있다.
⑤ 공간 불평등은 지역 간 생활 환경 전반의 불평등으로 이어질 수 있다.

711
사회적 약자에 대한 차별은 사회적 약자의 기본권 침해로 이어질 수 있으며, 사회 구성원 간의 차이가 차별로 이어지는 현상이다. 사회적 약자에 대한 차별은 선입견과 편견으로 인해 발생할 수 있다.

오답 피하기 ㄹ. 사회적 약자에 대한 차별은 차별을 부당하다고 생각하지 않고 쉽게 받아들이는 문화적·구조적 환경에 의해 발생될 수 있다.

712
(가)는 사회 보험, (나)는 공공 부조, (다)는 사회 서비스이다. 공공 부조에는 의료 급여, 생계 급여, 주거 급여, 교육 급여가 있다. 사회 보험, 공공 부조, 사회 서비스는 우리나라 사회 복지 제도로서 구성원 모두의 기본적 욕구 충족과 인간다운 삶을 보장하기 위해 국가가 지원하는 제도이다.

오답 피하기 ㄱ. 사회 보험은 국가가 전액 지원하는 제도가 아니다. 개인, 정부, 기업이 보험료를 분담하여 각종 위험에 대비하는 사회 복지 제도이다.
ㄷ. 사회 보험, 공공 부조, 사회 서비스 모두 사회 계층의 양극화를 개선하고자 하는 제도이다.

713
신문 칼럼을 통해 알 수 있는 사회 불평등 현상은 사회 계층의 양극화이다. 사회 계층의 양극화는 구성원 간에 재산과 소득의 불평등이 심화될 때 나타나며, 교육 기회의 격차와 같은 다양한 격차로 이어져 삶의 질적인 차이를 유발할 수 있다.

오답 피하기 ㄱ. 사회 계층의 양극화는 계층 간의 위계가 존재할 때 나타날 수 있다.
ㄷ. 사회 계층의 양극화는 사회 계층 중 중간 계층이 감소하여 구성원이 상층과 하층으로 쏠리는 현상이다.

714
자료는 국가 차원에서 지역 격차 완화를 위해 시행하는 정책 중 하나인 공공 기관 이전 정책이다. 이 정책은 국토의 균형 발전을 목적으로 하고 있으며, 공공 기관 이전을 통해 혁신 도시를 개발함으로써 공간 불평등을 완화하려는 정책이다.

오답 피하기 ㄴ. 공공 기관 이전 정책은 정부가 주관하는 정책이다.
ㄹ. 공공 기관 이전 정책은 공공 기관을 수도권이 아니라 다양한 지역으로 분산하여 공간 불평등을 완화하려는 정책이다.

715
㉠은 장애인 의무 고용 제도이다. 장애인 의무 고용 제도는 장애인에게 차별로 인한 불이익을 보상해 주는 제도로서 적극적 평등 실현 조치에 해당한다.

오답 피하기 ② 제시문에 따르면 장애인 의무 고용 제도는 모든 민간 기업이 준수해야 하는 것이 아니라 상시 50인 이상의 직원이 일하는 민간 기업이 준수해야 한다.
③ 장애인 의무 고용 제도는 과거의 차별로 인해 불이익을 겪은 장애인에 대한 보상적 차원의 제도이다.
④ 장애인 의무 고용 제도는 실질적 기회균등을 보장하고자 하는 제도이다.
⑤ 장애인 의무 고용 제도는 장애인에게 혜택을 제공하는 제도이다.

서답형 완성 문제
본문 148쪽

716 (가) – 자유주의적 정의관, (나) – 공동체주의적 정의관
717 해설 참조　　　　**718** 갑 – 롤스, 을 – 노직
719 해설 참조

716
(가)는 자유주의적 정의관이고, (나)는 공동체주의적 정의관이다. 자유주의적 정의관은 개인의 자유와 권리를 중시하여 개인에게 자신의 삶을 선택할 자유를 최대한 허용해야 한다고 본다. 공동체주의적 정의관은 공동체에 대한 의무와 공동선을 중시하여 개인은 공동체의 가치와 목적을 내면화하고 사회적 책임과 의무를 다해야 한다고 본다.

717
문제 접근 자유주의적 정의관과 공동체주의적 정의관 모두 개인의 행복과 사회 정의를 지향한다.

예시 답안 (가)는 공동체에 대한 의무 혹은 공동선보다 개인의 이익과 행복과 같은 개인선을 우선시한다. 이와 달리 (나)는 개인의 이익보다 공동의 이익이나 공동체를 위한 가치를 우선시한다.

평가 기준

상	개인선과 공동선의 관계에 대한 (가), (나)의 입장 모두 적절하게 서술한 경우
중	하나의 입장만 적절하게 서술한 경우
하	두 입장 모두 적절하게 서술하지 못한 경우

718
갑은 공정으로서의 정의를 주장한 롤스, 을은 소유 권리론을 주장한 노직이다.

719

문제 접근 사회적 양극화의 심화를 해소하기 위해 상속세를 부과하는 것은 사회적 약자를 위한 재분배 정책에 해당한다.

예시 답안 롤스는 정부가 사회적 양극화의 심화를 해소하기 위해 상속세를 부과함으로써 최소 수혜자의 이익을 증진할 수 있다고 보고 찬성할 것이다. 노직은 정부의 상속세 부과는 상속을 받는 사람의 정당한 소유 권리를 침해하는 행위라고 보고 반대할 것이다.

평가 기준

상	상속세를 부과하는 것에 대한 롤스와 노직의 입장을 모두 적절하게 서술한 경우
중	하나의 입장만 적절하게 서술한 경우
하	두 입장 모두 적절하게 서술하지 못한 경우

1등급 고난도 문제

본문 149쪽

720 ⑤   **721** ①   **722** ③   **723** ④

720

⑤ 제시문은 개인의 행동 중 사회 또는 국가의 제재를 받아야 할 유일한 것은 타인과 관련되는 경우, 즉 타인에게 해를 끼칠 경우라고 본다.

오답 피하기 ① 제시문에 따르면 개인의 행복 추구 중 타인과 관련된 경우에는 사회의 제재를 받아야 한다.
② 제시문에 따르면 국가는 개인의 행위 중 타인과 관련된 행위는 제한할 수 있다.
③ 제시문에 따르면 국가는 타인에게 해악을 끼칠 경우 개인의 의사에 반해 권력을 행사할 수 있다.
④ 제시문에 따르면 개인 자신만 관련된 행위일 경우 국가는 그 행위에 간섭해서는 안 된다.

721

① ㉠은 '소수자 우대 정책은 기회의 평등을 침해하는 정책이다.'이다. 따라서 ㉠에 대한 반론의 근거는 '소수자 우대 정책은 실질적으로 기회의 균등을 실현한다.'이다.

오답 피하기 ②, ③, ④, ⑤ 소수자 우대 정책을 반대하는 근거에 해당한다. 따라서 ㉠에 대한 반론의 근거로 적절하지 않다.

722

갑은 롤스, 을은 노직이다. 롤스는 제2원칙에 해당하는 공정한 기회균등의 원칙에서 직위와 직책은 모두에게 열려 있어야 한다고 보았다. 노직은 분배 과정이 정당했다면 그로 인한 분배 결과는 어떠하든지 정당하다고 보았다.

오답 피하기 ㄱ. 롤스와 노직 모두 '예'라고 대답할 질문이다. 롤스와 노직은 부와 소득의 불평등은 정당화될 수 있다고 보았다.
ㄷ. 롤스는 평등한 자유의 원칙을 최우선의 원칙이라고 보고, 자유는 복지 증진을 위해 제한될 수 없다고 주장하였다.

723

제시문의 '나'는 공동체주의자 매킨타이어이고, '어떤 사람'은 자유주의자이다.

④ 매킨타이어 입장에서 자유주의자에게 개인의 도덕은 공동체의 역사와 전통에서 출발함을 간과하고 있다는 비판을 제기할 수 있다.

오답 피하기 ① 매킨타이어는 인간은 사회와 분리되어 존재할 수 없다고 보았다.
② 자유주의자는 개인의 정체성은 개인의 선택으로 이루어진다고 본다.
③ 자유주의자는 공동선의 실현보다 개인의 이익 증진이 우선한다고 본다.
⑤ 매킨타이어는 개인의 자아는 사회적 역할과 지위로부터 분리되지 않는다고 보았다.

대단원 종합 문제

본문 152쪽~155쪽

744 ①   **745** ④   **746** 사회적 가치(들)
747 해설 참조   **748** ③   **749** ①
750 해설 참조   **751** 해설 참조   **752** ③
753 ②   **754** 공정   **755** 해설 참조   **756** ③
757 ③   **758** ①   **759** 사회 계층의 양극화
760 해설 참조   **761** ①   **762** ③   **763** ②

744

제시문은 플라톤의 주장이다. 플라톤은 사회적 역할은 자기 성향에 가장 적합하게, 즉 각자 타고난 성향에 적합하게 정해져야 한다고 보았다.

오답 피하기 ㄴ. 플라톤은 자신의 일은 하되 남의 일에는 참견하지 않아야 한다고 보고, 계층 간 사회적 역할을 서로 자유롭게 교환해서는 안 된다고 보았다.
ㄷ. 플라톤은 한 사람이 다양한 직분에서 탁월함을 발휘해야 한다고 보지 않고, 각자가 자신에게 가장 적합한 한 가지 일을 해야 한다고 보았다.

745

제시문은 아리스토텔레스의 주장이다. 아리스토텔레스는 법을 지키는 사람이 정의로운 사람이고, 법을 지키지 않는 사람이 부정의한 사람이며, 일반적 정의는 준법으로서의 정의라고 보았다. 또한 정치 공동체의 행복과 행복의 부분들을 증진하는 것은 정의롭다고 보았다.

오답 피하기 ㄹ. 아리스토텔레스는 하나의 단일한 방식, 즉 법에 따라 공동선을 증진해야 한다고 보고, 준법은 공동선을 증진하는 것이라고 주장하였다.

746

제시문은 왈처의 주장이다. 분배 정의의 대상은 사회 구성원 간에 나눌 수 있는 부, 권력, 명예, 지위 등의 사회적 가치(들)이다.

747

문제 접근 ▶ 왈처는 각각의 분배 영역에 내재적인 원칙들이 있다고 보고, 각각의 분배 영역은 자신의 영역에 머물러야 한다고 주장하였다. 예를 들어 부는 경제 영역에, 권력은 정치 영역에 머물러야 한다.

예시 답안 ▶ 왈처는 부를 지녔다는 이유만으로 정치권력까지 장악하는 것, 즉 지배하는 것을 부정의하다고 보았다. 부라는 하나의 영역이 전혀 다른 영역인 정치권력을 지배하는 것을 전제적이라고 보았기 때문이다.

평가 기준

상	왈처의 입장과 그 근거 모두 적절하게 서술한 경우
중	한 가지만 적절하게 서술한 경우
하	두 가지 모두 적절하게 서술하지 못한 경우

748

③ 개인이 자유와 권리를 제한 없이 누리기 위해 우리 사회에 정의가 필요한 것이 아니다. 한 국가의 모든 구성원이 자신의 자유와 권리를 무제한적으로 누리는 것은 바람직하지 않다.

오답 피하기 ▶ ①, ②, ④, ⑤ 우리 사회에 정의가 필요한 이유로 적절하다.

749

제시문은 롤스의 주장이다.

① 롤스는 법과 사회 제도는 정의에 의해 규제되어야 한다고 보았기 때문에 법과 사회 제도가 아무리 효율적이고 질서 정연하더라도 정의롭지 못하면 개선되거나 폐기되어야 한다고 주장하였다.

오답 피하기 ▶ ② 롤스는 사회 부정의는 그보다 더 큰 부정의를 피하기 위해 필요한 경우에는 용납될 수 있다고 보았다.
③ 롤스는 전체 사회의 복지 증진, 즉 다수의 이익 증진보다 정의 실현이 우선한다고 보았다. 전체 사회의 복지보다 정의가 우선한다고 보기 때문이다.
④ 롤스는 경제적 이익을 위해 시민적 자유를 제한할 수 없다고 보았다.
⑤ 롤스에 따르면 법의 정당성 여부는 사회의 복지 증진이 아니라 정의에 부합하는지에 달려 있다.

750

문제 접근 ▶ 갑은 베카리아, 을은 칸트이다. 베카리아는 누구도 자신의 생명권을 타인이나 사회에 양도할 수 없으며, 종신 노역형이 범죄 예방 효과가 크다고 보았다.

예시 답안 ▶ 베카리아는 사형제를 반대하였다. 베카리아에 따르면 개인은 생명권을 국가에 양도할 수 없으므로, 국가는 사형을 집행할 권한이 없다. 또한 베카리아는 단기간에 강렬한 인상을 남기는 사형보다 지속적인 고통의 본보기가 되는 종신 노역형이 효과적인 형벌이라고 보았다.

평가 기준

상	사형제에 대한 입장과 그 이유 모두 적절하게 서술한 경우
중	한 가지만 적절하게 서술한 경우
하	두 가지 모두 적절하게 서술하지 못한 경우

751

문제 접근 ▶ 칸트는 형벌의 목적을 응보라고 보고, 생과 사 사이에 동종성은 없으므로 사형 외에 보복의 동등성은 없다고 주장하였다.

예시 답안 ▶ 칸트는 사형제를 찬성하였다. 칸트는 범죄에 상응하는 동등한 형벌을 부과해야 하며, 살인에 상응하는 동등한 형벌은 오직 사형뿐이라고 보았기 때문이다.

평가 기준

상	사형제에 대한 입장과 그 이유를 정확하게 서술한 경우
중	한 가지만 정확하게 서술한 경우
하	두 가지 모두 정확하게 서술하지 못한 경우

752

갑은 능력에 따른 입학 제도가 공정하다고 보는 입장이고, 을은 공정하지 않을 수 있다고 보는 입장이다. 갑은 능력이 더 뛰어난 학생에게 입학할 자격을 부여해야 한다고 본다. 이와 달리 을은 부모의 경제적 능력과 같은 우연적인 요소가 개입되어 있을 수 있다고 보고, 능력에 따른 대학 입학 제도가 공정하지 않을 수 있다고 주장한다.

오답 피하기 ▶ ㄷ. 을은 능력에 근거한 입시 제도는 사회적 약자를 충분히 배려하지 않는 제도라고 본다.

753

갑은 상속세를 찬성하는 입장이고, 을은 반대하는 입장이다. 갑은 상속세 부과를 통해 영구적인 부의 대물림을 규제하고 사회적 불평등을 완화해야 한다고 본다. 을은 상속세는 소유물에 대한 소유 권리를 가진 자가 그 소유물을 자유롭게 사용할 권리를 침해하는 것이라고 본다.

오답 피하기 ▶ ㄴ. 갑은 상속세에 대한 의무는 부의 불평등을 완화한다고 본다.
ㄹ. 갑은 사회적 불평등 완화를 위한 세금은 필요하다고 본다.

754

제시문은 롤스의 주장이다. 롤스는 정의의 원칙들은 공정한 상황, 즉 원초적 입장에서 합의해야 한다고 보고, 이러한 자신의 정의를 공정으로서의 정의라고 하였다.

755

문제 접근 ▶ 롤스는 최소 수혜자의 이익 증진을 추구하는 정의로운 사회에서도 사회적·경제적 불평등이 허용될 수 있다고 보았다.

예시 답안 ▶ 롤스가 제시한 두 조건 중 하나는 공정한 기회균등의 원칙으로 지위와 직책을 차지할 공정한 기회를 부여해야 한다는 것이고, 다른 하나는 차등의 원칙으로 사회적·경제적 불평등은 최소 수혜자에게 최대 이익이 되도록 편성되어야 한다는 것이다.

평가 기준

상	두 조건 모두 적절하게 서술한 경우

중	한 가지만 적절하게 서술한 경우
하	두 가지 모두 적절하게 서술하지 못한 경우

756

강연자는 샌델이다.

③ 샌델은 자아는 무연고적 자아가 아니라 연고적 자아라고 보고, 개인의 자아는 공동체가 공유하고 있는 목적에 영향을 받는다고 주장하였다.

오답 피하기 ① 샌델은 개인은 독립된 존재가 아니라 공동체와 분리될 수 없는 존재라고 보았다.

② 샌델은 국가가 법과 정치를 통해 공동선을 도모할 때, 도덕적 중립을 지킬 수 없다고 보았다.

④ 샌델은 좋은 삶에 대한 고민과 선택은 온전히 개인의 선택에 맡겨야 한다고 보지 않고, 공동체 안에서 구성원들이 함께해야 한다고 보았다.

⑤ 샌델은 법과 정치는 공동선의 실현을 목적으로 해야 한다고 보았다.

757

갑은 자유주의적 정의관의 입장이고, 을은 공동체주의적 정의관의 입장이다. 자유주의적 정의관은 공동체주의적 정의관과 달리 공동체 혹은 국가가 개인에게 특정한 가치를 강요해서는 안 된다고 본다. 공동체주의적 정의관은 자유주의적 정의관과 달리 개인의 삶의 목적과 가치는 공동체와 무관한 것이 아니라 공동체의 전통과 역사가 반영되어 있다고 본다.

오답 피하기 ㄴ. 자유주의적 정의관은 국가를 개인의 소유 권리를 포함한 기본적 권리를 보장하기 위한 수단이라고 본다.

758

갑은 노직, 을은 롤스이다.

① 롤스는 노직과 달리 사회적 약자, 즉 최소 수혜자의 이익 증진을 위한 부의 재분배는 정당화될 수 있다고 보았다.

오답 피하기 ② 노직과 롤스는 모두 경제적 불평등을 허용하고 있기 때문에 빈부 격차 자체를 부정의하다고 보지 않았다.

③ 노직은 개인에게 자신의 정당한 소유물에 대한 배타적 소유 권리가 보장되어야 한다고 보았다.

④ 노직은 각 개인의 천부적 재능은 마땅히 받을 만한 것, 즉 응분의 것이라고 말할 수는 없을지라도 각자에게 소유 권리가 있다고 보았다.

⑤ 노직과 롤스는 모두 모든 개인은 최대한의 자유를 평등하게 누려야 한다고 보았다.

759

제시문은 사회 계층의 양극화를 설명하고 있다. 중간 계층이 줄고 상층과 하층으로 구성원들이 쏠리는 현상을 사회 계층의 양극화라고 한다.

760

문제 접근 사회 계층의 양극화가 심화되면 다양한 사회문제가 발생할 수 있다.

예시 답안 첫째, 교육 기회의 격차와 같은 다양한 불평등으로 이어져 삶의 질에 차이가 발생할 수 있고, 둘째, 계층 간 위화감과 갈등을 유발할 수 있다.

평가 기준

상	두 가지 문제점을 모두 적절하게 서술한 경우
중	한 가지만 적절하게 서술한 경우
하	두 가지 모두 적절하게 서술하지 못한 경우

761

칼럼에 따르면 부와 소득의 불평등, 즉 경제적 불평등이 지나치게 클 경우 자유를 지속할 수 없다. 즉 경제적 불평등은 자유에 영향을 준다.

오답 피하기 ② 칼럼에 따르면 부와 소득의 불평등은 정당화될 수 있다.

③ 칼럼에 따르면 지나친 부와 소득의 격차는 자유를 지속할 수 없게 만드는 사회적 문제를 초래한다.

④ 칼럼은 부와 소득의 불평등은 허용된다고 본다. 따라서 사회에 존재하는 모든 불평등이 그 자체로 부정의한 것은 아니다.

⑤ 칼럼은 부와 소득의 불평등이 허용된다고 보기 때문에 모든 구성원이 절대적으로 동일한 재산을 소유해야 한다고 보지 않는다.

762

(가)는 사회 보험, (나)는 공공 부조이다. 사회 보험과 공공 부조는 모두 국가가 사회 계층의 양극화를 개선하기 위해 소득 재분배를 하는 제도이다.

오답 피하기 ㄱ. 사회 보험과 공공 부조는 모두 국가가 주도하는 사회 복지 제도이다.

ㄹ. 공공 부조는 전 국민을 대상으로 하는 제도가 아니라 저소득 계층을 대상으로 하는 제도이다.

763

갑은 적극적 평등 실현 조치에 대한 찬성 입장이고, 을은 반대 입장이다. 갑과 을은 모두 적극적 평등 실현 조치는 업적주의 원칙에 부합하지 않는다고 본다.

오답 피하기 ① 갑은 부당한 차별로 인해 발생한 불평등은 적극적 평등 실현 조치를 통해 시정할 수 있다고 본다.

③ 을은 적극적 평등 실현 조치는 대상자가 아닌 사람들에게 기회의 평등을 보장하지 않음으로써 역차별의 문제를 발생시킨다고 본다.

④ 을은 적극적 평등 실현 조치는 역차별로 인해 구성원 간 새로운 갈등을 일으킬 수 있다고 본다.

⑤ 갑과 을은 모두 적극적 평등 실현 조치는 특정 개인이나 특정 집단에 대한 혜택을 제공하는 것이라고 본다.

764 자유주의적 정의관과 공동체주의적 정의관 비교

자료 분석 갑은 자유주의적 정의관의 입장이고, 을은 공동체주의적 정의관의 입장이다.

④ 을은 갑과 달리 개인은 공동체의 역사와 전통으로부터 자신의 정체성을 형성한다고, 즉 공동체는 개인의 정체성 형성의 중요한 토대가 된다고 본다.

오답 피하기 ① 갑은 개인의 삶의 방식은 개인이 자유롭게 선택할 수 있어야 한다고 본다. 따라서 갑은 공동체가 개인의 삶의 방식을 규제해서는 안 된다고 본다.

② 갑은 개인의 자유를 최대한 보장해야 한다고 보지만, 타인에게 해악을 끼치는 경우에는 자유를 제한해야 한다고 본다.

③ 을은 개인은 공동체의 가치와 목적을 내면화하고, 공동체가 권장하는 미덕을 함양해야 한다고 본다.

⑤ 갑은 공동체는 개인의 자유와 권리를 보장하는 수단일 뿐이라고 본다.

765 자유주의적 정의관과 공동체주의적 정의관 비교

자료 분석 (가)는 자유주의적 정의관의 입장이고, (나)는 공동체주의적 정의관의 입장이다. 자유주의적 정의관은 개인은 독립적이고 자유로운 존재라고 보고, 개인의 자유와 권리를 최대한 보장해야 한다고 주장한다. 공동체주의적 정의관은 개인은 공동체의 영향을 받으며 자아 정체성을 형성해 나간다고 보고, 공동체의 발전을 위한 개인의 사회적 책무를 강조한다.

오답 피하기 ㄴ. 자유주의적 정의관은 공동체가 아니라 각 개인이 자기 자신의 삶의 방식을 자유롭게 선택할 수 있어야 한다고 본다.

ㄹ. 자유주의적 정의관과 공동체주의적 정의관 모두 개인의 이익과 공동체의 이익은 서로 조화를 이룰 수 있다고 본다.

766 공간적 불평등 현상 이해

자료 분석 성장 위주의 개발 정책인 성장 거점 개발로 인해 수도권과 비수도권 간의 공간적 불평등이 심화되었다. 수도권과 비수도권 간의 격차는 국토의 효율적 이용 및 사회 전체의 통합을 저해할 수 있다. 이러한 지역 격차 완화를 위한 방안에는 '수도권 소재 공공 기관의 지방 이전'이 있다.

오답 피하기 ㄱ. 성장 거점 개발은 투자의 지역 간 형평성이 아니라 효율성을 중시한 것이다.

767 적극적 평등 실현 조치에 대한 이해

자료 분석 (가)와 (나)는 모두 적극적 평등 실현 조치에 해당한다.

⑤ 장애인 의무 고용 제도와 남녀 고용 평등법은 사회적 소수자에 대한 차별을 해소하기 위한 제도 또는 법이지만 의식 개선이 함께 이루어지지 않으면 부당한 차별이 해소되기 어렵다고 본다.

오답 피하기 ①, ③, ④ (가)와 (나)를 통해 추론할 수 없는 내용이다.

② (가)와 (나)를 통해 추론할 수 없는 내용이며, 일반적으로 사회적 소수자를 규정하는 기준은 절대적이지 않다.

Ⅲ. 시장경제와 지속가능발전

01 자본주의의 전개 과정과 경제 체제 ~
02 합리적 선택과 경제 주체의 역할

개념 핵심 문제　　본문 159쪽

768 사유	**769** 정부	**770** 희소성		
771 시장 실패		**772** 상업		**773** 확대
774 암묵적	**775** ㄴ	**776** ㄹ		**777** ㄱ
778 ㄷ	**779** ㉢	**780** ㉠		**781** ㉡

내신 적중 문제　　본문 160쪽~163쪽

782 ④	**783** ⑤	**784** ①	**785** ⑤	**786** ②
787 ③	**788** ④	**789** ④	**790** ①	**791** ③
792 ④	**793** ②	**794** ④	**795** ①	**796** ⑤
797 ⑤	**798** ③	**799** ②		

782

제시문에서는 자본주의의 특징을 설명하고 있다.

ㄴ. 수요와 공급이 만나 가격이 형성되는 곳은 시장이다.

ㄹ. 자본주의에서는 경제활동의 자유가 보장되므로 경쟁을 통한 사적 이익 추구 활동이 보장된다.

오답 피하기 ㄱ. 제시문의 첫 문장에서 사유 재산권의 보장을 파악할 수 있다. 자본주의는 생산 수단의 사적 소유를 기본 원칙으로 한다.

ㄷ. 수요와 공급에 의해 형성되는 것은 가격이다.

783

A는 상업 자본주의, B는 산업 자본주의이다. 상업 자본주의에서는 상업 자본이 경제 전반의 주도권을 가졌다. 반면 산업 자본주의에서는 제조를 담당하는 산업 자본이 성장하여 주도권을 잡는다. 그러므로 ㉠에는 상업 자본을 대변하는 '상인'이, ㉡에는 산업 자본을 대변하는 '자본가'가 들어갈 수 있다.

오답 피하기 ① 애덤 스미스는 산업 자본주의의 대표적 학자이다.

② 상업을 중시하는 정책인 중상주의 아래에서 성장한 자본주의는 상업 자본주의이다.

④ 상업 자본주의는 절대 왕정의 강력한 규제가 특징인 데 반해 산업 자본주의에서는 국가의 시장 개입을 최소화하려 하였다.

784

표는 경제 체제를 분류한 것이다.

ㄱ. '개인의 소유권 인정'과 '국유 또는 공유만 인정'은 각각 자본주의와 사회주의의 특징에 해당한다. 이 둘을 구분하는 기준은 생산 수단의 소유 방식이다.

ㄴ. '정부의 계획 및 명령', '시장 가격'은 각각 계획경제 체제, 시장경제 체제의 특징에 해당한다. 이를 구분하는 기준은 경제

문제를 해결하는 방식이다.

오답 피하기 ㄷ. 자본주의에서 개인의 소유권은 법적으로 보장된다. 그러므로 법적 강제성을 가진다. 국유 및 공유도 국가의 법적 수단으로 강제된다. ㄹ. 시장 가격에 따라 경제 문제가 해결되는 방식은 시장경제 체제이다.

785
제시문은 애덤 스미스의 저서 『국부론』에 나오는 대표적인 구절이다.
⑤ 개인의 이기심에서 출발한 사적 이익 추구 활동이 시장 경쟁 하에서 이루어지면 보이지 않는 손, 즉 시장 가격 기구에 의해 의도치 않게 사회 이익이 증대되는 좋은 결과가 나타날 수 있음을 강조하고 있다.

오답 피하기 ① 케인스는 정부의 적극적 개입을 주장한 수정 자본주의의 대표적 학자이다.
② 경제활동의 자유를 많이 보장할수록 경제가 발전할 수 있음을 시사하고 있다.
③ 정부 개입을 최소화해야 할 필요성이 강하게 나타나 있다.
④ '보이지 않는 손'은 시장 가격을 비유적으로 표현한 것이다.

786
1929년에 발생한 미국의 대공황을 극복하는 과정에서 정부의 적극적인 시장 개입 정책이 채택되어 성과를 거두었고 이를 계기로 수정 자본주의가 확산되었다.
ㄱ. 국민의 인간다운 생활 보장을 위해 정부가 복지 정책을 적극적으로 추진하였다.
ㄷ. 경기 침체를 극복하기 위해 뉴딜 정책과 같은 정부 주도의 사업 투자로 일자리를 창출하고 부족한 유효 수요를 끌어올렸다.

오답 피하기 ㄴ. 대공황을 극복하기 위해 정부가 부채를 감수하더라도 적극적으로 정부 지출을 늘리고자 하였다.
ㄹ. 대규모 독점 기업과 소수 대자본에 보장되었던 자유에 대해 정부가 적극적으로 규제하면서 정부 역할을 확대하였다.

787
20세기 말에 등장한 신자유주의에 대한 설명이다. 신자유주의는 정부 실패를 지적하면서 정부 역할의 축소를 주장한 작은 정부론이다. 신자유주의에서는 정부가 관리하는 공기업을 민간 영역으로 변경하는 공기업의 민영화를 실시하였다.

오답 피하기 ① 복지 예산의 축소를 주장하였다.
② 시장 기능의 한계, 즉 시장 실패를 강조한 것이 아니라 정부의 무능과 부패, 즉 정부 실패를 강조하였다.
④ 노동 시장의 유연화에 적극적이었다.
⑤ 불황 속 물가 상승, 즉 스태그플레이션이 들어갈 수 있다.

788
시장경제 체제와 계획경제 체제의 특징을 묻는 그림이다. 계획경제 체제의 특징에 해당하고, 시장경제 체제에는 해당하지 않는 특징을 묻고 있다.

④ 경제활동에 대한 정부의 통제는 계획경제 체제의 고유한 특징이다.

오답 피하기 ① 자원 배분의 효율성은 시장경제 체제와 계획경제 체제 모두 강조하고 있다.
② 개인의 이윤 추구 동기를 강조하는 것은 시장경제 체제만의 특징이다.
③ 희소성에 따른 경제 문제는 시장경제 체제와 계획경제 체제 모두에서 발생한다.
⑤ 자유로운 의사 결정의 보장은 시장경제 체제만의 특징이다.

789
A는 계획경제 체제이고, B는 시장경제 체제이다.
ㄴ. 계획경제 체제에서는 생산 수단의 국유화 및 공유화를 원칙으로 한다.
ㄹ. 시장경제 체제에서는 시장 가격, 즉 '보이지 않는 손'에 의한 자원 배분을 강조한다.

오답 피하기 ㄱ. 자유로운 경쟁은 시장경제 체제에서 강조된다.
ㄷ. 시장경제 체제에서는 정부 계획에 의해 소득 격차를 완화하고자 하지 않는다.

790
제시된 상황을 정리하면 아래 표와 같다.

구분	A재	B재
편익(만 원)	5	8
가격(만 원)	3	4
개별 순편익	2	4
암묵적 비용	4	2
기회비용	7	6
순편익	−2	2

ㄱ. 개별 순편익은 편익에서 가격을 뺀 값이고, 포기한 개별 순편익이 암묵적 비용이다. A재 선택의 암묵적 비용은 B재의 개별 순편익인데, 이는 8만 원에서 4만 원을 뺀 4만 원이다.
ㄴ. 기회비용까지 고려한 순편익이 양의 값을 가지면 합리적 선택이 된다.

오답 피하기 ㄷ. B재 선택의 암묵적 비용은 2만 원이고 명시적 비용은 B재의 가격인 4만 원이므로 B재 선택의 기회비용은 6만 원이다.
ㄹ. 명시적 비용의 차는 가격의 차와 같으므로 3만 원이 아니라 1만 원이다.

791
뮤지컬 관람 당일 친구 을의 제안을 받아 선택 상황에 놓이게 되면 예매에 지불한 10만 원은 매몰 비용이 된다. 왜냐하면 뮤지컬을 보든, 아이돌 공연을 보든 회수할 수 없는 비용이 되기 때문이다. 그러므로 갑은 두 공연 중 어떤 것의 편익이 클 것인지만을 고려하면 된다.
ㄴ. 갑이 뮤지컬 예매에 10만 원을 지불했으므로 그 편익은 10만 원보다 크다. 아이돌 공연의 편익이 9만 원이라면 갑은 뮤지컬을 보았을 것이다.
ㄷ. 뮤지컬 예매에 지불한 10만 원은 공연 당일 고민할 시기에

는 매몰 비용이므로 고려하면 안 된다.

오답 피하기 ㄱ. 최종 선택의 기회비용은 뮤지컬 관람의 편익이므로 10만 원 이상이다.
ㄹ. 뮤지컬 공연 관람의 암묵적 비용은 아이돌 공연 관람 편익이고, 아이돌 공연 관람의 암묵적 비용은 뮤지컬 공연 관람 편익이다. 뮤지컬 공연 관람의 암묵적 비용은 아이돌 공연 관람의 암묵적 비용보다 크다.

792

합리적 선택은 명시적 비용뿐만 아니라 암묵적 비용까지 고려한 기회비용을 활용하여 이루어져야 한다. 이 경우 합리적인 선택이 이루어졌다면 순편익은 양(+)의 값을 가진다.

오답 피하기 ① 매몰 비용은 선택 과정에서 고려하면 안 된다.
② 기회비용은 명시적 비용을 포함하므로 지불된 현금도 포함시켜야 한다.
③ 암묵적 비용은 포기한 모든 대안의 가치가 아니라 포기한 가치 중 가장 큰 것 하나만의 가치를 의미한다.
⑤ 기회비용은 명시적 비용에 암묵적 비용을 합한 값이다.

793

제시문은 독과점에 의해 나타날 수 있는 사회적 불평등을 보여 주고 있다. 독과점은 경제적 불평등을 심화시키며 소수의 기업이 사회 전반의 자원을 독점하게 만든다. 그러나 시장 기능으로는 독과점을 해결하기 어렵다.

오답 피하기 ⑤ 제시문은 독과점에 의해 나타날 수 있는 악영향을 보여주고 있다. 빈부 격차의 심화는 그 악영향 중 하나에 해당한다. 빈부 격차는 시장 구조뿐만 아니라 소득 분배와 관련한 다양한 요인이 종합적으로 반영된 결과에 해당한다.

794

(가)~(라)는 모두 외부 효과의 예에 해당한다. (가), (다)는 긍정적 외부 효과에 해당하는 예이고, (나), (라)는 부정적 외부 효과에 해당하는 예이다.
④ 긍정적 외부 효과는 보조금 지급 정책으로 장려해야 할 필요가 있고, 부정적 외부 효과는 세금 부과 정책으로 억제할 필요가 있다.

오답 피하기 ① (가)는 제3자에게 이익을 주는 현상이므로 긍정적 외부 효과에 해당한다.
② (나)는 제3자에게 불이익을 주는 현상이므로 세금 부과를 통해 억제할 필요가 있다.
③ (다)는 집단 면역을 향상시키므로 긍정적 외부 효과에 해당한다.
⑤ 긍정적 외부 효과는 시장 원리에 맡길 경우 충분히 나타나지 않으므로 부정적 외부 효과와 함께 시장 실패에 해당한다.

795

ㄱ. 도심의 공공 화장실은 시민의 위생과 관련된 필수 시설로 공공성이 매우 높다. 그러나 시장 원리에 맡길 경우 제대로 공급되기 어렵다. 그러므로 정부가 직접 그 공급에 참여할 필요가 있다.
ㄴ. 비용을 지불하지 않으면 이용할 수 없는 특성을 배제성이라

고 한다. ㉡은 비용 지불 없이 자유롭게 이용하는 성격이므로 배제성이 없는 성격, 즉 '비배제성'이라고 한다.

오답 피하기 ㄷ. 이용자가 늘어나면 이용 가능성이 줄어드는 특성을 경합성이라고 한다. 반대로 이용자가 늘어도 이용 가능성에 변함이 없는 경우를 '비경합성'이라고 한다. ㉢은 경합성에 해당한다.
ㄹ. 공공재 부족 현상은 시장 실패에 해당한다.

796

제시문은 중고차 시장에서 양질의 중고차 거래가 줄어드는 현상을 보여 준다. 그 원인은 판매자와 구매자 사이의 정보 비대칭성에 있다. 정보의 비대칭성이 있을 경우 시장 거래는 왜곡되며 거래량도 감소하게 된다. 결국 정보의 비대칭성이 해결되지 않은 시장은 황폐화된다.

오답 피하기 ④ 무임승차자 문제는 배제성이 없는 공공재와 같은 재화가 시장에서 제대로 공급되지 않는 배경과 관련이 깊다.

797

제시문은 부정적 외부 효과에 해당하는 사례를 보여 준다. 부정적 외부 효과가 발생할 경우 제3자에게 불이익을 주는데도 불구하고 당사자인 생산자와 소비자는 그 보상을 부담하지 않아 적정한 수준보다 과잉 생산 또는 과잉 소비되는 경향이 나타난다. 그러므로 정부의 개입 목표는 생산량이나 소비량을 줄이는 데에 있다.

오답 피하기 ① 정화 비용을 지불하지 않으므로 상품 가격 인하 요인으로 작용한다.
② 제3자의 편익을 감소시키는 요인에 해당하며 소비자의 편익을 증가시키는 요인은 아니다.
③ 정부의 개입은 주로 세금 부과를 통해 당사자가 비용 부담을 떠안게 만드는 것이므로 시장 가격은 상승하게 된다.
④ 부정적 외부 효과의 경우 적정 수준보다 과다 생산된다.

798

제시문은 기업의 사회적 책임과 기업가 정신이 결합될 때 지속 가능한 성장이 가능함을 강조한다. 지속가능한 성장을 위해서는 기본적으로 기업이 유지될 수 있도록 이윤 창출이 이루어져야 하고 사회와 환경에 대한 사회적 책임도 다해야 한다.

오답 피하기 ① ㉠은 장기적으로 기업의 성장에 도움이 된다.
② 기업가 정신은 위험과 불확실성에 도전하는 정신이다.
④ 사회적 책임과 기업가 정신은 함께 추구되어야 할 가치이다.
⑤ 지속가능한 성장을 위해 사회적 책임의 비중을 높여야 한다.

799

(가)는 단결권, (나)는 단체 교섭권, (다)는 단체 행동권을 설명한 내용이다. (가)~(다)는 모두 노동 3권에 해당한다.
ㄷ. 단체 교섭을 통해 임금 인상, 근로 환경 개선 등을 요구할 수 있다.

오답 피하기 ㄴ. (나)는 단체 교섭권에 대한 설명이다.
ㄹ. (가)~(다)는 모두 노동 3권에 해당한다.

> **800** (가) – 수정 자본주의, (나) – 신자유주의
> **801** 해설 참조　　　　**802** 암묵적 비용
> **803** 해설 참조

800

(가)는 경제학자 케인스가 미국의 대공황 시기에 루즈벨트 대통령에게 보낸 편지의 일부이다. (나)는 경제학자 밀턴 프리드먼의 작은 정부론의 핵심적인 내용을 모은 글이다.

801

문제 접근 (가)는 경제에 대한 정부의 적극적인 개입을 주장한 글이고, (나)는 경제에 대한 정부의 개입을 최소화할 것을 주장한 글이다.

예시 답안 두 글의 핵심 쟁점은 국가 경제에 대한 정부의 역할에 대한 것이다. (가)는 정부의 시장에 대한 적극적인 개입을 주장하고 있으므로 큰 정부론에 해당한다. (나)는 시장에 대한 정부의 개입을 최소화할 것을 주장하고 있으므로 작은 정부론에 해당한다.

평가 기준

상	쟁점을 정확하게 파악하고 두 주장의 차이를 정부의 역할을 중심으로 정확하게 서술한 경우
중	쟁점은 파악했으나 두 주장의 특징 서술이 미흡한 경우
하	쟁점을 파악하지 못했으나 두 주장의 내용을 일부 서술한 경우

802

기회비용은 명시적 비용과 암묵적 비용을 모두 고려한 비용 개념으로 암묵적 비용은 선택으로 인해 포기하게 된 다른 선택지의 가치를 의미한다.

803

문제 접근 구입한 영화표 값은 극장에 입장하여 관람이 시작되었으므로 회수가 불가능하다. 영화표 값은 매몰 비용에 해당한다. 그런데 후반부 영화 관람을 포기한다면 그 시간에 다른 활동을 통해 유·무형의 경제적 이익을 얻을 가능성이 있으므로 이는 영화를 끝까지 관람하는 데 소요되는 기회비용에 해당한다.

예시 답안 재미없는 영화를 끝까지 보는 것은 합리적이지 않을 수 있다. 영화표 구입에 지불한 비용은 회수할 수 없는 매몰 비용이므로 고려할 필요가 없다. 영화 관람을 중단하고 선택할 수 있는 대안의 가치가 영화의 나머지 부분을 관람할 가치보다 크다면 영화 관람을 중단하는 것이 합리적이다.

평가 기준

상	매몰 비용과 기회비용 개념을 모두 알고 이를 활용하여 합리적 선택 상황을 서술한 경우
중	매몰 비용과 기회비용 개념을 모두 알고 이를 서술하였으나 합리적 선택 과정 서술이 미흡한 경우
하	매몰 비용과 기회비용 중 하나만 그 개념을 서술한 경우

> **804** ③　　**805** ④　　**806** ③　　**807** ⑤

804

희소성에 따른 문제는 계획경제 체제와 시장경제 체제 모두에서 발생한다. 그러므로 첫 번째 질문에 대한 옳은 답은 '예'이다. 그런데 갑의 점수가 2점이므로 두 번째, 세 번째 질문에 모두 옳은 답을 하였음을 알 수 있다. 이를 통해 A는 시장경제 체제, B는 계획경제 체제임을 알 수 있다.

ㄴ. 시장경제 체제에서는 경제적 유인 체계를 중시한다.

ㄷ. 계획경제 체제에서는 정부의 계획과 명령에 따라 자원을 배분한다.

오답 피하기 ㄱ. 을은 첫 질문에 옳은 응답을 했고, 두 번째 질문에는 틀린 응답을 했으므로 세 번째 질문에는 옳은 응답을 해야 한다. 그러므로 (가)는 '아니요'이다.

ㄹ. '보이지 않는 손'은 시장 가격의 원리를 비유한 것이다. 시장경제 체제에서 시장 가격의 원리를 중시한다.

805

암묵적 비용은 포기한 두 개의 개별 순편익 중에서 가장 큰 것이다. 기회비용을 고려한 순편익은 아래 표와 같이 계산된다.

(단위: 천 원)

구분	만두	김밥	순대
편익	7	6	8
가격	4	5	6
개별 순편익	3	1	2
암묵적 비용	2	3	3
기회비용	6	8	9
순편익	1	−2	−1

ㄹ. 만두가 대안에서 제외된다면, 순편익이 가장 큰 선택지는 순대이다. 이 경우 순대의 순편익은 1,000원이다.

오답 피하기 ㄱ. 만두의 기회비용은 6,000원, 김밥의 기회비용은 8,000원이고, 순대의 기회비용은 9,000원으로 순대의 기회비용이 가장 크다.

ㄷ. 암묵적 비용은 순대와 김밥이 모두 3,000원으로 동일하다.

806

현재 갑의 생산 활동이 부정적 외부 효과를 발생시키고 있다. 피해를 보는 제3자는 을이다. A는 처리 비용을 갑이 부담하는 대책이고, B는 처리를 을이 하고 그 비용을 갑에게 청구하는 방식이다. 갑과 을의 이윤의 합은 A의 경우 9천만 원, B의 경우 1억 1천만 원으로 B 방식이 사회적 후생을 더 증가시키는 대책이 됨을 알 수 있다.

오답 피하기 ① 부정적 외부 효과가 나타난 사례이다.

② 외부 효과로 인한 피해자는 을이다.

④ 갑이 부담하는 비용은 A의 경우 3천만 원, B의 경우 1천만 원으로 A보다 B가 작다.

⑤ A와 B 모두 외부 효과를 내부화했다는 점에서 외부 효과에 대한 개선책으로서 효과가 있다고 볼 수 있다.

807

현재 조건으로 기회비용과 순편익을 구하면 아래 표와 같다.

구분	A	B	C
비용	5	3	4
편익 총점	6	5	8
개별 순편익	1	2	4
암묵적 비용	4	4	2
기회비용	9	7	6
순편익	−3	−2	2

냉난방의 편익을 제외하고 기회비용과 순편익을 구하면 아래 표와 같다.

구분	A	B	C
비용	5	3	4
편익 총점	5	4	6
개별 순편익	0	1	2
암묵적 비용	2	2	1
기회비용	7	5	5
순편익	−2	−1	1

오답 피하기 ① 기회비용은 C가 가장 작다.
② 순편익이 양(+)인 선택은 C이므로 C 선택이 합리적이다.
③ A, B의 암묵적 비용이 동일하다.
④ B 선택의 순편익은 −2천만 원인데 냉난방이 삭제되면 순편익은 −1천만 원으로 순편익은 증가한다.

03 자산 관리와 금융 생활 설계

개념 핵심 문제

본문 167쪽

808 저축성 예금	**809** 안전성
810 금융 생활 설계(재무 설계)	**811** 높지만, 낮은
812 주식, 채권	**813** 높을수록
814 낮을 **815** ㄱ	**816** ㄴ, ㄷ **817** ㄱ, ㄷ
818 ㄴ **819** ㉡	**820** ㉢ **821** ㉠

내신 적중 문제

본문 168쪽~171쪽

822 ②	**823** ④	**824** ③	**825** ⑤	**826** ⑤
827 ④	**828** ③	**829** ③	**830** ④	**831** ④
832 ④	**833** ①	**834** ③	**835** ⑤	**836** ⑤
837 ③	**838** ⑤	**839** ③		

822

금융의 개념과 금융 생활의 필요성에 대한 글이다.
ㄱ. 돈을 빌리고, 빌려주는 것을 금융이라고 한다.
ㄷ. 노년기가 길어지면서 미래를 대비해야 할 필요성이 증가하고 있다.

오답 피하기 ㄴ. 평균 수명 연장으로 노년기가 길어지고 있다.
ㄹ. 주식은 안전성은 낮으나 수익성이 높기 때문에 주식 투자도 고려해야 한다.

823

을. 주식은 회사의 지분을 구입하는 것으로 주식에 투자한 자금은 회사의 자본금이 된다.
정. 채권은 회사가 자금을 빌린 것으로 회사의 부채, 즉 빚이 된다.

오답 피하기 갑. 소유 지분을 나타낸 것은 주식이다.
병. 회사의 부채에 해당하는 것은 채권이다.

824

(가)~(다)는 모두 예금이다.
③ (가)는 요구불 예금으로 입금과 출금이 자유로운 대신 이자율이 매우 낮다. 수시로 찾아 쓸 수 있는 생활 자금을 맡겨 두는 용도에 적합한 금융 자산이다.

오답 피하기 ① 정기 적금에 해당하는 설명이다.
② 목돈을 한 번에 맡기고 이자 수익을 기대하는 금융 자산은 정기 예금이다.
④ 저축성 예금은 정기 예금과 정기 적금이고, 요구불 예금은 보통 예금이다.
⑤ 보통 예금도 예금자 보호 제도의 적용을 받는다.

825

(가)는 수익성, (나)는 유동성, (다)는 안전성이다.
ㄷ. 주식은 변동성이 큰 금융 자산으로 높은 수익성을 기대할

수 있지만 원금 손실의 위험이 커 안전성이 매우 낮다.

ㄹ. 수익성과 안전성은 일반적으로 상충 관계에 있다.

오답 피하기 ㄱ. 채권은 시세 변동의 폭이 주식에 비해 상대적으로 낮아 수익성이 주식에 비해 낮은 편이다.

ㄴ. 부동산은 거래 금액이 크고 거래에 소요되는 기간도 길어 현금화에 걸리는 시간이 길다. 그러므로 유동성이 낮은 편이다.

826

ㄷ. 이자 수익은 정기 예금과 채권에서 기대할 수 있다. 정기 예금과 채권에 투자한 금액은 갑이 400만 원, 을이 250만 원으로 갑보다 을이 적다.

ㄹ. 시세 차익은 주식과 채권에서 기대할 수 있다. 주식과 채권에 투자한 금액은 갑이 350만 원, 을이 300만 원으로 갑보다 을이 적다.

오답 피하기 ㄱ. 원금이 보장되는 금융 자산은 정기 예금이다. 정기 예금은 갑보다 을이 많다.

ㄴ. 배당 수익을 기대할 수 있는 금융 자산은 주식이다. 주식 투자 금액은 갑보다 을이 많다.

827

이자 수익이 발생하는 금융 자산은 정기 예금과 채권이므로 (나)는 주식이다. (다)는 원금 손실이 발생하지 않는 자산이므로 정기 예금이고, 나머지 (가)는 채권이다.

ㄴ. 수익성은 주식이 채권보다 높다.

ㄹ. 주식과 채권은 모두 시세 차익을 기대할 수 있다.

오답 피하기 ㄱ. 소유자가 주주로서의 지위를 가지는 금융 자산은 주식이다.

ㄷ. 배당 수익은 주식에서 발생할 수 있다.

828

채권은 채권 시장에서 자유롭게 거래된다. 거래되는 과정에서 채권의 가치에 따라 가격이 변화할 수 있고 이 과정에서 시세 차익이 발생할 수 있다. 채권은 국가, 지방 자치 단체, 공기업, 일반 기업이 발행할 수 있다.

오답 피하기 채권은 발행 주체가 돈을 빌리고 발행하는 일종의 차용 증서이므로 빌린 돈을 갚을 날짜를 정해 놓는다. 이를 만기라고 한다. 채권에는 일반적으로 만기가 기재되어 있다.

829

시기별 금융 자산의 구성 항목과 비중을 통해 투자자의 투자 성향을 추론할 수 있는 자료이다.

ㄴ. 예금자 보호 제도의 대상에는 보통 예금, 정기 적금, 정기 예금이 해당한다. t기에는 500만 원이었는데, t+1기에는 600만 원으로 증가하였다.

ㄷ. 대표적인 수익성 추구 금융 자산인 주식의 금액과 비중이 크게 감소하였고, 주식에 비해 안전성이 높은 채권이 투자 항목에 새롭게 편입되었다. 이를 통해 갑이 수익성보다 안전성을 중

시하는 방향으로 투자 성향을 변경했음을 추론할 수 있다.

오답 피하기 ㄱ. 10%가 아니라 20% 증가했다.

ㄹ. 시세 차익을 기대할 수 있는 금융 자산은 주식과 채권이다. 두 자산의 비중은 두 시기에 50%로 동일하다.

830

안전성이 높은 자산은 정기 예금이므로 B는 정기 예금이고, A는 주식이다. 정기 예금과 채권은 모두 이자 수익을 기대할 수 있는 금융 자산에 해당한다.

오답 피하기 ① (가)에는 유동성이 아니라 수익성이 들어갈 수 있다.

② 정기 예금이 예금자 보호 대상이 된다.

③ 주주로서의 지위를 가지게 되는 금융 자산은 주식이다.

⑤ 시세 차익은 주식에서 기대할 수 있다.

831

젊을수록 수익성, 나이 들수록 안전성을 추구하는 것을 바람직한 투자 전략으로 제시하고 있다.

ㄴ. 예금은 대표적인 저위험 자산이다.

ㄹ. 젊을수록 수익성을 추구하는 것을 권장하고 있다.

오답 피하기 ㄱ. 고위험 자산의 대표적인 예가 주식이다.

ㄷ. 수익성이 아니라 안전성이 적절하다.

832

생애 주기 곡선은 생애 주기를 고려하여 소비가 이루어져야 함을 보여 준다. b 시기부터 양(+)의 저축이 시작되고 d 시기에 저축의 총 누적 금액이 최대치가 된다.

오답 피하기 ① a 시기부터 소득이 발생한다.

② b 시기부터 양의 저축이 시작된다.

③ c 시기에 소득이 정점에 도달하고 점차 감소한다.

⑤ 소비가 생애 전체를 고려하여 이루어짐을 보여 주는 그림이다.

833

금융 생활 설계는 생애 전체를 고려해 재무를 설계하는 것이다. 그러므로 생애 주기별 과업은 연령대를 고려한 내용이 들어갈 수 있다. 결혼과 출산은 청년기에 고려할 수 있는 주요 과업에 해당한다.

오답 피하기 ② 재무 목표를 달성하려면 현재뿐만 아니라 미래의 수입과 지출도 고려해야 한다.

③ 금융 생활 설계에서 고려할 위험에는 각종 사고, 질병, 실업 등이 있다. 이를 대비하기 위해서는 여유 자금을 항상 남겨두거나 보험과 같은 금융 자산에 가입할 필요가 있다. 대출 규모의 확대는 금리가 상승하면 오히려 재정적 부담을 가중시킬 수 있는 요인이다.

④ 생애 전체를 고려하므로 단기보다는 장기적 관점이 적절하다.

⑤ 노년기에는 소득보다 지출이 많은 시기이므로 노년기의 장기화를 대비하려면 중·장년기에 저축을 확대할 필요가 있다.

834

자료는 은퇴 이후의 생활을 지출 변동으로 보여주고 있다. 은퇴 초기에는 다양한 활동이 유지되는 시기로 여행, 외식 등 지출이 많이 발생한다. 중기에는 신체 능력이 저하되어 활동을 줄이면서 지출도 감소한다. 말기에는 의료비의 증가로 지출이 증가한다.

ㄴ. 은퇴 이후 지출은 소득 감소의 영향으로 은퇴 전보다 감소한다.

ㄷ. 사망 전에 의료비, 간병비 등으로 인해 지출이 증가하므로 이에 대비할 필요가 있다.

오답 피하기 ㄱ. 80대 초까지 감소하다가 이후 증가한다.
ㄹ. 은퇴 직후는 지출 규모를 줄이지만 여전히 왕성한 활동을 유지하므로 지출 감소가 크지 않다. 지출이 가장 적은 시기는 80대 초반이다.

835

생애 주기별 소비와 소득을 토대로 경제적 과업을 추론하고 금융 생활을 설계할 수 있다. 50대는 소비보다 소득이 많이 발생할 수 있는 시기이므로 노후 자금을 준비할 수 있는 시기이다. 이 시기에는 노후 대비 자금을 모으기 위해 저축을 적극 고려해야 한다.

오답 피하기 ① 부모의 경제적 지원을 받아 본인의 성장을 위해 적극 투자해야 할 시기이므로 상급 학교 진학은 이에 부합하는 과업이다.
② 대학은 20대에 진학할 수 있고 대학 진학 대신 직업 훈련의 단계로 나아갈 수 있으므로 20대의 적절한 과업이다.
③ 안정적 취업과 결혼은 사회 생활 초반인 30대에 설정할 수 있는 적절한 과업이다.
④ 자녀 양육에 20년이 넘게 걸리고 안정적 주거를 위해 목돈이 필요하므로 이 또한 긴 시간이 소요된다. 그러므로 40대에 적절한 과업에 해당한다.

836

포트폴리오는 원래 서류 가방을 의미하는 용어이나 다양한 금융 자산에 분산하여 투자하는 기법을 지칭한다. 포트폴리오 구성은 기준 금리, 경기 변동, 환율 변동 등 경제 환경 변화에 따라 주기적으로 변경할 필요가 있다. 파도는 경제 환경 변화를 비유한 것이고, 파도를 탄다는 것은 포트폴리오 구성의 변경을 비유적으로 표현한 것이다.

오답 피하기 ① 분산 투자의 필요성을 강조한 것이다.
② 한 곳에 모든 자산을 투자하는 집중 투자의 위험성을 강조하고 있다.
③ 수익성과 안전성의 조화를 추구하기 위한 것이다.
④ 선거와 국제 분쟁 등은 자산 투자에 영향을 크게 미칠 수 있는 정치적 환경 변화 요인에 해당한다.

837

(가) 기준 금리는 중앙은행이 설정한 금융 거래의 기준이 되는 금리이다. 기준 금리는 시중의 예금 및 대출 금리에 큰 영향을 미친다. 기준 금리가 낮아지면 각종 이자율이 낮아져 주식 투자와 같은 금융 투자가 활발해진다. (나) 세율은 정부가 개인과 기업의 경제활동 및 재산에 부과하는 조세의 비율이다. 세율이 높

아지면 세금 부담이 많아져 경제활동이 위축된다.

ㄴ. 기준 금리가 낮아지면 이율이 낮아져 대출로 인한 금융 비용을 낮출 수 있다.

ㄷ. 세율이 높아지면 세금 부담이 많아져 소비에 활용할 자금이 줄어들기 때문에 소비가 줄어들 수 있다.

오답 피하기 ㄱ. 기준 금리 인하는 은행 예금의 이자율을 낮추므로 저축의 이점을 낮추는 요인이다.
ㄹ. 세금 부담의 증가는 금융 자산 투자 부담을 증가시키는 요인이 될 수 있다.

838

재무 목표를 달성하기 위해 재무 또는 금융 생활을 설계하는 과정을 보여주고 있다.

ㄷ. 대안 모색 단계에서는 저축, 투자, 대출 등 다양한 금융 수단을 모두 고려할 필요가 있다.

ㄹ. 계획 실행에는 여러 세부 실행 단계가 있으므로 각각의 실행 후 세부 평가가 이루어져야 하며 이에 따른 수정이 반복적으로 뒤따를 필요가 있다.

오답 피하기 ㄱ. 재무 목표는 본인의 삶의 목표이므로 본인의 재무 상태뿐만 아니라 본인의 가치관도 반영된다.
ㄴ. 재무 상태에는 수입과 지출, 자산과 부채 등 플러스 요인과 마이너스 요인 모두 고려되어야 한다.

839

ㄴ. (가)는 원화 가치의 하락에 해당하는 변화로 달러 표시 상품 구입에 불리한 요인으로 작용한다. 원화 가치 하락이 지속되는 상황에서 해외여행의 시기를 결정해야 한다면 뒤로 미루지 않고 이른 시기에 다녀오는 것이 유리하다.

ㄷ. (나)는 은행 이자율 상승 요인으로 예금에는 유리한 조건이지만 대출에는 불리한 조건에 해당한다.

오답 피하기 ㄱ. 원화 가치가 지속적으로 하락하는 조건이므로 해외 상품 구매 시 가격 부담이 증가하게 되므로 해외 직접 구매는 지속적으로 감소할 가능성이 크다.
ㄹ. 기준 금리는 경기 안정화 정책의 수단으로 기준 금리 인상은 통화량 감소 요인으로 작용하여 과열된 경기를 진정시키는 효과가 있다. 경기 침체가 심각하다면 기준 금리는 반대로 내려야 한다.

840 ㉠ – 안전성, ㉡ – 수익성　　　**841** 해설 참조
842 생애 주기　　　**843** 해설 참조

840

예금은 예금자 보호 제도로 인해 원금과 이자에 손실이 발생하지 않는다. 자산의 가치가 안전하게 보호받을 가능성을 안전성이라고 한다. 자산 가치 상승으로 수익을 얻을 가능성을 수익성이라고 한다.

841

문제 접근 고수익은 고위험 부담에 대한 대가이다. 높은 수익이 가능하다면 그만큼 손실이 발생할 위험도 크다는 의미이다. 그러므로 수익성과 위험성은 비례한다. 위험성은 안전성의 반대 개념이므로 수익성과 안전성은 반비례한다. 이러한 관계를 상충 관계라고 한다.

예시 답안 수익성이 높을수록 안전성이 낮아지고, 안전성이 높을수록 수익성은 낮아진다는 의미이다. 주식은 주가 급등으로 고수익을 기대할 수 있지만 반대로 주가가 급락할 경우 큰 손실이 발생할 수 있다. 예금은 원금이 보장되어 안전성이 높지만 낮은 수익만 기대할 수 있어 수익성이 낮다.

평가 기준

상	상충 관계의 의미를 정확하게 서술하고, 그 예시를 정확하게 서술한 경우
중	상충 관계의 의미를 정확하게 서술하였으나, 그 예시가 미흡하게 서술된 경우
하	상충 관계의 의미 서술 없이 그 예시만 미흡하게 서술된 경우

842

출생 후 사망에 이르기까지 인생에는 일정한 단계가 있는데 이를 생애 주기라고 한다. 시간의 흐름에 따라 연령대에 요구되는 단계별 과제가 발생한다.

843

문제 접근 연령대별로 수입과 지출의 변화가 크게 발생한다. 청년기에 수입이 적다고 지출을 하지 않는 것은 자기 개발과 성장에 도움이 되지 않는다. 중년기에 수입이 많아졌다고 지출 규모를 크게 키우면 노년기를 대비할 수 없다. 노년기에도 기본 생계를 위해 또는 의료비에 지출은 지속된다. 이를 위해 중년기에 노년기를 대비할 필요가 있다.

예시 답안 청년기에는 취업, 결혼, 자녀 출산, 교육 등을 준비하는 단계로 수입보다 지출이 큰 단계이다. 중년기에는 소득이 가장 많은 시기로 자녀 양육, 부모 부양, 은퇴 후 노후 준비 등을 해야 한다. 수입이 지출보다 큰 시기로 노후 대비 저축을 하는 시기이다. 노년기는 중년기에 마련한 자금으로 생활하는 시기로 수입이 지출보다 작은 시기이다.

평가 기준

상	세 시기의 재무적 과제를 서술하고, 수입과 지출의 크기를 비교하여 서술한 경우
중	세 시기의 재무적 과제를 서술하였으나, 수입과 지출의 크기 비교가 미흡하게 서술된 경우
하	수입, 지출 비교에 대한 서술은 없으나, 세 시기의 재무적 과제가 미흡하게 서술된 경우

1등급 **고난도 문제**　　　　본문 173쪽

844 ④　　　**845** ④　　　**846** ④　　　**847** ③

844

주식은 만기가 없지만, 채권과 정기 예금에는 만기가 있다. 따라서 A는 주식이다. 정기 예금은 일정한 금액을 한 번에 모두 맡기고 일정한 기간 동안 예치하는 예금이기 때문에 예치 기간이 만료되는 만기가 있다.

ㄴ. 배당 수익 기대 가능성은 주식만 가진 특징이므로 B, C가 정기 예금과 채권 중 무엇으로 확정되더라도 옳은 진술이다.

ㄹ. 이자 수익은 정기 예금과 채권 모두 기대할 수 있는 특징이므로 '예'와 '아니요'로 두 자산이 나뉘지 않는다. 그러므로 (가)에 들어갈 수 없는 질문이다.

오답 피하기 ㄱ. 안전성은 정기 예금이 가장 높다.

ㄷ. 시세 차익은 정기 예금과 채권 중 채권에만 해당하는 특징이다.

845

갑은 보통 예금, 주식, 채권과 같은 금융 자산과 함께 현금도 보유하고 있다. 연도별 비중과 총액을 바탕으로 금융 자산의 현황을 분석할 수 있다.

ㄴ. 이자 수익을 기대할 수 있는 금융 자산은 보통 예금과 채권이다. 이 둘을 합한 비중은 60%이고 금융 자산의 총액이 4,000만 원이므로 60%에 해당하는 액수는 2,400만 원이다.

ㄹ. 시세 차익을 기대할 수 있는 금융 자산은 주식과 채권이다. 주식과 채권의 비중은 t년에 30%, t+1년에 50%이므로 그 차이는 20%p이다.

오답 피하기 ㄱ. 수익성이 가장 낮은 자산은 현금이다. 현금의 총액은 t년에 800만 원, t+1년에 600만 원으로 t년에 비해 25% 감소했다.

ㄷ. 배당 수익을 기대할 수 있는 금융 자산은 주식이다. 주식의 총액은 t년에 800만 원, t+1년에 2,400만 원으로 3배 증가했다.

846

투자자의 금융 자산 중 주식, 채권을 국내와 해외로 구분하여 정리한 표이다.

ㄴ. 해외 주식과 해외 채권의 가치를 원화로 환산할 때는 환율을 적용해야 하므로 외화 표시 수익률과 원화로 환산한 수익률

이 서로 다를 수 있다. 해외 투자 비중이 병은 55%, 갑은 20%이므로 병이 갑보다 환율 변화에 영향을 많이 받는다.

ㄹ. 이자 수익을 기대할 수 있는 금융 자산은 채권이다. 해외 투자에서 채권 비중은 갑은 5/20이므로 25%이고 병은 10/55이므로 20%가 되지 않는다.

오답 피하기 ㄱ. 수익성 추구 성향이 강할수록 채권보다 주식 비중을 키운다. 갑은 80%를 주식으로, 을은 35%를 주식으로 보유하므로 갑의 수익성 추구 성향이 을보다 강하다.

ㄷ. 을의 주식 투자 비중은 국내와 해외 합해서 35%이고 이중 국내 주식은 15%이므로 주식 투자 금액에서 국내 주식 비중은 15/35로 약 43%이다. 병은 25/70로 약 36%이다.

847

가상의 인물 갑의 생애 주기 곡선을 통해 재무 계획을 평가할 수 있다. c는 경제적 은퇴 시기로 노년기에 해당할 수 있다. 고령화로 이 기간이 길어질 수 있는데 이에 대비하여 소득이 많은 a~c 시기에 저축 규모를 확대해 노후를 대비할 필요가 있다.

오답 피하기 ① 누적 저축액이 가장 큰 시기는 c이다.
② ⓒ에 대비하여 ⓛ을 설계하는 것이 바람직하다. 그러므로 ⓒ보다 ⓛ을 크게 설계하는 것이 좋다.
④ 소득 발생 시기가 늦어지면 ⊙은 커진다.
⑤ a 이전과 c 이후는 모두 소비가 소득보다 큰 시기이다.

개념 핵심 문제				본문 175쪽
848 무역	**849** 특화	**850** 절대 우위	**851** 비교 우위	
852 작은	**853** 있다	**854** 보호 무역	**855** 확대	
856 ㄷ	**857** ㄱ	**858** ㄴ	**859** ㅁ	**860** ㄹ

내신 적중 문제				본문 176쪽~178쪽
861 ⑤	**862** ④	**863** ②	**864** ⑤	**865** ①
866 ⑤	**867** ③	**868** ⑤	**869** ①	**870** ①
871 ③				

861

비교 우위는 무역뿐 아니라 개인 간 분업도 설명하는 원리이다. 이 원리에 따르면, 모든 상품에서 절대 우위를 가진 선진국과 그렇지 못한 개발 도상국이 무역을 할 수 있듯이, 능력이 뛰어난 사람과 부족한 사람도 비교 우위에 따라 분업하여 이익을 나눌 수 있다.

오답 피하기 ① 갑은 경영과 문서 작성에서 모두 절대 우위에 있다.
② 갑은 경영에 비교 우위가 있다.
③ 을은 문서 작성에 비교 우위가 있다.
④ 문서 작성의 절대 우위는 갑에게 있다.

862

제시문은 무역 확대가 가져오는 다양한 장점과 긍정적 영향을 구체적으로 설명하며, 이를 통해 자유 무역의 중요성과 필요성을 강조하고 있다.

ㄴ. 자유 무역의 확대는 상품의 다양성을 늘리고 경쟁을 통해 가격을 낮추는 효과를 가져온다. 그 결과, 소비자들은 더 큰 혜택과 선택의 폭을 누릴 수 있게 된다.

ㄹ. 무역 확대는 수요 증가로 이어지고, 생산량 증가는 평균 비용을 낮추는 규모의 경제를 통해 새로운 기회를 창출한다.

오답 피하기 ㄱ. 국가 간 경제 격차 확대에 따른 세계의 양극화는 보호 무역의 필요성을 뒷받침하는 근거로 제시된다.

ㄷ. 유치산업을 보호해야 할 필요성은 경제적 자립과 산업 성장을 도모하기 위해 보호 무역을 주장하는 중요한 근거로 여겨진다.

863

갑은 국내 기업 보호와 일자리 안정의 중요성을 강조하고 있고, 을은 경쟁과 기술 발전을 통해 혁신이 가능하고 이를 통해 성장이 가속화됨을 강조하고 있다.

ㄱ. 갑의 주장은 보호 무역을 옹호하는 논거에 해당한다.

ㄷ. 어떤 국가든 비교 우위를 가진 상품은 반드시 존재하며, 이를 기반으로 한 산업에 투자하면 경제 성장을 도모할 수 있다.

을은 자유 무역 확대를 지지하기 때문에, 비교 우위에 따른 무역과 그로 인한 성장 가능성을 적극 옹호할 것이다.

오답 피하기 ㄴ. 자국민의 안정적인 일자리 확보는 보호 무역의 논거에 해당한다.
ㄹ. 소비자의 상품 선택의 다양성 확대는 자유 무역 확대를 주장하는 논거에 해당한다.

864

갑국과 을국의 최대 생산 가능량을 정리하면 아래 표와 같다.

구분	X재	Y재
갑국	10개	5개
을국	12개	16개

이를 토대로 기회비용을 구하면 아래 표와 같다.

구분	X재	Y재
갑국	Y재 1/2개	X재 2개
을국	Y재 4/3개	X재 3/4개

ㄷ. Y재 생산의 기회비용은 갑국은 X재 2개, 을국은 X재 3/4개이므로 을국의 기회비용이 갑국보다 작다. 기회비용이 작을 때 비교 우위가 있으므로 을국이 Y재 생산에 비교 우위를 가진다.
ㄹ. 만약, 갑국의 생산 요소의 총가치를 120달러라고 가정하면 을국도 생산 요소를 120달러어치를 가지고 있다고 볼 수 있다. 이 경우 갑국의 X재 1개 생산 비용은 12달러이고, 을국은 10달러이다. 그러므로 X재 1개의 생산 비용은 갑국이 을국보다 크다.

오답 피하기 ㄱ. 을국이 두 재화 모두에서 절대 우위를 가진다.
ㄴ. 갑국에서 X재 1개 생산의 기회비용은 Y재 1/2개이다.

865

제시문은 보호 무역의 필요성을 주장하고 있다. A는 보호 무역이다.
ㄱ. 보호 무역은 외국 상품의 수입을 규제하고 국내 기업의 수출을 지원함으로써 무역 적자를 효과적으로 방지할 수 있다.
ㄴ. 보호 무역은 해외 기업의 국내 진출을 제한하고 국내 산업을 보호하여 안정적인 일자리 유지를 가능하게 한다.

오답 피하기 ㄷ. 규모의 경제 실현은 자유 무역을 옹호하는 논리이다.
ㄹ. 자유 무역을 확대할 때 소비자의 선택권은 넓어질 수 있으므로 이는 자유 무역의 논거가 된다.

866

⑤ 국가별 생산비의 차이는 무역이 발생하는 주요 원인으로, 이러한 차이는 자연환경, 보유 자원, 그리고 사회적 조건의 차이에서 기인한다. 기후와 지형 같은 자연환경의 차이는 생활과 경제활동 전반에 영향을 미쳐 냉난방 비용, 운송 비용 등에서 뚜렷한 차이를 만들어 낼 수 있다. 이러한 비용의 차이는 지역 간 생산성과 경쟁력에 직접적인 영향을 미치며, 무역 및 자원의 효율적 분배에도 중요한 요인으로 작용한다.

오답 피하기 ① 생산 요소의 보유 정도는 양적, 질적 측면에서 다양성을 띠고 차이를 보인다.
② 보유 자원의 양과 질은 국가마다 다르다.

③ 생산비의 차이는 사회적 조건뿐만 아니라 자연환경, 보유 자원 등 다양한 요인에 의해 결정되므로, 사회적 조건이 동일하다고 해서 생산비가 같을 것이라고 단정할 수는 없다.
④ 경제 규모와 무역 규범은 사회적 조건에 해당하고 이는 국가마다 다르게 설정되어 있다.

867

각 재화 1단위를 생산할 때의 기회비용은 아래 표에 정리된 바와 같다.

구분	X재	Y재
갑국	Y재 3/4단위	X재 4/3단위
을국	Y재 1/2단위	X재 2단위

ㄴ. 갑국에서 X재 1단위 생산의 기회비용은 Y재 3/4단위이므로 X재 4단위 생산의 기회비용은 Y재 3단위이다.
ㄷ. 생산 비용은 X재와 Y재 모두 을국이 갑국보다 작으므로 을국이 모두 절대 우위를 가진다.

오답 피하기 ㄱ. X재 생산의 기회비용은 갑국보다 을국이 작으므로 X재 생산의 비교 우위는 을국에 있다.
ㄹ. 을국에서 Y재 1단위 생산의 기회비용은 X재 2단위이므로 Y재 2단위를 생산하려면 X재 4단위 생산을 포기해야 한다.

868

비교 우위와 절대 우위를 설명하기 위한 시각적인 방법으로 생산 가능 곡선을 활용한다. 생산 가능 곡선을 통해 생산의 기회비용을 알 수 있다.
ㄷ. 갑국이 X재에서 비교 우위를 가지며, 특정 비율로 X재를 수출하고 Y재를 수입할 경우, 무역 이전에는 도달할 수 없었던 높은 수준의 소비를 실현할 수 있다.
ㄹ. 생산 가능 곡선의 기울기는 기회비용을 의미하며, 기울기가 2/3이므로 X재 3개를 생산하기 위해 Y재 2개를 포기해야 한다.

오답 피하기 ㄱ. Y재 1개 생산의 기회비용은 X재 3/2개이다.
ㄴ. Y재 10개에 대응하는 생산 가능 곡선상의 X재 수량은 15개이다. X재 20개, Y재 10개의 생산 조합은 생산이 불가능하다.

869

갑국에서 Y재 1단위 생산의 기회비용은 X재 2/3단위이며, 이를 기준으로 계산하면 Y재 3/2단위 생산의 기회비용은 X재 1단위가 된다. 반대로, X재 1단위 생산의 기회비용은 Y재 3/2단위로 표현할 수 있다.

오답 피하기 ㄷ. ⓒ에는 'X재 5/3단위'가 들어갈 수 있다.
ㄹ. 을국에서 X재 1단위 생산의 기회비용은 Y재 3/5단위이다. 각 단위에 25를 곱하면 X재 25단위 생산의 기회비용은 Y재 15단위이다. 이를 거꾸로 말하면 Y재 15단위를 추가 생산하려면 X재 25단위를 포기해야 한다.

870

공정 무역은 생산자에게 정당한 대가를 지급하고, 환경과 노동 조건을 중시하며, 지속가능한 발전과 경제적 불평등 완화를 목표로 한다.

 ② 수출입 과정의 단순화보다는 공정성과 지속가능성을 확보하기 위해 규제와 조정에 중점을 두며, 이를 통해 노동 조건 개선과 환경 보호를 적극적으로 실현하고자 한다.

③ 노동 조건과 환경 보호를 중시하기 때문에 각종 규제가 개입할 가능성이 높아, 무역 과정의 단순화는 이러한 논리와 부합하지 않는다.

④ 빈곤을 퇴치하고 불평등을 완화하고자 한다.

⑤ 노동 조건을 중시하고, 비용 절감보다는 정당한 대가를 지급하는 데 초점을 맞춘다.

871

제시문은 국가 간 무역 협정에 환경 보호와 노동자 보호 등 지속가능발전을 위한 규범이 포함되는 사례가 늘고 있으며, 유럽 연합이 이를 주도하고 있음을 보여 준다. 환경 보호와 노동자 보호는 지속가능발전을 위한 요소이다.

오답 피하기 ① 자유 무역 협정에 환경 보호, 노동자 보호와 같은 전통적으로 무역과 관련 없는 규범이 포함되어 있다.

② 지속가능발전 관련 규범이 무역 장벽이라는 비판도 있다.

④ 환경, 노동자 보호는 지속가능발전 관련 내용에 해당한다. 이 내용은 무역 협정에 포함되는 경향이 있다.

⑤ 환경과 노동자 보호 규범이 포함되는 사례가 늘고 있다.

서답형 완성 문제
본문 178쪽

872 (가) – 절대 우위, (나) – 비교 우위

873 해설 참조　　　　**874** 해설 참조

875 해설 참조

872

비용이 적게 들어 유리한 위치를 절대 우위라고 하고, 상대적인 비용, 즉 기회비용이 적게 들어 유리한 위치를 비교 우위라고 한다.

873

문제 접근 절대 우위의 유무를 기준으로 무역 성립 조건을 찾을 경우, 절대 우위가 한쪽에 편중되면 두 나라 간의 무역 가능성을 설명하기 어렵다. 반면 비교 우위는 절대 우위와 달리 무역이 성립되지 않는 경우는 극히 드물다.

예시 답안 한 나라가 두 재화에서 모두 절대 우위를 가질 경우, 비용만 비교하는 절대 우위의 원리로는 무역 성립을 설명할 수 없지만, 기회비용을 비교하는 비교 우위의 원리에 따르면 무역이 가능하며 양국 모두 이익을 얻을 수 있다. 이처럼 비교 우위의 원리는 무역 가능성을 확장시키는 데 중요한 역할을 한다.

평가 기준

상	비용과 기회비용을 사용하여 절대 우위 원리로 무역이 성립되지 않는 경우를 정확하게 서술하고, 비교 우위 원리의 장점을 서술한 경우
중	비용과 기회비용을 정확하게 사용하지는 못했으나 절대 우위 원리로 무역이 성립되지 않는 경우를 미흡하게 서술하고, 비교 우위 원리의 장점을 일부 서술한 경우

하	비교 우위 원리에 대한 서술은 없으나, 절대 우위 원리로 무역이 성립되지 않는 경우에 대해 미흡하게 서술한 경우

874

문제 접근 갑국과 을국의 각 재화 1단위 생산의 기회비용을 계산하면 아래 표와 같다.

〈각 재화 1단위 생산의 기회비용〉

구분	X재	Y재
갑국	Y재 1/2단위	X재 2단위
을국	Y재 3/4단위	X재 4/3단위

예시 답안 X재 생산의 기회비용은 갑국이 을국보다 작으므로 갑국은 X재 생산에 비교 우위를 가진다. X재 1단위 생산의 기회비용은 Y재 1/2단위이다.

875

예시 답안 Y재 생산의 기회비용은 을국이 갑국보다 작으므로 을국은 Y재 생산에 비교 우위를 가진다. Y재 1단위 생산의 기회비용은 X재 4/3단위이다.

평가 기준

상	비교 우위에 있는 재화를 옳게 서술하고, 해당 재화 생산의 기회비용을 정확하게 서술한 경우
중	비교 우위에 있는 재화를 옳게 서술하였으나 기회비용 서술이 미흡한 경우
하	비교 우위에 있는 재화만 서술하고, 기회비용을 서술하지 못한 경우

1등급 고난도 문제
본문 179쪽

876 ①　　**877** ②　　**878** ④　　**879** ②

876

제시문은 글로벌 가치 사슬을 통해 상품 생산이 여러 국가에 걸쳐 이루어지며, 중간재 거래와 국제적 분업이 확대되어 국가 간 경제적 연결성이 강화되고 있음을 설명하고 있다. 글로벌 가치 사슬은 생산 과정의 국제 분업에 초점이 맞춰져 있으므로 거래 증가의 대상은 완제품이 아니라 중간재이다.

오답 피하기 ② 국제 분업 구조를 세분화하므로 구조는 복잡해진다.

③ 최종 소비재 거래 증가는 알 수 없고 중간재 거래 증가는 언급되었다.

④ 국가 간 경제적 연결성은 강화된다.

⑤ 한 국가에 전담시키는 것이 아니라 다양한 국가에 분담시킨다.

877

(가)는 해외 기업과의 경쟁을 통해 국내 산업의 경쟁력을 높이고, 비교 우위에 따른 특화와 교환으로 전 세계 생산량과 사회적 이익을 극대화할 수 있음을 강조한다.

(나)는 유치산업 보호와 경쟁력이 약한 산업의 지원을 통해 실업을 예방하고, 선진국과 개발 도상국 간 경제 격차를 완화하며 균형을 유지해야 함을 주장한다.

(가)는 자유 무역, (나)는 보호 무역을 옹호하고 있다. 무역 과정에 대한 일정한 제약과 조정이 보호 무역의 중요 수단에 해당하므로 (나)의 내용은 보호 무역의 논거가 될 수 있다.

 ① 국가 간 경제 격차 완화 노력은 보호 무역을 옹호하는 쪽에서 강조하는 내용이다.
③ 국제 무역에 대한 정부 개입을 주장하는 것이지 국제 무역의 금지를 주장한 것은 아니다.
④ (가)는 (나)에 비해 자유 무역 확대에 소극적인 입장이 아니라 적극적인 입장이다.
⑤ 공정하고 지속가능한 무역 환경 조성은 보호 무역을 옹호하는 쪽에서 주장하는 논거 중 하나이다.

878

갑국의 노동 가능 인구가 240명이라고 가정하면 갑국과 을국의 노동 가능 인구가 동일하므로 을국의 노동 가능 인구도 240명이다. 표의 숫자로 240을 나누면 각 재화의 생산 비용이 계산되고 아래 표와 같이 정리할 수 있다.

구분	X재	Y재
갑국	12명	4명
을국	6명	3명

이를 활용해 각 재화 1개 생산의 기회비용을 구하면 아래 표와 같이 정리할 수 있다.

구분	X재	Y재
갑국	Y재 3개	X재 1/3개
을국	Y재 2개	X재 1/2개

ㄹ. 첫번째 표에서 Y재의 생산 비용의 비율을 구할 수 있다. 노동 가능 인구를 240명으로 가정하였을 때 Y재 1개의 생산 비용은 갑국 4명, 을국 3명이므로 이것을 비례식으로 바꾸면 갑국: 을국은 4 : 3임을 알 수 있다. 이 비례식을 토대로 을국에서 12명이면, 4 : 3이므로 갑국에서는 16명이 된다.

 ㄱ. 갑국에서 X재 1개 생산의 기회비용은 Y재 3개이다.
ㄷ. 첫번째 표에서 X재 1개의 생산 비용을 비례식으로 구하면 갑국 : 을국은 2 : 1임을 알 수 있다. 이 비례식을 토대로 갑국에서 12명이면, 2 : 1이므로 을국에서는 6명이 된다.

879

제시된 생산 가능 곡선을 토대로 각 재화 1개 생산의 기회비용을 구하면 다음 표와 같다.

구분	X재	Y재
A국	Y재 3/4단위	X재 4/3단위
B국	Y재 1/2단위	X재 2단위

ㄱ. Y재 생산의 기회비용은 A국이 B국보다 작으므로 Y재 생산의 비교 우위는 A국에 있다.
ㄷ. A국에서 X재 1단위 생산의 기회비용은 Y재 3/4단위이므로 X재 2단위 생산의 기회비용은 Y재 3/2단위이다.

 ㄴ. X재 1단위 생산의 기회비용은 B국이 A국보다 작다.
ㄹ. B국에서 Y재 1단위 생산의 기회비용은 X재 2단위이므로 Y재 3단위 생산의 기회비용은 X재 6단위이다.

   본문 182쪽~185쪽

902 ③	903 ①	904 ②	905 ②	906 ③
907 외부 효과		908 해설 참조		909 ⑤
910 ④	911 ③	912 ④	913 해설 참조	
914 해설 참조		915 ⑤	916 ②	917 ①
918 지속가능발전		919 ⑤	920 ③	921 ②

902

(가)는 상업 자본주의이고, (나)는 산업 자본주의이다.
ㄷ. 수정 자본주의는 시장 기능의 한계를 극복하기 위한 대안으로 발생한 경제 체제로서 정부가 금융과 재정 정책 수단을 활용하여 적극적으로 시장에 개입하는 경제 체제이다.

 ㄱ. 중상주의가 사상적 배경이 된다.
ㄹ. 시기 순으로 나열하면 (가)→(나)→(다)이다.

903

대화는 애덤 스미스의 경제 이론이 중상주의적 사고 방식을 변화시키는 데 어떻게 작용했는지를 문답 형식으로 탐구하는 과정을 보여 준다.
ㄱ. 중상주의 시대에는 상업을 중시하였다.
ㄴ. 수출은 늘리고 수입은 줄이는 불균형적인 무역을 추구했고, 이로 인하여 당시 보호 무역 정책이 팽배했다.

 ㄷ. '자유로운'이 들어갈 수 있다. 자유를 강조하여 당시 경제 사조를 자유방임주의라고 부른다.
ㄹ. 시장 가격이 자원을 효율적으로 배분하게 만드는 내용이 적절하다.

904

(다)는 혼합 경제 체제이다. 계획경제 체제는 정부의 계획과 명령에 따라 자원이 배분되기 때문에 소비자의 다양한 수요와 욕구가 정부의 정책 결정 과정에 반영되기 어렵다.

 ① 시장경제 체제의 장점에 해당하는 설명이다.
③ 오늘날 대부분의 나라에서 채택하고 있는 경제 체제는 혼합 경제 체제이다.
④ 자원 배분이 효율적으로 일어나는 경제 체제는 시장경제 체제이다.
⑤ 빈부 격차의 심화로 형평성이 저해되는 단점이 있는 경제 체제는 시장경제 체제이다. 혼합 경제 체제는 소득 재분배 정책을 통해 이를 완화시키고 있다.

905

대안 (가), (나)에 대한 비용 - 편익 분석은 아래 표와 같다.

구분	(가)	(나)
편익	85,000원	90,000원
명시적 비용	5,000원	15,000원
개별 순편익	80,000원	75,000원
암묵적 비용	75,000원	80,000원
기회비용	75,000원	95,000원
순편익	5,000원	−5,000원

순편익이 양의 값을 가지는 선택이 합리적 선택이므로 합리적 선택은 (가)이다.

오답 피하기 ① (나)의 기회비용은 명시적 비용 15,000원에 암묵적 비용 80,000원을 더한 95,000원이다.
③ 표에서 (나)의 경제적 이득 75,000원은 영화 보기의 만족감에서 영화표 비용을 뺀 값이므로 영화 보기의 만족감은 75,000원에 15,000원을 더한 값 90,000원이다.
④ 영화표 값은 명시적 비용에 해당한다.
⑤ 표에서 경제적 이득은 편익에서 명시적 비용을 뺀 값이다. 그러므로 '지출 항목의 금액과 암묵적 비용을 더한 값이 경제적 이득보다 작은 선택이 합리적 선택이다.'가 아니라 '지출 항목의 금액과 암묵적 비용을 더한 값(즉 기회비용)이 편익[(가)에서는 소득, (나)에서는 영화 보기의 만족감]보다 작은 선택이 합리적 선택이다.

906

가격은 명시적 비용이다. 제시된 편익과 가격을 토대로 암묵적 비용과 기회비용, 순편익을 구하면 아래 표와 같다.

구분	X재	Y재
가격	2	5
편익	6	10
개별 순편익	4	5
암묵적 비용	5	4
기회비용	7	9
순편익	−1	1

오답 피하기 ㄱ. Y재 선택의 순편익이 양의 값을 가지므로 Y재를 선택하는 것이 합리적이다.
ㄹ. X재 선택의 기회비용은 7만 원, Y재 선택의 기회비용은 9만 원이므로 기회비용은 Y재가 X재보다 크다.

907

외부 효과는 시장에서 가격 메커니즘이 경제적 유인으로 제대로 작용하지 않을 때 발생한다. 긍정적 외부 효과의 대표적 사례로는 예방 백신이, 부정적 외부 효과의 예로는 환경 오염 물질을 배출하는 산업이 있다. 이러한 외부 효과는 시장의 자율적 조정 기능을 저해하고, 사회적 자원의 효율적 배분을 방해하는 주요 원인으로 작용한다.

908

문제 접근 외부 효과는 적절한 보상 또는 대가 지불이 이루어지지 않아서 발생하는 시장 실패 요인이므로 정부의 정책적 개입으로 보상 또는 대가 지불이 이루어지도록 하면 된다.

예시 답안 ㉠에는 세금을 감면해 주거나, 보조금을 지급하여 지속되지 않을 소비 또는 생산을 지속할 수 있도록 경제적 유인을 제공한다. ㉡에는 세금을 부과하거나 보조금을 축소 또는 폐지하여 소비 또는 생산이 지속되지 못하도록 한다.

평가 기준

상	세금, 보조금을 활용하여 두 경우를 모두 정확하게 서술한 경우
중	세금, 보조금 중 하나를 활용하여 두 경우를 모두 정확하게 서술한 경우
하	세금, 보조금 중 하나를 활용하여 하나의 경우를 서술한 경우

909

정보의 비대칭성은 거래 당사자인 소비자와 판매자가 보유한 정보의 양과 질에 차이가 있을 때 발생한다. 이러한 상황에서는 정보를 더 많이 가진 쪽이 우위를 점하며 비양심적 거래가 이루어질 가능성이 커진다. 예를 들어, 판매자가 상품이나 서비스의 결함을 숨기면 소비자는 이를 알지 못하고 거래에 응하게 되며, 이는 시장에 대한 불신을 초래한다. 결과적으로 양질의 상품이나 서비스가 시장에서 퇴출되고, 전체 시장의 신뢰와 효율성이 저하되는 악순환이 이어질 수 있다.

오답 피하기 ① 담합은 시장 내 소수의 기업이 가격, 생산량 등을 협의하여 경쟁을 제한하고 이익을 극대화하는 행위이다.
② 무임승차는 대가를 지불하지 않은 사람이 공공재나 서비스의 혜택을 누리는 현상이다.
③ 불완전 경쟁은 시장에서 진입 장벽 등으로 인해 자유롭고 공정한 경쟁이 이루어지지 않는 상태이다.
④ 공유지의 비극은 개인이 공유 자원을 자신의 이익만을 위해 과도하게 이용하여 자원이 고갈되는 문제이다.

910

ㄴ. 주식과 채권은 거래 시장이 형성되어 있어 수요 공급의 원리에 따라 가격이 형성되고 등락한다. 거래 시장을 활용하여 낮은 가격에 사서 높은 가격에 팔면 시세 차익을 얻을 수 있다.
ㄹ. 유동성(Liquidity)은 자산을 현금으로 빠르고 쉽게 전환할 수 있는 정도를 의미한다. 유동성이 높을수록 자산을 시장에서 빠르게 매도하거나 사용할 수 있으며, 전환 과정에서 가치 손실이 거의 없다.

오답 피하기 ㄱ. 배당 수익은 주식 투자에서 기대할 수 있다.
ㄷ. 이자 수익은 채권 투자에서 발생한다.

911

계란을 한 바구니에 담지 마라는 투자 격언은 포트폴리오를 다양화하여 위험을 분산하라는 의미로 분산 투자의 필요성을 강조하는 대표적인 격언이다.

오답 피하기 ① 단기 변동성에 휘둘리지 않고 장기적인 관점에서 인내하라는 조언이다.
② 시장이 하락했을 때 매수하고, 과열되었을 때 매도하라는 투자 전략을 의미한다.
④ 세계적인 투자자 워런 버핏의 원칙으로, 투자하려는 대상에 대한 철저한 이해가 필요하다는 뜻이다.
⑤ 미래를 예측하기보다 상황에 따라 유연하게 대처하는 자세가 중요하다는 의미이다.

912

갑, 을, 병 세 사람은 각기 다른 투자 성향을 보인다. 갑은 국내와 국외를 아우르며 주식 투자에 큰 비중을 두어 고위험 · 고수익을 추구한다. 을은 국내 시장에 한정하여 투자를 하고 있다. 반면, 병은 을과 마찬가지로 국내 시장에 투자하지만, 주식, 채권, 정기 예금에 골고루 분산 투자하며 위험을 피하고 안정성을 최우선으로 고려하고 있다.

ㄴ. 이자 수익은 채권, 정기 예금에서 기대할 수 있다. 채권과 정기 예금의 가치가 500만 원이므로 전체의 절반을 넘는다.

ㄹ. 갑, 을, 병 모두 주식을 보유하고 있으므로 배당 수익을 기대할 수 있다.

오답 피하기 ㄱ. 갑은 해외 주식에 투자하고 있으므로 환율 변화에 따라 원화 가치가 변동한다. 그러므로 환율 변화에 영향을 크게 받는다.

ㄷ. 병은 안전성을 최우선으로 하므로 위험성이 높은 주식의 비중이 을보다는 낮을 것이다.

913

문제 접근 위험과 안전성은 동일한 내용을 반대로 표현한 것이다. 그러므로 (가)에 제시된 곡선을 좌우 대칭으로 변형하면 적절한 수익성과 안전성의 관계를 나타내는 그림이 완성될 수 있다.

예시 답안

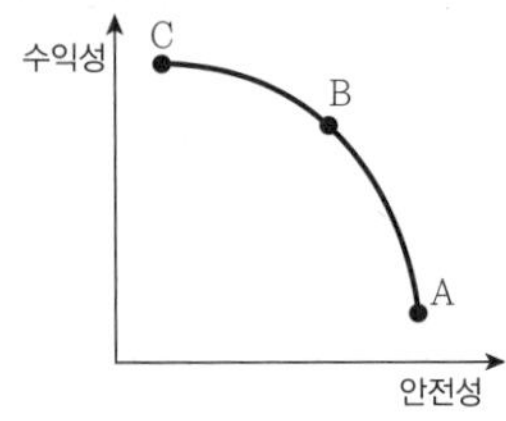

평가 기준

상	원점에서 밖으로 볼록하게 우하향하는 곡선을 그리고 A~C의 위치를 정확하게 그린 경우
중	볼록하게 표현하지는 못하였으나 우하향하는 곡선을 그리고 A~C의 위치를 정확하게 그린 경우
하	볼록한 표현, 점의 위치는 표시하지 못하였으나 우하향하는 선을 그린 경우

914

문제 접근 수익성과 위험은 비례 관계이나 위험과 안전성은 정반대의 기준이므로 수익성과 안전성은 반비례에 가깝다. 이러한 관계를 상충 관계라고 한다. 수익은 위험을 감수하지 않고 얻을 수 없다.

예시 답안 상충 관계라고 한다. 높은 수익성은 수익의 가능성을 의미할 뿐 항상 높은 수익을 낸다는 것을 의미하지 않는다. 그러므로 확률적으로 큰 손실의 가능성도 있으므로 원금을 보전하는 안전성은 낮을 수밖에 없다.

평가 기준

상	상충 관계를 정확히 쓰고, 수익성의 의미와 원금 보전 가능성을 모두 정확하게 서술한 경우
중	상충 관계를 정확히 썼으나, 수익성의 의미와 원금 보전 가능성 서술이 미흡한 경우
하	수익성의 의미와 원금 보전 가능성에 대해서만 미흡하게 서술한 경우

915

환율은 t기에 하락하다가 t+1기에 상승하였다. 기준 금리는 지속적으로 하락하였다.

ㄷ. 미국 주식은 달러로 매매하므로 원화로 그 가치를 환산할 경우 환율에 의해 재평가된다. 그러므로 환율이 상승하는 시기에는 동일한 달러 가치라도 원화로 환산하면 상승한 환율만큼 높게 그 가치를 평가받는다. 즉 환율 상승기에 미국 주식 투자는 환율 상승 만큼의 추가적인 이익을 기대할 수 있다.

ㄹ. 정기 예금은 일정한 기간에 일정한 이자를 받기로 약정하고 일정한 금액을 은행에 예금하는 금융 자산이므로 가입 시기의 금리가 높을수록 높은 이자율로 계약하여 시작할 수 있으므로 t+1기보다 t기에 시작하는 것이 유리하다.

오답 피하기 ㄱ. 한국은행은 경기 과열이 우려될 때 기준 금리를 올리고, 경기 침체가 우려될 때 기준 금리를 내린다.

ㄴ. t기에 환율은 하락하고 있으므로 원화 가치가 올라가는 기간이다. 그러므로 동일한 원화라도 많은 달러로 환산할 수 있기 때문에 해외여행 경비 부담이 감소한다. 이는 해외여행 수요의 증가 요인으로 작용할 수 있다.

916

갑의 소득은 청년기에 시작하여 c 시기까지 발생하고, 소비는 생애 모든 시기에 지속적으로 증가한다. 누적 소득액은 소득 발생이 종료되는 시점에서 최대가 되므로 c에서 최대가 된다.

오답 피하기 ① 누적 저축액은 b에서 최대가 된다.

③ 소비 수준은 c~d 기간에 가장 높다.

④ 연령과 소득은 반비례 관계에 가깝다.

⑤ 해당 기간에 소득이 감소하지만 소비는 지속적으로 증가한다.

917

A는 국제 분업이고, B는 무역이다. 국제 분업과 무역이 발생하는 이유는 국가 간 생산 비용의 차이 때문이다.

ㄱ. 생산 기술 수준은 생산 비용을 결정하는 요인이다. 기술 수준이 높을수록 생산 비용을 낮출 수 있다.

ㄴ. 생산 요소가 풍부한 국가가 생산 비용을 낮춰 경쟁력을 확보할 수 있다.

오답 피하기 ㄷ. 절대 우위 재화가 없더라도 비교 우위가 있는 재화의 교역을 통해 무역이 가능하고 당사자 모두 이익을 얻을 수 있다.

ㄹ. 국내 일자리 창출과 유지의 요구가 강하면 보호 무역 정책이 강화될 가능성이 있다. 이러한 요구는 자유 무역을 위축시키는 요인에 해당할 수 있다.

918

지속가능발전은 현실적인 필요와 이상적인 목표의 조화를 추구하는 것이 핵심이다. 경제 성장과 형평성, 환경의 균형에서 그 특징을 파악할 필요가 있다.

919

현재 세대의 필요를 충족하되, 미래 세대의 자원 이용 능력을 보장한다는 것은 지속가능발전의 핵심 원칙으로, 경제 성장과 환경 보호, 사회적 형평성을 균형 있게 고려하여 모든 세대가 지속적으로 번영할 수 있도록 하는 발전을 의미한다.

오답 피하기 ① 경제 성장과 환경 보호를 모두 중요시한다.
② 형평성을 포기하지 않고 자원의 효율적 이용과 조화를 추구한다.
③ 지속가능발전은 단순히 기술로 문제를 해결하는 것을 넘어, 자원의 공정한 분배, 환경을 보호하며 성장하는 방식, 그리고 세대 간의 책임을 모두 포함한다. 기술 발전은 지속가능발전을 지원하는 중요한 도구일 뿐, 그 자체가 최종 목표는 아니다. 기술만으로는 사회적 불평등, 환경 훼손, 자원 고갈 같은 문제를 근본적으로 해결할 수 없기 때문이다.
④ 경제 성장을 최우선으로 하지 않는다.

920

③ 보호 무역을 하면 관세, 수입 제한 같은 정책으로 외국 상품의 가격이 인위적으로 상승하게 된다. 이렇게 되면 소비자들은 더 비싼 외국 상품을 사야 하거나, 외국 상품과 경쟁이 줄어든 국내 상품을 선택해야 한다. 하지만 국내 상품은 경쟁 부족으로 품질 개선이 더디거나 생산 비용이 높아져 가격이 비쌀 수 있다. 따라서 보호 무역은 전반적으로 상품 가격 상승으로 이어져 소비자 부담을 증가시키는 결과를 초래한다.

오답 피하기 ①, ④ 자유 무역의 장점에 대한 설명이다.
②, ⑤ 자유 무역의 단점에 대한 설명이다.

921

ㄱ. 병국의 A재 생산의 기회비용은 B재 5/7단위이고, 정국의 A재 생산의 기회비용은 B재 5/6단위이므로 A재 생산의 비교 우위는 병국이 가진다.
ㄷ. (가)는 절대 우위로 무역이 설명되는 상황이지만 (나)는 절대 우위로 설명될 수 없는 상황이다.

오답 피하기 ㄴ. 갑국에서 X재 1단위 생산의 기회비용은 Y재 1/3단위이다.
ㄹ. 정국에서 B재 5단위를 생산하려면 A재 6단위 생산을 포기해야 한다.

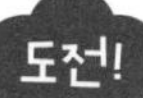

도전! 기출 문제 본문 186쪽~187쪽

922 ④   **923** ③   **924** ③   **925** ⑤

922 합리적 선택 이해

자료 분석 제시문을 토대로 비용 편익을 분석하면 아래 표와 같이 정리할 수 있다.

(단위: 만 원)

구분	㉠ 선택	㉡ 선택
편익	4	4
명시적 비용	3	2
개별 순편익	1	2
암묵적 비용	2	1
기회비용	5	3
순편익	−1	1

㉡ 선택에 따른 편익이 4만 원이고 기회비용은 3만 원이므로 편익이 기회비용보다 크다.

오답 피하기 ① ㉠ 선택에 따른 명시적 비용은 체험료 3만 원이다.
② ㉡ 선택에 따른 암묵적 비용은 도자기 체험 편익 4만 원에서 체험료 3만 원을 뺀 1만 원이다.
③ 기회비용은 ㉠의 경우가 ㉡의 경우보다 크다.
⑤ 편익이 5만 원으로 상승할 경우의 비용 편익 분석을 정리하면 아래 표와 같다.

(단위: 만 원)

구분	㉠ 선택	㉡ 선택
편익	5	5
명시적 비용	3	2
개별 순편익	2	3
암묵적 비용	3	2
기회비용	6	4
순편익	−1	1

여전히 ㉡ 선택이 합리적이다.

923 다양한 금융 자산의 특징 이해

자료 분석 대표적인 금융 자산인 주식, 채권, 예금의 일반적인 특징을 묻고 있다. 주식과 채권은 거래 시장이 형성되어 있어 수요 공급의 원리에 따라 가격이 형성된다. 낮은 가격에 사서 높은 가격에 팔면 그 차이만큼 이익을 얻을 수 있는데 이를 시세 차익이라고 한다. 갑이 보유한 주식과 채권의 가치는 700만 원으로 을의 보유액과 동일하다.

오답 피하기 ① 배당금을 기대할 수 있는 금융 자산은 주식으로 갑은 500만 원, 을은 400만 원을 보유하고 있다.
② 이자 수익을 기대할 수 있는 금융 자산은 채권과 예금으로 갑은 500만 원, 을은 600만 원을 보유하고 있다.
④ 예금자 보호 제도의 적용을 받는 금융 자산은 예금뿐이다.
⑤ 정부나 기업 등이 자금을 빌린 후 제공하는 증서는 채권이다.

924 시장 실패의 요인 이해

자료 분석 시장 실패의 요인에는 불완전 경쟁, 외부 효과, 공공재, 정보 비대칭 등이 있다. 타인에게 의도치 않은 이익이나 피해를 주지만 이에 대한 대가를 받거나 지불하지 않는 현상을 외부 효과라 하며, 이는 시장 실패의 요인이다. 정원은 긍정적 외부 효과의 사례에 해당하고, 길거리 흡연은 부정적 외부 효과의 사례에 해당한다.

오답 피하기 ① 독과점 형성은 시장에서 소수의 기업이 과도한 시장 지배력을 가지며 경쟁을 제한하거나 배제하는 상황이다.
② 공공재 부족은 모든 사람이 자유롭게 이용할 수 있는 도로나 공원 같은 공공재가 수요에 비해 충분히 공급되지 못하는 문제이다.
④ 불공정 거래 행위는 독점적 지위를 이용하거나 거래 조건을 왜곡해 공정한 시장 경쟁을 저해하는 행위이다.
⑤ 경제적 불평등 심화는 소득이나 부의 분배가 불균등하게 이루어져 계층 간 격차가 점점 커지는 현상이다.

925 국제 분업과 무역의 원리 이해
자료 분석 생산비를 비교하고 생산비가 낮은 재화를 특화하여 교역하는 원리를 절대 우위에 따른 설명(절대 우위론)이라고 하고, 생산의 기회비용을 비교하고 기회비용이 낮은 재화를 특화하여 교역하는 원리를 비교 우위에 따른 설명(비교 우위론)이라고 한다. 쌀 1단위 생산의 기회비용은 갑국이 반도체 1/2단위, 을국은 반도체 3/5단위로, 갑국이 쌀 생산에 비교 우위를 가진다. 반도체 1단위 생산의 기회비용은 갑국이 쌀 2단위, 을국은 쌀 5/3단위로, 을국이 반도체 생산에 비교 우위를 가진다.

오답 피하기 ① 노동자 수가 동일하므로 쌀의 최대 생산 가능량은 갑국이 을국보다 1.5배 많다.
② 생산 비용은 노동자 수이므로 쌀과 반도체 모두에서 노동자 수가 적은 갑국이 절대 우위를 모두 가진다.
③ 갑국의 쌀 1단위 생산의 기회비용은 반도체 2단위가 아니라 1/2단위이다.
④ 반도체 1단위 생산의 기회비용은 갑국이 쌀 2단위, 을국은 쌀 5/3단위이다.

01 세계화의 다양한 양상과 문제 해결 방안

개념 핵심 문제 — 본문 189쪽

926 세계화　**927** 세계 도시　　**928** 다국적(초국적)
929 공간적 분업　　**930** ㄴ　　**931** ㄱ
932 ㄷ　　**933** ⓛ　　**934** ㉠　　**935** ㉢
936 약해지고　　**937** 생산자
938 개발 도상국　　**939** 보편 윤리

내신 적중 문제 — 본문 190쪽~192쪽

940 ①	**941** ②	**942** ④	**943** ③	**944** ②
945 ⑤	**946** ④	**947** ④	**948** ②	**949** ③
950 ①				

940
경제활동의 세계화로 지구적 차원의 협력과 공간적 분업을 통한 상품 생산에서의 효율성 증대가 다국적 기업의 주요 전략이 되고 있다. 일상생활 용품부터 항공기 제작에 이르기까지 제품의 원료 조달 및 생산 과정에서 공급망이 구축되어 세계적인 협업을 통해 생산 활동이 이루어지고 있다.

오답 피하기 지역화는 지역의 생활양식이나 경제 · 사회 · 문화 등 지역적 특성이 세계적 차원에서 가치를 지니게 되는 현상을 말한다. 문화의 획일화는 전 세계의 문화가 비슷해져 가는 현상으로, 세계화에 따른 문화적 측면의 부정적 현상을 의미한다. 경제적 불평등으로 국가 간 빈부 격차 심화 등을 들 수 있으며, 이는 세계화에 따른 경제적 측면의 부정적 현상을 의미한다.

941
지역화 전략으로 지역 브랜드화, 장소 마케팅, 지리적 표시제 등을 들 수 있다. 포르투갈의 포르투는 'Porto.'를 지역의 정체성을 담은 지역 브랜드로 개발하였다.

오답 피하기 ① 다국적 기업의 현지화 전략은 다국적 기업이 목표 시장으로 하는 현지의 문화, 관습, 자연환경 등을 고려하여 재화나 서비스를 생산하는 전략을 말한다.
③ 공정 무역은 개발 도상국 생산자의 경제적 자립과 지속가능한 발전을 위해 생산자에게 보다 유리한 무역 조건을 제공하는 무역 형태를 말한다.
④ 제시된 사례에는 관광 자원 개발과 관련된 내용은 들어 있지 않다.
⑤ 세계 무역 기구의 등장과 자유 무역의 확대로 전 세계의 부는 증대되었지만 국가 간 빈부 격차는 심화되었는데, 제시된 사례에는 이와 관련된 내용이 들어 있지 않다.

942
그래프에서 순위가 높은 (가)는 최상위 세계 도시에 해당하는 뉴욕, 나머지 (나)는 시드니이다. 뉴욕(가)에는 국제 연합(UN) 본부가 있다.

 ① 세계 도시는 세계화 시대에 국경을 넘어 세계적인 중심지 역할을 수행하는 도시이다.

② 세계 도시는 전 세계의 경제 활동을 조절하고 통제할 수 있는 중심지이자 세계적 교통·통신망의 핵심적인 결절지이다.

③ 최상위 세계 도시로 뉴욕, 런던 등이 있다.

⑤ 미국 뉴욕은 앵글로아메리카, 오스트레일리아 시드니는 오세아니아에 위치한다.

943

지도의 A는 오스트레일리아 시드니, B는 미국 뉴욕, C는 브라질 상파울루이다. 따라서 뉴욕(가)은 B, 시드니(나)는 A이다.

944

뉴욕(가)은 최상위 세계 도시로 시드니(나)보다 세계 도시 체계에서의 계층이 높다. 따라서 뉴욕은 시드니보다 세계 금융 시장에 미치는 영향력이 크고, 생산자 서비스업의 발달 수준이 높으며, 국제공항 이용객 수가 많다. 따라서 그림의 B에 해당한다.

945

지도는 어느 다국적 기업의 기능별 공간적 분업을 나타낸 것으로 (가)는 본사, (나)는 연구소, (다)는 생산 공장이다.

ㄱ. 다국적 기업은 국경을 넘어 세계적으로 제품을 생산·판매하는 기업이다.

ㄴ. 다국적 기업의 본사(가)는 경영 기획 및 관리 기능을 담당하며, 자본과 우수한 인력을 확보하기 쉬운 본국의 대도시에 위치하는 경우가 많다.

ㄷ. 핵심 기술 및 디자인 개발 기능을 주로 담당하는 연구소(나)는 제품 생산 기능을 주로 담당하는 생산 공장(다)보다 고급 인력에 대한 수요가 크다.

946

지도의 A는 개발 도상국에 해당하는 인도에 입지한 생산 공장, B는 선진국에 해당하는 미국에 입지한 생산 공장이다. 생산 공장은 생산비 절감을 위해 임금 수준이 낮고 풍부한 노동력을 확보할 수 있는 개발 도상국에 설립하는 경우가 많으며, 무역 장벽 극복과 판매 시장 확보를 위해 선진국에 설립하기도 한다.

 핵심 기술 및 디자인 개발 기능을 수행하는 곳은 연구소이다.

947

1인당 국내 총생산은 대체로 경제 발전 수준이 높을수록 많게 나타난다. 그래프에서 1인당 국내 총생산이 상대적으로 많게 나타나는 A, B는 각각 경제 발전 수준이 높은 독일, 미국 중 하나이며, A는 미국, B는 독일이다. 1인당 국내 총생산이 상대적으로 적게 나타나는 C, D는 각각 경제 발전 수준이 낮은 케냐, 필리핀 중 하나이며, C는 필리핀, D는 케냐이다. 미국(A)은 아메리카 대륙, 케냐(D)는 아프리카 대륙에 위치한다.

 ① 세계화로 자유 무역이 확대되면서 전 세계의 부는 증대되었지만 국가 간 빈부 격차는 심화되었다.

② 선진국(ⓒ)은 개발 도상국(ⓔ)에 비해 기술 집약적이고 부가 가치가 높은 제품을 주로 수출한다.

③ 개발 도상국(ⓔ)은 선진국(ⓒ)에 비해 부가 가치가 낮은 제품을 주로 수출한다.

⑤ 독일(B)은 선진국(ⓒ), 필리핀(C)은 개발 도상국(ⓔ)에 해당한다.

948

원주민의 소수 언어는 약용 식물에 관한 독특한 지식을 구전하는 역할을 하였으나, 세계화로 인해 영어, 에스파냐어 등과 같은 언어의 영향력 증가로 소수 민족의 고유 언어는 사라질 위기에 처하기도 한다. 언어가 소멸하면 각 지역에서 오랜 기간 축적한 인류의 지혜와 고유한 문화가 함께 사라질 우려가 있다.

 ① 국가 간 빈부 격차의 심화는 자유 무역의 확대 등으로 인해 나타났으며, 제시된 사례에는 국가 간 빈부 격차와 관련된 내용은 들어 있지 않다.

③ 세계 무역 기구 출범 이후 무역 장벽이 낮아지면서 국제 교역량이 증가하였고, 세계 자본 시장은 유기적으로 연결되며 다양한 영향을 미쳤다. 제시된 사례에는 이와 관련된 내용은 들어 있지 않다.

④ 세계화의 흐름 속에서 인간의 존엄성, 생명 존중, 자유, 평등과 같은 보편 윤리가 강조되고 있으며, 이 과정에서 특정 지역이나 종교, 민족 단위에서 공유되는 특수 윤리와의 갈등이 발생하기도 한다. 제시된 사례는 이와 관련이 적다.

⑤ 세계화로 국제 협력과 공간적 분업이 확대되고 있으나, 제시된 사례에는 이와 관련된 내용은 들어 있지 않다.

949

세계화로 인해 국가 간 빈부 격차가 심화되고 있으며, 세계적인 다국적 기업의 총매출액은 한 국가의 국내 총생산(GDP)보다 많다. 이를 해결하기 위해 국제적 차원에서 분배적 정의를 실현하는 대책 등이 필요하다.

ㄴ. 분배적 정의를 실현하기 위해 선진국은 개발 도상국이나 저개발 국가가 경제적으로 자립할 수 있도록 공적 개발 원조(ODA)와 같은 지원을 해야 한다.

ㄷ. 분배적 정의를 실현하기 위해 다국적 기업은 ESG 경영을 통한 개발 도상국 생산 공장 노동자의 노동 환경 개선 및 기술 이전을 하는 것이 필요하다.

 ㄱ. 세계 각국의 무역 장벽 폐지는 국가 간 빈부 격차를 더욱 심화시킬 수 있다.

ㄹ. 유네스코(UNESCO)의 문화 다양성 선언을 바탕으로 한 문화의 고유성과 다양성 보전 등은 문화의 획일화를 경계하고 문화의 고유성과 다양성을 보전하는 데 도움을 줄 수 있다.

950

제시문은 공정 무역(㉠)과 공정 여행(㉡)에 대한 내용이다. 중간 유통 과정을 줄인 공정 무역을 통해 개발 도상국의 생산자에게 정당한 대가가 돌아가는 데 도움을 줄 수 있다.

 ② 공정 여행은 여행자에게 현지 문화를 체험하는 의미 있는 경험을 주고, 현지인에게는 실질적인 경제적 혜택이 돌아가게 하는 여행 방식이다.

③, ④, ⑤ 공정 무역(㉠)과 공정 여행(㉡)은 환경과 지역 사회에 도움이 되는 소비이자 국가 간, 계층 간 불평등을 줄일 수 있는 방안 중 하나인 윤리적 소비와 관계가 깊다.

서답형 완성 문제

본문 192쪽

951 해설 참조　　　**952** 해설 참조
953 (가) – 인간의 존엄성, (나) – 샤리아(이슬람 관습법)
954 해설 참조

951

문제 접근 우리나라의 다국적 기업 ○○ 전자는 세계 곳곳에 연구소와 생산 공장 등을 설립하여 세계적 규모의 경영 체제를 구축하고 있다.

예시 답안 ○○ 전자가 하이퐁에 생산 공장을 설립한 주요 원인 중 하나는 저렴한 노동력을 고용하여 생산비를 절감하기 위해서이다.

평가 기준

상	㉠의 주요 원인을 옳게 서술한 경우
하	㉠의 주요 원인을 미흡하게 서술한 경우

952

문제 접근 다국적 기업의 공간적 분업은 지역 경제에 큰 영향을 미친다. 다국적 기업의 산업 시설이 새로 들어선 지역은 일자리가 증가하는 등 지역 경제가 활성화되지만, 다국적 기업의 산업 시설이 빠져나간 지역은 실업자가 증가하는 등 지역 경제가 침체되기도 한다.

예시 답안 생산 공장의 설립은 해당 지역에 고용 창출로 인한 지역 경제 활성화, 선진국의 기술 습득 기회 증가 등의 긍정적인 영향을 미친다.

평가 기준

상	㉡의 긍정적인 영향을 옳게 서술한 경우
하	㉡의 긍정적인 영향을 미흡하게 서술한 경우

953

보편 윤리는 세계시민으로서 인간의 존엄성, 자유, 평등과 같은 인류의 보편적 가치를 중시하며, 특수 윤리는 특정 사회에서만 공유하는 규범과 가치를 보편적인 규범과 가치의 실현보다 우선시한다. 샤리아(이슬람 관습법)를 지키지 않으면 공개 태형을 받는다는 내용이 담긴 제시문의 사례를 통해 보편 윤리에 해당하는 인간의 존엄성과 특수 윤리에 해당하는 샤리아(이슬람 관습법) 간의 갈등을 파악할 수 있다.

954

문제 접근 사례는 세계화에 따른 보편 윤리와 특수 윤리 간의 갈등을 보여주고 있다.

예시 답안 지구촌 구성원으로서 세계시민 의식을 가지고 인류의 보편적 가치인 보편 윤리를 존중하는 가운데 각 사회의 특수 윤리를 맥락적으로 고려하고 이에 대해 성찰하는 태도를 지녀야 한다.

평가 기준

상	세계시민 의식을 바탕으로 보편 윤리와 특수 윤리 간의 갈등 해소를 위해 가져야 할 바람직한 태도를 적절하게 서술한 경우
하	세계시민 의식을 바탕으로 보편 윤리와 특수 윤리 간의 갈등 해소를 위해 가져야 할 바람직한 태도를 미흡하게 서술한 경우

1등급 고난도 문제

본문 193쪽

955 ③　　　**956** ③　　　**957** ①　　　**958** ④

955

제시문은 세계화와 지역화에 대한 내용이다. 자유 무역 확대와 세계가 하나의 시장으로 재편되는 경제의 세계화(㉢)로 국가 간 경쟁이 심화되며 경제 격차가 커졌다.

오답 피하기 ① 교통과 통신의 발달에 따른 시·공간의 압축으로 세계화가 촉진되었다.
② 다국적 기업의 국제적 분업(㉡) 사례로는 특정 국가에 본사를 둔 다국적 기업이 세계 여러 국가의 지사 및 협력 업체로부터 부품을 공급받아 항공기를 생산하는 것 등이 있다.
④ 문화의 세계화로 초국적 세계 문화가 형성되며, 이로 인해 문화의 획일화 및 소수 민족 문화의 쇠퇴 등과 같은 부정적 영향이 나타나기도 한다.
⑤ 지역화 전략으로 장소 마케팅, 지역 브랜드화, 지리적 표시제 등을 들 수 있다.

956

제시된 자료는 세계 도시와 세계 도시 체계에 대한 것이다. 표의 (가)는 위·경도 값을 통해 미국의 도시임을 알 수 있는데, 월 스트리트 등이 유명 명소이므로 미국 뉴욕이다. (나)는 위·경도 값을 통해 유럽의 도시임을 알 수 있는데, 빅 벤 등이 유명 명소이므로 영국 런던이다. 세계 도시 체계에서 최상위 세계 도시로 갈수록 도시 수는 적어지나, 기능이 많아지고 영향력은 커지며, 동일 계층의 도시 간 평균 거리는 멀어진다.

오답 피하기 ① 국제 연합(UN)(㉠)의 본부는 뉴욕(가)에 위치한다.
② 생산자 서비스는 주로 기업의 생산 활동을 지원하는 서비스로, 세계 도시에는 금융, 보험, 부동산, 광고, 마케팅과 같은 생산자 서비스업이 발달해 있다.
④ 뉴욕(가), 런던(나) 등은 최상위 세계 도시에 해당한다.
⑤ 뉴욕(가)은 아메리카, 런던(나)은 유럽에 위치한다.

957

지도의 두 국가는 독일(A), 케냐(B)이다. 경제 발달 수준이 높은 독일(가)은 수출 상품 구조에서 기계 및 자동차, 화학 제품과 같은 부가 가치가 높은 상품이 차지하는 비율이 높고, 경제 발달 수준이 낮은 케냐(나)는 수풀 상품 구조에서 농산물과 같은 부가 가치가 낮은 상품이 차지하는 비율이 높다. 독일(가)은 케냐(나)보다 1인당 국내 총생산이 많고, 부가 가치가 높은 상품의 수출액 비율이 높다.

오답 피하기 ㄷ. 경제 규모가 크고 부가 가치가 높은 상품을 많이 수출하는 독일(가)이 케냐(나)보다 세계 무역 구조에서 차지하는 무역액 비율이 높다.
ㄹ. 독일(가)은 A, 케냐(나)는 B이다.

958

수업은 세계화의 긍정적 · 부정적 영향에 대한 장면이다. 이슬람 관습법은 인권과 같은 보편적 가치와 충돌하기도 한다. 이슬람 관습법은 특정한 집단 내에서 중요하다고 여기는 가치를 강조하는 특수 윤리(ㅁ), 인간의 존엄성은 자유와 평등 같은 보편적 가치를 중시해야 한다는 보편 윤리(ㄹ)에 해당한다.

오답 피하기 ① 세계화(ㄱ)가 진행되면서 국경의 의미는 약화되었다.
② 2001년 유네스코(UNESCO)가 채택한 문화 다양성 선언은 문화의 고유성과 다양성을 보존하기 위한 국제적 협력 사례이다.
③ 개발 도상국의 생산자에게 정당한 대가를 지불하는 공정 무역을 통해 상호 공존을 추구하는 것은 지구촌 분배 정의 실현(ㄷ)에 도움이 된다.
⑤ 세계화 시대에 나타나는 문제는 전 지구적 차원의 문제이다. 우리는 세계 시민으로서 책임감을 가지고 이러한 문제 해결에 적극 참여해야 한다.

02 평화의 의미와 국제 사회의 역할

972

(가)는 소극적 평화로 직접적 · 물리적 폭력에서 벗어난 상태이다. (나)는 적극적 평화로 직접적 폭력뿐만 아니라 구조적 · 문화적 폭력에서 벗어난 상태이다.

오답 피하기 ①, ② 적극적 평화를 의미한다.
④ 소극적 평화만을 추구하면 폭력을 용인하는 사회 구조에 무감각해지며, 인간답게 살 권리를 보장받기 힘들어질 수 있다.
⑤ 소극적 평화뿐만 아니라 적극적 평화도 실현하고자 노력한다면 달성할 수 있는 목표이다.

973

제시문을 주장한 사상가는 갈퉁이다.
ㄷ. 갈퉁은 평화를 창조하는 것이 폭력을 줄이는 것, 폭력을 피하고 예방하는 것과 관계가 있다고 보았다.
ㄹ. 직접적 폭력, 구조적 폭력, 문화적 폭력은 어디에서나 시작하여 어느 방향으로나 흐를 수 있고, 그 과정에서 서로를 확대 재생산한다고 보았다.

오답 피하기 ㄱ. 갈퉁은 직접적인 폭력이 신체적 폭력뿐만 아니라 언어적 폭력에 의해서도 나타난다고 보았다.
ㄴ. 갈퉁은 평화를 실현하기 위한 수단도 평화적이어야 한다고 보았다.

974

제시문은 '세계 평화의 섬' 지정이 적극적 의미의 평화를 실천해 나가는 문화적, 사회적, 정치적 활동 체계임을 보여주고 있다.
① 제시문을 통해 진정한 평화는 단순히 직접적 폭력의 제거가 아니라 상생과 화해의 정신을 통해 평화를 창출하고 확산함으로써 실현될 수 있음을 알 수 있다.

975

② 칼럼에서는 다양한 원인에 의해 국제 분쟁이 일어난다고 본다. 또한 이를 해결하고 인류의 안전과 생존을 보장하기 위해서

는 국제적 차원의 노력이 중요하다고 본다.

오답 피하기 ①, ③ 칼럼의 입장과 상반되는 입장이다.
④, ⑤ 칼럼에서 언급하지 않고 있는 내용이다.

976

갈퉁은 인간의 존엄성 실현을 위해서는 적극적 평화를 추구해야 한다고 보았으며(갑), 상징적 차원에서 나타나는 폭력이 직접적, 구조적 폭력을 정당화하기도 한다고 보았다(병).

오답 피하기 을: 갈퉁은 진정한 평화가 실현될 때 국가 방위를 위한 국가 안보 차원을 넘어 개인의 자유와 존엄성을 보장하는 인간 안보를 실현할 수 있다고 보았다.
정: 갈퉁은 폭력의 주체가 명확하지 않은 간접적 폭력은 적극적 평화 실현을 위해 사라져야 한다고 보았다.

977

ㄱ, ㄷ. 갈퉁은 개인의 잠재력 실현을 방해하는 억압 또한 폭력이며, 적극적 평화는 평화석 수단에 의해 실현될 수 있다고 보았다.

오답 피하기 ㄴ. 갈퉁은 폭력이 의도적으로 발생하기도 하지만 의도적이지 않은 폭력 또한 존재한다고 보았다.
ㄹ. 갈퉁은 폭력이 반드시 의도적인 경우에만 나타난다고 보지 않았다.

978

제시문을 주장한 사상가는 칸트이다.
② 칸트는 영원한 평화를 위해서는 국가 간의 평화 연맹을 통해 국가들의 자유를 보호하고 지속시켜야 한다고 보았다.

오답 피하기 ① 칸트는 하나의 전쟁 행위를 종식시키고자 하는 평화 조약이 아니라 모든 전쟁을 영원히 종식시키고자 하는 평화 연맹을 통해 영원한 평화를 실현해야 한다고 보았다.
③ 칸트는 평화 조약과 구분되는 평화 연맹을 통해 영원한 평화를 이룰 수 있는 가능성(객관적 실재성)이 분명해질 수 있다고 보았다.
④ 칸트는 영원한 평화를 실현하기 위해 세계 정부를 수립하는 것이 이상적일 수 있지만, 각국의 주권을 존중하는 평화 연맹을 통해 영원한 평화를 실현하는 것이 현실적이라고 보았다.
⑤ 칸트는 개별 주권 국가들이 결성한 평화 연맹을 통해 영원한 평화를 실현해야 한다고 보았다.

979

제시문의 사상가는 모겐소이다.
③ 모겐소는 국제 관계는 힘에 의해 지배받는다고 보면서, 각 국가는 정치적, 문화적 상황에 따라 가변적인 특징을 지니는 자국의 이익만 고려한다고 보았다.

오답 피하기 ① 모겐소는 국가 간 세력 균형을 통해 일시적인 평화는 나타날 수 있다고 보았다.
② 모겐소는 국제 관계는 국익과 힘의 논리가 지배한다고 보았다.
④ 모겐소는 국가의 궁극적인 목적은 자국의 이익을 추구하는 것이라고 보았다.
⑤ 모겐소는 국제 관계에서는 상위의 주권적 권력을 가진 국제기구가 없는 무정부 상태와 같다고 보았다.

980

(가)는 개인이나 민간단체를 회원으로 하는 국제 사회의 행위 주체인 비정부 기구이다. (나)는 여러 국가가 모여 국제적으로 영향력을 행사하는 행위 주체인 국제기구이다. 국제 사면 위원회, 그린피스는 비정부 기구에 속하고, 국제 연합, 국제 통화 기금은 국제기구에 속한다.

981

제시문에서는 국제 사회에서 나타나는 갈등이 어느 한 국가만의 노력으로는 해결하기 어렵기 때문에 이를 해결하기 위해 행위 주체의 다양한 노력이 필요함을 보여주고 있다.

오답 피하기 ㄱ. 제시문에서는 국제 사회의 다양한 행위 주체인 국가, 국제기구, 비정부 기구, 개인의 실천을 보여주고 있다.
ㄷ. 제시문에서는 전쟁을 해결하기 위해 국제기구인 국제 연합(UN) 안전 보장 이사회의 노력이 드러나 있다.

982

제시문을 통해 국제 사회에서 다양한 행위 주체가 평화 실현을 위해 노력하고 있다는 것을 알 수 있다.
② 국가에 해당하는 설명이다.

983

적극적 평화는 직접적 폭력은 물론이고, 구조적 폭력과 문화적 폭력과 같은 간접적 폭력까지 사라진 상태이다.

984

문제 접근 ㉢만 제거된 상태는 소극적 평화가 실현된 상태이다.

예시 답안 소극적 평화만 실현된다면 적극적 평화가 지향하는 인간 존엄성과 삶의 질이 보장될 수 없어 모든 사람이 인간다운 삶을 누리지 못할 수 있다.
평가 기준

상	적극적 평화에 비해 소극적 평화가 가진 한계를 정확하게 서술한 경우
중	소극적 평화가 가진 한계를 서술했으나 내용이 다소 미흡한 경우
하	소극적 평화만 명확히 쓴 경우

985

㉠은 국제 사회 행위 주체 중 국제기구이고, ㉢은 일정한 영토와 국민을 바탕으로 주권을 행사하는 국가를 지칭한다.

986

 현대 사회에서 발생하는 ⓒ과 같은 갈등은 어느 한 국가, 하나의 행위 주체만의 노력으로는 해결할 수 없는 특징을 가진다.

 개인도 국제 사회의 중요한 행위 주체 중 하나이기 때문에 인류의 보편적 가치를 실현하기 위해서는 적극적인 관심을 가지고, 다양한 방법으로 실천하기 위해 노력해야 한다.

상	세계시민으로서의 의식을 가지고 보편적 가치 실현을 위해 노력하는 개인의 역할을 정확하게 서술한 경우
중	개인의 적극적인 역할을 서술했으나 내용이 다소 미흡한 경우
하	개인의 노력과 역할만 언급한 경우

1등급 고난도 문제　　　　본문 199쪽

987 ⑤　　**988** ①　　**989** ④　　**990** ④

987

제시문을 주장한 사상가는 칸트이다. 칸트는 헌법에 근거하는 공화정 국가가 모여 평화 연맹을 결성하고, 보편적 우호 조건에 국한된 세계 시민법이 보장될 때 영구 평화가 실현될 수 있다고 보았다.
⑤ 칸트는 국가 간 평화 연맹을 통해 영구 평화 실현에 기여할 수 있다고 보았다.

988

제시문을 주장한 사상가는 갈퉁이다. 갈퉁은 국가 간 세력 균형을 통해 유지되는 소극적 평화의 단계를 넘어 빈곤, 기아와 같은 구조적 폭력과 문화적 폭력이 사라진 적극적 평화를 실현해야 한다고 보았다.

 ㄷ. 갈퉁은 적극적 평화를 실현하기 위해서는 폭력을 없애기 위한 노력과 폭력을 예방하기 위한 노력이 함께 있어야 한다고 보았다.
ㄹ. 갈퉁은 적극적 평화를 무력의 포기에 의한 것이 아니라 평화적인 수단을 통해 실현해야 한다고 보았다.

989

④ 제시문은 다양한 국제 사회의 행위 주체가 국제 갈등 상황에서 보여 주는 행위를 서술하고 있다. 범죄나 테러, 전쟁 등과 같은 직접적인 폭력이 사라진 상태는 소극적 평화라고 할 수 있다.

 ① 인류의 보편적 가치를 실현하기 위해 노력하고 있다고 볼 수 없다.
② 국제 분쟁은 다양한 국제 사회의 행위 주체의 노력으로 예방할 수 있도록 노력해야 한다.
③ ⓒ은 일정한 영토와 국민을 바탕으로 주권을 행사하는 국가에 대한 설명이다.
⑤ 국제법은 각국의 정부를 회원으로 하는 국제기구에서 제정된다.

990

갑은 (가)의 집단적 대응의 방안으로 무력에 의한 개입이 정당화될 수 있다고 보지만, 을은 평화적 수단에 의해 해결해야 한다는 입장이다.

 ㄱ. 갑의 입장에서는 자국의 이익을 추구하는 것 자체가 도덕적으로 정당화될 수 있다고 본다.
ㄷ. 현대 사회의 국제 갈등은 지구촌 전체의 문제로 보아야 한다.

03 남북 분단 및 동아시아 역사 갈등과 세계 평화를 위한 노력

1004

우리나라는 1945년 광복 직후 미국과 소련에 의해 북위 38도선을 기준으로 분단되고(다), 1948년 남북한에 각각 대한민국 정부와 북한 정권이 수립되었다(나). 이후 1950년 6·25 전쟁이 발발하였고 정전 협정이 체결되었다(가).

1005

① 칼럼은 한반도에서 한민족이 한 나라를 이루고 살기 위해 분단에 안주하지 않고 주인의식을 가지고 통일을 위해 노력해야 한다고 본다.

오답 피하기 ②, ④, ⑤ 칼럼의 내용과 상관이 없다.
③ 칼럼에서는 미래 사회 번영을 위해 통일이 필요하다고 본다.

1006

ㄷ, ㄹ. 남북 분단의 국내적 배경으로는 광복 이후 통일 정부를 수립하기 위한 노력이 실패하면서 민족 내부에 대립이 지속되었고, 이후 6·25 전쟁으로 남북 분단이 굳어진 것을 들 수 있다.

오답 피하기 ㄱ, ㄴ. 남북 분단의 국제적 배경에 해당한다.

1007

⑤ 제시문에서는 남북통일로 인한 통일 편익이 통일 비용에 비해 훨씬 더 클 것으로 본다. 이를 통해 과거 과도한 통일 비용으로 인해 남북 통합이 어려울 것이라는 전망이 그릇되었다는 점을 알려주고 있다.

오답 피하기 ① 분단 비용은 소모성 비용이다.
②, ④ ㉠에 들어갈 진술로 적절하지 않다.
③ 분단 비용은 통일과 동시에 소멸한다.

1008

(가)는 쿠릴 열도(북방 도서)에 관한 설명이다. 쿠릴 열도는 러시아와 일본 사이에 막대한 천연자원과 지정학적 중요성 때문에 분쟁이 발생하는 지역이다.

오답 피하기 ㉡ 센카쿠 열도(댜오위다오), ㉢ 시사 군도(파라셀 제도), ㉣ 난사 군도(스프래틀리 군도)이다.

1009

㉠은 통일 비용, ㉡은 분단 비용, ㉢은 통일 편익이다.
ㄱ. 통일 비용에는 남북한 생활 수준을 통합하는 비용이 해당할 수 있다.
ㄷ. 통일 편익은 통일 이후 한시적으로 발생할 수 있는 통일 비용에 비해 지속적으로 발생하는 특징이 있다.
ㄹ. 과도한 분단 비용이 사라짐으로 인해 통일 편익이 증가하는 것도 해당한다.

오답 피하기 ㄴ. 분단 비용은 분단 기간 중 지속적으로 발생하는 비용이다.

1010

제시된 사례는 일본이 교과서 왜곡을 통해 그릇된 내용을 교과서에 싣고 있는 내용이다.

오답 피하기 ①, ③ 일본이 교과서 왜곡으로 잘못 기술하고 있는 사례에 해당한다.
②, ⑤ 제시된 사례와 관련이 없다.

1011

제시된 지도는 중국 정부가 동북공정을 통해 주변국의 역사를 왜곡하고 있는 상황을 나타낸 자료이다.

오답 피하기 ①, ③, ④, ⑤ 제시된 자료와 관련이 없다.

1012

동아시아에서 발생하고 있는 갈등을 해결하기 위해서는 다양한 문화 교류뿐만 아니라 국제기구를 통한 다자간 협상이 필요하다.
① 영토 분쟁 지역에 군대를 파견하게 되면 갈등을 더 심화시킬 수 있다.

1013

세계 평화를 위해 우리나라는 국가적 차원에서 분쟁 지역에 평화 유지군을 파견하거나 남북한 평화 통일을 위해 노력을 해야 한다. 또한 민간 차원에서도 고통받는 국가에 경제적 지원을 하기 위해 노력해야 한다.

오답 피하기 ①, ②, ④, ⑤ 세계 평화를 실현하기 위한 방안들이라 할 수 있다.

1014

제시된 자료를 통해 양자 간 협력 내 무상 원조는 2020년에 약 65.9%, 2022년은 약 68.4%로, 2022년이 2020년보다 더 높은 비율인 것을 알 수 있다.

오답 피하기 ① 2020년에 공적 개발 원조가 일시적으로 감소하였다.

② 2018년에 유상 원조액보다 다자간 협력액이 많았다.

④ 양자 간 협력 비율은 일정한 경향을 보이지 않고 있다.

⑤ 2019년보다 2021년에 양자 간 협력 비율이 더 높다.

서답형 완성 문제
본문 204쪽

| **1015** 해설 참조 | **1016** 해설 참조 |
| **1017** 동북공정 | **1018** 해설 참조 |

1015

문제 접근 제시문에는 청년 중심의 다양한 접근을 통해 통일을 실현하기 위한 사례를 보여주고 있다.

예시 답안 통일은 다양한 노력을 통해 미래 세대가 주도해야 할 과제라는 것을 인식해야 한다.

평가 기준

상	통일의 실현이 미래 세대가 중심이 되어야 함을 정확하게 서술한 경우
중	통일을 실현하기 위해 노력해야 함을 서술했으나, 미래 세대와 관련한 서술이 미흡한 경우
하	통일을 실현하기 위해 노력해야 한다는 것만을 서술한 경우

1016

문제 접근 통일은 국제적 차원, 국가적 차원에서도 실현하기 위해 노력해야 하지만, 개인적인 차원에서도 노력해야 하는 일이다.

예시 답안 미래 세대가 통일의 과정과 미래상을 스스로 만들어 볼 수 있는 참여형 방식을 도입하거나, 4차 산업 혁명 기술을 활용한 메타버스, 에듀테크 등의 다양한 교육 수단을 활용할 수 있다.

평가 기준

상	미래 세대가 통일을 위해 주도적으로 실천할 수 있는 일을 정확하게 서술한 경우
중	통일을 위해 실천할 수 있는 일을 서술했으나 미래 세대가 주도할 수 있는 내용이 다소 미흡한 경우
하	미래 세대가 주도하는 내용과 무관하게 통일을 위해 실천할 수 있는 일의 종류만 쓴 경우

1017

중국은 동북공정을 통해 중국 동북 3성의 역사를 왜곡하고 있다.

1018

문제 접근 제시문에는 중국이 소수 민족의 분리 독립을 막고자 하는 것으로 그치는 것이 아니라 한반도 통일 이후 영토 분쟁이 발생했을 때를 대비하고자 하는 의도 또한 서술하고 있다.

예시 답안 한반도의 평화적 통일은 중국의 동북공정을 통한 역사 왜곡을 해결하고 동북아시아 지역과 세계의 평화와 번영에 기여할 최선의 방안이다.

평가 기준

상	한반도의 평화와 세계 평화를 위한 최선의 방안으로 통일의 필요성을 정확하게 서술한 경우
중	남북한 통합의 필요성에 관해 서술했으나 세계 평화 기여의 관점이 다소 미흡한 경우
하	동북공정 문제 해결과 상관없이 통일이 필요한 이유만 쓴 경우

1등급 고난도 문제
본문 205쪽

1019 ① **1020** ④ **1021** ① **1022** ②

1019

㉠은 분단 비용, ㉡은 통일 비용, ㉢은 통일 편익이다.

ㄱ. 분단 비용은 분단 상태가 지속됨으로 인해 발생하는 유·무형의 비용으로 국내 집단 간 이념적 갈등으로 인한 비용 또한 해당한다.

ㄴ. 남북한 통합으로 인해 경제 규모가 커지게 되면 통일 편익이 증가하게 된다.

오답 피하기 ㄷ. 분단 비용은 통일 비용과 달리 민족 경쟁력 약화의 원인이 될 수 있다.

ㄹ. 분단 비용은 장기간 지속적으로 발생하는 비용인 데 반해, 통일 비용은 단기간 한시적으로 발생되는 비용이다.

1020

(가)는 신속한 정치적 결단을 통해 통일이 이루어져야 한다는 입장이고, (나)는 남북한의 교류를 통한 유대감을 바탕으로 통일을 위한 국민적 합의가 우선해야 한다는 입장이다. (가)의 입장에 비해 (나)의 입장은 '남북한의 교류보다 정치적 통합을 우선하는 정도(X)'는 낮고, '남북한 주민의 유대감 형성을 강조하는 정도(Y)'는 높고, '점진적인 통일보다 급진적인 통합을 강조하는 정도(Z)'는 낮다. 따라서 ㉣이 정답이 된다.

1021

그림은 국제 사회 속에서 우리나라의 지정학적, 정치적, 경제적 위상을 보여주고 있다. 우리나라는 2021년 국제 연합 무역 개발 회의(UNCTAD)에서 '개발 도상국 그룹'에서 '선진국 그룹'으로 변경되었다.

오답 피하기 ②, ③, ④, ⑤ 그림에 대한 설명으로 적절하지 않다.

1022

칼럼은 일본이 역사 왜곡을 중단하고 과거에 대해 성찰하는 것이 세계 평화에 기여할 방안임을 주장하고 있다. 따라서 평화의 소녀상 설치와 같이 왜곡된 역사를 바로잡고, 평화를 실현하기 위한 노력이 적절한 사례라고 볼 수 있다.

오답 피하기 ①, ③, ④, ⑤ 일본의 역사 왜곡의 구체적인 사례이다.

1043 (가) – 세계화, (나) – 지역화			
1044 해설 참조		**1045** ③	**1046** ⑤
1047 ③	**1048** ③	**1049** ④	**1050** ④
1051 ⑤	**1052** ④	**1053** ①	**1054** ④
1055 ③	**1056** ③	**1057** ②	**1058** ④
1059 ⑤	**1060** ①	**1061** ⑤	

1043

경제, 문화 등 다양한 부문에서 세계가 하나의 공동체로 통합되는 현상을 세계화(가)라고 하며, 세계화의 흐름 속에 다른 지역과 차별되는 어떤 지역의 지역적 특성이 세계적 차원에서 가치를 지니게 되는 현상을 지역화(나)라고 한다.

1044

[문제 접근] 최근에는 지역 고유의 정체성을 바탕으로 경제를 활성화하고 경쟁력을 높이려는 노력인 지역화 전략이 부각되고 있다.

[예시 답안] 지역화 전략에는 지리적 표시제, 장소 마케팅, 지역 브랜드화 등이 있다. 지리적 표시제는 특정 지역의 지리적 특성을 반영한 우수한 상품이 그 지역에서 생산·가공되었음을 증명하고 표시하는 제도를 말하며, 해당 사례로는 전라남도 보성의 녹차, 콜롬비아의 커피 등이 있다.
장소 마케팅은 특정 장소를 하나의 상품으로 인식하고 매력적으로 보일 수 있도록 이미지와 시설 등을 개발하는 전략을 말하며, 해당 사례로는 강원특별자치도 화천군의 산천어 축제와 같은 지역 축제 등이 있다.
지역 브랜드화는 지역의 상품과 서비스, 축제 등을 브랜드로 인식시켜 지역 이미지를 높이고 지역 경제를 활성화하는 전략을 말하며, 해당 사례로는 미국 뉴욕의 'I♥NY', 네덜란드 암스테르담의 'I amsterdam' 등이 있다.

[평가 기준]

상	지역화 전략에 해당하는 용어의 의미와 해당 사례를 모두 옳게 서술한 경우
하	지역화 전략에 해당하는 용어의 의미나 해당 사례 중 한 가지만 옳게 서술한 경우

1045

(가)는 도쿄, A, C가 속해 있으므로 최상위 세계 도시이고, 로마, 요하네스버그, 방콕, 시드니 등이 속한 (나)는 하위 세계 도시이다. B는 싱가포르이다. 영국의 수도는 런던(A)이지만, 미국의 수도는 뉴욕(C)이 아닌 워싱턴 D.C.이다.

[오답 피하기] ① 최상위 세계 도시(가)는 하위 세계 도시(나)보다 생산자 서비스업 발달 수준이 높다.
② 최상위 세계 도시(가)는 하위 세계 도시(나)보다 다른 세계 도시와의 교류가 활발하므로, 국제공항의 경우 다른 도시와의 항공기 평균 운항 편수가 많다.
④ 런던(A)의 시티 오브 런던, 뉴욕(C)의 월 스트리트는 대표적인 세계 금융의 핵심 지역이다.
⑤ 적도 부근에 있어 열대 우림 기후가 나타나는 싱가포르(B)가 A~C 중 연강수량이 가장 많다.

1046

경제 활동의 세계화로 세계적인 협업을 통한 생산 활동이 이루어지고 있다. 국제적 분업(ⓒ)이 이루어지는 ○○사(ⓐ)와 같은 기업의 활동으로 세계화는 더욱 활성화되고 있으며, 생산 공장은 생산비 절감을 위해 임금 수준이 낮은 개발 도상국에 설립되는 경우가 많다. 스마트폰 핵심 부품인 배터리(ⓓ)는 광물 자원인 탄탈럼(ⓔ)보다 고부가 가치의 수출품이다.

[오답 피하기] ㄴ. 스마트폰 생산에 있어 기업은 국제적 분업(ⓒ)을 통해 생산의 전문화를 이루고 효율성을 높일 수 있다.

1047

케냐는 적절한 기후 조건과 저렴한 노동력 등을 바탕으로 세계적인 장미 생산지로 자리 잡았다. 이로 인한 긍정적 영향이 나타났지만, 일대의 환경과 노동 시장 등에서 부정적 영향 또한 나타나고 있다. 지도의 A는 독일, B는 코트디부아르, C는 케냐, D는 인도, E는 남아프리카 공화국이다.

1048

1인당 국내 총생산(GDP)은 대체로 경제 발전 수준이 높을수록 높게 나타난다. 지도는 대체로 선진국을 중심으로 한 국가들에서 높게 나타나고 아프리카를 중심으로 한 국가들에서 낮게 나타나는 것으로 표현되어 있으므로, 지도의 기준이 된 지표는 1인당 국내 총생산(GDP)이다.

[오답 피하기] ① 세계화로 인해 영어, 에스파냐어 등과 같은 언어의 영향력이 증가하였으며, 영국, 에스파냐와 같은 국가에서 모국어 소멸 위험도는 높게 나타나지 않는다.
② 지리적 표시제 상품 수는 세계화가 초래하는 빈부 격차를 파악하는 지표로 적절하지 않다.
④ 다국적 기업의 생산 공장은 풍부한 노동력을 확보하고 저렴한 인건비 등을 통해 생산비를 절감할 수 있는 개발 도상국 등지에 많이 분포한다.
⑤ 공적 개발 원조(ODA) 수용 금액은 경제 발전 수준이 낮은 국가에서 대체로 높게 나타난다.

1049

제시문은 세계화에 따른 음식 문화의 획일화에 대한 내용이며, 이로 인해 음식과 작물이 담고 있는 역사와 문화적 정체성이 약화될 수 있다.

[오답 피하기] ① 음식 문화의 획일화는 세계 어디에서나 같은 종류의 식품을 먹고, 음식을 즐기는 형태가 비슷해지는 데 영향을 미쳤다.
② 다국적 기업의 전 세계 농작물 씨앗 장악을 통한 공급과 수요의 인위적 조절은 시장 가격을 통제하고 과다 이익을 독점하며 농업 취약국의 식량 안보를 위협할 수 있다.
③, ⑤ 푸드 마일리지는 식품이 생산지에서 소비자까지 이동한 거리로, 식품의 이동 거리가 멀수록 탄소 배출량이 많아지고 신선도는 떨어진다. 푸드 마일리지를 줄이기 위해 소비지 인근에서 생산된 로컬 푸드에 대한 관심이 높아지고 있다.

1050

제시문을 주장한 사상가는 갈퉁이다.

ㄴ. 갈퉁은 적극적 평화를 실현하기 위한 수단도 평화적이어야 한다고 보았다.

ㄹ. 갈퉁은 문화적이고 적극적인 평화는 폭력의 합법화를 평화의 합법화로 바꿀 수 있다고 보았다.

오답 피하기 ㄱ. 갈퉁은 국가 간 전쟁이 종식되면 소극적 평화가 실현된다고 보았다.

ㄷ. 갈퉁은 적극적 평화를 실현하기 위해 누구나 노력해야 한다고 보았다.

1051

갑 사상가는 모겐소, 을 사상가는 칸트이다.

ㄷ. 칸트는 진정한 평화를 실현하기 위해서는 헌법에 근거하는 공화정 체제를 구축한 국가들이 모여 평화 연맹을 결성해야 한다고 보았다.

ㄹ. 모겐소와 칸트 모두 국제 평화는 인간의 본성에 대한 이해가 전제되어야 한다고 보았다.

오답 피하기 ㄱ. 모겐소는 인간의 이기성과 권력욕으로 인해 타인의 이기성과 타협하고 공통의 이익을 추구할 수 있다고 보았다.

ㄴ. 모겐소는 권력 투쟁을 통해 자국의 이익을 최우선으로 고려한다고 보았다.

1052

제시문은 이스라엘–하마스 전쟁을 해결하기 위해 국제 사회의 다양한 행위 주체가 노력하고 있는 모습을 보여주고 있다. ㉠은 국가, ㉡은 국제기구, ㉢은 비정부 기구이다. 국가는 비정부 기구와 달리 국제기구의 회원으로 활동하며 국제법을 제정하는 등의 역할을 할 수 있다.

오답 피하기 ① 국가가 추구하는 이익은 인류의 보편적 가치와 상충할 수도 있지만, 합치하는 경우도 있다.

② 국제기구는 평화 유지군을 분쟁 지역에 파견하거나 재난 국가의 재건을 돕는 등 평화를 실현하기 위해 활동하고 있다.

③ 국제기구의 역할이다.

⑤ 국제기구와 비정부 기구는 모두 인류의 보편적 가치를 실현하기 위해 활동하고 있다.

1053

제시문을 주장한 사상가는 칸트이다.

① 칸트는 진정한 평화를 실현하기 위해서는 도덕에 충실함으로써 정치가 풀 수 없는 어려움을 도덕이 풀 수 있다고 보았다.

오답 피하기 ② 칸트는 국제기구는 개별 국가의 주권에 간섭해서는 안 된다고 볼 것이다.

③ 칸트는 전쟁을 준비하고 수행하기 위한 국채를 발행해서는 안 된다고 볼 것이다.

④ 칸트는 세계 정부 수립이 아니라 개별 국가들의 주권을 존중하는 평화 연맹이 필요하다고 볼 것이다.

⑤ 칸트는 평화 조약을 통해서는 영원한 평화가 실현될 수 없다고 볼 것이다.

1054

④ 자료는 해외 위난 시 재외 국민 보호를 추구하기 위한 국가의 노력에 대한 내용이다.

오답 피하기 ① (가)는 국가의 역할에 대한 내용이다.

② (나)는 국제기구의 역할에 대한 내용이다.

③ (다)는 영향력 있는 개인도 국제 사회의 행위 주체가 될 수 있다는 내용이다.

⑤ (나)와 (다)는 현대 사회의 국제 갈등이 개별 국가의 이해관계 너머에 있는 지구촌 문제라는 점을 보여 준다.

1055

제시문에서는 천연자원의 매장과 종교적 원인에 의해 나타나는 국제 분쟁에 관해 설명하고 있다. 국제 갈등은 당사국만의 문제이기보다 국제적인 문제로 보고 다양한 행위 주체의 다각적인 노력이 필요하다.

오답 피하기 ①, ②, ④, ⑤ 국제 사회의 갈등을 해결하기 위한 방안으로 바람직하다고 할 수 없다.

1056

제시문의 내용은 통일로 인해 국제적, 국내적으로 다양한 경제적 이익이 나타날 수 있다는 내용이다. 따라서 통일로 인한 경제적 편익은 무엇인가는 적절한 질문이다.

오답 피하기 ①, ②, ④ 제시문의 내용과 관련이 없다.

⑤ 통일이 세계 평화에 기여할 수는 있지만, 제시문에서는 직접적으로 드러나 있지 않다.

1057

제시문에서는 분단 비용, 통일 비용, 통일 편익에 관해 설명하고 있다.

② 남북 경제 협력과 대북 지원을 통해 통일의 환경을 조성하는 데 드는 비용은 분단 비용에 해당하지 않는다.

1058

제시문은 남북한 동질성 회복을 통해 적대감을 해소할 때 통일 이후 발생할 수 있는 갈등을 최소화할 수 있다고 본다.

오답 피하기 ① 제시문에서는 점진적인 통일을 통해 분단 비용이 증가할 수 있지만, 동질성 회복이 우선해야 한다고 본다.

② 제시문과 관련 없는 내용이다.

③, ⑤ 제시문에서는 사회적·문화적 통합이 단일 정부 구성보다 우선해야 한다고 본다.

1059

지도에서 표시된 지역은 중국, 타이완, 일본이 영토 분쟁을 벌이고 있는 센카쿠 열도(댜오위다오)이다. 이 지역은 현재 일본이 실효적으로 지배하고 있으며(ㄴ), 인근 해역의 풍부한 해양 자원이 알려지면서(ㄹ) 중국과 일본이 자국의 영토라고 주장한다(ㄷ).

오답 피하기 ㄱ. 센카쿠 열도는 일본이 청일 전쟁 이후 자국의 영토로 편입했다.

1060

우리나라는 한반도 평화 통일을 위한 노력으로 동아시아 지역 긴장을 완화하기 위해 노력하거나(첫 번째 방안), 평화 유지군을 파견해 국제 연합의 활동을 지원(두 번째 방안)하는 등 세계 평화에 기여할 수 있다.

오답 피하기 세 번째 방안과 관련하여, 우리나라는 국제 연합 인권 이사회(UNHRC) 활동 등을 통해 세계 인권과 민주주의 증진을 위해 기여해야 한다. 네 번째 방안과 관련하여, 우리나라는 빈곤과 기아로 고통을 겪고 있는 국가를 외면하지 않고 다양한 방법을 통해 도울 수 있도록 노력해야 한다.

1061

자료는 독도 관련 뉴스 제작을 시간적, 공간적, 사회적, 윤리적 관점에서 나타낸 것이다.

ⓒ 일본의 영유권 주장이 타당하다는 것은 뉴스를 제작하기 적절한 설명이 아니다.

ⓔ 독도에 대해 영토 주권 확립을 위한 국민적 공감대가 형성되어야 한다는 것을 윤리적 관점에서 설명할 수 있다.

오답 피하기 ⓐ 옛 문헌을 통해 독도가 대한민국의 고유 영토라는 사실을 시간적 관점에서 확인할 수 있다.

ⓑ 독도는 대한민국의 영역으로 주권이 미치는 영토에 해당함을 공간적 관점에서 알 수 있다.

도전! 기출 문제
본문 212쪽~213쪽

1062 ①　**1063** ③　**1064** ①　**1065** ③

1062 세계화와 지역화 이해

자료 분석 세계 도시란 세계적으로 경제 · 정치 · 문화의 중심지 역할을 하는 도시를 말한다. 지역화란 특정 지역이 그 지역의 고유한 전통이나 특성을 살려 세계적 차원에서 가치를 가지는 현상을 말한다. 'I♥NY'과 같은 지역 브랜드화는 대표적인 지역화 전략에 해당한다.

오답 피하기 생태 도시는 지속가능한 발전을 목표로 제기되어 인간과 자연, 환경이 조화되며 공생할 수 있는 체계를 갖춘 도시이다. 문화의 획일화는 전 세계의 문화가 비슷해져가는 현상으로, 세계화에 따른 문화적 측면의 부정적 현상을 의미한다. 다국적 기업의 현지화는 다국적 기업이 목표 시장으로 하는 현지의 문화, 관습, 자연환경 등을 고려하여 재화나 서비스를 생산하는 전략을 말한다.

1063 평화의 의미 이해

자료 분석 제시문은 갈퉁의 입장이다. 갈퉁은 진정한 평화를 실현하기 위해 소극적 평화 상태를 넘어 착취와 빈곤에 의한 구조적 폭력, 문화적 폭력까지 모두 사라진 적극적 평화 상태를 지향해야 한다고 본다.

오답 피하기 ㄱ. 구조적 폭력은 적극적 평화가 실현되어야 사라질 수 있다.

ㄹ. 제시문에서는 소극적 평화를 넘어 적극적 평화를 실현해야 진정한 평화가 실현될 수 있다고 본다.

1064 국제 사회의 행위 주체 이해

자료 분석 ⓐ은 다국적 기업, ⓑ은 국가, ⓒ은 국제 연합(UN), ⓔ은 비정부 기구이다. 그린피스, 국경 없는 의사회는 다국적 기업이 아니라 비정부 기구의 예이다.

1065 통일이 필요한 이유 이해

자료 분석 제시문에서는 통일 전후 한시적으로 발생하는 통일 비용에 비해 통일 이후 경제 규모가 커지게 되면 증가할 수 있는 통일 편익이 훨씬 더 크다고 본다.

오답 피하기 ① 통일 비용은 통일 전후 한시적으로 발생한다.

② 분단 비용은 통일과 동시에 소멸한다.

④ 분단 때문에 치러야 하는 소모적 비용은 분단 비용이다.

⑤ 남북통일 이후 서로 다른 체제를 통합하는 데 드는 비용은 통일 비용이다.

Ⅴ. 미래와 지속가능한 삶

01 세계의 인구 변화와 인구 문제

개념 핵심 문제
본문 215쪽

1066 아시아 **1067** 합계 출산율
1068 고령화, 고령, 초고령 **1069** ㄴ **1070** ㄱ
1071 ㄷ **1072** ㄹ **1073** 개발 도상국
1074 감소 **1075** 자연적, 사회적 **1076** 정치적
1077 ㉡ **1078** ㉢ **1079** ㉠

내신 적중 문제
본문 216쪽~219쪽

1080 ① **1081** ④ **1082** ② **1083** ④
1084 ① **1085** ⑤ **1086** ① **1087** ③
1088 ④ **1089** ② **1090** ② **1091** ③
1092 ③ **1093** ③ **1094** ⑤ **1095** ④
1096 ③ **1097** ⑤

1080
최근 세계 인구 성장은 선진국보다 인구 증가율이 높은 개발 도상국이 주도하고 있다. 선진국이 많은 유럽과 북아메리카는 현재 인구 증가율이 정체 혹은 감소 상태이며, 개발 도상국이 많은 아시아와 아프리카는 산업화가 확산되면서 인구가 급격히 증가하고 있다.
ㄱ. 2023년 세계 제1위의 인구 대국이 된 인도는 (가), 제2위의 인구 규모를 가지게 된 중국은 (나)이다.
ㄴ. 1900년 세계 총인구는 약 16억 명, 1950년은 약 25억 명, 2000년은 약 60억 명이다. 따라서 1900~1950년보다 1950~2000년의 인구 증가율이 높다.

오답 피하기 ㄷ. 1950년 이후 선진국보다 개발 도상국의 인구 증가가 많다.
ㄹ. 2020년 아프리카가 유럽보다 총인구가 많다.

1081
D는 한대 기후에 속하는 툰드라 기후가 나타나는 지역으로 연중 기온이 낮아 인간 거주에 불리하다.

오답 피하기 ① 계절풍의 영향으로 벼농사가 발달하여 인구가 밀집해 있는 지역은 C이다.
② 연중 높은 기온과 습도로 인해 인간 거주에 불리한 지역은 E이다.
③ 산업 혁명으로 공업이 일찍부터 발달하여 인구가 밀집해 있는 지역은 A이다.
⑤ 연 강수량이 매우 적어 인구가 희박한 지역은 B이다.

1082
인구 변천 모형의 3단계에서 급속하게 감소하는 A는 출생률, 2단계에서 급속하게 감소하는 C는 사망률, 출생률이 사망률보다 높은 2, 3단계에 증가하는 B는 총인구이다.

1083
선진국은 대부분 산업 혁명 이후 18세기 말~20세기 초에 인구가 급증하여 2단계에 진입하였으며, 현재는 인구가 정체하거나 감소하는 4단계 또는 5단계에 속한다. 개발 도상국은 20세기 중반 이후 산업화가 진행되면서 인구가 급증하였으며, 현재는 2단계나 3단계에 속하는 경우가 많다.

오답 피하기 ① 출생률과 사망률이 모두 높은 1단계는 산업화 이전의 전통 사회에서 주로 나타난다.
② 2단계는 의학 발달, 생활 환경 개선 등으로 사망률(C)이 낮아진다.
③ 3단계는 가족계획과 가치관 변화, 산아 제한 정책의 효과 등으로 출생률(A)이 낮아진다.
⑤ 출생률보다 사망률이 높게 나타나는 5단계는 인구의 자연적 감소가 나타나는데, 일부 선진국에서는 인구의 자연 증가율이 음(-)의 값으로 나타난다.

1084
1단계에 비해 4단계는 1차 산업 종사자 비율이 낮고, 출산 장려 정책의 필요성이 크며, 1인당 국내 총생산은 많다. 그림에서 이에 해당하는 것은 A이다.

1085
일반적으로 선진국은 개발 도상국보다 유소년층 인구 비율이 낮고 노년층 인구 비율이 높아 노령화 지수, 중위 연령 등이 높게 나타나며, 방추형이나 종형의 인구 피라미드가 나타난다.

1086
(가)는 유소년층 인구 비율이 높고 노년층 인구 비율이 낮은 니제르, (나)는 유소년층 인구 비율이 낮고 노년층 인구 비율이 높은 일본이다. 선진국에 해당하는 일본(나)은 니제르(가)보다 중위 연령(ㄱ), 기대 수명(ㄴ) 등이 높다.

오답 피하기 선진국에 해당하는 일본(나)은 니제르(가)보다 합계 출산율(ㄷ), 유소년 부양비(ㄹ) 등이 낮게 나타난다.

1087
흡인 요인은 다른 지역으로부터 인구를 끌어들여 머무르게 하는 요인으로, 높은 임금 수준(ㄴ)과 풍부한 문화 시설(ㄷ) 등은 흡인 요인에 해당한다.

오답 피하기 기아와 빈곤(ㄱ), 열악한 주거 환경(ㄹ) 등은 특정 지역 인구를 다른 지역으로 밀어내 이주하게 만드는 배출 요인에 해당한다.

1088
생산 연령 인구는 생산 활동을 할 수 있는 15~64세의 청장년층 인구이다. 따라서 첫 번째 진술은 '예'에 해당하며, 이에 해당하는 문을 통과한다. 노령화 지수는 유소년층 인구 100명에 대한 노년층 인구의 비이다. 따라서 두 번째 진술은 '아니요'에 해당하며, 이에 해당하는 문을 통과한다. 중위 연령은 전체 인구를 연령 순으로 일렬로 세웠을 때 한가운데 있는 사람의 나이이다.

따라서 세 번째 진술은 '예'에 해당하며, D를 통해 방을 탈출할 수 있다. 참고로 유소년 부양비는 청장년층 인구 100명에 대한 유소년층 인구의 비이다.

1089

아프리카, 라틴 아메리카, 아시아 등지의 개발 도상국에서 유럽과 앵글로아메리카 등지의 선진국으로 이동하는 것이 대표적 사례인 경제적 이동(ⓒ)이 정치적으로 불안한 아프리카와 서남아시아 등의 국가에서 주변국으로 이동하는 것이 대표적 사례인 정치적 이동(ⓒ)보다 전 세계 인구 이동 규모가 크다.

오답 피하기 ① 인구 이동의 유형은 동기(자발, 강제), 공간 범위(국내, 국제), 원인(경제, 정치, 환경) 등에 따라 구분된다.
③ 2020년 국제 연합(UN)은 해수면 상승으로 생존권을 위협받는 남태평양의 키리바시 국민을 기후 난민으로 공식 인정하였으며, 키리바시 기후 난민의 국제 이동은 환경적 이동(ⓔ)에 해당한다.
④ 난민(ⓜ)은 앵글로아메리카보다 분쟁, 내전 등으로 인해 정치적으로 불안한 아프리카에서 많이 발생한다.
⑤ 인구의 국제 이동이 활발해지면서 개발 도상국 등지의 인구 유출 지역에서는 해외로 이주한 본국 노동자들의 송금액 증가가 나타나기도 하지만, 청장년층의 유출로 인한 노동력 부족 문제와 사회적 분위기 침체 등이 나타나기도 한다.

1090

(가) 지표의 상위 10개국에는 미국, 독일, 러시아, 캐나다, 영국, 콜롬비아, 시리아, 에스파냐, 일본, 말레이시아가 있다. (나) 지표의 상위 10개국에는 파키스탄, 방글라데시, 우크라이나, 베네수엘라 볼리바르, 인도, 중국, 아프가니스탄, 멕시코, 남수단, 브라질이 있다. (가) 지표는 선진국을 중심으로 상대적으로 높게 나타나는 지표인 인구 순 유입, (나) 지표는 개발 도상국과 정치적으로 불안한 국가를 중심으로 높게 나타나는 지표인 인구 순 유출이다.

오답 피하기 개발 도상국에 해당하는 콜롬비아, 말레이시아 등은 3차 산업 종사자 비율 상위 10개국에 해당하지 않는다.

1091

(가)는 러시아와의 분쟁 및 전쟁 등으로 인해 우크라이나에서 유출되는 정치적 요인에 의한 이동, (나)는 경제적 이유로 라틴 아메리카 등지에서 미국으로 유입되는 경제적 요인에 의한 이동에 해당한다. (가)는 러시아와의 분쟁 및 전쟁 등으로 인해 우크라이나에서 유출되는 정치적 요인에 의한 이동에 해당하므로, (가)의 이민자들이 주로 전문 기술직에 종사한다고 보기 어렵다. 따라서 답안은 '☹'이다. 경제적 요인에 의한 이동인 (나)는 정치적 요인에 의한 이동인 (가)보다 자발적 성격이 강하므로 답안은 '☺'이다. (가)는 정치적 요인에 의한 이동, (나)는 경제적 요인에 의한 이동에 해당하므로 답안은 '☺'이다.

1092

ⓒ은 싱가포르로 경제적 이유로 이동하였으므로 경제적 요인에 의한 인구 이동에 해당한다. ⓒ은 내전을 피해 이동하였으므로 정치적 요인에 의한 인구 이동에 해당한다. A는 환경적 요인에 의한 인구 이동, B는 경제적 요인에 의한 인구 이동, C는 종교적 요인에 의한 인구 이동, D는 환경적, 경제적, 종교적 요인에 해당하지 않는 인구 이동이므로 정치적 요인에 의한 인구 이동 등이 있다. ⓒ은 경제적 요인에 의한 인구 이동이므로 B에 해당한다. ⓒ은 정치적 요인에 의한 인구 이동이므로 D에 해당한다.

1093

그래프의 (가)는 상대적으로 유소년층 인구 비율이 높고 노년층 인구 비율이 낮게 나타나는 니제르, (나)는 독일이다. 1950년 독일의 총인구는 니제르의 총인구보다 월등히 많으므로, 니제르(가)는 독일(나)보다 1950년 유소년층 인구가 적다.

오답 피하기 ① 독일(나)은 1950년에 유소년층 인구보다 노년층 인구가 적으므로 노령화 지수가 100 미만이다.
② 니제르(가)는 독일(나)보다 두 시기 모두 청장년층 인구 비율이 낮다. 총부양비는 청장년층 인구 비율에 반비례하므로, 니제르(가)는 독일(나)보다 총부양비가 높다.
④ 니제르의 총인구는 1950년 약 260만 명, 2020년 약 2,372만 명이고, 독일의 총인구는 1950년 약 6,985만 명, 2020년 약 8,363만 명이다. 따라서 니제르(가)가 독일(나)보다 1950~2020년 인구 증가율이 높다.
⑤ (가)는 니제르, (나)는 독일이다.

1094

합계 출산율은 경제 발달 수준이 낮은 국가일수록 높게 나타나는 경향이 있다. 지도는 아프리카를 중심으로 한 국가들에서 높게 나타나고 선진국에서는 낮게 나타나는 것으로 표현되어 있으므로, 지도의 인구 지표는 합계 출산율이다.

오답 피하기 ① 인도, 중국은 세계 최대 인구 규모를 지닌 국가이다.
② 방글라데시, 대한민국, 네덜란드 등은 높은 인구 밀도가 나타나는 국가이다.
③ 중위 연령은 저출산·고령화 현상이 나타나는 선진국에서 높게 나타난다.
④ 노년 부양비는 노년층 인구 비율이 높은 선진국에서 높게 나타난다.

1095

저출산·고령화 현상이 나타나는 스웨덴에서는 부부 육아 할당제 등을 통해 출산 장려 정책 등을 추진하고 있다. 갑. 저출산·고령화 현상의 심화로 경제 활동 인구가 감소하면서 노동력 부족 문제가 나타났다. 병. 고령화 현상의 정책적 방안으로 연금 제도 및 사회 보장 제도 강화, 정년 연장 및 일자리 확대, 노인 복지 시설 확충 등을 들 수 있다. 정. 저출산 현상의 정책적 방안으로 유급 육아 휴직 제도, 소득과 상관없는 아동 수당 지급 정책 등을 들 수 있다.

오답 피하기 을. 정년을 단축하면 노인 실업률이 높아지게 되어 노인 빈곤율이 높아질 수 있다.

1096

(나)는 세 시기 중 유소년층 인구 비율이 가장 높고 노년층 인구 비율은 가장 낮은 1970년의 인구 피라미드, (다)는 세 시기 중 노년층 인구 비율이 가장 높고 유소년층 인구 비율이 가장 낮은 2050년의 인구 피라미드, 나머지 (가)는 2020년의 인구 피라미드이다. 따라서 (가)~(다)를 이른 순서대로 배열하면 (나) → (가) → (다) 순으로 나타난다.

1097

ㄴ. 우리나라는 저출산·고령화 현상이 빠르게 진행되고 있으며, 2025년에 초고령 사회로 진입할 예정이다.
ㄷ. 우리나라는 제4차 저출산·고령 사회 기본 계획(2021~2025)을 추진하고 있다. 양성평등하게 일할 수 있는 사회, 아동 돌봄의 사회적 책임 강화 등을 통해 함께 일하고 함께 돌보는 사회 조성(ⓒ)을 이룰 수 있다.
ㄹ. 연령 통합적 사회 준비, 고령 친화 사회로의 도약, 다양한 가족의 제도적 수용 등을 통해 인구 구조 변화에 대한 적응(ⓔ)을 이룰 수 있다.

오답 피하기 ㄱ. (나) 시기(1970년)보다 (가) 시기(2020년)에 노년층을 위한 사회적 비용이 크게 나타났다.

서답형 완성 문제

본문 220쪽

1098 ㉠ – 유입, ㉡ – 유출   **1099** 해설 참조
1100 ㉠ 시기 – 고령 사회, ㉡ 시기 – 초고령 사회
1101 해설 참조

1098

지도는 세계의 인구 이동을 나타낸 것으로 ㉠은 유입, ㉡은 유출이다.

1099

문제 접근 지역(대륙)별 인구 유입과 유출을 보면, 경제 발전 수준이 낮은 아프리카, 아시아, 라틴 아메리카의 개발 도상국은 인구 유출이 대체로 많고, 경제 발전 수준이 높은 유럽, 앵글로 아메리카, 오세아니아의 선진국은 인구 유입이 대체로 많다. 국제적인 인구 이동으로 인구 유입 국가와 인구 유출 국가에서는 그에 따른 긍정적 영향과 부정적 영향이 나타난다. 인구 유입(㉠) 국가에서는 노동력 확보에 따른 경제 활성화, 문화 다양성 증대 등과 같은 긍정적 영향이 나타나지만, 부정적 영향이 나타나기도 한다.

예시 답안 '기존 주민과 이주민 간의 경제적·문화적 갈등 발생' 등
평가 기준

상	국제적인 인구 이동에 따라 인구 유입 국가에서 나타나는 부정적 영향을 옳게 서술한 경우
하	국제적인 인구 이동에 따라 인구 유입 국가에서 나타나는 부정적 영향을 미흡하게 서술한 경우

1100

㉠ 시기(2023년)는 전체 인구 중 노년층 인구 비율이 14% 이상~20% 미만인 고령 사회, ㉡ 시기(2070년)는 전체 인구 중 노년층 인구 비율이 20% 이상인 초고령 사회이다.

1101

문제 접근 한 여성이 가임 기간(15~49세) 동안 낳을 것으로 예상되는 평균 출생아 수를 의미하는 합계 출산율은 지속적으로 낮아졌고, 전체 인구 중 노년층 인구 비율은 계속 늘어날 전망이다. 따라서 (가), (나)에서 파악할 수 있는 인구 문제는 저출산·고령화이다.

예시 답안 저출산 문제의 해결 방안으로는 출산 및 육아 비용 지원, 양육 및 보육 시설 확충, 출산·육아 휴직 제도 활성화 같은 다양한 출산 장려 정책 실시 등이 있고, 고령화 문제의 해결 방안으로는 연금 제도 및 사회 보장 제도 강화, 정년 연장 및 일자리 확대, 노인 복지 시설 확충 등이 있다.
평가 기준

상	저출산 문제의 해결 방안과 고령화 문제의 해결 방안을 모두 옳게 서술한 경우
중	저출산 문제의 해결 방안과 고령화 문제의 해결 방안 중 한 가지만 옳게 서술하고 한 가지의 서술이 다소 미흡한 경우
하	저출산 문제의 해결 방안과 고령화 문제의 해결 방안을 모두 미흡하게 서술한 경우

1등급 고난도 문제

본문 221쪽

1102 ①   **1103** ②   **1104** ④   **1105** ④

1102

그래프에서 차지하는 인구 비율이 가장 높은 (나)는 아시아이다. (가), (다)는 각각 유럽, 아프리카 중 하나인데, 차지하는 인구 비율이 높아진 (가)는 아프리카, 차지하는 인구 비율이 낮아진 (다)는 유럽이다. 아시아(나)가 아프리카(가)보다 인구 밀도가 높다.

오답 피하기 ② 아시아(나)는 상대적으로 저개발국과 개발 도상국이 많은 아프리카(가)보다 합계 출산율이 낮다.
③ 인구 규모가 큰 아시아(나)는 유럽(다)보다 노년층 인구가 많다.
④ 인구 변천 모형의 3단계는 출생률이 감소하여 인구 증가율이 점차 낮아지는 후기 팽창기에 해당한다. 선진국이 많은 유럽(다)은 개발 도상국이 많은 아프리카(가)보다 인구 변천 모형의 3단계에 진입한 시기가 이르다.
⑤ 유럽(다)은 저출산·고령화 문제가 심각하여 유소년층 인구 비율이 낮고 노년층 인구 비율이 높으므로 중위 연령이 높게 나타난다.

1103

그래프에서 인구 밀도가 가장 높은 (다)는 방글라데시, 유소년 층 인구 비율이 가장 높은 (라)는 차드이다. (가), (나)는 대한민국과 중국 중 하나인데, 상대적으로 인구 밀도와 노년층 인구 비율이 높은 (가)는 대한민국, 나머지 (나)는 중국이다. 전체 인구 비율에서 유소년층 인구 비율과 노년층 인구 비율을 뺀 값을 통해 청장년층 인구 비율을 파악할 수 있다. 총부양비는 청장년층 인구 비율에 반비례하므로, 청장년층 인구 비율이 상대적으로 높은 대한민국(가)은 방글라데시(다)보다 총부양비가 낮다.

오답 피하기 ① 인구 규모가 큰 중국(나)이 대한민국(가)보다 인구 유출 규모가 크다.
③ 중국(나)이 방글라데시(다)보다 총인구가 많다.
④ 선진국에 해당하는 대한민국(가)이 차드(라)보다 기대 수명이 길다.
⑤ 합계 출산율이 높은 차드(라)는 중국(나)보다 인구의 자연 증가율이 높다.

1104

지도의 세 국가는 프랑스, 에티오피아, 인도이다. 선진국에 해당하는 프랑스는 노년 부양비가 높고, 개발 도상국에 해당하는 에티오피아와 인도는 유소년 부양비가 높다. 따라서 A는 유소년 부양비, B는 노년 부양비이고, (다)는 프랑스이다. (가), (나) 중 유소년 부양비가 상대적으로 높고 노년 부양비는 상대적으로 낮은 (가)는 에티오피아, 나머지 (나)는 인도이다. 총부양비는 청장년층 인구 비율에 반비례하므로, (가)~(다) 중 총부양비가 가장 낮은 인도(나)는 국가 내 청장년층 인구 비율이 가장 높다.

오답 피하기 ① 저출산·고령화 문제가 나타나는 프랑스(다)는 출산 장려 정책이 추진되고 있다.
② 상대적으로 유소년 부양비가 높고 노년 부양비는 낮은 에티오피아(가)는 인도(나)보다 노령화 지수가 낮다.
③ 선진국인 프랑스(다)가 (가)~(다) 중 국가 내 3차 산업 종사자 비율이 가장 높다.
⑤ 총인구가 월등히 많은 인도(나)가 (가)~(다) 중 노년층 인구가 가장 많다.

1105

그래프에서 2010~2020년 인구 순 이동 규모가 가장 크고 인구 순 유출이 가장 많은 (가)는 인구 규모가 가장 큰 아시아, 1950~1960년, 2010~2020년 모두 인구 순 유출이 나타나는 (나)는 개발 도상국이 많은 라틴 아메리카, 1950~1960년, 2010~2020년 모두 인구 순 유입이 나타나는 (다)는 앵글로아메리카이다.

ㄱ. 아시아(가)는 라틴 아메리카(나)보다 총인구가 많다.
ㄴ. 라틴 아메리카(나)의 2010~2020년 유출 인구는 아시아(가)보다 지리적으로 인접한 앵글로아메리카(다)로 이동하는 비율이 높다.
ㄹ. 라틴 아메리카(나)와 앵글로아메리카(다)는 모두 아메리카 대륙에 속한다.

오답 피하기 ㄷ. 개발 도상국이 상대적으로 많은 아시아(가)가 앵글로아메리카(다)보다 합계 출산율이 높다.

02 에너지 자원과 지속가능한 발전 ~
03 미래 사회와 세계시민으로서의 삶

1106 편재성	**1107** 석탄, 천연가스	**1108** 수력
1109 RE100	**1110** ㄴ　**1111** ㄱ	**1112** ㄷ
1113 석유	**1114** 천연가스	**1115** 델파이 기법
1116 ㄴ	**1117** ㄷ　**1118** ㄱ	

1119 ⑤	**1120** ③	**1121** ③	**1122** ④
1123 ④	**1124** ②	**1125** ①	**1126** ④
1127 ①	**1128** ⑤	**1129** ⑤	**1130** ②
1131 ①	**1132** ①	**1133** ⑤	**1134** ③
1135 ④	**1136** ④		

1119

과거 방수제로 쓰이기도 했던 석유가 내연 기관의 발명으로 수송용으로 많이 쓰이게 된 것은 자원의 특성 중 가변성(ㄷ)과 관계가 깊다. 석유는 세계 매장량의 절반 정도가 페르시아만 연안에 분포하며, 이는 자원의 특성 중 편재성(ㄱ)과 관계가 깊다.

오답 피하기 ㄴ. 자원의 특성 중 유한성에 대한 설명이다.

1120

화석 에너지 자원 중 천연가스(가)는 연소 시 대기 오염 물질 배출량이 적어 가정용과 인구 밀집 지역에서 산업용으로 많이 이용된다.

오답 피하기 ① 2022년 기준 천연가스의 최대 생산 국가는 미국이다.
② 화석 에너지 자원 중 가장 먼저 상용화된 자원은 석탄이다.
④ 세계 1차 에너지 소비량 비율은 석유 > 석탄 > 천연가스 > 재생 에너지 > 수력 > 원자력 순으로 높다.
⑤ 천연가스는 석탄, 석유에 비해 연소 시 이산화 탄소 배출량이 적다.

1121

세계 1차 에너지 소비량은 석유 > 석탄 > 천연가스 > 재생 에너지 > 수력 > 원자력 순으로 많으므로, (가)는 수력, (나)는 천연가스, (다)는 석탄, (라)는 석유이다.

1122

석탄(다)은 산업용(제철 공업용, 화력 발전용), 석유(라)는 수송용으로 이용되는 비율이 높다.

오답 피하기 ① 냉동 액화 기술의 발달로 소비량이 급증한 에너지 자원은 천연가스(나)이다.
② 산업 혁명 초기의 주요 에너지 자원은 석탄(다)이다.

③ 석탄(다)은 고체여서 파이프라인을 이용한 수송이 거의 이루어지지 않는다. 반면, 천연가스(나)는 파이프라인을 이용한 수송 비율이 높은 편이다.
⑤ 화석 에너지 자원인 석유(라)는 재생 에너지에 해당하는 수력(가)보다 고갈 가능성이 높다.

1123

석탄은 에너지 생산에 필요한 원료 단가가 저렴하여 산업용(가)으로 이용되는 비율이 높다. 석유는 내연 기관의 연료로 많이 사용되어 수송용(나)으로 이용되는 비율이 높다. 천연가스는 연소 시 대기 오염 물질 배출량이 적어 상대적으로 가정용으로 이용되는 비율이 높다. 따라서 (가)는 산업용, (나)는 수송용, (다)는 가정용이다.

1124

지도의 (가)는 석유, (나)는 석탄이다. 세계 매장량의 절반 정도가 페르시아만 연안에 분포해 편재성이 큰 석유(가)는 화석 에너지 자원 중 비교적 여러 지역에 고르게 매장되어 있는 석탄(나)보다 생산량 대비 국제 이동량이 많다.

오답 피하기 ① 석유는 세계 1차 에너지 중 소비량이 가장 많다.
③ 석유는 수송용, 석탄은 산업용으로 이용되는 비율이 높다.
④ 석탄은 18세기 산업 혁명 이후 본격적으로 상용화되었고, 석유는 내연 기관의 발명 이후 수요가 증가하였다.
⑤ 석유는 신생대 지층, 석탄은 고생대 지층에 매장되어 있는 비율이 높다.

1125

석유(가)는 미국, 사우디아라비아, 러시아 등에서 생산량이 많고, 석탄(나)은 중국, 인도, 인도네시아, 미국, 오스트레일리아 등에서 생산량이 많다. 중국은 전 세계 석탄 생산량의 절반 이상을 차지한다. 따라서 석유(가)는 A, 석탄(나)은 B이다.

오답 피하기 C. 천연가스는 미국, 러시아, 이란, 중국, 캐나다 등에서 생산량이 많다.

1126

1인당 에너지 소비량은 1인당 소득 수준이 높은 선진국에서 높게 나타나는 경향이 있다. 지도는 대체로 선진국에 해당하는 국가들에서 높게 나타나고, 개발 도상국에 해당하는 국가에서 낮게 나타나는 것으로 표현되어 있으므로, 지도의 기준이 된 지표는 1인당 에너지 소비량이다.

오답 피하기 ① 중국은 세계 최대 석탄 생산 국가이다.
② 우리나라는 세계 주요 석유 수출 국가가 아니다.
③ 재생 에너지 발전이 활발한 노르웨이, 아이슬란드는 원자력 발전이 이루어지지 않는다.
⑤ 사우디아라비아는 재생 에너지 소비량이 적은 편이다.

1127

(가)는 미국, 인도네시아, 튀르키예, 필리핀, 뉴질랜드 등에서 발전량이 많은 지열, (나)는 중국, 브라질, 캐나다, 미국 등에서 발전량이 많은 수력, (다)는 중국, 미국, 일본, 인도, 독일, 오스트레일리아, 에스파냐에서 발전량이 많은 태양광이다. 판의 경계 부근에서 개발 잠재력이 큰 것은 지열, 낙차가 크고 유량이 풍부한 지역이 생산에 유리한 것은 수력이다. 따라서 지열(가)에 해당하는 것은 A, 수력(나)에 해당하는 것은 B, 태양광(다)에 해당하는 것은 C이다.

1128

화석 에너지(㉠)가 재생 에너지(㉢)보다 세계 1차 에너지 소비 구조에서 높은 비율을 차지한다.

오답 피하기 ① 북극해의 석유 등을 둘러싸고 러시아, 미국, 캐나다, 덴마크, 노르웨이 등의 국가 간 갈등과 분쟁(㉡)이 발생하고 있다.
② 자원 민족주의(㉢)는 특정 자원을 보유한 국가들이 자원을 무기화하여 자국의 이익을 극대화하려는 움직임을 말한다.
③ 화석 에너지의 사용으로 황산화물, 질소 산화물 등의 유해 물질이 배출된다.
④ 재생 에너지(㉢)로 수력, 풍력, 지열, 태양광·태양열 등을 들 수 있다.

1129

지구의 연평균 기온 변화는 자연적 요인(㉢)과 인위적 요인(㉣)이 모두 반영되었을 경우와 유사하게 나타나며, 이는 지구의 평균 기온 상승은 자연적 요인(㉢)만이 아닌 인위적 요인(㉣)의 영향을 크게 받는다는 것을 의미한다. (가)에는 자연적 요인(㉢)과 인위적 요인(㉣), (나)에는 자연적 요인(㉢)이 들어간다.

오답 피하기 ① 기후변화는 수십 년 이상 장기간에 걸쳐 나타나는 통계적으로 의미 있는 기후 평균 상태의 변화이다.
② 지구 온난화(㉡)로 인해 빙하의 융해와 해수면 상승이 나타나고 있다.
③ 이산화 탄소와 메테인은 지구 온난화에 영향을 미치는 대표적인 온실가스(㉢)이다.
④ 도시화에 따른 토지 이용도 변화는 지구 온난화의 인위적 요인(㉣)에 해당한다.

1130

지구 온난화(가)로 인해 시베리아의 영구 동토층 범위는 축소되고, 킬리만자로산의 고산 식물 분포 고도 하한선은 높아지며, 북극해 해수의 염분 농도는 낮아진다. 이에 해당하는 것은 그림의 B이다.

1131

교토 의정서(가)에서 온실가스 배출권 거래제가 도입되었으므로 답안은 '◉'이다. 파리 협정(나)은 산업화 이전(1850~1900년) 대비 지구 평균 기온 상승을 2℃보다 상당히 낮은 수준으로 유지하고 1.5℃ 이하로 제한하기 위해 노력하자는 목표를 설정하였으므로 답안은 '◉'이다. 교토 의정서(가)는 미국, 유럽, 일본 등 선진국의 온실가스 감축 목표를 구체적으로 제시하였고, 파리 협정(나)은 선진국과 개발 도상국 모두 온실가스 감축을 포함한 포괄적인 대응에 동참하도록 규정하였으므로 답안은 '⊗'이다.

1132

RE100은 2050년까지 기업 활동에 필요한 전력량의 100%를 태양광과 풍력 등 재생 에너지를 통해 생산된 전력으로 사용하겠다는 기업들의 자발적이고 세계적인 캠페인이다. 탄소중립(넷제로)은 온실가스의 배출량과 흡수량을 같게 하여 순 배출량을 제로(0)로 만드는 것을 의미한다.

오답 피하기 탄소 발자국은 제품이나 서비스를 생산하기 위해 원료 채취부터 제조, 유통, 사용, 폐기 등 전 과정에서 발생하는 온실가스 배출량을 이산화 탄소 배출량으로 환산한 것을 의미한다.

1133

을. 경제 협력 개발 기구(OECD) 회원국은 개발 도상국의 빈곤 해결, 경제·사회 발전, 복지 증진을 목적으로 공적 개발 원조(ODA)(ⓒ)를 하고 있다.

병. 지속가능한 발전을 위한 사회적 측면의 국가적 노력으로 취약 계층을 위한 사회 보장 제도 확대, 재난·안전 지원 시스템 강화 등을 들 수 있다.

정. 로컬 푸드와 공정 무역 제품을 구매하는 것 등은 윤리적 소비(ⓔ)의 실천 방안이다.

오답 피하기 갑. 지속가능한 발전은 미래 세대가 그들의 필요를 충족시킬 가능성을 손상시키지 않는 범위에서 현재 세대의 성장을 추구하는 발전이다.

1134

증기 기관의 발명으로 18세기 후반부터 약 100년 동안 진행된 1차 산업 혁명은 정치, 경제, 사회, 문화 등 다양한 분야에 영향을 미쳤다. 19세기와 20세기를 거치면서 내연 기관과 전기를 중심으로 하는 2차 산업 혁명이 일어났고, 20세기 후반에 컴퓨터와 인터넷을 기반으로 하는 3차 산업 혁명의 시기를 지나 인류는 인공 지능과 빅 데이터 등을 핵심 기술로 하는 4차 산업 혁명 시대를 맞이하였다.

1135

국제기구의 활동과 국가 간 협력을 통해 영토 관련 분쟁을 해결해 갈 것으로 예측하는 것, 다양한 무역 협정의 체결로 재화와 자본이 국경을 넘나들며 세계 경제가 성장할 것으로 예측하는 것, 모빌리티의 발달로 공간적 제약을 극복해 나가면서 인류의 활동 범위가 더욱 넓어질 것으로 예측하는 것은 미래 사회 모습(ⓒ)에 대한 낙관적 견해에 해당한다.

오답 피하기 ㄴ. 생명 공학의 발전으로 유전자 치료 등과 관련한 도덕적 가치의 혼란이 나타날 것으로 예측하는 것은 미래 사회 모습에 대한 비관적 견해에 해당한다.

1136

델파이 기법(전문가 합의법)(ⓒ)은 각 분야의 전문가에게 설문을 반복하여 전문가 집단의 합의를 도출하는 기법이다. B는 ⓒ에만 해당하는 내용이어야 하므로 옳은 선지이다. 시나리오 기

법(ⓔ)은 3~4개 정도의 시나리오를 작성하여 미래를 예측하는 기법이다. C는 ⓔ에만 해당하는 내용이어야 하므로 옳은 선지이다.

오답 피하기 ㄱ. 델파이 기법(전문가 합의법)(ⓒ)과 시나리오 기법(ⓔ)을 통해 미래에 다가올 변화를 어느 정도 예측하는 것이 가능하나, 미래를 정확하게 예측하기는 어렵다. A는 ⓒ, ⓔ에 해당하는 내용이어야 하므로 틀린 선지이다.

1137 (가) – 석유, (나) – 석탄	**1138** 해설 참조
1139 기후변화(지구 온난화)	**1140** 해설 참조

1137

세계 1차 에너지 소비 구조에서 가장 높은 비율을 차지하는 (가)는 석유, 석유 다음으로 높은 비율을 차지하는 (나)는 석탄이다.

1138

문제 접근 세계 1차 에너지 소비량은 2022년 기준 석유(가) > 석탄(나) > 천연가스 > 재생 에너지 > 수력 > 원자력 순으로 많으며, 탈석탄 및 에너지 전환 전략 등으로 석탄의 소비량은 감소하고 재생 에너지 소비량은 증가하는 추세이다. 세계 각국은 파리 협정의 목표 달성을 위해 탄소중립(넷제로) 달성을 위한 목표를 설정하여 노력하고 있으며, 기업들은 RE100 등을 추구하고 있다.

예시 답안 탄소중립(넷제로)(ⓒ)은 이산화 탄소와 같은 온실가스의 배출량과 흡수량을 같게 하여 순 배출량을 0으로 만드는 것을 의미하고, RE100(ⓒ)은 2050년까지 기업 활동에 필요한 전력량의 100%를 태양광과 풍력 등 재생 에너지를 통해 생산된 전력으로 사용하겠다는 기업들의 자발적이고 세계적인 캠페인을 의미한다.

평가 기준

상	탄소중립(넷제로)과 RE100의 의미를 모두 정확하게 서술한 경우
중	탄소중립(넷제로)과 RE100의 의미 중 한 가지만 정확하게 서술하고 한 가지의 서술이 다소 미흡한 경우
하	탄소중립(넷제로)과 RE100의 의미를 모두 미흡하게 서술한 경우

1139

2010년 전후로 붉은색 줄무늬가 두드러지게 나타나는 바코드 형태의 디자인, 북극해 해빙의 면적 감소 등에 대한 내용을 통해 (가)는 기후변화(지구 온난화)임을 파악할 수 있다.

1140

문제 접근 에드 호킨스가 개발한 바코드 형태의 디자인은 '온난화 줄무늬'라고 부른다. 온난화 줄무늬를 통해 북극해에서 기후변화(지구 온난화)(가)가 나타나고 있음을 파악할 수 있다. 한

편, 기후변화(지구 온난화)(가)로 북극해 해빙 면적이 감소하면
서 북극곰이 먹이를 찾기 위해 남쪽의 육지로 이동하는 현상이
나타났다. 그리고 온난해지고 있는 기존 서식 지역보다 상대적
으로 온도가 낮은 북쪽으로 이동하는 회색곰의 수도 증가하였
다. 북극곰과 회색곰의 활동 지역이 겹치면서 북극 지역에는 피
즐리곰과 같은 잡종이 생겨났다. 기후변화(지구 온난화) 대응을
위해 국제 사회는 2015년에 파리 협정을 체결하였다.

예시 답안 국제 사회는 기후변화(지구 온난화)(가)에 대응하기 위해 2015
년에 파리 협정을 체결하였다. 파리 협정에서는 산업화 이전 대비 지구 평균
기온 상승을 2℃보다 상당히 낮은 수준으로 유지하고 1.5℃ 이하로 제한하
기 위해 노력하자는 목표를 설정하였다.

평가 기준

상	국가 간 환경 협약의 명칭을 옳게 쓰고, 해당 협약의 목표를 정확하게 서술한 경우
중	국가 간 환경 협약의 명칭을 옳게 썼으나, 해당 협약의 목표를 다소 미흡하게 서술한 경우
하	국가 간 환경 협약의 명칭만 옳게 쓰거나, 해당 협약의 목표만 미흡하게 서술한 경우

1등급 고난도 문제

본문 229쪽

1141 ④　**1142** ②　**1143** ④　**1144** ③

1141

〈세계 1차 에너지 소비 구조〉 그래프에서 (가)는 석유, (나)는
석탄, (다)는 천연가스이고, 〈전력량 1kWh당 이산화 탄소 배
출량〉 그래프에서 A는 석탄, B는 석유, C는 천연가스이다. 따
라서 전력량 1kWh당 이산화 탄소 배출량은 석탄(나) > 석유
(가) > 천연가스(다) 순으로 많다.

오답 피하기 ① 화석 에너지 자원 중 가장 먼저 상용화된 것은 18세기 산업
혁명 이후 본격적으로 상용화된 석탄(나)이다.
② 주로 화력 발전 연료나 제철 공업용으로 이용되는 화석 에너지 자원은 석
탄(나)이다.
③ 세계 매장량의 절반 정도가 페르시아만 연안에 분포하는 석유(가)가 화석
에너지 자원 중 비교적 여러 지역에 고르게 매장되어 있는 석탄(나)보다 자
원의 편재성이 크다.
⑤ 석유(가)는 B, 석탄(나)은 A, 천연가스(다)는 C이다.

1142

지도에 표시된 국가는 중국, 러시아, 미국, 브라질이다. 중국에
서 소비량 비율이 절반 이상을 차지하는 A는 석탄, 러시아에서
소비량 비율이 절반 정도를 차지하는 C는 천연가스이다. 네 국
가 모두에서 일정 수준의 소비량 비율을 차지하는 B는 석유이
고, 열대 우림 기후 지역을 지나는 아마존강의 유량이 풍부한
브라질에서 상대적으로 높은 소비량 비율을 차지하는 D는 수력

이다. 석탄(A)은 천연가스(C)보다 산업용으로 이용되는 비율이
높다.

오답 피하기 ① 편재성이 큰 석유(B)가 석탄(A)보다 생산량 대비 수출량이
많다.
③ 석유(B)는 석탄(A)보다 신생대 지층에 매장되어 있는 비율이 높다.
④ 화석 에너지 자원에 해당하는 석유(B)가 재생 에너지에 해당하는 수력(D)
보다 발전 시 대기 오염 물질 배출량이 많다.
⑤ A~D 중 세계 1차 에너지 소비량은 석유(B) > 석탄(A) > 천연가스
(C) > 수력(D) 순으로 많다.

1143

그래프에서 인도네시아, 오스트레일리아 등의 수출량 비율이
높은 (가)는 석탄, 미국, 러시아, 카타르 등에서 수출량 비율이
높은 (나)는 천연가스, 사우디아라비아, 미국 등에서 수출량 비
율이 높은 (다)는 석유이다. 석탄(가)은 산업용, 천연가스(나)는
산업용 및 가정용, 석유(다)는 수송용 소비량 비율이 높다. 따라
서 (가)는 B, (나)는 C, (다)는 A이다.

1144

미래 사회의 생태 환경은 경제 성장과 인구 증가에 따라 현재보
다 악화될 것으로 예측된다. 따라서 친환경 도시의 확산, 폐기
물을 활용한 에너지 생산의 확대 등을 통해 생태 환경 변화에
대응해 나가는 것이 요구된다.
ㄱ. 미래 사회의 모습에 대한 예측에는 낙관적 견해와 비관적
견해가 공존한다.
ㄴ. 수직 정원은 실내·외의 벽면에 식물을 식재하여 수직적으
로 조성한 정원이다. 수직 정원을 이용한 벽면 녹화를 통해 여
름철 건물의 표면 온도와 실내 온도를 낮추어 도시 열섬 현상
(ⓒ)을 완화할 수 있다.
ㄷ. 폐기물을 태워 전력, 난방열, 금속, 도로 포장 재료 등을 공
급하고 있는 아마게르 바케(ⓜ)는 자원 절약과 재활용 등을 통
해 지속가능성을 추구하는 친환경 경제 모델인 순환 경제에 기
여하고 있다.

오답 피하기 ㄹ. 코펜하겐(ⓔ)이 싱가포르(ⓛ)보다 적도와의 최단 거리가 멀다.

1165 ③	**1166** ④	**1167** ④	**1168** ⑤
1169 난민	**1170** 해설 참조		
1171 (가) – 아프리카, (나) – 유럽, (다) – 라틴 아메리카			
1172 해설 참조			
1173 ④	**1174** ②	**1175** ①	**1176** ①
1177 (가) – 수력, (나) – 풍력			
1178 해설 참조		**1179** 해설 참조	
1180 지속가능발전 목표(SDGs)			
1181 ①	**1182** ④	**1183** ①	**1184** ①

1165

그래프에서 인구 규모가 가장 큰 (가)는 아시아, 인구 증가율이 높은 (나)는 아프리카, 차지하는 인구 비율이 낮아지는 (다)는 유럽이다.

ㄴ. 합계 출산율이 높은 아프리카(나)는 저출산·고령화가 나타나는 유럽(다)보다 인구의 자연 증가율이 높다.

ㄷ. 선진국이 많은 유럽(다)은 아시아(가)보다 기대 수명이 높다.

오답 피하기 ㄱ. (가)는 아시아로 2024년 기준 총인구가 가장 많은 나라는 인도이며, 나이지리아는 2021년 기준 아프리카(나)에서 총인구가 가장 많은 국가이다.

ㄹ. 18세기 산업 혁명이 일어난 유럽(다)이 산업화의 시작 시기가 가장 이르다.

1166

지도에 표시된 세 국가는 프랑스, 가나, 인도이다. (가)~(다) 중 유소년층 인구 비율이 가장 높은 (가)는 경제 발전 수준이 낮은 가나, 노년층 인구 비율이 가장 높은 (다)는 경제 발전 수준이 높은 프랑스, 나머지 (나)는 인도이다. 인도(나)는 인구 순 유출, 프랑스(다)는 인구 순 유입 국가이다.

예시 답안 ① 인구 규모가 월등히 많은 인도(나)가 가나(가)보다 유소년층 인구가 많다.

② 경제 발전 수준이 높은 프랑스(다)가 경제 발전 수준이 낮은 가나(가)보다 1인당 국내 총생산이 많다.

③ 인도(나)보다 노년층 인구 비율이 높고 유소년층 인구 비율이 낮은 프랑스(다)가 노령화 지수가 높다.

⑤ (가)~(다) 중 청장년층 인구 비율이 가장 높은 인도(나)는 총부양비가 가장 낮다.

1167

총부양비는 유소년 부양비와 노년 부양비의 합이므로 A는 총부양비이다. B, C는 각각 유소년 부양비와 노년 부양비 중 하나인데, 독일은 저출산·고령화 현상으로 인해 노년 부양비가 유소년 부양비보다 높아졌으므로 B는 유소년 부양비, C는 노년 부양비이고, (가)는 니제르, (나)는 독일이다. 1960년에 독일은 니제르보다 노년 부양비가 높고 유소년 부양비는 낮으므로, 독일

(나)은 니제르(가)보다 1960년 노령화 지수가 높다.

오답 피하기 ① 니제르(가)는 아프리카에 위치한다.

② 2020년 저출산·고령화 현상이 나타나는 독일(나)은 피라미드형 인구 구조가 나타나지 않는다. 유소년층 인구 비율이 높고 노년층 인구 비율이 낮은 니제르(가)는 피라미드형 인구 구조가 나타난다.

③ 선진국인 독일(나)이 니제르(가)보다 1인당 평균 임금이 많다.

⑤ A는 총부양비, B는 유소년 부양비, C는 노년 부양비이다.

1168

(가)에는 인도, 멕시코, 필리핀이 있고, (나)에는 미국, 사우디아라비아, 스위스가 있다. 따라서 (가)는 일자리를 구하기 위해 유출된 인구가 많아 해외 이주자의 모국 송금액 유입이 많은 국가군이고, (나)는 해외 노동자가 많이 유입되어 해외 이주자의 모국 송금액 유출이 많은 국가군이다. 해외 이주자의 모국 송금액 유입 상위 3개국인 (가)는 유출 상위 3개국인 (나)보다 1차 산업 종사자 비율이 높고, 유출 상위 3개국인 (나)는 유입 상위 3개국인 (가)보다 1인당 국내 총생산이 많고 외국인 노동자 비율이 높다.

1169

(가)는 난민이다. 난민의 이동은 시리아와 아프가니스탄 등 분쟁이 잦은 서남아시아와 내전이 많은 아프리카에서 두드러지게 나타난다. 최근에는 전쟁으로 인해 우크라이나에서 많은 난민이 발생하기도 하였다.

1170

문제 접근 시리아와 아프가니스탄 등 분쟁이 잦은 서남아시아와 내전이 많은 아프리카에서 난민의 이동이 두드러지게 나타난다. 최근에는 전쟁으로 우크라이나에서 많은 난민이 발생하기도 하였다.

예시 답안 긍정적 영향으로는 인구 유입 지역인 서유럽의 노동력 부족 문제를 완화하는 효과를 들 수 있다. 부정적 영향으로는 기존 서유럽 주민들과의 문화적 차이에 따른 갈등 발생을 들 수 있다.

평가 기준

상	긍정적 영향과 부정적 영향을 모두 옳게 서술할 경우
중	긍정적 영향과 부정적 영향 중 한 가지만 옳게 서술하고 한 가지의 서술이 다소 미흡한 경우
하	긍정적 영향과 부정적 영향을 모두 미흡하게 서술할 경우

1171

그래프의 지역(대륙) 중 두 시기 모두 합계 출산율이 가장 높은 (가)는 경제 발달 수준이 낮은 국가가 많은 아프리카, 2021년 합계 출산율이 가장 낮은 (나)는 경제 발달 수준이 높은 국가가 많은 유럽, 나머지 (다)는 라틴 아메리카이다.

1172

[문제 접근] 합계 출산율은 한 여성이 가임 기간(15~49세) 동안 낳을 것으로 예상되는 평균 출생아 수를 말하며, 우리나라는 합계 출산율이 지속적으로 낮아짐에 따라 저출산 문제가 나타나고 있다.

[예시 답안] 우리나라는 합계 출산율이 크게 낮아졌다. 이는 결혼 및 출산에 대한 가치관 변화 등으로 인한 것이다.

[평가 기준]

상	우리나라 합계 출산율 변화의 특징과 원인을 모두 정확하게 서술한 경우
중	우리나라 합계 출산율 변화의 특징과 원인 중 한 가지만 정확하게 서술하고 한 가지의 서술이 다소 미흡한 경우
하	우리나라 합계 출산율 변화의 특징과 원인을 모두 미흡하게 서술한 경우

1173

지도의 A는 독일, B는 니제르, C는 멕시코이다. 인구의 자연 증가율이 꾸준히 높은 (가)는 경제 발전 수준이 낮은 니제르(B), 인구 증가율이 가장 낮은 (다)는 경제 발전 수준이 높은 독일(A)로 출생률이 낮아져 최근 인구의 자연 증가율이 음(−)의 값으로 나타난다. 나머지 (나)는 멕시코(C)이다.

1174

한 해 동안 인구 1,000명당 태어나는 출생아 수는 출생률이다. 합계 출산율(ⓒ)은 여성 1명이 가임 기간(15~49세) 동안 낳을 것으로 예상되는 평균 출생아 수를 말한다.

[오답 피하기] ① 우리나라는 2020년 이후 출생률이 사망률보다 낮아 인구의 자연 감소가 나타나고 있다.
③ 전체 인구에서 노년층(65세 이상) 인구 비율이 7% 이상~14% 미만이면 고령화 사회, 14% 이상~20% 미만이면 고령 사회, 20% 이상이면 초고령 사회로 구분한다.
④ 고령화가 급격하게 진행되면 국민 연금의 조기 고갈, 노동력 부족 문제 등이 나타날 수 있다.
⑤ 저출산 대책(ⓑ)으로 아동 수당 지급, 유급 육아 휴직 제도 등을 들 수 있다.

1175

석탄, 석유는 천연가스(다)에 비해 연소 시 대기 오염 물질 배출량이 많고, 석탄(가)은 화석 에너지 자원 중 가채 연수가 가장 길다. 따라서 (가)는 석탄, (나)는 석유, (다)는 천연가스이다.

1176

우리나라를 비롯한 네 국가 모두에서 일정 수준의 소비량 비율을 차지하는 A는 석유이고, (가)~(다) 중 국가 내 석유(A) 소비량 비율이 가장 높은 (가)는 미국이다. B, C 중 미국에서 소비량 비율이 상대적으로 높은 B는 천연가스, 나머지 C는 석탄이다. (나), (다) 중 천연가스의 국가 내 소비량 비율이 높은 (나)는 러

시아, 석탄의 국가 내 소비량 비율이 높은 (다)는 중국이다. 경제 발전 수준이 높고 상대적으로 인구 규모가 작은 미국(가)은 중국(다)보다 1인당 에너지 소비량이 많다.

[오답 피하기] ② 러시아(나)는 세계에서 국토 총면적이 가장 넓은 나라이다.
③ 천연가스(B)가 석유(A)보다 가정용으로 이용되는 비율이 높다.
④ 천연가스(B)는 석탄(C), 석유(A)에 비해 연소 시 대기 오염 물질 배출량이 적다.
⑤ 편재성이 큰 석유(A)가 석탄(C)보다 생산량 대비 국제 이동량이 많다.

1177

수력 발전은 빙하 지형이나 산지가 발달해 낙차가 크거나 유량이 풍부한 지역, 풍력 발전은 일정하면서도 강한 바람이 지속적으로 부는 지역이 발전에 유리하다.

1178

[문제 접근] 신 · 재생 에너지에는 기존의 화석 에너지를 변환시켜 이용하는 신 에너지와 수력, 풍력, 태양광 · 태양열, 지열 등 재생 가능한 에너지를 변환시켜 이용하는 재생 에너지가 있다.

[예시 답안] 태양광 발전의 분포 지역과 관련된 (다)에는 '일사량이 많은', '일조 시간이 긴', 지열 발전의 분포 지역과 관련된 (라)에는 '판의 경계부와 같이 지열이 풍부한', '신기 조산대에 위치하여 화산 활동이 활발한' 등이 들어갈 수 있다.

[평가 기준]

상	태양광 발전과 지열 발전이 많이 이루어지는 지역의 특성을 모두 정확하게 서술한 경우
중	태양광 발전과 지열 발전이 많이 이루어지는 지역의 특성 중 한 가지만 정확하게 서술하고 한 가지의 서술이 다소 미흡한 경우
하	태양광 발전과 지열 발전이 많이 이루어지는 지역의 특성을 모두 미흡하게 서술한 경우

1179

[문제 접근] 지속가능발전 목표(SDGs)는 2015년 제70차 국제 연합(UN) 총회에서 지속가능한 발전 이념을 실현하기 위해 채택되었다. 지속가능발전 목표에는 17개의 목표와 169개의 세부 목표가 담겨 있으며, 2030년까지 모든 국가가 달성하기로 결의하였다.

[예시 답안] 지속가능한 발전(ⓒ)은 미래 세대가 그들의 필요를 충족시킬 가능성을 손상시키지 않는 범위에서 현재 세대의 성장을 추구하는 발전을 말한다.

[평가 기준]

상	지속가능한 발전의 의미를 정확하게 서술한 경우
하	지속가능한 발전의 의미를 미흡하게 서술한 경우

1180

ⓒ에는 '지속가능발전 목표(SDGs)'가 들어간다. 국제 사회는 2015년 제70차 국제 연합(UN) 총회에서 빈곤 퇴치를 비롯하여 경제 · 사회의 양극화, 각종 불평등의 심화, 환경 문제 등의 해

결을 통합적으로 고려한 17개의 지속가능발전 목표(SDGs)를
채택하였다.

1181

1997년에 체결된 교토 의정서는 미국, 유럽, 일본 등 38개 선진
국의 온실가스 감축 목표를 구체적으로 제시하고 온실가스 배
출권 거래제를 도입하였다.

오답 피하기 파리 협정(2015년)은 교토 의정서를 대체하는 기후 변화 협약
으로, 산업화 이전(1850~1900년) 대비 지구 평균 기온 상승을 2℃보다 상당
히 낮은 수준으로 유지하기로 하고 1.5℃ 이하로 제한하기 위해 노력하자는
장기 목표를 설정하였다. 파리 협정 이후 세계 각국은 우리나라의 '2050 탄
소중립 추진 전략'과 같이 파리 협정의 목표 달성을 위한 장기 저탄소 발전
전략을 수립 · 추진하고 있다. 람사르 협약은 습지의 보호와 지속가능한 이
용을 목적으로 한다.

1182

몬트리올 의정서는 오존층 파괴 대응을 위해 채택되었다. 기후
변화(㉢) 대응을 위한 국제 협약으로는 파리 협정 등을 들 수 있다.

오답 피하기 ① 하이퍼루프, 도심 항공 교통과 같은 모빌리티의 등장(㉠)은
시간과 공간의 제약이 줄어드는 데 영향을 미칠 것이다.
② 정보 통신 기술 발달에 따른 초연결 사회(㉡)로 인해 사생활 침해와 개인
정보 유출 등의 문제가 심화될 수 있다.
③ 이산화 탄소를 흡수해 주는 열대림이 파괴(㉢)되면서 지구 온난화(㉣)가
심화되고 있다.
⑤ 이산화 탄소 포집(㉤) 기술의 활용은 대기 중 온실가스 농도를 낮추는 데
도움을 주며, 전 지구적인 해수면 상승 속도를 완화하는 데 기여할 수 있다.

1183

노르웨이령 스발바르 제도에는 스발바르 국제 종자 저장고(㉠)
가 있으며, 해당 저장고가 있는 지역이 포함된 지도는 ①이다.

오답 피하기 ② 러시아 등이 포함된 지도이다.
③ 캐나다와 그린란드(덴마크령)가 포함된 지도이다.
④ 오스트레일리아와 뉴질랜드 등이 포함된 지도이다.
⑤ 아르헨티나, 칠레 등이 포함된 지도이다.

1184

ㄱ. 디지털 탄소 발자국을 줄이기 위해 노력하는 것은 지속가능
한 발전을 위해 세계시민의 일생생활에서 실천할 수 있는 행동
이다.

오답 피하기 ㄴ. 국가 간 환경 협약 체결과 이행은 세계시민의 일상생활에
서 실천하기 어렵다.
ㄷ. 세계시민의 삶을 살아가기 위해 자신의 이익보다 타인에 대한 배려를 추
구해야 한다.

1185 ② **1186** ① **1187** ④ **1188** ⑤

1185 인구 구조와 인구 문제 이해

자료 분석 지도에 표시된 국가는 영국, 니제르이다.
(가)는 (나)보다 유소년층 인구 비율이 낮고 노년층 인구 비율이
높으므로, (가)는 영국, (나)는 니제르이다. 영국(가)은 니제르
(나)보다 경제 발전 수준이 높다.

오답 피하기 ① 상대적으로 유소년층 인구 비율이 낮고 노년층 인구 비율
이 높은 영국(가)은 니제르(나)보다 중위 연령이 높다.
③ 상대적으로 총면적이 좁고 총인구가 많은 영국(가)이 니제르(나)보다 인구
밀도가 높다.
④ 선진국에 해당하여 저출산 · 고령화 현상이 나타나고 있는 영국(가)이 니
제르(나)보다 출산 장려 정책의 필요성이 크다.
⑤ 영국(가)은 유럽, 니제르(나)는 아프리카에 위치한다.

1186 지구 온난화의 영향 이해

자료 분석 (가)에 해당하는 환경 문제는 지구의 평균 기온이 점
점 상승하는 지구 온난화이다. 지구 온난화가 심화될 경우 우리
나라에서는 겨울이 짧아지며 봄꽃의 개화 시기가 빨라질 것이다.

오답 피하기 ② 서리가 내리는 날이 감소할 것이다.
③ 냉대림의 분포 면적이 축소될 것이다.
④ 여름이 길어지고 겨울이 짧아질 것이다.
⑤ 열대성 질병의 발병률이 증가할 것이다.

1187 환경 문제 해결을 위한 노력 탐구

자료 분석 온실가스 배출량 증가에 따른 온실 효과의 영향으로
지구의 평균 기온 상승이 가속화되고 있으며, 국제 사회는 기후
변화 문제를 해결하기 위해 국가 간 환경 협약을 체결하였다.
ㄴ. 산업화와 인구 증가로 인해 화석 에너지 사용량이 증가하였다.
ㄹ. 세계의 각 국가는 탄소 배출권 거래제를 통해 기후 변화 문
제에 대응하고 있다.

오답 피하기 ㄱ. 지구 온난화(㉠)의 영향으로 봄꽃의 개화 시기가 빨라질
것이다.
ㄷ. 파리 기후 변화 협약(㉡)에서는 선진국과 더불어 개발 도상국에도 온실가
스 감축 의무를 부과하였다.

1188 경제 주체의 역할 분석

자료 분석 기업은 경제 주체로서 사회에 긍정적인 영향을 주는
책임 있는 활동을 해야 한다. (가), (나)에서 공통으로 도출할
수 있는 기업의 역할은 친환경적인 생산을 통해 환경 보호에 기
여하는 것이다.

오답 피하기 ①, ②, ③, ④ 회계를 투명하게 운영하고, 노동자의 근로 조건
을 개선하는 것, 소비자의 경제적 이익을 보호하고, 공정한 경쟁을 통해 이
윤을 추구하는 것은 기업의 환경 보호 노력과는 거리가 멀다.

memo

정답과 해설

EBS
수학의 왕도
수학 공부의 핵심은
암기도, 양치기도 아닌
개|념|이|해
수학의 왕도
한눈에 쏙 들어오는 시각화 요소로
누구나 개념을 쉽게 이해하는
EBS 수학 기본서
공통수학1
공통수학2
대수
미적분Ⅰ
확률과 통계
고교 수학은
EBS 수학의 왕도로
한 번에 완성!
2022 개정 교육과정 완벽 적용 기본서
개념 이해가 쉬운 시각화 장치로 친절한 개념서
기초 문제부터 실력 문제까지 모두 포함된 종합서

내신 중점 ★ 고1~2 권장

구분	고교 입문	>	기초	>	기본 + 연습	>	특화
국어	고등 예비 과정	내 등급은?	윤혜정의 개념의 나비효과 입문 편 + 워크북 어휘가 독해다! 수능 국어 어휘				국어의 원리
영어			정승익의 수능 개념 잡는 대박구문 주혜연의 해석공식 논리 구조편	**기본서** 올림포스 ········· **유형서** 올림포스 유형편	올림포스 전국연합 학력평가 기출문제집		Grammar POWER Reading POWER Listening POWER Voca POWER **고급** 올림포스 고급영어독해
수학			**기초** 50일 수학 + 기출 워크북 매쓰 디렉터의 고1 수학 개념 끝장내기				**고급** 올림포스 고난도 수학의 왕도
한국사 사회		★		**기본서** 개념완성 ········· 개념완성 문항편	개념완성 전국연합 학력평가 기출문제집		고등학생을 위한 多담은 한국사 연표
과학			50일 통합과학				**인공지능** 수학과 함께하는 고교 AI 입문 수학과 함께하는 AI 기초

과목	시리즈명	특징	난이도	권장 학년
전 과목	고등예비과정	예비 고등학생을 위한 과목별 단기 완성		예비 고1
국/영/수	내 등급은?	고1 첫 학력평가 + 반 배치고사 대비 모의고사		예비 고1
	올림포스	내신과 수능 대비 EBS 대표 국어·수학·영어 기본서		고1~2
	올림포스 전국연합학력평가 기출문제집	전국연합학력평가 문제 + 개념 기본서		고1~2
한/사/과	개념완성&개념완성 문항편	개념 한 권 + 문항 한 권으로 끝내는 한국사·탐구 기본서		고1~2
	개념완성 전국연합학력평가 기출문제집	전국연합학력평가 문제 + 개념 기본서		고1~2
국어	윤혜정의 개념의 나비효과 입문 편 + 워크북	윤혜정 선생님과 함께 시작하는 국어 공부의 첫걸음		예비 고1~고2
	어휘가 독해다! 수능 국어 어휘	학평·모평·수능 출제 필수 어휘 학습		예비 고1~고2
	국어의 원리	원리로 이해하는 내신과 수능 대비 국어 특화서		고1~2
영어	정승익의 수능 개념 잡는 대박구문	정승익 선생님과 CODE로 이해하는 영어 구문		예비 고1~고2
	주혜연의 해석공식 논리 구조편	주혜연 선생님과 함께하는 유형별 지문 독해		예비 고1~고2
	Grammar POWER	구문 분석 트리로 이해하는 영어 문법 특화서		고1~2
	Reading POWER	수준과 학습 목적에 따라 선택하는 영어 독해 특화서		고1~2
	Listening POWER	유형 연습과 모의고사·수행평가 대비 올인원 듣기 특화서		고1~2
	Voca POWER	영어 교육과정 필수 어휘와 어원별 어휘 학습		고1~2
	올림포스 고급영어독해	영어 독해력을 높이는 영미 문학/비문학 읽기		고2~3
수학	50일 수학 + 기출 워크북	50일 만에 완성하는 초·중·고 수학의 맥		예비 고1~고2
	매쓰 디렉터의 고1 수학 개념 끝장내기	스타강사 강의, 손글씨 풀이와 함께 고1 수학 개념 정복		예비 고1~고1
	올림포스 유형편	유형별 반복 학습을 통해 실력 잡는 수학 유형서		고1~2
	올림포스 고난도	1등급을 위한 고난도 유형 집중 연습		고1~2
	수학의 왕도	직관적 개념 설명과 세분화된 문항 수록 수학 특화서		고1~2
한국사	고등학생을 위한 多담은 한국사 연표	연표로 흐름을 잡는 한국사 학습		예비 고1~고2
과학	50일 통합과학	50일 만에 통합과학의 핵심 개념 완벽 이해		예비 고1~고1
기타	수학과 함께하는 고교 AI 입문/AI 기초	파이썬 프로그래밍, AI 알고리즘에 필요한 수학 개념 학습		예비 고1~고2